KB060438

제 8 판

어음·수표법

〔상법강의 Ⅲ〕

이기수·최병규 공저

박영사

Wechselrecht · Scheckrecht

8., neu bearbeitete Auflage

von

hon. Prof. Dr. Dr. h.c. multi. Ki-Su Lee, Korea Universität

Prof. Dr. iur. Byeong-Gyu Choi, Konkuk Universität

2015

Parkyoung Publishing & Company

Seoul, Korea

제 8 판 머리말

전판을 발행한 지 6년 반이 지났다. 그동안 경제의 동맥역할을 수행하고 있는 유가증권을 둘러싼 대내외적 환경이 많이 변하였으며 이를 일부 반영하여 2010년 어음법과 수표법이 개정되었다. 그리고 2013년 4월 5일 전자어음의 발행 및 유통에 관한 법률도 개정되었다. 법학교육이 로스쿨 체제로 전환되었어도 어음·수표법을 둘러싼 법리는 법학도들의 논리훈련이나 법실무 및 변호사시험에서도 어느 정도의 비중을 계속하여 차지하고 있어 이 분야의 학습을 도외시하여서는 아니 된다.

이번 개정에서 주로 수정·작업한 내용은 다음과 같다.

첫째, 2010년 3월 31일 개정된 어음법, 수표법의 개정내용을 반영하였다.

둘째, 2009년 5월 8일 및 2013년 4월 5일의 전자어음의 발행 및 유통에 관한 법률의 개정내용을 소개하였다.

셋째, 그동안에 선고된 어음법, 수표법 분야의 판례를 반영하였다.

넷째, 그동안 개고된 참고문헌의 변화를 반영하였다.

다섯째, 그 밖에 논리적 오류나 오·탈자를 교정하였다.

이번 제 8 판은 제자인 건국대학교의 최병규 교수의 꾸준한 노력에 의하여 만들어졌다. 변화하는 주변 실물경제흐름에서 기업생활의 실상이 법에 반영되어야 하고, 교과서에서도 이러한 변화가 신속하게 반영이 되도록 앞으로도 꾸준한 업데이트작업이 필요하며 그를 위해 노력할 것이다. 이 책이 독자들의 사랑을 받기를 바란다. 항상 본인의 교과서 작업에 심혈을 기울여 주시는 박영사의 안종만 회장님, 그리고 이 판의 교정을 보아 주신 문선미 대리께 고마운 인사를 올린다.

2015년 6월

靑甫 李基秀

초판 머리말

이 책은 대학과 대학원에서 어음법과 수표법을 공부하는 학생을 위한 대학 교재로 만들어졌다. 어음과 수표에 관한 법률문제라도 그것이 오직 어음법과 수표법에 관하여만 문제되는 사례란 거의 찾아볼 수 없다. 따라서 이들 문제를 해결하기 위하여는 민법·상법 등 성문법과 학설 및 판례를 종합적으로 검토·체계화하여 단일한 법질서(Einheit der Rechtsordnung)를 창출하여야 한다. 이 목적을 달성하기 위하여 특히 다음과 같은 점을 고려하였다.

첫째, 우리 나라에서 시행되고 있는 어음법과 수표법은 1930년대의 어음법과 수표법의 통일을 위한 조약(이른바 통일법)을 받아들여 만들어졌다. 통일법계는 이 때까지의 독법계와 불법계로 나누어져 있었던 양 법계를 통합한 것이다. 따라서 우리 나라의 어음법과 수표법의 해석에 있어서는 이 통일법계의 형성에 가장 큰 역할을 수행한 독법계의 이론을 그대로 적용할 수 있다. 이 점에서 그 동안 독일의 어음법과 수표법의 발전에 지대한 공헌을 하였으며 지금 서독의 대학에서 가장 많이 읽히고 있는 Zöllner 교수의 저서를 주로 참고하였으며, 부족한 점은 Canaris 교수의 저서를 참고하였다. 통일법계와 대립되어 어음법계의 양대 산맥을 이루고 있는 영미법계의 이론은 우리 법의 해석에 직접 적용시킬 수 없기 때문에 우리 법해석에 참조되는 한에서 비교법적으로 인용하는 데 그쳤다.

둘째, 법의 해석과 관련하여 꼭 살펴보아야 할 것이 그 동안 학자들이 이룩해 놓은 법발전에 영향을 미치는 학설(rechtsfortbildender Einfluß von Wissenschaft)의 소개이다. 하지만 이 책에서는 학설의 소개에 있어서 이미 통설적 견해이거나 다수설로서 반대의견이 갖는 의미가 크게 참고되지 않을 때에는 이를 따로 소개하지 않았다. 이는 우리 나라에 나와 있는 책들 중에서는 학설의 대립을 무분별하게 소개함으로 해서 오히려 학생들에게 어음법과 수표법에 대한 이해를 더 난해하게 하는 것 같아서이다. 이러한 견지에서 계약설과 창조설의 입장에서 그 해결이 첨예하게 대립되어 있고 또 그것이 현행법의 해석에 있어서 아직도 의미가 있는 한에서만 본문 속에서 다루었다. 우리 나라의 학문성과가 미진한 부분은 (통일법계에 속하는) 서독업적을 그대로 소개하였다.

셋째, 법실무에서 문제된 우리 나라의 판례를 해당되는 곳에 삽입하였다. 다만, 우리 나라에서는 약속어음에 관한 판례가 대부분이고, 또한 약속어음에 관하여는 몇 개의 조문을 제외하고는 환어음에 관한 규정이 준용되므로 환어음의 설명부분에서 약속어음에 관한 판례를 소개하였다(특히 필요한 부분에서는 수표법에 관한 판례도 소개하였음). 성문법역의 대륙법계에서도 그 동안 판례가 많이 쌓였고 또한 법관법(Richterrecht)이 생겨남으로 해서 판례의 해당 부분을 설명에 필요한 만큼 직접 소개하는 것이 필요하다고 느꼈기 때문이다. 이는 또한 대륙법계에서는 판례에 의한 법의 개폐가 있을 수 있게 되었고(rechtsfortbildender Einfluß von Rechtsprechung), 영미법계에서는 성문법을 만들게 되는 상호보완의 시대에로 접어들었다고 생각되었기 때문이다.

넷째, 각주를 다른 유서와 마찬가지로 맨 하단에 따로 두지 않고서 꼭 필요하다고 생각되는 것만 설명해 가는 본문 속에 넣었다. 그 동안 어음법과 수표법 등을 강의해 오면서 학생들과 얘기를 나눈 결과 각주가 따로 밑에 있으면 읽지 않게 되기 때문이며, 또한 학문적인 연구논문이 아니고 대학생의 학습을 위한 대학교재라는 기본목적에도 부합하기 때문이다.

다섯째, 책의 제목은 「어음법 · 수표법」으로 하였으며, 해설에 있어서도 어음법과 수표법을 그 편을 달리하여 따로 설명하였다. 지난 번 제30회 사법시험에 "어음배서의 자격수여적 효력"이 출제되어, 이를 채점하면서 느낀 소감은 어음배서에 관한 문제임에도 불구하고 많은 학생들이 답안을 작성하면서, '어음·수표'의 배서에 관하여라고 썼다. 이는 근자의 우리 나라의 교과서가 '어음·수표'를 붙여서 설명을 하다 보니, 학생들에게 은연중 어음·수표를 함께 붙여서 쓰는 것이 습관화되었기에 그런 것이 아닌가 생각되었기 때문이다. 어음과 수표는 다른 법전으로 되어 있으며 같이 설명할 수 있는 부분이 많다고 하더라도 경제적 기능·법률구성에서 반드시 달리 생각되어야 할 것이기에 이를 붙여서 사용함을 배제하기 위함이다.

여섯째, 서술체계는 환어음 중심주의를 택한 통일법계의 법전에 따라 환어음을 중심으로 이론적인 설명을 하였다. 이는 국제거래가 활발해짐으로써 필요하게 된 것은 환어음이고 또한 그 법체계가 복잡다양하여 이에 대한 이해가 있으면 약속어음과 수표의 이해가 쉽게 되기 때문이다. 그래서 환어음의 해설 뒤에 약속어음의 특유한 제도에 관하여만 제14장에서 설명하고서, 수표에 관하여는 그 편을 달리하여 설명하였다.

일곱째, 어음과 수표의 상위개념으로서의 유가증권에 관한 상세한 해설을 제 1 편으로 하였다. 여기에서 볼 수 있듯이 근자의 경향은 계약설을 주된 이론으로 하면서 계약설만으로 부족한 점은 권리외관이론에 의해 보충하고 있다. 너무 이론적이라서 맨 처음 어음법과 수표법을 공부하는 학생에게는 어려울지도 모르겠다. 하지만 민법의 지시채권과 무기명채권을 공부한 학생이라면 그렇게 어려운 것도 아니다. 따라서 조금 어렵다고 느끼는 학생은 먼저 민법의 이 부분을 다시 한번 본 뒤에 유가증권에 관한 이 부분을 비교하면서 읽기를 권장한다.

여덟째, 수표는 물론이고 대부분의 어음은 은행을 통하여 그 거래가 이루어지는 「살아 있는 법」 분야이다. 따라서 어음법과 수표법 관련문제를 해결하기 위하여 약관과 관련하여 은행실무와의 관계를 가능한한 설명하려고 노력하였다. 은행의 백지어음 보충의무, 어음과 은행거래 등은 특히 이에 해당된다.

아홉째, 새로운 지급수단이라는 제하에 수표카드 · 신용카드 · 자금이체에 관하여 간단히 소개하였다. 어음법과 수표법에서 다룰 문제인가 하는 데 의문이 없지 않은 것은 아니나, 이들 제도들이 수표의 지급기능을 대신하고 또한 수표의 법리와 공통되는 점이 많기 때문에 수표법의 맨 마지막에서 다루었다.

열 번째, 어음법사례를 해결하기 위한 체계구성을 어음법 맨 마지막에 넣었다. 앞으로의 사법시험 등에 사례문제가 출제되어야 한다는 목소리가 한결같이 드높아지기에 이를 해결하기 위한 실력을 무장해 둠이 필요하기 때문이다. 수표법사례도 마찬가지 원리에 따라 해결할 수 있다.

이 책이 완성되기까지에는 많은 분들의 도움이 있었다. 차낙훈 선생님, 정희철 선생님, 이윤영 선생님은 대학과 대학원 그리고 박사과정에서 저자의 지도교수로서 직접 이 분야의 강의를 해 주셨고 아직도 가지고 있는 그 때의 강의노트를 보면 나의 연구가 큰 진전 없음을 통감하고 선생님들의 은혜에 다시 한번 감사드린다. Zöllner 선생님은 1977년부터 1983년까지 만 6년 동안 저자를 문하에 두고서 학위논문 준비와 함께 어음법과 수표법의 연구에 전념할 수 있도록 여러 가지 배려를 해 주셨다. 특히 이 책은 바로 Zöllner 선생님의 업적에 그 기본을 두고 있다. 차낙훈 선생님, 정희철 선생님, 이윤영 선생님과 Zöllner 선생님에게의 감사의 마음은 이루 말로써 형언할 수 없다. 저자의 유학중에서나 그 후에 München을 방문하여 이 분야에 대한 문의에 대해 학문적으로 여러 가지 도움을 주시고 그 후에도 계속 좋은 논문들을 보내 주시는 Canaris 교수에게도 감사한다. 서돈각 교수님, 손주찬 교수님, 서정갑 교수님, 송상현 교수님은 저자의 학부와 대학원의 수학시절에 상법분야의 강의를 맡아 주셔서 상법학도로서 성장함에 크게 도움을 주셨기에 이 자리를 빌어 감사드린다.

원고와 판례정리, 교정 그리고 색인작성 등의 귀찮은 일들은 고려대학교 박사과정에서 상법을 전공하고 있는 강대섭, 정상근, 최병규, 박영우 법학석사와 석사과정에 재학중인 정승훈 법학사의 도움을 받았다. 이들의 헌신적인 노력이 없이는 이 책이 이렇게 빨리 완간될 수가 없었으며, 이들과 함께 고려대학교 낙산수련장에서 판례정리를 도와 준 이대희 법학석사, 안효질, 최한준, 정진교 법학사에게도 감사한다.

이 책을 쓰겠다는 생각을 가진 이래 그 동안 고시잡지 등에 발표한 글들을 모으면 간단하리라 생각되던 이 작업이 너무나 오랜 기간을 소요하였다. 박영사와의 책 서술을 약속한 지 벌써 6년이나 경과되었으니 말이다. 그럼에도 불구하고 한번도 재촉하지 않고 인내심을 갖고 지금까지 참아 온 박영사의 안종만 사장님과 이명재 상무님께 깊이 감사드리며, 반듯한 책이 나오도록 실무상의 어려운 일을 도맡아서 해 주신 송일근 과장님께도 무한한 감사를 드린다.

이 책이 어음법과 수표법을 공부하는 학생들에게 조금이나마 도움이 될 수 있기를 바라는 나의 욕망이 그렇게 지나친 것이 아니었기를 바라면서, 잘못된 곳 등에 대한 학문적인 비판을 이 책을 읽으시는 모든 분들에게 갈구하면서 감히 강호제현에게 이 책을 내놓는 무례를 범한다.

1989년 8월 19일
고려대 법대 연구실에서
橫 溪 李 基 秀

〔參 考 文 獻〕

姜 渭 斗	商法講義(Ⅲ) 어음·手票	1985
姜 渭 斗	어음·手票	1997
姜渭斗博士華甲紀念	商事法論叢	1996
姜渭斗·林載鎬	商法講義(下)	2004
金斗煥教授華甲紀念	國際航空宇宙法 및 商事法의 諸問題	1994
金 汶 在	어음·수표법	2013
金 英 鎬	어음·手票法	2004
金 容 泰	全訂 商法(下)	1985
金 正 皓	第2版 商法講義(下)	2005
金 正 皓	어음·수표법	2010
朴吉俊教授古稀紀念	轉換期 商事法課題의 再照明	2008
朴 元 善	새商法(下)	1974
徐 燉 珏	第三全訂 商法講義(下)	1988
徐 憲 濟	商法講義(下)	2002
徐燉珏博士華甲紀念	會社法의 現代的 課題	1981
徐燉珏教授停年紀念	商社法論集	1986
徐 燉 珏 金 泰 柱	註釋어음·手票法	1984
徐 廷 甲	新어음·手票法	1983
徐廷甲博士古稀紀念	商法學의 現代的 課題	1986
徐廷甲·孫珠瓚 金世元·鄭東潤	學說判例 註釋어음·手票法	1973
孫 珠 瓚	第11訂增補版 商法(下)	2005
孫珠瓚博士華甲紀念	商事法의 現代的 課題	1984
孫珠瓚教授停年紀念	經濟法·商事法 論集	1989
孫珠瓚教授古稀紀念	企業環境法의 變化와 商事法	1993
孫珠瓚 外 6人共著	商法改正案解說	1995
孫 晋 華	제6판 商法講義	2015
梁 東 錫	유가증권법리와 어음·手票法	2007

梁 明 朝	어음·手票法	2003
梁 承 圭	어음法·手票法	1994
梁承圭教授華甲紀念	現代商法의 課題와 展望	1994
梁 承 圭 朴 吉 俊	第三 商法要論	1993
朴元錫博士華甲紀念	現代法學의 諸問題	1992
安東燮教授華甲紀念	商事去來法의 理論과 實際	1995
兪 周 善	어음·手票法	2014
李 範 燦	改訂 商法講義	1985
李範燦教授華甲紀念	商事法의 基本問題	1993
李 允 榮	改訂增補版 短答論點商法	1985
李允榮博士追慕論文集	經營法律 제5집	1992
李泰魯教授華甲紀念	企業法의 現代的 課題	1992
李 院 錫	어음法·手票法	1991
李 哲 松	第13版 어음·手票法	2014
鄭 東 潤	第五版 어음·手票法	2004
鄭 茂 東	全訂版 商法講義(下)	1985
鄭 熙 喆	補訂 商法學原論(下)	1990
鄭熙喆先生華甲紀念	商法論集	1979
鄭熙喆先生停年紀念	商法論叢	1985
鄭熙喆 著 鄭燦亨 增補	判例教材 어음·手票法(全訂增補版)	1985
鄭 燦 亨	事例研究 어음·手票法	1987
鄭 燦 亨	第七版 어음·手票法講義	2009
鄭燦亨教授華甲紀念	栢山商事法論集	2008
車 洛 勳	商法(下)	1969
蔡 利 植	改訂版 商法講義(下)	2003
崔 基 元	第5增補版 어음·手票法	2008
崔 埈 璿	第9版 어음·手票法	2013
法 務 部	獨逸의 어음法·手票法 解說	1995
法院行政處	裁判資料(第30, 31輯): 어음·手票法에 관한 諸問題(上)(下)	1986

小橋一郎	新版 手形法・小切手法講義	1982
鈴木竹雄 大隅健一郎	手形法・小切手法講座(全5巻)	1966
鈴木竹雄	手形法・小切手法(法律學全集 32巻)	1976
田中誠二	手形法・小切手法詳論(上)(下)	1970
伊澤孝平	手形法・小切手法	1949
竹田省	手形法・小切手法	1955
鈴木竹雄・石井照久	全訂商法(手形法・小切手法)	1965
服部榮三	手形法・小切手法	1967
前田庸	手形法・小切手法	1983
鴻常夫・竹內昭夫	手形小切手判例百選(第三版)	1981
大山俊彦・梶山純・ 川村正幸・岸田雅雄・ 三枝一雄	現代商法 Ⅲ 手形・小切手法	1987

Baumbach-Hefermehl	*Wechselgesetz und Scheckgesetz*(Kommentar), 17. Aufl.	1990
Baumbach-Hefermehl-Casper	*Wechselgesetz und Scheckgesetz*, 23. Aufl.	2007
Bilda	*Wechsel-und Scheckrechtmit Grundzügen des Wertpapierrechts*	1989
Brox	*Handelsrecht und Wertpaierrecht*, 10. Aufl.	1993
Gursky	*Wertpapierrecht*, 3. Aufl.	2007
Hueck	*Recht der Wertpapiere*, 19. Aufl.	1963
Hueck-Canaris	*Recht der Wertpapiere*, 12. Aufl.	1986
Jacobi	*Wechsel-und Scheckrecht*	1955
Langen	*Die Wechselverbindlichkeit nach dem Gesetz* vom 21. 6.	1934
Meyer-Cording	*Wertpapierrecht*	1980
Müller-Christmann/ Schnauder	Wertpapierrecht	1992
Rehfeld-Zöllner	*Wertpapierrecht*, 12. Aufl.	1978
Stränz	*Wechselgesetz*(*Kommentar*), 14. Aufl.	1952

Ulmer	*Das Recht der Wertpapiere*	1938
Zöllner	*Wertpapierrecht*, 14. Aufl.	1987
Dolan	Secured Transactions and Payment Systems : Problems and Answers	1995
Hawkland	Problems on Commercial Paper and Banking	1995
Nickles, Natheson & Adams	Modern Commercial Paper : The New Law of Negotiable Instrument(And Related Commercial Paper)	1994
Rubin & Cooter's	The Payment System : Cases and Materials and Issures	1994

〔略 語 表〕

AktG ………………… Aktiengesetz(獨逸株式法)
Art(§) ……………… Artikel(條文)
Aufl. ……………… Auflage(版)
BEA ………………… Bills of Exchange Act 1882(英國어음法)
BGB ………………… Bürgerliches Gesetzbuch(獨逸民法)
BGHZ 95, 45 …… Entscheidungen des Bundesgerichtshofs in Zivilsachen, Band 95 Seite 45. (獨逸聯邦大法院 民事判決集 제95집 45쪽)
CIF ………………… Cost, Insurance and Freight
FOB ………………… Free on Board
HRR ………………… Höchstrichtliche Rechtsprechung(最高法院判決)
JuS ………………… Juristische Schulung
JZ …………………… Juristenzeitung
NJW ………………… Neue Juristische Wochenschrift
OLG ………………… Oberlandesgericht(獨逸 各州의 高等法院)
Rdn., Rdz. ……… Randnummer, Randziffer
RGZ 45, 15 ……… Entscheidungen des Reichsgerichts in Zivilsachen. Band 45, Seite 15(獨逸帝國法院 民事判決集 제45집 15쪽)
SchG ………………… Scheckgesetz(獨逸手票法)
U. C. C. …………… Uniform Commercial Code(美國統一商法典)(1978 Official Text)
UNCITRAL ……… United Nations Commission on International Trade Law
WG …………………… Wechselgesetz(獨逸어음法)
WM ………………… Wertpapier-Mitteilungen
ZHR ………………… Zeitschrift für das gesamte Handelsrecht und Wirtschaftsrecht

차 례

제1편 어음·수표법 총론

제1장 유가증권론

제2장 어음·수표법

제3장 어음·수표의 분류

제4장 환어음과 약속어음 및 수표의 비교

제 2 편 어 음 법

제 1 장 총 설

제 3 장 어음행위

제 4 장 환어음의 배서

제5장 어음취득자 보호의 제도

제 6 장 환어음의 인수

제 7 장 어음과 은행거래

제 8 장 환어음의 만기와 지급

제 9 장 환어음의 상환청구

제10장 환어음의 보증 및 참가

제11장 어음의 상실 · 말소 · 훼손

제12장　복본과 등본

제13장 어음시효와 이득상환청구권

제14장 약속어음

제15장 전자어음의발행및유통에관한법률

제16장 어음법사례를 해결하기 위한 체계구성

제3편 수 표 법

제1장 총 설

제2장 발 행

제3장 양 도

제6장 상환청구

제7장 특수한 수표

제 8 장　이득상환청구권

제 9 장　복본 · 시효 · 벌칙 기타

제10장 새로운 지급수단

제 1 편

어음·수표법 총론

제 1 장 有價證券論

1. 有價證券의 必要性과 機能

자본주의사회에서는 유가증권제도가 사회의 동맥과 같은 기능을 수행하고 있다. 유가증권제도가 없다면 자금의 조달이나 금융의 흐름의 원활을 기대할 수 없기 때문이다. 현대사회에서는 권리를 하나의 가치물로서 거래의 목적으로 삼을 필요성이 있고, 이에 따라 무형의 권리를 유형의 증권 내지 종이에 표창한 것이 유가증권이다. 시대가 더 진전됨에 따라 종이 없는 유가증권 내지 전자유가증권의 논의가 진행되었고, 일부 입법에 반영되기에 이르렀다.

특히 권리를 이전하는 데에 있어서는 유통성의 확보가 문제된다. 현대국가에서는 재화의 자유거래를 인정하며, 특히 동산의 양도는 상대적으로 자유로우며, 선의취득제도를 인정하여 선의의 거래자를 보호한다. 그런데 채권양도의 경우에는 양수인의 지위가 불안하게 된다. 우선 원래의 권리의 내용이 무엇인지 그 자체를 안다는 것부터 쉽지 않다. 사원권의 양도도 불편하다. 양수인은 단체의 정관과 내규를 일일이 검토해야 하는 불편함이 따른다. 이러한 채권이나 사원권 양도에 따르는 불편을 제거하기 위한 수단으로 등장한 것이 유가증권이다. 이를 통해 권리를 물화하였다. 그리고 유가증권은 요식증권성·문언증권성을 그 기본적 속성으로 한다. 그 밖에 유가증권은 금전대용기능과 신용창조의 기능도 수행한다.

2. 有價證券의 意義

유가증권은 재산적 가치가 있는 사권을 표창한 증권이다. 여기서 "표창"은 화체를 의미하는 것으로 사권이 증권에 결합된 것을 말한다. 그런데 증권과 권리가 어느 정도 어떻게 결합되어야 유가증권이 되는지가 문제된다. 즉 어떤 경우에 권리가 증권에 화체되는가의 문제이다. 이에 대해서는 여러 가지 견해가 주장되고 있다.

(1) 제 1 설은 권리의 발생·이전·행사의 전부 또는 일부에 증권이 필요하다는 견해(손주찬, 상법(하) (제 9 증보판), 2001, 8쪽; 정찬형, 상법강의(하) 제 7판, 2005, 6~7쪽; 서헌제, 상법강의(하), 2002, 468쪽. 종래 통설)이다. 이에 의하면 유가증권의 인정범위가 가장 넓어진다. 그런데 권리의 발생에만 증권을 요하고, 권

리의 이전이나 행사에는 증권을 요하지 않는 유가증권이 있는 듯한 오해를 야기한다. 그리하여 이 설을 취하는 경우 권리의 발생, 즉 발행의 경우에만 증권을 필요로 하는 경우를 제외하고 이론을 전개하는 경향이 있다.

(2) 제 2 설은 권리의 이전에 증권의 교부가 필요하다는 견해로서, 이는 권리에 증권을 결합시킴으로써 권리의 유통을 촉진시킬 수 있다는 전제 하에 있다(최기원, 어음 · 수표법(제4 증보판), 2001, 16쪽). 그러나 이 견해는 권리의 이전에 증권의 소지를 요하는 것은 권리의 행사에 증권의 소지를 요하는 논리적 필연성에 기한 것인데, 이 점을 간과한 면이 있다. 또한 이 견해의 단점으로는 기명증권은 모두 유가증권이 아니라고 보는 점을 들 수 있다.

(3) 제 3 설은 권리의 행사에 증권의 소지 내지 제시를 요한다면 논리필연적으로 권리의 이전에도 증권의 소지를 요한다고 보아야 한다는 점에서 유가증권은 권리의 행사에 증권의 교부가 필요하다는 견해(정동윤, 어음 · 수표법 제 5 판, 2004, 16쪽; 김정호, 상법강의(하), 2000, 6~7쪽)이다. 그런데 이 입장에는 증권의 행사에 증권소지가 요구되지 않는 기명주식은 유가증권으로 볼 수 없는 단점이 있다.

(4) 제 4 설은 권리의 행사에 있어서 권리 · 증권의 결합과 권리의 이전에 있어서 권리 · 증권의 결합 간에는 논리적 관계가 있다고 보고, 권리의 이전 · 행사 모두에 증권이 필요하다는 견해(강위두, 어음 · 수표법, 1997, 7쪽; 양승규, 어음법 · 수표법, 1997, 38쪽)이다. 이 견해에 의하면 유가증권을 인정하는 범위가 상대적으로 좁다.

각 견해가 장단점이 있지만 그 가운데 유가증권은 사법상의 권리를 표창하는 증권으로서 권리의 행사를 위하여 증권의 점유가 필요하다는 제 3 설의 견해가 가장 설득력이 있다고 본다.

3. 有價證券의 種類

유가증권은 여러 기준에 의하여 분류할 수 있다.

(1) **채권증권 · 물권증권 · 사원권증권** 이는 표창하고 있는 권리의 내용에 따른 분류이다. 채권증권은 채권을 표창하는 유가증권이고, 물권증권은 물권을 표창하는 증권이며, 사원권증권은 사원권을 표창하는 유가증권이다. 인수나 지급보증이 되기 전의 환어음이나 수표가 대표적 채권증권이다. 일반적으로 어음 · 수표, 화물상환증, 선하증권, 극장입장권, 전환사채 등이 채권증권이다. 현행법상 증권이 직접적으로 물권을 표창하는 유가증권은 없다. 선하증권 · 화물상환증 및 창고증권을 인도증권 · 물권적 증권이라고 하기도 한다. 증권이 어떤 단체의 구성원의 지위나 권리를 표창할 때 이를 사원권증권이라고 하며, 주권이 대

표적으로 그에 속한다.

(2) 무기명증권(소지인출급식증권) · **기명증권 · 지시증권 · 선택무기명증권**

유가증권에서는 권리가 특별한 방식으로 종이와 결합된다. 이 때 종이에 대한 소유권과 종이의 내용, 즉 그에 화체된 채권을 구별하여야 한다. 원래 종이의 소유권자가 채권의 권리자와 일치하고, 그것이 유지되는 것이 바람직하다. 그런데 권리이전이 상이한 기준에 의해 이루어지는 경우에는 양자의 분리는 불가피하게 된다. 종이에 대한 소유권이전은 물권법규정에 의하게 되고, 채권양도는 민법 채권편의 규정에 의하게 된다. 따라서 채권법적 규범을 우선시할 것인가, 아니면 물권법적 규정을 우선시할 것인가를 결정하여야 한다. 물권법적 해결방식으로 종이에 대한 소유권을 취득하면 동시에 화체된 권리를 취득하게 하는 방법이 있다. 그러나 다른 한편 종이에 화체된 권리의 소유권자가 또한 종이의 소유권자가 되도록 하게 하는 방법도 있다. 이는 채권법적 해결방법으로서 종이에 대한 소유권의 양도가 채권양도규정에 의해 결정되도록 하는 방식이다(Müller-Christmann/Schnauder, *Wertpapierrecht*, Berlin · Heidelberg, 1992, S. 3).

이와 연결된 유가증권의 분류가 무기명증권(소지인출급식증권) · 기명증권 · 지시증권 · 선택무기명증권이다. 이러한 분류는 증권상 권리를 행사할 자를 지정하는 방법에 따른 분류이다.

A. **무기명증권** 무기명증권(Inhaberpapier)은 증권상 권리자가 특정되어 있지 않고, 그 증권의 소지인을 권리자로 하는 유가증권이다. 수표는 처음부터 소지인출급식으로 할 수 있고(수표법 제5조 제3항), 어음은 소지인출급식으로 발행할 수는 없지만(어음법 제1조 제6호, 제75조 제5호) 일단 발행된 어음은 소지인출급식 배서(이는 "소지인에게 지급하여 주십시요"라는 형태로 이루어진다)에 의해 무기명증권화가 가능하다(어음법 제12조 제3항).

무기명증권소지인의 법적 지위에 관한 가장 본질적인 사항은 증권소지인이 권리자로서의 정당성을 증명하지 않아도 된다는 점, 즉 증권의 소지만으로 충분하다는 점이다. 증권소지인은 특별히 그가 증권의 소유권자이며, 적법한 소지인이라는 사실에 관해 증명책임을 지지 않는다. 물론 증권상의 의무자인 발행인은 소지인이 실제로 적법한 소지인이 아니라는 사실을 증명할 수 있으면 소지인에 대하여 지급하지 않아도 된다. 이는 증권의 소지만으로 이미 실질적인 적법한 소지인으로 추정을 받게 된다는 의미이다. 이러한 무기명증권에서는 증권상의 권리는 증권 자체에 대한 권리에 따른다(Das Recht aus dem Papier folgt dem Recht am Papier)(Müller-Christmann/Schnauder, *Wertpapierrecht*, Berlin · Heidelberg, 1992, S. 16)는 원리가 적용된다.

(예) 절취나 습득에 의하여 무기명채권을 취득한 자는 표창된 권리를 행사하기 위한 처분권능은 없다. 그러나 권리유무의 사실은 채무자가 증명하여야 한다. 이 점은 무기명주권에 기하여 사원권을 행사하는 경우에도 마찬가지이다. 채무자에 대하여 증권금액의 지급을 위해 증권을 제시할 권한이 있는 소지인은 자신이 직접 하거나 점유보조자(예컨대 수금계)나 점유매개자(가령 은행)를 통하여도 할 수 있다.

B. **기명증권** 기명증권(Namenspapier, Rektapapier)은 증권에 권리자가 특정되어 있어서 그 특정된 사람만이 권리를 행사할 것으로 되어 있는 증권이다. 배서금지 어음·수표가 그에 속한다. 이를 지명증권이라고도 한다. 기명증권은 언제나 권리자의 성명이 기재되는 증권이다. 기명증권에서의 채무자는 증권의 소지인에 대해서가 아니라 증권상의 권리자에게 직접(원칙으로 기명이 되어 있는 권리자에게 직접) 지급하여야 한다. 기명증권의 소지인은 정당한 권리자로 추정받지 못한다. 가령 증권상의 권리를 행사하고자 하는 자는 자기의 성명이 증권에 기재되어 있지 않을 때에는 증권을 제시할 때 증인 등을 통하여 자신이 증권에 표창된 권리의 취득자임을 증명하여야 한다. 기명증권에서 증권에 표창된 권리는 물권법적으로 이전되는 것이 아니라 권리 자체의 양도에 관한 일반원칙, 즉 민법 제449조에 따른 양도에 의하여 통상 이루어진다. 기명증권에서의 증권의 양도는 그 자체로서는 전혀 권리가 양도되지 않으며, 오히려 증권의 소지인은 자동적으로 증권에 표창된 권리의 이전에 따른다. 즉 기명증권에서는 증권에 대한 권리는 증권상의 권리에 따른다(Das Recht am Papier folgt dem Recht aus dem Papier)(Müller-Christmann/Schnauder, *Wertpapierrecht*, Berlin·Heidelberg, 1992, S.19)는 원리가 적용된다.

C. **지시증권** 지시증권(Orderpapier)은 증권상 기재된 특정인 또는 그가 지시하는 자를 권리자로 하거나(A 또는 그의 지시인) 또는 증권에 특정인을 기재하고, 그가 지시하는 자를 권리자로 하는(김갑동의 지시인) 유가증권이다. 어음·수표, 화물상환증, 선하증권, 창고증권이 이에 속한다. 지시증권에서도 특정권리자가 기명에 의하여 정하여진다. 그러나 채무자는 특정한 권리자에게 채무를 이행할 의무를 부담하고 있을 뿐만 아니라 지명된 자의 지시에 의해 정해진 자에게도 채무를 이행하여야 한다. 즉 채무자는 A 또는 그의 지시인에게 채무를 이행하여야 한다. 이러한 지시는 유가증권법상의 고유하고도 특별한 의사표시인 배서에 의하여 이루어진다.

이러한 의사표시가 통상 유가증권의 뒷면에 행하여진다는 점에서 배서라는 명칭이 붙게 되었다. 그러나 뒷면에 하는 것이 법적으로 필요한 것은 아니다. 지시증권을 양도하는 권리자인 배서인은 증권상에 배서를 함으로써, 즉 그 취득자인 피배서인의 성명을 기재하고(‘나의 권리를 A에게 지시함’, 약식으로는 ‘A에게’) 의사표시의 내용에 대해 기명날인 또는 서명함으로써(민법 제510조) 피배서인에게 증권을 교부하게 된다.

증권과 증권화된 권리를 양도할 경우 배서인의 일방적인 문서상의 의사표시만으로는 충분하지 않다. 이와 아울러 권리이전에 대한 계약상의 합의가 있어야 하며, 이는 통상 계약에 기하여 증권을 교부하는 형태를 취한다. 이렇게 배서와 더불어 증권을 교부하는 데에는 표창된 권리의 양도가 동시에 이루어진다(민법 제508조).

배서에는 이러한 특별한 효력이 인정되기 때문에 모든 유가증권을 지시증권으로 발행할 수는 없고, 오히려 지시증권의 범위는 법률로 제한되고 있다. 이를 지시증권법정주의라고 한다. 이러한 지시증권은 법률상 당연한 지시증권과 선택적 지시증권으로 나뉘어진다.

(i) 법률상 당연한 지시증권 법률상 당연한 지시증권은 발행인이 지시증권임을 밝히지 않아도 배서에 의하여 자유롭게 유통될 수 있는 유가증권이다. 어음(어음법 제11조 제1항, 제77조 제1항 제1호)과 기명수표(수표법 제14조 제1항)는 법률상 당연한 지시증권이다. 그러나 어음과 수표의 발행인은 이른바 지시금지문언에 의하여 증권에 배서를 금지함으로써 배서능력, 즉 지시증권의 성질을 제거할 수도 있으며, 이 때에는 대부분 지시불가의 보충어를 기재함으로써 행하여진다.

(ii) 선택적 지시증권 선택적 지시증권으로는 민법 제508조의 유가증권이 해당된다. 이 증권은 지시가능문구가 삽입될 때에만 비로소 지시증권이 된다.

모든 지시증권은 증권상의 적법한 권리자가 백지식 배서를 함으로써(‘나의 권리를 ―에게’ 또는 단순한 서면에 한 기명날인 또는 서명만으로) 사후적으로 무기명증권으로서 기능할 수 있다.

D. **선택무기명증권** 선택무기명증권(alternatives Inhaberpapier)은 증권에 권리자가 지정되어 있지만, 그와 동시에 소지인도 권리자로 취급하는 유가증권(“甲 또는 이 증권의 소지인에게”)이다. 지명소지인출급증권이라고도 한다. 이는 무기명증권과 동일한 효력이 있다. 즉 효력에 있어서 무기명증권과 전혀 다름이 없다. 수표에 선택무기명식으로 발행되는 것이 많지만(수표법 제5조 제2항), 화물상환증 · 선하증권 · 창고증권에 대하여도 인정된다(민법 제525조, 상법 제65조). 그러나 선택무기명증권은 어음에는 인정되지 않는다.

(3) **무인증권 · 유인증권** 무인증권은 증권상의 권리의 존부나 내용이 원인관계와 독립하여 성립하고 효력을 발생하며, 또 증권상의 권리행사를 위해 원인관계의 증명을 요하지 않는 증권이다. 무인증권의 대표적인 예는 어음·수표가 된다. 유인증권 내지 요인증권은 증권상의 권리가 증권발행의 원인인 법률관계의 유효한 존재를 요건으로 하는 유가증권이다. 유인증권에는 선하증권·화물상환증·창고증권·주권이 있다.

(4) **설권증권 · 선언증권**(비설권증권) 이 분류는 증권의 특수성과 증권상의 권리발생관계를 기준으로 한 분류이다. 즉 증권의 작성에 의하여 증권상의 권리관계가 창설되는 유가증권이 설권증권이다. 어음·수표가 대표적 예이다. 선언증권은 증권상의 권리의 발생에 증권의 발행을 요건으로 하지 아니하는 유가증권이다. 선언증권에는 선하증권·화물상환증·창고증권·주권 등이 속한다.

(5) **완전증권 · 불완전증권** 이는 증권과 권리와의 결합정도 또는 유통성의 강약을 기준으로 하는 분류이다. 즉 권리의 발생·행사·처분 모두에 증권의 소지를 요하는 것을 완전증권이라 하며, 이에는 어음·수표가 대표적으로 해당한다. 불완전유가증권은 증권과 권리의 결합정도가 완전유가증권의 경우보다 덜 밀접하여 권리의 이전에만 또는 이전 및 행사에만 증권의 점유가 필요한 것을 가리킨다. 화물상환증·기명주권 등이 이에 속한다.

(6) **이행증권 · 이전증권** 이는 유가증권을 발행하는 목적에 따른 분류이다. 이행증권은 권리자가 단기간 내에 채무자에게 유가증권을 제시하고, 채무자가 유가증권과 상환으로 이행을 완료하면 소멸될 것이 예상되는 유가증권이다. 이러한 이행증권에는 어음·수표, 화물상환증, 선하증권, 창고증권이 속한다. 이전증권은 권리자가 장기간 증권을 보유할 것이 예견되고, 주로 이 보유한 권리를 이전할 목적으로 발행되는 유가증권으로 주권이 대표적이다.

(7) **요식증권 · 불요식증권** 요식증권은 증권의 기재사항 기타 방식이 법정되어 있는 유가증권이다. 이에 비하여 불요식증권은 증권의 기재사항이나 기타 방식이 법정화되어 있지 아니한 유가증권을 가리킨다. 유가증권은 대부분 요식증권이나, 그 요식성의 엄격성에 있어서는 증권의 종류마다 차이가 있다.

(8) **제시증권 · 비제시증권** 이는 권리를 행사하기 위하여 증권의 제시가 필요한지 여부에 따른 분류이다. 즉 제시증권은 소지인이 증권상의 권리를 행사하기 위해서는 채권자에게 증권을 제시하여야 하는 증권이고, 소지인이 증권상의 권리를 행사할 때에 증권의 제시를 요하지 아니하는 유가증권이 비제시

증권이다.

(9) **상환증권 · 비상환증권** 이는 증권과 상환으로만 증권상의 채무의 변제를 요구할 수 있는지 여부에 따른 구별이다. 즉 상환증권은 증권과 상환하지 않고는 증권상의 채무를 이행할 필요가 없는 유가증권이며, 비상환증권은 증권과 상환하지 않고도 증권상의 권리를 행사할 수 있는 유가증권을 가리킨다.

(10) **문언증권 · 비문언증권** 이는 권리의 증권화의 정도를 기준으로 한 분류이다. 증권상의 권리의 내용이 증권에 기재된 문언에 따라 정하여지는 유가증권이 문언증권이고, 증권상의 권리의 내용이 증권 외의 실질관계에 의하여 정하여지는 유가증권이 비문언증권이다.

(11) **집단증권 · 개별증권** 집단증권은 동일한 내용의 권리를 표창하는 증권이 대량적으로 발행되는 유가증권을 가리킨다. 이에는 주권 · 사채 · 국채권 · 상품권 등이 해당된다. 개별증권은 특정채권자를 기재하든가, 혹은 개별적으로 일정한 채무액으로 발행되는 유가증권을 가리킨다. 어음 · 수표 · 화물상환증 · 선하증권 등이 개별증권이다.

4. 有價證券의 屬性

유기증권은 여러 가지 특유한 속성을 내포하고 있는바, 다음과 같은 것을 들 수 있다.

(1) **요식증권성** 요식증권성은 법률에 따른 일정한 형식을 갖추어야 한다는 속성을 말한다. 어음 · 수표는 엄격한 요식증권이다. 이에 비해 화물상환증 · 선하증권 · 주권은 엄격하지 않은 요식증권이다.

(2) **문언증권성** 증권에 관련된 이해관계인 사이의 권리 · 의무는 증권에 기재된 바에 따라 정해지는데, 이를 문언증권성이라 한다. 이에 따라 증권상의 채무자는 증권에 기재된 문언에 따라 책임을 진다.

(3) **자격수여적 효력** 배서가 소지인에 이르기까지 형식적으로 연속만 되면, 증권의 소지인은 권리의 승계사실을 일일이 증명함이 없이도 법률상 권리자로 추정된다. 이를 통하여 증권의 소지인의 지위가 강화되고, 유통성이 확보된다. 유가증권의 채무면제적 효력으로서 면책적 효력이 채무자의 지위를 강화시켰듯이 다른 한편으로는 소지에 관련된 효과, 즉 채권자의 지위를 강화하는 효력이 있다.

(4) **선의취득자의 보호** 자본시장의 유가증권으로서 특히 대량발행증권은 광범위한 유통성보호가 없으면 제대로 기능할 수 없다. 이에 유가증권의

경우에는 민법상의 동산의 경우보다 선의취득자를 더 보호한다. 취득자에 중과실이 없는 한 보통과실이 있어도 선의취득을 인정한다. 그리고 도품·유실물에 대한 특칙도 인정하지 않는다.

(5) 제시증권성 유가증권은 채무자에 대한 통지나 승낙 없이 전전유통된다. 그러한 경우에는 소지인이 유가증권을 채무자에게 제시하고 이행을 청구하여야 한다. 이와 같이 증권의 제시가 없는 한 채무자가 변제를 할 필요가 없는 증권의 속성을 제시증권성이라 한다.

(6) 상환증권성 상환증권은 증권과 상환하지 않으면 채무의 변제를 할 필요가 없는 증권을 지칭한다. 이 때에는 채무자는 유가증권과 상환으로만 유가증권상 채무를 이행할 의무가 있으며, 이러한 속성을 상환증권성이라 한다. 어음·수표·화물상환증·선하증권 등은 상환증권성의 속성을 가지고 있다.

〈대판 2001. 6. 1, 99 다 60948〉

「어음은 제시증권·상환증권이므로(어음법 제38조, 제39조) 어음을 소지하지 않으면 어음상의 권리를 행사할 수 없는 것이 원칙이지만, 이와 같이 어음상의 권리행사에 어음의 소지가 요구되는 것은 어음채무자에게 채권자를 확지시키고 또 채무자로 하여금 이중지급의 위험을 회피·저지할 수 있게 하는 데 그 취지가 있는 것이므로, 어음이 어떤 이유로 이미 채무자의 점유에 있는 경우에는 이와 같은 점을 고려할 필요가 없어 어음의 소지는 채무자에 대한 권리행사의 요건이 되지 아니하고, 채무자는 상환이행의 항변을 제기하지 못한다.」

〈대판 2008. 7. 10, 2005 다 24981〉

「소송 외에서 어음채권을 자동채권으로 하여 상계의 의사표시를 하는 경우에는 어음채무자의 승낙이 있다는 등의 사정이 없는 이상 어음의 교부가 필요불가결하고 어음의 교부가 없으면 상계의 효력이 생기지 않으며, 이때 어음의 교부는 상계의 효력발생요건이라 할 것이므로 상계의 의사표시를 하는 자가 이를 주장·입증하여야 한다.」

(7) 면책증권성 증권상 채무자가 증권의 소지인에게 변제하면 악의 또는 중대한 과실이 없는 한 소지인이 무권리자인 경우에도 채무자는 그 책임을 면하는데, 이러한 속성을 면책증권성이라 한다. 어음법의 경우 악의 대신 사기라는 표현을 하고 있으나(어음법 제40조 제3항), 이는 증명의 문제까지 고려하려는 것이다. 어음·수표 등이 면책증권성을 갖는다.

5. 有價證券과 區別되는 槪念

유가증권과 비교할 수 있는 대상으로 그 유사성은 있으나 실제로는 유가증권과 구별하여야 할 개념으로서 다음과 같은 것을 들 수 있다.

(1) 증거증권 단순한 증거증권은 권리관계의 존부나 내용을 증명하는 서면으로서 법률관계를 증명하는 증빙서류에 불과한 것을 가리킨다. 가령 차용증·화물명세서·보험증권·등기권리증이 증거증권에 속한다.

(2) 면책증권 면책증권은 의무자가 증권의 소지인에게 이행하면 증권의 소지인이 정당한 권리자가 아니더라도 악의 또는 중대한 과실이 없는 한 의무를 면하는 증권이다. 목욕탕에서의 옷표 등이 그에 속한다.

(3) 금 액 권 이는 법령에 의하여 특정의 용도에 금전에 갈음하여 사용할 수 있는 증권으로서 증권 자체가 특정한 금전적 가치를 가지는 것으로서 우표·수입인지 등이 이에 속한다.

6. 有價證券法

통일화되고 체계적인 유가증권법은 존재하지 않는다. 다만, 강학상 유가증권법의 개념이 사용되고 있다. 이에 대해서는 유가증권법정주의, 유가증권법의 구성 및 특색을 살펴볼 필요가 있다.

(1) 유가증권법정주의 지시증권의 유형은 제한되어 있다. 특히 배서에 의한 권리이전은 법률에 규정된 경우에만 가능하다. 이른바 유가증권법정주의가 지배하기 때문이다. 이와 같이 유가증권법정주의는 유가증권은 그 종류 및 내용이 법에 의하여 제한을 받는다는 속성을 가리킨다. 지시식이나 소지인출급식 유가증권에는 유가증권법정주의가 적용됨에는 문제가 없다. 이에 대하여 기명증권에도 유가증권법정주의가 적용되는가에 대해서는 의론이 있다. 그런데 채권을 표창하는 기명유가증권에는 유가증권법정주의가 적용되지 않는다고 보아야 한다.

(2) 유가증권법의 구성 유가증권에 대한 통일적이고 체계화된 법은 없다. 민법 제508조～제522조에서 지시채권에 대하여 규정하고, 제523조～제526조에서 무기명채권에 대하여 규정한다. 그리고 상법 제65조에서는 이들 민법규정 이외에 어음법 제12조 제 1 항 및 제 2 항을 준용한다고 규정하고 있는데, 이의 해석문제가 야기되고 있다. 어음·수표에 대해서는 어음법, 수표법, 전자어음의 발행 및 유통에 관한 법률 등 특별법이 있다.

(3) 유가증권법의 특색 유가증권법은 그 증권 자체의 속성으로 인하여 다음과 같은 특색을 가지고 있다.

A. **강행법적 성질** 어음수표를 통하여 당사자가 엄격한 책임을 지고 또 다수인의 이해관계가 결부되기 때문에 특히 유가증권의 유통성확보와 거래의 안전을 위하여 유가증권에 관한 법률의 규정은 강행법적 특색을 갖는다.

B. **기술적 성격** 유가증권관련 권리의 발생·행사·소멸이 보통 다른 거래의 수단이 되는데, 이를 기술적 특성이라 한다.

C. **형식적 성격** 유가증권은 당사자의 인격에 기초하지 아니하고 유가증권을 중심으로 권리의무를 형식적으로 정할 필요가 있다. 즉 유가증권법은 형식적 성격을 가지고 있다.

D. **국제화·통일화의 추세** 오늘날 각종 거래는 광역화·세계화하고 있다. 특히 인터넷과 전자거래의 발달이 그를 촉진하고 있다. 그리고 그렇기 때문에 각종 거래의 수단으로 이용되는 유가증권 및 유가증권법도 국제화·통일화의 경향이 강하다.

제 2 장 어음 · 手票法

1. 어음 · 手票의 起源과 어음 · 手票法의 發展

(1) 어음 · 수표제도의 기원 12세기 중반에 북부이탈리아 지중해연안의 도시국가에서 환전업자가 송금을 목적으로 발행한 증서가 어음제도의 기원이다. 16세기에 배서제도가 생겼으며, 18세기 배서인의 담보책임제도가 생겨났다 (Baumbach/Hefermehl, *Wechselgesetz und Scheckgesetz*, 17. Aufl., München, 1990, S. 46).

수표는 14세기경 남이탈리아에서 발생하였으며, 중유럽을 거쳐 17세기경 영국으로 건너가 본격적으로 발전하였다. 18세기 말 영국에 어음교환소가 생겼다 (Zöllner, *Wertpapierrecht*, 14. Aufl., München, 1987, S. 159). 이미 19세기에 영국에서는 수표가 일반적인 지급수단이 되었던 반면에 독일에서는 수표거래가 조금 늦게 발전되었다 (Müller-Christmann/Schnauder, *Wertpapierrecht*, Berlin · Heidelberg, 1992, S. 121).

(2) 어음 · 수표법의 발달 유럽에서는 어음 · 수표법이 지방이나 도시에서 관습법 혹은 도시자치법의 형태로 발전하였다. 근대국가성립 후에 통일법으로 발전하였다. 즉 독법계 · 불법계 · 영미법계의 3개의 다른 체계로 발달하게 되었다. 독일의 경우는 1847년 보통독일어음조례를 거쳐 1908년 수표법(RGBl, S. 71)이 제정되었다. 그 이후 국제조약에 의거하여 또다시 1933년 6월 21일 어음법, 1933년 8월 14일 수표법이 제정되었다(Müller-Christmann/Schnauder, *Wertpapierrecht*, Berlin · Heidelberg, 1992, S. 44, 121).

1912년 헤이그어음법통일회의에서는 통일어음규칙을 제정하고 통일수표규칙을 채택하였으나, 제 1 차 세계대전으로 빛을 보지 못하였다. 그러다가 1930년 제네바 "어음 및 수표에 관한 법률의 통일을 위한 국제회의"에서 어음법통일조약을 채택하였다. 1931년 제 2 차 회의에서 수표법통일조약을 채택하였다. 이는 독법계 · 불법계를 절충하였으며, 각국의 특수사정을 고려하여 유보조항을 두었다. 우리나라 어음법 · 수표법은 이 통일조약을 기초로 제정되었다.

그런데 영미법계는 처음부터 통일조약체결에 소극적 자세를 취하였다. 위 통일조약체결에도 불참하였다. 그리하여 대륙법계와 영미법계가 분리되어 불편하였다. 이에 UN국제상거래법위원회(UNCITRAL)의 노력으로 1988년 12월 9일 제45차 총회에서 「국제환어음 및 약속어음에 관한 UN협약」이 채택되었다 (Baumbach/Hefermehl, *Wechselgesetz und Scheckgesetz*, 17. Aufl., München, 1990, S. 48~49).

2. 어음·手票法의 意義

다른 모든 법에서처럼 어음·수표법도 형식적 의미와 실질적 의미로 나누어 볼 수 있다.

(1) 형식적 의미에서의 어음·수표법 형식적 의미에서의 어음·수표법이라 함은 어음법·수표법 또는 어음편·수표편 등의 명칭으로 제정된 성문법을 가리킨다. 우리나라 어음법·수표법은 1962년 1월 20일 공포되고, 1963년 1월 1일 시행되었다.

(2) 실질적 의미에서의 어음·수표법 실질적 의미의 어음·수표법이라 함은 어음·수표에 관한 법률관계를 규율하는 법규의 총체를 가리킨다. 어음법·수표법 이외에 전자어음의 발행 및 유통에 관한 법률, 거절증서령(1970. 4. 15, 대통령령 제4919호), 수표법의 적용에 있어서 은행과 동일시되는 사람 또는 시설의 지정에 관한 규정(1970. 4. 15, 대통령령 제4920호) 등도 모두 실질적 의미의 어음·수표법에 포함이 된다.

3. 어음·手票法의 任務와 特性

(1) 어음·수표법의 임무 전체적으로 보면 이용되는 수량이 많고, 또 제 3 자의 손을 거쳐 전전유통되는 어음과 수표의 안전한 거래를 확보하기 위한 것이 어음·수표법의 임무라고 할 수 있다. 어음·수표법의 임무는 우선 유통성의 확보에 있다. 이는 달리 보면 지급성의 확보에 있다고 파악할 수 있으며, 양자는 상호 밀접한 연관관계 하에 있다. 이러한 유통성과 지급성을 확보하기 위하여 문언증권성, 무인증권성, 선의취득요건의 완화의 속성을 인정하고 있다.

(2) 어음·수표법의 특성

A. **강행법적 성격** 어음·수표법은 강행법적 성격을 갖는다. 어음·수표를 중심으로 많은 이해관계인이 관계되고, 이들의 권리·의무의 한계를 분명히 해야 하기 때문이다.

B. **기술적·수단적 성격** 어음·수표법은 그 본래 목적을 위해 정교하고 체계적으로 정리한 특징이 있다. 그런데 원래 어음·수표는 주로 다른 거래의 수단으로 이용된다. 이에 어음·수표법은 기술적 성격을 갖는다.

C. **통일적·세계적 성격** 국제거래가 빈번하게 이루어지고, 또 국경을 넘은 거래가 보편화되면서 그 거래에 이용하는 어음·수표제도를 규율하는 법률이 국가마다 다르면 불편하게 된다. 이에 어음·수표법은 세계적 통일화의 경향이 강하다.

4. 어음 · 手票法과 他法과의 關係

어음 · 수표법은 사법이며, 채권에 관한 규정에 가깝다. 그리고 민법에 대한 특별법적 지위를 갖는다.

(1) 유가증권법과의 관계 어음 · 수표법은 다른 유가증권에 관한 私法規定과 같이 전체적 유가증권법체계를 형성하고 있다. 그렇지만 유가증권에 관한 사법규정은 불완전하고 체계적으로 구성되어 있지 않은 면이 있다. 그런데 어음 · 수표법은 비교적 정연한 체계를 가지고 있고, 법리가 상대적으로 발달되어 있다.

(2) 민법과의 관계 어음 · 수표법은 어음 · 수표채권에 관한 법률이어서 채권법적 규정을 갖고 있다. 또 무기명증권 · 기명증권 논의에서처럼 물권법적 규정도 연관이 된다. 그 가운데에도 어음 · 수표 채권이 주로 문제되므로 어음 · 수표법 규정은 주로 채권법적 규정이고 물권법적 규정은 소수이다. 어음 · 수표법은 어음 · 수표 거래의 특수한 수요에 맞추어 민법의 규정을 보충 · 변경한 것이므로 민법에 대하여 특별법의 관계에 있다.

(3) 상법과의 관계 자본주의사회의 거래실상을 들여다 보면, 어음 · 수표는 기업이나 상인의 독점물은 아니고 일반인들도 널리 이용하고 있다. 상법상 어음 · 수표 행위가 상행위로 규정되어 있는 것도 아니어서 어음 · 수표법은 형식적으로 보나 실질적으로 보나 상법의 체계에 속한다고는 보기 어렵다. 그러나 상인법 내지는 장기적인 차원에서의 기업법으로서의 상법과 어음 · 수표법은 밀접한 관련을 가지고 있음은 부인할 수 없다.

제 3 장 어음·手票의 分類

제 1 절 어음의 分類

1. 換어음·約束어음

환어음은 발행인이 어음수취인에 대한 만기의 액면총액의 지급을 제3자(지급인)에게 위탁하는 지급위탁증권이다. 어음면에는 보통 다음과 같이 표현된다 : "지급인 甲. 이 어음과 상환하여 수취인 乙(또는 그 지시인)에게 3,000만원을 지급하여 주십시오. 발행인 丙." '환'이라 불리우는 것은 어음면상 이러한 지급위탁문구에 의해 발행인이 어음을 지급인에 대하여 발행하기 때문이다. 따라서 발행인 −수취인− 지급인의 3당사자 관계가 존재한다. 지급인은 발행인으로부터 단순히 지급의 위탁을 받고 있는 것에 불과하므로 당연히 어음금액을 지급할 채무를 부담하는 것은 아니며, 단지 그가 어음을 기명날인 또는 서명을 통하여 인수한 경우에만 책임을 진다. 이에 의해 지급인은 인수인이 된다. 발행인 스스로가 지급인이 될 수도 있는데, 이러한 경우를 자기앞환어음이라고 한다. 발행인 스스로가 수취인이 되는 경우는 자기지시환어음이라고 한다. 환어음은 국내거래에서는 거의 이용되지 않고, 자기지시환어음이 화환어음 또는 화환신용장의 형태로 국제거래에서 주로 이용된다.

약속어음은 발행인 자신이 어음수취인에게 만기에 일정금액을 지급할 것을 약속하는 지급약속증권이다. 어음면에는 보통 다음과 같이 표현된다 : "이 어음과 상환하여 수취인 甲(또는 그 지시인)에게 3,000만원을 지급하겠습니다. 발행인 乙." 발행인이 지급인(정확하게는 인수인)의 지위를 겸하기 때문에 발행인−수취인의 2당사자 관계만이 존재한다. 약속어음은 '인수된 자기앞환어음'에 해당된다고 볼 수 있다.

2. 商業어음·融通어음

이는 어음발행과 원인행위와의 관계에 의한 분류이다. 상업어음(진성어음)은 상거래가 원인이 되어 발행되는 어음을 말한다. 융통어음(신용어음)은 어음발행의 원인에 현실적인 상거래가 없이 오직 자금융통의 목적을 위하여 발행 또는 교부된 어음이다. 약속어음금청구에 있어 어음발행인이 그 어음은 융통어음이므로 피융통자에 대해 어음상 책임을 부담하지 않는다고 항변하는 경우, 융통어음이라는 점에 대한 증명책임은 어음발행인이 부담한다(대판 2001. 8. 24, 2001 다 28176).

상업어음과 융통어음은 보통 국내에서 이용되는데, 법률적으로는 모두 약속어음이다. 기업이 상업어음을 취득한 경우 보통 거래은행으로부터 할인을 받아 자금화하는데, 거래은행은 중앙은행으로부터 다시 재할인을 받는다. 할인을 요구할 경우, 그것이 융통어음이 아니라 상업어음을 증명하기 위한 영수증이나 거래계약서 등을 제출하여야 한다. 기업은 융통어음으로써 거래은행으로부터 할인을 받을 수는 없고, 동 어음은 주로 타인으로부터의 금융 또는 채무를 담보하기 위하여 제공된다. 융통어음에서 채권자 등이 채무자로부터 변제를 받고 그 어음을 채무자(피융통자)에게 반환하고, 채무자가 다시 그 어음을 융통어음의 발행인 또는 배서인에게 교부하면 아무런 문제가 없다. 그런데 채권자 등이 채무자로부터 변제를 받지 못하여 그 어음을 제 3 자에게 양도한 경우에는 융통어음의 발행인 또는 배서인이 제 3 자에게 어음상의 채무를 이행하여야 하는지가 문제된다. 이에 대해 우리 대법원(대판 1979. 11. 30, 79 다 479)은 「제 3 자가 선의이건 악의(융통어음임을 알고 취득한 경우)이건 간에 그 취득이 기한후배서에 의한 것이었다 하더라도 대가관계 없이 발행된 융통어음이었다는 항변으로 대항할 수 없다」고 일관되게 함으로써 융통어음의 발행인 또는 배서인에게 어음상의 책임을 인정하고 있다. 한편 대법원판례(대판 1994. 5. 10, 93 다 58721 등)는 피융통자가 융통어음과 교환하여(어음기승) 그 액면금과 같은 금액의 약속어음(기승어음 또는 교환어음)을 융통자에게 담보로 교부한 경우에는 제 3 자가 양수 당시에 그 어음이 융통어음으로 발행되었고, 이와 교환으로 교부된 담보어음이 지급거절되었다는 사실을 알고 있었다면 융통어음의 발행자는 그 제 3 자에 대해서도 융통어음의 항변으로 대항할 수 있다고 한다.

〈대판 1994. 5. 10, 93 다 58721〉

「피융통자가 융통어음과 교환하여 그 액면금과 같은 금액의 약속어음을 융통자에게 담보로 교부한 경우에 있어서는 융통어음을 양수한 제 3 자가 그 어음이 융통어음으로 발행되었고, 이와 교환으로 교부된 담보어음이 지급거절되었다는 사정을 알고 있었다면, 융통어음의 발행자는 그 제 3 자에 대하여 융통어음의 항변으로 대항할 수 있다.」(동지: 대판 1990. 4. 25, 89 다카 20740; 대판 1995. 1. 20, 94 다 50489)

〈대판 2002. 4. 23, 2001 도 6570〉

「어음의 발행인이 그 지급기일에 결제되지 않으리라는 점을 예견하였거나 지급기일에 지급될 수 있다는 확신이 없으면서도 그러한 내용을 상대방에게 고지하지 아니한 채 이를 속여 어음을 발행·교부하고 상대방으로부터 그 대가를 교부받았다면 사기죄가 성립하는 것이지만(대판 1985. 9. 10, 84 도 2685), 이와 달리 어음의 발행인들이 각자 자력이 부족한 상태에서 자금을 편법으로 확보하기 위하여 서로 동액의 융통어음을 발행하여 교부한 경우에는 특별한 사정이 없는 한 쌍방은 그 상대방의 부실한 자력상태를 용인함과 동시에 상대방이 발행한 어음이 지급기일에 결제되지 아니할 때에는 자기가 발행한 어음도 결제하지 않겠다는 약정 하에 서로 어음을 교환하는 것이므로 자기가 발행한 어음이 그 지급기일에 결제되지 않으리라는 점을 예견하였거나 지급기일에 지급될 수 있다는 확신 없이 상대방으로부터 어음을 교부받았다고 하더라도 사기죄가 성립하는 것은 아니다.」

〈대판 2001. 8. 24, 2001 다 28176〉

「약속어음금의 지급청구에 있어 어음의 발행인이 그 어음이 융통어음이므로 피융통자에 대하여 어음상의 책임을 부담하지 않는다고 항변하는 경우, 융통어음이라는 점에 대한 입증책임은 어음의 발행자가 부담한다.」

〈대판 2012. 11. 15, 2012 다 60015〉

「甲 주식회사에 부탁하여 어음할인에 사용할 약속어음을 발행받은 乙 주식회사가 어음할인을 받지 못하자 甲 회사에 어음을 반환하기로 약속하고서도 그 후 丙 주식회사에 어음할인을 의뢰하면서 위 어음을 배서·양도하였고, 丙 회사도 甲 회사의 어음 반환 요구를 거부한 채 丁 주식회사에 어음할인을 의뢰하면서 위 어음을 배서·양도하였는데, 그 후 丁 회사가 어음소지인으로서 위 어음을 지급제시하자 甲 회사가 지급거절한 사안에서, 위 어음이 당초부터 원인관계 없이 교부된 어음에 불과하다고 본 원심의 판단 부분은 잘못이나, 甲 회사의 항변을 받아들여 丁 회사의 어음금 청구를 배척한 원심의 조치는 결과적으로 정당하다.」

3. C.P.어음(企業어음)

C.P.어음(C.P.어음에서 C.P.는 commercial paper의 약자이다)은 기업이 단기의 자금조달을 위하여 발행하는 정액화되어 있는 약속어음이다. 이는 종래의 일반기업어음과는 여러 면에서 차이가 있기 때문에 신종어음이라고 한다. C.P.어음은 기업이 상거래의 뒷받침이 없이 자금융통의 목적으로 발행하는 것이므로, 경제적으로는 융통어음이고 법률적으로는 보통 약속어음이다.

〈대판 2006. 12. 7, 2004 다 35397〉

「수취인이 백지인 백지어음으로 발행된 기업어음(CP) 또는 백지식 배서에 의하여 취득한 기업어음을 매입한 종합금융회사가 이를 고객에게 매도하면서 실물에 갈음하여 그 기업어음의 내용 및 보관의 취지를 기재한 보관통장을 교부하는 경우, 비록 증권거래법이 인정하는 증권예탁제도를 이용한 거래가 아니라 할지라도 수취인이 백지인 백지어음 또는 백지식 배서에 의하여 취득한 어음은 배서에 의하지 않고 어음의 교부만으로 양도할 수 있고 또한 유가증권의 교부에도 동산의 경우에 인정되는 간이인도, 점유개정, 목적물반환청구권의 양도 등의 관념화된 방법이 인정된다는 점에 비추어 고객은 달리 특별한 사정이 없는 한 점유개정의 방법으로 위 기업어음을 교부받은 것이 되어 어음상의 권리를 취득한다고 봄이 상당하다. 그리고 위와 같이 보관통장방식으로 기업어음이 매출되는 경우, 그 어음상의 권리가 이전되는 것과는 별도로 어음의 제시증권성과 상환증권성 그리고 외관주의가 강조되는 어음거래의 특성에 비추어 볼 때 달리 보관업무 및 만기시 추심업무와 관련하여 종합금융회사와 고객 사이에 명시적인 계약이 체결되지 아니하였다면, 고객이 다시 종합금융회사에게 어음을 보관하다가 만기시에 종합금융회사의 이름으로 어음상의 권리를 행사할 수 있는 권한을 수여하는 내용의 묵시적 합의가 존재하는 것으로 해석함이 상당하다.」

4. 表紙어음

표지어음은 종금사 또는 금융기관이 할인하여 보유하고 있는 상업어음과 무역어음(원어음)을 분할 또는 통합하여 금융기관의 명의로 할인식 · 지시식으로 발행되는 약속어음이다. 표지어음은 일반적으로 1년 이내인 원어음의 잔여만기에 기초하여 발행된다(정찬형, 상법강의(하) 제 7 판, 2005, 48쪽). 금융기관이 표지어음을 발행하는 이유는 원어음의 할인에 따른 자금부담을 경감하며, 원어음의 할인금리와 표지어음발행금리 간의 금리차익을 얻는 데에 있다. 표지어음의 어음금은 전월 중 평균어음할인 순잔액의 50％의 범위 내에서 건당 500만원 이상으로 한다. 만기일은 원어음의 잔여만기일 이내에서 30일 이상 180일 이내이어야 하며, 원어음의 최장잔여만기를 초과할 수 없다. 중도환매나 만기의 중도변경은 인정되지 않는다. 그런데 표지어음은 금융기관을 발행인으로 하여 발행되는 약속어음이므로 안전성과 유통성이 보장되게 된다(최기원, 어음 · 수표법(제 4 증보판), 2001, 79쪽). 표지어음을 발행한 금융기관이 원어음의 부도 여부에 관계 없이 어음금을 지급할 의무를 부담하는 점은 어음행위의 무인성에 의거하여 인정된다.

표지어음은 금융기관이 자금융통의 목적으로 발행하므로 융통어음과 유사한 면이 있고, 어음할인에 의해 자금화하므로 할인어음이다. 표지어음은 기업이 발행한 어음을 취득한 금융기관이 그러한 어음을 기초로 하여 발행하는 약속어음이다.

5. 貨換(荷換)어음 · 貿易어음

화환어음은 어음상의 권리가 운송중의 물건(운송증권)에 의하여 담보되어 있는 어음을 말한다. 법률적으로는 보통 환어음인데, 그 경제적 목적에 착안하여 붙여진 명칭이다. 물적담보가 붙여진 어음으로 「담보부어음」이라고도 하는데, 물적담보가 붙지 않은 무담보어음이나 보증인 등이 인적담보를 하기 위하여 채권자에게 교부하는 "담보어음" 등과 구별된다. 그리고 화환어음은 선적 후에 발행되지만, 아래의 무역어음은 선적 전에 발행된다는 점에서 양자는 구별된다.

무역어음은 신용장을 받은 수출상(매도인)이 소요자금을 조달할 목적으로 수출상품을 선적하기 전에 수출대금(신용장상의 금액)의 범위 내에서 인수기관(외국환은행 등의 금융기관)을 지급인으로 하여 발행한 자기지시환어음을 말한다. 무역어음의 발행인 겸 수취인은 인수기관으로부터 환어음의 인수를 받아 금융기관으로부터 어음할인을 받아 현금화하고, 금융기관은 이를 다시 일반투자가에게 무담보배서하여 할인받는데, 이를 무역어음의 할인식 매출이라 한다. 그리고 무역어음은 상업어음이고, 어음할인에 의하여 자금화하므로 할인어음이다.

〈대판 2008. 2. 14, 2006 다 47585〉

「선하증권은 운송물의 인도청구권을 표창하는 유가증권인바, 이는 운송계약에 기하여 작성되는 유인증권으로 상법은 운송인이 송하인으로부터 실제로 운송물을 수령 또는 선적하고 있는 것을 유효한 선하증권 성립의 전제조건으로 삼고 있으므로 운송물을 수령 또는 선적하지 아니하였는데도 발행한 선하증권은 원인과 요건을 구비하지 못하여 목적물의 흠결이 있는 것으로서 무효이다.

운송물의 수령·선적 없이 발행되어 담보로서 가치가 없는 무효인 선하증권을 담보로서 가치가 있는 유효한 것으로 기망을 당한 나머지 그 소지인으로부터 수출환어음과 함께 매입한 은행으로서는, 운송물을 수령하지 않고 선하증권을 발행함으로써 위와 같은 기망행위에 가담한 운송인에 대하여 달리 특별한 사정이 없는 한 수출환어음의 매입대금액 상당의 손해배상을 청구할 수 있다. 설사 함께 매입한 수출환어음의 지급인이 사후에 이를 인수하였다 하더라도 위 불법행위와 그로 인한 손해의 발생 사이의 인과관계가 단절된다고 할 수는 없고, 또한 현실적으로 위 수출환어음의 지급이 이루어지지 아니하는 한 위 불법행위로 인한 은행의 손해가 전보되어 손해배상채권이 소멸하게 되는 것도 아니다.」

6. 電子어음

2004년 3월 22일 전자어음의 발행 및 유통에 관한 법률이 제정되었다(2005. 1. 1. 시행). 동법에 의하여 전자약속어음이 인정되고 있다. 이는 종래의 종이어음과는 구별되는 것으로서 전자문서로 작성된 약속어음이다. 전자어음은 일정한 관리기구에 등록되어 그 관리기구의 정보처리조직 내에서 유통되게 된다.

기존의 어음법이 전자결제환경에 적합하지 못하므로 새로운 법률을 제정하여 전자어음을 일반상거래와 전자상거래에서 디지털환경에 적합한 전자결제수단으로 사용할 수 있도록 하려는 취지에서 마련된 것이 전자어음이다.

제 2 절 手票의 分類

1. 當座手票 · 家計手票

당좌수표는 은행과 수표를 발행해도 좋다는 계약을 체결하고 은행에 있는 수표자금의 범위 내에서 발행하는 수표이다. 가계수표도 기본적으로는 당좌수표이지만, 개인이 소액으로 이용할 수 있도록 인정하는 수표이다. 이 두 가지 수표가 수표법에서 규정하는 전형적 형식의 수표이다. 그러나 가계수표는 수표금액에 제한이 있으며, 사업자(기업)가 아닌 개인이 발행한다는 점에서 당좌수표와 구별된다. 당좌수표와 가계수표는 입출금이 자유로운 예금약관에 의하여 처리가 되고 있다. 그런데 최근 가계수표의 이용이 현저히 줄어들고 있다.

2. 自己앞手票

이는 원래 지급인(은행) 자신이 발행인으로 되어 발행된 수표이다. 고액권을 인정하지 않는 우리나라의 경우 자기앞수표가 거의 현금과 같이 높은 신용도를 가지고 이용되고 있다. 당좌수표의 소지인이 지급은행에 대하여 지급보증을 청구한 때에는 지급은행은 지급보증을 하는 대신에 수표발행인의 당좌계정으로부터 그 금액을 공제하고, 지급은행의 자기앞수표를 발행하고 있다. 이는 보증도산을 방지하기 위한 것이다. 그리하여 우리나라에서는 수표법상의 지급보증제도는 사실상 사문화되었다고 볼 수 있다.

3. 先日字手票·後日字手票

선일자수표는 수표상의 발행일을 실제의 발행일로 기재하지 않고 장래에 도래할 날로 기재한 수표를 가리킨다. 후일자수표는 실제 발행된 일자보다 앞의 일자를 발행일자로 한 수표이다.

원래 수표는 일람출급성(수표법 제28조 제1항)이므로 발행 후 곧바로 지급제시할 수 있게 되어 있다. 발행 후 일정한 기일 뒤에 제시할 수 있도록 발행하는 길은 없다. 그런데 발행일자를 실제의 발행일자보다 후일로 기재하여 실제의 발행일로부터 수표면상의 기재일까지 제시하지 못하도록 하는 경우가 종종 있다. 이러한 수표를 선일자수표 또는 연수표라 부른다. 그러나 수표면상의 발행일자까지 제시하지 못하도록 하는 것은 어디까지나 당사자들 사이의 특약이다. 그 특약은 당사자 사이에서는 효력이 있지만, 이를 가지고 그 수표 자체의 효력까지를 제한하지는 못한다. 즉 아무리 실제의 발행일보다 후일로 기재하였더라도 수표는 발행된 때로부터 일람출급수표로서의 효력을 갖는다. 그러므로 수표의 소지인은 수표면상에 기재된 일자에 불구하고 곧 은행에 제시할 수 있다. 이 제시가 있으면 은행은 이에 응하여야 한다(수표법 제28조 제2항).

4. 橫線手票

수표의 표면에 두 줄의 평행선을 그은 수표를 횡선수표라고 한다. 수표는 소지인출급식이 보통이고 수표의 소지인이면 누구나 지급을 청구할 수 있으나, 그 반면 분실하거나 절취당한 경우에 악의의 소지인이 지급을 받을 위험성이 많다. 그래서 사고가 있는 경우 수표발행인 및 수취인의 손해를 될 수 있는 한 방지하기 위하여 설정된 것이 횡선수표제도이다.

횡선수표에는 일반횡선과 특정횡선의 2종류가 있다. 일반횡선수표는 평행선 내에 아무 지정이 없거나 은행 또는 이와 동일한 뜻을 가진 문자를 기재한 수표이고, 특정횡선수표는 평행선 내에 특정한 은행명을 기재한 수표이다. 그리고 일반횡선수표의 지급인은 은행 또는 지급인의 거래처에 대해서만 지급할 수 있는데 대해서, 특정횡선수표의 지급인은 지정된 은행에 대해서만 또는 지정된 은행이 지급인인 때에는 자기의 거래처에 대하여서만 지급을 할 수 있다(수표법 제38조 제2항). 또한 은행은 자기의 거래처 또는 타은행으로부터만 그것을 취득하거나 추심위임을 받을 수 있고, 그 이외의 자를 위하여 횡선수표의 추심을 하지 못한다(수표법 제38조

제3항). 이처럼 횡선수표를 지급인의 거래처에 한하여 지급할 수 있도록 하는 것은 만일 지급은행이 수표의 부정취득자에게 지급하더라도 그 영수자를 쉽게 알 수 있어 이에 대해 용이하게 구상권을 행사할 수 있게 하기 위한 것이다.

제4장 換어음과 約束어음 및 手票의 比較

李基秀, 어음·手票法에 관한 比較法的 考察, 陸士論文集 12(1974.12)/李基秀, 換어음·約束어음·手票의 比較, 월간고시 186(1987.7)

제1절 3者의 比較의 意義

환어음과 약속어음 및 수표의 3자는 모두 일정한 금액의 지급을 목적으로 하는 금전채권적 유가증권으로서 화폐제도로서는 달성하기 힘든 경제적 기능을 수행함으로써 오늘날 자본주의경제사회에서 없어서는 안 되는 중요한 역할을 담당하고 있다. 그런데 환어음과 약속어음 및 수표는 주된 경제적 기능이 서로 다르며, 이러한 경제적 차이로 인해 법률적으로도 각각 달리 구성된다. 이들 차이점은 어음과 수표의 발생기원상의 차이에서도 연유한다.

환어음과 약속어음 및 수표는 이처럼 경제적으로 상호간에 공통되는 점을 가지고 있으면서도 주된 경제적 기능에서는 각각 특유한 역할을 담당하고 있으므로, 3자간의 동질적인 면과 이질적인 면을 명확히 구분함으로써 각각의 의미를 보다 더 잘 파악할 수 있다. 또한 이 3자의 비교는 어음과 수표에 관한 모든 이론의 전제로서 3자의 비교를 통하여 환어음과 약속어음 및 수표의 개념의 징표(Begriffsmerkmal)를 구성할 수 있고, 어음과 수표에 관한 제 제도의 근저에 흐르는 배후도 이해할 수 있다.

환어음과 약속어음 및 수표의 비교에 관해서는 주된 경제적 기능을 중시하느냐, 혹은 법률적인 구성의 면, 즉 지급의 위탁인가 지급의 약속인가에 따라서 환어음과 약속어음 및 수표의 상호관계가 같은 묶음에 있을 수도 있고 다른 묶음에 있을 수도 있다. 주된 경제적 기능으로 보면 어음의 신용기능과 수표의 지급기능이 대비되고, 법률구성의 측면에서는 환어음과 수표의 지급위탁증권과 약속어음의 지급약속증권이 대비되는 것이 바로 그 예이다.

또한 3자를 비교할 때에 환어음과 약속어음 및 수표를 동시적으로 함께 고찰하는 방법과 어느 한 성질을 놓고 이의 충족 여부를 고찰하는 방법이 있는데, 대개 전자의 형식을 취함이 일반이다.

위에서 본 바와 같이 3자의 비교는 여러 방식으로 달리할 수 있으나, 여기에서는 환어음과 약속어음의 묶음과 수표로 갈리는 주된 경제적 기능의 면에 있어서의 비교와 환어음과 수표의 묶음과 약속어음으로 구분되어지는 법률적 구성의 면에 있어서의 비교·고찰, 즉 환어음과 약속어음 및 수표의 동시적인 고찰과 함께 개별적으로 환어음과 약속어음, 환어음과 수표의 비교를 순차적으로 고찰하는 방식을 취하기로 한다.

제 2 절 換어음과 約束어음 및 手票의 同時的 比較

Ⅰ. 3者의 共通點

환어음과 약속어음 및 수표는 3자 모두 일정한 금액의 지급을 목적으로 하는 유가증권으로서, 화폐제도로서는 달성하기 힘든 경제적 기능을 수행한다는 점에서 공통점을 가진다. 3자는 이와 같은 공통점을 가지는데, 여기에는 보통의 유가증권으로서 가지는 성질과 어음과 수표의 특유한 성질로서 나타나는 두 가지의 공통점이 있다.

1. 一般的 有價證券性

환어음과 약속어음 및 수표는 유가증권의 하나이므로 유가증권의 속성을 모두 갖추고 있는바, 증권상의 권리를 행사하려면 증권을 제시하여야 하고(제시증권성), 증권과 상환으로 채무를 변제하여야 하고(상환증권성), 증권상의 권리의 내용이 증권의 문언에 의해서만 결정되며(문언증권성), 채무자가 증권의 소지인에게 변제하면 악의(사기) 또는 중대한 과실이 없는 한 증권소지인이 무권리자라도 책임을 면하는(면책증권성) 등의 성질을 3자가 모두 지닌다.

2. 어음과 手票에 特有한 性質

환어음과 약속어음 및 수표는 이른바 완전한 유가증권으로서 일반의 유가증권이 갖추지 못한 특유의 성질을 구비하고 있는데, 이는 유통성의 강화란 측면에서 이해할 수 있다. 즉 3자 모두 일정 금액의 지급을 내용으로 하는 금전채권증권으로서 물권을 표창하는 물권증권이나 사원권을 표창하는 사원권증권과 구별되고, 물건의 인도채권을 표창하는 물품증권과도 구분이 된다. 그리고 3자 모두 증권상의 권리가 어음·수표의 작성에 의해 비로소 발생하는 설권증권이며, 어음과 수표상의 권리가 원인관계의 무효·취소에 영향을 받지 않는 무인증권이며, 증권의 요건——기재사항 등——이 엄격한 절대적 요식증권이란 점에서 공통된다.

Ⅱ. 3者의 差異點

환어음과 약속어음 및 수표는 주된 경제적 기능과 법률구성의 면에서 차이가 있다. 주된 경제적 기능의 차이는 어음과 수표의 발생사와 관련하여 고찰되어야 하고, 법률구성면의 차이는 3자의 성질과 관련하여 고찰되어야 한다.

1. 經濟的 機能의 差異

환어음과 약속어음 및 수표의 3자 모두 금전지급증권으로서는 공통되나 구체적인 경제적 기능면에서는 차이가 있다. 이를 살펴보면 환어음은 송금수단, 추심수단 및 신용이용수단으로 기능을 한다. 특히 환어음은 원거리·국제거래에서 송금·추심의 기능을 하여 지급장소에 대한 공간적인 장벽을 극복해 주는 역할을 한다(환어음의 공간적 장벽극복기능으로 주목할 만한 것은 동양에 있어서도 당대에 비전이라는 오늘날의 어음의 형태와 유사한 화폐제도가 있어서 역시 원거리무역에 사용되었다는 것이고, 이것이 동양의 어음형태의 시초로 보여진다. 즉 당 말에는 국제적 문화발상지로서 교역의 범위가 넓었던 것에 연유해서 다상인들 사이에 송금어음의 형태로 나타나 이것이 중국의 어음과 지폐의 기원이 되었다고 한다(조좌호, 세계문화사, 1986, 173쪽)). 국제간의 무역에서는 외국환 ——국제무역에서 화폐제도를 달리하는 국가간에 적용되는 환어음——으로 이루어지게 되는데, 경제계에서는 이를 송금환과 역환으로 구분한다. 하지만 이는 모두 보통의 환어음의 법적 성질을 갖는다. 송금환(remittance by draft)이란 외국에 송금할 사람이 은행에 대금을 지급하고, 송금용의 환어음, 즉 은행어음(banker's bill)을 매입하고, 그것을 외국의 수취인에게 우송하여 수취인이 그의 소재지의 지점은행으로부터 어음대금을 수취케 하는 방법이다. 역환(negotiation by draft)은 채권자가 자기를 수취인으로 하고, 외국의 채무자를 지급인으로 한 환어음을 발행하여(자기지시환어음) 이를 은행에 할인하고, 그 대금을 회수하는 환어음이다. 한편 이를 매입한 은행은 그 환어음을 지급인소재지의 외국은행에 송부하여 지급인으로부터 대금을 추심하는바, 오늘날의 무역거래는 대부분 역환의 방법에 의해서 결제된다.

약속어음은 주로 추심수단 및 신용이용수단으로 이용된다. 특히 신용기능은 어음의 가장 중요한 기능으로서 어음할인·어음대부 등과 관련하여 지급시기에 관한 시간적인 간격을 극복해 주는 역할을 하므로 어음을 신용증권이라고 하기도 한다. 이러한 신용기능은 현재 자력이 없는 자가 어음으로 기간을 이용함으로써 나타나는 것이 전형적인 경우이다.

수표는 송금수단 및 지급수단으로서 이용되는데, 현금의 수수와 관련해서 초래되는 위험과 번잡을 피할 수 있다는 장점이 있으나, 오늘날 온라인 체계(on-line system)에 의한 송금기능의 발달로 그 기능이 약화되고 있다. 그러나 여전히 수표는 현금수수의 단점을 극복해 주는 지급증권으로서 가치가 크다. 이와 같이 수표가 현금의 대용물로서의 역할을 하는 것과 관련지어 금전채무에 있어서 수표의 지급이 채무의 내용에 좇은 변제의 제공이 되는가가 문제된다(여기에서 채무의 내용에 좇은 변제의 제공이 되는가와 관련하여 이것이 인정되면 채무자는 이행지체의 책임을 지지 않고, 만약 부정되면 이행지체의 책임을 지게 되는 차이가 있다(민법 제387조, 제390조)(곽윤직, 채권총론, 1993, 433쪽 아래)). 수표로써 지급하여도 좋다는 특약 또는 관습이 없는 한 수표의 제공은 채무의 내용에 좇은 변제가 될 수 없다고 보나 은행이 발행한 자기앞수표 또는 은행의 지급보증이 있는 보증수표의 제공의 경우에는 현금과 동일시할 수 있다고 하여 현실의 제공으로 보고 있다(대판 1960. 5. 19, 4292 민상 784; 대판 1956. 7. 12, 4289 민상 220). 이처럼 수표는 자력이 있는 자가 지급의 수단으로 많이 사용하므로 자력이 없는 자가 신용이용을 위해 어음을 사용하는 것과 구별된다.

수표는 지급증권으로서 신용을 부여하는 기능이 인정되지 않는바, 신용증권화를 방지하기 위하여(수표의 신용증권화 방지책이라 한다) 수표의 경우 일람출급성만을 인정하여 만기가 없고(수표법 제28조 제1항), 제시기간이 단축되어 있으며(수표법 제29조 제1항), 인수를 금지하고(수표법 제4조), 지급보증의 효력을 제한하고(수표법 제55조), 인수와 동일한 책임을 부담할 지급인의 배서나 보증을 금하고(수표법 제15조 제3항, 제25조 제2항), 참가제도가 없으며, 소멸시효기간이 단축되어 있고(수표법 제51조, 제58조), 이자의 기재는 인정되지 않고 있다(수표법 제7조).

위에서 본 바와 같이 환어음과 약속어음은 주된 기능이 신용의 이용에 있는 신용증권인 점에서는 같으나, 환어음은 국제무역에 많이 사용되며 약속어음은 국내에서 많이 사용된다. 그리고 수표는 현금의 대용물로서 지급기능이 주된 기능인 지급증권임을 중시하여 신용기능을 인정하지 않음에 큰 차이가 있다.

2. 法律的 構成의 差異

환어음과 수표는 발행인이 제3자인 지급인에게 지급을 위탁하는 지급위탁증권인 데 반해서, 약속어음은 발행인이 일정금액의 지급을 약속하는 지급약속증권이다. 이러한 기본적 차이에서 다음과 같은 여러 가지 차이가 파생된다.

(1) 기본어음과 기본수표의 당사자 약속어음은 발행인 자신이 지급약속하는 지급약속증권의 성질상 기본어음의 당사자로서 발행인과 수취인의 2당

사자가 예정되어 있다. 이에 반해서 지급위탁증권인 환어음과 수표는 발행인·수취인과 더불어 지급인의 3당사자가 예정되어 있다. 다만, 수표의 경우에는 기명식·지시식으로 발행되는 경우에는 환어음과 같으나 소지인출급식으로 발행된 경우(수표법 제5조)에는 수취인의 기재는 성명 또는 상호로 할 필요가 없으며, 또한 지급증권으로서의 신용의 확보를 위해서 지급인은 은행에 한하는 점에서(수표법 제3조) 환어음과 차이가 있다.

(2) 어음행위와 수표행위의 종류 어음행위는 환어음에는 발행·인수·배서·보증·참가인수의 다섯 가지, 약속어음에는 발행·배서·보증의 세 가지 어음행위가 있고, 수표에는 발행·배서·보증·지급보증의 네 가지 수표행위가 있다.

이 중에서 발행은 어음과 수표를 창조하는 행위로서 다른 어음행위와 수표행위의 기초가 되므로 기본적 어음행위·기본적 수표행위라고 하며, 그 밖의 행위는 부속적 어음행위·부속적 수표행위라고 한다.

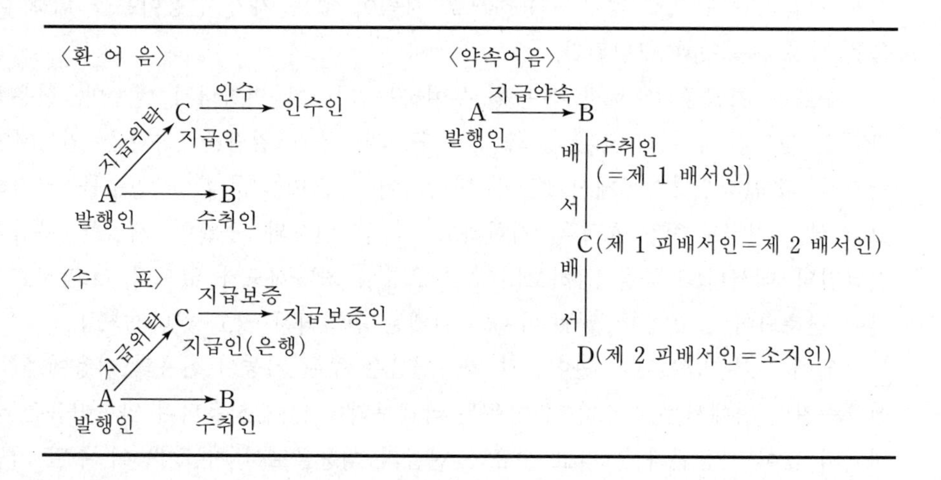

(3) 어음과 수표상의 의무자의 차이

A. 주채무자 약속어음의 경우 지급약속증권의 성질상 발행인은 그 발행에 의하여 당연히 최종적인 지급채무를 부담하므로 주채무자가 된다(어음법 제78조 제1항). 즉 발행인은 제1차적·무조건적·절대적·최종적 책임을 지게 된다.

이와는 달리 환어음과 수표의 경우에는 지급위탁증권의 성질상 발행에 의하여 지급인이 당연히 지급채무를 부담하는 것이 아니므로, 발행의 단계에서는 아직 주채무자가 없게 된다. 따라서 환어음·수표에 있어서는 지급의 여부가 불확실하므로 유통성의 증대와 관련해 지급을 확보하는 제도가 필요한바, 환어음에서의 인수, 수표에서의 지급보증이 바로 그것이다.

환어음의 경우 지급인이 인수를 하면 그 때부터 인수인이 최종적인 지급채무를 부담하는 주채무자가 된다(어음법 제28조). 그러나 수표의 경우에는 지급인이 지급보증을 해도 지급인은 지급제시기간 내에 지급제시가 있는 경우에만 지급채무를 부담할 뿐 무조건적인 책임을 지는 주채무자가 되는 것은 아니다(수표법 제55조). 이것은 수표의 신용증권화를 방지하고 지급증권으로서 유지시키기 위한 것이다.

지급의 확보제도로서 환어음의 경우 인수가 수표의 경우 지급보증이 있다는 것과 그 필요성에 대해서는 위에서 언급하였다(수표의 지급을 확실히 하는 제도는 각국이 달라서 통일법에서도 이에 관해서는 각 체약국의 유보사항으로 하였다(수표법통일제약 제 2 부속서 제 6 조). 그리고 미국 U.C.C는 지급보증을 인수와 같은 것으로 규정하고 있다(§3-411(1)). 우리나라의 경우는 지급보증을 자기앞수표를 발행하는 방법으로 한다). 양자를 구체적으로 비교해 보면 첫째, 지급보증인의 의무는 인수인의 의무와는 달리 절대적인 것이 아니고 제시기간의 경과 전에 수표의 제시가 있는 경우에만 지급의무를 부담하는 조건적인 의무이다. 이러한 것을 두고 '10일간의 효력을 가진 인수'라고 하기도 한다. 둘째, 환어음의 소지인은 지급인에게 인수제시의 권한이 있으므로 인수거절시에는 전자에 대한 상환청구권을 취득하나 수표의 소지인은 지급인에게 지급보증을 요구할 권한이 없으므로 지급인이 지급보증을 거절하여도 상환청구권을 취득하지 못한다. 셋째, 환어음에는 일부인수가 인정되나(어음법 제26조 제 1 항), 수표의 경우는 수표금액의 일부에 대한 지급보증은 인정되지 않는다. 넷째, 환어음의 인수인의 어음채무의 소멸시효기간은 만기 후 3년이나(어음법 제70조), 지급보증인의 수표채무의 경우는 제시기간의 경과 후 1년이다(수표법 제58조). 다섯째, 환어음의 인수에는 유예기간이 인정되나(어음법 제24조 제 1 항 제 1 문), 수표의 지급보증에는 인정되지 않는다.

결국 주채무자의 측면에서 약속어음은 발행시부터 발행인이 당연히 주채무자가 되는 데 반해서, 환어음은 인수된 경우에 그 때부터 인수인이 주채무자가 되고, 수표의 경우는 끝까지 주채무자가 없게 된다.

B. 상환의무자 환어음이 인수거절되거나 환어음과 약속어음 및 수표가 지급거절되는 경우에 어음행위·수표행위를 한 자가 합동해서 지급의무를 부담하는 것은 3자가 모두 공통된다(합동책임은 연대책임과 비슷하나 구별해 보면, 합동책임은 ① 책임의 발생원인과 범위가 각 채무자마다 상이하고, ② 상환의무자의 1인의 채무의 이행은 그와 그 자의 후자의 채무를 소멸시킬 뿐이고, ③ 상환의무자의 1인에 대한 청구는 다른 채무자에게 영향이 없고, ④ 상환의무자간에는 부담부분이 없다는 점에서 차이가 있다). 그러나 상환의무자는 이른바 주채무자가 아닌 자를 의미하므로 주채무자가 —— 수표에는 아예 없지만 —— 다른 3자가 각각 상환의무자를 달리하는 것은 당연하다.

결국 약속어음의 경우 발행인이 주채무자이므로 배서인과 보증인만이 상환의무자가 되고, 환어음은 발행인 · 배서인 · 보증인이, 수표의 경우에는 발행인 · 배서인 · 보증인이 상환의무자가 된다. 수표의 지급인이 지급보증을 한 경우 주채무자가 되는 것이 아니라 조건부의무를 부담한다(수표법 제55조 제1항). 그러한 경우 지급보증인은 최종의 상환의무자에 상응하는 지위에 있게 된다.

3. 어음과 手票의 規律體系

환어음과 약속어음 및 수표는 위에서 본 바와 같이 경제적 기능과 법률적 구성의 두 측면에서 기본적인 차이가 있고, 이로부터 여러 가지 파생적 차이가 생긴다.

한편 환어음과 수표를 비교해 보면 경제적 기능에서는 구분이 되나——신용증권과 지급증권——, 법률적 구성의 면에서 보면 지급위탁증권이라는 점에서 공통된다. 이러한 두 가지 측면에서 경제적 기능의 차이점을 중시하여 별개의 것으로 규율하는 태도가 대륙의 통일법주의이고, 법률적 구성의 면에서 동질성을 중시하여 수표를 환어음의 일종으로 보려는 것이 영 · 미법의 태도이다. 즉 영국환어음법(BEA)은 제73조 전단에서 "수표라 함은 은행 앞으로 발행된 일람출급의 환어음을 말한다"라고 규정하고, 후단에서 "본법에 별단의 규정이 있는 경우를 제외하고는 수표에 관하여는 일람출급의 환어음에 관한 본법의 규정이 준용된다"라고 하여 이 점을 명백히 하고 있다(영국 환어음법(BEA)은 총 5편으로 구성되어 환어음에 관해 상세한 규정을 두고, 약속어음과 수표에 준용하는 환어음중심주의 형식을 취한다. 1957년 7월 17일에 8개 조문의 「Cheques Act」가 제정되었으나, 이는 BEA의 일부로 해석된다고 한다(동 개정법률 제 6 조 제 1 항의 취지)).

미국의 통일상법전(UCC 제3-104(2) b)도 이러한 태도를 취하고 있고, 따라서 통일법주의와 비교가 된다. 우리의 경우 통일법주의를 취하여 수표를 따로 규율하는 방식을 취한다. 다만, 환어음의 사용보다 약속어음의 사용이 많은 현실에 비추어 본다면 환어음중심주의로 입법한 것이 과연 타당한 것인지는 의문이 남는다.

제 3 절 換어음과 約束어음 및 手票의 個別的 比較

I. 換어음과 約束어음의 比較

환어음과 약속어음은 주된 경제적 기능이 신용증권이라는 점에서 공통되나, 법률적 구성에서 환어음은 지급위탁증권이고, 약속어음은 지급약속증권이라는 점에서 다음과 같은 차이가 있게 된다. 환어음에 관한 규정 중에서 약속어음에 준용(제77조)되지 않는 규정은 인수와 관련하여 인수제도(어음법 제21조~제29조), 일부인수(제51조),

참가인수(제56조~제58조)와 복본제도(제64조~제66조) 및 당사자자격의 겸병에 관한 제 3 조뿐이다. 이 밖에 환어음요건(제 1 조, 제 2 조)과 대비하여서는 약속어음요건(제75조, 제76조), 환어음의 발행인의 책임(제 9 조)에 대하여는 약속어음의 발행인의 책임(제78조)이 서로 대비되고 있다.

첫째 약속어음은 지급약속증권으로서 지급인이 필요하지 않으므로 자금관계가 없으며, 둘째 약속어음은 발행인이 발행시부터 주채무자이므로 지급확보제도가 필요 없고, 셋째 약속어음은 인수제도 자체가 없으므로 인수의 거절로 인한 상환청구가 문제될 여지가 없고, 넷째 약속어음에는 등본은 인정되나 복본은 인정되지 않는다. 다섯째 약속어음에 참가인수가 인정되는가에 관해서는 약속어음은 인수제도가 없고 참가인수에 관한 규정이 준용되지 않으므로 소극적으로 해석하는 견해(박원선, 595쪽; 양승규, 342쪽)가 있으나, 약속어음에도 인수거절 이외의 사유로 인한 만기 전의 상환청구가 인정되므로(서울민지판 1986. 2. 12, 85 가합 50) 이를 저지하기 위해서 적극적으로 해석하는 것이 통설(강위두, 519쪽 등)이다. 여섯째 약속어음에 있어서 발행인이 수취인의 지위를 겸할 수 있는가, 즉 자기지시약속어음이 가능한가와 관련하여 어음법 제 3 조가 약속어음에 준용되지 않으므로, 이러한 것은 무효로 된다고 하여 구분짓는 견해도 있으나 당사자자격의 겸병을 일반적으로 인정하는 어음법의 취지로 보아 인정된다고 보는 견해가 일반적이다.

Ⅱ. 換어음과 手票의 比較

환어음과 수표는 주된 경제적 기능에서는 차이가 있으나(신용증권과 지급증권), 법률적 구성의 면에서는 지급위탁증권인 점에서 공통된다. 양자는 주된 경제적 기능의 차이점으로부터 여러 가지 파생적 차이점이 생기게 되는바, 그 차이점은 다음과 같다.

첫째, 권리발생의 측면에서 수표는 지급인이 은행에 한정되고 제시시에 수표자금과 수표계약의 존재가 필요하며(수표법 제 3 조), 만약 수표발행인이 이에 위반하면 과태료에 처해지고(수표법 제67조), 경우에 따라서는 부정수표단속법상의 형사책임까지도 지게 된다(부정수표단속법 제 2 조, 제 3 조). 이러한 발행의 제한과 함께 수표는 기명식 · 지시식 이외에 소지인출급식 · 지명소지인출급식 발행도 인정된다(수표법 제 5 조). 수표는 현금대용물로서 신속히 현금화할 것이므로 수표법은 이자의 약정의 기재를 무익적 기재사항으로 하고 있고(수표법 제 7 조), 인수제도를 인정하지 않는다(수표법 제 4 조).

둘째, 권리이전의 측면에서 수표는 지급증권이지 신용증권은 아니므로 입질배서가 인정되지 않으며, 인수금지규정을 쉽게 회피할 수 있는 지급인의 배서를 금지하고 있다(수표법 제15조 제3항).

셋째, 권리행사의 측면에서 수표는 만기가 없이 일람출급으로만 할 수 있고, 이에 위반된 기재는 무익적 기재사항이 된다(수표법 제28조 제1항). 이와 함께 선일자수표가 문제가 되나, 이 경우도 기재된 발행일자도래 전에 지급제시되더라도 지급하여야 하므로(수표법 제28조 제2항) 만기를 인정한 것은 아니다. 또한 제시기간이 단축되어 있고(수표법 제29조), 상환청구방법에 있어서 만기 전 상환청구제도와 환어음에 의한 상환청구방법이 인정되지 않으며, 지급거절증명의 방법으로서 공정증서, 지급인(수표법 제31조 제2항의 경우에는 지급인의 위임을 받은 제시은행)의 선언, 어음교환소의 선언(수표법 제39조)에 의한 간편한 거절증명방법이 인정된다는 차이점이 있다.

넷째, 권리소멸의 측면에서 수표에는 도난·분실에 대비해서 지급위탁취소제도가 인정되나 제시기간경과 후에만 효력이 발생하도록 하여 지급의 확실성을 보장하고 있고(수표법 제32조), 부정한 소지인이 지급받을 위험을 방지하기 위해서 횡선제도가 인정되고 있고(수표법 제37조, 제38조), 그 밖에 시효기간이 단축되어 있다는 차이점이 있다(수표법 제51조).

다섯째, 수표의 특유한 제도로서는 지급의 확실성을 보장하는 지급보증제도가 있고, 수표의 지급증권성을 유지하기 위해서 지급인의 수표보증을 금지하고(수표법 제25조 제2항) 참가제도를 인정하지 않는다. 또한 수표에는 어음과 달리 등본이 인정되지 않고, 복본은 분실의 염려가 있는 국제간 또는 원격지에 송부되는 경우에 한하여 인정된다(수표법 제48조).

〈대판 2007. 5. 10, 2007 도 1931〉

「피고인은 신용불량자인 공소외 2의 부탁을 받고 피고인을 대표이사로 하는 수표계약의 체결을 허락한 다음 그 계약에 따른 수표의 발행을 용인하였고, 그 후 단기간 내에 발행된 수십억 원에 달하는 수표들이 결제되지 아니하였음을 알 수 있다. 이러한 사정에 비추어 보면, 피고인은 공소외 2가 발행하는 수표들이 제시일에 지급되지 않을 가능성이 있다고 예견할 수 있었다고 봄이 상당하고, 피고인이 이 사건 수표들의 발행 이전에 위 허락을 철회하여 발행을 반대하였다는 등의 특별한 사정이 없는 한 피고인은 수표의 발행에 따른 부정수표단속법 위반죄의 책임을 면할 수 없다고 할 것이다.」

〈대판 2007. 5. 10, 2006 도 8738〉

「피고인이 이 사건 수표를 발행한 이후 거래정지처분을 받았음에도 공소외인으로부터 금원을 차용하면서 이에 대한 담보를 추가로 제공하기 위하여 공소외인이 소지하고 있던 이 사건 수표를 건네받아 그 액면금을 증액함과 아울러 발행일자를 고쳤다고 할지라도 이는 단순한 수표문언의 사후 정정행위에 불과하여 부정수표단속법 제 2 조 제 1 항이 규정하는 수표의 발행에 해당되지 아니한다고 할 것이다. 따라서 원심이 같은 취지로 이 부분 공소사실을 무죄로 판단한 것은 정당하고, 거기에 상고이유의 주장과 같이 부정수표단속법에 관한 법리를 오해한 위법이 없다.」

〈대판 2007. 5. 11, 2005 도 6360〉

「타인으로부터 명의를 차용하여 수표를 발행한 자라 하더라도 수표의 발행명의인과 공모하여 부정수표단속법 제4조 소정의 허위신고죄의 주체가 될 수 있는 것이므로 (대판 1995. 12. 12, 94 도 3348 참조), 원심으로서는 마땅히 피고인이 수표의 발행명의인인 공소외 2와 허위신고의 점에 대하여 공모하였는지에 관하여 심리·판단하였어야 한다. 그럼에도 불구하고 원심이, 피고인이 명의차용인이라는 이유만으로 이 부분 공소사실에 대하여 무죄를 선고한 것은 공소사실의 내용과 부정수표단속법 제4조 소정의 허위신고죄에 관한 법리를 오해하여 심리를 다하지 않음으로써 판결 결과에 영향을 미친 위법을 저지른 것이라 할 것이다.」

〈대판 2007. 6. 29, 2007 도 2250〉

「부정수표단속법 제 2 조 제 2 항은 수표를 발행하거나 작성한 자가 수표를 발행한 후에 예금부족 등으로 인하여 제시기일에 지급되지 아니하게 한 것을 범죄 구성요건으로 규정하고 있으므로, 백지수표를 발행한 경우에는 적법하게 백지부분이 보충되고 지급제시되어야 할 것인바, 발행일을 백지로 하여 발행된 수표의 백지보충권의 소멸시효는 특별한 사정이 없는 한 그 수표발행의 원인관계에 비추어 발행 당사자 사이에 수표상의 권리행사가 법률적으로 가능하게 된 때부터 진행하고, 그 소멸시효기간은, 백지수표의 보충권 행사에 의하여 생기는 채권이 수표금 채권이고 수표의 발행인에 대한 소구권의 소멸시효기간이 제시기간 경과 후 6개월인 점 등에 비추어, 백지보충권을 행사할 수 있는 때부터 6개월로 봄이 상당하다(대판 2001. 10. 23, 99 다 64018; 대판 2002. 1. 11, 2001 도 206 등 참조). 한편, 그 '백지보충권을 행사할 수 있는 때'에 관하여는 당사자가 명시적 또는 묵시적으로 합의할 수 있고, 그 합의된 때를 연기하거나 변경할 수도 있다고 할 것이다.」

〈대판 2008. 1. 31, 2007 도 727〉

「부정수표단속법이 규정하는 수표의 발행이라 함은 수표용지에 수표의 기본요건을 작성하여 상대방에 교부하는 행위를 일컫는다 할 것이므로, 이미 적법하게 발행된 수표의 발행일자 등을 수표 소지인의 양해 아래 정정하는 수표문언의 사후 정정행위는 위 법 제 2 조 제 2 항에서 규정하는 수표의 발행이라고 할 수 없다 할 것이고(대판 1995. 12. 22, 95 도 1263; 대판 2000. 9. 5, 2000 도 2840 등 참조), 이는 수표의 액면금액 및 발행일자 등을 함께 정정한다거나 법인의 종전 대표자가 발행한 수표의 발행일자 등을 교체된 새로운 대표자가 정정한다고 하여 달리 볼 것이 아니다. 다만, 수표 발행자의 죄책은 그 후의 정정행위와는 별개로 결정되어야 할 것이고, 수표 상에 기재된 발행일자가 그 지급제시기간 내에 적법하게 정정된 경우에는 정정된 발행일자로부터 지급제시기간이 기산되어 그 기간 내에 지급제시가 이루어지면 그 발행자에 대하여 위 법조항 위반죄에 의한 처벌이 가능하다 할 것이지만, 법인의 대표자가 수표를 발행한 후 그 대표자가 아닌 타인이 대표자 본인의 위임이나 동의 없이 정정한 경우에는 그 타인이 정정하기 전의 발행일자로부터 기산된 지급제시기간 내에 지급제시가 이루어지지 아니한 이상 그 수표를 발행한 대표자 본인을 위 법조항 위반죄로 처벌할 수 없다 할 것이다.」

〈대판 2013. 12. 26, 2011 도 7185〉

「금액과 발행일자의 기재가 없는 이른바 백지수표도 그 소지인이 보충권을 행사하여 금액과 날짜를 기입하면 완전무결한 유가증권인 수표가 되는 것이고, 특별한 사정이 없는 한 백지수표를 발행하는 그 자체로서 보충권을 소지인에게 부여하였다고 보아야 하며, 수표면이나 그 부전에 명시되어 있지 않는 한 보충권의 제한을 선의의 취득자에게 대항할 수 없으므로 백지수표도 유통증권에 해당하고, 따라서 백지수표의 발행도 부정수표단속법의 규제를 받아야 함은 물론이다(대판 1973. 7. 10, 73 도 1141 참조). 다만 백지수표를 발행한 목적과 경위, 수표소지인 지위의 공공성, 발행인과의 계약관계 및 그 내용, 예정된 백지보충권 행사의 사유 등에 비추어 백지수표를 교부받은 수표소지인이 이를 제 3 자에게 유통시킬 가능성이 없을 뿐만 아니라 장차 백지보충권을 행사하여 지급제시를 하게 될 때에는 이미 당좌거래가 정지된 상황에 있을 것임이 그 수표 발행 당시부터 명백하게 예견되는 등의 특별한 사정이 인정된다면 그 백지수표는 유통증권성을 가지지 아니한 단순한 증거증권에 지나지 아니하는 것으로서 그러한 백지수표를 발행한 행위에 대해서까지 부정수표단속법 제 2 조 제 2 항 위반죄로 처벌할 수는 없다 할 것이다.」

〈대판 2014. 2. 13, 2011 도 15767〉

「무고죄는 타인으로 하여금 형사처분이나 징계처분을 받게 할 목적으로 신고한 사실이 객관적 진실에 반하는 허위사실인 경우에 성립되는 범죄이므로 신고한 사실이 객관적 진실에 반하는 허위사실이라는 점에 관하여는 적극적인 증명이 있어야 하며, 신고사실의 진실성을 인정할 수 없다는 점만으로 곧 그 신고사실이 객관적 진실에 반하는 허위사실이라고 단정하여 무고죄의 성립을 인정할 수는 없고, 이는 수표금액의 지급 또는 거래정지처분을 면할 목적으로 금융기관에 거짓 신고를 하는 경우에 성립하는 부정수표 단속법 제 4 조 위반죄에서도 마찬가지이다.」

〈헌법재판소 2007. 4. 26, 2005 헌마 1220(전원재판부)〉

「부정수표단속법은 부정수표가 남발됨으로써 유통증권으로서의 수표기능과 그 피지급성에 대한 신뢰가 깨어지고 유통질서의 혼란이 야기되어 국민경제의 안전을 해치는 사회현실을 앞에 놓고 이러한 부정수표의 발행을 제재하여 수표의 유통기능을 확보함으로써 경제질서의 안정을 도모하고자 하는 현실적 필요에서 제정된 것이다(대판 1983. 5. 10, 83 도 340 전원합의체). 이와 같은 입법목적과 현실적 필요성에 비추어 볼 때, 발행인이 완성된 수표 또는 백지수표를 소지인에게 발행 · 교부하였다가 거래정지처분을 받은 후 소지인의 양해 아래 수표요건을 정정하거나 백지를 보충하여 다시 소지인에게 교부하였다면, 발행인은 수표발행에 대하여 최초 발행 시를 기준으로 책임을 지면 충분하고 그 이후 소지인의 양해 또는 동의 아래 보충하거나 정정한 행위에 대하여는 책임을 질 필요가 없다. 그러나 이 사건과 같이 발행인이 거래정지처분을 받은 후 그 정을 모르는 제 3 자에게 종전에 타인에게 발행하였다가 회수한 백지수표를 보충하여 재교부한 행위는 제 3 자의 입장에서 볼 때 거래정지처분을 받은 발행인이 그 정을 모르는 제 3 자에게 수표를 새로이 발행하는 행위와 다를 바 없다 할 것이므로(발행인이 회수한 수표용지를 재사용하여 새로운 수표를 발행하였다고 보는 것이 상당할 것이다), 이 경우 발행인은 수표발행에 대하여 최초 발행 시를 기준으로는 물론, 백지수표를 보충하여 제 3 자에게 교부한 시점을 기준으로도 그 책임을 져야 할 것이다. 따라서 부정수표단속법 제 2 조 제 1 항 제 2 호 또는 제 2 항 소정 '수표를 발행한 날'에 관한 위 대법원 판결들의 법리는 이 사건에 적용될 수 없다고 할 것이다.」

제 2 편

어 음 법

제1장 總　　說

李基秀, 어음의 概念, 種類 및 基本特性, 어음의 歷史, 法源 및 國際法, 어음의 經濟的 機能, 월간고시 182(1989. 3).

제1절 어음의 槪念, 種類 및 어음當事者

Ⅰ. 槪　念

어음은 일정금액의 지급을 목적으로 하는 유가증권으로서 엄격한 법정형식요건을 갖출 것을 요하며, 명시적으로 어음이라고 표시되어야 하는 하나의 증권이다.

Ⅱ. 種　類

어음의 종류에는 환어음과 약속어음이 있다.

1. 換 어 음

환어음은 발행인이 어음수취인에 대한 만기의 액면총액의 지급을 타인(지급인)에게 위탁하는 지급위탁증권이다. 보통 다음과 같이 표현된다: "이 어음과 상환하여 B에게 3,000만원을 지급하여 주십시오." '환'이라 불리우는 것은 어음면상 이러한 지급위탁문구에 의해 발행인이 어음을 지급인에 대하여 발행하기 때문이다.

2. 約束어음

약속어음은 발행인(Aussteller) 자신이 어음수취인(Wechselnehmer)에게 만기에 액면총액의 지급을 약속하는 지급약속증권이다. 보통 다음과 같이 표현된다: "이 어음과 상환하여 B에게 3,000만원을 지급하겠습니다." 즉 약속어음은 그 본질에 있어 추상적 채무약속과 유사하다. 약속어음은 바로 그 요건 및 효과에 있어서 강화된 채무약속(Schuldversprechen)이다.

Ⅲ. 어음의 當事者

1. 換 어 음

(1) 어음당사자 통상의 경우 환어음은 3면관계, 즉 발행인, 수취인 및 지급인이 어음에 관계된다. 발행인은 지급위탁의 지시인(der Anweisende)이며, 지급인은 피지시인(der Angewiesene) 그리고 수취인은 지시수령인(Anweisungsempfänger)이다. 이 세 사람에 대하여 결정되는 어음의 문안은 다음과 같다: “C(지급인): 이 어음과 상환하여 B(수취인)에게 2005년 9월 15일에 3,000만원을 지급하여 주십시오. A(발행인)의 기명날인 또는 서명.”

(2) 어음인수인 어음지급인은 발행인으로부터 단순히 지급의 위탁을 받고 있는 데 불과하므로 당연히 어음금액을 지급할 채무를 부담하는 것은 아니며, 단지 그가 어음을 기명날인 또는 서명을 통하여 인수한 경우에만 책임을 진다(어음법 제25조, 제28조 참조). 이에 의해 지급인은 어음인수인이 된다.

2. 約束어음

약속어음이 환어음과 근본적으로 다른 점은 당사자관계에서 환어음과 같은 3면관계가 아니라 지급인이 따로 없이 발행인 자신이 환어음의 지급인(엄격히는 인수인)을 겸하여 언제나 주채무자가 된다는 점이다. 즉 약속어음에는 환어음과는 달리 인수제도가 없다. 결국 보통의 약속어음은 ‘인수된 자기앞환어음’에 해당한다고 볼 수 있다.

제2절 어음의 歷史, 法源 및 國際어음法

金星泰, 국제거래와 어음·수표법의 통일, 商事法의 基本問題(李範燦敎授華甲紀念論文集), 1993/法務部, 유엔國際商去來法委員會資料集, 法務資料 제67집, 1986/鄭東潤, 어음법학의 현대적 과제, 商法論叢(鄭熙喆先生停年紀念論文集), 1985/鄭燦亨, 어음·手票法上의 判例·學說 및 課題, 商事法硏究 10(상사법의 과제와 전망), 1992/鄭燦亨, 국제환어음 및 국제약속어음에 관한 UN협약(하), 商事法論叢(姜渭斗博士華甲紀念論文集), 1996.

Ⅰ. 어 음 法

우리나라의 어음법은 1930년 통일어음법을 기초로 하여 1962년 1월 20일 법률 제1001호로 제정·공포되어 1963년 1월 1일부터 시행되었다. 이 이전에는 조선민사령 제 1 조에 의하여 어음법통일조약에 가입하여 이 통일조약에 의거, 국내법으로 제정·시행되었던 전전의 일본 「手形法」(1932.7.15, 법 제20호)이 의용되었다.

1995년의 어음법개정에서는 사회·경제적 여건의 변화와 국내·외 상거래 관습의 추세를 반영하여 기명날인하도록 되어 있는 어음행위의 요건에 서명도 병용할 수 있도록 하였다. 그리고 이해하기 어려운 한자용어를 알기 쉬운 표현으로 변경하였고(어음법 제 2 조 제 1 항, 제64조 제 2 항, 제76조 제 1 항의 "궐한"을 "기재하지 아니한" 또는 "붙이지 아니한" 등으로 고침), 어음법 제84조의 "각령"을 "대통령령"으로 하였다.

그 이후인 2007년의 어음법개정은 어음의 교환업무에 소요되는 연간 수 백억원의 물류비용의 절감과 그 업무처리의 효율화를 위하여 어음정보의 전자적 송·수신에 대하여 어음법에 따른 지급제시의 효력을 부여하고, 금융기관 사이의 조사업무 위임에 관한 규정을 신설하여 어음교환업무 전자화의 법적 근거를 마련하려는 데에 그 목적이 있었다.

어음법의 제정·시행 이후 상당한 시간이 경과하고, 인터넷의 보편화, 전자거래의 확대 등의 새로운 환경을 맞이하게 되었다. 그리고 어음법은 실물어음의 경우를 전제하여 만들어진 법으로서 전자결제환경에 적합하지 못하였다. 이에 전자어음을 일반상거래와 전자상거래에서 디지털환경에 적합한 전자결제수단으로 사용할 수 있도록 하고, 전자어음을 통하여 조세투명성제고로 조세정의를 실현하며, 디지털환경에 따른 기업간 결제의 효율성을 높이는 결제수단으로서 활용함으로써 국민경제의 발전에 이바지하기 위하여 전자어음제도를 도입할 필요성이 크게 되었다. 이에 2004년 3월 22일 전자어음의발행및유통에관한법률을 제정하여(법률 제7197호) 전자약속어음을 도입하였다. 동법은 2007년 5월 17일 개정되었다. 그 이후 동법은 2009년 1월 30일과 2009년 5월 8일 다시 개정되었다.

어음법은 2010년 3월 31일자로 다시 개정되었다(법률 제10198호). 마찬가지로 수표법도 2010년 3월 31일자로 개정되었다(법률 제10197호). 법치국가에서의 법 문장은 일반 국민이 쉽게 읽고 이해해서 잘 지킬 수 있도록 해야 함은 물론이고 국민의 올바른 언어생활을 위한 본보기가 되어야 하는데, 우리의 법 문장에는 용어 등이 어려워 이해하기 힘든 경우가 많고 문장 구조도 어문(語文) 규범에 맞지 않아 국민의 일상적인 언어생활과 거리가 있다는 지적이 많았다. 이에 따라 법적 간결성 · 함축성과 조화를 이루는 범위에서, 법 문장의 표기를 한글화하고 어려운 용어를 쉬운 우리말로 풀어쓰며 복잡한 문장은 체계를 정리하여 간결하게 다듬음으로써 쉽게 읽고 잘 이해할 수 있으며 국민의 언어생활에도 맞는 법률이 되도록 하여, 과거 공무원이나 법률 전문가 중심의 법률 문화를 국민 중심의 법률 문화로 바꾸려는 데에 개정의 취지가 있다. 개정의 주요 내용은 다음과 같다: ① 법률의 한글화를 도모한다. 법 문장 중 한자를 한글로 바꾸되, "相換"을 "상환(相換)"으로 하는 등 한글만으로 이해가 어렵거나 혼동의 우려가 있는 경우에는 괄호 안에 한자를 병기(倂記)하도록 한다. ② 어려운 법령 용어를 순화(醇化)한다. 법률의 내용을 바꾸지 않는 범위에서, "보전"을 "보충지"로, "소구"를 "상환청구(償還請求)"로, "말미"를 "끝부분"으로 하는 등 법 문장에 쓰는 어려운 한자어와 용어, 일본식 표현 등을 알기 쉬운 우리말로 고쳤다. ③ 한글맞춤법 등 어문 규범을 준수한다. 법 문장에 나오는 법령 제명(이름)과 명사구 등의 띄어쓰기를 할 때와 가운뎃점(·), 반점(,) 등의 문장부호와 기호 등을 사용할 때에 한글맞춤법 등 어문 규범에 맞도록 하였다. ④ 정확하고 자연스러운 법 문장을 구성하도록 하였다. ⅰ) 주어와 서술어, 부사어와 서술어, 목적어와 서술어 등의 문장 성분끼리 호응(呼應)이 잘 되도록 법 문장을 구성하였다. ⅱ) 어순(語順)이 제대로 되어 있지 않아 이해가 어렵고 표현이 번잡한 문장은 어순을 올바르고 자연스럽게 배치하였다. ⅲ) 자연스럽지 않거나 일상생활에서 자주 쓰지 않는 표현은 문맥에 따라 알맞고 쉬운 표현으로 바꾸었다. ⑤ 체계 정비를 통하여 간결화 · 명확화를 도모하였다. 여러 가지 내용이 한 문장 속에 뒤섞여 내용 파악이 어렵거나 너무 길고 복잡한 문장 등은 표현을 간소화하거나 문장을 나누는 등 체계를 정비하여 명확하게 하였다.

여기에서는 우리 어음법의 모법이었던 통일법이 생성되기까지의 역사를 독일법을 중심으로 살펴보고, 국제적인 통일화작업에 관하여 일별하고자 한다.

Ⅱ. 19세기 중반까지의 유럽에서의 發展過程

어음은 12세기 중엽부터 중부유럽에서 발전되기 시작하였다. 이보다 일찍이 아라비아에서 만들어진 제도는 중부유럽에서의 발생에 영향을 미치지 않은 듯하다. 중세 후반에 어음을 발행한 목적은 무엇보다도 외지로의 송금에 있었다. 외지로의 송금은 상거래 및 여행자의 증가를 통하여 필요하게 되었다. 이는 또한 전유럽에 부과되었던 교회의 세금(교황에의 헌금)을 로마와 아비뇽으로 운반하기 위해서도 필요하였다. 어음은 교통수단의 불안전성으로 인한 위태로운 현금운반을 피하고, 또 유럽에서 화폐단위가 서로 달랐기 때문에 항상 요청되었던 화폐교환(Münzwechsel)을 가능케 해 주었다(여기에서 그 명칭인 Wechsel이 유래되었다). 이 어음은 수세기 동안 직접적인 환전상(이를 Campsor라 불렀다)이 취급하고 있었다. 이들은 서로 서로 거래관계를 맺고 있었다. 만일 플로렌스의 상인이 베니스에서의 채무를 이행하려 한다면, 그는 채무액에 해당하는 금액에 할증금(Zuschlag)을 덧붙여 플로렌스의 환전상에게 지급한다. 상인은 환전상으로부터 지급을 증명하고, 베니스에서 이에 상응하는 금액을 그 곳의 화폐로 지급할 것을 약속하는 증서를 받는다. 이러한 원래의 교환증서가 오늘날의 약속어음에 상응한다. 플로렌스의 환전상이 베니스에서 스스로 지급할 수 없거나 하려 하지 않을 때에는 지급약속증서에 그와 거래를 하는 베니스의 거래처, 즉 많은 경우 그 곳이 다른 환전상 앞으로 쓴 첨서를 덧붙여야 하는데, 이 첨서에 의해 그 곳 환전상으로 하여금 정산을 조건으로 지급할 것을 요구한다. 이 때 지급약속(Zahlungsversprechen)은 지급위탁(Anweisung)으로서 보호되었다. 환어음이 이 양 증권의 결합으로부터 발전되었는지, 아니면 독자적으로 발전되었는지, 또는 2 중적인 발전과정, 즉 두 가지 성립근원을 가졌는지 여부는 법사학적 연구로부터 아직 확실한 성과를 얻어 낼 수 없으므로 확정할 수는 없다. 환전상들은 회수된 어음의 정산을 특히 상파뉴 및 이 곳이 쇠퇴한 후에는 이용과 같은 큰 시장에서 종종 처리하였다.

어음법은 그 당시 환전상측에서의 동일한 취급 및 시장법원의 판결을 통하여 오래 전부터 통일적으로 발전되었다. 이 때 교회법상의 이자금지가 중요한 영향을 미쳤는데, 이 이자금지를 통하여 어음을 신용창출목적으로 공공연히 유용하는 것이 금지되었고 또 환전상이 어음을 처분하는 것은 금전운반에 기여하는 자신의 활동에 한해서만 허용되었다. 이로써 장소를 달리하는 어음만이 허용되게 되었다.

어음의 지급기능이 전면에 있고, 환전상들이 어음거래를 장악하고 있는 한 어음의 유통은 요청되지 않았다. 어음이 단순한 지급기능만을 가능케 해 주면 그것으로 족하였다. 16세기에 들어와서부터 상인들이 점점 어음을 직접 발행하게 되었다. 동시에 어음의 수령권자를 사전에 확정하지 말아야 할 필요성이 대두되었다. 지시문구(Orderklausel)가 부가되었고, 수령권자는 그 후에 지정되었다. 수령권자는 지정, 즉 지시를 위하여 어음의 뒷면에 해당 표기가 행하여졌다.

후에는 지급인에 의해 어음을 서면으로 인수할 필요성이 대두되었다. 어음의 유통성 때문에 거래보호와 인적항변의 절단이 다시금 요청되었다. 그 때문에 당시의 관습법으로는 무리가 있었다. 환전상들이 사라지고 어음정산장소로서의 시장의 의미가 변함에 따라 독일에는 각지에서 성문화된 어음법이 제정되었고, 이로 인해 엄청난 법의 분열현상이 노정되었다. 많은 도시(1603년에 함부르크를 시초로)와 소자치구에서 독자적인 어음법이 제정되었다. 19세기 중엽에 독일의 법통일화가 있기 이전에는 적어도 56개 이상의 서로 다른 어음법이 적용되고 있었다. 이는 상거래의 지역적 범위를 넓힐 필요성과 정면으로 배치되는 것이었다.

Ⅲ. 獨逸國內에서의 法律統一

관세동맹에 의한 관세국경의 붕괴가 독일 국내지역에서의 법률통일화에 주요한 돌파구를 만들어 주었다. 1847년에 독일연방 내 모든 국가의 어음법회의가 라이프찌히에서 열렸다. 동 회의에서 프로이센의 초안에 기초하여 만들어진 보통독일어음조례가 1848년 프랑크푸르트국민회의에서 제국법률로 공포되었다. 그 결과 이 법규는 당연히 관할권을 넓혔다. 그러므로 연방의 각 국가들은 이 어음법규를 동일내용의 국가법률로 공포하였는데(통일입법 : Parallelgesetzgebung), 이는 독일영내의 법률통일을 위한 최초의 그리고 중요한 선례가 되었다. 이 어음법규는 1869년에 북독일연방의 법률로, 1871년에 제국법률로 제정되었으며, 1934년에 독일어음법에 의해 폐지될 때까지 적용되었다.

이의 특징은 어음법상의 관계를 원인관계로부터 분리시킨 것과 그 때문에 가능해진 간명함과 정확성에 있었다. 동 법률의 특징은 많은 다른 나라들, 특히 스위스, 스칸디나비아제국, 러시아, 일본과 우리나라의 모법이 되었고, 또 그 동안 프랑스법계에 편중되어 있었던 이탈리아와 남미국가들의 어음법에도 영향을 주었다.

Ⅳ. 國際的인 法律統一

1. 헤이그 세계어음法會議

19세기와 20세기의 전환기에 어음의 유통은 주로 세 가지 어음법의 원칙적 체계 아래에 놓여져 있었다. 즉 독일어음법체계, 1807년 프랑스상법전(code de commerce)상의 체계 및 앵글로색슨(영미)의 체계가 그것이다. 이 때의 독일법계의 어음법은 어음관계를 원인관계와 엄격히 구별한 점에 특색이 있었고, 프랑스법계의 어음법은 어음관계와 원인관계를 엄격히 구별하지 않은 점에 특색이 있었으며, 영미법계의 어음법은 어음의 기재요건이 완화되어 있고, 배서위조의 경우에는 어음상의 권리를 선의취득할 수도 없고, 또 지급인은 선의로 지급하여도 면책되지 않는 점 등에 특색이 있었다. 그 사이에 세계적으로 확대된 상거래와 지급관계로 인하여 더욱 진전된 법률통일이 필요하게 되었다. 그래서 1910년과 1912년에 이미 두 차례 세계어음법회의가 헤이그에서 개최되었는데, 그 성과(이 회의에서는 어음법통일에 관한 조약 31개조와 환어음과 약속어음 통일규칙 80여 개 조를 결의하여 30개국의 대표가 이에 서명하였다)는 물론 제 1 차 세계대전의 발발로 별 실효성이 없었다.

2. 제네바 어음法統一會議

1930년 제네바에서 열린 어음법통일회의에서 헤이그회의에서의 성과를 기반으로 하여 광범위한 법률통일이 이루어졌다. 이 회의에서 다음과 같은 세 가지 조약이 결의되었다.

(1) 두 개의 규칙을 포함한 통일적인 어음법에 대한 조약　이 조약은 체약국이 부속서 I 에 기록되어 있는 어음법을 제정하고, 또 부속서 II 에서 유보조항으로 되어 있는 경우에만 동 규정을 보충하고 변경할 수 있다는 의무사항을 정하고 있다. 유보된 사항은 주로 몇몇의 기간결정, 거절증서(Protest)와 거절의 통지(Notifikation)에 있어서의 형식 및 실질적으로 중요한 의미가 있는 법적 기본관계에 관련된 몇몇의 문제점들이었다.

(2) 국제어음사법(충돌법 : Kollisionsrecht)**에 관한 조약**　유보조항 및 법통일화에 참여하지 않은 국가와의 어음거래로 인하여 생겨나는 법충돌을 해결하기 위하여 한계설정규범이 예전처럼 필요하게 되었다.

(3) 어음법과 「인지법」(어음조세법)**의 관계에 대한 조약**　이 조약으로 인하여 어음법상의 채무의 유효성은 조세법상의 규정을 고려하지 않아도 되게끔 되었다.

이 조약들은 유럽대륙과 남미에서 대부분의 국가들이 서명하고 비준하였다. 후에 소련도 가입하였다. 그러나 법통일은 앵글로색슨계 국가들에게는 먼 이야기여서 여전히 부분적으로 커다란 차이가 나는 두 개의 어음법체계가 존재하고 있는데, 유럽대륙의 체계와 앵글로색슨(영미) 체계가 그것이다.

3. 統一어음法의 解釋

법원문의 출처는 그 법률을 해석함에 있어 매우 중요하다. 예컨대 독일어권 나라들에서는 통일적인 번역을 할 것에 합의함으로써 법통일화가 촉진되었다. 또한 판례는 해석의 통일을 기하기 위하여 법문언에 충실한 해석을 하는 데에 큰 의미를 부여한다.

통일적인 법률원문이 있기에 어음법에 대한 통일법계국가들의 학설과 판례를 우리나라의 현행법을 해석하는 데 원용하는 것은 통일된 법적 기초가 없는 타지역(영미법계)의 학설과 판례를 원용하는 것보다 더 큰 의미를 갖는다. 외국의 법발전에 대한 이러한 태도는 법정책적으로도 중요한데, 이는 통일어음법이 다시 분기해 나가지 않도록 하기 위해서도 그러하다. 그러나 주지하다시피 통일된 법원문의 해석에 있어서 이미 현저한 일탈이 여러 나라에서 존재하고 있다.

따라서 법통일은 완전하게 이루어지지 않았다. 법원칙적인 문제(예컨대 배서에 의한 항변배제의 범위에 대한 문제)에서조차도 부분적으로 근본적인 차이가 있다(이에 관하여는 이기수, "어음법·수표법에 관한 비교법적 고찰," 육사논문집 제12집(1974년 12월), 173~214쪽 참조).

4. 國際어음法

UN은 그 모든 가입국 사이의 협약을 통하여 오직 국제거래에만 통용되고, 통일된 법률규정에 따르는 '국제어음'을 만들기 위해 노력하고 있다. UNCITRAL(United Nations Commission on International Trade Law(국제상거래법위원회))은 1972년 국제통일환·약속어음법 초안을, 1981년에 이를 바탕으로 하는 국제환·약속어음조약 초안을 작성·제출하였으며, 이 초안은 1984년 7월 뉴욕에서의 UNCITRAL 제17차 회의에서 계속 심의되었다. 마침내 1988년 12월 9일 국제연합의 제45차 총회에서 국제환어음·약속어음에 관한 협약(U.N. Convention on International Bills of Exchange and International Promissory Note)이 채택되었다.

Ⅴ. 國際어음私法

서로 다른 해석 및 명시적으로 유보된 차이(가령 어음권리능력과 어음행위능력 분야에 있어서) 때문에 충돌법적 의미에서 국제어음법이 체약국들 사이에서도 예전처럼 필요하게 되었다. 국제어음법은 실질적으로 법통일화에 가담하지 않은 국가와의 관계에서 필요하다. 이에 대한 중요한 법적 기초는 위에서 언급한 충돌법에 대한 조약인데, 이는 앵글로색슨국가에서는 받아들여지지 않은 것이다. 그 동안에 위의 조약에서 성립된 규정이 통일어음법에서 계수되었다(제91조~제98조). 이 계수를 통하여 충돌

규정은 충돌법조약에 가입하지 않은 국가에 대한 관계에서도(그 한도에서 물론 상호적이지는 않다) 적용된다. 보충적으로 국제사법상의 일반규정과 기본원칙이 적용된다.

준거법이 당사자에 의하여 결정될 수 있을 것인가의 여부에 대해서는 다툼이 있으나, 어음증권상의 기재사항이 받아들여진다면 이는 긍정된다.

제 3 절 어음의 經濟的 機能

어음은 오늘날 그 생성시기와는 달리 화폐교환이나 지급기능은 거의 갖지 않고, 거의 전적으로 신용창조와 신용보증의 목적에 봉사한다. 어음은 경제적 기능에 따라 상업어음·융통어음 및 담보어음으로 나누어진다. 여기에서는 위의 분류에 따라 어음의 경제적 기능을 살펴보기로 한다.

Ⅰ. 商業어음

이는 경제생활에서 가장 대표적이고 유용한 어음의 기본형태이다. 이 상업어음(Warenwechsel)의 근거에는 어떤 상인(예컨대 도매상·소매상)에 대한 상품의 공급과 그에 따른 실제적인 경제거래, 즉 상품의 전매를 통하여 매수인이 이익을 얻고 그 이익으로 어음에 의해 창조된 신용을 보상할 수 있게 되는 그러한 경제적 유통과정이 놓여 있다.

1. 어음發行時의 信用創造

이 신용창조는 상업어음에서는 다음과 같이 행하여진다. 즉 매도인이 매수인을 지급인으로 하여 어음을 발행하고, 이로써 매수인에게 어음의 유통기간 동안 매매대금지급을 유예해 줌으로써 행하여진다. 매수인은 이 어음을 인수함으로써 어음법적으로 유통기간이 지난 후 어음금을 정당한 어음소지인에게 지급할 의무를 진다.

대체로 이러한 어음의 유통기간(Laufzeit)은 3개월이며, 이 때문에 3개월인수(환어음의 경우)라고도 말한다.

법률적으로는 매수인이 환어음에 기명날인 또는 서명하는 것만으로는 매매대금채권이 소멸하지 않는다. 왜냐하면 매도인이 매수인으로부터 어음인수를 지급에 갈음하여서가 아니라 지급을 위하여 받기 때문이다. 오히려 매매대금채권은 매수인이 어음의 주채무자로서 어음의 유통기간 말에 어음금액을 지급함으

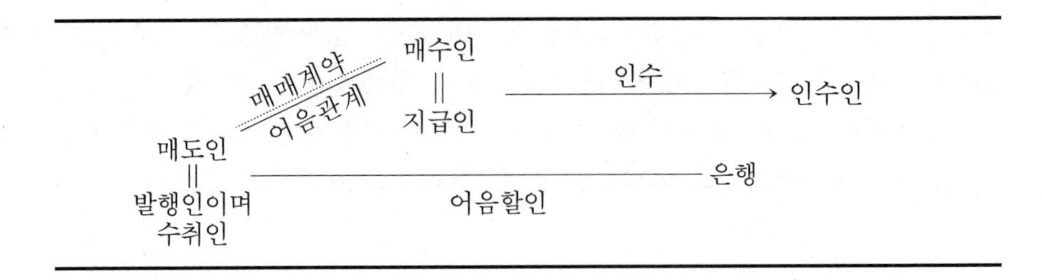

로써 소멸된다. 그러나 통상적으로는 더 이상 매매대금채권을 주장하지 않는 것이 보통이다.

반면 매도인은 매수인이 인수한 어음을 만기에 지급제시하여 매매대금을 환수할 수도 있고, 만기 전이라도 예컨대 다른 자와의 법률관계에서 발생한 채무를 변제할 목적으로 배서양도하거나 또는 신용기관에 어음할인을 의뢰할 수도 있다.

2. 어음割引

실제로는 매도인이 어음을 보유하고 있다가 만기에 지급제시하는 것보다는 오히려 어음을 양도함으로써 신용(Kredit)을 취득하는 쪽이 거래계에서 훨씬 빈번히 이루어지고 있다. 이러한 양도는 가령 자신의 채권자에게 채무의 지급을 위하여 행해진다(이 경우에도 대개는 지급을 위하여(erfüllungshalber) 한다). 그러나 물품공급자(매도인)는 종종 어음을 할인하기 위하여 은행에 교부함으로써 어음상당액의 금액을 취득하기도 한다. 이를 위하여 공급자는 어음에 배서를 한다(이로써 물품공급자는 은행 및 이후의 소지인에 대하여 어음의 상환의무자가 된다). 이 때 은행이 어음에 대하여 할인의뢰인에게 지급하는 금액은 물론 어음의 액면액보다 적다. 왜냐하면 어음은 추후에 비로소 만기가 되고, 따라서 은행은 비용(Unkosten)과 수수료(Provision) 이외에 만기까지의 이자, 이른바 중간이자(할인료: Diskont)를 공제하기 때문이다. 즉 은행이 어음을 할인하는 것이다.

어음할인(Diskontierung)은 그 경제적 기능과 법적 성질에 비추어 보면 하나의 신용행위(Kreditgeschäft)이다. 이 어음할인을 (비전형적인) 소비대차계약이라고 보는 설이 있지만 매매계약으로 보는 다수설(정희철, 187쪽; 정동윤, 281쪽; 최기원, 210쪽)과 판례에 찬성한다(더 자세한 내용은 이 책의 제7장 제2절을 참조). 매매계약적 성질에서 출발하더라도 어음이 만기에 지급되지 않으면, 은행은 할인행위의 기초가 되는 합의에 의해 매매대금의 반환청구권(상환청구권)을 갖는다.

신용행위라는 성질에 상응하여 할인업무는 은행의 가장 중요한 업무에 속한다. 은행의 이 업무수행의 범위에서 행하여진 신용정책(Kreditpolitik)은 국민경제의 진행과정에 중대한 영향을 미친다. 할인된 어음은 금융기관의 단기의 유동적 자본조달에 기여한다. 은행은 할인에 필요한 재원 중 많은 부분을 은행이 할인한 어음을 한국은행에서 다시 할인(이른바 재할인)함으로써 마련한다. 한국은행이 확정한 할인율은 대체로 은행측에서 어음고객에 대한 어음할인을 위하여 계산하는 이자율에 영향을 미친다. 그 밖에 한국은행의 할인은 일정범위에서 일반이자에 대해서도 그리고 그로써 신용거래량의 확대(할인율이 낮은 경우에) 또는 축소(할인율이 높은 경우에)에도 영향을 미치고, 또 간접적으로는 총 통화량에 영향을 미친다. 할인율결정은 재할인이 가능한 소재의 제한과 재할인한도액을 설정하는 것과 함께 한국은행의 할인정책수단이 된다. 이는 공개시장정책 및 최저준비금정책과 함께 한국은행의 통화정책의 일부를 이룬다. 통화 및 경제정책의 수단으로서의 할인율변동(Variation)의 가치는 기업의 자체 자금조달가능성(이는 그 기업의 수익상태와 세금상태에 의해 영향받는다), 외국에 대한 이자수익(외국에서의 이자수준이 더 낮으면 기업은 외국에서 신용을 얻는다) 및 타 투자비용과 이자부담과의 관계와 같은 일련의 요소에 의해 영향을 받는다. 따라서 할인율변경의 영향력은 그때 그 때의 구체적 사정에 따라 결정된다.

〈대판 2006. 5. 26, 2003 다 65643〉

「지급은행인 원고 은행이 어음교환업무규약 및 그 시행세칙 소정의 부도어음통보시각을 넘긴 조치가 일시적이나마 어음발행인을 위하여 대위지급하여 줄 의도에서 비롯된 것이어서 어음소지인이 제시은행 및 어음교환소를 거치지 않고 원고 은행에 직접 어음을 제시하였더라도 어음금을 지급하여 주었을 것이라는 등의 특별한 사정이 인정되지 않는 한 단순히 어음교환일 당일의 은행 마감시각까지 결제자금을 입금하겠다는 발행인의 약속을 믿고 부도어음통보시각을 넘긴 사정만으로는 위 결제자금미입금에 따른 대위지급의 손해까지 감수할 의사가 있었다고 볼 수 없고, 한편 그와 같은 사유로 인한 원고 은행의 뒤늦은 추심금반환청구가 어음소지인(제시인)에 대하여 현저히 불공정한 결과를 초래하게 됨을 인정할 만한 특별한 사정이 존재하지 않는 한 단지 부도어음통보시각의 경과 이후 어음교환업무규약 등에서 정한 절차의 진행에 따라 부도어음이 정상적으로 추심된 것과 같은 외관을 형성하였다는 사정만으로는 그 추심금의 반환을 구하는 원고 은행의 청구가 신의칙에 반한다고 볼 수도 없다.」(이 판결에 대한 평석으로는 김문재, 2005/2006년도 어음·수표에 관한 대법원판례의 동향과 분석, 상사판례연구 제19집 제 4 권, 2006, 665쪽 아래 참조)

〈대판 2008. 5. 23, 2006 다 36981(전원합의체)〉

「[다수의견] 신용보증기금이 발급한 신용보증서에 신용보증 대상이 되는 '대출과목'이 '할인어음'이라고 기재되어 있는 한편, "본 보증서는 사업자등록증을 교부받은 업체 간에 당해 업체의 사업목적에 부합되고 경상적 영업활동으로 이루어지는 재화 및 용역거래에 수반하여 발행된 상업어음(세금계산서가 첨부된)의 할인에 대하여 책임을 진다"라는 내용의 특약사항이 기재되어 있는 경우, 신용보증서에 기재된 대출과목과 특약사항의 내용, 신용보증기금의 설립 취지, 신용보증이 이루어지는 동기와 경위, 신용보증에 의하여 달성하려는 목적, 신용보증에 의하여 인수되는 위험 및 상업어음할인대출 절차의 엄격성 등을 종합적으로 고려하면, 위 신용보증서의 상업어음할인 특약에 의해 신용보증을 한 당사자의 의사는, 금융기관이 선량한 관리자로서의 주의의무를 다하여 정상적인 업무처리절차에 의해 상업어음인지 여부를 확인하고 상업어음할인의 방식으로 실시한 대출에 대하여 신용보증책임을 진다는 취지로 해석함이 합리적이고, 따라서 금융기관이 상업어음으로서 할인한 어음이 사후에 상업어음이 아님이 드러났다 하여도 그 할인에 의한 대출과정에서 선량한 관리자로서의 주의의무를 다하였다면 그에 대하여는 신용보증기금이 신용보증책임을 부담한다.」

Ⅱ. 融通어음 또는 信用어음

梁碩完, 융통어음 당사자간의 관계, 現代 商事法의 諸問題(李允榮先生停年記念論文集), 1988/梁碩完, 융통어음에 관한 연구, 고려대 박사학위논문, 1993/禹洪九, 융통어음의 법률관계, 건국대사회과학 13(1989. 11).

상품공급이나 그 밖의 거래행위가 행해짐이 없이 어음을 통하여 신용이 창출되었을 때에 이를 융통어음(Finanzwechsel) 또는 신용어음(Kreditwechsel)이라 한다. 이러한 환어음에 있어서 인수인은 자신의 인수에 대하여 발행인으로부터 반대급부를 받지 않고, 즉 자신이 신용(자신이 반대급부를 유예하는 형태로)을 얻기 위해서가 아니라 발행인에게 신용을 제공할 목적으로 인수한다.

〈대판 1969. 9. 30, 69 다 975 · 976〉

「타인의 금융 또는 채무담보를 위하여 약속어음을 발행한 자는 제 3 자에 대하여 인적항변으로 대항할 수 없다.」

〈대판 1974. 7. 16, 74 다 431〉

「융통어음의 발행인은 피융통자 이외의 제 3 자에 대하여 그 어음금지급의무를 부담하는 이외에 당연히 피융통자의 보증삭제책임까지 부담한다고 할 수 없다.」

〈대판 1979. 10. 30, 79 다 479〉

「타인의 금융 또는 채무담보를 위하여 약속어음(이른바 융통어음)을 발행한 자는 피융통자에 대하여 어음상의 책임을 부담하지 아니하나 그 어음을 양수한 제 3 자에 대하여는 선의이거나 악의이거나 또한 그 취득이 기한후배서이었다 하더라도 대가 없이 발행된 융통어음이었다는 항변으로 대항할 수 없다.」(동지 : 1995. 1. 20, 94 다 50489 ; 1995. 9. 15, 94 다 54856)

〈대판 1994. 5. 10, 93 다 58721〉

「피융통자가 융통어음과 교환하여 그 액면금과 같은 금액의 약속어음을 융통자에게 담보로 교부한 경우에 있어서는 융통어음을 양수한 제 3 자가 그 어음이 융통어음으로 발행되었고, 이와 교환으로 교부된 담보어음이 지급거절되었다는 사정을 알고 있었다면, 융통어음의 발행자는 그 제 3 자에 대하여 융통어음의 항변으로 대항할 수 있다.」

〈대판 1996. 5. 14, 96 다 3449〉

「융통어음이라 함은 타인으로 하여금 어음에 의하여 제 3 자로부터 금융을 얻게 할 목적으로 수수되는 어음을 말하는 것이고, 이러한 융통어음에 관한 항변은 그 어음을 양수한 제 3 자에 대하여는 선의 · 악의를 불문하고 대항할 수 없는 것이므로, 어떠한 어음이 위에서 말하는 융통어음에 해당하는지 여부는 당사자의 주장만에 의할 것은 아니고 구체적 사실관계에 따라 판단하여야 하는데, 어음의 발행인이 할인을 의뢰하면서 어음을 교부한 경우, 이는 원인관계 없이 교부된 어음에 불과할 뿐이고, 악의의 항변에 의한 대항을 인정하지 아니하는 이른바 융통어음이라고 할 수는 없다.」

〈대판 1996. 11. 26, 96 다 30731〉

「상호신용금고가 상업어음만을 할인하여야 하는 규정에 위반하여 담보용으로 발행된 어음이나 융통어음을 잘못 할인하였다고 하여 곧바로 악의 또는 중대한 과실로 어음을 취득한 때에 해당한다고는 볼 수 없다.」

1. 銀行의 引受

신용제공의 목적으로 은행에 의해 인수가 행하여진다면, 융통어음은 법률

거래에 있어서 아무런 문제점이 없다. 발행인(신용을 받는 자)이 어음을 채무의 지급을 위하여 제공한 경우에 그러한 어음의 취득자나 혹은 그 어음을 할인한 타 은행은 인수인이 어음금액을 만기에 지급하리라는 기대를 갖게 된다. 은행인수는 은행이 그 고객, 가령 어떤 기업에게 자신에게 발행된 어음을(일정금액까지) 인수할(인수신용: Akzeptkredit) 의무를 지는 방법으로 신용을 공여하는 합의의 범위 내에서만 인정된다.

2. 好意어음

인수가 직업적 신용행위에서가 아니라 호의로(aus Gefälligkeit), 가령 친척이나 친구 또는 경우에 따라서는 영업상의 고객을 위하여 행하여지면 그러한 호의어음의 취득자를 둘러싸고 여러 가지 고려할 문제점들이 대두된다. 왜냐하면 인수의 기초가 되는 호의의 약정의 명시적 혹은 묵시적 내용상 대체로 발행인이 어음의 만기까지 인수인에 의한 지급을 위해 요청된 어음금액을 준비해야 할 것이기 때문이다. 환언하면 인수는 신용이 필요한 발행인의 지급능력(Bonität)만을 증가시키고, 인수인에 의한 실질적인 어음이행은 기대하기 어렵기 때문이다. 만기일에 발행인도 인수인도 필요한 자금을 갖고 있지 못하면, 어음의 소지인 또는 배서인 등의 중간취득자는 자신이 직접 어음금을 지급함으로써 손실을 보게 되는 경우도 있을 수 있기 때문이다.

3. 騎乘어음

발행인도 인수인도 어음금액을 만기에 조달할 수 없을 경우에는 다음과 같은 해결방법이 있다. 즉 어음금액을 마련하기 위하여 인수인측에서 새로운 어음을 구 어음의 발행인에 대하여 발행하고, 또 구 어음의 발행인은 신어음을 인수하는 것이다. 이러한 어음의 할인이 드물지 않게 이루어지고 있다. 제 2 의 어음의 유통기간 동안에도 돈이 생기지 않으면 제 2 어음의 인수인은 다시 그 발행인에 대하여 제 3 어음을 발행하는 식으로 계속한다.

이 경우에 어음의 액면총액은 할인금의 추가로 인하여 계속 증가하고, 어음은 금전과 바꾸기가 더욱 더 어려워진다. 왜냐하면 은행은 더욱 신경을 곤두세울 것이기 때문이다(어음기승: Wechselreiterei; 기승어음: Reitwechsel). 이 기승어음에 있어서 그 기초가 되는 교환계약은 선량한 풍속위반으로 무효가 될 수 있다.

4. 虛無어음 (Kellerwechsel)

은행을 기망하기 위하여 경우에 따라서는 다음과 같은 방법도 행하여진다.

즉 일부러 허위의 숫자를 기입함으로써 건전한 상업어음으로 왜곡시키는 경우가 그것이다. 또 허위의 배서나 그 밖에 날조된 기명날인 또는 서명을 함으로써 기승어음을 허무어음으로 만들어 버리면 어쨌든 형법상의 범죄가 되는 사기에 해당된다.

Ⅲ. 擔保어음

이 담보어음(Kautionswechsel)은 보통 부수적 목적인 담보기능(Sicherungs-funktion)이 주목적이다. 담보제공의 의무가 있는 자는 담보금액에 해당하는 약속어음을 제공하거나 어음에 인수를 한다. 이 때 상대방이 그 어음증권을 보관하고 있다가 담보가 개시될 때에만 유통시킬 수 있다는 합의가 있게 된다. 그러나 변제기 전에 채권자가 이를 유통시키더라도 채무자는 선의의 취득자에게 대항하지 못한다(어음법 제17조: 인적항변의 절단).

제 4 절 어음關係와 基本關係

Ⅰ. 어음의 抽象性

어음에 기명날인 또는 서명함으로써 성립하는 채권(예컨대 발행인에 대해서는 어음법 제 9 조 제 1 항, 인수인에 대해서는 어음법 제28조, 배서인에 대해서는 어음법 제15조 제 1 항)은 추상성(무인성)을 갖는다. 이 추상성은 채권이 일단 성립되기만 하면, 그 채권을 근거지운 법률관계에서 분리됨을 뜻한다.

〈대판 1966. 7. 19, 66 다 195〉

「약속어음의 수취인 또는 소지인은 발행인에 대하여 그 약속어음이 발행된 원인관계를 주장·입증하지 아니하더라도 약속어음금을 청구할 수 있는 것이고, 다만 발행인이 수취인 또는 소지인에 대하여 원인관계에 연유한 항변을 할 수 있는 것에 지나지 아니하므로, 본건에 있어서도 원고가 본건 약속어음이 발행된 원인관계에 관하여 무엇이라고 주장하든지간에 그 사실의 유무를 밝힐 필요가 없는 것이고, 피고의 원인관계에 관한 항변이 이유 없는 것이라면 원고의 약속어음금 청구는 인용하여야 할 것인바, 원심이 앞에서 적기한 바와 같이 판시하였음은 잘못이라고 아니할 수 없고, 논지는 이유 있다고 할 것이다.」(동지판례 : 대판 1965. 10. 19, 65 다 1594)

〈대판 1984. 1. 24, 82 다카 1405〉

「어음행위는 무인행위로서 어음수수의 원인관계로부터 분리하여 다루어져야 하고,

어음은 원인관계와 상관없이 일정한 어음상의 권리를 표창하는 증권이라고 할 것인바, 원심이 그 판시와 같이 이 사건 약속어음은 그 발행의 원인관계가 소멸한 후에 소외 A의 대리인이 그 백지부분을 부당보충하여 금전지급의 신용이용 기타 실질적 원인관계 없이 원고에게 배서한 것이고, 원고가 이 사건 약속어음을 보유할 정당한 권원이나 실질적 이유가 있다고 인정할 증거도 없다는 이유로 이 사건 약속어음이 빈 껍데기에 불과하다고 하여 원고의 이 사건 약속어음청구가 바로 신의성실의 원칙에 어긋나는 것으로서 권리의 남용에 해당한다고 하였음은 어음배서에 있어서의 무인성의 법리를 오해하였을 뿐만 아니라 어음법에 있어서의 신의성실의 원칙 내지 권리남용의 법리를 오해한 위법이 있다고 할 것이다.」

〈대판 2007.9.20, 2007 다 36407〉

「어음행위는 무인행위로서 어음수수의 원인관계로부터 분리하여 다루어져야 하고 어음은 원인관계와 상관없이 일정한 어음상의 권리를 표창하는 증권이므로, 어음의 소지인은 소지인이라는 사실만으로 어음상의 권리를 행사할 수 있고 그가 어떠한 실제적 이익을 가지는지 증명하여야 하는 것이 아니다(대판 1997.7.25, 96 다 52649; 대판 1998.5.22, 96 다 52205 등 참조). 따라서 약속어음의 수취인이 그 발행인을 상대로 어음금청구를 하는 경우 어음발행의 원인관계 및 그 원인채무가 이미 변제되었다는 사정은 이를 주장하는 발행인 측에서 증명하여야 할 것인데, 이와 같이 발행인이 증명책임을 부담할 사항에 관하여 발행인 스스로 수취인이 주장하는 어음발행의 원인관계를 자인하고 나아가 이를 수취인이 원용한 이상 이 점에 관하여는 재판상 자백이 성립한 결과가 되므로, 발행인으로서는 그 자백이 진실에 반하고 착오로 인한 것임을 증명하지 않는 한 함부로 이를 취소할 수 없으며, 법원도 그 자백에 구속되어 이에 저촉되는 사실을 인정할 수 없는 것이다(대판 1993.9.14, 92 다 24899 참조).」

(1) 어음은 실제로 언제나 채권관계에 기인하여 발행 · 인수 또는 양도되기는 하지만, 어음이 표창하는 것은 이러한 어음행위의 기초가 되는 청구권, 예컨대 어음이 보증하고 나중에 이행해야 하는 매매대금청구권이 아니라 기본관계로부터 독립한 청구권, 즉 추상적인 청구권이다. 어음의 추상성은 법률에 의하여 강행적으로 인정된다. 강행적으로 인정된다는 것은 관계자가 어음채무를 그 때 그 때의 기본관계에 구속시킬 수 없음을 뜻한다. 만일 원인관계가 어음에 기재되어 있다면, 이러한 기재는 유해적인 것은 아니지만 법률상으로 아무런 의미가 없다(무익적 기재사항). 만일 표창된 지급위탁의 유효성 여부를 원인관계의 유효성 여부에 구속되도록 하였다면, 이러한 기재사항은 어음을 무효로 만든다(어음법 제1조 제2호). 마찬가지로

인수도 무조건이어야 하고, 이에 위반되면 그 인수는 무효이다(어음법 제26조 제1항). 그리고 배서를 하면서 붙인 조건은 기재하지 않은 것으로 본다(어음법 제12조 제1항). 따라서 어음교부의 기초를 이루는 법률상의 기본관계(예컨대 물품인도에 관한 매매계약)와 어음채무를 근거지우는 교부계약은 엄격히 구분되어야 한다.

(2) 추상성의 법적 의미, 특히 이에 의하여 야기되는 기본관계로부터의 분리의 범위는 무엇보다도 세 가지 관점에서 의미가 있다. ① 기본관계의 존재와 하자 없음은 어음청구권의 전제요건이 아니다. 그러나 기본관계의 부존재 또는 하자는 일반적으로 부당이득의 항변에 의하여 교부계약의 상대방에 대하여 주장될 수도 있다. 어음에 의하여 이행되어야 하는 원인청구권에 대하여 계속되는 항변으로 대항하는 경우에도 마찬가지이다. ② 부당이득법상의 규정에 의하여 부당이득의 항변을 주장하는 것이 배제되는 경우도 있다. ③ 통설에 의하면 나중의 취득자에 대한 관계에서의 항변배제는 항변이 추상적 어음청구권의 유효성 자체에 관한 것인지, 또는 어음청구권의 행사에 관한 권리방해적 항변으로서 기본관계에서 나오는 데 지나지 않는 것인지에 따라서 상이한 기준이 적용되는데, 그 한도 내에서는 어음채무의 추상성이 간접적 의미를 가질 뿐이다.

(3) 더 나아가 어음의 추상성은 어음청구권과 원인청구권이 서로 다른 길을 갈 수 있다는 데에, 즉 그 중 하나의 청구권은 다른 청구권 없이도 양도될 수 있고, 더 나아가서 의심스러운 때에는 기초가 되는 청구권의 양도가 어음의 양도와 결합되어 있지 않다는 데에 오히려 의미가 있다.

Ⅱ. 어음債務와 基本關係와의 관련

1. 어음의 賣買

어음취득자가 '어음'(물론 이는 단순한 종이조각으로서가 아니라 청구권, 즉 어음에 표창된 청구권이 들어 있는 어음 자체, 즉 어음상의 권리 자체)을 산다는 의미에서 어음교부의 기초로서 우선 매매계약을 생각할 수 있다. 통설인 매매설에 의하면 어음할인의 경우에도 그러한 매매는 존재한다고 한다.

2. 旣存債務와 관련한 어음의 交付

어음이 어떤 채무의 지급을 위해서 교부되는 경우는 위의 1. 과는 엄격히 구별되어야 한다. 기존 채무는 흔히 (통상의) 매매계약에 기인하는데, 이 때에는 어음청구권과 매매계약의 관련은 위의 1. 에서와 다르다. 앞의 1. 에서는 어음자체가 매매계약의 목적물인 데 반하여, 여기서는 어음이 다른 목적물의 매매에 기인하는, 원래는 현금으로 이행될 매매대금청구권의 이행에 이용된다.

> **(예)** C는 자신의 매매대금채무를 지급하기 위해서 A에 의하여 발행된 어음을 인수하였다. 이것이 실제로 아주 흔한 상품어음(Warenwechsel)의 실례이다. 예컨대 C는 대금지급을 위하여 3개월 기간으로 어음을 인수할 수 있다. 이 때에 발행인 A가 자기가 수취인 B에 대하여 지고 있는 채무를 갚기 위해서 어음을 B에게 교부할 수 있음은 물론이다. A와 B와의 채무도 역시 매매계약에 기인할 수도 있고, 또는 다른 법률관계에 기인할 수도 있다. 이와 마찬가지로 수취인 B와 그 후의 모든 배서인은 채무를 이행하기 위해서 어음을 또다시 배서할 수 있다.

어음법실무에서 자주 나타나는 이러한 실례에서 이행하기 위하여 어음을 교부했다는 항변(대체로 시간을 벌고자 한 보증목적과 결합된다)에 의하여 어음교부와 이행될 채권관계(이것이 기본관계가 된다) 사이의 관련이 이루어진다.

채무이행목적으로 어음을 이용할 때에는 '이행에 갈음하여' 어음을 교부하는 것과 '이행을 위해서' 어음을 교부하는 것과는 구별되어야 한다.

3. 事務管理契約(Geschäftsbesorgungsvertrag)과 委任(Auftrag)

위임 또는 사무관리계약도 지급인이 인수하는 인수의 기초가 될 수 있다. 이러한 예는 위임인 자신이 인수인으로서 나타나기를 원하지 않는 경우나 또는 어음이 신용능력 있는 인수인에 의하여 유통성을 확보하도록 하는 경우(호의인수)에 있게 된다. 이러한 사무관리계약 또는 위임으로부터 위임인은 수임인에게 적시의 보상을 할 의무를 진다. 이러한 법률관계는 신용제공을 목적으로 하는 어음의 교부에서의 법률관계와는 구별된다.

4. 信用提供을 目的으로 하는 어음의 交付

인수인은 발행인에게 신용자금을 현금으로 지급하지 않고 보통 어음을 인수하는데, 이러한 인수된 어음을 발행인이 다시 양도함으로써 발행인 자신은 대가를 획득한다. 이러한 법률관계에서는 발행인이 변제를 배려해야 하는 것이 아니라, 약정된 신용기간이 경과한 후에 신용제공자에게 대가를 반환해야 한다.

그러나 사무관리·위임 및 신용제공은 발행인과 지급인 사이에만 존재하는 것이 아니라, 배서인과 피배서인 사이에서도 존재한다. 예컨대 추심위임배서의 경우에는 사무관리계약이 존재한다. 피배서인이 배려해야 하는 업무는 어음의 추심이다. 신용제공의 경우에는 발행인과 인수인 사이에서와 비슷한 사정이 존재한다. 소비대차의 대가를 지급하는 대신에 어음이 배서되는데, 피배서인은 이 어음을 다시 양도함으로써 대가를 제공받을 수 있다.

5. 基本關係로서의 贈與

기본관계로서의 증여(Schenkung)는 어음의 인수에 있어서뿐만 아니라 어음의 배서에 있어서도 일어날 수 있다.

〈대판 2005. 11. 10, 2005 다 38249, 38256〉

「원고 · 피고 사이에는 약정기한까지 약속어음이 교부되는 것을 전제로 보험책임기간을 개시시키기로 하는 약정이 있었다고 봄이 상당하고, 나아가 피고가 약정기한까지 약속어음을 교부하려 하였으나 원고의 사정으로 이를 교부하지 못한 이상 피고가 약속어음을 교부하지 못하였다는 결과만을 이유로 위 약정의 전제가 충족되지 않았다고 평가할 수도 없으므로, 이 사건 화재는 보험책임기간이 개시된 후에 발생한 보험사고로서 원고는 이 사건 화재보험계약에 따른 보험금을 지급할 의무가 있다.」(이 판결에 대한 평석으로는 김문재, 2005/2006년도 어음 · 수표에 관한 대법원 판례의 동향과 분석, 상사판례연구 제19집 제 4 권, 2006, 676쪽 아래 참조)

Ⅲ. 履行을 目的으로 하는 어음의 交付

어음행위는 이행을 위하여 행하여지는 경우가 대부분이며, 이행에 갈음하는 교부(Hingabe an Erfüllungsstatt)는 비교적 드물다. 이행에 갈음하는 교부는 원인관계상의 청구권을 소멸시키며, 따라서 채권자는 오직 어음상의 청구권만을 갖게 된다. 바로 이러한 이유 때문에 교부는 일반적으로 이행을 위하여(erfüllungshalber) 이루어진다.

우리나라 대법원판례는 은행의 자기앞수표나 은행이 지급보증한 당좌수표처럼 지급이 확실한 것은 이행에 갈음한 것으로 보고 있다.

〈대판 1956. 7. 12, 4289 민상 220〉

「본건과 같이 금전채무이행제공의 경우에는 특별한 사정이 없는 한 은행이 보증한 수표를 현금과 동일하게 해석하는 것이 신의의 원칙과 거래상의 실제에 합치하여 타당하다.」

〈대판 1960. 5. 19, 4292 민상 784〉

「수표로서 변제제공하는 경우에 있어서는 특별히 채권자의 주소지에 소재하는 은행의 수표만으로 한다는 특약이 있는 등 특단의 사유 없는 한 신용 있는 은행의 수표제공은 일반거래상 현금의 제공과 동일하게 볼 것이므로 이를 채무본지에 따른 현실제공으로 해석할 것인바, 특단의 사유가 보이지 않는 본건에 있어서 소론 상주 제일은행 또는 홍업은행의 수표로서 한 변제제공은 적법한 현실제공이라고 인정할 것이므로 원판결에는 소론과 같은 위법 없고 논지는 이유 없다.」

보통의 당좌수표나 인수되지 않은 환어음이 수수된 경우에는 '이행을 위하여' 수수된 것이라고 추정하는 것이 지배적인 견해인 반면, 판례는 '이행을 위하여' 수수된 것으로 추정하는 판례와 '이행을 담보(확보)하기 위하여' 수수된 것으로 추정하는 판례로 나뉘어진다.

① '이행을 위하여' 수수된 것으로 추정하는 판례

〈대판 1960.11.24, 4293 민상 286〉

「일반적으로 채무자가 기존 채무에 관하여 수표를 교부하였을 때에는 그 채무의 지급을 위함이라고 추정하여야 할 것이다.」

② '이행을 담보(확보)하기 위하여' 수수된 것으로 추정하는 판례

〈대판 1956.7.28, 4289 민상 313〉

「금전을 차용함과 동시에 채무자가 채권자에게 그 변제기일을 발행일로 한 선일자 수표를 교부한 때에 있어서는 수표의 수수는 일반거래의 통념에 비추어 반증이 없는 한 대금채무의 이행을 확보하기 위하여 행하여진 것으로 인정함이 타당하다.」

〈대판 1957.6.20, 4290 민상 1〉

「금전대차와 동시에 동 채무에 관하여 또는 기존 채무에 관하여 채무자가 타인발행의 수표를 채권자에게 교부한 때에는 타에 특별한 의사표시가 없는 한 보통 이를 금전대차상의 채무 또는 기존 채무에 대한 지급확보의 목적 또는 지급방법이라고 추정함이 당사자의 의사에 합치할 것이다.」

〈대판 1961.11.2, 4293 민상 278〉

「금전대차관계에 있어서 채무자가 발행한 수표는 특단의 사정이 없는 한 그 채무의 지급담보로서 또는 그 지급을 위하여 발행된 것이라 해석하여야 할 것이며, 이러한 의미에서 발행된 수표에 있어서 그 소비대차당사자인 채권자는 수표상의 권리와 소비대차에 의한 권리를 가지게 되고, 그 채권자는 위의 양 권리 중 어느 것을 먼저 행사하느냐 함은 그 권리자의 선택권에 속한다 할 것이다.」

〈대판 1962. 3. 15, 4294 민상 1371〉

「금전소비대차상의 채무가 있는 경우에 수표를 발행하였다면, 특단의 의사표시가 없으면 그 수표는 소비대차상의 채무의 이행을 확보하거나 이행하는 방편으로 발행하는 것으로 추정하는 것이 거래의 실정에 비추어 타당하다.」

한편 일반적으로 채무자가 기존 채무에 관하여 약속어음을 발행한 경우에는 당사자의 의사는 기존 채무의 이행담보(확보)를 위하여 발행한 것으로 추정하는 것이 지배적인 견해인 반면, 판례는 이 때에도 '이행을 위하여' 수수된 것으로 추정한다는 판례와 '이행을 담보(확보)하기 위하여' 수수된 것으로 추정한다는 판례로 나뉘어져 있다.

① '이행을 위하여' 수수된 것으로 추정하는 판례

〈대판 1960. 10. 31, 4291 민상 390〉

「기존 채무에 관하여 약속어음이 발행되었을 때에는 특별히 변제에 갈음하여 발행된 것이라는 주장·입증이 없는 한 변제를 위하여 발행된 것이라고 추정하여야 할 것이고 ….」

〈대판 1969. 2. 4, 68 다 567〉

「기존 채무에 관하여 본건 약속어음을 발행한 것은 특별한 사유가 없는 한 변제의 방법으로서 발행한 것이라고 볼 것이므로….」

② '이행을 담보(확보)하기 위하여' 수수된 것으로 추정하는 판례

〈대판 1964. 6. 2, 63 다 856〉

「기존 채무를 위하여 본건 약속어음을 발행함은 … 특별한 사정이 없는 한 당사자의 의사는 기존 채무의 이행확보를 위하여 발행한 것이라고 추정하여야 할 것이다.」

〈대판 1967. 2. 21, 66 다 2355〉

「기존 채무의 변제를 위하여 약속어음을 발행한 경우에 당사자간 특별한 의사표시가 없으면 기존 채무의 변제를 확보하기 위하여 또는 그 지급방법으로 이를 발행한 것으로 추정하여야 한다.」

'이행을 위하여' 수수된 어음과 '이행의 담보(확보)를 위하여' 수수된 어음을 구별하는 실익은 다음과 같다.

① 어음채권과 기존 채권(원인채권)이 병존하는 경우에 '이행을 위하여' 수수된 어음의 채권자는 특약이 없는 한 원칙적으로 어음상의 권리를 먼저 행사

하여야 하지만, 이행의 담보(확보)를 위하여 수수된 어음의 채권자에게는 그러한 제한이 없다(통설).

② 어음채권과 기존 채권이 병존하는 경우에 '이행을 위하여' 어음이 수수된 경우에는 어음의 지급제시가 없는 한 채무자는 원인채무에 관하여도 이행지체에 빠지지 않고(채권자는 어음상의 권리를 먼저 행사하여야 하기 때문에) 그 결과 채권자는 이행지체를 원인으로 하여 계약의 해제를 할 수 없는 반면, 이행의 담보(확보)를 위하여 어음이 수수된 경우에는 원인채권의 변제기가 도래하면 어음의 제시유무에 관계 없이 채무자는 이행지체에 빠지고, 채권자는 원인채권관계의 계약을 해제할 수 있다. 다만, 당사자의 의사가 명확하지 아니한 때에는 어음채권과 기존 채권이 병존한다고 추정할 것이며, 이 점에 관하여는 이론이 없다.

〈대판 1960. 4. 28, 4292 민상 197〉

「기존 채무에 관하여 배서된 약속어음이 교부된 경우, 그것은 지급확보를 위하여 교부된 것으로 추정, 채권자는 그 선택에 따라 기존 채권 또는 어음상의 채권을 행사할 수 있다.」

〈대판 1970. 6. 30, 70 다 517〉

「상품대금에 대하여 약속어음을 발행하였다고 하여 현금수수와 같은 효과가 있는 것으로 볼 수 없다.」

〈대판 1976. 11. 23, 76 다 1391〉

「이미 존재하는 금전대차 등 채권채무에 관하여 채무자가 발행한 약속어음은 특별한 사정이 없는 한 그 채무의 지급확보 또는 그 지급을 위하여 발행한 것이라 할 수 있고, 그 경우 채권자는 어음상의 권리와 일반채권의 그 어느 것이나를 행사할 수 있는 것이다.」

〈대판 1996. 11. 8, 95 다 25060〉

「기존 채무의 이행에 관하여 채무자가 채권자에게 어음을 교부할 때의 당사자의 의사는 기존 원인채무의 '지급에 갈음하여', 즉 기존 원인채무를 소멸시키고 새로운 어음채무만을 존속시키려고 하는 경우와, 기존 원인채무를 존속시키면서 그에 대한 지급방법으로서 이른바 '지급을 위하여' 교부하는 경우 및 단지 기존 채무의 지급담보의 목적으로 이루어지는 이른바 '담보를 위하여' 교부하는 경우로 나누어 볼 수 있는데, 당사자 사이에 특별한 의사표시가 없으면 어음의 교부가 있다고 하더라도 이는 기존 원인채무는 여전히 존속하고 단지 그 '지급을 위하여' 또는 그 '담보를 위하여' 교부된 것으로 추정할 것이며, 따라서 특별한 사정이 없는 한 기존의 원인 채무는 소멸하지 아니하고 어음상의 채무와 병존한다고 보아야 할 것이고, 이 경우 어음상의 주채무자가 원인관계상의 채무자와 동일하지 아니한 때에는 제 3 자인 어음상의 주채무자에 의한 지급이 예정되고 있으므로 이는 '지급을 위하여' 교부된 것으로 추정하여야 한다.」

〈대판 1996. 12. 20, 96 다 41588〉

「채무자가 채권자에게 기존 채무의 이행에 관하여 어음이나 수표를 교부하는 경우 당사자 사이에 특약이 없는 한 '지급을 위하여' 또는 '지급확보를 위하여' 교부하는 것으로 추정할 것이고, 따라서 특별한 사정이 없는 한 기존의 원인채무는 소멸하지 아니하고 어음·수표상의 채무와 병존한다.」

〈대판 1999. 12. 7, 99 다 39371〉

「일반적으로 타인의 물품대금을 담보하기 위하여 어음을 발행·교부하는 경우, 담보권의 불가분성에 의하여 그 어음은 특별한 사정이 없는 한 액면금액범위 내에서 물품대금 전부를 담보하는 것으로 보아야 할 것이고, 따라서 물품대금의 일부가 변제되었다고 하더라도 나머지 일부가 잔존하는 한 어음발행인은 어음금액의 범위 내에서 잔존하는 물품대금 전액을 지급할 의무가 있다.」(대판 1999. 8. 24, 99 다 22281·22298 참조).

〈대판 2010. 12. 23, 2010 다 44019〉

「기존 채무의 이행에 관하여 채무자가 채권자에게 어음을 교부할 때의 당사자의 의사는 기존 원인채무의 '지급에 갈음하여', 즉 기존 원인채무를 소멸시키고 새로운 어음채무만을 존속시키려고 하는 경우와, 기존 원인채무를 존속시키면서 그에 대한 지급방법으로서 이른바 '지급을 위하여' 교부하는 경우 및 단지 기존 채무의 지급담보의 목적으로 이루어지는 이른바 '담보를 위하여' 교부하는 경우로 나누어 볼 수 있는데, 어음상의 주채무자가 원인관계상의 채무자와 동일하지 아니한 때에는 제 3 자인 어음상의 주채무자에 의한 지급이 예정되어 있으므로 이는 '지급을 위하여' 교부된 것으로 추정되지만, '지급에 갈음하여' 교부된 것으로 볼 만한 특별한 사정이 있는 경우에는 그러한 추정은 깨진다(식품 제조 공장에 관한 매매계약에서 매수인이 매도인에게 제 3 자가 발행한 약속어음을 교부한 것이 매매대금의 '지급에 갈음하여' 이루어진 것이라고 볼 여지가 많음에도, 이를 매매대금의 '지급을 위하여' 이루어진 것이라고 보아 위 어음 교부로 매매대금 채무가 소멸하지 않았다고 판단한 원심판결을 파기한 사례).」

〈대판 2013. 9. 27, 2011 다 110128, 110135〉

「甲이 乙과 토지매매계약을 체결하면서 매매대금이 지급되지 않을 경우 매매계약을 무효로 하는 내용의 자동실효특약을 두었는데 매매대상 토지들 가운데 일부가 경매되거나 수용되었고, 乙이 일부 매매대금의 지급을 위하여 발행·교부한 약속어음이 지급 거절된 사안에서, 乙이 일부 토지들에 대한 소유권 취득이 불가능하게 됨에 따라 잔금 지급의무 불이행에 따른 이행지체책임을 부담하지 않게 되었으므로, 위 특약을 그대로 적용하여 乙이 잔금을 지급하지 않았다는 이유만으로 매매계약이 무효가 되는 것은 아니라고 한 사례.」

1. 債務의 消滅

이행을 위한 교부의 경우에는 어음에 의하여 지급되어야 할 채무가 어음의 교부만으로는 소멸되지 않는다(어음의 교부는 인수인이나 발행인 또는 배서인에 의한 교부일 수 있다). 채무는 원칙상 오직 두 가지 경우에만 소멸한다.

(1) 어음이 지급인에 의하여 지급된 경우이며, 이것이 일반적이다.

(예) C는 A에게 지급을 위하여 인수하였다. 만일 C가 어음을 만기에 지급한다면 C에 대한 A의 매매대금청구권은 소멸하며, 이 때에 어음금을 A 자신이 지급받았는지, 또는 다른 소지인이 지급받았는지의 여부에는 구애되지 않는다.

지급으로 지급인이 어음법 제40조 제 3 항의 면책적 효력을 갖는다는 것만이 중요하다. 채무자가 분실어음의 선의취득자에게 그 사정을 알고서 지급한 경우에는 변제의 효력이 없다는 Canaris 교수의 견해(§17 Ⅲ 3)에는 찬성할 수 없다(Zöllner, §19 Ⅲ 1). 그렇다면 원인관계상의 청구로부터 채무자가 보호되는 경우란 오직 동시이행의 항변을 행사하는 경우뿐이다. 그러나 만일 채무자가 완전지급의 경우에서처럼 이미 어음을 소지하고 있다면, 이러한 항변은 인정되지 않을 것이다.

(예) C는 매매대금채무를 지급하기 위해서 A에 의하여 발행된 자기지시어음을 인수하였다. A는 어음을 은행 D에서 할인하기 위해서 어음에 백지식 배서를 하였다. 그러나 어음할인을 받기 전에 A는 어음을 도난당하고, 그 어음은 선의인 E의 수중에 들어갔다. 이 때 E는 C에게 지급을 요구할 수 있고, 수령했다는 뜻이 기재된 어음과 상환으로 어음금을 지급받을 수도 있다.

(2) 기초가 되는 청구권이 소멸하는 두 번째 경우는 채권자가 어음을 다시 양도했고, 이를 양도함으로써 취득한 반대급부를 최종적으로 보유할 수 있는

경우이다. 최종적으로 보유할 수 있다는 것은 한편으로는 어음상의 상환청구가 더이상 가능하지 않다는 것을 전제로 하며(주된 경우로는 어음의 인수 또는 지급거절시의 보전절차의 흠결을 들 수 있다. 이에 관하여는 BGH WM 1975, 1255 참조), 다른 한편 채권자가 어음교부의 기초가 되는 원인관계에 기초해서 더 이상 청구권을 행사할 수 없어야 한다.

(예) C는 자신의 매매대금채무를 결제하기 위해서 A에 의하여 발행된 어음을 인수하였고(상품어음), A는 자신의 소비대차반환채무를 이행하기 위해서 B에게 어음을 교부하고, B는 매매대금채무를 지급하기 위해서 또다시 어음을 D에게 교부하였다. C가 만기에 지급하지 않았고, 또한 어음은 거절증서작성의 하자로 인하여 보전절차가 흠결되었다면 B와 A에 대한 어음상의 상환청구권은 소멸한다. 그러나 D는 B에 대한 자신의 매매대금청구권에 의존할 수 있다. B는 '반대급부'를 보유할 수 없기 때문에 A에 대한 자신의 기본관계도 이행되지 않은 것이고, A는 B에게 소비대차를 반환해야만 한다. 따라서 A에 대한 C의 매매대금채무도 존속한다. 만약에 D가 이행에 갈음하여 어음을 취득했다면 이와는 다르다. 이 때에는 B가 청구받지 않기 때문에 A는 B에 대하여 책임이 없고, 또한 C는 A에 대하여 책임이 없다.

이러한 변제적 효력의 상황은 어음교부의 정지조건 또는 하나의 다른 법률행위적 의사표시라는 의미에서 이해될 수 있는 것이 아니라, 이는 소위 이행약정(계약의 해석에 관한 규정으로서 독일민법 제157조, 우리 민법 제106조 참조), 즉 교부약정의 본질적 내용이며 경우에 따라서는 유일한 내용이 되기도 한다.

2. 履行約定上의 義務

이행약정의 내용에 따라서 지급을 위해서 어음을 받은 원인채권의 채권자가 이행을 위하여 어음을 교부할 때, 여러 가지 의무를 부담한다.

(1) 이 채권자는 명백하지 않은 경우에는 원인채권을 먼저 주장하지 않고, 그 대신에 예컨대 어음을 할인받거나 어음으로 채무를 이행하는 것과 같이 어음을 다른 사람에게 교부함으로써 어음으로부터 만족을 얻는 방법을 강구할 의무가 있다. 그럼에도 불구하고 채권자가 원인채권을 주장한다면, 채무자는 어음교부의 항변(선언적 · 권리방해적 항변)을 갖는다.

〈대판 1989. 5. 9, 88 다카 7733〉

「채무자가 기존 채무의 인수를 위하여 채권자에게 약속어음을 발행 · 교부하였는데 채권자가 기존 채권과 약속어음을 각기 다른 사람에게 양도한 경우에는 채무자는 이중으로 채무를 지급하게 될 우려가 있고, 이와 같이 채무자가 이중으로 지급하게 될 우려가 있다면 채무자는 그 약속어음이 반환되기까지 원인된 채무의 이행을 거절할 수 있다고 해석하여야 할 것이다.」

〈대판 1996. 3. 22, 96 다 1153〉

「채무자가 기존 채무의 지급을 위하여 채권자에게 약속어음을 교부하였는데, 채권자가 그 어음과 분리하여 기존 채권만을 제 3 자에게 양도한 경우에는 채무자는 이중으로 채무를 지급하게 될 위험을 피하기 위하여 채권양수인의 어음의 반환 없는 기존 채권의 지급청구를 거절할 수 있고, 그와 같은 경우 원인채권의 양도통지 후 그 어음금이 지급되었다고 하더라도 채무자는 양도통지를 받기 이전에 이미 어음의 반환 없는 원인채무만의 이행을 거절할 수 있는 항변권을 가지고 있었으므로 그 후 원인채권을 양수한 자에 대하여 그 항변권을 행사할 수 있으며, 이와 같은 법리는 그 어음이 채권자로부터 다시 다른 사람에게 배서양도되어 그에게 어음금이 지급된 경우뿐 아니라 채권자에게 어음금이 지급된 경우에도 마찬가지로 적용된다.」

〈대판 1996. 9. 24, 96 다 23030〉

「약속어음이 기존 채무의 지급확보를 위하여 또는 그 담보를 위하여 발행 또는 교부된 경우에 어음금의 지급이 없더라도 채권자가 그 어음을 유상 또는 무상으로 타인에게 배서양도한 경우에는 다른 특별한 사정이 없는 한 기존 채권의 채권자는 채무자에 대하여 기존 채권의 지급을 청구할 수 없으나, 이는 단지 채무자에게 이중지급의 위험이 있어 채무자가 기존 채무의 이행을 거절할 수 있다는 취지에 불과할 뿐 기존 채무가 소멸하였다는 취지는 아니므로, 기존 채권의 채권자는 채무자에 대하여 기존 채권의 지급을 청구할 수 없으나 채무자의 반대채무의 이행청구에 대하여 기존 채무를 이행할 것을 동시이행의 항변으로 주장할 수는 있다.」

〈대판 1999. 6. 11, 99 다 16378〉

「이 사건과 같이 원인채권의 지급을 확보하기 위한 방법으로 어음이 수수된 경우에 원인채권과 어음채권은 별개로서 채권자는 그 선택에 따라 권리를 행사할 수 있고, 원인채권에 기하여 청구를 한 것만으로는 어음채권 그 자체를 행사한 것으로 볼 수 없어 어음채권의 소멸시효를 중단시키지 못하는 것이지만(대판 1967. 4. 25, 67 다 75 ; 1994. 12. 2, 93 다 59922 등 참조), 다른 한편 이러한 어음은 경제적으로 동일한 급부를 위하여 원인채권의 지급수단으로서 수수된 것으로서 그 어음채권의 행사는 원인채권을 실현하기 위한 것일 뿐만 아니라 원인채권의 소멸시효는 어음금청구소송에 있어서 채무자의 인적 항변사유에 해당하는 관계로 채권자가 어음채권의 소멸시효를 중단하여 두어도 채무자의 인적항변에 따라 그 권리를 실현할 수 없게 되는 불합리한 결과가 발생하게 되므로 채권자가 어음채권에 기하여 청구를 하는 반대의 경우에는 원인채권의 소멸시효를 중단시키는 효력이 있음이 상당하고(대판 1961. 11. 9, 4293 민상 748 참조), 이러한 법리는 채권자가 어음채권을 피보전권리로 하여 채무자의 재산을 가압류함으로써 그 권리를 행사한 경우에도 마찬가지로 적용된다 할 것이다.」

〈대판 1999. 7. 9, 98 다 47542/98 다 47559〉

「약속어음을 원인채무의 담보조로 교부한 경우 원인채무이행의무와 어음반환의무가 동시이행의 관계에 있다 하더라도 이는 어음의 반환과 상환으로 하지 아니하면 지급을 할 필요가 없으므로, 이를 거절할 수 있다는 것을 의미하는 것에 지나지 않는 것이다. 따라서 채무자가 어음의 반환이 없음을 이유로 원인채무의 변제를 거절할 수 있는 권능을 가진다고 하여 채권자가 어음의 반환을 제공하지 않으면 채무자에게 적법한 이행의 최고를 할 수 없다고 할 수는 없고, 채무자는 원인채무의 이행기가 도과하면 원칙적으로 이행지체의 책임을 진다.」(대판 1993. 11. 9, 93 다 11203, 93 다 11210 참조).

〈대판 2007. 9. 20, 2006 다 68902〉

「원인채권의 지급을 확보하기 위하여 어음이 수수된 당사자 사이에서 채권자가 어음채권을 피보전권리로 하여 채무자의 재산을 가압류함으로써 그 권리를 행사한 경우에는 그 원인채권의 소멸시효를 중단시키는 효력을 인정하고 있는데, 원래 위 두 채권이 독립된 것임에도 불구하고 이와 같은 효력을 인정하는 이유는 이러한 어음은 경제적으로 동일한 급부를 위하여 원인채권의 지급수단으로 수수된 것으로서 그 어음채권의 행사는 원인채권을 실현하기 위한 것일 뿐만 아니라 어음수수 당사자 사이에서 원인채권의 시효소멸은 어음금 청구에 대하여 어음채무자가 대항할 수 있는 인적항변 사유에 해당하므로 채권자가 어음채권의 소멸시효를 중단하여 두어도 원인채권의 시효소멸로 인한 인적항변에 따라 그 권리를 실현할 수 없게 되는 불합리한 결과가 발생하게 되기 때문이다(대판 1999. 6. 11, 99 다 16378 참조). 그러나 이미 소멸시효가 완성된 후에는 그 채권이 소멸되고 시효 중단을 인정할 여지가 없으므로, 이미 시효로 소멸된 어음채권을 피보전권리로 하여 가압류 결정을 받는다고 하더라도 이를 어음채권 내지는 원인채권을 실현하기 위한 적법한 권리행사로 볼 수 없을 뿐 아니라, 더 이상 원인채권에 관한 시효 중단 여부가 어음채권의 권리 실현에 영향을 주지 못하여 어떠한 불합리한 결과가 발생하지 아니한다.」(이 판결에 대한 평석으로는 김문재, 2007년도 어음 · 수표에 관한 대법원판례의 동향과 분석, 상사판례연구 제20집 제4권, 2007, 259쪽 아래 참조)

채권자는 다만 예컨대 아무도 어음을 할인해 주지 않거나 지급하려고 하지 않음으로써 어음으로부터 만족을 얻을 수 없는 경우에만 원인관계에 의존할 수 있다. 물론 지급을 위해서 어음을 받은 채권자는 그 증권을 보유하여 만기일까지 기다려서 그 때에 지급인에게 지급을 위하여 어음을 제시할 수도 있다. 그러나 채권자는 불확실한 경우에는 이러한 호의를 베풀 의무가 없다.

(2) 채권자가 원인채권을 먼저 행사할 수 있는 경우(예컨대 담보를 위하여 교부받은 경우나, 지급을 위하여 교부받았으나 어음금지급이 거절된 경우), 채권자가 원인채권을 주장한다면 채권자는 채무자에게 어음을 반환해야 하는지 여부의 문제가 있다. 채무자는 동시이행의 항변권을 갖는가, 즉 채무자는 어음의 반환과 상환으로만 원인채권을 이행할 의무가 있는지 여부의 문제이다. 이에 대해서는 다음과 같은 학설의 대립이 있다.

A. **반환불요설** 원인채권을 행사함에 있어서 어음의 반환은 필요하지 않고, 채무자는 원인채권을 변제한 뒤에 어음의 반환을 청구할 수 있다는 견해이다. 이 견해에 따르면 만일 채무자가 어음을 반환받을 수 없을 때에는 손해배상을 청구할 수 있을 뿐이다. 이 견해는 채권자에게 가장 유리하지만 채무자가 입을 이중지급의 위험이나 불이익을 무시하고 있으므로 부당하다.

B. **반환필요설** 채권자가 먼저 어음을 채무자에게 반환하지 아니하면 원인채권을 행사할 수 없다는 견해이다. 이 견해는 채무자에게는 가장 유리하나, 채권자의 이익을 전혀 무시하고 있다. 즉 원인채권에 관하여 증거가 없거나, 어음을 반환받은 후 채무자가 원인채권을 불이행하는 경우에는 채권자는 매우 불리한 처지에 빠지므로 이 역시 부당하다.

C. **어음제공설** 채권자는 어음을 채무자에게 제공하고 비로소 원인채권을 행사할 수 있지만, 어음은 원인채권의 변제와 상환으로 인도하면 족하다고 하는 견해다. 이 설은 그 이론적 근거가 뚜렷하지 못하고, 원인채권을 행사하는 경우에도 어음채권을 행사하는 것과 마찬가지의 제약을 가하는 것이다. 그 결과 어음이 지급에 갈음하여 수수된 경우와 거의 차이가 없게 되고, 원인채권과 어음채권의 병존을 인정한 실질적 의미가 거의 없어지게 되는 결점이 있다.

D. **동시이행항변권설** 채무자에게 어음과 상환하여서만 지급한다고 하는 일종의 동시이행의 항변권을 인정하여 채무자가 이 항변권을 행사한 경우에는 법원은 어음과 상환하여 지급할 뜻의 상환적 이행의 판결을 해야 할 것이라는 견해이다. 우리나라와 일본의 통설·판례이며, 독일의 통설·판례이기도 하다. 이 견해는 채권자와 채무자의 이익을 가장 잘 조화시킨 것으로서 타당한 견

해라 할 것이다.

〈대판 2010. 7. 29, 2009 다 69692〉

「기존의 원인채권과 어음채권이 병존하는 경우에 채권자가 원인채권을 행사함에 있어서 채무자는 원칙적으로 어음과 상환으로 지급하겠다고 하는 항변으로 채권자에게 대항할 수 있다. 그러나 채무자가 어음의 반환이 없음을 이유로 원인채무의 변제를 거절할 수 있는 것은 채무자로 하여금 무조건적인 원인채무의 이행으로 인한 이중지급의 위험을 면하게 하려는 데 그 목적이 있고, 기존의 원인채권에 터잡은 이행청구권과 상대방의 어음반환청구권 사이에 민법 제536조에 정하는 쌍무계약상의 채권채무관계나 그와 유사한 대가관계가 있기 때문은 아니다. 따라서 어음상 권리가 시효완성으로 소멸하여 채무자에게 이중지급의 위험이 없고 채무자가 다른 어음상 채무자에 대하여 권리를 행사할 수도 없는 경우에는 채권자의 원인채권 행사에 대하여 채무자에게 어음상환의 동시이행항변을 인정할 필요가 없으므로 결국 채무자의 동시이행항변권은 부인된다.

채권자가 기존채무의 이행을 위하여 채무자로부터 교부받은 약속어음을 적법하게 지급제시하였으나 그 후 어음상 권리보전에 필요한 소멸시효 중단의 조치를 취하지 아니함으로써 어음상 권리에 관한 소멸시효가 완성된 경우 어음을 반환받은 채무자는 약속어음의 주채무자인 발행인, 소구의무자인 배서인 등에 대한 어음상 권리나 원인채무자(발행인 또는 배서인과 동일인일 수도 있고 어음상 의무자 아닌 제 3 자일 수도 있다)에 대한 자신의 원인채권을 행사하여 자기 채권의 만족을 얻을 수 있다면 아직 손해가 발생하였다고 하기 어렵다. 다만 채무자는 발행인이나 배서인 등 어음상 의무자가 각 소멸시효 완성 후 무자력이 되고 어음상 의무자 아닌 원인채무자도 현재 무자력이어서 채권자로부터 어음을 반환받더라도 어음상 권리와 자신의 원인채권 중 어느 것으로부터도 만족을 얻을 수 없게 된 때에야 비로소 자신의 채권에 관하여 만족을 얻지 못하는 손해를 입게 되었다고 할 것이다. 한편 이러한 손해는 어음상 의무자와 원인채무자의 자력 악화라는 특별한 사정으로 인한 손해로서 어음상 권리의 보전의무를 불이행한 어음소지인이 장차 어음상 의무자와 원인채무자가 무자력하게 될 것임을 알았거나 알 수 있었을 때에만 채무자는 그에 대하여 위 손해의 배상을 청구할 권리를 가지게 되어서, 이 손해배상채권으로써 상계할 수 있다.」

(3) 어음의 양수인은 불확실한 경우에는 원인채권과 관련하여 독촉하지 않을 의무를 질 뿐만 아니라 어음채권을 '주의해서 그리고 성실하게' 추심할 의무

도 지고 있다. 만일 그가 책임 있는 사유로 적시의 제시나 또는 거절증서의 작성을 게을리한다면, 그는 자신의 계약상대방에 대하여 손해배상책임을 진다. 경우에 따라서 채무자는 이 손해배상청구권으로 채권자의 원인채권과 상계할 수 있다.

(4) 어음교부의 법률원인을 이루는 급부목적(지급을 위한 교부: Begebung solvendi causa)의 확정은 이행약정의 내용에 포함된다. 이 목적에 관한 약정이 일반적으로 어음의 발행자가 어음의 수취인에 대하여 원인관계상의 모든 하자와 항변을 주장할 수 있다는 것(독일연방대법원의 입장, BGHZ 85, 346)을 의미하지는 않는다.

Ⅳ. 어음關係와 資金關係

1. 意義 및 類型

자금관계란 환어음의 발행인과 지급인 사이에 존재하는 실질관계로서, 발행인이 지급인에게 어음금지급을 위해 필요한 자금을 제공하는 경우를 말한다. 이는 환어음이 지급위탁증권이라는 점에서 연유한다. 이 때 발행인은 자금의무자가 된다. 따라서 발행인 자신이 주채무자인 약속어음에서는 자금관계가 존재하지 않는다.

대개 자금관계는 발행인이 지급인에게 미리 자금을 제공하는 식으로 이루어지지만, 소비대차계약 등에 기초하여 지급인이 지급을 한 뒤에 발행인으로부터 보상을 청구하는 경우도 있다(이러한 관계를 특히 보상관계라 한다). 이 때 보상을 청구하기 위해서는 지급인이 어음금을 지급한 사실 외에 자금관계까지 증명하여야 한다.

이렇듯 자금관계는 다양한 법률관계의 모습으로 행해지므로 일률적으로 그것의 법적 성질을 정할 수는 없다. 따라서 각각의 구체적 모습에 따라 개별적으로 정해야 할 것이다.

자금관계와 유사한 것으로 인수인과 지급담당자, 보증인과 피보증인, 참가인수인(참가지급인)과 피참가인의 관계가 있는바, 이를 준자금관계라 한다.

2. 資金關係와 어음關係

원칙적으로 어음관계는 어음의 추상성으로 인해 자금관계에 의해 영향을 받지 않는다. 따라서 지급인이 어음금지급을 위해 자금을 제공받았거나 제공받기로 했다고 해서 그가 어음금을 지급할 어음상의 의무를 지는 것은 아니며, 또 자금을 제공받지 않거나 제공받기로 하지 않고서 어음행위를 한 경우에도 그 어음행위는 유효한 것이다. 또한 발행인은 지급인에게 자금을 제공하였다는 이유로 어음상의 상환의무를 면할 수 없다.

이처럼 자금관계와 어음관계는 분리되는 것이 원칙이지만, 다음의 경우 관련성이 나타난다. 즉 인수인은 발행인이 자신에게 어음상의 권리를 행사하면 자금관계에 기한 인적항변을 할 수 있고(어음법 제17조), 발행인은 인수인에 대해 지급청구권(어음법 제28조 제 2 항 후단)과 이득상환청구권(어음법 제79조)을 행사하게 된다.

Ⅴ. 어음豫約

어음예약이란 어음행위를 하기 전에 일정한 내용의 어음행위를 하기로 한 약정을 말한다.

예약은 모든 어음행위에 대해서 할 수 있으나, 실제로는 발행의 예약이 많이 사용된다. 약정은 대개 어음(수표)의 종류 · 금액 · 만기 · 지급지 · 지급장소 등을 그 대상으로 한다.

예약의 방식에 대해서는 제한이 없어서 구두로도 가능하며, 특히 서면으로 하는 경우에는 이를 가어음(가수표)이라 부른다.

어음예약은 원인관계와는 다른 별개의 계약이지만, 어음관계에 영향을 주지 않는 것은 마찬가지이다. 따라서 어음행위를 예약된 바와 달리 한 경우에도 어음행위는 유효하며, 다만 예약의 당사자 사이에 인적항변의 문제가 발생할 뿐이다.

제2장 換어음의 發行

제1절 總 說

安東燮, 어음상의 권리의무의 발생시기, 司法行政 331(1988.7).

Ⅰ. 發行의 意義

환어음의 발행이란 환어음요건을 기재한 기본어음을 작성하여 이를 수취인에게 교부하는 행위를 말한다. 어음의 발행은 어음을 창조하는 행위이므로 기본적 어음행위이며, 이에는 반드시 법정기재사항을 기재하고 발행인이 기명날인 또는 서명하여야 하는데(어음법 제1조), 이를 환어음요건이라고 한다. 환어음의 발행은 그 목적이 지급의 위탁에 있으며, 발행인은 부수적으로 인수와 지급에 대한 담보책임만을 진다는 점에서 약속어음과 다르다.

Ⅱ. 發行의 性質

환어음의 발행행위가 어떠한 성질의 법률행위인가에 대하여 이를 '일정금액의 지급지시'라고 보는 지급지시설이 독일의 통설이고, 우리나라의 다수설이다(Zöllner, §8Ⅲ; Hueck/Canaris, §4Ⅳ; 정동윤, 292쪽 아래; 최기원, 225쪽 아래). 이 설에 따르면 환어음의 발행은 지급인에 대하여는 자기명의로 발행인의 계산에서 어음금지급권한을 수여하고 수취인에 대하여는 자기명의로의 어음금수령권한을 수여하는 이중수권(Doppelermächtigung)이라고 한다. 이에 대해서는 발행인과 지급인 간의 자금관계는 어음관계 자체와는 무관하다는 점을 강조하여 발행을 수취인에게 어음금을 수령할 권한을 취득하게 하는 단독행위로 보는 수령권한수수설(정희철, 126쪽)과 인수를 정지조건으로 하는 어음금지급청구권과 인수나 지급의 거절을 조건으로 하는 상환청구권을 수여하는 의사표시라고 보는 설(강위두, 481쪽; 김용태, 287쪽), 그리고 일반사법관계상의 위임 또는 위임의 청약에 가깝다고 보는 설(채이식, 29쪽) 등이 있다. 그러나 환어음의 지급인이 그 지급의 효과를 발행인의 계산으로 돌릴 수 있는 것은 환어음상에 기재되는 지급위탁문언에 의한 것이라고 볼 수 있으므로 지급인에 대한 수권을 단순히 발행인과 지급인 간의 인적 관계로만 보는 것은 문제가 있고, 환어음의 소지인에게 상환청구권을 부여하려는 의사가 있다고 보는 것은 실제와 맞지 아니하다. 또 마지막의 설은 발행을 어음관계와 관련해서 설명하지 못한다는 결점을 갖고 있다. 따라서 환어음의 발행은 지급지시에 의한 이중수권으로 보는 것이 타당하다고 할 것이다.

Ⅲ. 發行의 效力

환어음의 발행행위의 효력은 본질적 효력과 부수적 효력으로 나누어 볼 수 있다.

1. 發行의 本質的 效力

환어음이 발행되면 지급인은 발행인의 계산으로 어음금을 지급할 수 있는 권한을 취득하고, 수취인은 자기명의로 지급을 받을 수 있는 권한을 취득한다. 그러나 지급인은 자기를 지시하여 환어음이 발행된 것만으로 지급할 권한만 있지 지급할 의무는 없다. 지급인은 인수의 어음행위를 한 때에만 만기에 환어음을 지급할 의무를 지므로(어음법 제28조 제1항), 인수 전에는 주채무자가 아니다. 따라서 환어음이 발행되면 '인수를 조건으로 하는 어음금지급청구권'이 발생한다.

이 효력은 의사표시상의 효력이다(정희철, 390쪽).

2. 發行의 附隨的 效力

환어음의 발행인은 어음의 인수와 지급을 담보할 책임을 진다(어음법 제9조 제1항). 따라서 지급인이 인수와 지급을 거절하면 발행인은 상환의무에 응하여야 하므로, 환어음의 발행에는 '인수와 지급의 거절을 조건으로 하는 상환청구권'이라는 부수적 효력이 발생한다.

환어음발행의 부수적 효력으로서의 발행인의 담보책임의 법적 성질은 어음의 유통을 원활히 하기 위한 법정책임이라고 본다(Zöllner, §12Ⅸ3 a; Hueck/Canaris, §6Ⅷ2; 최기원, 229쪽; 정희철, 127쪽 아래). 왜냐하면 발행인이 지급무담보문구를 기재하여도 그 효력이 없고(어음법 제9조 제2항), 발행이 갖는 의미는 지급인에게의 지급위탁이지 발행인이 지급하겠다는 의사표시를 하는 것은 아니기 때문이다. 이 점에서 약속어음의 발행과 다르다.

발행인의 지급무담보문구는 무익적 기재사항이나 인수무담보문구의 기재는 인수담보책임이 지급담보를 전제로 하는 제 2 차적인 것에 불과하므로 가능하며(어음법 제9조 제2항), 이 때에는 발행인과 그 보증인은 인수담보책임을 지지 않는다.

배서인이 담보책임을 면하고자 할 때에는 무담보배서에 의해서 가능하나, 다만 발행인이 인수제시를 금지한 때에는(어음법 제22조 제2항), 그 효력이 배서인의 인수담보책임에도 미치게 되어 사실상 인수담보책임도 면하게 된다.

환어음의 발행인은 복본교부의무(어음법 제64조)와 이득상환의무(어음법 제79조)를 부담하는데, 이는 법률의 규정에 의하여 생기는 어음법상의 의무이다.

3. 支給委託의 撤回

환어음의 발행인이 지급인에 대한 지급위탁을 철회할 수 있는가에 관하여는 환어음은 지급위탁증권이므로 지급인이 지급할 때까지는 언제든지 지급위탁을 철회할 수 있다고 보는 것이 우리나라의 통설이다. 따라서 지급위탁이 유 효하게 철회된 후에는 지급인이 지급하여도 그 지급의 결과를 발행인의 계산으로 돌릴 수 없다. 이에 대해서는 철회를 인정하면 발행인에게 지급에 대한 담보책임의 면책을 인정하지 않는 어음법(제9조 제2항)의 취지에 어긋난다고 하여 철회를 부정하는 설도 있다(최기원 231쪽).

제2절 換어음要件

姜渭斗, 제3자방지급어음, 商事法의 現代的 課題(孫珠瓚博士華甲紀念論文集), 1984/金教昌, 발행지의 기재가 없는 어음, 司法行政 307(1986. 7)/金教昌, 미완성인 어음의 경우 어음상의 권리관계, 判例研究(서울지방변호사회) 5(1992. 1)/金正晧, 어음상의 권리이전과 교부계약의 의미, 고려대법학논집 28(1992. 12)/安東燮, 어음·수표의 절대적 기재사항, 司法行政307(1986. 7)/李基秀, 換어음要件, 월간고시 161(1987. 6)/鄭燦亨, 어음·수표의 교부흠결(어음이론), 司法行政 366(1991. 6).

Ⅰ. 어음要件 槪觀

어음은 당연히 서면형식을 요한다. 그리고 법률은 기본적으로 환어음의 경우 다음과 같은 형식요건을 요구한다(어음법 제1조).

① 어음임을 표시하는 문자(어음문구), ② 일정한 금액을 지급할 뜻의 무조건의 위탁, ③ 지급인의 명칭, ④ 수취인, ⑤ 발행인의 기명날인 또는 서명, ⑥ 발행일, ⑦ 만기의 표시, ⑧ 발행지, ⑨ 지급지.

이상의 법정기재사항이 기재된 어음을 기본어음이라 하지만, 이 중에서 다음의 사항은 적지 않아도 무효로 되지 않는다. 즉 만기의 기재가 없으면 그 어음은 일람출급어음으로 본다(어음법 제2조 제1호). 또한 장소에 관한 사항은 경우에 따라서는 대체될 수 있다. 즉 지급지나 발행지의 기재가 없는 때에는 지급인에 부기된 장소를 지급지, 발행인에 부기된 장소를 발행지로 본다(어음법 제2조 제2호·제3호).

초보자에게는 이러한 개별적인 문제가 기억하기 어려운 것처럼 보일지도 모르지만, 다음과 같이 정리하면 쉽게 기억에 남을 것이다.

(1) 환어음의 경우 환어음문구와 지급위탁문구(Zahlungsanweisung)는 반드시 기재되어야 한다. 이에 의하여 어음의 본질적 기본요건이 정해진다(제1호·제2호).

(2) 또한 어음상의 세 당사자, 즉 지급인·수취인·발행인이 기재되어야 한다. 이를 통해 환어음의 인적 3면관계가 정해진다(제3호~제5호).

(3) 마지막으로 발행 및 지급과 관련하여 그 방식인 시간과 장소가 기재되어야 한다(제6호~제9호).

이 표지를 순서대로 정리하면 처음의 여섯 가지는 불가결한 요건이고, 일곱 번째 것은 없어도 되고, 마지막 두 가지는 대체될 수 있다.

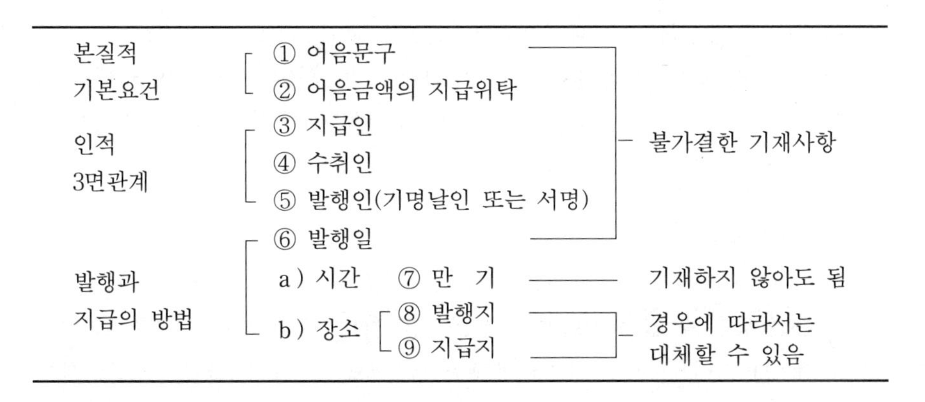

Ⅱ. 個別的인 어음要件

1. 換어음文句

환어음은 '환어음'이라는 문자를 포함해야 한다(제1조 제1호). 따라서 환어음인지, 약속어음인지를 명기하지 않고 단순히 '어음'으로 기재하는 것은 효력이 없다. 또한 '어음' 또는 '증서'라고만 하는 것으로는 충분하지 않지만, '환어음증서'와 같이 합성된 문구는 적법하다. 환어음임을 본문에 명백하게 표시하여 기타의 위탁과 구별되어야 한다. 이로써 기명날인 또는 서명하는 자는 그가 특별히 엄격한 책임을 진다는 점을 명심하게 된다.

외국어로 (환)어음이 작성되는 경우에는 '(환)어음'에 해당하는 표현(gezogener Wechsel, lettre de change, bill of exchange)이 요구된다. 즉 환어음의 경우 증권의 본문 중에 증권작성에 사용한 국어로 환어음문구를 기재해야 한다. 영미법은 "bill of exchange"라는 문구와 같은 어음문구를 어음요건으로 하지 않지만, 어음에 관한 통일법의 효력이 미치는 곳에서 어음이 발행되는 한 영어로는 "bill of exchange"라고 써야 한다.

어음문구는 단순히 증권의 표제로서 기재되기만 하면 되는 것이 아니라, 어음의 본문(지급위탁문구) 중에 기재되어야 한다(통설). 실제로는 인쇄된 어음용지를 사용하므로, 이로 인한 문제가 발생할 여지는 거의 없다.

참고로 국제환어음 및 약속어음에 관한 조약은 어음의 표제와 본문 모두에 어음문구를 기재하도록 하고 있다.

2. 일정한 金額을 支給할 뜻의 無條件의 委託

(1) 금액에 관한 어음만이 가능하고(제1조 제2호), 기타의 대체물이나 물품에 관한 어음은 불가능하므로 대개는 상업어음(Warenwechsel)이 발행되고 있다. 이 어음은 일정한 양의 상품을 지급하기 위한 것이 아니라 일정한 금액을 지급받기 위한 것이며, 일정한 상품인도의 대가로 발행된다. 이것이 경제적으로 가장 중요하고 흔한 어음발행의 경우이다.

〈대판 1964. 8. 31, 63 다 969〉

「원래 어음은 금전채권에 관한 증권으로서 금전 이외의 물건지급을 목적으로 하여서는 발행할 수 없는 것이므로, 본건에 있어서와 같이 백미 24叺을 2월 15일까지 지급한다는 내용의 약속어음을 발행한 경우에는 위 약속어음은 어음으로서는 법률상 무효라 할 것이다.」

(2) 어음금액은 일정해야 한다. 따라서 어음상에 통화유동문구(Währungsgleitklausel) 또는 가치보장문구(Wertsicherungsklausel)를 기재할 수 없다. 예컨대 50만원 또는 500만원', '최고 1,000만원' 또는 '최하 500만원', '석탄 10t에 상당하는 가격' 등의 기재는 무효이다.

어음금액은 일정해야 할 뿐만 아니라 원칙상 단일해야 한다. 이것은 일반적으로 어음금액 이외의 이자가 약정되어서는 안 된다는 것을 의미한다. 예컨대 '1,000만원+4%의 이자'라는 기재는 어음금액이 일정함에도 불구하고 허용되지 않는다. 이러한 이자의 기재는 어음법 제 5 조 제 1 항에 의하여 기재되지 않은 것으로 본다. 따라서 당사자는 신용제공시에 어음을 받음으로써 생기는 이자를 처음부터 어음금액에 포함해야 한다.

그러나 유통기간이 정해지지 않은 어음, 즉 일람출급어음과 일람후정기출급어음의 경우에는 이자를 미리 예견할 수 없으므로 이를 어음금액에 포함시킬 수 없다. 따라서 법률은 예외적으로 이 어음에 관해서 이자문구를 허용한다. 그러나 이 때에도 이자의 액을 확정하기 위해서 이율이 기재되지 않은 이자의 약정은 기재되지 않은 것으로 본다(제 5 조 제 1 항 제 1 문·제 2 항).

(3) 어음금액은 문자 또는 숫자로 기재될 수 있다. 이것은 발행인의 자유이다. 두 가지 중의 하나만으로도 유효한 기재가 된다. 실제로는 변조를 어렵게 하기 위해서 어음금액을 숫자뿐만 아니라 문자로도 기재하는 것이 보통이다. 양자가 일치하지 않으면 문자기재가 우선한다. 금액이 같은 종류로 두 번, 예컨대 숫자로 두 번 기재되었고, 그 액수가 서로 다르다면 두 금액 중 소액인 것이 어음금액으로 된다(제 6 조).

어음금액의 기재장소는 반드시 어음문구와 함께 본문 중에 기재될 필요는 없다고 본다(동지 : 정동윤, 301쪽). 이에 대해서는 반드시 본문 중에 기재해야 한다는 견해가 있지만(최기원, 240쪽), 이 논의도 실제 어음이 정형화된 서식에 따라 인쇄되어 사용된다는 점을 감안하면 큰 의미가 없다고 본다.

(4) 지급위탁은 무조건이어야 한다(제 1 조 제 2 호). 지급위탁이 무조건이어야 한다는 것은 지급위탁이 추상적이어야 함을 의미한다. 따라서 지급위탁에 조건을 붙이거나 기타 제한을 가하여 가령 매매목적물과 상환하여 지급한다고 기재하면, 그 어음은 무효가 된다. 그러나 조건으로서가 아니라 단순히 원인관계를 기재하는 것은 상관없다(최기원, 240쪽; 채이식, 35쪽).

〈대판 1971. 4. 20, 71 다 418〉

「약속어음에 결합된 부전은 법률상 그 어음면의 연장으로서의 취급을 받는 지편이니만큼 이에 기재된 지급의 조건에 관한 문언도 그 어음의 발행을 무효로 하는 것이라고 할 것이다.」

무조건이라는 요건은 특히 어음채무의 유효성을 원인관계의 효력에 구속시키는 것을 허용하지 않는다. 이 때의 조건이 장래의 불확실한 결과라는 엄격한 의미에서의 조건만을 의미하는 것은 아니다. 그러나 이에 관해서도 조건금지는 그 의미와 똑같은 정도로 적용된다. 또한 어음은 원인관계에 관련시켜서는 안 된다. 즉 일정한 계약에 따라서 또는 반대급부에 따라서 지급할 것을 위탁해서는 안 된다. 그러나 어음채무에는 영향을 미치지 않으면서 관계자 상호간의 관계를 규정하는 어음상의 부가문구는 어음을 무효로 만들지 않는다(BGHZ 30, 315 참조). 또한 지급방법과 관련하여 제3자방지급의 기재는 인수인의 어음금 지급책임에 특별한 영향을 미치지 않으므로 허용되며(제4조), 대부분의 어음이 제3자지급의 방식을 취하고 있다.

3. 支給人의 名稱

(1) 지급인이 지정되지 않으면 유효한 어음이 성립하지 않는다(제1조 제3호). 그러나 지급인으로 지정된 자가 실재하지 않는 경우, 즉 허무인인 경우에도 어음은 유효하다. 그런 어음을 허무어음(Kellerwechsel)이라 한다. 지급인의 표시는 자연인 또는 법인의 성명 또는 상호를 기재하는 것이 보통이며, 지급인의 동일성을 인식할 수 있는 한 어떠한 명칭이라도 무방하다. 따라서 자연인의 경우에는 본명이 아니어도 되고, 지급인을 특정할 수 있으면 오자나 탈자가 있어도 된다. 또한 권리능력 없는 사단 또는 조합을 지급인으로 기재한 경우도 유효하다고 볼 것이다(동지 : 정동윤, 302쪽 ; 채이식, 36쪽). 왜냐하면 수취인 또는 피배서인이 언제나 지급인을 알고, 곧바로 사기를 간파할 수 있으리라고 기대할 수는 없기 때문이다. 수취인 또는 피배서인은 지급인을 알아야 할 필요가 없고, 이러한 관점에서 어음의 형식적 완전성이 충족되어 있기만 하면 된다. 물론 아무도 허무인을 지급인으로 하는 어음을 인수할 수 없지만, 발행인과 배서인은 그러한 허무어음상의 책임을 진다.

(2) 어음은 다수인을 지급인으로 할 수 있다. 그러나 지급인 각자가 어음금액 전부를 책임지는 것으로 하여 발행되어야 한다(중첩적 기재). 즉 누구든 어음금액의 일부만을 책임지는 것으로 하거나, 인수가 선택적으로만 허용되는 것으로 하여 발행하는 것은 인정되지 않는다. 순차적으로 'A를 제1지급인, B를 제2지급인'과 같이 기재하는 경우에는 제1지급인만을 지급인으로 보고 제2지급인은 예비지급인으로 보아 어음을 유효로 보는 것이 타당하다(동지 : 서돈각, 145쪽 ; 손주찬, 125쪽 ; 정동윤, 303쪽. 반대 : 정무동, 382쪽).

중첩적으로 지급인을 기재한 경우에는 지급인 1인의 인수거절이 있어도 만기 전의 상환청구가 가능하지만, 그 지급인의 전부가 지급을 거절하지 않는 한 지급거절로 인한 상환청구를 할 수 없다.

(3) 마지막으로 발행인 자신이 지급인으로 지정되는 것도 가능하다(어음법 제3조 제2항). 이러한 경우를 자기앞어음(Trassiert-eigener Wechsel)이라 한다. 이것은 외형상으로는 환어음의 형태로 이용되며, 주로 지점을 갖는 기업이 이용한다. 지점이 본점을 또는 지점이 타 지점을 지급인으로 하여 어음을 발행하고, 이 어음을 유통시킨다. 지점과 본점은 동일한 법인이기 때문에 이 어음은 실질적으로 약속어음과 마찬가지의 구실을 한다. 형태에 따라서는 본점에 의해서 인수될 수도 있다.

4. 受 取 人

지급인 이외에 지급을 받을 자도 지정되어야 한다(제1조 제6호). 이 자가 수취인이다. 실무상 이러한 지정은 때때로 지시문구(Orderklausel)와 결합된다. 즉 'B의 지시인에게' 또는 'B 또는 그의 지시인에게'라고 기재된다. 그러나 이러한 지시문구의 기재는 필요하지 않은데, 왜냐하면 어음은 법률상 당연한 지시증권이기 때문이다(제11조 제1항). 영미법과 달리(영미법에서는 무기명어음이 인정되며, 따라서 수취인의 기재는 어음요건이 아니다(U.C.C §3-104(1)(d) ; BEA §§3(1), 83(1)) 수취인의 기재를 요구하는 것은 어음이 무기명으로 발행되어서는 안 된다는 것을 의미한다. 그러나 여기에서도 지급인의 경우와 같이 실재하지 않는 이름을 기재하여도 되며, 반드시 정확하지 않아도 된다. 결국 지급인의 경우와 마찬가지로 수취인을 특정할 수만 있으면 성명·아호·상호에 의해도 되고, 오자나 탈자가 있어도 유효하다. 또한 조합이나 권리능력 없는 사단도 그 '구성원을 수취인인 것으로 보아 수취인으로서 기재될 수 있다(동지 : 정희철, 393쪽 ; 서돈각, 420쪽 ; 손주찬, 368쪽 ; 정돈윤, 306쪽). 선택무기명식으로 된 어음의 유효성에 대해서는 현재 학설이 나뉘고 있지만 부정하여야 할 것이다(동지 : 서돈각, 152쪽 ; 서정갑, 139쪽 ; 이범찬, 315쪽. 반대 : 정희철, 403쪽 ; 손주찬, 134쪽).

〈대판 1961.11.23, 4294 민상 65〉

「약속어음의 지급을 받고 또 이를 받을 자를 지시하는 자의 명칭(구법의 수취인)의 기재는 반드시 정확함을 요하는 것은 아니며, 이를 기재함에 있어서는 성명으로 표시할 수도 있는 것이다.」

〈대판 1978.12.13, 78 다 1569〉

「약속어음의 수취인의 명칭은 반드시 정확함을 요하는 것이 아니고, 수취인이 누구인가를 알 수 있으면 족하다 할 것이니 회사 기타 법인을 수취인으로 기재할 때에는 그 대표자 또는 대리인을 표시하여야 하는 것도 아니며, 또 어떤 회사의 지점 혹은 영업소, 대리점이란 기재가 있는 경우에도 그 회사가 수취인임을 알 수 있다.」

수취인이 여러 명 있을 경우에는 그 기재방식에 따라 어음관계가 불명확하게 되지 않으므로 선택적·순차적 기재가 모두 인정된다. 그러나 중첩적으로 기재된 공동수취인은 전원이 공동으로 권리를 행사하고, 배서할 때에는 전원의 명의로 해야 한다(통설).

또한 지급인의 기재에서와 마찬가지로 어음법 제3조 제1항에 의하여 발행인은 자기 자신을 지정할 수 있다(자기지시어음 : Wechsel an eigene Order). 이러한 형태는 매우 흔하다. 왜냐하면 발행인은 증권을 바로 그 다음에 누구에게 교부할 것인지 결정할 필요 없이 이러한 방법으로 미리 인수를 받을 수 있기 때문이다. 물론 교부계약설에 따르면 이 경우 발행 이외에 다른 어음행위가 개재되지 않은 때에는 어음이 성립되지 않는다.

독일연방대법원의 판례(예컨대 BGH WM 1977, 1376)에 의하면 수취인기재의 흠결은 해석에 의하여 다음과 같이 보충될 수 있다고 한다. 즉 어음이면의 발행인의 배서가 의심의 여지 없이 배서연속의 시작을 나타낸다면, 자기지시어음이 존재하는 것으로 해석할 수 있다. 자기앞어음이 자기지시로 발행되어서 관계자 3명 모두가 동일할 수도 있다(통설). 그러나 이 때에는 (교부계약설에 의하여) 제3자에게 교부함으로써 비로소 채무가 발생한다. 뿐만 아니라 발행인과 다른 지급인도 수취인으로 될 수 있다(BGH WM 1977, 1149. 동지 : 정희철, 397쪽 ; 서돈각, 146쪽 ; 손주찬, 126쪽 ; 서정갑, 140쪽 ; 정동윤, 305쪽 ; 강위두, 263쪽).

5. 發行人(記名捺印 또는 署名)

어음에 반드시 참여하는 세 번째 사람, 즉 발행인은 어음에 지정되어야 할 뿐만 아니라 어음이 유효하기 위해서는 발행인의 기명날인 또는 서명이 있어야 한다(제1조 제8호). 발행인은 환어음의 경우 첫번째 담보의무자이다.

(1) 기명날인 또는 서명이 있어야 한다는 데서 표면의 이 기명날인 또는 서명은 본문의 끝에 기재되거나 최소한 본문 전부를 커버한다는 것을 알 수 있도록 기재되어야 한다. 따라서 어음의 보충지나 등본에 기재된 때에는 어음 자체가 무효이다(동지 : 정동윤, 308쪽).

또한 발행인이 본문에서만 자신을 지정하는 것만으로는 충분하지 않다. 즉 발행인이 맨끝에 기명날인 또는 서명하지 않고, 단지 본문을 '본인 A는 귀하가 C에게 지급할 것을 요구함'이라고 작성한다면 형식요건은 충족되지 않는다.

(2) 발행인의 기명은 반드시 수기되어야 하는 것은 아니다. 그러나 서명일 경우에는 수기될 것이 요구된다.

(3) 기명날인 또는 서명은 반드시 자신이 해야 하는 것이 아니라, 대리인에

의해서도 가능하다.

(4) 어음이 형식상 유효하기 위해서 발행인의 기명날인 또는 서명이 진정한 것이어야 하는 것은 아니다. 이 때에도 어음 자체는 유효하다. 이 때에는 기명날인 또는 서명을 위조한 자가 책임을 진다. 기명날인 또는 서명을 위조한 자는 타인명의로 행위한 것이고, 따라서 대리권 없이 타인명의로 행위하는 자와 같이 엄격하게 다루어진다. 따라서 이에 관해서는 무권대리에 관한 어음법 제8조가 준용된다. 타인의 기명날인 또는 서명이 위조되지 않고 어음상 위작된 기명날인 또는 서명이 기재되는 경우에도 동일한 법률효과가 발생한다.

(5) 기명날인 또는 서명은 발행인의 것으로 인식될 수 있어야 한다. 증권의 끝에 부가문구 없이 기명날인 또는 서명이 있다면, 이 기명날인 또는 서명은 일반적으로 발행인의 기명날인 또는 서명으로 볼 수 있다. 그러나 표면에 있는 유일한 기명날인 또는 서명 앞에 '보증인으로서'라는 기재가 있다면, 이 어음은 무효이다. 발행인이 지급담보책임을 지지 않는다는 기재가 있는 경우에는 이 기재가 없는 것으로 간주된다(제9조 제2항 제2문). 그러나 인수담보책임을 지지 아니한다는 뜻은 기재할 수 있다(제9조 제2항 제1문).

(6) 어음의 발행은 수인이 공동으로 발행할 수도 있다. 공동발행은 중첩적으로 기재하는 경우에만 유효하다(동지 : 강위두, 294쪽 ; 정동윤, 308쪽 아래. 선택적 기재의 경우에도 인정하는 견해 : 서정갑, 139쪽). 공동발행인 가운데 1인이 어음금을 지급하면 다른 발행인도 어음상의 책임을 면하며, 어음금을 지급한 발행인은 어음법 제47조 제1항에 따라 공동발행인의 책임이 합동책임이므로 실질관계에 기초해 다른 발행인에게 구상권을 행사할 수 있다(통설). 공동발행인은 연대채무를 지는 것이 아니므로 1인에 대한 어음채무의 이행청구는 다른 발행인에 대해 영향이 없으며, 소멸시효의 중단도 각자에 대하여 해야 한다. 공동발행인의 기명날인 또는 서명 역시 어음 자체에 해야 한다.

다음으로 발행인이 기명날인 또는 서명을 할 장소에 단지 여러 개의 기명날인 또는 서명만이 열기되어 있는 때에는 어음보증인과의 구별이 힘들게 된다. 이 때에는 열기된 기명날인 또는 서명 사이에 외관상 주종의 차이가 없는 한 공동발행인으로 보아야 할 것이다(동지 : 정동윤, 311쪽). 공동발행은 1인의 행위가 아니고, 합동책임을 지는 각 발행인이 하는 행위이므로 때를 달리해서도 할 수 있다.

6. 發 行 日

발행일의 기재는 불가결한 어음요건이다. 발행일은 발행일자후정기출급어음의 만기를 정하는 표준이고(제36조 제1항·제2항), 일람출급어음의 지급을 위한 제시기간의 표준이 된다(제34조 제1항). 확정일출급어음에서도 발행인의 능력, 대리권유무의 기준이 되므로 절대적 요건이다. 발행일의 기재가 없으면 어음이 무효이다. 날짜가 어음상 어디에 기재되어 있든지 상관없다. 발행일은 기명날인 또는 서명 위에 기재될 수도 있고, 기명날인 또는 서명 아래에 기재될 수도 있다. 다만, 발행일로 인식될 수 있어야 하고, 발행인의 기명날인 또는 서명에 의하여 커버되어야 한다. 기재된 날짜가 어음이 실제로 발행된 날짜와 일치하지 않는다 하더라도 어음의 유효성에는 영향이 없다. 어떤 날짜든 지정되기만 하면 되지만, 그것은 가능한 날이어야 한다. 그러나 1989년 2월 30일 또는 6월 31일 등은 2월 말 또는 6월 말을 발행일로 보아야 할 것이다. 날짜는 정확하게, 특히 연도와 더불어 표시되어야 하고, 불완전한 날짜기재를 어음의 다른 부분, 예컨대 인지의 소인일에서 보충할 수는 없다. 확정일출급어음의 경우에 어음이 만기 이후의 날짜를 발행일로 하고 있다면, 이 어음은 무효라고 보아야 할 것이다. 이를 유효하다고 보는 견해도 있다(Zöllner, §12 V 6; 채이식, 52쪽).

7. 支給期日 또는 滿期의 記載

이것은 유효요건이 아니다. 왜냐하면 이 기재가 없는 어음은 일람출급어음으로 보기 때문이다(제2조 제1호). 지급기일 또는 만기는 어음법 제70조 제1항의 '만기의 날'과 같은 의미이지만, 동법 제38조 제1항과 제44조 제3항의 '지급을 할 날' 또는 동법 제41조 제1항의 '지급의 날'과는 다른 관념이다. '지급을 할 날'은 보통 만기와 일치하지만 만기가 법정휴일인 때에는 이에 이은 제1의 거래일이 지급을 할 날이 되므로(어음법 제72조 제1항), 이 경우에는 양자가 다르게 된다. 또는 '지급의 날'은 현실로 지급이 행해진 날을 의미한다. 만기와 관련하여 어음채무의 명확성을 기하기 위해 이른바 은혜일은 인정되지 않는다(제74조).

(1) 일람출급어음(Sichtwechsel)은 '일람'시, 즉 지급을 청구하기 위해서 지급인에게 어음을 '제시'하는 즉시 만기가 된다('일람시', '제시시', '언제나', '일람급으로'와 같은 문구가 있거나 아무 기재도 없는 경우).

어음법 제34조 제1항 제1문에 의하여 이 어음은 제시된 때 만기가 된다. 그러나 제2항 제1문에 따라 발행인은 일정한 기일 전에는 어음을 지급인에게 지급제시할 수 없도록 할 수 있다('12월 30일 이전'에 제시금지). 따라서 이 때에는 확정일후일람출급어음이나 일정기간후일람출급어음이 있게 된다.

이 경우에는 발행일로부터 1년의 기간 이내에 지급을 위해서 어음을 제시하여야 한다(제34조 제1항 제2문). 이는 어음채무자를 장기간 불안정한 상태에 두지 않기 위해서 둔 규정이다. 발행인은 이 기간을 연장 또는 단축할 수 있고, 배서인은 이 기간을 단축할 수 있을 뿐이다(제3문). 그러나 일람출급어음은 실제 별로 흔하지 않다. 왜냐하면 채무자는 그가 언제 어음금액을 지급해야 하는지 알기를 원하거나 최소한 일정한 기간 동안 미리 대비하고자 하기 때문이다.

(2) 따라서 실무상으로는 일람후정기출급어음(Nachsichtwechsel)이 더 적합하다. 이 어음에서는 일람에 의해서 만기가 되는 것이 아니라 일람의 날이 환어음의 경우 인수를 위해 제시가 있었던 날이므로, 이러한 제시가 있고서 일정한 기간이 지난 후에 비로소 만기가 된다. 즉 어음상의 만기문구는 예컨대 '일람 후 14일을 경과한 날' 등으로 기재될 것이다. 여기에서와 같이 지급인이 일람 후 14일이 경과한 날에야 비로소 지급하게 되는 경우에는 어음이 인수의 목적으로 지급인에게 제시되기 때문에 지급인은 어음을 '일람'하게 된다. 따라서 만기는 인수제시의 기간과 일정기간에 따라 결정된다. 기간의 시작을 분명히 하기 위해서는 어음이 인수를 위해서 지급인에게 제시된 시점이 문제되기 때문에 어음법 제35조에 의하여 인수의 의사표시에 기재된 날짜, 보통 인수기간의 마지막 날이 중요하다. 인수기간, 즉 만기까지의 기간은 발행일자로부터 1년이다(제23조 제1항). 일람출급어음과 마찬가지로 발행인은 이 기간을 단축·연장할 수 있으며, 배서인은 이를 단축할 수 있다.

인수에 날짜의 기재가 없다면 어음법 제35조 제2항에 의하여 일람후정기출급어음의 만기를 정하는 데 중요한 날짜 기재는 거절증서에서 추가로 요구될 수 있다. 따라서 일자를 기재하지 않고 인수를 할 때에는 인수일자거절증서의 일자를, 인수를 거절한 때에는 인수거절증서의 일자를(제35조 제1항), 그 작성이 면제된 때에는 현실로 제시한 날을, 그리고 거절증서작성이 애초에 면제되고 인수일자가 기재되지 않은 때에는 제시기간의 말일을 초일로 하여 일람 후의 기간을 계산함으로써 만기를 정한다(제35조 제2항).

(3) 그러나 어음의 확정적 유통기간이 처음부터 예정되어 있는 것이 더 흔한 경우이다. 3개월의 기간이 매우 흔히 통용된다. 왜냐하면 이것은 한편으로는 채무자에게 최소한 어음금액을 지급하기 위해서 돈을 마련할 얼마간의 시간을 제공해 주고, 다른 한편으로는 채권자에게도 어음을 할인하여 환금할 수 있게 하는 기간이라고 생각되기 때문이다. 어음의 유통기간이 길수록 어음은 할인받기 어렵다. 어떤 어음이 일정기간 동안 유통되어야 한다면 만기는 두 가지 방법으로 기재될 수 있다.

A. 발행일자후정기출급어음(Datowechsel, Fristwechsel)은 발행 후 일정한 기간이 경과한 날에 지급되는 것이다(예 : '발행일로부터 1개월 후')(제33조 제 1 항 제 3 호).

이 어음은 어음채무자의 자금 마련을 위해 이용된다.

B. 확정일출급어음(Tagwechsel)은 확정된 날에 지급되는 것이다.

날짜는 숫자 이외의 방법으로도 기재될 수 있다('2005년 어린이 날' 등). 그러나 이것은 세력에 의하여 명확하게 정해질 수 있는 하나뿐인 날이어야 한다. '5월 중순', '6월 말'은 어음법 제36조 제 3 항의 강행적 해석규정에 따라 각각 5월 15일, 6월 30일이 된다. 연도가 흠결되어 있다면 발행일 이후의 날 중에서 가장 상응하는 날을 만기로 본다. '2005년 구정'은 어떤 휴일을 의미하는지 분명하지 않기 때문에 충분하지 않다고 볼 수도 있으나, 어음법 제72조 제 1 항 제 1 문에 의하여 이에 이은 제 1 의 거래일에 청구될 수 있으므로 유효하다고 보아야 한다. 그 밖의 만기일의 계산에 관해서는 어음법 제36조에 규정되어 있다.

(4) 만기는 네 가지 종류(일람출급어음 · 일람후정기출급어음 · 발행일자후정기출급어음 · 확정일출급어음)만이 인정된다. 어음법 제33조 제 2 항은 그 밖의 날짜를 만기로 하는 어음은 무효라고 분명히 규정하고 있다. 예컨대 배서 후 또는 해지 후 일정한 시점을 만기로 할 수 없다. 또한 만기가 외부적 사건, 예컨대 어떠한 박람회의 개최일이라든지 시장개점일 등에 의하여 결정되는 어음도 인정되지 않는다. 뿐만 아니라 어음에 그 때 그 때 어음금액이 분할지급될 수 있는 다수의 연속된 만기를 기재하는 것도 허용되지 않는다. 따라서 영미법상 인정되는 분할출급어음은 허용되지 않는다(U.C.C. §3-106 (1) ; BEA §9 (1)(b)).

8. 發行地

(1) 개 관 어음법상 발행지는 필요한 요건으로 규정되어 있다. 하지만 발행지는 보충될 수 있다. 즉 발행지의 기재가 없지만 발행인의 명칭에 부기한 장소가 있다면, 이 장소가 발행지로 간주된다(제 2 조 제 3 호). 명확히 기재된 장소 또는 보충된 장소가 진정한 발행지일 필요는 없다. 그러나 존재하는 장소이어야 한다. 발행지는 특히 국제사법상의 문제에 관해서 의미를 갖는다(국제사법 제54조 제 3 항, 제55조 참조). 그러나 이 경우도 추정력의 수준에 그친다.

발행지가 여러 개 중첩적으로 기재되어도 준거법의 동일성이 유지되면 유효하다(통설).

(2) 학 설 발행지의 기재가 없는 어음을 어떻게 볼 것인가에 대하여는 다음과 같이 견해가 나뉘어진다.

A. 무효로 보는 견해 어음법상 발행지를 어음요건으로 규정하고 이

의 흠결시에는 어음으로서의 효력이 없다는 규정(어음법 제 2 조 제 1 문, 제76조 제 1 항 ; 수표법 제 2 조 제 1 문)에서 보면 '발행지' 및 '발행인의 명칭에 부기한 지'(어음법 제 2 조 제 3 호, 제76조 제 4 항)의 기재 없는 어음은 당연히 무효가 되고, 설사 백지어음으로 추정된다고 하더라도 이의 보충 없이 한 지급제시는 위의 경우와 같이 효력이 없다(최기원, 어음 · 수표법(제 4 정증보판), 2001, 306쪽 ; 강위두, 어음 · 수표법, 1996, 308쪽. 발행지를 필요적 기재사항으로 할 필요가 있는지에 대하여 의문을 제기하는 견해 : 정동윤, 어음 · 수표법(제 4 정판), 1996, 378~379쪽).

B. 유효로 보는 견해 발행지는 어음상의 권리와는 거의 관련이 없고, 다만 준거법을 정하는 데 일응 추정력을 가지는 데 불과한 점에 비추어 보아 발행지의 기재 없는 어음을 유효어음으로 보아 이의 효력을 긍정하는 것이 타당하다고 하는 견해이다(양승규, 어음법 · 수표법, 1994, 258쪽 ; 김교창, 발행지의 기재 없는 어음, 사법행정, 1986. 7, 22쪽 아래 ; 정찬형, 어음 · 수표법강의 제 5 판, 2004, 388쪽).

C. 사 견 우리나라는 실정법을 중시하는 대륙법계의 국가에 속한다. 영미법과는 달리 발행지의 기재를 실정법에서 명시적으로 어음요건으로 요구하고 있고, 또 발행지를 기재하지 않은 증권은 발행인의 명칭에 부기한 지가 없는 한 "약속어음의 효력이 없다"(어음법 제 2 조, 제76조)고 명문으로 규정하고 있다. 이와 같이 법률이 명문규정이 있고, 그 의미내용도 명확하여 달리 해석할 여지가 없는 것임에도 불구하고 명문의 규정이 거래의 관행과 조화되지 아니한다는 이유로 효력규정의 적용범위를 무리하게 제한해석하는 것은 타당하지 않다. 유추해석이나 목적론적 해석이 인정되더라도 법률의 문리해석에 명백하게 반하지 않는 범위 내에서만 허용되는 것이다. 우리나라에서는 아직 어음요건에서 발행지의 기재를 제외할 만한 경제적 · 사회적 여건이 조성되었다고 보기 어렵다. 은행으로서도 발행지백지의 어음을 받은 경우 그의 보충을 촉구하여야 하며, 백지인 채로 지급하는 것을 수긍할 수는 없다.

또한 '국내어음'에 한하여 그러한 해석을 한다는 것은 우리 어음법이 1930년 어음법통일조약에 의거하고 있다는 점에 비추어 보면 수긍할 수 없다. 어음 · 수표는 국제성이 강한 유가증권으로서 국내증권과 국제증권을 달리 취급하여서는 아니 된다. 즉 국내에서 발행되고 지급지가 국내인 어음이라도 국외에서도 유통되는 경우를 예정할 수 있다. 따라서 발행지가 단순히 준거법의 표준이 되는 이외에 별다른 의미가 없는 것은 아니다.

(3) 판 례 우리 대법원은 종래에는 발행지와 발행인의 명칭에 부기한 지의 기재가 없는 어음은 무효라고 하였으나(대판 1967. 9. 5, 67 다 1471 등) 태도를 변경하였다. 즉 변경된 판례에 의하면 국내어음 · 수표임이 명백한 한 발행지의 기재가 없어도 유효하다고 한다.

〈대판(전원합의체) 1998. 4. 23, 95 다 36466〉

「어음의 발행지란 실제로 발행행위를 한 장소가 아니라 어음상의 효과를 발생시킬 것을 의욕하는 장소를 말하는 것으로서, 어음의 발행지에 관련된 어음법 제37조, 제77조 제1항 제2호, 제41조 제4항, 제77조 제1항 제3호, 제76조 제3항 등과 섭외사법의 관련규정들을 살펴보면, 어음에 있어서의 발행지의 기재는 발행지와 지급지가 국토를 달리하거나 세력을 달리하는 어음 기타 국제어음에 있어서는 어음행위의 중요한 해석기준이 되는 것이지만, 국내에서 발행되고 지급되는 이른바 국내어음에 있어서는 별다른 의미를 가지지 못한다고 할 것이다. … 이 사건 각 약속어음은 국내금융기관인 부산은행이 교부한 용지에 의하여 작성된 것으로, 지급지는 양산군, 지급장소는 부산은행 양산지점으로 되어 있으며, 그 발행인과 수취인은 국내의 법인과 자연인이고, 어음금액은 원화로 표시되어 있으며, 어음문구 등 어음면상의 문자가 국한문혼용으로 표기되어 있을 뿐만 아니라, 어음표면 우측상단에 어음용지를 교부한 은행점포를 관할하는 어음교환소명으로 "부산"이라 기재되어 있는 점 등에 비추어 볼 때, 이 사건 각 약속어음은 국내에서 발행되고 지급되는 국내어음임이 명백하고, 따라서 그 어음면상 발행지의 기재가 없다고 하여 이를 무효의 어음으로 볼 수 없다고 할 것이므로, 위 각 어음에 대한 지급제시가 비록 발행지의 기재 없이 이루어졌다고 하더라도 이는 적법하게 지급제시된 것이라고 할 것이다.」

(이 판결에 대하여 반대하는 평석 : 이기수, 어음요건으로서의 발행지, 법률신문 1998년 5월 18일, 14쪽 ; 최기원, 발행지기재의 흠결과 어음의 효력, 법률신문 1998년 6월 1일, 14~15쪽. 찬성하는 평석으로는 정찬형, 발행지의 기재 없는 약속어음의 지급제시의 효력, 법률신문 1998년 5월 11일(제2692호), 14~15면 ; 최준선, 판례월보 제333호(1998. 6, 39쪽 아래) 참조)

대법원은 수표에 대하여도 마찬가지로 종래의 태도를 변경하였다.

〈대판(전원합의체) 1999. 8. 19, 99 다 23383〉

「수표법은 발행지를 수표요건의 하나로 규정하고 있으나, 국내에서 발행되고 지급되는 이른바 국내수표에 있어서는 별다른 의미를 가지지 않는다. … 발행지기재가 없어도 무효의 수표로 볼 수 없다.」

「일반의 수표거래에 있어서 발행지가 기재되지 않은 국내수표도 수표요건을 갖춘 완전한 수표와 마찬가지로 유통되고 있으며, 발행지의 기재가 없다는 이유로 지급거절되지 않는 것이 현실이다.」

한편 헌법재판소는 그 밖에 (어음에 있어서) 수취인 · 발행일기재와 관련하여 발행지와는 달리 이들을 어음요건으로 하고 있는 현행법이 헌법상 문제가 없다고 결정하였다.

〈헌법재판소 2000. 2. 24, 97 헌바 41〉

「입법자가 입법목적에 비추어 어음관계자의 이해와 공익적 필요 등을 비교형량하고 조정하여 이 사건 법률조항들에서 발행일과 수취인을 어음의 필요적 기재사항으로 함과 동시에 그 기재를 흠결하는 경우, 어음의 효력이 없다고 규정하더라도 그것은 입법형성권의 범위 내이지 입법형성권의 한계를 일탈한 것이라고 할 수 없다. 따라서 이 사건에서 문제된 법률조항들은 헌법 제23조 제 1 항에 위반된다고 할 수 없다. 그 밖에 이 사건 법률조항들은 기본권제한의 한계를 정한 헌법 제37조 제 2 항에도 위반되지 않는다. 어음제도나 이 사건 법률조항들을 포함한 어음법은 사유재산권을 부인한 것이 아니며, 헌법 제23조 제 1 항 제 2 문에 의거 어음상의 권리의 득실·변경·행사 등에 관한 내용과 한계를 법률로서 정하여 형성한 것이다. 그 결과 이 사건 법률조항들에서 규정한 수취인과 발행일의 기재를 누락하여 소지인이 어음요건흠결로 배서인에 대한 소구권을 상실한다 하더라도 이는 기본권의 제한을 정한 규정이라 할 수 없다.」

9. 支 給 地

(1) 지급지의 기재가 없다면 지급인의 명칭에 부기된 장소를 지급지로 본다(제 2 조 제 2 호). 기재된 장소가 실제로 존재해야 하며, 지급지의 복수기재는 허용되지 않는다. 이는 모두 어음의 권리행사를 위해서 필수적이기 때문이다. 분명하지 않은 경우에 지급인은 자신의 주소지에서 지급해야 한다(즉 어음채무는 추심채무).

(2) 그러나 어음이 지급인의 주소와 다른 장소에서 지급될 수 있게 발행됨으로써 어음에 마치 자신의 주소가 부여된 것 같이 될 수 있다(주소어음=타지지급어음 : Domizilwechsel).

이 때에는 어음이 어디에서 지급제시되어야 하는가라는 문제가 제기된다. 대체로 발행인은 지급을 담당하는 제 3 자를 지정할 것이다(제 3 자방지급의 기재). 발행인이 하지 않으면 지급인이 그러한 지급담당자를 기재할 수 있다(제27조 제 1 항 제 1 문). 지급담당자의 지정이 없다면, 지급인이 지급지에서 스스로 이행하여야 한다(제27조 제 1 항 제 2 문). 전에는 지급지로 시장을 기재하고 채무자가 그 시장에 나타나서 지급하는 일이 흔히 있었지만, 오늘날은 그러한 장소에서 이행하기로 하는 경우는 거의 없다. 왜냐하면 어디에서 제시해야 하는지 분명하지 않은 그런 어음은 아무도 인수하려고 하지 않기 때문이다. 따라서 지급인 자신이 이행하는 타지지급어음은 실제로는 지급인이 지급지에 영업소를 갖고 있는 경우에만 존재한다.

(3) 지급인에 관해서는 실제로 어음금이 지급될 지급장소가 기재되는 수가 많다(제4조, 제27조). 이 때에는 대체로 은행이 지정된다(제3자방지급어음 : Zahlstellenwechsel). 이 곳에서 어음이 제시되어야 하고, 지급인은 어음금액이 적시에 준비되도록 한다.

이 지급장소의 기재는 발행인이 할 수도 있고, 지급인이 할 수도 있다. 발행인은 자신의 이익을 위해서, 그리고 어음취득자의 이익을 위해서 지급이 지급인의 주소가 아니라 은행에서 이루어지도록 기재할 수 있다. 발행인이 그러한 기재를 하지 않는다면, 지급인은 자기 자신의 이익으로 이를 기재할 수 있다(제27조).

타지지급어음과 제3자방지급어음의 개념은 다음과 같이 구별된다. 어음을 지급인 스스로가 아니라 제3자가 지급하는 경우를 제3자방지급어음이라고 한다. 이에 대해 지급인의 주소와 지급지가 서로 다른 경우를 타지지급어음이라 한다. 학설상으로는 제3자방지급어음이라는 표현은 동지지급어음, 즉 지급지가 지급인의 주소인 어음에 한정하는 수도 있다. 그러나 이와 같이 한정할 근거는 없다. 제3자방지급어음과 타지지급어음은 반대되는 것이 아니라 서로 교차되는 개념이다. 어음이 채무자의 주소에서 지급될 수 없을 때 흔히 지급장소가 기재된다. 그러나 다른 한편 이 개념은 일치하지 않는다. 오히려 제3자방지급어음이 아닌 타지지급어음, 즉 어떤 다른 장소에서 그러나 지급인 스스로 지급할 수 있는 어음이 있을 수 있다. 그리고 반대로 타지지급어음이 아닌 제3자방지급어음이 존재한다. 왜냐하면 지급인의 주소에서 지급되는 경우에도 지급인에게 제시되지 않고 은행에 제시되도록 하는 것은 흔하기 때문이다.

다음과 같은 구별이 중요하다. 지급인이 어음상 인수를 한다면, 그는 어음을 제3자방지급어음으로 만들 수 있다. 즉 그러한 지급장소가 발행인에 의하여 아직 기재되지 않은 경우에 지급을 담당할 제3자를 지급인이 지정할 수 있다. 이에 반하여 지급인은 어음을 타지지급어음으로 만들 수 없다. 발행인이 지급인의 주소를 지급지로 기재했거나 또는 이 장소가 어음법 제2조 제3항의 법률상의 해석원칙에 의하여 지급지로 된다면, 지급인은 이것을 변경할 수 없다. 따라서 타지지급어음과 제3자방지급어음 사이에 법률상의 차이가 존재하지 않는다고 말하는 것도 전혀 타당하지 않다.

이전의 독일 등에서 교회법상의 이자금지와 관련됐던 동지어음(Platzwechsel: 발행지에서 지급)과 이지어음(Distanzwechsel: 다른 곳에서 지급) 사이의 구별은 오늘날에는 의미가 없다.

(4) 지급지는 어음에 있어서 실체법상의 의미를 가질 뿐만 아니라, 소송법

상의 의미도 갖고 있다. 즉 지급지는 어음소송을 위한 특별재판적이 된다(민사소송법 제9조).

Ⅲ. 有益的 記載事項

앞서의 어음요건 이외에도 어음상에 기재할 수 있는 사항은 여러 가지가 있다. 이 가운데 어음요건은 아니지만 일단 어음면에 기재되면, 그 기재된 내용에 따라 어음상의 효력이 발생하는 사항을 유익적 기재사항이라고 한다.

이와 관련하여 어음법에 규정이 없는 것도 유익적 기재사항이 될 수 있는가에 대해서 학설상 다툼이 있다. 부정설에 따르면 어음의 유통성에서 볼 때 어음의 내용은 객관성이 있고 명확하여야 하므로, 어음법에 규정이 없는 모호한 사항은 정형증권인 어음의 경우에는 그 효력을 인정할 수 없다고 한다(손주찬, 194쪽 ; 최기원, 265쪽). 반면 긍정설에 따르면 어음의 유통을 방해하지 않는 사항으로서 약속어음의 발행인만이 책임을 진다는 위약금의 약정이나, 어음채권에 대한 담보설정 등에 관한 기재나(정희철, 407쪽 아래), 배서인의 담보책임을 일부 제한하거나(어음법 제15조), 보증인의 책임을 일정한 금액에 제한하거나 또는 일정한 조건에 결부시키는 등 어음관계자를 해하지 않고 합리성이 인정되는 사항에 대하여는 그 효력을 인정하여야 한다고 한다(정동윤, 326쪽). 허용하는 견해에 찬동한다.

어음법상의 유익적 기재사항은 다음과 같다.

1. 支給人·發行人의 名稱에 附記한 地(어음법 제2조 제2호·제3호)

지급인의 명칭에 부기한 지는 지급인의 주소지가 되며, 지급지의 기재가 없는 경우에는 지급지가 된다. 또한 발행지의 기재가 없는 경우 발행인의 명칭에 부기한 지는 발행지로 되어 어음요건의 흠결을 보충하게 되고, 발행행위의 준거법결정의 기준이 된다.

2. 第 3 者方支給文言(어음법 제4조, 제27조, 제77조 제2항)

(1) 의의 및 효용 제3자방지급문언이란 지급담당자와 지급장소의 기재를 말한다. 지급담당자란 지급인·인수인(약속어음의 경우 발행인)을 대신하여 지급업무를 담당하는 자(대개는 은행)를 말하고, 지급장소란 주채무자가 어음금을 지급할 장소를 말한다. 어음법상 「제3자방」(어음법 제4조, 제22조 제2항, 제27조 제1항) 또는 「지급장소」(어음법 제27조 제2항)라는 말은 지급담당자와 지급장소를 합친 개념임에 유의해야 한다.

제3자방지급문언이 기재되면 제3자의 주소가 지급장소가 되고, 제3자는 지급담당자가 된다. 제3자방지급어음과 타지지급어음은 서로 반대되는 것이 아니라, 서로 교차되는 개념임은 앞서 설명한 바이다(제2편 제2장 제12절 Ⅱ의 9) 발행의 지급지에 대한 설명 참조).

실제의 어음거래에는 제3자방지급문언의 기재가 어음요건이 아님에도 보편적으로 행해지는바, 그 이유는 다음과 같다. 우선 환어음의 지급인(약속어음의 발행인)의 거래은행을 지급담당자로 하면 지급이 용이하게 되고, 또 부도시 거래정지처분이 내려지므로 어음금의 지급을 확실하게 한다. 또한 어음소지인은 주채무자의 거래은행에서 지급제시를 하고 어음금을 수령하게 되므로 어음금의 추심이 손쉽게 된다. 마지막으로 실제 어음교환소에서의 결제는 거래은행이 교부한 어음에 지급장소를 은행으로 기재한 어음에 한해서만 이루어지므로 어음할인을 위해서도 필요하다.

(2) 기재권자 제3자방지급문언을 기재할 수 있는 자는 발행인이다. 다만, 환어음의 지급인은 발행인이 이를 기재하지 않은 경우와 지급인의 주소를 지급지로 한 때에 한해 인수시 제3자방지급문언을 기재할 수 있다(어음법 제27조). 기재권 없는 자에 의한 기재는 어음의 변조로 된다.

(3) 기재방식 보통의 제3자방지급문언은 은행을 지급담당자로 하는 「지급장소 ○○은행 ○○지점」의 방식이 이용되고 있으나, 「지급장소 ○○시 ○○동 ○○번지 아무개댁」과 같은 방식도 이용된다. 이 때 제3자의 주소는 지급지 내에 있어야 하지만, 지급인의 주소지에 있어야 하는 것은 아니다(어음법 제4조).

(4) 기재의 효력 지급담당자의 기재가 있으면 지급제시는 지급담당자에 대하여 그의 주소에서 하여야 하고, 지급거절증서도 지급담당자를 거절자로 하여 작성하여야 한다. 따라서 구체적인 경우에 지급담당자가 기재되어 있는지를 살펴보아야 한다. 가령 「지급장소 ○○은행 ○○지점」으로 제3자방지급문언이 기재된 때에는 은행이 지급담당자이고, 그 지점을 지급장소로 보아야 한다. 지급장소만 있고 지급담당자에 대한 기재가 없을 때에는 당해 지급장소에서 지급인(약속어음의 경우 발행인)이 지급한다는 취지로 보아야 한다.

제3자방지급문언의 기재에 의해 지급담당자는 자기의 명의로 지급인에 갈음하여 어음금액을 지급하거나 지급을 거절할 법률상의 권한이 있고, 그의 지급으로 어음관계는 소멸하게 된다. 그러나 지급담당자가 지급을 했다고 해서 어음상의 권리가 생기는 것은 아니며, 지급인(약속어음의 경우 발행인)에 대해 지급으로 인해 어떤 권리를 취득하게 되는가는 어음관계와는 무관한 문제이다.

지급장소를 지급지 외의 장소로 기재한 때에는 지급장소의 기재가 없는 것으로 보아 지급지에서 지급되어야 하는 것으로서 유효하다.

3. 一覽出給 · 一覽後定期出給어음의 利子文言(어음법 제5조)

이자문언이란 어음금에 대해 일정률의 이자가 발생한다는 뜻을 기재한 것을 말한다. 이자문언은 모든 어음에 기재할 수 있는 것이 아니라 만기가 확정되지 않는 일람출급 · 일람후정기출급어음에서만 인정된다. 이 때 반드시 이율이 기재되어야 하며, 이율이 기재되지 않으면 이자의 약정은 기재하지 않은 것으로 간주된다(어음법 제5조 제2항). 이자의 기산일에 관한 특약이 없으면 발행일로부터 기산한다(어음법 제5조 제3항). 이자의 종기는 만기이며, 만기 이후에는 법정이자(어음법 제48조 제1항 제2호)가 약정이자에 갈음하여 발생한다.

그 밖에도 다음과 같은 기재사항이 어음법상의 유익적 기재사항에 속한다.

인수무담보문언(제9조 제2항 전단), 배서금지문언(제11조 제2항), 인수제시의 명령 또는 금지(제22조 제1항 · 제2항), 인수제시기간 및 지급제시기간의 단축 또는 연장(어음법 제23조 제2항, 제34조 제1항), 일정기일 전의 지급제시금지(제34조 제1항 · 제2항), 준거할 세력의 지정(제37조 제4항), 외국통화환산율의 지정 또는 외국통화현실지급문언(제41조 제2항 · 제3항), 거절증서작성면제문언(제46조), 역어음발행금지문언(제52조 제1항), 예비지급인의 지정(제55조 제1항), 복본번호(제64조 제2항), 복본불발행문언(제64조 제3항).

이상의 내용은 해당되는 곳에서 상술하기로 한다.

Ⅳ. 無益的 記載事項

무익적 기재사항이란 어음면에 기재하여도 어음상의 효력이 발생하지 않는 사항을 말한다.

무익적 기재사항에는 ① 어음법상 기재가 없어도 당연히 효력이 발생하므로 기재가 불필요한 것, ② 기재가 있어도 기재가 없는 것으로 인정되는 것(이상의 두 가지 유형은 어음법상 규정이 있다)과 ③ 기재하여도 어음상으로는 어떠한 효력도 인정되지 않으나 당사자간에는 특약으로서 인정되는 것 등으로 3분해 볼 수 있다. 첫번째의 예로는 지시문언(제11조 제1항), 상환문언(제39조 제1항), 제시문언(제38조 제1항), 파기문언(제65조 제1항 본문) 등이 해당되고, 두 번째의 예에는 확정일출급 또는 발행일자후정기출급어음의 이자문언(제5조 제1항 후단), 일람출급 또는 일람후정기출급어음의 이율의 기재 없는 이자문언(제5조 제2항), 그리고 발행인의 지급무담보문언(제9조 제2항 후단) 등이 있다. 마지막으로 세 번째의 예에 해당하는 것으로는 관할법원의 합의문언, 담보문언, 자금문언, 통지문언, 위탁어음문언(제3조 제3항), 어음개서의 특약, 지급제시의 면제문언, 상환청구통지의 면제문언, 전환문언, 연체이자의 약정문언 등이 있다.

Ⅴ. 有害的 記載事項

유해적 기재사항이란 그 기재로 어음 자체가 무효로 되는 사항이다. 어음법상의 것으로는 네 가지 종류의 만기 이외의 것을 만기로 한 경우(제33조 제1항), 분할출급의 기재가 있는 경우(제33조 제2항) 등이 있다. 어음법에 규정이 없는 것으로서는 어음의 지급방법을 한정하거나 조건에 따르게 하는 기재, 지급위탁이나 지급약속에 조건을 붙이는 기재, 주채무자가 어음상의 책임을 지지 않는다는 기재 등이 있다. 이상의 것들은 어음의 본질에 반하거나 어음요건을 무력화하는 것들이다.

Ⅵ. 어음要件欠缺의 法律效果

불가결한 기재사항 중의 하나가 흠결되어 있거나, 보충가능한 기재사항이 흠결되어 있거나(예컨대 발행인 또는 지급인에 보충적 장소기재가 없기 때문에 그 보충이 불가능한 경우), 지급위탁의 무조건성이 지켜지지 않는다면 이 어음은 어음으로서의 효력이 없다(어음법 제2조 제1항).

〈대판 1967. 9. 5, 67 다 1471〉

「어음법 제75조 소정의 기재사항 중 그 기재가 없으면 특별한 규정에 의하여 구제되지 아니하는 한 어음으로서의 효력을 발생할 수 없다.」

형식에 관한 규정은 엄격히 지켜져야 한다(형식적 어음엄정의 원칙 : Grundsatz der formellen Wechselstrenge). 이 원칙은 흠결된 요건은 예상되는 당사자의 의사 또는 사정으로부터 보충되어서는 안 된다는 것을 의미한다. 형식상 유효하지 않은 어음은 민법 제138조에 의하여 다른 법률행위로 전환될 수 있을 뿐이다. 형식요건의 무시에 이러한 엄격한 효과를 부여하는 것은 형식에 관한 규정의 목적, 즉 증명을 확실하게 하고 경고기능을 갖는 것과 관련된다.

흠결된 기재사항이 전에 어음에 기명날인 또는 서명했던 사람에 의하여 허용되지 않고서 추후에 보충된다면, 이는 어음의 변조이다. 누구든 변조 후에 어음상 기명날인 또는 서명한 자는 변조된 문언에 따라 책임을 진다. 이에 반하여 권한 없이 완성시키기 전에 기명날인 또는 서명했던 자가 어느 정도까지 책임을 지는가에 관하여는 다툼이 있다(이에 관하여는 이 책 어음의 변조 부분과 Zöllner, §12 Ⅷ 참조).

제 3 절 白地어음

姜渭斗, 白地어음背書人의 지위와 그 背書人의 어음상의 권리의 취득방안, 判例月報 256(1992. 1)/高平錫, 白地어음補充權의 성립과 그 남용에 관한 시론, 法曹 32. 7(1983. 7)/金容九, 白地어음의 補充權, 군산대 지역개발연구 3(1991. 12)/金泰柱, 白地어음, 商事法論集(徐燉珏教授停年紀念論文集), 1986/金鶴獸, 白地어음, 수선논집 10(1986. 1)/朴蓮錫, 白地어음, 법학연구 5(1982. 2)/朴哲雨, 백지어음의 권리행사에 관한 몇 가지 문제의 고찰, 기업과 법(김교창변호사화갑기념논문집), 1996/徐廷甲, 白地어음의 補充權, 司法行政 316(1987. 4)/尹天熙, 白地어음에 관한 소고(상 · 하), 司法行政 295(1985. 7), 297(1985. 9)/李基秀, 白地어음, 고시계 356(1986. 10)/李基秀, 銀行의 白地어음 補充義務, 월간고시 185(1989. 6)/李基秀, 銀行의 白地어음 補充義務, 判例月報 271(1993. 4)/李尙洙, 白地어음補充權의 행사에 관한 研究, 건국대대학원논문집 31(1990. 8)/鄭容相, 白地補充權에 관한 研究, 건국대대학원논문집 20(1985. 2)/鄭燦亨, 白地어음(수표), 商事法의 現代的 課題(孫珠瓚博士華甲紀念論文集), 1984/鄭燦亨, 백지어음의 인적항변의 절단, 判例月報 296(1995. 5)/周基鍾, 白地補充權의 성립이론에 관한 검토, 청주대 법학논집 6(1992. 7)/崔基元, 白地어음, 서울대 법학 47(1981. 11).

I. 序　　言

백지어음이란 어음행위자가 어음소지인으로 하여금 후일에 보충시킬 의사로 어음요건의 전부 또는 일부를 기재하지 않고 어음이 될 서면에 기명날인 또는 서명하여 어음행위를 한 미완성의 어음을 말한다.

백지어음과 관련하여 어음법 제10조는 항변배제의 특별한 경우, 즉 불완전하게 교부된 어음의 부당보충(abredewidrige Ausfüllung), 이른바 백지남용(Blankettmißbrauch)에 관하여 규정하고 있다. 하지만 본조만으로는 백지어음에 관한 문제를 다 해결할 수 없고 오히려 또 다른 더 어려운 문제들이 제기되므로, 이를 확실히 밝히는 것은 실무적인 이유에서만이 아니라 이론적으로도 커다란 의미를 갖는다.

Ⅱ. 白地어음의 槪念과 形態

1. 形式上 無效인 어음

백지어음은 형식상 무효인 어음(formnichtiger Wechsel)과 명백히 구별되어야 한다. 백지어음은 불완전하다는 점에서 형식상 무효인 어음과 공통되는 점이 있기는 하지만, 백지어음에서는 이러한 불완전성이 의도적이고 나중에 그 증권을 소지하는 자의 보충에 의해 불완전성이 제거되는 미완성의 어음이라는 점에서 형식상 무효인 어음과는 본질적인 차이가 있다.

백지어음과 형식상 무효인 어음의 한계를 설정한다는 것은 후자가 형식상 무효인 데 반하여, 전자는 사후에 보충권이 행사되면 완전어음이 된다는 점에서 중요한 의미가 있다. 양자를 구별짓는 결정적인 기준은 보충권에 관한 합의가 있었는가의 여부이다. 형식상 불완전한 어음이 있을 때에 언제나 백지어음으로 발행한 것인가, 아니면 형식상 무효인 어음인가 하는 것을 고려하여야 하는 것은 아니다. 왜냐하면 형식상 무효인 어음의 어음행위자도 자기의 귀책으로 백지어음의 외관을 창출한 때에는(그리고 그 한도에서) 선의취득자에 대해 원칙상 권리외관규정에 따른 책임을 져야 하기 때문이다.

형식상 무효인 어음의 사후보완과 백지어음의 사후보충은 혼동하여서는 안 된다. 형식상 무효인 어음의 경우에는 백지어음과는 달리 형식상 하자는 치유되지 않고, 다만 권리외관규정에 의한 선의취득의 가능성만 존재한다.

2. 準白地어음

이와 아울러 어음행위자가 어음요건이 아닌 유익적 기재사항을 보충시킬의사로 어음행위를 한 어음은 이미 어음요건이 모두 갖춰진 완전어음이라는 점에서 백지어음과 구분되지만, 백지보충권이 수여된다는 점에서 어음법 제10조가 유추적용된다(통설). 이러한 측면을 고려하여 이를 준백지어음이라고 한다.

3. 法的 性質

백지어음의 법적 성질과 관련해서는 어음의 일종이라는 견해(박원선, 493쪽 아래 ; 이범찬, 320쪽)가 있으나, 백지보충권과 그 행사로 완전어음이 된다는 기대권이 함께 표창된 유가증권으로 볼 것이다(다수설)(정희철, 417쪽 ; 강위두, 302쪽 ; 정동윤, 336쪽 등).

4. 存在必要性

백지어음의 존재필요성은 실제의 거래사회에서 널리 인정되고 있다. 예컨대 발행인에 대해서 수취인이 지급받을 채권액은 아직 미정이지만 어음보증은 즉시 해야 할 경우(백지보증), 또는 은행이 우선 인수를 하고 그 백지어음을 고객이 필요에 따라 이용할 수 있도록 하고서 나중에 어음금액과 같은 일정한 사항을 보충하도록 위임하는 경우(백지인수) 등을 생각할 수 있다. 이상의 두 가지 백지어음 외에도 어음행위의 종류에 따라 백지발행 · 백지배서 등이 이용되고 있으며, 백지로 되어 있는 어음요건을 기준으로 보면 어음요건의 전부가 백지인 것과 일부가 백지인 것이 있다.

〈대결 1956. 10. 27, 4289 민재항 31 · 32〉
「약속어음을 발행함에 있어서 후일 어음의 취득자로 하여금 어음요건의 전부 또는 일부를 보충케 할 의사로서 기재사항의 일부를 기재하지 않고 미완성어음에 서명하여 이를 발행할 수 있음은 상관습법으로서 인정되어 있는 것이고, 후일 이를 보충할 시는 어음상의 효력이 발생하는 것이다.」

따라서 어음법 제10조에서는 이를 자명한 것으로 전제하고 있다. 백지어음은 그 어음 속에 본질적 어음요건이 결여되어 있다고 하더라도 형식상 무효인 것은 아니다. 예를 들어 유일한 어음채무자(예컨대 인수인)의 기명날인 또는 서명만 있으면 기타의 어음요건과 기명날인 또는 서명(예컨대 발행인의 기명날인 또는 서명)이 없더라도 어음이 됨에는 충분하다(BGH WM 1974, 775 참조).

〈대판 1960. 12. 25, 4293 민상 176〉
「발행인이 배서금지의 문구를 기재한 수취인난 공난의 어음을 발행한 경우에 위 어음을 유효한 어음행위를 할 의사로 발행한 것임이 인정되면 수취인백지의 어음으로 추정되고, 그것을 유통의 방식에 따라 취득한 소지인은 악의의 취득자로 볼 수 없다.」

〈대판 1966. 10. 11, 66 다 1646〉
「약속어음의 지급을 받을 자 또는 지급을 받을 자를 지시할 자의 명칭부분을 공백으로 한 채 상대방에게 교부한 때에는 특별한 사정이 없는 한 후일 어음소지인으로 하여금 임의로 지급을 받을 자 또는 지급받을 자를 지시할 자의 명칭부분의 기재를 보충시킬 의사를 가지고 백지어음을 발행한 것이라 추정함이 상당하다.」

〈대판 2001. 4. 24, 2001 다 6718〉
「백지약속어음인지의 여부에 관하여는 보충권을 줄 의사로 발행한 것이 아니라는 점, 즉 백지어음이 아니라 불완전어음으로서 무효라는 점에 관한 입증책임이 발행인에게 있다.」

Ⅲ. 白地어음의 要件

백지어음의 생성에 관해서는 어음요건의 미완성부분의 흠결에서 달리 규정하고 있지 않는한, 완전어음의 성립에 관한 것과 동일한 규정이 적용된다.

1. 어음要件의 欠缺

흠결된 어음요건의 종류나 정도에는 제한이 없다. 이와 관련해서 만기가 백지인 경우에도 이를 어음법 제2조 제1호에 따라 일람출급어음이라고 볼 수 있으나, 이 경우도 백지어음으로 보아야 한다(통설·판례). 나아가 만기가 백지인 경우에는 일단 백지어음으로 추정하고, 보충권수여의 의사가 없는 때에 한해 제2조 제1호가 적용되어야 한다(동지: 서돈각·정찬형, 208쪽).

〈대판 1997.5.7, 97 다 4517〉

「어음의 만기는 확정가능하여야 하므로 어음 자체에 의하여 알 수 있는 날이어야 하고, 어음 이외의 사정에 의하여 좌우될 수 있는 불확정한 날을 만기로 정할 수 없는 것인바, 불확정한 날을 만기로 정한 어음은 무효이다.」

2. 白地어음行爲者의 記名捺印 또는 署名

백지어음은 어음행위자의 기명날인 또는 서명이 있으면 충분하므로, 반드시 발행인의 기명날인 또는 서명이 있어야 하는 것은 아니다(통설). 물론 어음법 제10조에 '미완성으로 발행한'이라는 규정이 있으나, 이 때의 '발행한'은 '교부한'으로 새겨야 할 것이다(동지: 최기원, 273쪽). 따라서 발행인의 기명날인 또는 서명이 없는 경우에도 인수인·배서인·보증인의 기명날인 또는 서명이 있으면 백지어음은 성립될 수 있다.

3. 補充權授與契約

교부계약 이외에 백지어음이 되기 위한 두 번째 요건으로서는 원칙상 보충권(Ausfüllungsbefugnis)에 관한 합의가 있어야 한다. 만일 그렇지 않다면 이는 백지어음이 아니라 형식상 무효인 불완전어음이 될 뿐이기 때문이다. 보충권의 존재를 결정하는 표준에 대해서는 다음과 같은 학설의 대립이 있다.

(1) 주 관 설 기명날인자 또는 서명자의 의사를 표준으로 백지를 보충시킬 의사가 있으면 백지어음으로 본다는 것이다(박원석, 493쪽). 그러나 주관설을

따를 경우 어음소지인이 보충권의 존재를 증명해야 하는데, 외부에서는 기명날인자 또는 서명자의 의사를 확인하기 어려워 그 증명이 곤란하며, 또한 증명하지 못하면 어음 자체가 무효로 되어 거래의 안전을 해치게 된다.

(2) **객 관 설** 기명날인자 또는 서명자의 보충권수여의사에 관계 없이 어음의 외관으로 보아 보충이 예정되어 있는가의 여부에 따르는 입장이다. 따라서 어음용지에 일부 어음요건이 없는 경우에는 모두 백지어음으로 본다. 그러나 거래안전을 목적으로 한 이러한 주장이 오히려 거래안전을 해칠 수 있는 불합리를 낳게 되는데, 가령 발행인이 다른 어음요건은 차후 보충할 의사로 백지에 기명날인만 한 경우에는 무효인 어음이 된다. 또한 어음과 백지어음의 구분이 모호해지는 단점도 안고 있다.

(3) **절 충 설** 원칙적으로 기명날인자 또는 서명자의 보충권수여의사가 필요하지만, 예컨대 어음용지를 사용한 경우와 같이 서면의 외형상 흠결된 요건을 장래에 보충할 것으로 인정될 경우에는 보충권을 수여한 것으로 인정하는 입장이다. 우리나라의 학설은 대체로 절충설을 취하고 있으며 이것이 타당하다. 판례도 역시 마찬가지이다(대판 1960. 12. 25, 4293 민상 176; 대판 1966. 10. 11, 66 다 1646).

그러나 외관상 백지어음으로 인정할 수 있는 경우, 외관을 작출한 자와 어음취득자의 관계에 대해서는 약간의 차이가 있다. 가령 어음취득자가 선의이면 기명날인자 또는 서명자는 실제 보충권을 수여하지 않았음을 증명하여 면책될 수 없다거나(서돈각, 166쪽; 이범찬, 320쪽), 어음취득자가 선의이고 기명날인자 또는 서명자에게 귀책사유가 있는 때에는 기명날인자 또는 서명자가 책임을 진다(정동윤, 339쪽)는 등의 주장은 기명날인자 또는 서명자가 보충권수여사실이 없음을 증명해도 면책되지 않는다는 점에서, 거래의 안전을 위하여 요건흠결의 어음을 일단 백지어음으로 추정한다거나, 어음취득자가 선의이더라도 기명날인자 또는 서명자가 보충권수여사실이 없음을 증명하면 면책된다(정희철, 154쪽; 손주찬, 206쪽 아래; 서돈각 · 정찬형, 211쪽; 정무동, 410쪽)는 주장과 구별된다.

생각건대 기명날인자 또는 서명자가 보충권수여사실이 없음을 증명하면 면책된다고 보아야 할 것이지만, 예컨대 인쇄된 어음용지에 어음요건을 기재하지 않은 채 기명날인 또는 서명한 경우와 같이 제3자가 보충권이 수여된 것으로 볼 만한 외관이 기명날인자 또는 서명자의 귀책사유로 현출되어 있는 경우에는 일반외관법리에 따라 증명하여도 면책되지 않는다고 할 것이다(동지: 최기원, 280쪽). 따라서 절충설이 타당하다. 그 결과로 기명날인자 또는 서명자의 보충권수여사실도 없고, 외관작출에 대한 귀책사유도 존재하지 않음에도 기명날인자에게 책임을 묻는 것은 온당하지 않다.

4. 交付契約

백지어음도 원칙상 교부계약의 존재가 필요하다(예컨대 BGH WM 1975, 559). 백지어음이 발행인에 의하여 작성되는 한 백지어음수취인을 어음상의 권리자로 하기 위해서는 백지어음수취인에게 어음증권이 교부되어야 하며, 이는 백지인수에 대해서도 마찬가지이다. 왜냐하면 백지어음의 성립이란 미래의 채권의 창출이고, 이러한 채권의 성립근거는 이에 상응하는 완전한 권리의 성립근거와 마찬가지로 계약을 필요로 하기 때문이다. 따라서 백지어음에 관하여도 계약설이 적용됨은 물론이다. 물론 교부계약이 흠결된 경우에도 백지어음행위자의 기명날인 또는 서명을 신뢰한 선의취득자는 권리외관설에 따라 보호된다.

〈대판 1976.3.9, 75 다 984〉

「지급기일을 공란으로 하여 약속어음을 발행한 경우에는 다른 특별한 사정이 없는 한 그 어음은 일람출급의 약속어음으로 볼 것이 아니라 백지어음으로 보아야 할 것이고, 또 이와 같은 백지어음을 교부한 때에는 특별한 사정이 없는 한 후일 그 소지인으로 하여금 임의로 그 지급기일의 기재를 보충시킬 의사로서 교부한 것이라고 추정함이 옳을 것이다.」

Ⅳ. 白地補充權

1. 補充權의 發生

백지어음의 발생과 관련하여서는 백지어음행위설과 어음외계약설로 견해가 나뉘어 있다.

(1) 백지어음행위설 백지어음행위설에서는 보충권은 백지어음행위자의 기명날인 또는 서명에 의하여 발생한다고 한다. 이러한 보충권은 백지어음에 표창되어 기명날인 또는 서명자가 자신이 작성한 백지어음의 소지인으로서 보충권을 소유하게 된다고 한다(소수설 : 서정갑 · 강위두).

이 견해는 백지어음이 보충권을 표창한다는 점과 보충권의 이전에 관한 설명에는 우수하나, 사실행위인 기명날인 또는 서명에 의하여 보충권이 발생한다는 점과 또 백지어음행위자가 기명날인 또는 서명 후 교부 전에 이미 보충권을 갖는다는 점에 문제가 있다.

(2) 어음외계약설 보충권은 어음행위자와 그 상대방 사이에 어음관계 이외의 일반사법상의 계약에 의하여 상대방에게 수여함으로써 생기는 권리라고 한다(통설)(서돈각 · 손주찬 · 정동윤 · 정찬형 · 이철송).

이 견해는 어음행위자의 의사에 맞는 설명으로는 합당하나, 이 보충권이 언제 백지어음에 표창되고 또 어떻게 해서 표창하게 되는가를 충분히 설명하지 못하는 점에 문제가 있다.

결국 어음외계약설도 문제점이 없지 않지만, 학설 가운데에는 설득력이 있다고 보아야 한다. 따라서 보충권은 백지어음행위자와 상대방 간의 어음 외의 보충권수여계약에 의하여 상대방에게 발생하고, 이렇게 상대방에게 발생한 보충권이 백지어음에 화체되어 이전된다고 평가하여야 한다.

2. 補充權의 法的 性質

(1) 법적 성질

A. 형 성 권 보충권의 법적 성질에 대해서는 다툼이 있다. 우리나라의 통설은 그 법적 성질을 일종의 형성권이라고 보고 있다. 보충권을 행사함으로써 미완성어음을 완성시킨다는 점에서 형성권으로서의 성질을 부정할 수 없다. 그러나 형성권은 단지 형성권자와 그 상대방 사이에서만 효력이 발생하는 데 그치므로, 이는 백지어음의 보충권과는 일치되지 않는다. 즉 여기서는 보충권을 행사하는 자 자신과 보충권을 부여한 자 사이에서는 법률효과를 발생시키지 않거나 또는 발생시킨다고 하여도 그 주된 법률효과를 발생시키는 것이 아니고 제 3 자와 보충권수여자 사이에서, 예컨대 최초의 수취인과 백지인수인 사이에서 법률효과를 발생시킨다.

B. 대 리 권 이러한 '제 3 자효과'(Fremdwirkung)의 관점에서 보면 보충권을 형성권보다는 대리권이라고 설명함이 더 타당할 것 같으며, 또한 실제로 대리권이라고 이론구성하는 논거도 자주 볼 수 있다(Canaris, *Die Vertrauenshaftung im deutschen Privatrecht*, 1971, S. 56 및 이에서 참조한 문헌 참조). 하지만 보충권을 행사하는 자는 보충권수여자의 이름으로 보충하는 것이 아니기 때문에 이런 관점에서 보면 본래의 의미의 대리권이라고 보기도 어렵다.

C. 하나의 수권 따라서 하나의 수권(Ermächtigung)이라고 생각할 수도 있다(Baumbach/Hefermehl, Art. 10, Rd. 3). 그러나 이 이론에도 전적으로 찬성할 수가 없다. 왜냐하면 여기에는 채무를 부담하는 수권(Verpflichtungsermächtigung)의 존재(일반적으로 수권의 개념에는 의무를 지운다는 요소가 없다)를 법리상으로 충분히 설명할 수 없기 때문이다.

D. 특별한 종류의 권능 따라서 이 문제는 아직 확정적으로 해명되지 못하였으나, 특별한 종류의 권능(Befugnis sui generis)이라고 보아야 할 것이다(Hueck/Canaris, §10 Ⅱ 2 a; 정동윤, 346쪽).

(2) 보충권의 범위 한편 보충권의 범위는 보충권수여계약에서 정해지며, 그 계약에서 명시되지 않은 때에는 원인관계나 어음거래의 관습 등을 고려하여 신의성실의 원칙에 따라 결정해야 한다.

〈대판 1991. 7. 23, 91 다 8975〉

「이 사건 약속어음의 발행지 및 지급지란에 기재된 "삼진기계"라는 업체의 상호표시만으로는 어음법상 요구되는 발행지와 지급지의 장소적 개념이 표현된 것이라고 할 수 없으므로 어음의 필요적 기재요건을 갖추었다고 보기 어려우나, 위 상호표시에 위 업체가 소재한 지명을 보완기재하여 유효한 어음으로 완성하는 정도의 보충권한은 소지인에게 부여되어 있다고 보는 것이 타당한바, 기록에 의하면 삼진기계는 피고가 서울 마포구 용강동에서 경영하는 업체의 명칭임이 명백하므로 위와 같은 정도의 보완기재는 소지인에게 부여된 보충권한의 범위 내에 속한다고 보아야 할 것이다.」

3. 補充權의 成立時期

백지어음의 보충권은 어음외계약설에 의할 경우 보충권수여계약에 의해 성립되고, 이는 백지어음에 화체되어 이전된다. 백지어음에의 기명날인자 또는 서명자의 사망, 무능력, 대리권상실 등은 보충권의 효력에 영향이 없다.

4. 補充權의 撤回

실제적인 문제를 해결할 때에는 이론상의 연역에 특별한 주의가 요구된다. 그러나 대리권에 관한 민법규정을 주의하여 따를 필요는 있다. 이 때에는 원칙상 보충권이 소위 자기의 이익을 위한, 즉 대리인의 이익으로 부여된 대리권 과 동일시될 수 있다. 따라서 예컨대 보충권은 원칙상 철회될 수 없다(unwiderruflich). 왜냐하면 백지어음수취인에게는 일반적으로 확실한 법적 지위가 부여되어야 하고, 그는 보충권이 임의의 철회권에 의하여 침해당하지 않을 때에만 이러한 지위를 얻기 때문이다. 그러나 사례에 따라서는 철회가 허용될 수도 있다. 왜냐하면 결국에는 (추정되는) 당사자의 의사가 문제되기 때문이다. 사망과 행위무능력의 경우도 원칙으로 자기의 이익을 위한 대리권의 경우와 마찬가지로 결정되어야 한다. 따라서 보충권의 존재는 보충권수여자 또는 보충권자의 사망 또는 행위무능력에 의하여 영향을 받지 않는다(RGZ 33, 44 ; RGZ 58, 172 참조). 왜냐하면 보충권은 사람에 결합된 권리가 아니라 재산권적 성격을 갖고 있기 때문이다.

5. 破産과 補充權의 地位

파산절차의 개시(Eröffnung des Konkursverfahrens)도 원칙적으로 보충권을 침해하지 않는다. 이러한 결과는 보충권자의 파산(Konkurs des Ausfüllungsbefugten)시에 보충권은 일신전속적 성질을 갖는 것이 아니라, 재산권적 성질을 갖기 때문에 파산관재인에 의해서도 행사될 수 있다는 데서 연유된다. 그러나 백지어음행위자(Blankettzeichner)가 단지 호의로 인수의 기명날인 또는 서명을 하였다면, 보충권은 신의칙에 좇은 계약해석의 원칙에 따라 추정되는 당사자의 의사를 고려하여 백지어음수취인의 지급불능개시시에 소멸한다. 왜냐하면 후자는 호의약정에 근거하여 어음을 적시에 행사해야 하는데, 그는 이 의무를 이제는 더 이상 이행할 수 없기 때문이다(BGHZ 54, 5).

백지보충권수여자가 파산(Konkurs des Blankettgebers)하는 때에는 보충권자는 원칙적으로 파산재단에 대한 효과를 갖고 어음을 완성시킬 수 있는데(RGZ 58, 172), 이것이 곧 보충권의 철회불가성에서 나오는 것은 아니다. 왜냐하면 철회할 수 있는 대리권이 파산재단에 대하여 효력이 없는 것과 마찬가지로(RGZ 31, 166) 보충권은 그 자체를 위해서만 효력을 가질 수 있을 것이기 때문인데, 이 때에는 보충권자는 연대채무자를 대신해서만 활동할 수 있고, 따라서 연대채무자로서는 더 이상 권리를 가질 수 없기 때문이다.

6. 補充權行使의 時期

백지어음에서 보충권 행사의 시기가 문제가 된다. 그런데 우리의 통설처럼 백지보충권을 형성권의 일종으로 볼 경우 형성권은 소멸시효에 걸리는 것이 아니므로 그 기간은 제척기간을 의미하는 것으로 보게 된다(최준선, 어음·수표법, 2005, 295쪽). 보충권수여계약에 이에 관한 정함이 있는 때에는 문제가 없으나, 그렇지 않은 경우에는 만기와 관련하여 다음과 같이 그 행사시기가 달라진다.

(1) 만기가 기재된 경우에는 주채무자에 대해서는 만기로부터 어음채무의 소멸시효기간인 3년 이내에 보충을 하여 지급제시를 하여야 하고, 어음금청구의 소를 주채무자에 대하여 제기한 경우에는 변론종결시까지 보충해야 한다(대판 1995. 6. 9, 94 다 41812). 다음으로 상환의무자에 대해서는 상환청구권행사의 전제로서 완전한 어음을 필요로 하므로 지급을 할 날 또는 그에 이은 2 거래일 이내에 보충

해야 한다(만기 후 1년 내에 하면 된다는 견해 : 최기원, 285쪽).

(2) 만기가 백지인 경우에는 보충권이 시효로 소멸하기 전에 행사해야 한다. 그러나 보충권의 시효기간에 대해서는 어음법이 규정을 두고 있지 않으므로 학설상 다툼이 있다. 각 학설을 정리하면 다음과 같다.

① 20년설은 보충권을 형성권으로 새기는 까닭에 민법 제162조 제2항상의 재산권의 소멸시효기간과 마찬가지로 20년을 주장한다(서돈각, 166쪽 ; 손주찬, 151쪽 ; 정무동, 405쪽 ; 박원선, 495쪽). 그러나 이 설은 어음관계를 지나치게 장기간 불확정한 상태에 두게 되어 따르기 어렵다. ② 10년설은 보충권을 형성권으로 보면서도 이를 채권과 동일시하여 10년이라고 한다(서정갑, 154쪽). 이 설도 20년설과 마찬가지의 비판이 적용된다. ③ 5년설은 보충권을 상행위로 생긴 채권에 준하는 것이라고 보아 5년을 주장한다. 어음행위를 절대적 상행위로 보는 일본에서의 주장이다. ④ 원인관계상의 채권이 민사채권인지 상사채권인지에 따라 10년 또는 5년의 시효기간을 주장하지만(정희철, 420쪽 아래), 어음의 추상성과 관련하여 비판을 받고 있다. ⑤ 보충권과 백지어음상의 잠재된 권리의 불가분적 관계를 고려하여 어음채권의 시효기간과 마찬가지로 3년을 주장한다(양승규 · 박길준, 620쪽 ; 최기원, 287쪽 ; 정동윤, 351쪽 ; 강위두, 321쪽). ⑥ 만기가 백지인 어음을 일람출급어음으로 보아 일람을 위한 제시기간인 1년을 보충권의 소멸시효기간으로 본다. 그러나 앞서 보았듯이 일람출급어음으로 보는 것은 타당하지 않다.

생각건대 3년설이 단기간에 어음관계를 확정할 수 있고, 보충권과 어음의 관계를 적절하게 파악하고 있어 타당하다고 본다.

〈대판 2001. 10. 23, 99 다 64018〉

「발행일을 백지로 하여 발행된 수표의 백지보충권의 소멸시효는 다른 특별한 사정이 없는 한 그 수표발행의 원인관계에 비추어 발행당사자 사이에 수표상의 권리를 행사하는 것이 법률적으로 가능하게 된 때부터 진행한다 할 것이고, 백지수표의 보충권행사에 의하여 생기는 채권은 수표금채권이고, 수표법 제51조에 의하면 수표의 발행인에 대한 소구권은 제시기간경과 후 6개월간 행사하지 아니하면 소멸시효가 완성되는 점 등을 고려하면 백지보충권의 소멸시효기간은 백지보충권을 행사할 수 있는 때로부터 6개월로 봄이 상당하다.

한편 발행일백지인 수표의 취득자가 백지보충권의 소멸시효기간 경과 후에 백지를 보충한 경우에 있어서도 수표법 제13조가 유추적용되어 악의 또는 중대한 과실이 없는 한 백지보충권의 소멸시효경과 후의 백지보충의 항변으로써 대항받지 아니한다고 해석함이 상당하다고 할 것이나, 이 경우에도 그 수표취득자가 스스로 수표상의 권리를 행사하는 것이 법률적으로 가능하게 된 때로부터 새로이 6개월이 경과할 때까지 발행일을 보충하지 않았다면, 그 보충권의 소멸시효는 완성되었다고 보아야 할 것이다.」(이 판결에 대한 평석으로는 도제문, 발행일이 백지인 수표의 보충권, 상사판례연구 제19집 제 2 권, 2006, 23쪽 아래 참조)

〈대판 2002. 2. 22, 2001 다 71507〉

「백지약속어음의 보충권행사에 의하여 생기는 채권은 어음금채권이고, 어음법 제77조 제 1 항 제 8 호, 제70조 제 1 항, 제78조 제 1 항에 의하면 약속어음의 발행인에 대한 어음금채권은 만기의 날로부터 3년간 행사하지 않으면 소멸시효가 완성되는 점 등을 고려하면 발행일을 백지로 하여 발행된 약속어음의 백지보충권의 소멸시효기간은 백지보충권을 행사할 수 있는 때로부터 3년으로 봄이 상당하다(백지수표에 관한 대판 2001. 2001. 10. 230, 99 다 64018 참조).

정리회사가 가지는 백지약속어음의 보충권은 그 어음을 수령한 1995. 4. 7.부터 3년이 경과한 1998. 4. 8.이며 이미 시효로 소멸하였으므로, 정리회사가 1998. 6. 5. 약속어음의 만기를 보충하였다고 하여 P의 물품대금채무의 변제기가 그 보충된 만기로 변경될 수도 없다.」

〈대판 2003. 5. 30, 2003 다 16214〉

「만기를 백지로 한 약속어음을 발행한 경우, 그 보충권의 소멸시효는 다른 특별한 사정이 없는 한 그 어음발행의 원인관계에 비추어 어음상의 권리를 행사하는 것이 법률적으로 가능하게 된 때부터 진행하고, 백지약속어음의 보충권행사에 의하여 생기는 채권은 어음금채권이며 어음법 제77조 제 1 항 제 8 호, 제70조 제 1 항, 제78조 제 1 항에 의하면 약속어음의 발행인에 대한 어음금채권은 만기의 날로부터 3년간 행사하지 아니하면 소멸시효가 완성되는 점 등을 고려하면, 만기를 백지로 하여 발행된 약속어음의 백지보충권의 소멸시효기간은 백지보충권을 행사할 수 있는 때로부터 3년으로 보아야 한다.」(이 판결에 대한 평석으로는 도제문, 만기백지어음의 보충권에 관한 연구, 고려법학 제46호, 2006, 209쪽 아래 참조)

〈대판 2003. 5. 30, 2003 다 16214〉

「만기 이외의 어음요건이 백지인 경우, 그 백지보충권을 행사할 수 있는 시기는 다른 특별한 사정이 없는 한 만기를 기준으로 한다.」

7. 補充의 效果

백지어음은 보충으로 완전한 어음이 되고, 발행 · 배서 등의 어음행위는 보충된 문언에 따라 그 효력을 발생한다.

〈대판 1995. 9. 15, 95 다 23071〉

「약속어음의 발행지는 어음요건의 하나이므로 그 기재가 없는 상태에서 아무리 보충권이 수취인 내지 소지인에게 주어졌다 하더라도 완성된 어음으로서의 효력이 없는 것이어서 어음상의 권리자에 의한 완성행위(백지어음의 보충권의 행사) 없이는 어음상의 권리가 적법하게 성립할 수 없고, 따라서 소지인이 이러한 미완성어음으로 지급을 위한 제시를 하였다 하여도 적법한 지급제시가 될 수 없으므로 배서인은 소지인에 대하여 상환의무를 부담하지 아니한다.」

그런데 이 효력발생시기에 관해서는 학설이 나뉘고 있다.

① 소급설은 백지의 보충에 의해 처음 교부한 때에 이미 완성어음이었던 것과 같은 효력이 생긴다고 한다(최기원, 214쪽).

② 불소급설은 백지어음의 백지를 보충함으로써 완전한 어음이 되고, 어음상의 권리가 발생되므로 백지어음의 백지를 보충함으로써 장래에 향하여 그 효력이 발생한다(통설)(정동윤, 355쪽 ; 채이식, 287쪽 ; 서돈각, 169쪽)고 한다. 이러한 통설의 견해가 타당하다. 그러나 이 때 주의할 점은 백지보충의 효력발생시기와 어음행위의 성립시기는 구별하여야 한다는 것이다. 어음행위는 행위시에 '성립'되는 것이므로 어음행위자의 능력의 유무, 대리권의 유무 등은 행위시를 기준으로 판단한다. 또한 발행일자 · 인수일자 · 배서일자 · 만기 등은 백지보충 전에 이미 되어 있는 어음상의 기재를 기준으로 판단해야 한다(채이식, 287쪽 ; 정동윤, 356쪽). 따라서 만기 전에 백지어음에 한 배서는 만기 후에 백지가 보충된 때에도 기한후배서가 아니다.

〈대판(전원합의체) 1971. 8. 31, 68 다 1176〉

「백지어음에 있어서 백지의 보충과 어음행위 자체의 성립시기와는 엄격히 구별하여야 할 문제로서 백지의 보충 없이는 어음상의 권리를 행사할 수는 없으나, 어음행위의 성립시기를 곧 백지의 보충시로 의제할 수는 없는 것이며, 그 성립시기는 그 어음행위 자체의 성립시기로 결정하여야 할 것이다. 그렇다면 그 보충이 1966. 8. 24에 된 1966. 1. 20 만기의 이 사건 어음에서 1966. 1. 10에 이루어진 본건 배서를 기한후배서로 보지 아니한 원판결판단은 정당하다. 그러므로 위 견해와 상충되는 당원의 종전 판례(대판 1965. 8. 31, 65 다 1217)에 입각하여 이 사건 배서는 기한후배서로 보고, 그 효력은 단지 지명채권의 양도의 효력밖에 없다고 주장하는 상고논지는 이유 없다.」

Ⅴ. 所持人의 法的 地位

백지어음소지인의 법적 지위(Rechtsstellung des Blankettinhabers)는 조건부어음채권과 보충권의 결합으로 이루어져 있다. 그의 지위는 철회될 수 없고, 심지어는 파산에도 영향을 받지 않기 때문에 이를 기대권(Anwartschaftsrecht)이라고 할 수도 있으나, 보충권이 백지어음행위자와의 내적 합의에 달려 있도록 한 데서 기대권이라고 확정할 수 없는 점도 있다. 하지만 백지어음이 백지어음수여자 등에 의한 계약체결 등과 같이 백지어음행위자의 또 다른 협력을 예정하고 있지 않는한, 사실상 기대권을 인정하기 위한 전제요건은 충족되어 있다고 보아도 무방할 것이다.

Ⅵ. 白地어음의 讓渡

백지어음의 양도에 관해서도 완전한 어음에 관한 규정이 그대로 적용된다고 하는 것은 백지어음의 성립에서 본 바와 같다. 이는 양도와 관련하여 조건부 권리는 이에 상응하는 완전한 권리와 똑같이 취급되어야 한다는 원칙에 따른 것이다.

1. 補充權의 移轉

백지어음은 어음법상의 특수한 형태로, 특히 배서(Indossament)에 의하여 양도될 수 있다. 이 때에는 원칙적으로 보충권이 함께 이전한다(RGZ 108, 390; RGZ 136, 207).

〈대판 1996. 12. 20, 96 다 43393〉

「수취인란이 백지로 된 어음의 소지자는 수취인란을 보충하지 않고 배서도 하지 아니한 채 어음을 교부함으로써 어음상의 권리를 적법하게 양도할 수 있으나, 자신이 제 1 배서란에 배서를 한 경우에는 수취인란을 보충하지 않은 채 교부하였다고 하더라도 그 배서가 배서의 요건을 모두 갖춘 유효한 배서이어야만 그 어음상의 권리는 적법하게 이전되는 것이며, 그 배서가 배서의 요건을 갖추지 못한 경우에는 그 어음상의 권리는 적법하게 이전될 수 없다.」(본 사건은 수취인란이 백지인 어음의 소지인이 수취인란을 보충하지 아니하고 제 1 배서란에 날인 없이 서명만 함으로써 그 배서가 구 어음법 제13조의 배서방식에 어긋난 채로 유통되어 배서요건을 갖춘 제 2, 제 3 의 배서를 거쳐 이를 취득한 최종소지인이 수취인란은 제 1 배서인명의로 보충하였으나, 제 1 배서의 날인흠결은 보완되지 아니한 사안임)

이것은 백지어음수취인이 보충권을 수여할 권한이 있어야 하고, 보충되지 않은 백지어음을 양도할 때 그가 이 권한을 이용했다고 하는 이중의 (사실상의) 추정에 기인한다(BGH WM 1969, 1232). 이 추정은 번복할 수 있다. 그러나 보충권의 양도성의 배제는 외관책임의 법사상에 의하여 선의의 제 3 자에 대해서는 아무런 효력이 없다(민법 제452조 참조).

보충권의 양도가 이론상 어떻게 설명될 수 있는가 하는 점은 보충권의 체계적 분류 그 자체와 마찬가지로 어려운 문제이다. 복대리(Untervollmacht) 제도로 설명하려는 것은 실제와 거리가 멀고 의제적이며, 이는 백지어음수여자가 그 이후의 모든 어음취득자에 대하여 보충권을 수여한다고 보려는 입장도 또한 마찬가지다(Baumbach/Hefermehl, Art. 10. Rdz. 4 및 Hueck/Canaris, §8 Ⅱ 1 참조). 민법 제449조에 따른 보충권의 양도는 단일한 양도절차를 의미하는 보충권과 어음과의 결합을 방해한다. 따라서 어음상의 조건부권리와 보충권을 단일한 법적 지위로 보고, 어음법상의 원칙에 따른 양자의 단일한 양도를 허용하는 것이 가장 바람직하다고 생각된다(Hueck/Canaris, §10 Ⅱ 3 참조). 보충권이 어음에 화체되어 있지 않다는 주장은 타당하지 못하다. 왜냐하면 보충권은 최소한 간접적으로 어음증권과 그 증권의 소지에 의하여 표출되기 때문이다.

〈대판 1960. 7. 21, 4293 민상 113〉

「백지어음에 있어서는 백지보충권은 어음에 추수하여 전전하는 것이므로 어음을 정당하게 취득한 자는 그에 관한 보충권도 동시에 취득하는 것으로 해할 것인바, 원판결이유를 기록에 의하여 정사하면 본건에 있어 피고는 소외 동양양비회사에 대하여 지불지 · 지불장소 · 진출지 및 수취인을 공히 공백으로 한 본건 백지어음을 발행교부하였고 소외 서홍년은 우 소외 회사로부터 정당하게 동 어음을 취득하여 이를 보충한 후에 원고에게 양도한 사실을 간취할 수 있다. 그렇다면 소외 서홍년은 본건 어음에 관하여 적법하게 보충권을 행사한 것이며, 원고 또한 적법하게 본건 어음을 취득한 것이다.」

2. 善意取得

백지어음은 어음법상의 양도의 효과에 관하여도 원칙적으로 완전한 어음에 적용되는 규정이 동일하게 적용된다. 따라서 배서는 권리이전적 기능(Transportfunktion)을 가지며, 그 결과 백지어음은 어음법 제16조 제 2 항에 의하여 선의취득될 수 있다. 또한 어음항변배제에 관한 규정도 아무런 제한 없이 적용된다. 즉 선의취득자는 교부계약에 하자가 있는 경우에도 조건부어음청구권을 취득한다(BGH NJW 1973, 282 ; BGH WM 1974, 558 ; BGH WM 1974, 775 ; BGH WM 1975, 775 ; Martens, JZ 1973, 444f. ; Baumbach/Hefermehl, Art. 10. Rdz. 11).

이런 경우는 구조적으로 볼 때 백지어음이 존재하는 것이지, 불완전한 ―― 따라서 형식상 무효인 ―― 보통의 어음이 존재하는 것이 아니다. 왜냐하면 백지어음의 개념에는 오직 보충권의 합의만이 포함되는 것이기 때문이다. 이 밖에 보충권과 교부계약의 유효성은 단지 유효요건이지 개념표지는 아니기 때문이다. 만일 그렇지 않으면 이 경우에 각각 두 가지 하자의 치유를 필요로 할 것이라는 이상한 결론에 도달하게 되는데, 왜냐하면 이 때에는 교부계약의 하자에다 형식무효가 더 추가될 것이기 때문이다.

백지어음은 양도될 수 있기 때문에 압류될 수도 있다.

Ⅶ. 白地어음의 濫用

1. 意 義

백지어음을 부당하게 보충한 때에는 형식상 유효한 어음(formwirksamer Wechsel)이 생기기는 하지만, 원칙상 백지어음행위자에 대한 청구권은 생기지 않는다. 왜냐하면 부당하게 보충한 자는 백지어음에 대한 의무이행을 청구할 권리가 없기 때문이다. 이것은 대리권의 남용의 경우와 유사하다. 대리권의 남용에서와 마찬가지로 백지어음행위자는 민법 제130조를 유추하여 추인에 의하여 하자를 치유할 수 있다. 관계규정이 분리될 수 있다면, 원칙상 백지어음행위자에 대한 청구권은 이 규정이 보충권에 관한 규정으로서 보충되는 한도에서 인정될 수 있다(예컨대 RG HRR 34, 146 ; Baumbach/Hefermehl, Art. 10, Rdz. 7 참조). 예컨대 최대한 1천만원의 어음금액을 보충할 수 있다는 데 대하여 어음관계당사자간에 합의가 있었으나 백지어음소지인이 어음금액을 1천5백만원으로 보충하였다면, 백지어음채무자는 법률행위에 의거하여 1천만원의 채무를 부담하여야 하며 부당보충권자라고 하여 이러한 권리의 향유를 박탈할 수는 없다.

〈대판 1972. 6. 13, 72 도 897〉

「약속어음액면금에 대한 보충권의 한계는 당사자간의 합의의 내용에 의하여 제약되는 것이므로 자의로 합의내용에 반하여 합의된 금액을 초월한 금액을 기입하였다면, 이는 보충권의 범위를 초월하여 발행인의 서명날인 있는 약속어음용지를 이용한 새로운 약속어음의 발행에 해당하는 것이어서 유가증권위조죄를 구성한다.」

〈대판 1999. 6. 11, 99 도 1201〉

「금액란이 백지인 수표의 소지인이 보충권을 남용하여 그 금액을 부당보충하는 행위가 백지보충권의 범위를 초월하여 발행인의 서명날인이 있는 기존의 수표용지를 이용한 새로운 수표를 발행하는 것에 해당하여 유가증권위조죄를 구성하는 경우에도 백지수표의 발행인은 보충권의 범위 내에서는 부정수표단속법위반죄의 죄책을 진다.」(대판 1972. 6. 13, 72 도 897 ; 대판 1995. 9. 29, 94 도 2464 참조)

〈대판 2000. 1. 14, 99 도 1846〉

「회사가 정상운행중인 때 명목상의 대표이사가 발행한 수표인데, 그 후 실질경영자의 부실운영으로 회사의 재정이 어려워져 부도가 났다면, 수표발행시 그 제시일에 지급되지 않으리라는 결과를 예견했다고 볼 수 있는지 여부를 심리해야 하고, 그를 심리함이 없이 유죄를 인정한 조치에는 필요한 심리를 다하지 아니하고 채증법칙에 위배하여 사실을 오인하였거나 부정수표단속법의 법리를 오해함으로써 판결에 영향을 미친 위법이 있다.」

〈대판 2001. 11. 27, 2001 도 3184〉

「백지보충권의 소멸시효가 완성된 다음 수표상의 백지부분을 보충하였다고 하더라도 이는 적법한 보충이라고 할 수 없으므로 소멸시효기간이 완성된 후 백지수표의 백지부분이 보충되어 지급제시되었다면 그 수표가 예금부족 또는 거래정지처분 등의 사유로 지급거절되었다고 하더라도 이에 대하여는 부정수표단속법위반죄의 죄책을 물을 수 없다.」

〈대판 2012. 3. 29, 2011 도 17097〉

「자본시장법 제360조 제 1 항의 규정 내용과 취지에 비추어 볼 때, 이 사건 각 약속어음 중 일부가 발행일이나 액면금액 또는 만기가 기재되지 않은 채로 발행되었다고 하더라도, 이 사건 각 약속어음과 같이 발행일로부터 수개월 내에 지급제시 및 지급거절될 것을 예정하고 발행일이나 액면금액 또는 만기 등을 백지로 하여 발행되는 이른바 딱지어음에 피고인이 발행인으로 기명날인하여 외관을 갖춘 어음을 발행하였고, 실제로 단기간 내에 액면금액이나 만기의 기재가 보충되어 지급제시 된 이상, 발행 당시 어음요건의 일부가 기재되지 않았다고 하더라도 자본시장법 제360조 제 1 항이 규정하고 있는 '어음의 발행'에 해당한다고 보는 데 지장이 없다.」

2. 善意取得者에 대한 責任

백지어음의 부당보충이 있는 경우에 제 3 자는 선의취득의 가능성에 의하여 보호된다. 즉 어음법 제10조에 의하여 보충권행사의 합의를 보충권자가 준수하지 않았음을 어음취득자에 대하여 대항할 수 없게 된다. 다만, 어음취득자가 취득시에 하자를 알았거나 중대한 과실로 이를 알지 못한 경우에는 그렇지 않다.

〈대판 1995. 12. 8, 94 다 18959〉

「수표의 권면액은 수표에서 가장 중요한 부분으로써 그것이 백지로 되어 있는 경우란 그리 흔한 것이 아니고, 더욱이 가계수표의 경우에는 통상 수표표면에 발행한 도액이 기재되어 있는 데다가 그 이면에는 그 한도액을 넘는 수표는 발행인이 직접 은행에 제시하지 아니하는 한 지급은행으로부터 지급을 받을 수 없다는 취지가 기재되어 있으며, 나아가 그 한도액을 넘는 발행의 경우에는 발행인으로서도 거래은행으로부터 거래정지처분을 당하는 등의 불이익을 받게 되어 있으므로, 그 수표의 취득자가 발행인 아닌 제 3 자에 의하여 그 액면이 표면에 기재된 한도액을 넘는 금액으로 보충된 점을 알면서 이를 취득하는 경우에는 그 취득자로서는 발행인에게 조회하는 등의 방법으로 그 제 3 자에게 그러한 보충권한이 있는지 여부를 확인함이 마땅하고, 만약 이를 확인하지 아니한 채 수표를 취득하였다면 이는 특별한 사정이 없는 한 중대한 과실에 의한 취득이라고 보지 아니할 수 없다.」

이 문제야말로 백지어음문제와 관련하여 생겨나는 많은 문제영역 중에서 어음법에 규정되어 있는 유일한 문제이다.

〈대판 1966. 4. 6, 66 다 276〉

「백지어음을 교부받은 자가 수취인난을 당초의 약정에 반하여 부당 또는 불법하게 보충한 경우에도 그 발행인은 보충 후의 선의의 피배서인에 대하여는 그 보충의 부당 또는 불법을 가지고 대항할 수 없다.」

〈대판 1978. 3. 14, 77 다 2020〉

「약속어음의 금액란이 부당보충된 경우에는 어음법상의 어음의 위조에는 해당하지 않는다. 어음금액이 백지인 백지어음의 어음금액란을 보충한 경우에 있어서 원고가 보충권의 내용에 관하여 어음의 기명날인을 피고에게 직접 조회하지 않았다면, 취득자인 원고에게 중대한 과실이 있다고 보아야 할 것이다.」

(1) 이 문제와 관련하여 생겨나는 이론적인 문제점은 특별히 어음법상의 특수성과 관련된 것이 아니라, 단지 원칙상 동일한 방법으로 민법에서도 적용되는 일반적 법사상의 표현이라는 것이다. 왜냐하면 백지어음행위자는 보충권을

남용한 경우에도 선의의 제3자에 대해서 이행책임이 있고, 이러한 책임은 민법 제125조의 유추 및 외관구성요건의 의식적 창출에 대한 책임이행의무의 원칙에서 나오기 때문이다(BGHZ 40, 65; BGHZ 40, 297).

(2) 어음법 제10조는 이미 보충되어 있는 어음을 취득한 경우에만 적용되는가, 또는 취득자 자신에 의한 보충의 경우에도 적용되는가 하는 논쟁은 실제에 있어서는 중요한 의미를 갖는다. 후자의 견해에 따라야 되리라고 생각한다(통설)(Hueck/Canaris, §10 Ⅳ 2b; 예컨대 RGZ 129, 338; BGHZ 54, 2; Baumbach/Hefermehl, Art. 8, Rdz. 8). 왜냐하면 어음취득자의 전자가 자기의 면전에서 어음을 보충하는가, 또는 그 자신이 전자의 동의를 얻어서 보충하는가 하는 점은 취득자를 보호하여야 한다는 명제에 있어서 아무런 차이가 없기 때문이다.

만일 어음법 제10조의 보호를 취득자가 오직 이미 보충된 어음만을 취득하고 그 어음의 원래의 백지어음성에 관하여는 아무 것도 모르는 경우에만 제한된다면, 이러한 경우는 물론 달리 결정되어야 할 것이다. 그러나 어음법 제10조의 그러한 제한적 해석은 정당하지 못할 것이다. 왜냐하면 백지어음은 비록 다툼이 있기는 하지만 보충권의 존재를 위한 권리외관을 보이기 때문이다. 그러므로 이 때에는 취득자 자신이 어음을 보충하는 경우까지도 보호되어야 한다. 따라서 선의의 문제는 원칙상 취득의 시점이 문제되는 것이지, 보충의 시점이 문제되는 것이 아니다(동지: BGHZ 54, 2f. 이에 반대: RGZ 129, 338 참조).

Ⅷ. 銀行의 白地어음補充義務

1. 問題의 제기

백지어음이 실제로 이용되고 있는 경우 중에는 발행일백지의 확정일출급어음 및 수취인백지의 어음이 많다고 한다. 이러한 백지어음은 타점권이고 미보충인 채로도 보통예금구좌·당좌예금구좌에 입금되기도 하고, 은행이 대금추심을 인수하기도 하며, 그대로 어음교환소에 교부된 경우에도 지급은행은 백지어음에 대하여 지급한다.

대금추심거래의 경우나 어음에 의한 예금구좌에의 입금이 있을 때에는 은행과 고객 사이에 어음의 추심위임계약이 성립한다고 해석한다.

〈대판 1988. 1. 19, 86 다카 1954〉

「일반적으로 은행의 예금주가 제3자 발행의 어음을 예금으로서 자신의 구좌에 입금시키는 것은 추심의 위임이라고 보아야 하겠지만, 은행에 대한 채무자가 그 채무의 변제를 위하여 제 3 자 발행의 어음을 교부하는 것은 특별한 사정이 없는 한 어음상의 권리의 양도로 보는 것이 합리적이고, 이를 단순한 추심권한만의 위임이라고 할 수는 없다.」

입출금이 자유로운 예금약관 제10조 제 1 항에 의하면 어음 · 수표금의 지급과 면책에 대하여 다음과 같이 규정하고 있다 : 은행이 수표나 어음금을 지급함에 있어 다음의 경우에 해당하는 때에는 거래처에 손해가 생겨도 은행은 책임을 지지 않는다. 다만, 제 3 호 및 제 4 호의 경우에는 어음 · 수표의 지급사무를 함에 있어 요구되는 주의를 다 하였어야 한다.

1. 발행일이 기재되지 아니한 수표, 발행일이나 수취인 또는 발행일 및 수취인이 기재되지 아니한 어음을 지급했을 때
2. 달력에 없는 날짜를 발행일 또는 지급일로 기재한 수표 · 어음에 대하여 그 달 말일을 지급일로 하여 지급하였을 때(다만, 32 이상의 숫자를 만기일 또는 지급일로 한 때에는 그러하지 아니함)
3. 예금거래기본약관 제 5 조 제 1 항에 따라 신고된 거래인감이 틀림없다고 인정되는 도장을 수표 뒷면에 찍은 횡선수표를 지급하였을 때
4. 지시금지란 글자를 누구나 알아볼 수 있는 크기로 분명히 적지 않아 그 수표나 어음이 지시금지 수표 또는 어음인지 모르고 지급했을 때

만기일기재 있는 어음의 발행일과 어음의 수취인의 기재가 어음의 요건임에는 의문의 여지가 없다. 그리고 백지어음은 미완성인 어음이며 백지미보충인 채로는 유통에 관한 취득자의 보호(어음법 제10조)의 측면을 제외하고는 본래 어음상의 효력을 결하여 백지어음으로서는 어음상의 주채무자에 대하여 청구할 수 없고, 또 이 백지어음에 의한 지급제시는 무효이며, 백지어음에 의해서는 배서인에 대한 상환청구권을 보전할 수 없다.

따라서 어음의 지급인 · 채무자는 어음법상 완성된 어음에 대하여 지급할 것을 요구받고 있는 것이며, 은행과 고객 사이의 당좌예금계약상의 지급위탁도 마찬가지로 본래는 유효한 어음에 관하여 행하여지는 것이라고 해석해야 할 것이어서 "특단의 사정이 없는 한 백지어음의 지급을 포함하는 취지라고는 해석되지 않는다." 입출금이자유로운예금약관 제10조 제 1 항은 소위 '특단의 사정'에 해당한다.

이상과 같은 은행실무상의 처리의 현상 및 입출금이자유로운예금약관 제10조 제 1 항에 대해서는 연구자측으로부터 강한 의문이 제기되고 있다. 첫째로 이

러한 약관은 백지어음에 의한 지급제시에 대한 지급이라는 메커니즘을 승인하는 것이라는 점에서 그것은 어음법상의 강행규정에 반하는 것은 아닌가라는 의문이 제기되고 있다. 둘째로 백지어음인 채로 교환에 회부되어 부도로 된 경우에 이러한 지급제시가 어음법상 유효한 것은 아니기에 소지인은 상환청구권보전을 위하여 제시기간 내에 재차 채무자에 대하여 제시하지 않으면 안 되는데, 그것은 통상 시간적으로 불가능하며 결국 상환청구권을 잃게 될 위험이 크고, 또 교환제시의 시점에 있어 채무자를 아직 지체에 빠뜨리지 않은 것으로 본다(채무자는 지연이자를 지급할 필요가 없다). 따라서 불이익이 고객인 소지인에게 생기는 것을 막기 위해 은행과 고객과의 사이의 추심위임계약에 기한 은행의 선관주의의무로서 은행에게는 백지를 보충하고서 추심·교환에 회부할 의무가 인정되어야 할 것이다. 셋째로 입출금이자유로운예금약관 제10조 제1항에 관하여 백지어음에 대한 지급에는 본래 완전한 어음에 의한 지급제시를 전제로 하는 어음법 제40조 제3항의 적용이 없기 때문에, 가령 소지인이 무권리자일 경우에 은행은 고객에 대한 관계에서 위의 입출금이자유로운예금약관에 의해 면책되는 것에 대하여 고객은 진정한 권리자에 대하여 완전히 면책되지 않은 것으로 되어 버리고 이중지급의 위험을 부담하게 된다는 지적이 있다.

입출금이 자유로운 예금약관 제10조 제1항을 검토하여 보면, 그것은 미완성의 백지어음에 대한 지급의 경우 면책을 규정하는 것이어서 어음법상의 강행규정과 모순되는 것이 아닌가라는 의문이 있다. 하지만 이러한 백지어음에 대한 지급은 채무자인 고객의 의사에 일반적으로 합치할 뿐만 아니라 이 규정은 고객과 지급은행과의 사이의 지급위탁에만 해당하는 것이어서 고객이 백지어음이라 하더라도 지급해야 할 뜻을 위탁한 이상 그러한 지급위탁에 관한 특약도 유효하며, 그것에 기한 지급과 은행의 면책도 인정되는 것이므로 그것을 미리 포괄적으로 합의하여 둔 것도 그 한도 내에서는 부당하지는 않다고 할 수 있다. 위의 지급은 어음법 제40조 제3항이 규정하는 어음법상의 면책력이 흠결된 지급으로 되어 버리므로 고객의 이익이 침해될 위험이 큰 위의 규정의 효력에는 의문이 있지만, 발행일, 수취인백지의 어음의 대량적 이용과 그에 대한 지급의 필요성을 전제로 하여 입출금이자유로운예금약관 제10조 제1항 제1호도 유효하다고 할 수 있다.

그렇지만 근래에는 현행 백지어음지급의 메커니즘의 개선을 요구하는 목소리가 강하고, 은행실무에서도 입금한 소지인에게 보충을 재촉하는 쪽으로 신중

한 대응책을 요구하는 목소리가 높다.

2. 銀行과 顧客間의 去來關係

추심위임을 받은 은행은 본래 백지를 스스로 보충해야 할 의무 또는 고객에 대하여 백지보충을 재촉할 의무를 고객과의 은행거래관계상 부담하는 것이라고 해석하는데, 그것을 인정하기 위해서는 고객과 은행과의 사이의 거래관계에 관한 검토가 필요하다.

현대자본주의국가경제 중에서 핵심적인 지위를 차지하는 은행은 화폐거래(예금거래 등)와 대부거래를 불가분의 형태로 일체화하여 영위하고 있다. 즉 은행은 화폐거래를 영위함으로써 형성된 화폐자본을 대부한다. 한편 고객은 ── 개개의 고객으로서가 아니라 유개념으로서의 고객에 눈을 돌리면 ── 예금자(대주)임과 동시에 차주이고, 또 예금통화 · 구좌이체로 된 은행기구의 이용자이기도 하다. 그런데 고객과 은행과의 사이에는 일정한 상호 의존적인 관계가 인정된다. 따라서 이론적으로 보면 은행과 고객과의 사이에는 은행거래를 통하여 양자가 상호 의존적 관계에 서서 계속적인 거래관계가 성립된다. 그리고 위의 거래관계는 은행과 고객과의 사이에 성립하는 신뢰관계로 평가하여도 좋다. 이 거래관계 내지 신뢰관계는 수신거래와 여신거래의 불가분일체성을 스스로의 존립기반으로 하고 있는 은행에 대하여 은행거래상 · 은행거래관계상 고객에 대한 특별한 의무부담을 인용하는 근거로 될 수 있다.

독일에 있어서는 은행과 고객과의 사이에 존재하는 신뢰관계인 거래결합(거래관계)에서 은행의 비밀준수의무 · 정보제공의무 등 반드시 개별적 거래계약으로 환원시킬 수 없는 의무의 근거가 구하여지고 있다. 그것은 이전에는 일반은행계약이론에 의해 행하여졌으나, 근래에는 그것을 부정하는 Canaris(*Bankvertragsrecht*, 2. Aufl., 1981, 제 1장 참조)의 신뢰책임이론에 의해 행하여지고 있다.

Canaris(JZ 1965, 475ff.)는 위의 거래결합은 개별적 은행거래와는 별개의 특별한 은행계약에 의해 발생되는 계약관계는 아니고, 그것은 은행의 고객에 대한 특별한 제 의무(보호의무)의 근거로 되는 법정채무관계(일차적 급부의무인 법정의 채무관계)라고 한다. 그것은 culpa in contrahendo(계약체결상의 과실)에 기하는 책임의 기초를 이루고 있는 계약교섭과 동일한 성질을 갖는 계약 외의 특별한 결합이다. Canaris는 법률행위에 기한 책임의 체계와 불법행위에 기한 책임의 체계의 중간에 위치하는 신뢰책임의 체계를 이론적으로 구축하고 있지만, 계약교섭의 단계에 있어서 보호의무위반에 기하는 책임에 관한 계약체결상의 과실책임은 신뢰책임 중에 포섭된다. 이 보호의무에 대한 강화된 신뢰책임의 내용적 근거는 모든 계약당사자는 상대방의 법익이 그 자의 영향 하에 있게 되는 한 상대방의 법익을 침해로부터 지킬 의무(보호의무)를 부담한다고 하는 것 및 그것과 결부된 특별한 신뢰의 요구와 보호에 있는 것이며, 더욱이 그 실정법상의 기반은 신의성실(Treu und Glauben)의 원칙 중에 존재한다. 위의 신뢰책임 및 보호의무는 계약교섭의 단계에서만이 아니라 계약체결 후에도 인정된다. 당사자간의 결합, 특별한 신뢰관계는 진정한 의미에서는 계약체결 후에 비로소 생기기 때문이다. 그리고 이러한 법규범은 은행과 고객과의 사이의 특별한 신뢰관계인 은행거래결합에 용이하게 적용된다. 이렇게 하여 은행의 비밀준수의무, 정보제공의무, 조언·권고·경고의무, 성실의무(고객의 재산적 이익을 지켜야 할 의무)는 개별적 거래계약(가령 이체거래)의 부수의무로서가 아니라 개별적 거래계약과는 단절된 거래결합으로부터 생기는 보호의무로서 이끌어 낼 수 있다.

이상 Canaris의 개별적 은행거래계약으로 환원되지 않는 거래결합에 의거하는 은행거래상의 신뢰책임·보호책임의 이론의 전개에는 독일에 있어서 은행거래의 실제와의 관련성이 인정된다. 즉 독일에서는 은행과 고객과의 사이에 최초로 개시된 은행거래는 광범위한 은행거래를 내포하고, 그 기초로 되는 이체구좌의 개설인 점 및 거래개시에 있어서 넓은 은행거래 전반에 걸치는 일반적인 제 규정도 포함하는 은행보통거래약관이 이용되고 있다는 점은 개별적 거래와는 구별되는 거래결합이라는 관념의 승인을 용이하게 한다. 이에 대하여 가장 많이 보급된 은행거래가 보통예금거래이고, 또 거래약관은 개별적인 내용을 갖는 데 지나지 않는다고 하는 우리나라의 사정은 위의 Canaris의 이론을 직접 도입함에 의문을 자아내게끔 한다. 그러나 전술한 은행과 고객과의 사이에 개별적 은행거래계약을 통하여 성립하는, 양자가 상호 의존적 관계에 서는 계속적 거래관계의 존재는 이 관계를 독일에 있어서 거래결합과 동일한 신뢰관계로 성질을 부여할 수 있기 때문에 위의 신뢰책임의 근거로 될 수 있다고 생각한다.

물론 위의 결론에 이르기 전에 우리나라에 있어서 신뢰책임의 이론이 사법상의 이론으로서 승인되고 있는가의 여부가 검토될 필요가 있고, 적어도 개별적인 거래계약에 기하여 생긴 위의 거래관계가 은행거래상의 신의성실의 원칙의 광범위한 전개를 요구하며, 그 위에 개별적 거래계약이 각 개별적 거래계약의 내용을 초월한 은행의 고객에 대한 광범위한 각종의 의무를 발생시킨다는 점을 인용할 수 있어야 한다. 더욱이 위의 거래관계의 존재는 개별적 거래계약상의 법률관계 및 그에 대한 법적 제 문제의 해결에 관해서도 큰 의의를 갖고 있는 것이 일반적으로 인정되며, 가령 개별적 은행거래상에서 신의성실의 원칙이 강하게 작용하여야 함이 근거로서 제시된다.

3. 結　論

은행과 고객과의 사이에 존재하는 거래관계(대금추심도 은행은 의뢰인이 거래처인 때에만 인수하고 있다)에 기한 신의성실의 원칙의 타당성에서, 또는 은행이 고객에 대하여 부담하는 특별한 의무(보호의무)의 하나인 고객의 이익을 지켜야 하는 성실의무에 의거한 때에는 추심위임계약에 관하여 은행이 고객에 대하여 부담하는 의무의 하나로서 백지어음보충의무를 인정할 수 있다. 그 때에는 위임계약일반으로부터 보아 고객의 상환청구권보전이 은행이 부담하는 선관주의의무의 범위에 포함되는지 여부는 문제로 되지 않는다. 은행에 의한 자기의 거래처의 이익보호에 상환청구권보전이 포함되는 것은 명백하기 때문이다. 물론 위의 은행의 의무가 어디까지 미칠 것인가의 검토에 있어서는 은행의 정당한 이익도 고려되어야 할 것이다.

적어도 은행은 항상 고객이 추심을 위임한 어음에 관하여 백지를 보충하여 형식상 완전어음을 만들도록 재촉해야 할 의무를 부담하고 있다고 보며, 이 의무를 약관조항에 의해 배제하는 것은 불가능하다고 해석해야 할 것이다. 이러한 의무의 배제는 은행의 어음거래 전반에 관한 고도의 전문지식을 전제로 하는 이상 은행과 고객과의 사이에 존재하는 거래관계에 비추어 부당하다고 해석된다. 따라서 위의 의무에 위반하고서 백지인 채로 교환제시하여 고객이 손해를 입었다면, 은행은 고객에 대하여 손해배상의무를 부담해야 할 것이다. 또 은행이 백지보충을 재촉하였음에도 불구하고 고객이 스스로 보충을 하지 않을 경우에는 보충불요의 의사가 표명되어 있지 않은 한에서 은행에 대하여 묵시적으로 백지보충의 위임이 행하여져 은행은 추심의 인수에 의해 백지보충도 인수한 것으로 보게 된다.

위와 같은 은행의 의무의 법적 근거로서는 첫째로, 이러한 의무도 은행이 고객에 대하여 거래관계상 부담하는 의무(보호의무인 성실의무)의 일 태양으로 보며, 둘째로 구체적인 위임계약의 내용에 입각한 선관주의의무의 내용확정의 한 경우로서 이 의무를 추심위임계약상의 부수의무로서 이해할 수도 있다.

제 3 장 어음行爲

제 1 절 어음行爲의 意義

李基秀, 어음行爲의 意義·特性, 월간고시 178(1988. 11)/李基秀, 어음行爲와 利益相反, 월간고시 181(1989. 2).

Ⅰ. 어음行爲의 定義

어음행위에는 환어음에 발행·배서·보증·인수·참가인수의 다섯 가지가 있으며, 약속어음에 발행·배서·보증의 세 가지가 있다. 수표행위는 발행·배서·보증·지급보증의 네 가지이다(이 중에 지급보증은 실무상 거의 이용되지 않는다. 그 이유는 지급보증을 한 은행 내지 금융기관이 이 보증을 이행한 후 피보증인인 발행인에게 구상하게 되는데, 이른바 보증도산의 위험이 존재하기 때문이다. 이로 인해 자기앞수표가 대신하여 이용된다. 왜냐하면 자기앞수표는 은행이 발행하면서 어음금액만큼 은행 앞으로 이체하여 놓으므로 보증도산의 염려가 없기 때문이다). 이러한 어음행위를 통일적으로 설명하려고 하는 것이 어음행위의 정의에 관한 문제이다. 위에서 언급한 모든 어음행위를 행위자가 어음채무를 부담한다는 뜻의 일방적 의사표시라는 입장을 취하면 "어음행위라 함은 어음상의 채무부담을 목적으로 하는 요식의 법률행위를 의미한다"라고 실질적으로 정의를 내릴 수 있다. 이에 대해서 각 어음행위의 목적이 각각 다르기 때문에(예를 들면 배서는 채권양도를 목적으로 하는 행위라고 한다) 그에 대한 실질적 정의를 내리는 것은 곤란하다는 입장에서는 "어음행위는 어음에 대한 기명날인 또는 서명 및 그 밖의 방식을 요건으로 하는 법률행위이다"라고 형식적으로 정의한다(정희철, 61쪽 ; 최기원, 98쪽 ; 서돈각·정찬형, 98쪽). 또 "어음행위라 함은 어음상의 법률관계의 발생 또는 변동의 원인인 법률행위로서 어음에 기명날인 또는 서명할 것을 불가결의 요건으로 함을 말한다"라고 하는 정의도 이러한 흐름에 따른 것이다. 그 밖에 "어음행위라 함은 기명날인 또는 서명을 요건으로 하는 일정한 방식을 요하는 서면행위로서 원칙으로 그 결과로 어음상의 채무부담을 발생시키는 법률행위를 말한다"라고 하는 설(정동윤, 108쪽 : 형식적·실질적 양면으로 정의하는 설), 혹은 "어음행위라 함은 어음상의 채무의 발생원인인 법률행위이다"라고 정의하는 설(이범찬, 263쪽 : 실질적 정의)도 있다. 형식적 정의와 실질적 정의를 분리하려는 입장으로 "실질적으로는 어음상의 법률관계의 구성요소인 법률행위를 가리키며, 형식적으로는 증권상에 그 의사표시의 내용을 기재하고 표의자가 이에 기명날인 또는 서명함으로써 하는 요식의 서면행위"라는 설이 있다(손주찬, 36쪽). 생각건대 실질적 정의만을 고집하면 채무부담을 목적으로 하지 않는 무담보배서(어음법 제15조 제 1 항)·기한후배서(어음법 제20조)·추심위임배서(어음법 제18조)는 고유한 어음행위에 속하지 않게 되는 불합리가 생기므로 형식적 정의에 따라서 일단 어음행위의 개념을 기명날인 또는 서명을 요건으로 하는 요식의 법률행위로서 파악하고자 한다.

Ⅱ. 어음行爲의 種類

어음행위에는 기술한 바와 같이 환어음에서는 다섯 가지, 약속어음에서는 세 가지의 종류가 있다. 이러한 어음행위 중에 발행을 기본적 어음행위라고 부르고, 그 밖의 어음행위는 발행을 전제로 행하여진다는 의미에서 부속적 어음행위라고 한다(이 경우 전제로 한다는 뜻은 논리적인 전제를 의미하는 것이지 시간적인 전제를 의미하는 것은 아니다). 따라서 전제로 된 기본적 어음행위가 무효로 되면, 부속적 어음행위도 무효로 된다고 하는 것이 통설이다. 이 원칙은 기본어음이 부속적 어음행위의 내용으로 되는 것으로부터 유래하는 것으로 형식적으로 기본적 어음행위가 무효인 경우에만 적용이 있다. 그 때문에 기본적 어음행위가 형식적으로 유효하지만, 실질적으로 무효인 경우에는 이 원칙의 적용이 없다. 이를 어음행위독립의 원칙이라 한다(어음법 제 7 조, 제77조 제 2 항 ; 수표법 제10조).

Ⅲ. 어음行爲의 成立要件

1. 形式的 要件

(1) 법정사항의 기재 어음행위는 법률행위의 한 종류로서 어음증권상에 어음요건 및 유익적 기재사항을 기재함으로써 행하여진다. 그런 의미에서 어음행위는 요식성을 띠는 서면행위이다. 이처럼 어음행위를 요식성을 띠는 서면행위로 한 이유는 어음증권의 유통을 확보하기 위해서 채권의 유통을 간편하고 용이하게 하려는 데 있다. 즉 어음의 취득자가 손쉽게 어음채무의 내용을 알도록 하기 위한 것이다. 이 때문에 어음법은 어음요건 및 유익적 기재사항을 법정하여 엄격한 요식성을 어음행위에 요구하고 있다(엄격한 요식증권 요). 따라서 어음행위자가 임의로 법정 외의 사항을 기재하여도 이 기재에는 어음법상의 효력이 인정되지 않는 것이 원칙이다. 요컨대 어음에 있어서는 기재사항의 최소한뿐만 아니라 최대한도 구획되어 있는데, 이를 어음행위의 정형성이라 한다.

(2) 기명날인 또는 서명 어음행위는 그 종류에 따라 형식이 각각 법정

되어 있어 한결같지는 않더라도 기명날인 또는 서명을 불가결의 요건으로 하는 점에서 유일한 공통점이 있다. 어음행위 가운데에는 단순히 기명날인 또는 서명만으로 어음행위가 성립하는 경우도 있는데, 예컨대 백지식 배서(어음법 제13조 제2항, 제77조 제1항)·보증(어음법 제31조 제3항, 제77조 제1항)·약식인수(어음법 제25조 제1항) 등이 그러하다. 또 독일의 유력설로서 "어음행위는 어음인 것을 인식하고 증권상에 기명날인 또는 서명한 행위이다"라고 정의하는 견해에 따르면 기명날인 또는 서명은 사실행위이지 법률행위가 아니다. 발행의 경우는 기본어음을 내용으로 하는 법률행위를 할 의사로 기명날인 또는 서명을 하는 점에서 기존 문언을 내용으로 하는 법률행위인 그 밖의 어음행위와 다르다. 어음행위에서 기명날인 또는 서명을 필요로 하는 이유에는 주관적 이유와 객관적 이유의 두 가지가 있다. 전자는 어음에 기명날인 또는 서명을 하게 함으로써 어음채무를 새로이 부담한다고 하는 인식과 자각을 환기시키기 위해서이며, 후자는 어음행위자의 동일성을 확인하기 위해서이다(이에 대해 의문을 제기하는 견해로는 서돈각, 61쪽 ; 정찬형, 110쪽). 최근에는 객관적 이유를 중시하기도 한다.

(3) 자연인의 기명날인 또는 서명 기명날인이란 어음행위자의 명칭을 표시하고, 이에 인장을 압날함을 뜻한다.

기명이라 함은 성명이나 상호를 기재함을 말하며, 기재하는 사람 및 기재의 수단에는 제한이 없다. 우선 기명되는 명칭인 성명·상호는 공부상의 성명·상호에 한하지 않고 통칭·아호·예명·필명 등도 무방하며, 거래계에서 널리 인정된 것이면 족하다(통설).

〈대판 1969.7.22, 69 다 742〉

「약속어음의 발행에 있어서 발행인의 기명날인이 필요요건으로 되어 있으나 그 기명에 있어서는 반드시 공부상의 명의와 동일함을 필요로 하지 않으며, 발행인의 의사에 의하여 발행되었다고 인정되는 이상 외형상 발행인의 기명이 있는 것으로 보여지면 되는 것이고, 반드시 발행인의 본명을 기입하여야 되는 것은 아니라고 할 것인바 ….」

타인으로 하여금 기명날인하게 할 수도 있다.

〈대판 1969.9.30, 69 다 964〉

「어음행위를 함에 있어서 대리의 형식, 즉 본인을 위하여 한다는 대리문구를 어음상에 기재하고 대리인이 기명날인을 하는 방식에 의한 어음행위를 한 때에 만일 그 대리인에게 대리권한이 없는 때에는 어음법 제8조에 의하여 그 행위를 한 자에게만 책임이 있으나, 이와 같은 경우에도 표현대리의 요건이 구비된 때에는 그 본인에게 책임이 있다 할 것인바 ….」

또한 기명의 기재수단에도 제한이 없으므로 기명판 · 고무인 · 타이프라이터 · 활자 등을 사용하거나 혹은 사용하게 함으로써도 가능하다.

둘째로 기명한 뒤에는 반드시 인장을 압날하여야 한다. 날인에 사용하는 인장은 인감이 아니어도 무방하다. 어음행위자의 기명만 있고 날인이 없는 어음행위는 무효이다.

〈대판 1962. 1. 31, 4294 민상 200〉
「배서인의 날인만 있고 기명 내지 서명이 없음이 명백한 것은 무효이다.」

또한 인장의 명의는 기명자의 명의와 합치할 필요가 없으므로 양자가 일치하지 않더라도 인장이 압날된 이상, 이 때에도 날인이라는 요건은 충족되어 있다.

〈대판 1978. 2. 28, 77 다 2489〉
「약속어음에 기명이 되고 거기에 어떤 인장이 압날되어 있는 이상, 그 인영이 비록 그 기명과 일치되지 않는다 할지라도 이 약속어음의 문면상으로는 기명과 날인이 있는 것이 되어 외관상 날인이 전연 없는 경우와는 구별이 되어야 한다.」

그러나 무인과 지장은 이 인장에 포함되지 않는다고 봄이 타당하며, 판례와 통설 역시 같은 입장이다(무인과 지장의 효력에 대한 유효설로는 정희철, 64쪽).

〈대판 1962. 11. 1, 62 다 604〉
「무인 기타 지장은 그 진부를 육안으로 식별할 수 없고 특수한 기구와 특별한 기능에 의하지 아니하면 식별할 수 없으므로 거래상의 유통을 목적으로 하는 어음에 있어서는 기명날인에는 지장을 포함하지 아니한다고 해석함이 타당하며, 따라서 기명과 지장으로 한 어음행위는 형식을 갖추지 못한 무효의 것이다.」

그리고 타인의 명칭이더라도 평상시에 거래를 할 때에 타인의 성명을 자기를 표시하기 위한 명칭으로 거래상 사용하던 자는 어음행위를 할 때에도 자기를 표시하기 위하여 그 타인의 명칭을 사용할 수 있다. 그런데 타인명의에 의한 어음행위가 1회에 한하여 행하여진 경우에 이 어음행위를 실질적 행위자의 어음행위로 볼 수 있는가 하는 것이 문제된다. 이 경우에도 실질적 행위자가 타인의 명칭을 자기의 명칭으로 사용할 의사가 있는 한 실질적 행위자의 어음행위라는 점에는 변함이 없겠지만 그 증명에 어려움이 있고, 기명날인의 무권대리 또는 위조와 구별을 어렵게 하므로 이를 부정하여야 할 것이다.

서명이 기명날인을 갈음할 수 있는가에 대하여서는 학설상 다툼이 있었으나 1995년 어음법 개정시에 기명날인 외에 서명도 가능하게 함으로써 입법론적으로 해결하였다. 이는 수표도 마찬가지이다.

(4) 법인의 기명날인 또는 서명 법인의 법률행위에는 항상 법인의 대표자에 의한 대표행위가 필요하기 때문에 법인이 어음행위를 하는 경우에는 그 법인의 대표자가 법인을 위해 한다는 뜻(대표관계)을 표시하고, 대표자의 기명날인 또는 서명을 하여야 한다. 왜냐하면 ① 법인은 항상 대표자에 의한 대표행위를 통해서 법인 자신의 법률행위를 하기 때문에 대표관계를 대리관계에 준하여 표시할 필요성이 있으며, ② 대표자의 기명날인 또는 서명을 하게 함으로써 유효한 법인의 어음행위로서의 책임의 소재를 명확히 하고 무권한자에 의한 법인의 어음행위를 배제하는 실제상의 필요성이 있기 때문이다. ③ 더욱이 실무상의 은행거래에서는 대표자 이름과 인영을 신고시켜 이 기명날인 또는 서명이 없으면 지급하지 아니한다는 것을 그 이유로 드는 학설도 있다. 따라서 법인의 대표자의 기명날인 또는 서명이 없는 어음행위는 무효이다(통설).

〈대판 1964. 10. 31, 63 다 1168〉

「법인이 어음을 배서양도함에 있어 법인명을 기재하고, 법인인만을 날인하고, 그 대표자의 기명날인을 하지 않았다면 그 배서는 무효라 할 것이다.」

법인의 명칭만 기재하고 대표관계의 표시가 없이 자연인의 기명날인만이 있는 경우(예: T주식회사 A)에 이를 법인의 기명날인으로 인정한 판례가 있으나, 동사건에서는 피고가 원고의 주장사실을 자백한 바 있으므로 이를 법인의 기명날인으로 볼 수는 없을 것이다.

〈대판 1979. 3. 13, 79 다 15〉

「약속어음이 피고회사에 의하여 발행된 것이라는 원고의 주장사실을 자백한 바가 있었던 사실과 이 어음이 피고회사의 대표이사 강창일에 의하여 그 재직중 피고회사 명칭인 이연합성약품 공업주식회사 강창일로 발행되었고, 또 지급장소도 피고회사로 되어 있는 점 등을 종합하여 이 어음에 대표이사 자격표시가 없고, 또 강창일의 개인 도장이 찍혀 있다 하더라도 이는 피고회사 대표이사인 강창일 개인이 발행한 것이 아니라 그가 피고회사의 대표이사 자격에서 이를 발행한 것이라고 인정한 취지로서 원심에 의한 위와 같은 판단은 기록상 정당한 것으로 인정되고, 여기에 소론과 같은 심리미진으로 인한 사실오인의 위법이 있다고 할 수는 없다.」

〈대판 1979. 3. 27, 78 다 2477〉

「회사의 대표이사가 회사를 위한다는 표시 없이 단순히 개인명의만 기재하고, 그 명의 하에 대표이사직인을 날인하여 약속어음을 발행한 경우에 그 어음은 회사를 대표하여 발행된 것이라고 할 수 없다.」

법인의 대표자의 표시방법에는 특별한 규정이 없으므로 어음상 대표자 자신을 위한 행위가 아니고 법인을 위하여 한다는 취지를 인식할 수 있을 정도로 대표관계를 표시하면 된다.

〈대판 1973. 12. 26, 73 다 1436〉

「대리관계의 표시방법에 대하여는 특별한 규정이 없으므로 어음상에 대리인 자신을 위한 어음행위가 아니고 본인을 위하여 어음행위를 한다는 취지를 인식할 수 있을 정도의 표시가 있으면, 대리관계의 표시로 보아야 할 것이니 "모회사 이사 甲"이라는 표시는 동 회사의 대리관계의 표시로 족하다.」

〈대판 1999. 3. 9, 97 다 7745〉

「어음의 배서연속은 형식상 존재함으로써 족하고 또 형식상 존재함을 요한다 할 것이므로, 그 배서가 배서의 요건을 모두 갖춘 유효한 배서이어야만 그 어음상의 권리는 적법하게 이전되는 것이며, 그 배서가 배서의 요건을 갖추지 못한 경우에는 그 어음상의 권리는 적법하게 이전될 수 없다.

법인의 어음행위는 어음행위의 서면성 문언성에 비추어 법인의 대표자 또는 대리인이 그 법인의 대표자 또는 대리권자임을 어음면상에 표시하고 기명날인하는 대리방식에 의하든가, 법인의 대표자로부터 대리권을 수여받고 직접 법인의 대표자 명의로 서명할 수 있는 권한이 주어져 있는 자의 대행방식에 의하여 이루어져야 한다.

은행지점장이 수취인이 은행인 약속어음의 배서인란에 지점의 주소와 지점명칭이 새겨진 명판을 찍고 기명을 생략한 채 자신의 사인을 날인하는 방법으로 배서한 경우, 그 배서는 행위자인 대리인의 기명이 누락되어 그 요건을 갖추지 못한 무효의 배서이므로 배서의 연속에 흠결이 있다 할 것이다.」

(5) 권리능력 없는 사단·조합의 기명날인 또는 서명 권리능력 없는

사단·재단의 경우에도 법인의 어음행위방식이 타당하다. 학설은 권리능력 없는 사단·재단의 어음능력을 긍정하는 소수설(서돈각·정찬형, 106쪽; 채이식, 224쪽; 강위두, 80쪽)과 이를 부정하는 다수설(정희철, 65쪽; 손주찬, 44쪽; 정동윤, 114쪽; 최기원, 117쪽 아래)로 나뉘고 있다. 소수설에 따르면 법인의 어음행위방식으로 한 권리능력 없는 사단의 어음행위에 있어서 어음채무는 사단 자체에 귀속되는 것이 아니라 사단의 구성원에 총유적으로 귀속하고(준총유), 그 채무에 대하여 책임을 지는 것은 그 사단의 재산뿐이며, 각 구성원은 소정의 부담금만 지급하면 되고 그 이외에는 개인재산으로 책임질 필요가 없지만, 권리능력 없는 재단은 구성원이 없으므로 어음채무의 준총유를 인정할 수 없고 신탁의 법리에 의하여 관리자 개인에게 귀속되는 것으로 보아야 한다. 반면 부정설은 원칙적으로 권리능력 없는 사단·재단은 어음능력이 없으므로 이들 단체가 한 어음행위는 무효이지만, 다만 법인의 어음행위방식으로 한 경우에는 그 단체의 구성원이 어음행위를 한 것으로 보아 유효하다고 본다. 부정설은 다시 어음채무의 부담과 관련하여 사단책임설(정동윤, 114쪽)과 사원책임설(손주찬, 44쪽; 최기원, 117쪽 아래)로 나뉜다. 부정설 가운데 사단책임설을 따르면 긍정설과 같은 결론에 이르게 된다. 그렇다면 이미 제한된 범위에서 이들 단체의 권리능력이 인정되고 있고(민사소송법 제48조; 부동산등기법 제30조), 법률관계의 단순·명확성을 요하는 어음거래현실을 고려한다면 긍정설이 타당하다(설립중의 회사의 권리능력에 관해서는 이기수, 회사법, 241쪽 참조). 따라서 이들 단체의 대표자는 사단(재단)을 위해 한다는 뜻을 표시하여 기명날인 또는 서명을 하면 족하고(민사소송법 제48조 참조), 이 때의 어음상의 책임은 사단재산만으로 한정되고, 강제집행은 사단명의의 채무명의에 의해 행해진다.

다음으로 민법상의 조합(민법 제703조)은 법인이 아니기 때문에 전조합원의 기명날인 또는 서명을 필요로 한다고 하는 것이 기본원칙이지만, 통설·판례의 입장과 마찬가지로 조합대표자가 조합을 위해 한다는 뜻을 표시하여 기명날인 또는 서명하는 것만으로도 족하다고 본다.

〈대판 1970.8.31, 70 다 1360〉

「법인격 없는 조합이 어음행위를 하였을 경우에는 조합 자체가 아닌 그 조합원이 위 어음행위로 권리를 취득하거나 의무를 부담한다. 조합의 어음행위는 전조합원의 어음상의 서명에 의한 것은 물론 대표조합원이 그 대표자격을 밝히고 조합원 전원을 대리하여 서명하였을 경우에도 유효하다.」

왜냐하면 조합원이 다수인 경우에 한 장의 어음용지에 기명날인 또는 서명하는 것은 물리적으로 불가능하고, 또 조합원 전원을 대리하여 조합대표가 기명날인 또는 서명을 하는 것도 마찬가지로 불가능하기 때문에 어음행위능력은 없으나 대표조합원이 조합명을 기재하고 그 대표자격으로 기명날인 또는 서명한 어음행위는 유효하게 보는 것이 합리적이기 때문이다. 이 경우에는 조합원 전원이 합동하여 어음상의 책임을 부담하여야 한다. 우리나라와 일본의 판례도 이 경우에 전조합원이 합동책임을 지는 것으로 풀이하고 있다(합동책임 : 최기원, 118쪽 ; 손주찬, 44쪽 ; 서돈각 · 정찬형, 107쪽 ; 채이식, 116쪽. 조합 및 조합원책임설 : 정동윤, 115쪽).

(6) 기명날인 또는 서명의 대행 기명날인은 본인이 직접 함이 보통이나 타인이 이를 대행할 수도 있다. 이에는 두 가지 유형이 있다. 첫째 유형은 회사의 경리과장이 대표이사가 할 기명날인을 하는 경우처럼 대행자가 본인으로부터 일정한 범위의 대리권을 수여받고 스스로의 재량으로 본인명칭의 기명날인을 하는 이른바 대리적 대행이다. 둘째 유형은 점포의 점원이 주인의 지시에 따라 단순히 기계적으로 주인의 기명날인을 하는 경우처럼 대행자가 마치 본인의 수족으로 본인의 기명날인을 하는 이른바 고유의 대행이다. 두 유형 모두 유효한 기명날인의 방법으로 인정된다.

한편 서명을 대행할 수 있는가에 관해서는 의문이 있을 수 있으나, 미국통일상법전이 이를 인정하고 있음에 비추어(U. C. C. §3-403), 이를 긍정하는 것이 타당하다고 본다. 이는 독일의 통설적 견해이기도 하다(Hueck/Canaris, *Recht der Wertpapiere*, 12. Aufl., S. 6 ; Zöllner, *Wertpapierrecht*, 14. Aufl., S. 65, 71 ; Grünhut, *Wechselrecht*(I. Bd.), S. 408, 409 ; Baumbach/Hefermehl, *Wechselgesetz und Scheckgesetz*, 17. Aufl., S. 109).

〈대판 1969. 9. 30, 69 다 964〉

「다른 사람이 권한 없이 직접 본인명의로 기명날인하여 어음행위를 한 경우에도 제 3 자가 그 다른 사람에게 그와 같은 어음행위를 할 수 있는 권한이 있는 것이라고 믿을 만한 사유가 있고, 본인에게 책임을 질 만한 사유가 있는 경우에는 거래의 안전을 위하여 표현대리에 있어서와 같이 본인에게 책임이 있다고 해석하여야 할 것이다.」

2. 實質的 要件

어음행위도 법률행위이므로 실질적으로도 유효하게 성립하기 위해서는 권리능력과 행위능력이 요구되며, 의사표시에 하자가 없어야 한다. 그러나 어음법(수표법)에서는 이러한 실질적 요건에 관해서는 규정을 두고 있지 않기 때문에, 그에 관해서는 민법의 규정에 따라 해석하고 적용하여야 한다. 물론 이 때에는 어음의 특성을 고려하여야 한다.

(1) 어음능력 어음능력도 마찬가지로 어음권리능력과 어음행위능력의 양측면에서 고찰해야 한다.

A. **어음권리능력** 일반사법상의 권리능력이 인정되는 자는 모두 어음권리능력이 있다. 따라서 자연인이면 누구나 어음권리능력이 있고(민법 제3조), 마찬가지로 법인은 일반적으로 어음권리능력이 있다. 물론 법인의 권리능력은 정관소정의 목적범위 내에서 인정되지만, 현대의 단체법에서는 단체의 목적을 광범하게 보고 있고, 비영리법인의 경우에도 경제적 활동시 어음거래가 널리 이용되고 있으므로 어음권리능력은 인정되고 있다. 그러나 판례는 비영리법인의 사업능력범위에 속하지 않는 어음행위를 무효로 보고 있어 어음행위의 추상성에 의한 어음거래안전의 확보를 위협하고 있다.

〈대판 1962. 5. 10, 62 다 127〉

「농업협동조합법 제111조의 규정에 의하면 군농업협동조합은 사업의 종류로서 구매사업과 판매사업을 할 수 있으나 같은 법 제58조 제2항의 규정에 의하면 이 농업협동조합은 그 사업목적을 위하여 군조합으로부터의 자금차입이 허용될 뿐이므로, 소외 '甲'(피고조합의 부산지소장)의 이 사건 약속어음의 발행 그 자체가 중앙회가 아닌 자로부터의 자금차입임이 분명하므로 이 약속어음발행은 피고조합의 사업능력범위를 벗어난 것으로서 무효라 아니할 수 없다.」

〈대판 1963. 1. 17, 62 다 775〉

「군농업협동조합의 차금능력은 농업협동조합중앙회로부터의 자금차입에 국한된다 함은 본원의 판결(1962. 5. 10, 62 나 127)로서 아직 이를 변경할 필요를 느끼지 않는 바이고, 군농업협동조합은 농업협동조합법에 의하여 설립되는 특수법인으로서 군농업협동조합의 사업능력은 같은 법에서 정한 범위 내에 국한된다 할 것이니 농업협동조합의 사업능력범위를 벗어난 개인으로부터의 자금차입을 위한 약속어음 발행행위는 절대무효이고 표현대리에 관한 법리를 적용할 여지가 없는 것이다.」

〈대판 1963. 1. 17, 62 다 807〉

「폐지된 농업은행법 제36조 제1항 제5호의 규정에 의하면 농업은행은 정부와 한국은행으로부터의 자금차입을 할 수 있을 뿐이므로 농업은행의 그 자금차입능력은 정부와 한국은행으로부터의 자금차입에 국한된다고 해석함이 타당하므로 농업은행 지점장이 지점장명의로 그 개인의 사채를 위하거나 직접 소요자금을 차입하고 그 지급을 위하여 약속어음을 발행하였다 하더라도 이는 농업은행의 사업능력범위를 벗어난 것으로서 당연히 무효라고 하지 않을 수 없으며, 이는 어음법에서 말하는 인적항변사항이 아니고 물적항변사항이라 할 것이다.」

〈대판 1963. 1. 17, 62 다 833〉
「지점장명의로 자금을 차입하고 그 지급을 위하여 어음을 발행한 경우에는 농업은행의 사업능력범위를 벗어난 것으로서 당연무효이며, 군농업협동조합이 타인의 채무지급을 담보하는 의미에서 약속어음에 배서하는 것은 농업협동조합법 제111조에 위반하여 무효이다.」

〈대판 1974. 11. 26, 74 다 993〉
「군농업협동조합이 타인의 채무이행을 보증하기 위하여 약속어음을 발행하는 것은 위 조합의 사업능력범위에 속하지 않는다.」

〈대판 1981. 1. 13, 80 다 1049 · 1050〉
「중소기업협동조합이 판매자금의 선급이나 이를 위한 약속어음을 발행하는 행위는 그 사업능력의 범위 내에 속한다.」

그러나 두 말할 것도 없이 영리법인에게는 어음권리능력이 당연히 인정된다.

권리능력이 없는 사단이나 민법상의 조합의 어음권리능력과 관련해서는 앞서 설명한 바와 같이 학설상 다툼이 있다.

B. 어음행위능력 원칙적으로 제한능력자에 관한 민법원칙이 그대로 타당하다. 따라서 의사무능력자의 어음행위는 당연히 무효이며, 의사무능력자는 법정대리인에 의한 대리를 통해서만 어음행위를 할 수 있다. 미성년자의 어음행위는 다른 법률행위에서와 마찬가지로 법정대리인의 동의 없이 이를 한 때에는 취소될 수 있지만(민법 제5조), 미성년자가 속임수로써 법정대리인의 동의가 있는 것으로 거래상대방을 믿게 한 때에는 그러하지 아니하다(민법 제17조 제2항). 그러나 권리를 얻거나 의무를 면하는 행위에 법정대리인의 동의가 필요하지 않다는 민법규정은 어음행위에는 적용되지 않는다고 할 것이다(동지 : 정희철, 333쪽 ; 정동윤, 116쪽. 반대 : 손주찬, 38쪽 ; 최기원, 119쪽). 왜냐하면 어음행위 당시에는 권리를 얻거나 의무를 면하게 되더라도 이후 어음행위자로서 상환의무를 지게 될 가능성이 있기 때문이다(예컨대 미성년자가 자기지시환어음을 발행하여 이를 유통시킨 경우 발행인 또는 배서인으로서 책임을 지게 될 수 있기 때문이다). 또한 영업의 허락을 받은 미성년자는 그 영업의 범위 내에서 어음행위능력이 있다(민법 제8조).

이상의 미성년자에 대한 설명은 피한정후견인에 대해서도 그대로 타당하다.

피성년후견인의 어음행위는 성년후견인의 동의와 관계 없이 취소될 수 있다(민법 제10조).

C. 어음능력의 존재시기 어음능력은 행위시에 존재해야 한다. 따라서 (교부)계약설에 따르면 어음의 교부시에 존재해야 한다. 어음능력이 없었음은 그 주장자가 증명해야 한다.

D. 어음행위의 취소 등 제한능력자의 어음행위가 법정대리인의 동의 없이 행해진 때에는 제한능력자 · 포괄승계인 · 법정대리인 등이 이를 취소할 수 있다. 취소가 된 때에는 소급하여 무효가 되고(민법 제141조), 제한능력자는 그 어음행위로 인해 받은 이익이 현존하는 한도 내에서만 상환할 책임을 진다(민법 제141조 단서). 또한 제한능력자의 어음행위 역시 법정대리인 또는 능력을 취득한 본인이 추인할 수 있다. 취소나 추인시 그 상대방에는 민법에서와는 달리 직접의 상대방뿐만 아니라 어음취득자도 포함된다(통설).

(2) 의사표시의 하자 등 어음행위시 의사표시의 하자에 관해서도 어음법은 규정을 두고 있지 않으므로 어음행위의 특수성을 감안하면서 민법 제107조 내지 제110조의 규정을 적용할 수밖에 없다.

A. 비진의의사표시에 관한 민법규정(제107조)은 어음행위에 마찬가지로 적용되므로 어음행위자가 진의 아님을 알고 한 어음행위는 유효하지만, 상대방이 진의 아님을 알았거나 알 수 있었을 때에는 무효가 된다. 물론 선의의 제 3 자에게는 대항하지 못한다.

B. 허위표시에 관한 민법규정(제108조) 역시 어음행위에 적용되어 상대방과 통정한 허위의 어음행위는 무효이지만, 선의의 제 3 자에게는 그 무효를 주장하지 못한다.

C. 어음행위의 내용상의 중요 부분에 착오가 있을 때에도 착오에 관한 민법규정(제109조)에 따라 어음행위자에게 중과실이 없는 한 취소할 수 있지만, 마찬가지로 선의의 제 3 자에게는 대항할 수 없다.

D. 사기나 강박에 의해 어음행위를 한 경우도 그에 관한 민법규정(제110조)에 따라 취소될 수 있으나, 선의의 제 3 자에게는 그 취소로써 대항할 수 없다.

E. 마지막으로 어음행위에 민법 제103조와 제104조가 적용되어 어음행위 자체가 무효로 되는가와 관련해서 학설상 다툼이 있다. 적용부정설은 어음행위는 무인적 행위이고 정형적 행위이므로 어음행위 자체는 민법 제103조나 제104조에 해당하는 내용을 가질 수 없고, 다만 그 원인이 되는 행위에 대하여는

위 민법규정이 적용될 수 있으나, 그것이 어음행위 자체를 무효로 하는 것은 아니며 인적항변이 성립할 수 있을 뿐이라고 주장한다(정희철, 335쪽 아래 ; 서돈각, 66쪽 ; 손주찬, 51쪽 ; 최기원, 124쪽). 반면 적용긍정설은 선량한 풍속의 위반이나 폭리행위가 어음행위 자체에까지 관련된 경우에는 어음행위를 무효로 해야 한다고 한다(정동윤, 119쪽). 생각건대 이는 비증권적 인적항변으로 보아 선의에 의해 절단되는 인적항변사유에 불과하므로(자세한 것은 어음항변에 관한 설명 참조) 적용부정설에 따른다.

〈대판 2005. 4. 15, 2004 다 70024〉

「원심은 … 소외 회사와 피고가 통모하여 실제로 피고에게 어음상의 권리를 취득하게 할 의사는 없이 단지 소외 회사의 채권자들에 의한 채권의 추심이나 강제집행을 피하기 위하여 이 사건 약속어음을 발행하였다고 봄이 상당하므로, 이 사건 약속어음 발행행위는 통정허위표시로서 무효라고 판단하였다. 이어 원심은 피고가 위와 같이 무효인 약속어음 발행행위에 의하여 작성된 집행증서에 터잡아 이 사건 공사대금채권에 관하여 채권압류 및 전부명령을 받아 그것이 적법하게 확정됨으로써 법률상 원인 없이 이 사건 공사대금채권을 취득하였다고 판단하여 피고로 하여금 무자력자인 소외 회사를 대위한 원고들에게 위 전부채권 중 실제로 추심하지 아니한 부분에 관하여는 그 채권 자체를 양도하여 반환하고, 실제로 추심한 부분에 관하여는 추심한 금원 상당액을 반환하도록 명하였다.

기록에 비추어 살펴보면 원심의 이러한 사실인정과 판단은 위의 법리에 따른 것이어서 정당한 것으로 수긍되고, 거기에 상고이유의 주장과 같이 판결에 영향을 미친 채증법칙위반이나 통정허위표시, 부당이득반환의무의 성립요건, 상대방, 범위에 관한 법리오해 등의 위법이 없다.」(이 판결에 대한 평석으로는 김문재, 2005/2006년도 어음·수표에 관한 대법원판례의 동향과 분석, 상사판례연구 제19집 제 4 권, 2006, 690쪽 아래 참조)

〈대판 2012. 4. 26, 2009 도 5786〉

「형법 제228조 제 1 항의 공정증서원본불실기재죄는 공무원에 대하여 진실에 반하는 허위신고를 하여 공정증서원본 또는 이와 동일한 전자기록 등 특수매체기록에 실체관계에 부합하지 않는 불실의 사실을 기재 또는 기록하게 함으로써 성립한다. 그런데 발행인과 수취인이 통모하여 진정한 어음채무의 부담이나 어음채권의 취득에 관한 의사 없이 단지 발행인의 채권자로부터 채권의 추심이나 강제집행을 받는 것을 회피하기 위하여 형식적으로만 약속어음의 발행을 가장한 경우 이러한 어음발행행위는 통정허위표시로서 무효이므로, 이와 같이 발행인과 수취인 사이에 통정허위표시로서 무효인 어음발행행위를 공증인에게는 마치 진정한 어음발행행위가 있는 것처럼 허위로 신고함으로써 공증인으로 하여금 그 어음발행행위에 대하여 집행력 있는 어음공정증서원본을 작성케하고 이를 비치하게 하였다면, 이러한 행위는 공정증서원본불실기재 및 불실기재공정증서원본행사죄에 해당한다고 봄이 상당하다.」

3. 證券의 交付

계약설을 따르는 한 어음행위의 요건으로 어음의 교부가 필요하다. 따라서 어음능력자가 어음상에 법정기재사항을 기재하고 기명날인 또는 서명한 뒤 이를 상대방에게 교부하여야 유효한 어음행위가 성립한다.

Ⅳ. 어음 交付理論

어음거래에서 어음상의 채권·채무의 발생시기와 관련하여 이론이 다양하게 전개되고 있다. 어음이론으로 전개되는 이 논의에는 발행인이 어음작성 후 어음이 그의 의사에 반하여 유통된 경우, 어음을 수령하는 자에게 어음수령의 의사가 결여되어 있는 경우의 처리문제 및 선의자의 보호문제의 처리가 주요 사항으로 내포되어 있다.

1. 學 說

(1) 창조설 창조설(Kreationstheorie)에서는 어음행위는 행위자의 일방적 행위인 어음의 작성에 의하여 완성된다고 본다. 따라서 이는 단독행위설에 속한다. 이에 의하면 일방적 서면행위만으로 증권의 교부를 필요로 하지 않고, 그 이후의 모든 어음취득자에게 채무를 부담하게 된다. 이에 의하면 어음이 작성되었지만 교부하기 전에 작성자의 의사에 반하여 도난·분실 등에 의하여 유통된 경우, 어음행위자로서 어음상의 책임을 진다. 이는 독일에서는 19세기에 지배적인 견해이었다(Zöllner, *Wertpapierrecht*, 14. Aufl., München, 1987, S. 34).

창조설에서도 어음상의 채권자를 정하는 방법에서 어음취득자의 선·악의를 불문하는 견해(순정창조설), 선의를 요구하는 견해 및 어음증권의 소유권취득을 요구하는 견해로 나뉘어진다.

(2) 발행설 발행설(Emissionstheorie)은 어음상의 권리의 성립을 위하여 증권의 작성 이외에 기명날인 또는 서명을 한 자의 의사에 따른 증권의 점유이전이 필요하다고 본다. 이 경우에도 증권을 작성하여 의도한 상대방에게 교부하여 도달한 때에 어음채무가 발생한다고 하는 순수발행설과 어음행위자가

그 의사에 의하여 그 점유를 누군가에게 인도하기만 하면 어음채무가 발생한다고 하는 수정발행설이 있다.

(3) **교부계약설**(계약설) 계약설(Vertragstheorie)은 어음채무도 일반채무와 같이 당사자간의 계약에 의하여 발생한다고 하고, 이 계약은 기명날인 또는 서명을 한 자와 상대방 사이의 어음의 교부를 수반하는 요식행위로 파악한다. 그리고 이는 계약이기 때문에 상대방의 계약체결능력과 승낙의 의사표시가 있어야 한다고 한다(Baumbach/Hefermehl, *Wechselgesetz und Scheckgesetz*, 17. Aufl., München, 1990, S. 16). 여기에서는 어음상의 의사표시의 완성을 위해 발행인이 어음을 작성한 후 이를 상대방인 수취인에게 교부하는 교부계약(Begebungsvertrag)이 성립한 때에 어음채무가 발생한다고 한다.

이 견해는 어음채무자에게 유리하기는 하지만, 어음행위자와 그의 직접당사자가 아닌 그 이후의 어음취득자 사이의 어음관계를 설명함에는 미비점이 있다.

(4) **권리외관설** 권리외관설(Rechtsscheintheorie)은 어음상의 기재와 기명날인 또는 서명에 의하여 어음채무를 부담하는 외관을 현출하고, 그에 기한 제 3 자의 신뢰를 야기시킨 사람은 그 외관에 따라 책임을 져야 한다는 입장이다(Baumbach/Hefermehl, *Wechselgesetz und Scheckgesetz*, 17. Aufl., München, 1990, S. 16~17). 이 설은 권리외관원칙(Rechtsscheinprinzip)과 귀속원칙(Zurechnungsprinzip)을 결합한 것이다. 기명날인 또는 서명된 어음증서는 화체된 권리가 하자 없이 성립되었다는 외관을 창출하였고, 그 외관창출자는 그 외관을 그에게 귀속시킬 수 있게 야기하였기에 책임을 져야 한다(Hueck/Canaris, *Recht der Wertpapiere*, 12. Aufl., München, 1986, S. 33).

2. 國內主張과 私見

국내에서는 권리외관설에 의하여 수정된 교부계약설을 취하는 견해(김정호, 상법강의(하), 2000, 108쪽; 정동윤, 어음 · 수표법 제 5 판, 2004, 79쪽; 최기원, 어음 · 수표법(제 4 증보판), 2001, 139쪽)와 발행설을 기본으로 하면서 권리외관설을 가미하는 견해(강위두 · 임재호, 상법강의(하), 2004, 49쪽; 정찬형, 어음 · 수표법강의, 2004, 116쪽)로 견해가 나뉘어져 있다.

어음의 교부이론은 어음의 정상적인 경우에 존재하게 되는 교부계약으로부터 출발하면서 교부계약이 흠결된 경우, 특히 어음의 기명날인 또는 서명 이후 본인의 의도와 관계 없이 분실 · 도난 등으로 유통되었을 경우 선의자보호를 위하여 권리외관설을 가미하여 처리하는 것이 가장 타당하다고 본다.

〈대판 1987. 4. 14, 85 다카 1189〉

「피배서인란이 백지로 된 채 법인의 배서가 적법히 기재되어 배서의 어음행위가 있었고, 다만 배서가 된 어음을 분실당한 뒤에 법인의 직원이라고 자칭하는 자로부터 피배서인란이 백지로 되어 있는 이 사건 약속어음을 단순히 교부받은 경우, 이 같은 어음은 단순한 교부만으로도 양도가 가능한 점과 앞에서 실시한 무권대리인의 어음행위의 법리에 비추어 보면, 원고는 이 사건 약속어음의 취득을 위의 권한 없는 직원이 한 무권대리인의 어음행위로 인한 것으로는 볼 수가 없다 할 것이고, 다만 어음행위자의 의사에 기하지 아니하고 유통된 즉 교부행위가 흠결된 어음으로서 무권리자로부터 양도받은 것으로 보아야 사리에 맞다. 따라서 원심은 어음법 제16조에 따라 이 사건 약속어음을 양도받은 원고가 위 약속어음을 취득할 당시 악의 또는 중대한 과실이 있었는가를 판단함이 마땅하다 할 것이다.」

〈대판 1989. 10. 24, 88 다카 24776〉

「약속어음의 작성자가 어음요건을 갖추어 유통시킬 의사로 그 어음에 자기의 이름을 서명날인하여 상대방에게 교부하는 단독행위를 발행이라 일컫는 것이므로 일상의 용어에 있어 사람들이 발행이라는 표현을 쓴다 하여도 위에서 본 바와 같은 의미로 쓴 것이 아닌 경우에는 어음법상의 발행으로 볼 것이 아니다.」

〈대판 1999. 11. 26, 99 다 34307〉

「어음을 유통시킬 의사로 어음상에 발행인으로 기명날인하여 외관을 갖춘 어음을 작성한 자는 그 어음이 도난·분실 등으로 인하여 그의 의사에 의하지 아니하고 유통되었다고 하더라도 배서가 연속되어 있는 그 어음을 외관을 신뢰하고 취득한 소지인에 대하여는 그 소지인이 악의 내지 중과실에 의하여 그 어음을 취득하였음을 주장·입증하지 아니하는 한 발행인으로서의 어음상의 채무를 부담한다.」

제 2 절 어음行爲의 特性

안경봉, 어음의 無因性, 영남대 사회과학연구 10. 1(1990. 6).

어음행위는 법률행위의 일종이기 때문에 법률행위에 관한 민법의 일반원칙이 적용되지만, 어음의 특성에 기하여 다음과 같은 여러 가지 특징을 갖는다.

Ⅰ. 어음行爲의 書面行爲性

어음은 완전유가증권으로서 어음상의 채무는 어음증권상에 행하여진 의사표시에 의해 비로소 발생한다(설권증권). 이러한 의미에서 어음행위는 서면행위로서 보통의 의사표시와 다르다. 또 원인관계상의 의사표시를 표창한 것도 아니다. 이와 같이 증권상에 행하여진 법률행위, 다시 말하여 증권적 행위성은 어음행위의 무인성 내지 문언성의 기초를 이루는 것이다.

Ⅱ. 어음行爲의 要式行爲性

어음행위는 증권상에 행하여진 의사표시이다. 이 증권의 유통에 의해 증권상의 의사표시는 그 상대방이 변하게 된다. 따라서 그 증권상의 의사표시는 불특정다수인에 대한 의사표시라는 점을 예정하고 있다. 이 증권의 취득자는 증권을 취득할 때 그 의사표시의 내용을 용이하게 알 수 있어야 하며, 그렇지 않다면 어음의 유통성은 기대할 수 없다. 이러한 요청으로부터 어음(수표)법은 어음행위의 요건을 법정하고, 이 요건 중에 하나라도 결하게 되면 어음 전체를 무효로 함으로써 요식행위성을 엄격히 요구하고 있다(어음법 제 1 조, 제 2 조 제 1 항, 제75조, 제76조 제 1 항). 어음행위는 특히 엄격한 요식을 필요로 하고 있는 점에서 정형성을 갖는 행위이다.

Ⅲ. 어음行爲의 不要因性(無因性)

어음행위, 예를 들면 발행이 행해진 배경에는 매매 등 원인관계가 있음이 보통이다. 그러나 어음행위는 위의 원인관계상의 채무를 표창한 것이 아닌(프랑스법에서는 다르다) 서면행위로서 어음증권상에 행하여졌기 때문에 원인관계상의 법률행위와는 다른 별개의 독립한 행위이다. 이와 같이 어음행위는 원인관계에 의해 행해지지만 별개의 독립된 행위이므로 원인관계의 부존재·무효·취소와 같은 사정에 의해 전혀 영향을 받지 않는다. 이를 어음행위 불요인성 또는 무인성이라고 한다(원인관계로부터 추상한 것이라는 의미에서 추상성이라고도 한다).

〈대판 1984. 1. 24, 82 다카 1405〉

「어음행위는 무인행위로서 어음수수의 원인관계로부터 분리하여 다루어져야 하고 어음은 원인관계와 상관없이 일정한 어음상의 권리를 표창하는 증권이라 할 것인바, 원인채무가 변제된 백지약속어음을 소지함을 기화로 이를 부당보충하여 실질적 원인관계 없이 배서양도하였다 하더라도 무인성의 법리에 비추어 그 양수인의 약속어음금청구가 바로 신의성실의 원칙에 어긋나는 것으로서 권리남용에 해당한다고 볼 수 없다.」

다만, 이 불요인성을 어음수수의 당사자 사이에서도 관철하게 되면 원인관계가 부존재·취소·무효인 때에도 어음채무는 유효하다는 이유로 지급을 해야만 하는 부당한 결과가 초래된다. 그런 이유로 어음수수의 직접 당사자간에서는 인적항변(어음법 제17조, 제77조 제1항)의 형태로 위의 원인관계상의 사항을 주장하여 채무의 지급을 거절할 수 있다. 그러나 이것이 어음채무의 무효를 의미하는 것은 아니므로, 어음행위의 불요인성(무인성)에 따라 어음채무는 여전히 유효하다. 따라서 어음수수의 당사자간에도 어음소지인은 어음에 의한 지급제시에 의해 일응 어음금청구를 할 수 있는 것이어서 원인관계의 성립 및 그 유효성을 주장·증명할 필요성은 없다. 즉 이 경우 어음행위 자체를 부인하는 경우는 별도로 하고 어음채무자는 그 원인관계의 부존재·취소·무효 혹은 소멸 등을 주장·증명하여 그 지급청구를 거절할 수 있을 뿐이다.

〈대판 1966.7.19, 66 다 195〉

「약속어음의 수취인 또는 소지인은 발행인에 대하여 그 어음이 발행된 원인관계를 주장·입증하지 않더라도 어음금을 청구할 수 있는 것이고, 다만 발행인이 원인관계에 연유한 항변을 할 수 있음에 불과하다.」

이 점에서 민법의 원칙과 다르며, 어음행위의 무인성은 어음소지인에게 유리하게 그리고 어음행위자인 채무자에게 불리하게 기능한다. 그런 의미에서 이 무인성을 어음엄정의 원칙 가운데에 포함시키고 있다.

Ⅳ. 어음行爲의 文言性

어음행위는 의사표시를 어음증권상에 하는 행위이다. 이 의사표시는 문언기재에 의해 행하여지기 때문에 문언에 의해 확정된 의사표시는 설령 표의자(행위자)의 진의와 다르다 하더라도 후일에 정정하는 것은 불가능하며 보충추가할 수도 없다. 만일 그렇지 않다면 어음의 제3취득자는 안심하고 어음을 취득할 수 없기 때문이다. 이와 같이 어음행위의 문언성은 어음의 제3취득자의 보호를 위해 어음문언 이외의 사유로써 이 자에게 대항할 수 없는 성질을 말하는 것 같지만, 어음수수의 직접당사자 사이에서도 어음행위의 문언성은 존재한다. 어음행위는 증권상에 행하여진 의사표시이기 때문에 그 내용은 어음상의 문언으로부터 확정되고 그 채무내용도 확정된다.

〈대판 1965. 5. 18, 65 다 478〉
「약속어음의 배서금지의 특약이 있다 하여도 발행인이 약속어음에 이에 관한 기재를 하지 아니한 이상 약속어음의 지시증권으로서의 성질에는 변동이 없는 것이고, 배서양도를 받은 사람이 이와 같은 특약이 있음을 알았다고 할지라도 배서양도의 효력에는 아무런 소장이 없다.」

물론 어음행위자의 채무부담의 의사표시는 의사표시의 흠결 혹은 하자 있는 의사표시를 이유로 무효 또는 취소될 수 있지만, 이것은 인적항변의 대항이라는 형태로만 인정되는 데 지나지 않는다. 더욱이 원인관계상의 인적항변의 대항이라는 형태에서 어음채무를 면하고 결과적으로 어음행위의 문언성이 부정되는 것으로 보이는 경우가 있지만, 이것이 문언성을 부정하는 것이라고는 볼 수 없다. 왜냐하면 어음행위의 문언성과 불요인성은 다른 관념이기 때문이다. 즉 어음행위의 문언성은 일단 표시된 문언에 의해 어음채무의 내용이 확정되어 행위자의 진의 여하는 문제되지 않는다는 것을 의미하는 데 반하여, 불요인성이라 함은 원인관계 및 어음계약과의 관련의 절단을 의미한다. 결국 전자는 증권상의 의사표시의 문제인 데 대하여, 후자는 증권상의 행위와 증권 외의 사정 사이의 관계절단을 의미한다. 이 문언성과 무인성(불요인성)의 결합을 통해 어음은 원인관계로부터 독립하여 증권상의 문언에 따른 권리를 표창한 가장 유통성이 강한 증권이 된다.

V. 어음行爲의 獨立性

1. 意 義

어음행위는 통상 1매의 어음증권상에 복수의 서로 다른 사람에 의해 시간과 장소를 달리하여 순차적으로 행하여진다. 즉 기본적 어음행위인 발행을 전제로 하여 배서 · 보증 등의 부속적 어음행위가 행하여진다. 그런데 이 경우 선행행위인 발행 또는 배서 등이 무효 또는 취소되면 후행행위인 배서 또는 보증도 무효로 된다는 민법상의 일반원칙의 적용을 받게 되면, 어음의 유통은 기대할 수 없게 된다. 예컨대 발행이 무능력 · 위조 · 무권대리 등으로 인해 실질적으로 무효 또는 취소가 될 때 후행행위도 그로 인해 무효로 된다면, 어음의 양수인은 자기의 양도인의 어음행위뿐만 아니라 선행하는 모든 어음행위의 유효성을 확인해야 하므로 어음의 유통은 처음부터 기대할 수 없게 된다. 그래서 어음법은 설령 선행행위가 앞에서 열거한 이유로 인해 실질적으로 무효 또는 취소되더라도 이로 인해 자신에 대한 어음행위는 영향을 받지 않고 독립하여 유효하다는 뜻을 규정하고 있다(어음법 제7조, 제77조 제2항, 제32조, 제77조 제3항). 결국 어음양수인은 바로 직전의 어음행위자의 신용만으로 용이하게 어음을 취득할 수 있게 된다. 이를 어음행위독립의 원칙이라고 한다(어음채무독립의 원칙이라고도 한다). 다만, 선행행위가 형식적 무효일 때에는 이 원칙은 타당하지 않다.

2. 理論的 根據

어음행위독립의 원칙의 이론적 근거에 관해서는 ① 선행행위가 무효가 될 때 민법상의 일반원칙을 그대로 적용하면 어음의 유통은 불가능하다는 점에서 법이 정책적으로 인정한 특칙이라는 설(정책적 특칙설·예외법칙설 : 정희철, 78쪽 ; 서돈각·정찬형, 126쪽 ; 최기원, 104쪽 ; 정동윤, 134쪽 아래 ; 채이식, 251쪽)과 ② 단순히 예외라는 설명만으로는 이론적 근거가 될 수 없다는 이유에서 각 어음행위는 1매의 어음증권상에 행하여져 있기는 하지만, 그 어음행위는 서로 다른 사람이 내용·시간·장소를 달리하여 행하였기 때문에 각각 독립한 행위이며, 따라서 어음행위독립의 원칙은 이와 같이 당연한 것을 규정한 것에 지나지 않는다고 설명하는 설(당연법칙설 : 서정갑, 89쪽), 그리고 ③ 발행행위는 다른 어음행위를 전제로 하는 것이 아니기 때문에 이 독립의 원칙은 당연한 것을 규정한 것이지만, 배서는 다른 행위를 전제로 하는 것이어서 어음유통보호라는 견지에서 어음법이 정책적으로 인정한 특칙이라고 하는 절충설(강위두, 136쪽)이 있다. 배서를 채무부담을 목적으로 하는 행위라고 해석하는 입장(창조설)에서는 당연법칙설이 타당하다고 하겠지만, 배서를 채권양도라고 해석하는 입장(계약설)에서 보면 선행하는 배서가 무효이면 그 영향을 받기 때문에 거래안전을 보호하기 위해 법이 특별히 인정한 특칙이라고 보는 정책적 특칙설이 타당하다고 생각한다.

3. 適用範圍

어음행위독립의 원칙에는 그 적용범위와 관련된 다음과 같은 두 가지 문제가 존재한다. ① 어음행위독립의 원칙은 배서에는 적용이 없다고 하는 학설이 있는데, 이 학설은 정당한 것인가. ② 배서에 어음행위독립의 원칙이 적용된다는 통설의 입장에 서면서 피배서인인 어음취득자가 악의인 경우에는 어음행위독립의 원칙은 그 배서에 적용이 없다고 하는 설이 근래에 주장되고 있는데, 이 설이 타당성이 있는 것인가. 이상의 두 가지 문제 중에서 우선 ①의 문제에 관하여 살펴보면 적용부정설은 배서의 본질은 어음채권의 양도이므로 배서가 연속하여 행하여진 경우, 선행하는 배서가 무효이면 후행의 배서는 무권리자가 소유하지 않은 어음채권을 양도하는 것으로 되기 때문에 무효이며, 따라서 피배서인의 어음채권의 취득은 인정되지 않는다고 한다. 그런 의미에서 어음행위독립의 원칙은 적용되지 않고, 법정의 담보책임도 발생하지 않는다고 한다. 그러나 적용부정설의 입장에서도 배서인이 선의의 소지인에 대하여 책임을 지는 것을 인정하는데, 이것은 배서가 어음행위독립의 원칙에 의하여 유효하기 때문이 아니라 선의취득의 규정에(어음법 제16조 제 2 항, 제77조 제 1 항) 의해 어음소지인이 어음상의 권리를 취득한 반사적 효과에 불과하다고 한다. 이 설에 대하여 통설(정희철, 337쪽 ; 손주찬, 63쪽 ; 정동윤, 136쪽 ; 채이식, 254쪽 ; 최기원, 106쪽 아래)은 적용긍정설을 취하고 있다. 이 설에 의하면 악의취득자에 대해 배서인이 담보책임을 부담하지 않는 것은 피배서인이 무권리자이기 때문이지 어음행위독립의 원칙이 적용되지 않기 때문인 것은 아니다. 그 증거로 위의 피배서인으로부터 선의로 어음을 취득한 자에 대하여는 배서인은 담보책임을 부담하여야만 하기 때문이다. 이 이론은 배서를 채권양도라고 보는 계약설의 입장에서 본 것이며, 채무부담을 목적으로 하는 행위라고 해석하는 창조설의 입장에서는 배서에 독립성이 인정되는 것은 당연하다. 판례도 배서에 대한 어음행위독립의 원칙의 적용을 긍정하고 있다.

〈대판 1977. 12. 13, 77 다 1753〉

「어음의 최후소지인은 비록 최초의 발행행위가 위조되었다 하더라도 어음행위독립의 원칙상 그 뒤에 유효하게 배서한 배서인에 대하여는 상환청구권을 행사할 수 있다.」

다음에 ②의 문제인데, 통설(정희철, 345쪽 ; 손주찬, 69쪽 ; 정동윤, 138쪽 ; 채이식, 253쪽)은 배서에도 어음행위독립의 원칙이 적용되며, 그 배서의 피배서인인 어음소지인의 선의 · 악의를 묻지 않는다. 여기에는 다시 두 가지 입장이 있어서 그 근거를 서로 달리하는데, 첫째, 어음행위독립의 원칙을 어음의 유통보호를 위한 정책적 특칙이라고 풀이하는 입장에서, 이 원칙은 단순히 선의취득자보호의 요청에서 발생한 것이 아니라 더 나아가 개개의 어음의 확실성을 높여 어음의 신용을 증진시키려고 하는 제도이므로, 어음취득자의 선의 · 악의를 따질 필요가 없다고 한다. 둘째, 동 원칙을 어음행위가 독립한 채무부담행위라는 데 기인한 당연한 원칙이라고 풀이하는 입장에서, 이 원칙은 어음행위의 성질상 당연한 것이므로 어음취득자의 선의·악의를 묻지 않고 적용된다고 한다. 그런데 위의 통설에 대하여 피배서인이 악의인 경우에는 그 배서에는 어음행위독립의 원칙이 적용되지 않는다고 하는 학설(최기원, 119쪽)이 있다. 예를 들면 적법하게 발행된 어음의 수취인으로부터 이 어음을 훔친 도둑이 수취인의 배서를 위조하여 자신을 피배서인으로 하고, 나아가 위의 사정을 알고 있는 자에게 이 어음을 배서양도한 경우 도둑인 제2의 배서인은 이 피배서인에 대해 채무를 부담할 필요는 없다. 또한 이 악의의 피배서인은 어음권리자인 수취인의 어음반환청구에 응할 의무가 있으며, 또한 악의의 피배서인에 대해 배서인도 채무를 부담할 필요는 없고, 이 경우 어음행위독립의 원칙은 적용되지 않는다. 또 발행이 무권대리인에 의해 행하여졌다는 것을 알고 배서인으로부터 어음을 취득한 피배서인에 대하여도 마찬가지라고 주장한다.

그러나 ① 배서인의 담보책임이 의사표시에 기한 책임이라고 하는 설이든, 법정책임이라고 하는 설이든 배서에는 담보책임이 원칙적으로 생기는 이상 어음행위독립의 원칙을 상대방의 선의·악의에 의해 구별하는 것은 타당하지 않다. ② 더욱이 위의 사례에서 악의의 피배서인으로부터 선의로 배서양도를 받은 선의취득자에 대하여는 도둑인 배서인이 어음채무를 부담해야 함은 위 학설도 인정하고 있다. ③ 악의의 피배서인의 청구에 대해 배서인은 무권리자라는 항변을 가지고 대항할 수 있기 때문에 결과적으로 채무를 부담할 필요는 없다는 점에서 어음행위독립의 원칙의 적용을 부정하는 것은 논리의 비약이다. 이상의 세 가지 점에서 볼 때 통설의 입장이 정당하다.

어음행위독립의 원칙은 어음보증에도 적용된다(어음법 제32조 제2항). 그러나 피보증인과 어음소지인 간의 원인관계의 무효·소멸·부존재 등의 경우에는 보증인은 이러한 사유를 인적항변으로서 어음소지인에게 대항할 수 있다는 점에서 그러한 범위에서 독립성을 부정하고 종속성을 인정할 수 있다.

Ⅵ. 어음行爲의 協同性

모든 어음행위는 일정한 금액의 지급과 그 지급받을 지위의 유통성의 확보라는 공동목적을 가지고 있다. 어음행위는 이러한 목적을 위한 행위로서 수단성과 협동성 내지 공동성의 특성을 가지고 있다(손주찬, 상법(하)(제9정증보판), 2001, 41쪽). 이로부터 어음채무자의 합동책임이나 어음단체와 같은 개념이 생긴다.

어음법 제47조 제1항은 "환어음의 발행·인수·배서 또는 보증을 한 자는 소지인에 대하여 합동하여 책임을 진다"고 규정하고 있고, 어음법 제77조에서 약속어음에도 이를 준용하고 있다. 수표법 제43조 제 1 항은 "수표상의 각 채무자는 소지인에 대하여 합동하여 책임을 진다"고 규정하여 어음채무자의 합동책임을 이끌어 낼 수 있게 해준다. 그 밖에 참가인수도 합동적인 지급책임을 지게 한다(어음법 제56조, 제58조).

어음행위자의 의사에 불문하고 어음법이 어음채무자의 합동책임 등을 규정한 것은 어음행위의 특성의 하나인 수단성 · 협동성을 반영한 것으로 평가할 수 있다(정찬형, 어음 · 수표법강의 제 5 판, 2004, 122쪽). 그리고 어음행위의 협동성으로부터 각 당사자의 자격의 겸병이 인정된다.

이에 대해서는 어음채무의 협동성이나 당사자자격의 겸병을 설명하기 위하여 반드시 그 협동성을 전제하여야 하는 것인지는 의문이라는 견해도 있다(정동윤, 어음 · 수표법 제 4 정판, 1996, 165쪽).

제 3 절 어음行爲의 解釋

金憲武, 외관주의에 관한 연구 — 상법 · 어음 · 수표법을 중심으로 —, 고려대박사학위논문, 1990/金憲武, 외관주의에 관한 연구 — 商法과 어음 · 수표법을 중심으로 —, 경영법률 3(1990)/朴燦柱, 어음행위의 해석, 司法行政 321(1987. 9)/李基秀, 어음外觀解釋原則의 妥當領域, 고시연구 183(1989. 6)/李基秀, 어음行爲의 解釋, 월간고시 188(1989. 9).

Ⅰ. 序 說

어음행위도 일종의 법률행위이므로 법률행위의 해석에 관한 일반원칙이 어음행위의 해석에 적용됨은 당연하다. 그러나 어음행위는 전술한 바와 같이 보통의 법률행위와는 다른 여러 가지 특성을 가지므로 어음행위는 특수한 해석원칙의 지배를 받는다. 어음행위의 해석에 관해서는 어음행위를 구체적으로 설명할 때에도 단편적으로 다루고 있다. 예컨대 어음행위의 대리, 위조, 배서연속의 성립 여부 등의 해석문제는 해당 부분에서 다루어진다. 따라서 여기서는 개별적인 해석문제를 떠나 어음행위의 해석원칙을 종합적으로 검토하기로 한다.

Ⅱ. 어음外觀解釋의 原則 — 客觀解釋의 原則

1. 總　說

어음행위는 전적으로 증권을 통하여 행하여지는 의사표시이기 때문에 어음행위자는 증권상에 기재된 어음상의 효과를 의욕하여 어음행위를 한 것으로 볼 수 있으므로 증권상의 기재가 행위자의 의사표시의 내용으로 된다. 이러한 어음의 문언증권으로서의 성격 때문에 어음채무의 내용 자체는 오로지 증권면의 기재를 통하여 형식적·객관적으로 해석되어야 하며, 어음 외의 법률관계와 어음 외의 사정을 그 해석의 자료로 삼아서는 안 된다. 이는 어음행위를 지배하는 원리가 법률행위에 있어서 표시에 극도의 우월성을 인정하는 엄격한 표시주의임을 보여 주며, 이러한 법적 원칙이 어음행위에서 두드러지게 요구되는 이유는 어음의 유통성강화에 있다. 이와 같이 어음행위에 특별히 인정되는 해석원칙을 어음외관해석의 원칙(Prinzip der äußeren Korrespondenz od. formelle Auffassung)이라고 한다(이기수, "어음외관해석원칙의 타당영역," 고시연구 통권 제183호(1989년 6월), 161~170쪽). 이 원칙은 다음과 같은 두 가지 측면에서 살펴보아야 한다.

2. 事實과 記載가 일치하지 않는 경우의 解釋

어음에 있어서 어음행위자는 증권상의 기재를 의사표시의 내용으로 하기 때문에 그 기재가 단순히 어음 외의 사실을 기록한 것은 아니다. 그러므로 어음에 기재된 사항이 사실과 합치하지 않더라도 어음행위는 사실에 따라 효력이 생기는 것이 아니라 어음상의 기재에 따라 효력이 생긴다.

〈대판 1961. 8. 10, 4293 민상 714〉

「어음의 법정요건구비 여부는 그 어음면의 기재 자체에 의하여 판단하면 족한 것이며, 어음면의 기재가 객관적 사실과 모순·저촉되는 것이라 할지라도 그 어음 자체의 효력에는 하등의 소장이 없는 것이다.」

그러므로 실제 발행한 날이 3월 10일인데 발행일을 4월 1일로 기재하고, 실제 발행지가 경상남도 하동군인데 발행지를 전라남도 광양군이라고 한 경우에는 그 어음은 발행일이 4월 1일, 발행지가 광양군인 어음으로서 효력이 발생한다. 발행일과 발행지는 사실상의 발행일과 발행지가 아니라 어음에 기재된 날과 장소를 발행일과 발행지로 하기 때문에 그 기재가 사실과 다르더라도 이것이 어음에 어떠한 효력을 미치지는 않으며, 오로지 어음상의 기재에 따라서 효력이 결정되어야 한다. 이러한 해석방법은 취득자가 사실과 기재가 서로 다르다는 것을 알고 있었던 경우에도 마찬가지이다.

그러나 이것은 어음행위자의 의사표시의 내용, 즉 어음채무의 내용 자체가 오로지 증권상의 기재에 의해 결정됨을 의미할 뿐이고, 그 의사표시가 언제 행하여졌는가라고 하는 문제는 진실로 의사표시가 행하여진 객관적 사실에 의하여 결정된다(동지 : 정동윤, 120쪽 ; 이러한 해석은 어음발행의 성립시기가 어음상에 기재된 발행일자에 의하여 결정되는 것과 균형이 맞지 않는다는 이유로 이를 반대하는 견해로는 서돈각 · 정찬형, 134~135쪽). 가령 발행인이 발행 당시 행위무능력자이었는가의 여부가 문제로 된 경우에는 어음상의 발행일의 기재에 의하지 않고 실제 발행행위가 행하여진 날의 상태에 의하여 결정되어야 한다. 또한 기한후배서(어음법 제20조 제1항)인가의 여부는 어음에 기재된 배서일자에 의하지 않고 실제로 배서가 행하여진 날을 기준으로 하여 결정해야 한다.

〈대판 1968. 7. 23, 68 다 911〉

「약속어음의 배서에 있어 지급거절증서 작성기간경과 후의 배서인가의 여부는 진실로 배서를 한 일자에 의하여 이를 결정지을 것이고, 진실과 다른 어음면의 기재일자에 따라야 하는 것은 아니다.」

3. 證券外의 事實에 의한 變更과 補充禁止

어음행위는 서면에 의한 의사표시로서 서면의 작성에 의해 새로운 권리를 창설하는 것이기 때문에 그 어음채무의 내용 자체는 오로지 서면의 기재만에 의해 판단되어야 한다. 보통의 법률행위의 해석에 있어서는 표시된 언어와 문자에 구애됨이 없이 전체의 사정을 종합하여 당사자의 의사를 탐구해야 하지만, 어음행위의 해석에 있어서는 오로지 증권면에 기재된 문언만을 기초로 하여 판단해야 하고 증권 외의 사정에 기초를 두고 증권의 문언을 변경하여 해석하거나 증권의 문언을 보충하여 해석해서는 안 된다.

〈대판 1959. 8. 27, 4291 민상 287〉

「약속어음은 요식적 증권으로서 그 기재문언 자체에 의하여 그 내용을 판정하여야 할 것이므로, 주식회사의 전무취체역인 자가 회사의 이름을 쓰고 그 옆에 자기 개인의 기명날인을 하여 약속어음을 발행한 경우라 하더라도 그 약속어음상에 위 기명날인한 자가 그 회사를 대표할 자격이 있음을 기재하지 않은 이상 그 자가 회사를 대표하여 그 약속어음을 발행한 것이라고는 할 수 없는 것이다.」

그러므로 예컨대 어음의 배서 또는 보증이 있었는가의 여부는 오로지 어음상에 직접 기재된 바에 의해 결정해야 하고, 어음에 기재되지 않은 다른 증거에 의해 어음보증 또는 배서양도의 행위가 있다고 할 수는 없다. 이와 같이 어음행위는 증권면의 기재를 기초로 하여 객관적으로 판단하기 때문에 어음의 취득자는 증권면의 기재를 신뢰하여 어음을 안전하게 취득할 수 있다.

어음행위는 어음면의 기재를 통하여 객관적으로 해석하여야 하지만, 어음면상의 기재를 해석함에 있어서 반드시 증권면의 문자에만 구속될 필요는 없고 일반사회통념에 따라 문자의 의미내용을 합리적으로 판단하여야 한다. 따라서 어음면의 기재의 의미내용을 해석에 의해 판단함에 있어서는 특정지방 또는 특정사회에서만 통용되는 관습이나 견해에 의해 결정해서는 안 된다. 왜냐하면 어음은 널리 전체사회 및 모든 지방을 전전유통할 것이 예정되어 있으므로, 어음의 해석에 있어 지방적 관습 및 특정사회의 견해를 채택하면 어음거래의 안전을 해할 것이기 때문이다.

그런데 어음행위의 의미내용을 증권상의 문자에 따라 판단해야 한다고 할지라도 이는 어음상의 권리의 유무 · 내용에 관해서만 그러할 뿐 직접의 당사자간 또는 채무자와 악의의 취득자 간에 있어서는 어음 외에 존재하는 인적항변으로 대항할 수 있다. 더욱이 어음 외의 사정으로 대항할 수 있는 자 사이에서 지방적 관습과 특정사회의 견해를 고려하는 것은 당연하다. 왜냐하면 어음행위에 대해서는 증권면의 기재에 의한 형식적 · 객관적 해석이 행하여진다는 점에서 직접의 당사자간 또는 악의의 취득자와의 관계에서는 어음 외에 존재하는 특수한 사정을 참작할 필요가 있기 때문이다.

Ⅲ. 어음法의 理念에 기한 解釋 — 目的論的 解釋

어음법의 지도이념은 지급의 확실성보장과 어음으로서의 유통성강화에 있으며, 어음의 해석에 있어서도 가능한 한 이 이념에 따르도록 해야 할 것이다. 지급의 확실성보장과 유통성강화라는 두 이념은 대부분의 경우 양립하고 서로 보완적 기능을 갖지만, 어음행위의 해석에 있어서 양 이념이 서로 충돌할 경우에는 어음의 유통성강화에 중점을 두어 해석하여야 할 것이다.

Ⅳ. 論理的 解釋과 利益法學的 解釋의 調和

어음행위의 해석에 있어서는 논리적 해석을 중시해야 하는데, 이 경우에도 이익법학적 고려에 의거하여 누구의 이익이 보호되고 또 어떠한 방향에서 보호되어야 할 것인가를 고찰하여 어음관계인 전체의 이익을 고려하는 것도 매우 중요한 일이다. 예컨대 11월 31일을 만기로 하는 어음에 관하여 이를 만기의 기재가 흠결된 무효인 어음이라고 해석하는 것은 논리적 해석의 당연한 귀결이지만, 여기에 이익법학적 고려를 덧붙여 발행인 · 수취인 · 배서인 및 소지인 등의 이익과 어음의 유통성강화를 요망하는 사회적 수요에 부합하게 해석함으로써 이 논리적 해석을 시정하여 11월 말일을 만기로 하는 어음으로 파악하여 유효한 어음으로 해석해야 한다. 이 해석원칙은 후술하는 어음유효해석의 원칙에 포함시킬 수 있다.

V. 當事者意思의 社會觀念 내지 去來觀念에 의한 解釋

근래에 어음행위의 해석에 관하여 어음이 유통되는 실정을 잘 관찰하여 그 수수시의 당사자의 의사를 사회관념 내지 거래관념에 의하여 솔직하게 해석하는 것이 중시되어 오고 있다. 이러한 해석방법은 전술한 이익법학적 입장에 의한 해석과 공통되는 점이 있는데, 하여튼 어음이 수수될 때의 통상인의 의사를 사회관념 내지 거래관념에 기하여 솔직하게 해석하고 가능한 한 어음을 수수하는 당사자의 상식에 합치되도록 해석해야 할 것이다.

VI. 어음有效解釋의 原則

1. 判例에 의한 어음有效解釋의 原則

어음행위의 해석에 관하여 판례는 발행일의 기재가 1978년 2월 30일인 약속어음은 같은 해 2월 말일을 발행일로 하는 약속어음으로서 유효한 것으로 본다.

〈대판 1981. 7. 28, 80 다 1295〉

「이 사건 약속어음의 발행일의 기재가 1978. 2. 30로 되어 있음은 소론과 같으나, 이는 같은 해 2월 말일을 발행일로 하는 약속어음으로서 유효하다고 할 것이다. 왜냐하면 약속어음 외의 사실을 조사하여 약속어음의 일부의 기재착오를 보충하거나 정정하는 것은 약속어음행위가 증권행위이므로 허용되어서는 안 되지만, 위와 같은 약속어음의 기재 자체를 본인의 합리적인 의사에 따라서 판단한다면 그 달의 말일의 의미로 생각하는 것이 당연하고, 이를 약속어음의 요건을 흠결한 무효한 것이라고 생각하는 것은 오히려 교활한 약속어음 채무자에게 지급거절의 구실을 주게 되어 약속어음의 유통성의 강화에 해가 되고 약속어음법의 이념에 반하기 때문이다.」

지급지는 포항시로 되어 있는데, 그 지급처소(지급장소)를 서울특별시로 기재하였다 하더라도 그 약속어음을 무효라 할 수는 없다고 하여 어음유효해석의 원칙을 인정하고 있다.

〈대판 1970. 7. 24, 70 다 965〉

「약속어음에서 지급처소를 기재하는 것은 필요적 기재사항이 아니므로 설사 이 사건의 약속어음처럼 지급지가 포항시로 되어 있는데, 그 지급처소를 서울특별시로 기재하였다 하여 이 약속어음의 효력이 무효라고 일컬을 수는 없다.」

전자의 판례는 월력상 존재하지 않는 날을 발행일로 한 어음은 발행일을 흠결한 무효인 어음이라고 해석함이 논리적 해석의 당연한 결과이지만, 어음관계인의 이익보호와 어음유통성강화라는 이익법학적 고려에서 그 말일을 발행일로 보아 유효한 어음으로 해석할 수 있다는 취지이며, 후자의 판례도 동일한 이유에서 지급지 내에 있지 아니한 지급장소를 기재한 어음을 무효로 하기보다는 그 지급장소를 기재하지 아니한 어음으로 볼 수 있다는 취지이다. 이외에도 동일한 취지로 어음유효해석원칙을 인정한 하급심판례가 있다(서울민지판 1975. 10. 24, 75 가 5759). 그러나 발행일의 기재가 전혀 없는 어음은 백지어음으로서 보충되지 아니하는 한 지급제시의 효력이 발생하지 않으므로, 확정일출급어음에서 발행일의 기재는 어음요건으로서 보지 말아야 한다는 주장(鈴木鈴雄, 手形法 · 小切手法, 1976, 191쪽)은 입법론으로서는 고려할 여지가 있다고 하겠으나, 어음의 엄정성을 강력히 요구하고 있는 현행법의 해석론으로서는 받아들일 수 없다고 하여 판례는 어음유효해석원칙의 한계를 제시하고 있다.

〈대판 1979. 8. 14, 79 다 1189〉

「어음법 제75조에 의하여 약속어음에 반드시 기재하여야 하는 사항이 법정되어 있으므로 약속어음에 지급지, 지급장소의 기재가 있더라도 발행지의 기재나 발행인의 명칭에 부기한 지의 기재가 없으면 적법한 제시기간 내에 발행지란을 보충하여 지급을 위한 제시를 하지 아니하는 한 피상환청구권자에 대한 상환청구권은 상실하는 것으로 보아야 한다… 논지 가운데 확정일출급어음에 있어서는 발행일의 기재는 어음요건으로 보지 말아야 한다는 취지가 있는데, 이는 입법론으로서 고려할 여지는 있다 하겠으나 어음의 엄정성을 강력히 요구하고 있는 현행법의 해석론으로서는 받아들일 수 없다.」

2. 어음有效解釋의 原則에 관한 學說

이처럼 판례가 어음유효해석의 원칙을 인정하고 있음에 대하여 이를 평가하는 학설은 긍정설과 부정설의 입장이 있다.

(1) 어음유효해석원칙을 부정하는 입장 일본학자에 의해 주장되는 부정설에 따르면 어음유효해석원칙은 어음행위의 요식성을 이용하여 어음채무자가 자신이 행한 어음행위의 효력을 부정하려는 것에 대한 구제라는 요청으로부터 도출된 원칙인데, 어음행위의 요식성에 관하여도 목적론적으로 해석할 여지가 있고 요식적 의사표시의 범위 내에서 거래의 통념을 고려하여 합리적으로 해석하면, 이러한 구제목적을 달성할 수 있으므로 특별히 어음행위의 요식성을 완화하는 어음유효해석의 원칙의 존재를 인정할 필요는 없다고 한다. 또한 동일한 견해로서 어음유효해석의 원칙은 어음행위에 한하여 필요로 하는 원칙이 아니라 법률행위해석의 일반원칙이며, 특별히 어음행위에 한하여 유효하게 해석할 어떠한 이유도 없지만 어음유효해석은 어음의 요식성을 악용하는 어음채무자에 대하여 어음소지인을 구제하기 위하여 논의되는 문제이기 때문에 어음유효해석론은 문자를 자로 재듯이 해석할 것이 아니라 일반거래의 통념 또는 신의성실의 원칙을 참작하여 어음행위를 해석해야 한다는 주장에 그친다고 한다(田中耕太郎, 125쪽).

(2) 어음유효해석원칙을 긍정하는 입장 긍정설에 의하면 어음의 목적론적 해석은 인정해야 하고, 따라서 어음의 요식성을 파괴하지 않는 한도 내에서 가능한 한 어음을 유효하게 해석하는 것이 어음의 목적론적 해석에 적합한데, 그 이유로서는 일단 유통에 들어간 어음은 경미한 형식적 하자로 인하여 무효로 하기보다는 가능한 한 유효하게 해석하는 쪽이 사법의 대원칙인 신의성실의 원칙, 사실상태존중 및 거래안전의 요구에 적합할 뿐만 아니라 어음거래의 혼란을 초래하지 않는 한 어음을 유효화하려는 어음법의 이상과도 일치하기 때문이라고 한다. 따라서 어음유효해석의 원칙이야말로 무엇이 어음의 목적론적 해석인가를 지시해 주고 어음의 목적론적 해석에 대해 하나의 실천적 태도를 보여 주는 원칙이므로, 이 해석원칙을 긍정해야 할 것이라고 한다(최기원, 110쪽; 서돈각 · 정찬형, 137쪽).

3. 어음有效解釋原則의 適用

어음유효해석원칙의 인정 여부에 관해서는 위와 같은 학설의 대립이 있는데, 어음행위의 요식성을 파괴하지 않는다는 제한 하에 그 존재를 긍정하는 것이 정당하다고 생각한다. 그 이유는 어음의 유통성강화와 지급의 확실성보장이라는 어음법의 이념을 달성하기 위하여, 특히 어음의 유통성강화를 위하여 경미한 형식적 하자에 불구하고 가능한 한 어음행위를 유효하게 해석하는 쪽이 그 목적에 적합하기 때문이다. 어음유효해석의 원칙이 거래안전의 요구에 합치한다고 하는 것도 동일한 취지에 지나지 않는다. 그리고 일단 어음상의 채무부담을 승인하여 어음을 발행 또는 배서하였으나 후에 그 요식성을 악용하여 어음채무부담을 거부하는 부정한 어음채무자에 대하여는 어음행위를 가능한 한 유효하게 해석하여 그 어음채무의 면탈을 부정하는 것이 신의성실의 원칙에 합치한다.

그러나 어음유효해석의 원칙은 무제한으로 적용될 수는 없고, 어음 또는 어음행위의 요식성을 파괴할 위험이 있는 경우에는 그 적용을 부정해야 한다. 왜냐하면 어음 또는 어음행위의 요식성은 어음법의 이념인 지급의 확실성보장과 유통성강화를 위하여 인정되는 것이기 때문에 요식성을 파괴하는 해석을 허용하게 되면, 도리어 어음법의 이념에 반하고 목적론적 해석에도 합치하지 않기 때문이다. 그러나 어음의 요식성은 문자대로 엄격하게 해석할 것을 요구하고 있지는 않으며 어음법의 이념에 합치하게끔 그 목적에 적합하게, 그리고 당사자의 합리적 의사에 맞도록 해석해야 하기 때문에 어음에 관한 경미한 하자가 있는 때에는 어음 전체에 관련된 당사자의 합리적 의사를 찾아 내어 사회통념에 따라 어음법의 이념에 맞도록 해석한다면 어음을 유효하다고 해석하게 된다. 어음에 관한 중대한 형식적 요건의 흠결이 있는 경우에 특별한 구제이유가 없음에도 불구하고 그 어음을 유효하다고 해석한다면, 어음의 요식성이 파괴되기 때문에 이러한 경우에는 어음유효해석의 원칙을 인정할 수 없다고 본다.

어음유효해석의 원칙을 부정하는 이유 가운데 하나로서 이 원칙이 어음의 요식성을 부당하게 완화한다는 점을 들고 있지만, 어음의 요식성의 파괴를 허용하지 않는다는 일정한 제한을 둔다면 이러한 염려는 없어질 것이다. 그리고 어음유효해석의 원칙은 법률행위일반의 해석원칙으로 인정되고 있다는 점에서 어음에 특유한 해석원칙은 아니며 어음행위의 해석원칙으로 이를 특별히 내세울 필요가 없다는 견해도 있지만, 기타 사항에 관하여도 적용되는 일반적인 원칙이라고 하더라도 어음이라는 특수한 대상이 엄격한 요식성을 이유로 무효로 해석될 위험이 많다는 특수한 사정과 이 해석원칙의 특별한 필요성을 고려한다면 어음유효해석의 원칙이라는 하나의 해석원칙을 긍정할 수 있다고 본다. 이와 같이 어음유효해석의 원칙을 인정한다면 전술한 유효해석원칙에 기한 판례는 정당하며 타당하다. 따라서 어음행위를 해석함에 있어서 어음면의 기재문언을 통하여 해석해야 한다고 할지라도 어음의 요식성을 해하지 않는 범위 내에서는 사소한 오자·탈자 등의 경우에도 문언 전체로 보아 의사표시로서 명확하다면 유효하다고 해석해야 할 것이다.

제 4 절 他人에 의한 어음行爲

姜渭斗, 어음행위의 표현대리에 있어서 제 3 자의 범위, 判例月報 292(1995. 1)/金汶在, 권한을 초과한 어음행위의 대리에 관한 새로운 해석론, 商事法硏究 13(1994)/金汶在, 어음배서의 표현대리와 월권대리인의 책임, 商事判例硏究 6, 1994/金文煥, 어음행위의 무권대리, 국민대법정논총 3(1981. 7)/金憲武, 명의대여에 의한 어음행위, 대구대법정논총 6(1992. 2)/徐廷甲, 어음행위의 대리와 표현대리, 司法行政 255(1982. 3)/徐正恒, 어음행위의 대리에 관한 연구, 경상대논문집(사회계편) 22, 2(1983. 12)/安東燮, 기명날인의 대행으로 인한 명의자의 책임관계, 司法行政 248(1981. 8)/李基秀, 他人에 의한 어음債務負擔行爲, 월간고시 173(1988. 6)/李鴻旭·金汶在, 어음행위의 표현대리에 관한 재검토, 효성여대연구논문집 43(1991. 8)/周基鍾, 어음행위의 대리에 관한 고찰, 청주대牛巖論叢 4(1988. 2)/洪復基, 어음행위의 표현대리에 있어서 권리외관이론의 적용, 연세법학연구 2(1992. 8).

Ⅰ. **總 說** — 方式과 成立要件

어음행위는 그 효과가 미치는 본인 자신에 의하여 행해질 뿐만 아니라 타인에 의해서도 행해질 수 있다. 타인에 의한 어음행위는 'A대리인 B' 또는 'A회사 대표이사 B'와 같이 타인 B가 본인 A를 위하여 한다는 것을 표시하거나 또는 타인 B가 직접 본인의 명의로 하는 방법에 의하여 할 수 있다. 일반적으로 전자를 대리방식에 의한 어음행위, 후자를 기관방식에 의한 어음행위라고 부른다. 판례도 이러한 구분을 인정하고 있으며, 기관방식에 의한 어음행위의 효력을 긍정하고 있다(대판 1964.6.9, 63 다 1070). 그러나 대리방식에 의한 어음행위를 어음행위의 대리(대표)로, 기관방식에 의한 어음행위를 어음행위의 대행으로 설명하는 견해도 있다(정동윤, 153쪽 아래). 또한 민법상의 대리와 대표의 구별이 본질적으로 다를 바가 없고, 또 대표에 관하여도 대리에 관한 규정이 준용되고 있다는(민법 제59조 제2항) 이유로 그 구별을 부인하여 설명을 같이 하는 견해도 있다(서돈각·정찬형, 140쪽).

〈대판 1964.6.9, 63 다 1070〉

「어음행위의 대리에 관하여 왜정 당시의 판례가 기관방식에 의한 어음행위를 본인 자신의 행위라고 평가할 수 있는 것이라 하여 그 효력을 인정하였었고, 당원이 그 해석을 변경한 사실이 없음에도 불구하고 원판결이 어음행위의 대리는 엄격한 현명주의에 따라야 하는 것이라 하여 어음행위에 있어서의 기관방식에 의한 어음행위의 효력을 부정하는 취지를 판시하였음은 어음행위의 대리에 법률해석을 그릇한 위법이라 할 것이다.」(동지: 대판 1969.9.30, 69 다 964)

타인에 의한 어음행위에 관해서도 어음행위 일반의 성립요건이 원칙적으로 타당하다. 즉 그 형식적 요건에 관해서는 대리방식에 의한 경우에는 본인 A의 기명날인 또는 서명이 대리인 B의 기명날인 또는 서명으로 대체된다는 차이가 있으나, 이것 이외에는 차이가 없다. 그리고 실질적 요건으로서는 ① 어음임을 인식하고서 또는 인식할 수 있는 상태에서 기명날인 또는 서명을 하였는지의 여부는 타인 B를 중심으로 하여 문제되며(민법 제116조 제1항), ② 의사능력의 유무도 타인 B를 기준으로 하여 문제되지만, ③ 행위능력의 유무에 관해서는 타인 B는 원칙적으로 능력자임을 요하지 않으며(민법 제117조. 예외: 민법 제910조, 제937조, 제948조 등), ④ 본인 A의 대리권수여행위가 문제된다(이것은 법정대리에 대해서는 문제되지 않는다).

타인에 의한 어음행위에 관해서는 이에 특유한 형식적 요건과 실질적 요건이 문제된다. 이 중에서 형식적 요건에 관해서는 대리방식에 의한 경우와 기관방식에 의한 경우로 나누어 살펴볼 필요가 있으나, 실질적 요건에 관해서는 원칙적으로 양자에 대해 공통적으로 살펴보는 것이 타당하다. 이하에서는 타인에 의한 어음행위에 특유한 요건만을 살펴보기로 한다.

Ⅱ. **形式的 要件** — 方式

1. 代理方式에 의한 경우

대리방식에 의한 어음행위의 형식적 요건으로서는 타인 B가 본인 A를 위하여 하는 것임을 표시하고, 어음에 기명날인 또는 서명하여야 한다.

〈대판 1973. 12. 26, 73 다 1436〉

「대리인이 어음행위를 하려면 어음상에 대리관계를 표시하여야 하는바, 그 표시방법에 대하여 특별한 규정이 없으므로 어음상에 대리인 자신을 위한 어음행위가 아니고 본인을 위하여 어음행위를 한다는 취지를 인식할 수 있을 정도의 표시가 있으면 된다. …(중략)… 본건에 있어 '연합실업주식회사 이사 김용식'이라는 표시는 동 회사의 대리관계의 표시로서 적법한 표시로 인정하여야 할 것이고, ….」

〈대판 1978. 12. 13, 78 다 1567〉

「상사회사의 어음행위에 있어 그 대표자 또는 대리인의 표시방법에는 특별한 규정이 없으므로 어음상 대표자 또는 대리인 자신을 위한 어음행위가 아니고 본인을 위하여 어음행위를 한다는 취지를 인식할 수 있을 정도의 표시가 있으면 대표 또는 대리관계의 표시로서 적법하다 할 것이며, ….」

〈대판 1994. 10. 11, 94 다 24626〉

「Y회사의 대표이사인 A가 그 재직기간중 수표에 배서함에 있어서 회사의 대표이사의 자격으로 "Y주식회사 A"만 기재하고, 그 기명 옆에는 "Y주식회사 대표이사"라고 조각된 인장을 날인하였다면 그 수표의 회사명의의 배서는 A가 Y주식회사를 대표한다는 뜻이 표시되어 있다고 판단함이 정당하다.」

'A대리인 B', 'A회사 대표이사 B', 'A회사 영업부장 B', 'A회사 횡천지점장 B' 등의 기재가 이에 해당한다. 어음행위의 방식으로서 B가 A를 위하여 한다는 뜻을 기재하지 않고 단지 B의 기명날인 또는 서명만을 한 때에는 실질적으로 B가 A를 대리하여 어음행위를 할 권한이 있고 A를 위하여 어음행위를 할 의사를 가지고 있다고 해도 어음행위의 효과는 B에 대하여 발생하고, B는 어음행위자로서의 책임을 면하지 못한다(민법 제115조 본문). 따라서 대리의 효과가 발생하기 위해서는 본인의 이름을 표시하여야 하는데, 이를 현명주의라고 한다(민법 제114조; 비현명주의를 규정한 상법 제48조는 어음행위에는 적용되지 않는다).

〈대판 1979. 3. 27, 78 다 2477〉— 현명하지 않은 경우에 대한 판례

「약속어음의 발행인명의가 단순히 A로만 되어 있고, 동인이 Y회사를 위하여 발행하였다는 뜻이 표시되어 있지 않은 이상, 비록 그 명의 하에 날인된 인영이 Y회사의 대표이사인영이라 할지라도 그 어음은 동인이 Y회사를 대표하여 발행한 것이라고 볼 수 없다.」

또한 어음의 문언성에 의하여 상법 제48조와 민법 제115조의 단서는 적용하지 않으려고 하는 것이 학설과 판례의 경향이다(정찬형, 141쪽. 서돈각, 68쪽; 정희철, 82쪽; 정동윤, 140쪽. 어음행위의 문언성으로 인해 상법 제48조를 적용하지 않은 판례〈대판 1990. 3. 23, 89 다카 555〉. 동지 : 대판 1968. 1. 31, 67 다 2785; 대판 1987. 12. 22, 87 다카 595; 대판 1988. 11. 8, 87 다카 733).

다음으로 대리관계의 표시와 관련하여 대리방식의 어음행위인가, 아니면 단지 직함을 기재한 것에 불과한가의 구별이 쉽지 않은 경우가 있다. 예컨대 A회사 횡천지점 B로 기재되어 있는 경우에 B가 A회사의 대리인으로서 대리방식에 의한 어음행위를 한 취지인가, 아니면 A회사 횡천지점을 직함으로 하여 B가 자기 자신을 위한 어음행위를 한 취지인가가 문제된다. 이 경우에 B가 A회사를 대리하여 어음행위를 할 권한이 있는 때에는 대리방식에 의한 어음행위를 한 것으로 인정하고, B가 A회사를 대리할 권한이 없는 때에는 B가 A회사 횡천지점을 직함으로 하여 자기 자신을 위하여 어음행위를 한 것으로 인정하자는 견해도 있다(민법상의 무권대리로 파악하는 견해). 그러나 어음행위는 서면에 의한 의사표시이기 때문에 A회사와 B 중에서 누가 어음채무를 부담하는가 하는 어음채무의 내용은 어디까지나 어음상의 기재로부터 판단해야 하고, B가 A회사를 대리할 권한이 있는가의 여부와 같은 어음 외의 사실관계에 의하여 판단해서는 안 된다.

이러한 관점에서 본다면 대리방식에 의한 것인지, 아니면 직함을 사용한 것인지를 어음면상 판단할 수 없는 경우에는 소지인에게 선택권이 인정되어 소지인은 대리방식에 의한 어음행위로서 또는 B 자신의 어음행위로서도 주장할 수 있다고 본다. 형식적 요건에 관한 한 이와 같이 풀이하게 되지만 소지인이 A회사에 어음금지급을 청구한 경우에 B가 A회사를 대리할 권한이 없는 때에는 타인에 의한 어음행위의 실질적 요건을 결한 것이 되므로 A는 지급을 거절할 수 있다. 하지만 B가 A회사를 대리할 권한이 있는 경우에는 A회사에 대하여 그 지급을 청구할 수 있게 된다.

마지막으로 대리인의 기명날인 또는 서명이 있어야 한다. 대리인의 기명날인 또는 서명이 없는 어음행위는 무효이다.

2. 機關方式에 의한 경우

기관방식에 의한 어음행위는 타인 B가 본인 A의 명의로 기명날인 또는 서명하는 방법, 즉 B가 A의 기명날인 또는 서명을 대행하는 방법으로 하는 것인데, 이 방식에 관해서는 다음과 같은 점이 문제된다.

(1) 기명날인 또는 서명의 대행 학설과 판례는 기명날인의 대행을 인정하고 있다. 실제로 본인이 대리인에게 기명판·인장을 맡기고, 대리인이 본인의

명의로 기명날인을 하는 경우가 많다. 그리고 서명도 대행할 수 있음은 전술한 바와 같다.

〈대판 1976. 1. 27, 75 다 1488〉

「어음행위를 함에 있어서 대리의 형식에 의하건 기명날인의 대행의 방식에 의하건 제 3 자가 위와 같은 방식에 의하여 어음행위를 실지로 한 자에게 그와 같은 어음행위를 할 수 있는 권한이 있는 것이라고 믿을 만한 사유가 있고 본인에게 책임을 질 만한 사유가 있는 경우에는 거래의 안전을 위하여 표현대리에 있어서와 같이 본인에게 책임이 있다고 할 것이다.」(동지 : 대판 1964. 6. 9, 63 다 1070 ; 대판 1969. 9. 30, 69 다 964)

(2) 법인의 기관방식에 의한 어음행위의 방식 법인의 어음행위는 통상 대리방식에 의하여 하게 되는데, 문제는 법인에 대해 기관방식에 의한 어음행위가 인정되는가, 예컨대 A회사의 대표이사 B가 단지 A회사를 표시하고 A회사의 인을 압날하는 방법에 의하여 어음행위를 할 수 있는가 하는 것이다. 학설(손주찬, 312쪽 ; 최기원, 138쪽 ; 서돈각 · 정찬형, 170쪽)과 판례(대판 1964. 10. 31, 63 다 1168)는 모두 이를 부정하고 대리방식에 의하여야 한다고 한다. 그 이유로서 정당한 대표자에 의한 어음행위임이 어음면상 나타나야 한다는 것을 들기도 한다. 이러한 통설의 입장이 타당하다. 즉 아무리 정당한 대표자가 그 권한에 기하여 회사명의의 기관방식에 의한 어음행위를 하였다 하더라도 그 성립을 부정하여 회사는 어음채무를 부담하지 않는다고 보아야 한다. 그러므로 기관방식에 의한 법인의 어음행위는 유효한 것으로 인정할 수 없다.

Ⅲ. 實質的 要件 — 權限

1. 權限의 부여

(1) 권한의 필요성 타인 B가 본인 A의 대리인 · 대표자로서(대리방식으로) 또는 직접 A명의로(기관방식으로) 어음행위를 한 경우에 형식적 요건이 충족되고 있을지라도 B가 그러한 방식으로 어음을 발행할 권한을 A로부터 부여받고 있지 않을 때에는 A는 어음채무를 부담하지 않는다.

〈대판 1987. 4. 14, 85 다카 1189〉

「법인의 어음행위는 어음행위의 서면성 · 문언성에 비추어 법인의 대표자 또는 대리인이 그 법인의 대표자 또는 대리권자임을 어음표면상에 표시하고 기명날인하는 대리방식에 의하든가, 법인의 대표자로부터 대리권을 수여받고 직접 법인의 대표자의 명의로 서명할 수 있는 권한이 주어져 있는 자가 대행방식에 의하여 이루어져야 할 것이고, 만일 어음행위자가 대리(대행) 권한 없이 대리(대행) 방식에 의한 어음행위를 하였다면 무권대리인의 어음행위가 된다고 할 것이다.」

이처럼 타인 B가 본인 A를 위하여 어음행위를 한 경우에 A가 어음채무를 부담하기 위해서는 형식적 요건이 충족되어 있어야 할 뿐만 아니라 B가 그러한 어음행위를 할 권한을 A로부터 부여받고 있을 것, 즉 실질적 요건이 충족되어 있어야 한다. 이 권한은 대리방식의 경우에는 바로 대리권이고, 기관방식의 경우에도 B가 한 행위의 효과를 A에게 귀속시킬 권한이라는 의미에서 실질적으로는 대리권이다. 그렇지만 기관방식의 경우에 대리권이라는 표현을 사용하는 것은 형식적으로는 타당하지 않기 때문에, 이하에서는 어느 방식에도 공통하는 용어로서 권한이라는 표현을 사용하기로 한다.

기본적으로는 대리방식에 의하든 기관방식에 의하든 단지 방식에 차이가 있을 뿐이고, 실질적으로는 차이가 없기 때문에 어느 방식에 의하였는가에 따라 결과적으로 차이가 생기는 것을 피하도록 해석하여야 한다고 본다. 이러한 이유에서 여기에서는 실질적 요건에 관해 두 가지 경우를 구별하지 않고 설명하기로 한다.

(2) 권한부여의 방법 타인에 의한 어음행위의 실질적 요건으로서 타인 B가 본인 A로부터 대리방식 또는 기관방식으로 어음행위를 할 권한을 부여받고 있어야 한다.

이 권한은 어음행위시에 개별적으로 부여될 수도 있고, 포괄적으로 부여될 수도 있다. 법인의 대표자(회사의 대표이사 · 대표사원, 공익법인의 이사) 또는 지점장 · 영업소장(상법상의 지배인) 등은 그 지위에 기하여 당연히 어음행위를 할 권한이 포괄적으로 부여되고 있다. 회사대표자 또는 지배인은 영업에 관한 재판상 또는 재판 외의 모든 행위를 할 권한이 있으며(상법 제 209조 제1항, 제389조 제3항, 제11조 제1항 등), 공익법인의 이사는 법인의 사무에 관하여 법인을 대표할 수 있기 때문이다(민법 제59조). 그러나 판례에 의하면 경리사무에 관한 대리권이 있다고 하여 당연히 어음행위에 대한 대리권이 수반되는 것은 아니라고 한다(대판 1987. 4. 14, 85 다카 1189. 동지: 대판 1978. 3. 28, 77 다 2292).

〈대판 1982. 6. 8, 82 다 150〉

「농업협동조합법 제127조, 제57조의 2 제4항, 상법 제11조 제1항의 규정에 의하여 특수농업협동조합의 상무는 재판상 또는 재판 외의 대리권이 부여되어 있으므로 선의의 제 3 자인 원고에 대한 관계에 있어서는 위 최태형(동 조합 상무)의 위 인정과 같은 조합명의의 어음발행은 외관상 그 직무행위와 유사하여 거래상 그 직무범위에 속하는 행위로 보여진다.」

미성년자 또는 피성년후견인의 법정대리인(친권자 또는 성년후견인)도 포괄적인 권한을 갖는다(민법 제920조, 제938조). 그러나 후견인이 특정한 행위를 함에 있어서는 후견감독인의 동의를 얻어야 한다(민법 제950조).

(3) 권한의 제한 예를 들어 "어음금액이 1,000만원 이상인 어음을 발행함에는 이사회의 승인을 얻어야 한다"고 하는 것처럼 회사대표자 · 지배인 또는 법인대표자의 포괄적인 권한에 제한을 가하기도 하는데, 그럼에도 불구하고 대표자 · 지배인 등이 그 권한을 넘어, 예컨대 이사회의 승인을 얻지 않고 어음금액이 5,000만원인 어음을 발행하는 경우가 있다. 이 경우 권한에 대한 제한은 선의의 제 3 자에게 대항하지 못하게 된다(상법 제209조 제 2 항, 제389조 제 3 항, 제11조 제 3 항 등).

〈대판 1986. 5. 21, 85 다 3292〉

「회사경리담당 상무이사가 약속어음에 대표이사명의로 한 배서는 비록 그가 회사를 대표할 권한 없고 대표이사 허가를 얻지 않았어도 회사는 상법 제15조에 따라 선의의 제 3 자에게 배서인의 책임을 진다.」

그런데 일단 선의자가 어음을 취득하여 어음상의 권리자로 된 경우에는 그 후의 취득자는 악의이더라도 전자의 권리를 승계취득하기 때문에 권리자로 인정된다.

권한의 제한과 관련하여 특별히 문제가 되는 것은 이익충돌규정(민법 제124조, 상법 제398조)이 어음행위에 적용되는가 하는 점이다. 적용을 반대하는 설(서돈각, 73쪽)은 어음행위가 무색적 행위임을 들고 있으나, 어음행위로 인해 지게 되는 채무는 원인관계상의 채무보다도 엄격하므로 적용설이 타당하다(통설)(자세한 설명은 후술함).

2. 商法 제398조 등에 위반한 어음行爲

(1) 이익충돌금지규정 주식회사의 이사가 자기 또는 제 3 자의 계산으로 회사와 거래를 함에는 이사회의 승인을 얻어야 한다고 규정되어 있다(상법 제398조). 마찬가지로 유한회사의 이사의 경우에는 감사 또는 사원총회의 승인을, 합명·합자 회사의 사원의 경우는 다른 사원의 과반수의 결의를 얻어야 한다(상법 제564조, 제199조

(민법 제269조). 이 이외의 법인에 있어서는 법인의 이사와 법인이 이익충돌행위(예컨대 이사 개인의 차금을 위하여 법인의 재산을 담보로 하는 행위와 같이 이사에 유리하고 법인에 불리한 행위)를 하는 경우에는 특별대리인을 선임하여야 한다(민법 제64조 ; 사립학교법 제27조). 또한 개인에 있어서도 미성년자와 친권자가 이익충돌행위를 하는 경우에는 특별대리인을 선임하여야 한다(민법 제921조).

이와 같은 절차가 이사 · 사원 · 임원 또는 친권자 등에 유리하고, 회사 · 법인 또는 미성년자 등에 불리한 거래를 방지하기 위한 것임은 말할 필요도 없다.

(2) 문제점 이러한 규정에 관해서는 어음행위와의 관계에서 지금까지 다음의 두 가지 관점에서 논의되어 왔다(이하에서는 상법 제398조에 관해 검토하는데, 이것은 이 외의 이익충돌금지규정에도 그대로 타당하다). ① 회사와 이사 사이의 어음행위가 상법 제398조의 거래(혹은 민법 제64조 등의 이익충돌행위)에 해당하는 것인가. ② 그 어음행위가 이 거래에 해당한다면, 이에 위반한 어음행위의 효력, 즉 이사회의 승인을 얻지 않은 어음행위의 효력은 어떻게 되는가.

A. 어음행위에의 적용유무 회사가 이사에 대하여 어음을 발행하거나 배서하는 행위(이사가 대리 · 대표하는 제3자에게 회사가 어음을 발행하거나 배서하는 행위에 관해서도 마찬가지이다. 이하 같다)가 상법 제398조의 거래에 해당하는가의 여부에 관해서는 다음과 같이 논의되고 있다.

상법 제398조가 회사와 이사 사이의 거래에 관해 이사회의 승인을 요구하는 것은 그러한 거래가 회사에 불리하고 이사에 유리하게 이루어져 회사에 불이익을 줄 가능성 —— 이익충돌의 가능성 —— 이 있으므로, 회사에 그러한 손해가 생기는 것을 방지하기 위함이다. 회사에 손해가 생긴 경우에는 이사회에서 그 거래의 승인에 찬성한 이사 전원이 연대책임을 진다(상법 제399조). 따라서 여기에서 말하는 거래에는 예컨대 은행의 이사가 그 은행에 통상의 이율로서 예금하는 것과 같이 처음부터 이익충돌의 가능성이 없는 것은 포함되지 않는다. 또한 이사가 그 자신이 이사로 있는 회사에 대하여 어음을 발행하거나 배서하는 행위에는 이 조가 적용되지 않음에는 이론이 없다. 이러한 행위는 오로지 회사에 유리하고 이사에 불리한 행위이기 때문이다.

문제는 회사가 그 이사에게 어음을 발행하거나 배서하는 행위가 이익충돌의 가능성이 없는 거래에 해당하는가의 여부이다. 이러한 행위는 단지 원인관계상의 채무의 결제수단에 불과하고 처음부터 이익충돌의 가능성이 없는 거래이기 때문에 상법 제398조의 거래에 해당되지 않는다는 견해(서돈각, 74쪽)도 있다. 이 견해에 의하게 되면 상법 제398조에 의한 이사회의 승인의 필요유무는 원인관계인 거래에 관해서 문제됨에 지나지 않으며, 이에 관해 이사회의 승인이 필요함에도 불구하고 그 승인을 얻지 않은 경우에는 원인관계가 무효로 된다. 따라서 이 경우에 있어서 상법 제398조와 어음행위의 관계는 원인관계가 무효인 경우에 이것이 어음관계에 어떠한 영향을 미치는가 하는 문제로 다루어진다.

그러나 회사가 부담하는 어음채무는 원인관계상의 채무보다 더욱더 엄격한 지급의무를 지기 때문에 회사가 그 이사에 대해 어음을 발행하는 행위는 원칙적으로 상법 제398조의 거래에 해당한다고 보아야 할 것이고, 판례와 통설도 이 입장에 따르고 있다(정희철, 73쪽 ; 손주찬, 65쪽 ; 정동윤, 144쪽 ; 최기원, 136쪽 ; 서돈각 · 정찬형, 147쪽).

〈대판 1966. 9. 6, 66 다 1146〉

「피고회사의 1963년도의 결산기라 함은 상법이 시행된 이후에 속함이 분명하고 상법 제398조에 의하면 이사는 이사회의 승인이 있는 때에 한하여 자기 또는 제 3 자의 계산으로 회사와 거래할 수 있다고 규정하였고, 상법시행 전에 생긴 사항에도 적용한다고 규정하고 있으므로 상법시행 이후에 있어서는 본건 약속어음의 발행에 관하여는 상법 제398조에 의하여 피고회사의 이사회의 승인이 있어야 할 터이다.」(동지 : 대판 1978. 11. 14, 78 다 513)

어음채무가 원인관계상의 채무보다 훨씬 엄격한 지급의무를 지는 근거로서 어음채무에는 증명책임의 가중, 항변의 절단, 부도처분의 위험 등이 따른다는 것을 들 수 있다. 더욱이 어음에 의한 금전의 청구에 대해서 어음소송에 의하여 간이 · 신속하게 권리를 실현하는 방법이 전면적으로 도입되지는 않고 있지만, 어음채무에 대하여는 반드시 가집행선고를 하여야 하는 등을 근거로 들 수도 있다. 증명책임의 가중이란 원인관계의 경우에는 채권자측이 채권의 존재를 입증하여야 함에 대하여, 어음채무의 경우에는 채무자측이 청구를 거절할 수 있는 사유를 증명하여야 한다는 것을 말한다. 항변의 절단이란 원인관계의 경우 당사자 사이에 지급을 거절할 수 있는 사유가 존재하는 때에는 그 양수인에 대하여서도 원칙적으로(이의 없이 양도를 승낙한 경우는 제외) 그 사유를 주장할 수 있음(민법 제451조)에 대하여, 어음상으로는 어음수수의 당사자 사이에서 어음금의 지급을 거절할 수 있는 사유가 있을 때에도 그 양수인에 대해서는 원칙적으로 그 사유를 주장할 수 없다(어음법 제17조)는 것을 말한다. 부도처분의 위험이란 약속어음의 발행인 등이 그 채무의 지급을 거절한 때에는 어음교환규칙상 은행거래정지처분의 제재를 받는다는 것을 말한다.

B. 위반행위의 효력 이와 같이 회사가 그 이사에 대하여 어음을 발행하는 행위가 상법 제398조의 거래에 해당한다고 보는 것이 일반적인데, 여기

서 이 제한에 위반하여 이사회의 승인을 얻지 않은 채 행하여진 행위의 효력은 어떻게 되는가 하는 것이 문제로 된다. 먼저 회사가 그 이사에 대하여 발행하거나 배서한 어음에 기하여 이사 자신이 회사에 어음금의 지급을 청구한 경우에 회사가 어음의 발행·배서의 무효를 이유로 하여 그 지급을 거절할 수 있다고 해도 이것은 조금도 불합리하지 않다. 이사로서는 그 어음행위에 관해 이사회의 승인이 필요함을 알고 있어야 하고, 또한 이사회의 승인이 있었는가의 여부를 알 수 있는 지위에 있기 때문이다.

문제는 그 어음이 이사로부터 선의의 제3자(이사회의 승인을 얻지 않았음을 알지 못하는 제3자)에 배서양도된 경우에 회사가 그 선의의 제3자에 대해서도 어음의 발행·배서의 무효를 이유로 어음금의 지급을 거절할 수 있는가 하는 것이다. 학설은 이러한 결과를 인정하게 되면 선의의 제3자가 불측의 손해를 입게 되고, 어음거래의 안전을 해하게 된다고 하여 여러 가지 이론구성을 통해 선의의 제3자를 보호하는 결과를 이끌어 내고 있다. 즉 ① 본조는 효력규정이 아니고 명령규정이라고 하는 고찰방법(유효설)(그러나 이사 및 악의의 취득자에 대해서는 무효의 주장을 인정함), ② 창조설의 입장에서 어음채무부담행위는 단독행위이기 때문에 여기에는 본조가 적용되지 않으며, 어음권리이전행위는 계약이기 때문에 여기에는 본조가 적용되어 이에 위반한 어음권리이전행위는 무효이므로 이사는 무권리자로 되지만, 이사로부터 악의·중과실 없이 어음을 취득한 자는 어음을 선의취득한다고 하는 고찰방법(선의취득설), ③ 본조에 위반한 어음행위는 무효이지만, 그 무효는 선의의 제3자에 대항할 수 없다고 하는 고찰방법(상대적 무효설) 등이 있으며, ④ 어음행위에는 본조가 적용되지 않는다고 하는 전술한 견해에 의해서도 선의자를 보호하는 결과는 나올 수 있다.

대법원의 판례와 다수설은 상대적 무효설에 의하여 선의의 제3자를 보호하고 있다.

〈대판 1978. 3. 28, 78 다 4〉

「회사의 이사가 한 어음의 발행 또는 배서행위가 회사와 이해가 상반되어 본조에 저촉되는 경우에도 회사는 위 어음의 취득자가 악의였음을 주장·입증하여야 위 어음행위의 무효를 주장할 수 있다.」

〈대판 1978. 11. 14, 78 다 513〉

「본조의 규정은 이사와 회사와의 사이에 직접 있은 이해상반하는 거래에 있어 회사는 당해 이사에 대하여 이사회의 승인을 얻지 못한 것을 이유로 그 거래행위의 무효를 주장할 수 있다는 것이고, 이사가 회사를 대표하여 자기를 위하여 회사 이외의 제 3 자와의 사이에 한 거래에 있어서는 회사는 이사회의 승인을 얻지 못하였다는 것 외에 상대방인 제 3 자가 이사회의 승인 없었음을 알았다는 사실을 주장·입증하여야만 비로소 그 거래의 무효를 그 상대방인 제 3 자에게 주장할 수 있다고 해석함이 타당하다.」

3. 表見代表理事·表見代理 등과 어음行爲

(1) 표현대표이사와 표현지배인의 어음행위 표현대표이사(사장·부사장·전무·상무 등의 명칭을 회사로부터 부여받은 자)가 한 행위에 대하여 회사는 선의의 제 3 자에 대하여 책임을 지게 되고(상법 제395조, 제567조), 표현지배인(본점 또는 지점의 영업주임임을 나타내는 명칭을 부여받은 사용인)은 상대방이 악의인 경우를 제외하고 그 영업에 관한 재판 외의 모든 행위를 할 수 있는 권한을 갖는 것으로 보게 된다(상법 제14조). 따라서 표현대표이사 또는 표현지배인이 어음행위를 한 경우에도 회사 또는 본인은 선의의 제 3 자에 대해서 어음상의 책임을 진다.

〈대판 1988. 10. 25, 86 다카 1228〉

「상법 제395조가 정한 표현대표이사의 행위에 의한 회사의 책임에 관한 규정은 표현대표이사가 자기의 명칭을 사용하여 법률행위를 한 경우는 물론이고, 자기의 명칭을 사용하지 아니하고 다른 대표이사의 명칭을 사용하여 행위를 한 경우에도 적용된다.」

물론 이 때에도 선의자가 어음을 취득한 경우에는 그 후의 취득자는 악의이더라도 권리자로 인정된다.

(2) 표현대리와 어음행위 표현대리에 관한 민법규정(제125조, 제126조 및 제 129조)이 어음행위에 어떻게 적용되는가에 관해서는 이전에는 주로 민법규정상의 제 3 자가 어음행위의 직접의 상대방에 한정되는가, 그렇지 않으면 그 이후의 취득자도 포함되는가 하는 문제를 중심으로 논의되었다. 이하에서는 설명의 편의를 위해 주로 민법 제126조의 권한을 넘은 표현대리에 관해 고찰한다. 이하에서 고찰하는 바는 민법 제125조와 제129조의 표현대리에도 타당하다고 볼 수 있으며, 기관방식의 경우에도 마찬가지이다.

B가 본인 A로부터 부여받은 권한을 넘어 C를 수취인으로 하여 어음을 발행하고, C가 이 어음을 D에게 배서양도하였다고 하자. 이 경우 민법 제126조에서의 제 3 자를 직접상대방에 한정하는 견해(직접상대방한정설)에 의하면 C에게 B가

A를 대리하여 또는 A명의로 어음행위를 할 권한을 갖고 있다고 믿을 만한 정당한 이유가 존재하지 않으면, 그 후의 취득자 D에게 그러한 정당한 이유가 존재하여도 A는 어음상의 책임을 부담하지 않는다. 이에 대해 제3자에 그 이후의 취득자 D도 포함하는 견해(제3취득자포함설)에 의하면, C에게 그러한 정당한 이유가 존재하지 않더라도 어음은 유통증권이므로 D에게 정당한 이유가 존재한다고 인정되는 때에는 D는 A에 대하여 어음금의 지급을 청구할 수 있다(통설).

직접상대방한정설은 다음과 같은 사실을 그 이유로 들고 있다. ① 민법의 규정에서 말하는 제3자란 본인·대리인에 대한 제3자 C를 의미하고, 어음의 제3취득자 D와 같은 자를 예정하고 있지는 않다. ② 표현대리의 규정에서 말하는 정당한 이유의 유무는 무권대리인이 어음행위를 하는 때의 구체적 사정에 의하여 결정되는데, 제3취득자 D가 A·B 사이에 존재하는 구체적 사정을 신뢰하여 어음을 취득한다고는――D가 A·B 사이의 사정을 알 수 없기 때문에――거의 생각할 수 없다. ③ 직접의 상대방 C에 관해 정당한 이유가 없고, D에 관해 처음부터 정당한 이유가 존재하는 경우에 D에 대해 표현대리의 성립을 인정한다면, D에게는 처음부터 발행이 유효하게 되어 어음상의 권리가 발생하므로 C·D 사이의 배서는 채권양도로서의 의미가 없게 된다.

하지만 통설(정희철, 351쪽 ; 손주찬, 59쪽 ; 정동윤, 152쪽 ; 최기원, 141쪽)은 어음의 유통증권성을 근거로 하여 일반적으로 표현대리의 규정에서 말하는 제3자란 직접의 상대방뿐만 아니라 그 후의 취득자도 포함한다는 제3취득자포함설을 취하고 있다. 우리나라의 대법원 판례는 직접상대방한정설을 취한 것이 대부분이다. 제3취득자포함설을 취한 것은 과거의 판례이다. 통설에 따른다.

〈대판 1986.9.9, 84 다카 2310〉—직접상대방한정설

「표현대리에 관한 민법 제126조의 규정에서 제3자라 함은 당해 표현대리행위의 직접당사자가 된 자만을 지칭하는 것이고, 약속어음의 지급보증은 발행인을 위하여 그 어음금채무를 담보할 목적으로 하는 보증인의 단독행위이므로 그 행위의 구체적·실질적인 상대방은 어음의 제3취득자가 아니라 발행인이라 할 것이어서 약속어음의 지급보증부분이 위조된 경우, 동약속어음을 배서·양도받는 제3취득자는 위 지급보증행위가 민법 제126조 소정의 표현대리행위로서 지급보증인에게 그 효력이 미친다고 주장할 수 있는 제3자에 해당하지 않는다.」(동지 : 대판 1994.5.27, 93 다 21521)

〈대판 1969.9.30, 69 다 964〉—제3취득자 포함설

「다른 사람이 권한 없이 직접 본인명의로 기명날인하여 어음행위를 한 경우에도 제

3 자가 그 다른 사람에게 그와 같은 어음행위를 할 수 있는 권한이 있는 것이라고 믿을 만한 사유가 있고, 본인에게 책임을 질 만한 사유가 있는 경우에는 거래의 안전을 위하여 표현대리에 있어서와 같이 본인에게 책임이 있다고 해석해야 할 것이다.」

〈대판 1999. 12. 24, 99 다 13201〉

「어음행위의 위조에 관하여도 민법상의 표현대리에 관한 규정이 적용 또는 유추적용되고, 다만 이 때 그 규정의 적용을 주장할 수 있는 자는 어음행위의 직접상대방에 한한다고 할 것이며, 약속어음의 배서행위의 직접상대방은 당해 배서의 피배서인만을 가리키고 그 피배서인으로부터 다시 어음을 취득한 자는 위 배서행위의 직접상대방이 아니라 제 3 취득자에 해당하며, 어음의 제 3 취득자는 어음행위의 직접상대방에게 표현대리가 인정되는 경우에 이를 원용하여 피위조자에 대하여 자신의 어음상의 권리를 행사할 수가 있을 뿐이다. 甲이 乙명의의 배서를 위조한 후 甲 자신의 명의로 배서를 하여 丙에게 교부한 경우, 乙명의의 배서의 직접상대방은 어디까지나 그 피배서인인 甲이고 丙은 甲으로부터 다시 배서양도받아 취득한 자로서 乙명의의 배서에 대하여는 제 3 취득자에 해당하므로 丙이 乙에 대하여 직접 乙명의의 배서에 대한 표현대리책임을 물을 수 없다.」

〈대판 2000. 3. 23, 99 다 50385〉

「다른 사람이 본인을 위해 한다는 대리문구를 어음상에 기재하지 않고 직접 본인명의로 기명날인을 하여 어음행위를 하는 이른바 기관방식 또는 서명대리방식의 어음행위가 권한 없는 자에 의하여 행하여졌다면 이는 어음행위의 무권대리가 아니라 어음의 위조에 해당하는 것이기는 하나, 그 경우에도 제 3 자가 어음행위를 실제로 한 자에게 그와 같은 어음행위를 할 수 있는 권한이 있다고 믿을 만한 사유가 있고, 본인에게 책임을 질만한 사유가 있는 때에는 대리방식에 의한 어음행위의 경우와 마찬가지로 민법상의 표현대리의 규정을 유추적용하여 본인에게 그 책임을 물을 수 있다.

채무자가 물상보증인으로부터 근저당권설정에 관한 대리권만을 위임받은 후 그의 승낙 없이 채무전액에 대한 연대보증의 취지로 채권자에게 물상보증인명의의 약속어음을 발행해 준 경우, 채권자가 채무자에게 위와 같은 어음행위를 할 수 있는 권한이 있다고 믿을 만한 정당한 사유가 없다.」

〈대판 2002. 12. 10, 2001 다 58443〉

「표현대리에 관한 민법 제126조의 규정에서 제 3 자라 함은 당해 표현대리행위의 직접상대방이 된 자만을 지칭하는 것이고, 약속어음의 보증은 발행인을 위하여 그 어음금채무를 담보할 목적으로 하는 보증인의 단독행위이므로 그 행위의 구체적·

실질적인 상대방은 어음의 제3취득자가 아니라 발행인이라 할 것이어서 약속어음의 보증부분이 위조된 경우, 동 약속어음을 배서·양도받는 제3취득자는 위 보증행위가 민법 제126조 소정의 표현대리행위로서 보증인에게 그 효력이 미친다고 주장할 수 있는 제3자에 해당하지 않는다.」

4. 無權限의 경우

(1) 무권대리와 위조 타인이 무권한으로 어음행위를 해도 표현대리 또는 표현대표이사·표현지배인 등의 규정이 적용되는 경우를 제외하고는 실질적 요건을 결하기 때문에 대리방식·기관방식의 어느 경우에도 본인에 대해서는 어음행위가 성립하지 않는다.

일부 학설은 무권한자가 기관방식으로 어음행위를 한 경우에 관해 무권한자가 본인을 위한 의사를 갖고 있는 때에는 무권대리이고, 그러한 의사를 갖고 있지 아니한 경우가 위조라고 하여 전자의 경우는 추인이 가능하고, 후자의 경우에는 추인이 인정되지 않는다고 한다(서돈각, 82쪽). 그러나 다수설은 무권한으로 대리방식의 어음행위가 행하여진 경우를 어음행위의 무권대리라고 하고, 무권한으로 기관방식의 어음행위가 행하여진 경우를 어음의 위조라고 풀이하고 있다(정희철, 346쪽; 정동윤, 354쪽; 최기원, 143쪽). 그리고 어음의 위조의 경우에도 본인의 추인을 인정하고, 또한 표현대리의 적용을 인정하여 결국 양자의 실질적 차이를 해소하는 방향으로 나아가고 있다.

〈대판 1984.7.10, 84 다카 424·425〉

「피고회사의 상업사용인인 소외 A가 원고로부터 자신이 매수한 부동산대금의 지급을 위하여 자기명의의 어음을 발행하고 그 어음금의 지급을 담보하는 뜻으로 여기에 피고명의의 배서를 대행한 경우, 피고회사가 그 상업사용인인 위 A 개인의 토지매매대금채무의 변제를 담보하는 일은 피고회사의 영업범위내에 속하는 일이라고 볼 수 없으므로, 위 배서에 관한 특별수권이 있었다고 믿을 만한 사정이 없는 한 위 A가 피고회사의 지점장으로서 피고회사명의로 영업을 하고 있다는 사실만으로 동인에게 위와 같은 피고회사의 배서를 대행할 권한이 있는 것으로 믿을 만한 정당한 사유가 있다고 보기 어렵다.」

〈대판 1969.9.30, 69 다 964〉

「위 A가 경리담당 상무이사로서 피고 대표이사명의의 본건 약속어음을 발행할 수 있는 권한이 있는 것으로 신용한 B에게는 그 믿음에 있어서 정당한 이유가 있다고 보는 것이 상당하므로, 본건 약속어음에 대하여는 거래의 안전을 위하여 표현대리에 있어서와 같이 본인인 피고회사에 책임이 있다고 해석하여야 할 것이다.」

〈대판 1971. 5. 24, 71 다 471〉

「어음행위를 함에 있어 대리의 형식에 의하건, 기관방식에 의한 어음행위방식에 의하건 제 3 자가 이러한 방식에 의하여 어음행위를 실지로 한 자에게 그러한 어음행위를 할 수 있는 권한이 있다고 믿을 만한 사유가 있고, 본인에게 책임을 질 만한 사유가 있는 경우에는 거래안전을 위하여 표현대리에 있어서와 같이 본인에게 책임이 있다고 해석할 것이다.」

〈대판 1981. 3. 24, 81 다 4〉

「제 3 자가 대리형식에 의하건, 본인의 명의로 직접 서명날인을 대행하는 방식에 의하건 그 어음행위의 상대방이 위와 같은 방식에 의하여 어음행위를 실지로 한 자에게 그와 같은 어음행위를 할 수 있는 권한이 있는 것이라고 믿을 만한 사유가 있고, 본인에게 책임을 지울 만한 사유가 있는 경우에는 거래의 안전을 위하여 표현대리에 있어서와 같이 본인에게 책임이 있다.」

무권한으로 어음행위를 한 경우에 대해서는 다음에 설명하는 바와 같이 무권한자의 어음상의 책임 및 그 자가 어음채무를 이행한 경우의 효과가 문제된다.

(2) 무권한자의 어음상의 책임 어음법 제 8 조는 대리권이 없는 자가 대리인으로서 어음상에 기명날인 또는 서명한 때에는 그 무권대리인이 어음상의 책임을 부담한다는 취지를 규정하고 있다. 민법 제135조는 일반적으로 무권대리인의 책임에 관하여 규정하고 있으나, 어음법 제 8 조는 이것을 어음법화한 것이다.

어음소지인이 본인에 대하여 어음금의 지급을 청구하였으나 대리권의 흠결을 이유로 지급을 거절당한 경우에는 대리인에 대하여 어음금의 지급을 청구할 수 있고, 이 어음금지급청구에 대하여 대리인은 대리권이 있다는 사실 또는 추인을 얻었다는 사실을 증명하지 못하는 한 어음상의 책임을 면하지 못한다.

〈대판 1994. 8. 12, 94 다 14186〉

「어음교환행위가 주로 甲회사에 대한 자금융통을 위하여 행하여진 것으로서 乙회사의 직원인 A가 어음을 교환함에 있어 甲회사가 乙회사의 대외적 신용을 이용하여 그 어음을 용이하게 할인할 수 있도록 하기 위하여 권한 없이 乙회사명의의 배서를 한 것이라면, 그 배서행위는 실질적으로는 어음교환의 한 과정에 불과한 것이므로 乙회사가 무권대리인인 A의 어음교환행위를 추인하였다면 거기에는 다른 특별한 사정이 없는 한 A가 어음교환을 위하여 한 배서행위도 추인하여 그 배서를 유효한 것으로 하겠다는 의사도 포함된 것으로 해석함이 상당하다.」

이러한 책임은 본인으로부터 권한을 부여받지 못한 경우에 한하지 않고 본인이 존재하지 않는 경우도 마찬가지이다. 그러나 민법 제135조와는 달리 손해배상의 청구는 인정되지 않는다. 또한 무권대리인이 무능력자로서 법정대리인의 동의를 얻지 않은 때는 그 책임은 생기지 않는다고 보며, 어음소지인이 악의(중과실도 포함한다고 풀이할 것이다)인 경우에는 무권대리인은 어음상의 책임을 부담하지 않는다고 본다(민법 제135조에서는 이 취지를 규정하고 있다). 이 때 어음법 제8조의 해석과 관련하여 본인의 추인을 얻지 못한 무권대리의 경우 상대방이 악의인 경우에도 어음상의 채무자체는 성립한다고 보아야 한다. 다만 상대방에게 책임을 지지 않는데 그 근거로는 악의의 상대방이 권리주장을 하는 것은 권리남용이 된다는 주장이 있으나, 무권대리인이 상대방에 대해 인적항변주장을 할 수 있다고 보는 견해가 오히려 타당하다고 본다. 이러한 무권한자의 책임은 본인을 법률효과의 귀속자로 기재한 데 따른 담보책임이다.

무권대리인이 지게 되는 책임의 요건은 다음과 같다. ① 대리인으로서의 기명날인 또는 서명이 있어야 한다. 그렇지 않으면 위조가 된다. ② 대리권과 본인의 추인이 없어야 한다. 이 때 어음법 제8조는 어음취득자가 본인에 대해 어음상의 권리를 행사한 때 자칭대리인의 무권한을 이유로 본인이 항변하는 경우에 비로소 적용되는 것이므로, 추인은 무권대리인의 책임이 발생하지 않음을 확인하는 효력이 있는 것으로 보아야 한다(정희철, 355쪽 ; 손주찬, 63쪽 ; 정동윤, 148쪽 ; 강위두, 105쪽). 이에 대해서는 본인의 추인을 무권대리인의 책임소멸원인으로 보는 견해도 있다(서정갑, 112쪽 ; 최기원, 146쪽). ③ 상대방 또는 어음취득자는 선의이며 무중과실이어야 한다. ④ 대리행위에 하자가 없어야 한다. 본인이 실재하는가는 대리행위 자체가 형식상 유효하다면 문제되지 않는다. 그러나 무권대리인이 무능력자인 경우에는 책임이 없다고 보아야 한다.

어음법 제8조에 관해서는 다음의 두 가지 점이 문제된다.

A. 표현대리의 성립과 어음법 제8조 표현대리가 성립하여 어음소지인이 본인에 대하여 어음금을 청구할 수 있는 경우에 무권대리인이 어음법 제8

조의 책임을 부담하는가의 여부가 문제된다. 민법 제135조의 해석론으로서는 표현대리에 의하여 본인에게 청구할 수 있는 경우, 상대방은 기대한 대로의 효과를 얻을 수 있기 때문에 대리인에게는 책임이 없다고 풀이하기도 한다. 그러나 어음법 제 8 조에 관해서는 표현대리란 선의의 상대방을 보호하는 제도이기 때문에 표현대리가 성립하는 경우에도 이를 주장할 수 있는가의 여부는 상대방인 어음소지인의 자유이므로 소지인으로서는 표현대리를 주장하여 본인에게 책임을 지울 수도 있고, 아니면 이를 주장하지 않고 무권대리인에 대하여 어음법 제 8 조의 책임을 지울 수도 있다(정희철, 356쪽 ; 정동윤, 149쪽 ; 최기원, 145쪽). 왜냐하면 표현대리에 관한 민법의 규정은 거래의 상대방을 보호하고 거래의 안전을 도모하기 위한 규정이지 무권대리인을 보호하기 위한 규정은 아니므로 무권대리인이 이를 원용하여 민법 제135조 또는 어음법 제 8 조의 책임을 면할 수 있음을 인정하는 것은 부당하기 때문이다.

B. **위조와 어음법 제 8 조** B가 무권한으로 A명의의 어음행위를 한 경우, 즉 위조의 경우에 위조자 B에 대해 어음상의 책임이 인정되는가가 문제된다. 종래에는 일반적으로 위조의 경우에 위조자의 기명날인 또는 서명이 어음면상 표시되지 않으므로 어음행위의 문언성에서 어음채무를 부담시킬 기초가 없고, 또한 제 3 자가 이를 신뢰하지도 않는다는 이유로 위조자에 대해 어음법 제 8 조의 적용을 부정하였다(서돈각, 82쪽 ; 손주찬, 69쪽). 이 견해에 의하면 어음소지인은 어음위조자에 대해서는 민법의 불법행위책임을 추궁할 수 있을 뿐이다. 그런데 현재에는 어음위조자에게 어음상의 책임을 부담시키는 견해가 지배적이다. 그 이론구성으로서 다음의 두 가지 방법이 주장되고 있다. 그 하나는 어음법 제 8 조를 유추적용하는 방법이다(어음법 제 8 조 유추적용설)(정희철, 368쪽 정동윤, 165쪽). 다른 하나는 위조자 B가 A명의를 자신을 표시하는 명칭으로 사용하였으므로 스스로 어음행위를 한 본인으로서 어음채무를 부담한다고 하는 방법이다(위조자행위설)(최기원, 161쪽).

B가 A명의로 어음행위를 한 경우에 A명의가 B 자신을 표시하는 명칭으로 사용된 때에는 B는 자신을 위하여 어음행위를 한 자로서 어음채무를 부담함은 당연하다. 그리고 B가 A명의를 관용하고 있는 때에는 B는 A명의가 자신을 표시하는 명칭임을 부정할 수 없다고 본다. 또한 A명의가 자신을 표시하는 명칭으로 사용된 경우에는 B는 어음취득자의 선의 · 악의를 불문하고 어음상의 책임을 지게 된다.

그러나 A명의를 자신을 표시하는 명칭으로 사용한 경우가 아니더라도 B가

A명의로 기명날인 또는 서명하였다는 사실만 증명되면 B는 A로부터 권한을 부여받아 A명의의 기명날인 또는 서명을 하였다는 사실을 증명할 수 없는 한(민법 제135조 제1항의 문언 참조) 어음법 제8조의 유추적용에 의하여 어음상의 책임을 부담한다고 본다.

B가 A로부터 권한을 부여받지 않고 A명의의 기명날인 또는 서명을 하였다는 것은 논리적으로 보아 자신을 표시하는 명칭으로 그것을 사용한 경우이든지 아니면 위조의 경우이든지 둘 중의 하나인데, 그 어느 경우에도 B는 어음채무를 부담한다고 보아야 한다. 그런데 위조의 경우에 어음취득자가 위조에 관해 악의(중과실도 포함한다고 본다)인 때에는 B는 위조자로서의 책임을 부담하지 않게 된다(무권대리인의 책임의 경우와 동일하다).

위조자행위설에 의하면, 예컨대 B가 C에 대하여 A로부터 권한을 부여받아 A명의로 어음행위를 하였다고 하면서 어음을 교부하였으나 실제로는 B가 무권한인 경우에도 B는 A명의를 자신을 표시하는 명칭으로 사용한 것으로 구성할 수 있으나, 이것은 실제와 부합하지 않는 경향이 있다. 특히 C가 B의 무권한에 관해 악의인 때에는 B에 대하여 어음상의 책임을 추궁할 수 없다고 생각되지만, 위조자행위설에 의하면 B가 자신을 위하여 어음행위를 한 것으로 되기 때문에 위의 결론을 이끌어 낼 수 없다는 불합리가 생긴다. 이러한 의미에서 B가 A명의로 어음행위를 한 경우를 항상 위조자행위설에 의하여 설명함에는 찬성할 수 없고, 전술한 바와 같이 경우를 나누어 위조에 대해서 어음법 제8조의 유추적용을 인정해야 할 것이다.

(3) 무권한자의 책임의 내용 및 그 보전 무권한자가 지는 어음상의 책임의 내용은 권한이 있었을 때 본인이 지게 될 어음상의 책임과 같으며, 이 책임이 본인을 어음행위자로 표시한 데 대한 담보책임임은 앞에서 밝힌 바와 같다.

이상과 같이 무권한자가 지게 되는 책임의 내용이 보통의 유효한 대리행위에 있어서의 본인의 그것과 같다는 점에서 무권한자는 본인이 가지는 항변을 원용할 수 있다. 또한 무권한자의 책임보전과 관련하여 상환절차나 시효중단절차는 본인에 대해서 하는 것으로 족하다.

(4) 무권한자가 어음채무를 이행한 경우의 효과 어음법 제8조 제2문은 무권대리인이 어음상의 의무를 이행한 때에는 본인과 동일한 권리를 가진다고 규정하고 있다. 따라서 본인으로 표시된 자가 상환의무자인 경우에 무권대리

인은 이 조의 의무를 이행함으로써 그 전자에 대한 권리를 취득하게 된다. 그러나 본인으로 표시된 자가 환어음의 인수인, 약속어음의 발행인과 같이 최종의무자인 경우에는 무권대리인이 그 의무를 이행해도 어떠한 어음상의 권리를 취득하지는 못한다(인수인·발행인에 대하여 구상권을 취득할 수는 있다). 따라서 결국 상환의무자를 무권대리한 자만이 그 채무이행을 함으로써 권리를 취득하게 된다. 상환청구를 받은 자는 무권대리인에 대하여 가지는 항변뿐만 아니라 본인이 청구하였다면 주장할 수 있는 항변도 주장할 수 있다. 이 규정은 무권한자 B가 본인 A명의로 어음행위를 한 경우에도 유추적용된다고 할 것이다.

어음법 제 8 조 제 2 문의 입법취지가 무권대리인이 어음상의 책임을 이행하는 것을 장려하는 것이므로, 본인이 전자 등에 대하여 어음상의 의무의 이행을 청구할 수 있는 경우에 무권대리인이 어음상의 의무를 이행했다고 하여 어음상의 의무자가 책임을 면하게 됨은 공평의 이념에 반한다는 주장도 있다. 이러한 지적은 무권대리인이 제 3 자에 어음을 양도함에 있어서 취득한 대가를 본인이 취득하고 있는 경우에 설득력이 있다. 그러나 그 대가를 무권대리인 자신이 갖고 있는 경우에는 어음법 제 8 조 제 2 문에 의하게 되면, 제 3 자에 양도함에 있어서 취득한 대가에 관해 무권대리인이 부당하게 이득하는 결과를 시인하게 되어 타당하지 않다. 이러한 경우에는 무권대리인은 어음의 도취자의 지위에 있기 때문에 어음상의 권리를 취득하지 못하고, 본인이 어음상의 권리를 취득한다고 보아야 한다. 즉 이 경우 본인은 무권대리인에 대하여 어음의 교부를 청구하고, 그 어음에 기하여 어음상의 권리를 행사할 수 있다고 풀이하여야 한다.

(5) 월권대리 어음법 제 8 조 제 3 문에 의하여 본인을 월권대리한 자도 일반 무권대리인의 경우와 마찬가지로 책임을 진다.

가령 본인 A가 대리인 B에게 어음금액이 100만원 이하인 어음만을 발행하도록 권한을 부여했음에도 불구하고 대리인 B가 어음금액이 200만원인 어음을 제 3 자 C에게 발행했을 경우에 B의 책임의 범위가 문제된다. 여기에는 전액책임설(책임병행설)(정희철, 359쪽; 정동윤, 151쪽; 최기원, 150쪽), 초과부분책임설(책임분담설)(小橋一郎, 65쪽), 본인무책임설(Langen, S. 20ff.)의 세 가지 학설이 있다.

전액책임설에 따르면 대리인은 전액에 대하여 책임을 지고 본인은 대리권의 범위 내에서 책임을 지므로 B는 200만원, A는 100만원의 책임을 지고, 대리인의 책임액 200만원 중에 100만원은 A와 B가 연대책임을 진다. 초과부분책임설은 대리인은 그 초과한 부분에 대하여만 책임을 지고, 본인은 대리권을 수여한 범위 내에서만 책임을 진다고 하므로 B와 A가 각각 100만원씩의 책임을 지게 된다. 마지막으로 본인무책임설에 의하면 대리인만이 전액에 대하여 책임을 지므로 B는 200만원 전부를 C에 대하여 책임지게 된다.

요컨대 월권대리 역시 일반 무권대리와 마찬가지로 제3자를 보호하는 제도이므로 제3자를 가장 두텁게 보호하는 전액책임설이 타당하다고 생각된다. 그런데 법률에 의하여 본인이 어음금 전액에 대하여 책임을 지는 경우(대리권제한의 경우)가 있으므로 주의가 요청된다(민법 제60조 : 법인의 이사 ; 상법 제11조 제3항 : 지배인 ; 상법 제209조 제3항, 제269조, 제389조 제3항, 제567조 : 회사대표자).

제5절 어음의 僞造와 變造

姜渭斗, 어음위조의 입증책임, 判例月報 281(1994. 2)/金先錫, 어음僞造의 주장과 증명책임 ; 약속어음금청구에 있어서의 증명책임, 대한변호사협회지 140(1988. 4)/김종희, 어음·수표의 변조에 관한 연구, 忠南大 博士學位論文, 1994/宋錫彦, 어음僞造者의 책임, 중앙대법정논총 39(1981. 1)/安東燮, 記名捺印의 대행과 어음僞造, 司法行政 262(1982. 10)/安東燮, 어음僞造의 책임관계, 司法行政 366(1991. 6)/李基秀, 어음의 僞造와 變造, 고시연구 162(1987. 9)/李基秀, 僞造 있는 어음의 立證責任, 법률신문 1889(1989. 11. 13)/李基秀, 僞造있는 어음의 立證責任, 법률신문 2253(1993. 10. 4)/李基秀, 僞造 있는 어음의 立證責任, 商事法硏究 12(1993)/李基秀, 僞造 있는 어음의 立證責任, 판례월보 282(1994. 3)/李康龍, 어음의 僞造·變造에 관한 硏究, 충남대 법학연구 2. 1(1991. 12)/李楨漢, 판례를 중심으로 본 어음의 위조에 관한 연구, 연세대 박사학위논문, 1978/鄭鎭世, 은행의 위조어음·수표지급에 관한 책임분담(상), 判例月報 291(1994. 12), (하), 292(1995. 1)/鄭燦亨, 어음·수표의 變造, 商法論叢(鄭熙喆先生停年紀念論文集), 1985/鄭燦亨, 어음·手票의 僞造 : 미국법과 비교를 중심으로, 경찰대논문집 5(1986. 1)/鄭燦亨, 어음위조에 표현대리에 관한 규정의 적용에 있어서 제3자의 범위, 判例月報 290(1994. 11)/崔秉鶴, 어음僞造와 원인채권의 保證, 法曹 351(1985. 12)/洪復基, 어음수취인란의 변경, 商事判例硏究 1(1986).

Ⅰ. 어음의 僞造

1. 僞造의 意義

어음법에는 위조의 개념이 규정되어 있지 않기 때문에 그와 관련하여 학설이 여러 가지로 나뉘고 있으나, 크게는 두 개의 기본관점에서 출발한다. 첫째 견해는 어음의 서면성 · 문언성 · 객관성을 이유로 어음의 법률관계를 어음상의 기재대로 결정해야 한다는 입장이며, 이것이 통설이다. 둘째 견해는 어음상의 기재사항은 그대로 결정되나 어음상에 기재되어 있지 않은 사항은 어음행위의 직접의 당사자간에서는 구체적 사정을 참작하여 결정해야 한다는 입장이다.

일반적으로 어음의 위조라 함은 권한이 없는 자가 타인의 명칭을 위작하여 그 타인이 어음행위를 한 것과 같은 외관을 작출하는 행위, 즉 어음면에 부진정한 기명날인 또는 서명을 나타내는 것을 말한다. 여기서 말하는 타인에는 실재인, 사자 또는 가설인이 모두 포함된다. 타인의 기명날인의 위조는 도취 또는 모용된 인장을 사용하여 행해지는 것이 보통이다. 특정한 목적을 위해 보관하는 실인을 남용한다든가, 이미 타인의 기명날인 또는 서명이 있는 지편을 어음기명날인 또는 서명으로 유용한다든가 등의 방법에 의해서도 행해진다. 그러나 기명날인자 또는 서명자가 어음임을 인식하고 기명날인 또는 서명한 이상, 그 후 기명날인자 또는 서명자의 의사에 반해서 유통시킨 경우에는 위조로 되지 아니한다. 그리고 허위의 외관을 작출하는 방법 · 작성에 대해서 위조자의 고의 · 과실은 묻지 아니한다.

어음법상의 위조개념은 형법상의 위조개념과 다르다. 형법상에서는 대리(대표)권이 없는 자가 대리자격을 표시하고 스스로 기명날인 또는 서명하는 경우 및 백지어음의 보충권의 남용의 경우도 위조가 된다.

2. 無權代理와 僞造의 區別基準

어음행위는 본인 자신이 하는 것이 원칙이나 타인에 의해서도 행하여진다. 그리고 타인에 의한 어음행위의 경우는 타인이 어음상에 대리관계를 표시하여 하는 경우(대리방식)와 타인이 직접 본인의 명의로 기명날인 또는 서명하여 하는 경우(기관방식)가 있어 후자를 이른바 기관방식의 대리(대행)라 한다.

그런데 무권대리와 위조의 구별에 관해서 통설은 대리방식에 의한 경우에는 대리인인 타인이 대리권이 없는 때를 무권대리라 하고, 기관방식에 의한 경우에는 대행자가 권한이 없는 때를 위조로 구성한다. 그 이유를 어음행위의 서면성 · 문언성 · 객관성에 두고 있다. 그런데 일본의 일부학설은 권한이 없는 대행자에 의한 본인명의사용의 경우를 다시 대행자에게 '본인을 위한 의사'가 있었느냐의 여부에 따라서 무권대리와 위조로 구별하기도 한다. 생각건대 그러한 행위자의 주관적 의도에 의한 구별은 명확성을 중시하는 어음행위의 증권적 성질에 반하고, 제 3 자의 신뢰를 해한다는 점에서 오로지 형식만을 기준으로 양자를 구별하여야 할 것이다. 그 대신 위조의 경우에도 무권대리와 유사한 관계가 있을 때는 표현대리규정의 유추적용을 인정할 수 있을 것이다.

Ⅱ. 被僞造者의 責任

어음이 위조된 경우에 피위조자(명의인)는 원칙적으로 어떤 사람에 대해서도 어음상의 책임을 부담하지 아니한다. 왜냐하면 피위조자 자신의 어음행위가 존재하지 않기 때문이다. 그러나 피위조자가 어떠한 사정에 의해 위조를 추인하거나 피위조자가 위조의 기회를 제공한 경우에는 피위조자도 예외적으로 어음상의 책임을 부담한다.

〈대판 1965.10.19, 65 다 1726〉

「약속어음을 다른 사람이 그 기명날인을 위조하여 발행한 경우에 있어서는 그 발행인으로서 표시된 사람은 그 약속어음의 발행인으로서의 의무를 부담하지 않는다.」

1. 僞造의 追認

(1) 추인의 가부 종래에는 위조의 추인은 부정되었으나, 최근에는 위조행위가 무권대리인에 의해 직접 본인의 기명날인 또는 서명이 되어 있는 것과 동일시할 수 있는 사정이 있을 때에는 소급효 있는 위조의 추인을 인정하고 있다. 종래의 통설(서돈각, 83쪽 ; 손주찬, 93쪽 ; 강위두, 122쪽)은 위조의 경우에는 무권대리와는 달리 효력발생의 미확정상태가 존재하지 않고, 추인의 대상이 되어야 하는 어떤 사람의 어음행위도 존재하지 않으며, 위조는 비윤리적인 행위여서 추인을 인정하면 도리어 위조의 폐해가 생긴다는 것을 이유로 위조의 소급적 추인을 부정했다. 따라서 부정설에 의하면 피위조자의 추인을 무효행위의 추인으로서 추인시로부터 새로운 계약이 성립하고, 추인한 자는 보증약속에 의한 책임을 부담하는 것으로 보았다. 이에 대해 최근에는 위조의 경우에도 추인을 인정할 실질적 사정이 있다는 이유로 이것을 인정하는 학설이 유력하다(정희철, 365쪽 ; 서돈각·정찬형, 178쪽 ; 정동윤, 162쪽 ; 채이식, 258쪽 ; 최기원, 161쪽). 즉 기명날인 또는 서명의 대행을 의사전달기관, 즉 사자에 의한 본인의 행위라고 해석하는 입장에서 위조자를 무권한사자라고 해석하여 추인의 경우에는 무권대리의 규정을 준용한다든가, 기관방식의 어음행위의 경우에 위조시 무권한이더라도 사후에 추인이 있으면 대행권이 보완된다는 이유로 소급적 추인을 인정한다. 또한 위조의 추인을 부정하는 입장에서도 타인에 의해 행하여진 본인명의의 기명날인 또는 서명을 본인이 자기의 의사에 기한 것으로 확인하는 방법에

의해서 위조의 추인을 인정하는 것과 동일한 결과를 유도하기도 한다.

(2) 어음상의 의사와 표시의 관계 의사와 표시의 관계에서 보면 ① 위조의 의사표시는 누구의 의사도 어음상에 존재하지 않는다는 견해(절대무효설), ② 이와 같은 의사표시도 절대무효는 아니고 피위조자에 대한 관계에서는 무권대리 또는 무권대리에 준한다는 견해(무권대리설 또는 무권대리준용설), ③ 이와 같은 의사표시를 위조자 자신의 이름으로 하는 유효한 행위라고 하는 견해(본인행위설)로 구분된다.

생각건대 어음상에 형식적인 적법한 표시가 존재하는 한 여기에 어떠한 의사의 형해를 인정하여 추인이라는 예외적인 정당화요소가 있을 때에는 그러한 형해적 의사를 기초로 이론을 구성할 수 있다고 본다. 왜냐하면 위조와 무권대리의 경우에 피위조자와 본인 어느 편의 의사도 존재하지 않음에도 불구하고 후자에는 추인을 인정하고 있는데, 이것은 의사이론이 말하는 의사의 부정으로서 결국 어음상에 기재된 것에 어음법이 우위를 두는 이상 위조의 경우에도 이와 같은 의미에서 피위조자의 형해적인 의사의 존재를 인정할 수 있기 때문이다.

(3) 추인의 이론구성 최근에는 무권한의 기명날인 또는 서명(위조를 포함해서)이 있는 경우에 실질적 관계에 있어서의 행위의 용태를 유형화해서 개별적으로 적합한 이론구성을 채택하고자 하는 주장이 있다. 그에 의하여 B가 무권한으로 A명의의 기명날인 또는 서명을 한 경우에 ① B가 A의 대리인 또는 대행자라고 칭하고 기명날인 또는 서명하는 경우(가형), ② B가 A라 사칭해서 기명날인 또는 서명하는 경우(나형), ③ 기명날인 또는 서명한 것은 A 자신이라고 거짓말한 경우(다형)로 나뉘어진다.

그리고 소급적 추인을 인정하는 경우에 각 유형에 가장 타당한 법적 근거로서 전시 (가)형에는 무권대리규정의 유추적용을 (나)형에는 무효행위의 추인에 관한 규정의 적용을 생각할 수 있고, (다)형에는 (가)·(나)형과 같이 해결할 수 없을 경우 피위조자에 의한 위조의 물적항변권의 포기라는 구성을 생각할 수 있다. 또한 무효행위의 추인에 의한 경우도 당사자간의 합의에 의해서 효력을 소급시킬 수도 있다. 그러나 이와 같이 해석하지 않더라도 결과적으로는 큰 차이가 없고, 어음거래의 안전을 해하지 않는다고 한다. 그러나 이러한 비판은 소급효를 인정하려는 당사자의 의사에 반하고, 도리어 권리의무관계의 상대화(개별화)를 초래하여 어음의 본래의 기능을 해치는 결과가 된다. 그 밖에 전시 유형의 모든 경우에 권리외관이론의 적용에 의해서 피위조자의 어음책임을 긍정하려 하는 견해도 있다.

2. 被僞造者의 表見責任

피위조자가 위조의 기회를 제공하고 있다고 보여질 때 피위조자의 표현책임이 인정되는가가 문제된다. 종래에는 이것을 부정하고 있었지만, 최근의 많은 학설은 이것을 긍정한다. 이 때의 법적 근거로서는 표현대리에 관한 민법의 규정을 유추적용하고자 한다.

〈대판 1981. 3. 24, 81 다 4〉

「어음행위를 함에 있어 제3자가 대리형식에 의하건, 본인명의로 직접 서명날인을 대행하는 방식에 의하건 제3자가 그러한 어음행위를 실지로 한 자에게 그와 같은 어음행위를 할 수 있는 권한이 있는 것이라고 믿을 만한 사유가 있고, 본인에게 책임을 지울 만한 사유가 있는 경우에는 거래의 안전을 위하여 표현대리에 있어서와 같이 본인에게 책임이 있다고 할 것이다.」

〈대판 1969. 9. 30, 69 다 964〉

「다른 사람이 권한 없이 직접 본인명의로 기명날인하여 어음행위를 한 경우에도 제3자가 그 다른 사람에게 그와 같은 어음행위를 할 수 있는 권한이 있는 것이라고 믿을 만한 사유가 있고, 본인에게 책임을 질 만한 사유가 있는 경우에는 거래의 안전을 위하여 표현대리에 있어서와 같이 본인에게 책임이 있다고 해석하여야 할 것이다.」

구체적으로 위조에 대해서 피위조자에게 중과실이 있는 경우에는 피위조자에 귀책될 수 있다고 하여 표현책임을 긍정한다. 이에 반하여 위조를 알면서 피위조자가 이것을 방치하였던 경우 및 위조의 진위에 대해서 조회하였는데 피위조자가 회답하지 않은 경우 피위조자에 회수의무 내지 회답의무가 거래관행상 인정되지 않는 한 현 단계에서 귀책원인이 있는 것으로 인정되지는 않는다. 따라서 표현책임을 인정하기 위해서는 위조자가 과거에 본인을 대행해서 어음을 발행한 사실, 침묵의 경우에는 본인이 과거에 위조를 추인한 사실, 기명날인 또는 서명의 진위에 대해서 과거에 회답한 사실 또는 이와 동일시할 수 있는 특별한 사정이 있는 경우이어야 하고, 또한 제3자가 위의 사실을 선의이고 중과실 없이 신뢰했어야 한다. 따라서 이 경우에는 권리외관이론이 엄격하게 제한적으로 적용된다.

또한 제3자의 범위에 대해서는 위조의 경우에는 제3자가 어음발행의 사정을 알지 못하고 오로지 본인의 진정한 기명날인 또는 서명으로 믿을 수밖에 없을 것이므로 제 3 취득자를 포함시켜야 할 것이다.

3. 被僞造者의 使用者責任

피위조자가 어음상의 책임을 부담하지 않는 경우에 위조자가 피위조자의 피용자일 때에 피위조자는 민법 제756조의 사용자책임을 지는 경우가 있다.

책임성립의 요건으로서 ① 피위조자와 위조자 사이의 사용관계가 있을 것, ② 위조가 '사무집행에 관하여' 행해질 것, ③ 피위조자가 면책사유를 증명하지 못할 것이 요구되고, 피해자측에는 악의 · 중과실이 없을 것 등이 판례상 확립되어 있다.

〈대판 1996. 1. 26, 95 다 46890〉

「자동차회사의 판매과직원이 한 약속어음의 배서위조 및 그 할인행위가 그 직무범위 내에 속하지 아니함은 물론, 외관상으로 보더라도 그의 직무권한 내의 행위와 밀접하여 직무권한 내의 행위라고 볼 수 없다.」(사용자의 책임을 부정한 원심판결을 수긍한 사례)

그리고 판례는 면책사유가 존재한다는 주장을 거의 인정하지 않기 때문에 중요한 것은 ②의 요건이다. 판례는 당초 이 요건을 엄격히 해석하고 있었으나 그 후 본래의 직무와 밀접하게 관련되고 행위의 외형으로부터 관찰하여 피용자의 직무의 범위 내에 속하는가의 여부를 결정하는 입장(외관표준설)을 확립하고, 나아가 직무와 행위의 관련성을 일층 완화시키고 있다.

〈대판 1982. 10. 26, 81 다 509〉

「회사의 경리사원으로 일하면서 회사의 지출결의나 회사대표 개인의 지시에 따라 회사명의 또는 대표 개인명의의 수표와 어음작성을 늘상 해왔다면, 설령 개인목적으로 약속어음을 위조, 제 3 자에게 교부하였더라도 이는 정당한 어음발행행위라 보아야 한다. 따라서 이러한 위조어음의 소지인은 회사 또는 대표 개인에게 어음금을 청구할 권리가 있다.」

〈대판 1985. 8. 13, 84 다카 979〉

「민법 제756조의 사용자의 책임에 피용자가 그 사업의 집행에 관하여라는 뜻도 그 범위에 있어서 앞에서 설시한 위 규정의 입법근거인 보상관계에 따라 해석하여야 할 것이므로, 원칙적으로는 그것이 피용자의 직무범위에 속하는 것이어야 할 것이나 … (중략)… 피용자의 직무집행행위 그 자체는 아니나 그 행위의 외형으로 관찰하여 직무의 범위 내에 속하는 것과 같이 보이는 행위도 포함하는 것이라고 새겨야 할 것이다.」

〈대판(전원합의체) 1994. 11. 8, 93 다 21514〉

「어음이 위조된 경우에 피위조자는 민법상 표현대리에 관한 규정이 유추적용될 수 있다는 등의 특별한 경우를 제외하고는 원칙적으로 어음상의 책임을 지지 아니하나, 피용자가 어음위조로 인한 불법행위에 관여한 경우에 그것이 사용자의 업무집행과 관련된 위법한 행위로 인하여 이루어졌으면 그 사용자는 민법 제756조에 의한 손해배상책임을 지는 경우가 있고, 이 경우에 사용자가 지는 책임은 어음상의 책임이 아니라 민법상의 불법행위책임이므로 그 책임의 요건과 범위가 어음상의 그것과 일치하는 것이 아니다. 따라서 민법 제756조 소정의 사용자책임을 논함에 있어서는 어음소지인이 어음법상 상환청구권을 가지고 있느냐는 등 어음법상의 권리 유무를 따질 필요가 없으므로, 어음소지인이 현실적으로 지급제시를 하여 지급거절을 당하였는지의 여부가 어음배서의 위조로 인한 손해배상책임을 묻기 위하여 필요한 요건이라고 할 수 없고, 어음소지인이 적법한 지급제시기간 내에 지급제시를 하지 아니하여 상환청구권보전의 절차를 밟지 않았다고 하더라도 이는 어음소지인이 이미 발생한 위조자의 사용자에 대한 불법행위책임을 묻는 것에 장애가 되는 사유라고 할 수 없다.」

〈대판 2002. 12. 10, 2001 다 58443〉

「민법 제756조에 규정된 사용자책임의 요건인 '사무집행에 관하여'라는 뜻은 피용자의 불법행위가 외형상 객관적으로 사용자의 사업활동 내지 사무집행행위 또는 그와 관련된 것이라고 보여질 때에는 행위자의 주관적 사정을 고려함이 없이 이를 사무집행에 관하여 한 행위로 본다는 것이고, 외형상 객관적으로 사용자의 사무집행에 관련된 것인지의 여부는 피용자의 본래 직무와 불법행위와의 관련정도 및 사용자에게 손해발생에 대한 위험창출과 방지조치결여의 책임이 어느 정도 있는지를 고려하여 판단하여야 한다.」

〈대판 2002. 12. 10, 2001 다 58443〉

「피용자의 불법행위가 외관상 사무집행의 범위 내에 속하는 것으로 보이는 경우에 있어서도 피용자의 행위가 사용자나 사용자에 갈음하여 그 사무를 감독하는 자의 사무집행행위에 해당하지 않음을 피해자 자신이 알았거나 중대한 과실로 인하여 알지 못한 경우에는 사용자책임을 물을 수 없다고 할 것인데, 이 경우 중대한 과실이라 함은 거래의 상대방이 조금만 주의를 기울였더라면 피용자의 행위가 그 직무권한 내에서 적법하게 행하여진 것이 아니라는 사정을 알 수 있었음에도 만연이 이를 직무권한 내의 행위라고 믿음으로써 일반인에게 요구되는 주의의무에 현저히 위반하는 것으로 거의 고의에 가까운 정도의 주의를 결여하고, 공평의 관점에서 상대방을 구태여 보호할 필요가 없다고 봄이 상당하다고 인정되는 상태를 말한다.」

〈대판 2008. 2. 1, 2005 다 49270〉

「민법 제756조에 규정된 사용자책임의 요건인 '사무집행에 관하여'라는 뜻은, 피용자의 불법행위가 외형상 객관적으로 사용자의 사업활동 내지 사무집행 행위 또는 그와 관련된 것이라고 보여질 때에는 주관적 사정을 고려함이 없이 이를 사무집행에 관하여 한 행위로 본다는 것이고, 여기에서 외형상 객관적으로 사용자의 사무집행에 관련된 것인지 여부는, 피용자의 본래 직무와 불법행위와의 관련 정도 및 사용자에게 손해발생에 대한 위험 창출과 방지조치 결여의 책임이 어느 정도 있는지를 고려하여 판단하여야 할 것이다.

은행거래에 있어서 거래액수가 큰 경우에는 이를 유치한 직원 등이 그 예금거래에 필요한 일을 대신 처리해 주는 등 고객의 편의를 봐주는 경우가 적지 않고, 그 직원이 근무지를 옮길 경우 고객이 그를 따라 거래지점을 바꾸어 가면서 거래를 하는 경우도 흔히 있으며, 이러한 거래방식은 은행 직원들이 예금수신고를 높이기 위해 자주 사용하는 방법으로 은행거래에 있어서 전혀 이례적인 것이라고 할 수 없다. 원고 1, 2가 피고 은행의 직원 갑에게 이 사건 각 신탁예금의 만기 해지 · 인출 및 신규예금으로의 예치에 관한 권한을 위임한 것은, 단지 갑이 가까운 친족이기 때문만이 아니라, 그가 피고 은행의 직원이었고 수년 동안 그를 통해 이상 없이 거래를 계속하여 온 신뢰를 토대로 한 것이며, 갑 역시 단순히 위 원고들의 대리인의 지위에서 뿐만 아니라 피고 은행의 직원으로서 주요 고객에 대한 관리 및 편의제공 차원에서 이를 대신해 준 것으로 봄이 타당하므로, 갑이 이 사건 각 신탁예금을 만기에 인출하여 신규예금에 예치하는 과정에서 임의로 그 일부를 예치하지 않고 개인적으로 유용한 것은 외관상 객관적으로 피고의 사무집행과 관련된 행위에 해당한다고 할 것이다.」

한편 학설도 위의 요건 하에 피위조자에게 사용자책임을 인정한다. 그런데 피해자가 이 책임에 의한 손해배상을 청구하는 경우에 손해배상액은 어음금액인가, 아니면 현실적 출연액 또는 할인액인가에 관하여 다툼이 있다.

소수설(서돈각 · 정찬형, 181쪽)과 종전의 판례(대판 1985. 8. 13, 84 다카 979; 대판 1985. 12. 10, 85 다카 578)는 이 경우에 손해액을 어음금액의 상당액으로 보고 있다. 그러나 다수설에 의하면 이 경우의 피위조자의 책임은 불법행위책임이므로 피위조자가 어음금액의 전액에 대하여 책임을 질 이유는 없고, 따라서 어음취득의 대가인 현실적 출연액 또는 할인액이 손해배상액이라고 한다(정동윤, 163쪽; 최기원, 159쪽). 그리고 대법원도 최근에 전원합의체판결을 통하여 종래의 판례를 변경하여 다수설의 견해를 취하였다. 그리고 배서가 위조된 경우 사용자책임을 묻기 위하여 상환청구요건을 갖추어야 하는가의 문제가 있다. 즉 피용자가 어음위조로 인한 불법행위에 관여한 경우에 그것이 사용자의 업무집행과 관련한 위법한 행위로 인하여 이루어진 경우 그 사용자는 민법 제756조에 의한 손해배상책임을 지는 경우가 있다. 이 경우에 사용자가 지는 책임은 어음상의 책임이 아니라 민법상의 불법행위 책임이므로 그 책임의 요건과 범위가 어음상의 그것과 일치하는 것이 아니다. 따라서 민법 제756조 소정의 사용자 책임을 지울 것인지를 논의하는 경우에 있어서는 어음소지인이 어음법상 상환청구권을 가지고 있느냐는 등 어음법상의 권리유무를 따질 필요는 없는 것이다. 우리 대법원은 과거에는 적법한 지급제시 등을 통하여 상환청구요건을 갖추어야 한다고 하였었으나(대판 1974. 12. 24, 74 다 808; 대결 1990. 4. 10, 89 다카 17331), 그 이후 변경하여 적법한 지급제시를 통하여 소구요건을 갖추지 않아도 사용자책임을 물을 수 있다고 종래의 판례를 변경하였다(대판 1994. 11. 8, 93 다 21514). 이는 타당한 판례변경이다.

〈대판 1992. 6. 23, 91 다 43848〉

「위조된 수표를 할인에 의하여 취득한 사람이 그로 인하여 입게 되는 손해액은 특별한 사정이 없는 한 그 위조수표를 취득하기 위하여 현실적으로 출연한 할인금에 상당하는 금액이지, 그 수표가 진정한 것이었더라면 그 수표의 소지인이 지급받았을 것으로 인정되는 그 수표의 액면에 상당하는 금액이 아니라고 봄이 상당한바, 위조수표의 액면에 상당하는 금액은 그 수표가 위조된 것이 계기가 되어 그 소지인이 그 금액을 얻을 수 있으리라는 기대를 갖게 되는 이익에 지나지 아니할 뿐, 수표의 위조라는 불법행위가 없었더라면 그 소지인이 원래 얻을 수 있었던 것으로서 그 수표의 위조행위로 말미암아 얻을 수 없게 된 이익은 아니라고 할 것이므로 그 소지인이 그 액면에 상당하는 금액을 지급받지 못하게 된 것이 불법행위로 인한 소극적 손해에 해당한다고 볼 수 없기 때문이다.」

〈대판 1994. 11. 8, 93 다 21514〉

「피용자가 어음의 배서를 위조하여 어음할인을 받은 경우, 어음소지인은 할인금을 지급하는 즉시 그 어음액면금이 아닌 그 지급한 할인금상당의 손해를 입었다고 할 것이므로 그 후 어음소지인이 현실적으로 지급제시를 하여 지급거절을 당하였는지 여부가 어음배서의 위조로 인한 손해배상책임을 묻기 위하여 필요한 요건이라고 할 수 없고, 또 어음소지인이 적법한 지급제시기간 내에 지급제시를 하지 아니하여 상환청구권보전절차를 밟지 않았다 하더라도 이는 어음소지인이 이미 발생한 위조자의 사용자에 대한 불법행위책임을 묻는 것에 장애가 되는 사유라고 할 수 없다.」

그러나 판례와 다수설은 특별손해를 청구할 수 있는가에 관해서는 명확한 입장을 표명하고 있지 않다.

불법행위로 인한 사용자책임에는 민법 제393조가 준용되므로 피용자가 손해로서 어음금액을 예견하거나 예견할 수 있느냐가 문제된다. 생각건대 사용자책임은 대위책임이며, 위조한 피용자는 특별손해에 대하여 예견하고 있었다고 할 수 있으므로 피위조자의 사용자책임은 어음금액에 미친다고 볼 수 있을 것이다. 상대방에 과실이 있으면 과실상계가 인정되므로 청구하는 금액이 일층 감소하는 경우가 적지 않다. 그리고 표현대리의 원칙 내지 표현이론에 의해서 피위조자에게 어음상의 책임을 물을 수 있는 경우에도 피위조자의 사용자책임이 중첩적으로 또는 보충적으로 인정되느냐의 여부에 대해서는 견해가 나뉘어진다. 그러나 피해자보호의 관점에서 중첩적으로 인정해도(청구경합) 사용자책임의 경우 손해액의 범위를 피용자의 예견가능성에 의존하는 것으로 해석하면 실제로 사용자책임은 보충적으로 기능하게 된다. 또한 이러한 학설의 경향은 종래의 표현대리의 이론으로 해결되지 않는 부분을 사용자책임이론으로 보충하려는 의도로 평가되나 거래법적인 표현대리 내지 외관이론에 의해서 피위조자의 책임을 해결하는 것이 정도라고 본다. 또한 위조자가 피위조자의 상업사용인으로서, 어음행위가 그 직무의 범위 내에 있으나 단지 제한될 때에는 영업주인 피위조자는 사용자책임이 아니라 직접 어음상의 책임을 부담한다.

4. 信義誠實의 責任

종래에 어음소지인이 취득하였던 동일한 위조자에 의한 위조어음을 수차에 걸쳐 피위조자가 이행함으로써 계속적인 위조행위를 가능하게 한 경우에는 피위조자는 신의성실의 원칙에 의하여 위조의 항변을 주장하지 못하고 어음상의 책임을 져야 한다. 이것은 독일의 판례와 학설에서 인정된 것이고, 또 영미에서도 금반언칙에 의한 책임으로 인정되고 있다(서돈각 · 정찬형, 183쪽 ; 정동윤, 162쪽 ; 최기원, 157쪽 ; 손주찬, 94쪽). 그러나 피위조자에게 이러한 사정이 있으면 표현책임의 법리나 사용자배상책임의 법리에 의하여 책임을 인정할 수 있을 것이다.

5. 被僞造者의 어음支給 — 法定追認에 의한 책임

피위조자가 위조인줄 알면서 지급한 경우에는 그 지급이 유효하게 된다. 피위조자가 위조인 줄 모르고서 지급한 경우에도 그 지급으로 인하여 어음소지인이 권리보전절차 등을 밟지 않아 어음상의 권리를 상실한 경우에는 민법 제744조의 도의관념에 적합한 비채변제가 되어 피위조자는 반환을 청구할 수 없게 된다(정동윤, 164쪽 ; 손주찬, 94쪽 ; 최기원, 161쪽 ; 서돈각 · 정찬형, 184쪽).

Ⅲ. 僞造者의 責任

위조자는 형법상의 책임과 불법행위에 의한 손해배상책임을 지게 되나, 그 밖에 어음상의 책임을 부담하는가에 대해서는 종래의 통설은 이를 부정하고 있었으나 근래는 이를 인정하는 견해가 지배적이다.

1. 否 定 說

위조자는 그 명칭을 어음상에 표시하지 않고 있으므로 어음의 문언증권성으로 보아 어음채무를 부담할 만한 기초도 없으며, 제 3 자도 그것을 신뢰할 수 없다는 것을 이유로 위조자의 어음책임을 부정한다(손주찬, 95쪽 ; 채이식, 260쪽 ; 서돈각, 82쪽). 그러나 이 학설에 대해서는 불법행위에 의한 청구는 우회적인 것으로서 손해배상의 범위, 증명책임의 부담, 과실상계의 관점에서 어음소송에 의한 방법과 비교해 볼 때 어음소지인에게 불리하다.

2. 肯 定 說

(1) 어음법 제 8 조 유추적용설 위조자도 어음법 제 8 조의 유추적용에 의해 무권대리인과 동일한 책임을 부담한다고 하는 견해가 있다(정희철, 103쪽 ; 정동윤, 165쪽 ; 서돈각 · 정찬형, 186쪽). 그 이유는 어음법 제 8 조에 의한 무권대리인의 책임은 책임부담을 위한 기명날인 또는 서명에 의한 책임이 아니라 명의인 본인이 어음상의 책임을 부담하는 듯이 표시한 것에 대한 담보책임이므로, 더 한층 직접적인 형식으로 명의인 본인이 책임을 부담하는 듯이 표시한 위조자는 스스로 어음상에 기명날인 또는 서명하지 않아도 무권대리인과 같은 책임을 부담해야 하고, 또 무권대리인의 기명날인 또는 서명은 본인을 의무자로 하기 위한 형식으로 대리인의 책임을 결정하는 요건은 아니며, 법정책임은 의사표시에 의한 책임과는 달리 반드시 기명날인 또는 서명이 있을 것을 필요로 하지도 않고, 특히 예외적인 경우(위조와 변조)에는 기명날인 또는 서명을 어음상의 책임요건으로 하는 원칙은 적용

되지 않는다는 점에 있다. 그러나 이 견해에 대해서는 무권대리는 대리권을 거짓으로 하는 행위임에 비해, 위조는 인격을 거짓으로 하는 행위라는 점에서 양자의 행위의 성질이 다르고, 어음법과 같은 통일조약에 기한 상세한 입법에 비추어 조문에서 멀어진 해결이며, 어음의 문언성 · 서면성으로 보아 기명날인 또는 서명이 대리인의 책임발생의 어음법상의 요건이라는 실질적 근거에도 반한다는 비판이 있다.

(2) 어음법 제 8 조 직접적용설 위조도 무권대리의 한 모습으로 파악하여 위조자는 어음법 제 8 조의 적용에 의한 책임을 부담한다는 견해가 있다. 그 이유는 어음법의 표시방법으로서의 기명날인 또는 서명은 표시행위와 행위의 귀책자를 밝히는 것이므로, 행위자가 직접 본인의 기명날인 또는 서명을 하면 본인을 위해 한다는 표시로 해석하고, '대리인으로 환어음에 기명날인 또는 서명했을 때에는' 대리인이 대리인으로서 어음행위를 하는 것을 표시하고서 어음상에 '본인의 기명날인 또는 서명'을 한 경우로 해석하고, 행위자가 대리권을 가지고 있지 않을 때 행위자 자신이 어음법 제 8 조에 의해 책임을 부담시키는 것으로 보아 동조의 책임을 행위자책임이라고 한다.

이 견해는 대리관계의 표시를 유지하는 점에서, 또한 어음의 문언성 · 서면성을 준수하고는 있으나 본인의 명칭표시를 항상 본인을 위해서 한다고 고쳐 읽는 것은 일종의 의제로서 그것은 대리의 현명주의의 해석에 실질관계를 끌어들이는 결과를 가져온다. 그러면서도 대리인의 기명날인 또는 서명이 요구되지 않는 점에 대해서는 유추적용설에 대한 비판이 그대로 행해질 수 있다. 그리고 어음상에 표시된 문언(다의적 기재) 자체의 해석과 위조의 기명날인 또는 서명 명의가 어떠한 자를 가리키느냐는 동일하게 논의될 수 없다.

(3) 위조자행위설 이것은 타인명의에 의한 어음행위처럼 위조자는 타인(피위조자)의 명칭을 자기를 표시하기 위하여 사용하여 어음상 기명날인 또는 서명한 것이므로 기명날인자 또는 서명자 자신(위조자)이 당연히 어음상의 책임을 부담한다는 견해이다(최기원, 164쪽).

그러나 이 견해에 대해서도 위조자는 타인의 명칭을 자기를 표시하기 위하여 사용하고 있지 않다는 것, 권한이 있을 때에도 기명날인자 또는 서명자가 어음상의 책임을 부담하게 된다는 것, 하나의 명칭으로 복수의 자가 병존적으로 책임을 지게 된다는 비판이 있다.

(4) 금반언칙설 위조자의 책임을 금반언칙에 기하여 소송법상의 책임으

로 인정하는 견해가 있다. 위조자가 어음법 제8조 내지 민법 제135조의 책임을 묻게 되었을 때 자기가 위조자임을 주장해서 책임을 면할 수는 없다고 한다. 그러나 이 설도 기본적으로 위조자행위설에서 소송상 위조의 항변을 주장할 수 없다는 구성을 취하는 데 불과하므로, 따라서 위조자의 책임을 기초지우고자 하는 해결로는 부족하다. 그래서 문제는 위조자의 책임을 인정하기에 족한 실질적 기초(표시)가 있었는가의 여부에 귀착되고, 그 점은 위조자행위설에서 설명한 바와 같다.

3. 學說의 檢討

위조를 유형화해서 각 사례마다 적합한 법률구성을 취하자는 입장에서 보면 (가)형에는 무권대리규정의 유추에 의해 해결되며, (나)형에는 타인명의(위조자행위) 또는 명의대여로서 해결되나, (다)형은 그 어느 것에도 속하지 않으므로 현 시점에서는 위조자의 책임은 부정되지 않을 수가 없다((가)·(나)·(다)형의 내용에 대해서는 1. (3)의 추인의 이론구성 참조 바람). 확실히 위조자에게 어음책임을 긍정하는 것은 어음소송의 이용에 의한 청구의 간편함과 어음교환소규칙에 의한 제재라는 효과를 얻으나, 그 반면 형법상의 제재를 면하고 위조억제의 효과를 몰각시킨다. 그리고 위조자의 불법행위책임을 묻는 경우가 손해배상의 범위, 증명책임, 과실상계의 관점에서 어음책임을 묻는 경우에 비해 그리 유리하다고는 할 수 없다. 거기다가 판례가 대행방식과 대리방식의 구별을 위해 설정해 온 '본인을 위해서 하는'이라는 기준을 '본인과 같은 표시'라는 기준으로 진전시킨 것은 종래의 구별기준에 대한 비판에 응하는 것이기는 하나 바로 그 때문에 어음의 문언성을 재구성해야 할 필요성이 생겼다. 위조에 의한 어음책임에 기초를 제공하기 위해서는 명문의 규정이 필요하다. 특히 위조자가 이행책임을 부담하는가 또는 손해배상책임을 부담하는 데 그치느냐는 법체계상의 중요한 문제이기 때문이다. 학설 중에서는 유추적용설이 타당하다.

4. 關聯問題

긍정설을 취하는 경우에는 몇 가지 고찰해야 할 점이 있다. 첫째는 어음법 제8조 제2문이 적용되는가의 여부로서 배서가 위조된 경우에 상환의무를 이행한 위조자가 무권대리인과 같은 어음상의 권리를 취득하는가라는 문제가 있다. 학설은 이것을 긍정한다. 둘째는 위조자는 악의의 취득자에 대해서 어음책임을 부담하는가의 문제가 있다. 이 경우 학설은 위조자의 어음책임을 선의의 어음소지인의 보호라는 이유에서 부정한다. 그러나 그 때에 악의의 취득자에 대해서도 인적항변으로써 어음책임을 면할 수가 있는가(유추적용설의 입장) 혹은 어음책임은 성립하나 일반악의의 항변을 제출할 수 있는가(위조자행위설의 입장)에 관해서는 견해가 나누어지고 있다. 그런데 이론상 어음법 제8조 유추적용설이 타당하므로 악의자에 대하여는 인적항변의 주장을 하여 어음책임을 면할 수 있다는 전자의 주장이 타당하다.

5. 僞造어음 위에 記名捺印 또는 署名한 자의 責任

어음행위독립의 원칙(제7조)이 적용된다.

6. 僞造어음의 支給人의 責任

(1) **발행위조**　지급위탁이 없었던 것이 되므로 발행인에게는 자금관계상의 보상을 청구하지 못하며, 소지인에게 어음금반환을 청구할 수 있을 뿐이다. 면책약관이 있는 경우에는 자금관계상의 보상청구도 가능하고, 소지인에 대한 어음금반환청구도 가능하다. 지급을 받음으로 말미암아 소지인이 권리보전절차의 기회를 잃어버린 경우, 금반언의 원리상 이미 지급한 어음금의 반환청구를 할 수 없다.

(2) **배서위조**　소지인이 선의취득했을 때는 적법한 권리자가 되므로 지급인 혹은 상환의무자는 그에게 지급할 권한과 의무가 있다. 소지인이 무권리자이더라도 배서의 형식적 연속이 있고, 지급인에게 고의 · 중과실이 없으면 면책된다(정찬형, 187쪽 ; 채이식, 261쪽 ; 최기원, 162쪽 ; 정희철, 100쪽).

7. 僞造의 證明責任

(1) 학 설

A. **피위조자증명책임설**(서돈각, 83쪽 ; 이범찬, 283쪽 ; 서정갑, 116쪽)　특별한 규정이 없으므로 일반원칙에 따라 위조임을 주장하는 측이 증명책임을 진다.

B. **어음소지인증명책임설**(정동윤, 116쪽 ; 손주찬, 92쪽 ; 서돈각 · 정찬형, 190쪽 ; 최기원, 122쪽)　소송법적 측면에서 볼 때 피위조자의 위조의 항변은 어음소지인의 주장사실에 대한 부인에 불과하다. 그리고 어음채무의 발생에 귀책사유가 없는 피위조자에게 증명책임을 부담시킨다면 너무 가혹하다. 또한 어음법 제16조는 증명책임에 관한 규정이 아니라, 소지인이 권리양수과정을 일일이 증명하는 불편을 덜어 주기 위한 규정일 뿐이다. 즉 제16조는 어음소지인이 본래 어음상의 채무를 부담하는 자에 대하여 청구하는 경우에만 적용되는 것이다(정동윤, 「법률신문」 1989년 10월 23일, 11쪽 ; 정찬형, 「법률신문」 1990년 8월 6일, 15쪽 참조).

(2) 판 례

〈대판 1987. 7. 7, 86 다카 2154〉— 피위조자가 증명책임을 져야 한다는 판례

「약속어음의 배서가 형식적으로 연속되어 있으면 그 소지인은 정당한 권리자로 추정되고(어음법 제16조 제 1 항, 제77조), 배서가 위조된 경우에도 이를 주장하는 사람이 그 위조사실 및 소지인이 선의취득을 하지 아니한 사실을 입증하여야 한다.」(대판 1974. 9. 24, 74 다 902 참조)

〈대판 1993. 8. 24, 93 다 4151〉— 어음소지인이 증명책임을 져야 한다는 판례

「배서의 자격수여적 효력에 관하여 규정한 어음법 제16조 제 1 항은 어음상의 청구권이 적법하게 발생한 것을 전제로 그 권리의 귀속을 추정하는 규정일 뿐 그 권리의 발생 자체를 추정하는 규정은 아니라고 해석되므로, 위 법조항에 규정된 「적법한 소지인으로 추정한다」는 취지는 피위조자를 제외한 어음채무자에 대하여 어음상의 청구권을 행사할 수 있는 권리자로 추정된다는 뜻에 지나지 아니하고, 더 나아가 자신의 기명날인이 위조된 것임을 주장하는 사람에 대하여까지도 어음채무의 발생을 추정하는 것은 아니라고 할 것이다. 그렇다면 어음에 어음채무자로 기재되어 있는 사람이 자신의 기명날인이 위조된 것이라고 주장하는 경우에는 그 사람에 대하여 어음채무의 이행을 청구하는 어음의 소지인이 그 기명날인이 진정한 것임을 증명하지 않으면 안 된다.」

(3) 학설과 판례의 검토 위조의 항변은 비증권적 물적 항변으로서 절대적으로 효력을 미치지만, 그 의미는 위조되었다고만 하면 아무런 책임을 지지 않는다는 것이 아니라, 그 어음이 위조되었음을 증명하여야 어음상의 책임을 면할 수 있다는 뜻이다. 어음법 제16조 제 1 항에 의하여 형식적 자격자는 실질적 권리자라는 추정이 부여되므로 실질적 권리의 흠결에 대한 증명책임은 채무자에게 부과되어 있다고 보아야 한다.

피위조자는 증명자료가 자신의 활동영역 내에 있으므로 비교적 손쉽게 위조사실을 증명할 수 있다. 또한 어음의 위조에 대해 영미법계는 실질적 권리자를 보호하는 데 반하여, 통일법계는 어음의 유통성확보에 중점을 두고 있다. 그 중 우리 법은 통일법계에 속하는 데도 이를 무시하고 관점을 달리하는 영미법을 참조하여 위조어음의 증명책임을 끌어냄은 법체계의 본질을 깨뜨리게 된다.

그러므로 어음소지인이 증명책임을 져야 한다는 견해는 타당하지 않으며, 대법원은 최근의 판례를 파기하고 종전의 입장으로 돌아가야 할 것이다(이기수, 「법률신문」 1989. 11. 13, 11쪽 ; 이기수, 「법률신문」 1993. 10. 4, 15쪽 참조).

Ⅳ. 어음의 變造

1. 어음의 變造의 意義

어음의 변조란 어음의 문언, 즉 기명날인 또는 서명 이외의 기재내용을 무권한으로 변경하는 행위를 말한다.

〈대판 1980.3.25, 80 다 202〉

「원심이 이 사건에서 문제가 된 약속어음 표면에 지시금지의 문구가 기재된 것이라고 인정한 자체에서 원고 주장의 그 문구 위에 100원짜리 수입인지를 붙쳐서 그것을 받은 사람으로 하여금 내용을 알 수 없게 하였다는 데 대한 부정적인 판단도 한 것으로 못 볼 바 아니다. 뿐만 아니라 논지가 말하는 인지의 첨부가 그 어음을 발행한 피고에 의하여 저질러진 것이 아니고 권한 없는 제 3 자에 의하여 지시금지의 문구를 고의로 가리게 하기 위한 것이었다면 이는 어음의 기재내용을 일부 변조한 것으로서 어음발행인인 피고로서는 변조전의 문구에 따라서만 책임을 부담하는 것이므로 그것을 배서양도 받은 원고로서는 어음상 권리를 주장할 수 없다. 따라서 이 부분에 관한 판단을 알았다 하여도 원판결의 주문에는 영향이 없고, 이점에 관한 논지는 이유없다.」

〈대판 1995.5.9, 94 다 40659〉

「발행인이 어음의 수취인란을 공란으로 하여 발행·교부한 경우에 동어음을 제 1 배서인으로부터 배서양도받은 어음소지인이 수취인을 보충한 후 다시 이를 정정하는 것은(본 사건에서는 '이성수'로 보충한 후에 이를 '주식회사 선진축산 대표이사 이성수'로 정정한 경우) 발행인인 피고나 제 1 배서인인 소외 회사 등 어음행위자들이 당초의 어음행위의 목적에 부합하고, 그로 말미암아 어음의 효력이나 어음관계자의 권리의무의 내용에 영향을 미치지 않으므로, 이는 단순히 착오로 기재된 것을 정정한 것에 불과하고 어음을 변조한 경우에 해당한다고 볼 수 없다.」

〈대판 1996.10.11, 94 다 55163〉

「무권리자가 수표발행인 회사의 상호가 변경된 후에 임의로 그 회사가 상호변경 전에 적법하게 발행하였던 백지수표의 발행인란의 기명부분만을 사선으로 지우고 그 밑에 변경 후의 상호를 써넣은 경우, 그 변경 전후의 기명은 모두 동일한 회사를 가리키는 것이어서 객관적으로 볼 때 그 백지수표의 발행인란의 기명날인은 그 동일성이 유지되어 있고 그 백지수표의 다른 기재사항에는 아무런 변경도 없으므로, 그와 같은 발행인란의 기명의 변경에 의하여 수표면에 부진정한 기명날인이 나타나게 되었다거나 새로운 수표행위가 있은 것과 같은 외관이 작출되었다고 볼 수는 없으므로 이를 수표법상 수표의 위조에 해당한다고 할 수는 없고, 또한 그 백지수표의 발행인란의 기재를 그와 같이 변경함으로 말미암아 그 백지수표의 효력이나 그 수표관계자의 권리의무의 내용에 영향을 미친 것은 아니므로 이를 수표법상 수표의 변조에 해당한다고 할 수도 없다.」

변조의 방법에는 제한이 없으며, 기재사항의 부가·변개·삭제 등이 이에 포함된다. 그리고 변조의 대상은 어음상의 모든 기재사항이다. 그러나 무익적 기재사항은 제외된다. 변조가 성립하는 데에 변조자의 고의 또는 과실이 있어야 하는 것은 아니다. 어음의 기재내용의 변경에 의하여 어음요건을 결한 경우는 어음의 말소로 된다.

변조는 권한 없이 하는 변경이므로 어음행위자가 자기가 한 어음의 기재내용을 변경하는 것은 변조가 아니다.

〈대판 1989. 12. 8, 88 도 753〉

「교부·양도받은 약속어음을 자신은 배서하지 않은 채 제3자에게 양도했다가 상환의무를 이행하여 이를 환수해 정당한 소지인이 됐다면, 배서란에 배서하고 날인했더라도 이는 유가증권 위조·변조죄에 해당되지 않는다.」

그러나 어음상에 다른 권리 또는 의무를 가진 자가 있는 경우에는 이러한 자의 동의를 얻지 않고, 자기의 기재내용을 변경하는 것은 변조가 된다.

〈대판 1981. 11. 24, 80 다 2345〉

「어음보증이 있는 경우에는 비록 아직 수취인에게 교부하기 전이라고 하더라도 발행인은 이러한 사람의 동의를 받지 아니하고는 어음상의 그 어떠한 기재도 변경할 수 없고, 이를 변경한 경우에는 어음변조에 해당한다.」

〈대판 1989. 10. 24, 88 다카 20774〉

「어음발행인이 그의 어음보증인의 동의를 얻지 않고 수취인명의를 변경기재하였다면, 어음보증인에 대한 관계에 있어서는 어음의 변조에 해당하고, 그 어음보증인은 변경기재된 수취인에 대하여는 어음보증의 책임이 없다.」

〈대판 1961. 7. 20, 4293 민상 683〉

「어음금액에 변조가 있는 때에는 어음의 문언의 변조가 있는 경우에 해당한다.」

(1) 위조와의 구별 변조는 기재내용의 변경이고, 위조는 타인의 기명날인 또는 서명을 사칭하는 것으로 양자는 다르다. 배서인의 기명날인 또는 서명이 각 개인에 변경되는 때에는 변조와 동시에 위조가 된다.

(2) 백지의 부당보충과의 구별 백지어음에 있어서의 백지부분의 부당보충은 변조로 되지 않는다. 그러나 형법상은 유가증권의 변조죄가 된다. 어음금액란의 우하부분에 작게 볼펜으로 금액을 600,000원이라 기재하고, 동 금액을 check writer로 기재하도록 의뢰하고 어음을 교부한바, 임의로 check writer로 2,600,000원을 기재하고 볼펜으로 기재된 금액도 변경기재한 경우에는 이것은 부당보충이 아니라 변조라고 해석하고 변경기재에 대해 피변조자에게 귀책사유가 있을 때에는 표현이론에 의해 책임을 인정해야 할 것이다(반대 : 서돈각·정찬형, 194쪽).

2. 記名捺印者 또는 署名者의 責任

변조 전의 기명날인자 또는 서명자는 원문언(변조 전의 문언)에 따라 책임을 지고, 변조 후의 기명날인자 또는 서명자는 변조된 문언에 따라 책임을 부담한다(어음법 제69조).

〈대판 1981. 11. 10, 80 다 2684〉

「어음의 발행인이라 하더라도 보증인의 동의 없이 그 수령인기재를 변경함은 어음의 변조에 해당한다 할 것이고, 따라서 어음보증인은 변조 전의 원문서에 따라 책임을 지는 것인만큼 보증 당시의 수령인 또는 그로부터 적법하게 권리를 양수한 사람이 아닌 원고(동부상호신용금고)에 대하여는 어음보증의 책임이 없다고 할 것이다.」

〈대판 1996. 2. 23, 95 다 49936〉

「약속어음의 문언의 변개가 있는 경우 변개 전에 기명날인 또는 서명한 자는 그 변개에 동의를 하지 아니한 이상 변개 후의 문언에 따른 책임을 지지는 아니한다고 하더라도 변개 전의 원문언에 따른 책임을 지게 된다.」

「이 사건 약속어음의 최종 소지인인 원고가 배서인인 피고에 대하여 변개 전의 원문언에 따른 소구의무자로서의 책임을 묻기 위하여서는 원고가 변개 전의 원문언에 따른 적법한 지급제시를 하였음이 인정되어야 할 것인바, 변개 전의 원문언에 따른 이 사건 약속어음의 지급기일이 1994. 2. 25.임은 원심이 적법하게 확정한 바이고, 기록에 의하면 원고는 이 사건 약속어음이 변개된 후인 같은 해 3. 9.에야 비로소 위 어음을 취득하였다고 주장하고 있을 뿐만 아니라, 원고가 변개 전의 원문언에 따른 지급제시기간 내에 이 사건 약속어음을 지급제시하였음을 인정할 만한 증거도 엿보이지 아니하므로, 원고의 피고에 대한 소구권은 요건 흠결로 상실되어 원고는 피고에 대하여 변개 전의 원문언에 따른 책임도 물을 수 없다.」

변조 전의 기명날인자 또는 서명자도 기명날인 또는 서명 당시의 문언에 의한 책임을 부담할 것임을 표시하고 있는 이상 후에 변경되어도 그 변경이 책임을 면할 이유는 되지 않으며, 한편 자기의 의사에 의하지 않고 기재된 새로운 문언에 의한 책임을 부담할 이유도 없기 때문이다. 변조 후의 기명날인자 또는 서명자는 변조된 문언이 어음채무의 내용이 되므로, 그 내용에 따라 책임을 부담하는 것은 어음의 문언성에 의해서도 당연하다. 따라서 변조에 대해서 악의·중과실이 있는 취득자에 대해서도 같은 책임을 부담한다. 그러나 변조 전의 기명날인자 또는 서명자가 기재내용의 변경에 동의 내지 협력을 했을 때에는 합의의 당사자 사이에서는 변조 후의 문언에 따라, 그 이외의 자는 변조 전의 문언에 따라 책임을 부담하게 된다. 예컨대 어음소지인과 어음채무자 사이에서만 지급유예의 합의가 성립해서 만기의 기재가 변경된 경우 상환청구권의 보전절차의 조건이나 어음상의 권리의 소멸시효는 변조시의 전후에 의해 달라진다. 또한 변조를 추인한 자도 같이 변조 후의 문언에 따라 책임을 부담한다. 기명날인자 또는 서명자의 과실에 의해 변조의 기회가 주어진 경우에도 금반언칙 내지 외관이론에 의해서 변조 후의 문언에 의한 책임을 인정하는 견해도 있다(정희철, 366쪽 ; 최기원, 171쪽 ; 채이식, 264쪽). 또한 이 경우 어음취득자에게 변조 후의 문언에 의한 쪽이 유리한 것만은 아니기 때문에 어느 쪽을 선택하여 권리를 행사할 수 있다고 해석해야 한다.

3. 變造者의 責任

변조자는 어음상에 기명날인 또는 서명하고 있으면 변조 후의 문언에 따라 책임을 지지만, 기명날인 또는 서명하고 있지 않으면 위조자와 같이 어음상의 책임을 지지 않는다는 견해(최기원, 173쪽 ; 손주찬, 101쪽 ; 서돈각, 84쪽 ; 채이식, 265쪽)와 이를 인정하는 견해(정희철, 368쪽 ; 정동윤, 170쪽 ; 서돈각·정찬형, 197쪽)가 있다. 어음법 제8조의 유추적용에 의해 위조자에게 어음상의 책임을 인정하는 입장에 따라 변조의 경우에도 동일하게 변조자의 어음상의 책임을 인정하여야 할 것이다.

4. 變造의 證明責任

(1) 학 설 변조의 사실 및 원문언의 증명책임을 누가 부담하는가에 대해서는 견해가 나뉜다.

A. **외형에 의해 구별하는 설** 어음면상 변조의 사실이 명백할 때에는 소지인에게, 그렇지 않은 때에는 채무자에게 증명책임이 있다고 한다(통설).

B. **어음소지인에게 있다는 설** 소지인의 어음금청구에 대하여 채무자가 변조의 사실을 주장하는 것은 소송법상 채무부담의 간접부인이므로, 채무자가 부담할 채무의 내용에 관한 증명책임은 항상 소지인에게 있다고 한다(정동윤, 171쪽).

C. **이익을 주장하는 자에게 있다는 설** 기명날인 또는 서명시의 문언이 현재의 문언과 다르다는 것을 주장하는 자, 즉 청구에 의해 이익을 얻는 자가 증명책임을 부담한다고 한다.

요컨대 어음관여자 사이의 이익조정문제이지만, 취득할 때 외형적 사실을 신뢰하는 것이 보통이므로 원문언의 증명의 난이를 고려하는 통설이 타당하다.

(2) 판 례

A. **변조사실이 명백한 경우 어음채무자의 증명책임 인정**

〈대판 1985. 11. 12, 85 다카 131〉

「어음법 제77조, 제69조의 규정에 의하여 약속어음의 문언에 변조가 있는 경우에는 그 변조 후에 기명날인한 자는 변조된 문언에 따라 책임을 지고, 변조 전에 기명날인한 자는 원문언에 따라 책임을 지게 되는 것이므로 약속어음 변조의 법률효과를 주장하는 자는 그 약속어음이 변조된 사실, 즉 그 약속어음에 서명날인한 당시의 어음문언에 관하여 입증책임을 진다.」

본건은 발행인의 정정인이 날인된 것으로 변조(변경) 사실이 명백한 경우로 본 판례는 소수설은 물론 통설과도 상반되어 많은 비판을 받았다(서돈각 · 정찬형, 203쪽 : 정동윤, "어음변조의 입증책임," 「법률신문」 제1617호, 1985. 12. 16, 10쪽).

B. **변조사실이 명백한 경우 어음소지인의 증명책임 인정**

〈대판 1987. 3. 24, 86 다카 37〉

「어음의 문언에 변개(개서)가 되었음이 명백한 경우에 어음소지인이 기명날인자(배서인 등)에게 그 변개 후의 문언에 따른 책임을 지우자면 그 기명날인이 변개 후에 있은 것 또는 기명날인자가 그 변개에 동의하였다는 것을 입증하여야 하고, 그 입증을 다하지 못하면 그 불이익은 어음소지인이 입어야 한다.」

이 판례는 통설(서정갑, "어음의 변조," 「법률신문」 제1691호, 1987. 7. 20, 15쪽) 및 소수설(정동윤, 172쪽 ; 정동윤 "어음변조의 입증책임," 「법률신문」 제1684호, 1987. 5. 25, 15쪽)의 입장과도 일치하는 것으로서 양측으로부터 모두 환영을 받고 있다(서돈각 · 정찬형, 204쪽).

C. 변조사실이 명백하지 않은 경우 어음채무자의 증명책임 인정

〈대판 1990. 2. 9, 89 다카 14165〉

「어음의 발행인이 어음액면부분의 변조를 주장하려면 자기가 발행할 때에 어떤 방법(필이냐, 타자냐)으로 어떤 문자(국한문이냐, 아라비아숫자냐)로 써주었다는 점을 밝혀야 할 터인데, 이 사건 피고는 그저 어음액면이 40만원이었는데 9,845,004원으로 변조되었다고 추상적인 주장을 할 뿐 그 구체적인 해명이 없을 뿐 아니라, 원심 감정인의 감정소견에 의하면 이 사건 어음의 액면기재가 화학약품으로 원래의 기재를 지우고 다시 쓴 것이 아니고, 그 액면기재는 변조된 것이 아니라고 함에 있음에도 원심법원이 피고의 위 주장에 관하여 좀더 석명하지 아니한 채 증인의 증언만을 취언하여 어음면상의 기재와 다른 어음금액을 인정한 것은 심리를 다하지 아니하고 불확실한 증거에 의하여 사실을 인정한 위법이 있다 할 것이다.」

이 판결은 통설의 입장과 일치하는 것으로서 타당하다고 볼 수 있다.

5. 受取人名義의 抹消 · 變更과 變造 · 背書의 連續

수취인명의가 무권한으로 말소 · 변경된 경우도 변조에 해당된다(통설과 판례). 이에 대해 수취인의 기재는 어음채무의 내용에 관한 것이 아니라 누가 권리자이냐라는 권리의 귀속에 관한 사항이므로 어음법 제69조가 말하는 변조는 아니라고 한다든가, 수취인백지어음의 교부 · 양도가 널리 인정된 결과 권리의 귀속은 교부에 의해서 결정되고 수취인은 문언성을 상실했기 때문에 변조는 전혀 발생하지 않는다든가 하는 견해도 있다.

수취인명의의 변경과 배서연속과의 관계에 대해서 보면 어음법 제69조는 변경에 의해 일단 유효하게 성립한 어음채무의 내용에 영향을 미치지 않는다는 것을 밝힌 것으로 어음면상 원문언의 기재가 의연히 현실에 잔존해 있다고 하는 취지는 아니므로 배서가 형식적으로 연속하는 한 배서는 연속되고, 따라서 수취인의 기재가 변경되었다는 증명만으로 배서의 연속성(소지인의 형식자격)은 뒤집어지지

않는다. 그리고 수취인명의의 말소에 의한 수취인백지어음이 되는 경우에는 이후 어음의 교부만으로도 양도가 행해지게 된다.

〈대판 1964. 10. 20, 64 다 661〉

「수취인이 수취인란에 부동문자로 인쇄된 '농업은행귀중'이라는 기재부분을 삭제하고 실질적 수취인인 자기의 이름으로 기재하였다면 이것은 당사자의 의사에 부합되어 그 약속어음이 변조되었다거나 무효라고는 할 수 없다.」

〈대판 1981. 11. 10, 80 다 2684〉

「어음보증인의 동의 없이 발행인이 수령인의 기재를 삭제하여 타인에게 교부하고, 타인이 그 명의를 수령인으로 기재한 것은 변조이다.」

제4장 換어음의 背書

제1절 어음의 讓渡

어음의 수취인 및 그 후의 어음취득자는 어음을 가지고 있다가 만기에 직접 어음금의 지급을 받을 수도 있지만, 어음을 입질하거나 다른 사람에게 양도함으로써 발행인과 마찬가지로 자신의 신용을 이용할 수도 있다.

어음양도에 있어서 가장 대표적인 방법이 바로 배서이다. 배서는 어음의 유통을 원활하게 하기 위해 어음법이 특별히 인정한 어음행위이므로, 배서에 의한 어음양도에는 어음의 유통성확보를 위해 특별한 효력이 부여되고 있다. 어음양도와 관련하여 학설상 다툼이 있는 것은 당사자의 의사에 의하여 민법상의 지명채권양도의 방법으로도 어음이 양도될 수 있는가 하는 문제이다. 아래에서 자세히 살펴보겠지만 다수설은 이를 긍정하고 있다.

그 밖에 어음상의 권리는 일종의 채권이므로 상속이나 합병과 같은 포괄승계 또는 전부명령이나 경매에 의해서도 이전될 수 있다. 물론 이 경우에도 배서연속과 관련된 문제가 발생할 수 있으나, 어음을 사실상 점유하지 않더라도 어음상의 권리가 이전한다는 점에서 어음법적 양도는 아니다. 다만, 이 때에도 어음상의 권리를 행사하려면 어음을 제시하여야 한다.

Ⅰ. 背書에 의한 讓渡

어음은 원칙으로 양도배서에 의하여 양도되는 것이 원칙이다. 양도배서란 어음상의 권리를 이전시키는 효과를 생기게 하는 배서를 말한다(배서에 대한 자세한 설명은 제2절 참조). 보통의 양도배서는 기명식 배서로 행해지지만, 만일 백지식 배서나 소지인출급식 배서가 있었다면 그 후에는 단순한 교부에 의해서도 어음상의 권리가 이전된다.

이와 같이 어음은 배서를 통해 권리가 이전되는 법률상 당연한 지시증권이나 그러한 특성은 박탈될 수 있는바, 이처럼 지시증권으로서의 특성이 박탈된 어음을 배서금지어음이라고 한다. 이 때에는 민법상의 지명채권양도방법에 의해서만 어음상의 권리를 이전할 수 있다(어음법 제11조 제 2 항).

1. 背書人과 被背書人의 관계

실무상 배서는 어음할인시에 빈번히 행해진다. 어음할인이란 어음의 소지인(수취인 또는 피배서인)이 어음을 은행 등의 융자자에게 배서양도하고, 어음금액에서 만기일까지의 이자(할인료)를 뺀 금액을 취득함을 말한다. 또한 어음소지인은 매매계약상의 채무 기타 원인관계상의 채무의 지급을 위하여 어음을 배서할 수도 있다. 이 때에는 배서인과 피배서인 간의 어음관계와 원인관계가 어떠한 관련이 있는가가 문제되나, 발행인과 수취인 간의 관계에서 이미 살펴본 바와 같다. 특히 '지급을 위하여' 어음이 수수된 것으로 인정되면, 어음관계와 원인관계는 병존한다. 이러한 특약이 있으면 어음소지인은 미리 주채무자에 대하여 어음상의 권리를 행사하고, 만일 이 때에 지급이 거절되면 배서인에 대한 상환청구권 또는 원인관계상의 권리를 행사할 수 있다. 배서인에 대한 상환청구권과 원인관계상의 권리의 관계는 발행인과 수취인 간의 어음상의 권리와 원인관계상의 권리의 관계에서 설명한 바가 그대로 타당하다.

2. 어음의 法律上 當然한 指示證券性

어음이 표창한 권리는 금전채권이다. 따라서 어음상의 권리의 양도는 금전채권의 양도에 귀속된다. 금전채권의 양도 중에서도 지명채권인 금전채권의 양도에 비하여 유가증권인 어음에 표창된 금전채권의 양도는 그 양도절차가 간이화되어 있고, 양도의 효력이 강하다는 특색을 갖고 있다.

어음은 법률상 당연한 지시증권이다. 지시증권이란 특정한 사람, 예컨대 A만이 아니라 그 A가 지시한 사람, 즉 A에게서 배서양도를 받은 사람인 B도 증권상의 권리자가 될 수 있는 증권, 다시 말하면 배서에 의한 양도가 예정되어 있는 증권을 말한다. 곧 "A 또는 그의 지시인에게 지급하시오"라는 지시문구가 있는 증권은 지시증권으로서의 성질을 갖는다. 이에 반하여 법률상 당연한 지시증권이란 증권상에 지시문구의 기재가 없어도, 즉 "A에게 지급하시오"라고 하여 특정인만이 권리자로서 지정되어 있는 기명식의 경우에도 법률의 규정에 의하여 당연히 배서양도가 인정된다. 어음법 제11조 제 1 항은 바로 이를 규정하고 있다. 수표(수표법 제14조 제 1 항)·화물상환증(상법 제130조)·창고증권(상법 제157조)·선하증권(상법 제820조)도 같다.

Ⅱ. 指名債權讓渡方法에 의한 讓渡

1. 學 說

앞에서 살펴보았듯이 어음은 당연한 지시증권이므로 보통 그 양도는 배서에 의해 양도된다. 그런데 이와는 달리 일반채권과 마찬가지로 어음 역시 민법상의 지명채권양도방법에 의해서 양도되는가가 문제된다. 대체로 학설은 이를 긍정하고 있지만, 그렇게 되면 각 증권에 따라 고유한 양도방법을 규정한 법의 취지가 상실된다고 하여 반대하는 소수설도 있다.

먼저 부정설(서돈각·정찬형, 426쪽; 정희철, 177쪽 아래)의 근거를 살펴보면, ① 민법상의 지명채권양도의 대항요건에 관한 규정(민법 제450조, 제451조)은 강행규정이므로 지시채권을 양도할 때 비록 지명채권양도의 대항요건을 갖추었더라도 지시채권의 양도로서의 효력은 발생하지 않으므로 지시채권은 반드시 배서에 의해서만 양도되어야 하며, ② 지시채권인 어음상의 권리에 대하여 특별히 지명채권양도방법에 의한 이전방법을 인정할 필요가 없고, ③ 실제 어음상의 권리를 지명채권양도방법에 의해 양도하는 경우도 거의 없으므로 인정할 실익이 없으며, ④ 민법상의 지시채권증서는 어음과 같은 법률상의 당연한 지시증권이 아니라 계약에 의한 것이므로 구태여 지시금지문언을 기재하여 증서를 작성하려고 하지 않을 것이고, 그러려면 차라리 지명채권증서를 작성할 것이고, ⑤ 마지막으로 지시채권에 지명채권양도방법을 인정하는 것은 증권화된 권리를 증권과 분리시켜 양도할 수 있게 하려는 것으로 증권상의 권리와 증권의 소유권을 분리하여 파악하지 않는 우리나라에서는 유가증권에 관한 일반원칙에 반한다는 것이다.

반면 긍정설(서돈각, 175쪽 아래; 손주찬, 219쪽; 정동윤, 394쪽; 최기원, 321쪽; 정무동, 411쪽; 강위두, 323쪽)은 ① 민법의 채권양도의 대항요건에 관한 규정을 절대적 강행법규로 볼 수는 없고, ② 어음법 제11조 제1항의 "양도할 수 있다"는 규정, 배서금지어음이나 배서금지배서에서 보듯이 배서의 방식이 절대적인 것은 아니며, ③ 어음의 양수인이 자신의 불이익을 감수하고 지명채권양도의 방법을 취한 것이 법의 취지에 반할 수는 없고, ④ 지명채권양도의 경우에도 증권의 교부가 필요하므로 증권과 권리가 분리되지 않는 것이고, ⑤ 지명채권양도의 방법에 따라 양도를 하게 되면, 어음상의 권리와 더불어 어음채권에 부수된 어음 외의 채권도 이전하므로 유리할 수도 있어서 실익도 있다는 점 등을 근거로 든다.

생각건대 부정설이 당연한 지시증권의 고유한 양도방법을 강조하는 점도 충분히 새겨야 하겠으나, 부정설도 예외적으로 다음에서 살펴볼 배서금지어음의 경우 지명채권양도방법을 인정하고 있고, 지명채권양도방법에 의한 어음의 양도가 실제로는 거의 행해지지 않으므로 긍정설의 입장을 취해도 현실적으로 부정설이 우려하는 바가 발생할 가능성은 크지 않다는 점에서 이를 논할 실익이 있는가는 의심스럽다. 그러나 특별히 지명채권양도방법에 의한 양도방법을 부정할 이유는 없다고 본다.

2. 讓渡의 要件 및 效力

먼저 당사자간에 채권양도에 관한 합의가 있어야 한다. 다음으로 어음의 교부가 이루어져야 한다. 이에 대해서는 지명채권양도의 합의만으로 충분하고 양수인은 필요한 경우에 어음교부청구권이 있을 뿐이라는 견해가 있으나, 학설로는 어음교부를 요구하는 설이 지배적이다. 생각건대 어음상의 권리를 행사하려면 어음을 소지해야 하므로 반드시 어음의 교부가 있어야 한다고 본다. 마지막으로 민법상의 일반원칙에 따라 채무자에 대해 대항하려면, 어음채무자에 대해 채권양도의 통지를 해야 하는가가 문제된다. 배서금지어음에서 살펴보겠지만 어음의 경우에는 그럴 필요가 없다고 본다.

〈대판 1989. 10. 24, 88 다카 20774〉

「배서금지의 문언을 기재한 약속어음은 양도성 자체까지 없어지는 것이 아니고 지명채권의 양도에 관한 방식에 따라서, 그리고 그 효력으로써 이를 양도할 수 있는 것인데, 이 경우에는 민법 제450조의 대항요건을 구비하는 외에 약속어음을 인도하여야 하고, 지급을 위하여서는 어음을 제시하여야 하며, 또 어음금을 지급할 때에는 이를 환수하게 되는 것이다.」

지명채권양도방법에 따라 어음을 양수한 양수인은 양도인이 가졌던 모든 어음상의 권리를 취득한다. 그러나 양도배서에 의해 어음을 양수한 피배서인과는 달리 담보적 효력과 자격수여적 효력은 인정받지 못하며, 인적항변의 절단이나 선의취득도 인정받지 못한다.

3. 背書禁止어음

(1) 배서금지어음의 의의 어음의 지시증권성을 박탈한 것이 배서금지어음이다. 지시금지어음 또는 금전어음이라고도 한다. 이는 발행인이 어음에 '지시금지'의 문자 또는 이와 같은 의의가 있는 문구(지시금지문구)를 기재한 어음이

다(어음법 제11조 제2항). 따라서 "B에게만 지급하시오"라는 기재는 지시금지문구이다.

〈대판 1965. 5. 18, 65 다 478〉

「약속어음의 배서금지의 특약이 있었다고 하여도 발행인이 약속어음에 이에 관한 기재를 하지 아니한 이상 약속어음의 지시증권으로서의 성질에는 변동이 없는 것이고, 배서양도를 받은 사람이 이와 같은 특약을 알았다 할지라도 효력에 영향이 없다.」

〈서울민지판 1985. 11. 5, 85 나 562〉

「배서금지의 문언은 발행인이 원인관계에 의하여 자기보호를 목적으로 특별히 기재하는 것인만큼 제3자가 쉽사리 식별할 수 있도록 어음면상 명확히 표시되어야 하므로, 어음금액의 끝머리에 세로 지름 약 1센티미터 가로 지름 약 7미리미터 가량의 타원형 인장의 날인에 의하여 배서금지의 문언을 표시함으로써 발행인명의의 인영과 혼동을 일으킬 수 있도록 표시한 경우에는 배서금지어음이라는 점을 전달할 만한 기능을 가지지 못한다.」

〈대판 1990. 5. 22, 88 다카 27676〉

「약속어음의 발행인이 어음용지 중앙에 부동문자로 인쇄된 지시문구를 삭제함이 없이 약속어음 오른쪽 상단의 아라비아숫자로 기재된 액면금액의 표시와 지시문구 사이에 그보다 작은 크기의 지시금지라고 새겨진 고무인을 숫자 및 지시문구의 문자와 중복되게 희미하게 압날함으로써 통상인이 어음거래를 함에 있어 보통 기울이는 정도의 주의로는 쉽게 알아보기 어려운 상태로 지시금지문구를 표시하여 어음을 발행한 경우에 있어서 원심이 발행인의 지시금지어음이라는 항변을 배척한 조치에는 지시금지문언의 기재방법에 관한 법리오해의 위법이 없다.」

〈대판 1993. 11. 12, 93 다 39102〉

「약속어음은 원칙적으로 배서에 의하여 양도할 수 있는 것이므로 배서금지어음으로 되기 위하여는 어음면상에 어음법 제11조의 제2항의 '지시금지'의 문자 또는 이와 동일한 의의가 있는 문언이 기재되어야 하고, 어음의 표면에 '보관용'이라고 기재된 것만으로는 어음법 소정의 지시금지어음이라고 볼 수 없다.」

그러나 어음의 법률상 당연한 지시증권성 때문에 어음에 기재된 지시문언만을 삭제한 것으로는 지시금지어음이 되지 않으며, 지시문언을 삭제하지 않고 지시금지문언을 기재한 경우에는 발행인의 의도를 존중하여 지시금지어음으로 본다(대판 1987. 4. 28, 86 다카 2630).

〈대판 1962. 12. 20, 62 다 668〉

「상거래에 사용되고 있는 약속어음 용지에 의하여 약속어음이 발행된 경우 귀하 또는 귀하의 지정인에게 어음금액을 지급하겠다는 인쇄된 문언 중 '또는 귀하의 지정인'이라는 문언을 삭제하였다 하더라도 그것이 지시금지 또는 그와 동일한 뜻을 가진 문언에 해당되지 않는다.」

지시금지문언이 있는 어음은 기명증권으로 된다. 하지만 양도성을 박탈당하지는 않으므로 지명채권에서 인정되는 방법으로는 양도될 수 있다.

배서금지어음과 배서금지배서(어음법 제15조 제2항)는 구별하여야 한다. 전자는 발행인이 배서금지의 기재를 한 어음으로서 그 어음의 배서성을 박탈한 어음인 데 반하여, 후자는 배서인이 행하는 것으로서 어음의 배서성을 박탈하는 것이 아니므로 어음은 여전히 배서에 의하여 양도될 수 있다. 다만, 자기의 직접의 피배서인에 대하여만 담보책임을 지고, 그 이후의 피배서인에 대하여는 담보책임을 지지 아니한다.

(2) 배서금지어음의 목적 배서금지어음은 발행인이 수취인에 대하여 갖는 인적항변이 배서에 의하여 절단되는 것을 막기 위하여 이용된다. 또한 배서금지어음은 장래 발생할 채무의 담보를 위하여 발행하는 담보어음의 경우에 금액백지로 하면서 배서를 금지시키거나 계속적인 거래관계에 있는 매수인의 매매대금의 결제를 위하여 금액백지의 어음을 발행하면서 배서를 금지시키는 등 보충권의 남용을 방지하기 위하여도 이용된다.

(3) 배서금지어음의 양도방식과 효력 배서금지어음은 어음법 제11조 제2항에 의하여 지명채권양도의 방식에 따라서만, 그리고 그 효력으로서만 양도할 수 있다. 지명채권양도의 방식에 따른 양도의 경우에는 민법 제450조의 법문에 의하면 채무자 기타 제 3 자에 대한 대항요건으로서 채무자에의 통지 또는 승낙이 행해져야 한다. 그러나 배서금지어음은 권리가 증권과 결합하고 있기 때문에 양도의 대항요건이 요구될 근거가 없다. 왜냐하면 교부된 증서를 양수인이 갖고 있기 때문이다. 따라서 당사자간의 양도의 합의와 어음의 교부만으로 양도의 효력이 생길 뿐만 아니라 대항요건도 충분히 갖추었다고 보아야 한다.

제2절 背書의 意義

李漢, 어음배서의 법적 성질과 효력에 관한 연구, 연세행정논총 7(1981. 2).

배서는 어음의 배면에 배서인이 어음상의 권리를 피배서인에게 이전한다는 뜻의 기재를 하고, 어음을 피배서인에게 교부하여 어음에 표창된 모든 권리를 피배서인에게 이전하는 어음행위를 말한다. 배서는 어음의 유통을 원활하게 하기 위하여 법이 특별히 인정한 양도방법이다.

배서의 법적 성질에 관해서는 피배서인이 배서에 의하여 배서인의 권리를 승계취득하는 것이 아니라 원시적으로 어음상의 권리를 취득한다는 소유권취득설(채무부담설)이나 그 밖에 보증설·발행설 등 다양한 학설이 있으나, 배서에 의하여 배서인의 권리가 피배서인에게 이전한다는 채권양도설(계약설)이 통설이다. 그 근거는 어음법 제11조 제1항·제2항, 제14조 제1항, 제18조 제1항이다. 즉 정당한 어음소지인은 배서와 교부에 의하여 어음상의 권리를 피배서인에게 양도한다. 그 밖에 배서의 성질은 어음상의 권리(어음채권)의 양도 외에 어음증권의 소유권(어음소유권)의 이전을 포함하는 것이며, 이 양자를 아울러 고찰하여야 한다는 견해도 있다(김정호, 상법사례입문, 59쪽). 이에 의하면 배서인이 어음에 배서의 기명날인 또는 서명을 하여 이를 피배서인에 교부하는 행위는 물권법적 교부계약과 채권법적 교부계약으로 구성되며, 전자는 어음소유권의 이전을 낳고 후자는 어음채무의 설정을 낳는다고 한다.

배서의 효과는 일반채권양도의 효과보다 강력하여 어음취득자의 보호와 거래안전보호에 이바지한다. 즉 인적항변의 절단(어음법 제17조), 담보책임에 기한 상환청구권행사 및 자격수여력에 기한 권리행사가 용이하고, 선의취득이 인정되는 등 어음의 유통성이 강화된다.

제3절 背書의 方式

Ⅰ. 總 說

배서는 어음이나 이에 결합한 보충지(어음법 제13조 제1항) 또는 등본(어음법 제67조 제3항)에 요구되는 사항을 기재하고, 배서인이 기명날인 또는 서명하는 서면행위와 어음의 교부에 의하여 성립한다.

〈서울민지판 1980. 10. 31, 80 가단 3398〉
「배서인이 인장 대신 무인을 찍은 약속어음은 유통증권인 약속어음의 성질상 배서의 요건을 흠결한 무효의 배서이다.」

보전이란 배서가 여러 번 행하여져 더 이상의 여백이 없는 때에 어음면을 연장시킨 지편을 말한다. 이를 인정하는 이유는 하나의 어음에 하는 배서의 횟수를 제한하고 있지 않은 이상 어음에 배서를 할 여백이 없을 수도 있기 때문이다. 그렇다고 하여 여백이 있는 데도 보전에 한 배서를 무효로 보아야 한다는 의미는 아니다.

등본에도 할 수 있게 한 이유는 인수를 위한 제시나 할인의뢰 등의 사유로 어음을 타인에게 맡기고 있는 동안에도 등본에 배서하여 양도할 수 있게 하기 위해서이다.

배서를 하여야 할 장소는 보통 어음의 배면이나 보전이지만, 약식배서가 아니면 어음의 표면에 하여도 유효하다. 그러나 어음의 표면에 있는 단순한 기명날인 또는 서명은 인수(어음법 제25조 제1항 제3문)나 어음보증(어음법 제31조 제3항)으로 보기 때문에 표면에 배서를 할 때에는 반드시 배서임을 명시하여야 한다(어음법 제13조 제2항).

Ⅱ. 記名式背書

배서문구와 피배서인을 지정하고 배서인이 기명날인 또는 서명하는 배서가 기명식 배서이며, 정식배서 · 완전배서라고도 한다.

배서문구는 예컨대 "어음금액을 A 또는 그의 지시인에 지급하시오"의 방식으로 하는 배서의사의 표시로서 지급인에 대한 지급위탁의 문구로 기재된다.

피배서인의 지정에 관하여는 기본어음의 수취인의 기재와 유사하므로, 거래계에서 그가 누구인가를 식별할 수 있을 정도의 기재면 족하다. 따라서 통칭이나 아호, 회사의 상호만의 기재도 가능하다.

〈대판 1973.7.10, 72 다 2551〉
「약속어음에 있어 피배서인의 표시는 거래사회에서 그 본인이 누구인가를 식별할 수 있는 정도이면 족하다 할 것이므로, 주식회사 경남은행을 경남은행으로 표시하였다 하여 약속어음으로서의 미비점은 없다.」

피배서인의 기재는 백지식 배서가 인정되므로 배서의 요건은 아니다. 피배서인은 'A와 B에게'(중첩적으로) 또는 'A 또는 B에게'(선택적으로)의 방식으로도 기재될 수 있으나, 어음의 성질상 어음을 교부받은 사람만이 피배서인의 지위를 갖게 된다.

배서일자는 배서요건이 아니나 어음법은 일자의 기재가 없는 배서는 기한 전의 배서로 추정한다(어음법 제20조 제2항).

〈대판 1968.6.25, 68 다 243〉
「배서일자의 기재는 어음배서의 요건이 아니므로 발행일자보다 앞선 배서일자가 기재되어 있다 하더라도 그 배서가 무효로 되는 것은 아니다.」

Ⅲ. 白地式背書

1. 意義와 種類

피배서인을 지정하지 않은 배서를 백지식 배서라 하며, 약식배서 · 무기명배서라고도 한다. 백지식 배서는 원칙적으로 완성어음에 하는 것으로서 그 소지인은 어음상의 권리를 바로 취득하지만, 백지배서는 백지어음행위이므로 그 소지인은 미완성어음을 취득하는 데 불과하다.

백지식 배서에는 피배서인의 기재는 없고, ① 배서의사의 표시, 즉 배서문구(어음금액을 ―또는 그의 지시인에게 지급하시오)만 있는 것과, ② 피배서인의 기재는 물론이고 배서문구도 없이 오직 배서인의 기명날인 또는 서명만이 있는 두 가지 종류가 있다. 후자를 특히 간략백지식 배서라고 하는데, 이는 반드시 어음과 등본의 배면 또는 보전에만 하여야 한다.

2. 白地式背書의 효용

백지식 배서도 배서이므로 기명식 배서와 같이 배서가 갖는 권리이전적 효력 · 담보적 효력 · 자격수여적 효력을 갖는다. 하지만 백지식 배서에 의하여 어음을 양수한 사람은 어음의 교부만으로도 어음을 양도할 수 있으므로, 전혀 어음관계에 나타나지 않고 후에 어음이 부도되어도 담보책임을 지지 않는 점에서 백지식 배서의 효용이 있다. 또한 백지식 배서에 의하여 어음을 취득한 사람은 담보책임을 지지 않고 어음을 양도할 수 있는 까닭에 상환의무를 지지 않으려고 하는 사람도 쉽게 어음할인을 받을 수 있는 이점이 있다. 물론 기명식 배서에 의하여 어음을 취득한 사람도 담보책임을 지지 않으면서 양도할 수 있는 방법으로서 무담보배서(어음법 제15조 제 1 항)가 있기는 하지만, 이렇게 되면 그 어음의 신용이 없다는 것을 세상에 공시하게 되어 어음의 유통성이 현저하게 저해되는 결과가 초래된다.

요컨대 백지식 배서를 하는 실익은 ① 양도가 간편하여 유통성을 증대시키고, ② 상환의무자가 적어지므로 상환금액의 증대를 막고, ③ 무담보배서의 경우와는 달리 어음의 신용을 해치지 않고서도 어음양도인의 담보책임을 면하게 해 주는 경제적 효용이 있다. 다만, 최후의 배서가 백지식 배서인 경우에 어음을 상실하게 되면 선의취득이 쉬워져 어음의 상실로 인한 권리자의 보호가 약화되는 단점이 있다.

3. 白地式背書에 의한 所持人의 地位

백지식 배서에 의해 어음을 소지한 자는 당연히 어음상의 권리자로 추정되어(어음법 제16조 제 1 항 제 2 문) 어음상의 권리를 행사할 수도 있고, 어음법 제14조 제 2 항에 의해 다음과 같이 간편하게 어음을 양도할 수도 있다.

① 자기의 명칭 또는 타인의 명칭으로 백지를 보충할 수 있고, ② 백지식으로 또는 타인을 표시하여 다시 기명식 배서를 할 수 있고, ③ 백지를 보충하지 아니하고 또 배서도 하지 않은 채 어음을 제 3 자에게 양도할 수 있다.

〈대판 1968. 12. 24, 68 다 2050〉

「약속어음을 배서하면서 피배서인을 백지로 한 경우, 그 어음의 소지인이 어음상의 권리를 행사하려면 반드시 자기를 피배서인으로 기재할 필요는 없고, 이를 보충하지 아니한 채로 청구한다 할지라도 적법하다.」

소지인은 ②의 경우 및 ①의 경우에 자기의 명칭으로 백지를 보충한 때에 한하여 어음단체에 가입하게 되는 데 반하여, 그 밖의 경우에는 어음단체에 가입하지 않는다. 즉 담보책임을 지지 않는다.

4. 白地式背書의 效力

백지식 배서도 배서이므로 어음상의 권리는 양수인에게 이전하고(권리이전적 효력 : 어음법 제14조 제1항), 어음을 양수한 사람은 권리자로서의 자격을 갖추게 된다(자격수여적 효력 : 어음법 제16조 제1항). 다만, 예컨대 B로부터 백지식 배서에 의하여 어음을 취득한 D가 직접 E의 명칭을 보충하거나 보충 없이 E에게 교부한 경우, D는 어음단체에 참여하지 않으므로 담보책임을 지지 않는다. 물론 백지식 배서의 경우에도 인적항변의 절단(어음법 제17조)과 선의취득(어음법 제16조 제2항)이 인정된다.

Ⅳ. 所持人出給式背書와 指名所持人出給式背書

어음의 소지인에게 지급하라는 뜻의 기재를 한 배서를 소지인출급식 배서라 한다. 이는 피배서인을 특정하지 않는 점에서 백지식 배서와 같으므로 백지식 배서와 같은 효력이 인정된다(어음법 제12조 제3항).

특정인을 피배서인으로 함과 동시에 소지인도 지급받을 수 있는 자로 기재한 배서(A 또는 소지인에게 지급하시오)를 지명소지인출급식 배서 또는 선택무기명식 배서라고 한다. 이 배서의 효력은 수표법 제5조 제2항의 취지에 비추어 소지인출급식 배서로 본다(통설). 이에 반해 어음법에 규정이 없고, 이를 인정하면 어음관계가 불명확해진다는 이유에서 이를 무효로 보는 견해도 있다(김용태, 315쪽).

Ⅴ. 背書의 기타 記載事項

1. 有益的 記載事項

어음을 배서함에 있어서는 원칙적 기재사항 이외에도 어음법에 의하여 기재가 인정되고, 또 이를 기재하면 그 내용에 따라 효력이 생기는 것을 유익적 기재사항이라고 한다. 배서의 유익적 기재사항으로서는 소지인출급식 배서문구(어음법 제12조 제3항), 무담보문구(어음법 제15조 제1항), 배서금지문구(어음법 제15조 제2항), 추심위임문구(어음법 제18조 제1항), 입질문구(어음법 제19조), 배서일자(어음법 제20조 제2항), 인수제시요구문구(어음법 제22조 제1항·제4항), 인수제시기간단축문구(어음법 제23조 제3항), 지급제시기간단축문구(어음법 제34조 제1항), 배서인의 처소(어음법 제45조 제3항), 거절증서작성면제(무비용상환) 문구(어음법 제46조), 예비지급인의 기재(어음법 제55조), 등본에만 배서하라는 취지의 문구(어음법 제68조 제3항) 등이 있다.

2. 無益的 記載事項

어음에 기재하여도 어음상의 효력이 생기지 않으며, 또한 배서 자체를 무효로 하지는 아니하는 어음의 기재사항을 무익적 기재사항이라고 한다. 배서에 붙인 조건(제12조 제1항 후단), 대가문구, 지시문구 등이 그 예이다.

3. 有害的 記載事項

일정한 사항의 기재는 이를 허용하지 않고 그 배서 자체를 무효로 만드는데, 이를 유해적 기재사항이라 한다. 어음금액의 일부에 대한 일부배서(어음법 제12조 제2항)가 바로 그 예이며, 이는 어음금액분할의 뜻이 배서의 문언상 명백히 표시된 경우이다. 배서는 그 본질에 있어서 어음에 표창된 권리를 어음과 함께 양도하는 것이므로, 어음상의 권리의 분할양도는 불가능하다.

제 4 절 背書의 效力

姜渭斗, 어음背書人의 원인채권에 관한 保證責任, 司法行政 342(1989. 6)/李基秀, 背書의 效力, 고시계 344(1985. 10)/李允榮, 배서의 효력, 商事法의 現代的 課題(孫珠瓚博士華甲記念論文集), 1984.

어음에 하는 배서에는 권리이전적 효력 · 담보적 효력 및 자격수여적 효력의 세 가지 효력(기능)이 인정된다.

Ⅰ. 權利移轉的 效力

배서는 교부계약과 더불어 어음상의 모든 권리를 피배서인에게 이전하는데(어음법 제14조 제1항), 이를 배서의 권리이전적 효력(Transportfunktion)이라 한다. 배서에 의한 권리양도가 다른 형태의 권리양도에 대하여 갖는 특별한 의미는 양도인이 무권리자라 하더라도 특별한 효력이 인정된다는 데에 있다.

(1) 어음법 제16조 제 2 항에 따라 점유상실된 어음의 선의취득이 인정된다. 따라서 어음의 양수인은 어음의 소유권자로서 그 반환을 거절할 수 있고, 오직 악의 또는 중과실로 어음을 취득한 때에만 어음을 반환할 의무가 있다.

(2) 어음법에서의 선의보호(Gutglaubensschutz)는 민법 제249조, 제514조 및 제524조에 의하여 보장된 것에만 한하는 것은 아니다. 이는 어음법 제16조 제 2 항의 '사유의 여하를 불문하고 환어음의 점유를 잃은'이라는 문구에서 이를 찾을 수 있다.

(3) 선의보호의 대상과 범위에 관하여는 어음법 제16조 제 2 항에 의하여 배서인이 정당한 권리자라는 데 대한 선의, 따라서 그 어음소유권에 대한 선의가 보호된다. 다만, 어음법 내에서 거래보호사상이 얼마만큼 작용하고 있는가에 대해서는 의견이 분분하다(학설대립에 대한 자세한 설명은 제 5 장 '어음취득자보호의 제도' 참조). 여기에서의 문제점은 취득자의 선의를 통하여 양도행위의 어떠한 하자가 치유되는가 하는 점이며, 이는 곧 취득자의 선의보호를 위하여 양도인에게 어떠한 조건이 충족되어야 하는가 하는 점이다. 다만, 법통일화작업에서의 의견불일치로 인해서 어음법 제16조 제 2 항은 의도적으로 불확정된 법문을 사용하게 되었고, 따라서 이 조항은 법해석을 위한 기본적인 근거제공력만 가질 뿐이다.

근본적으로 선의의 보호영역을 확장하기 위해서 맨 먼저 살펴보아야 할 것은 자기 이름으로 타인의 권리를 처분할 수 있는 권한이라는 의미에서의 처분권에 대한 선의보호이다. 물론 여기에서도 배서의 연속은 전제되기 때문에 이때의 취득은 처분자가 백지식 배서를 했거나 자기명의로 배서한 경우에 한정된다.

〈대판 1993. 12. 10, 93 다 35261〉

「수취인란이 백지식인 어음을 정당하게 교부받은 어음소지인이 백지를 보충하여 타에 양도함에 있어 수취인란을 임의로 기재한 다음, 그 수취인을 제 1 배서의 배서인으로 하고 자신을 그 피배서인으로 하는 제 1 배서를 임의로 기재하고, 이어 자신을 제 2 배서의 배서인으로 하고 임의의 사람을 그 피배서인으로 하는 제 2 배서를 한 다음, 그 제 2 피배서인을 제 3 배서의 배서인으로 하고 어음의 양수인을 그 피배서인으로 하는 제 3 배서를 임의로 기재하는 방법으로 양도하였다고 하더라도 어음의 양도인이 양도 당시 정당한 소지인인 이상 그 양수인은 적법하게 어음상의 권리를 이전받는다.」

배서인의 동일성문제는 어음면에 기재된 최후의 기명피배서인과 배서인의 동일성에 대한 취득자의 선의보호문제로서 실무에서는 매우 중요한 문제로 취급되고 있는데, 특히 은행거래에서의 어음거래를 보호하기 위해서도 동일성에 대한 선의보호는 긍정되어야 한다. 다만, 동일성과 관련하여 취득자의 조사의무의 정도는 상당히 높게 요구되어야만 한다.

반면 배서인의 행위능력에 대한 선의는 무능력자와의 관계에서는 보호되지 않는다. 그러나 어음소지인은 이 경우에도 무능력자 이외의 어음채무자에 대해서는 선의취득을 주장할 수 있다고 볼 것이다(동지 : 최기원, 391쪽).

무효사유가 되는 교부계약의 흠결에 대한 취득자의 선의가 얼마만큼 보호되어야 하는가의 문제, 특히 어음법 제16조 제 2 항에 의하여 의사표시하자의 자유성(완전성)에 대한 선의가 얼마만큼 보호되어야 하는가 하는 것은 대단히 어려운 문제이나 보호되어야 할 것이다. 여기에서 문제되는 것은 흠결 있는 교부계약에 의해 어음을 취득한 자가 다시 배서했을 때가 아니라 오직 흠결 있는 교부계약에 근거하여 어음을 취득한 취득자의 보호라는 것이다. 왜냐하면 제 2 취득자는 이미 자기의 전자의 어음상의 권리에 대한 선의로써 보호되기 때문이다.

선의취득의 요건은 민법 제249조와는 달리 평온·공연을 요하지 않으며, 또한 경과실도 보호된다.

선의취득으로 어음을 취득한 자는 어음상의 권리를 원시취득한다. 따라서 선의취득자는 자신에 대해 어음상의 채무를 지지 않는 어음양도인(무능력자나 피위조자 등)에 대해 어음법 제16조 제 2 항에 따라 어음을 반환할 필요가 없다.

(4) 화체된 청구권과 관련하여 권리이전적 효력은 청구의 상대방의 항변을 폭넓게 배제시킴으로써 그 실효성을 높인다. 왜냐하면 만일 어음채무자가 그러한 청구권을 어음항변으로 무력화시킬 수 있다면, 취득자의 지위는 극히 불안정해지기 때문이다. 따라서 어음채무자는 원칙적으로 발행인이나 그 전의 어음소지인에 대하여 갖는 자기와의 원인관계로 인한 항변을 원칙적으로 소지인에 대하여 주장할 수 없다(인적항변의 절단 : 어음법 제17조). 다만, 소지인에게 해의가 있는 경우에는 그러하지 아니하다. 이를 보통 배서의 권리강화적 효력 또는 권리정화적 이전력이라고 한다.

(5) 어음에 부수된 권리의 이전은 배서가 어음상의 권리만을 이전하는 것이고, 어음상의 권리는 추상적인 것이므로 부정하여야 한다(이범찬, 236쪽 ; 서돈각, 182쪽 ; 정희철, 186쪽 ; 최기원, 339쪽 ; 정무동, 419쪽 ; 김용태, 316쪽 ; 정찬형, 445쪽 ; 손주찬, 228쪽). 이에 반해 종되는 권리는 주되는 권리의 처분에 따른다는 원칙과 이를 긍정하여 어음의 유통을 조장한다는 점을 내세워 이를 긍정하는 견해가 있다(박원선, 543쪽 ; 채이식, 90쪽).

Ⅱ. 擔保的 效力

배서의 두 번째 기본적 효력은 모든 배서인이 원칙으로 미래의 모든 어음취득자에 대하여 어음의 인수와 지급을 담보하는 담보적 기능 또는 담보적 효력(Garantiefunktion : 어음법 제15조)이다.

〈대판 1987. 12. 8, 87 다카 1105〉

「다른 사람이 발행한 약속어음에 배서인이 된 사람은 배서행위로 인한 어음법상의 채무만을 부담하는 것이 원칙이고, 다만 채권자에 대하여 자기가 약속어음발행의 원인이 된 민사상의 채무까지 보증하겠다는 뜻으로 배서를 한 경우에 한하여 발행인의 채권자에 대한 민사상 채무에 관하여 보증책임을 부담한다.」

〈대판 1992. 12. 27, 92 다 17457〉

「다른 사람이 발행한 약속어음에 보증의 취지로 배서를 한 경우에 배서인은 배서행위로 인한 어음상의 채무만을 부담하는 것이 원칙이고, 다만 어음이 차용증서에 갈음하여 발행된 것으로서 배서인이 그러한 사정을 알고 민사상의 원인채무를 보증하는 의미로 배서한 경우에 한하여 원인채무에 대한 보증책임을 부담한다.」(동지 : 대판 1994. 12. 2, 93 다 59922)

(1) 만일 어음이 지급인에 의하여 인수되지 않거나 만기에 지급되지 않을 때 배서인은 자기 이후의 어음취득자에 대하여 상환의무를 부담한다. 이러한 담보채무는 배서인이 자기의 직접의 어음당사자만을 알고, 어느 때나 상환청구권자가 될 수 있는 그 후의 어음취득자는 전혀 알 수가 없기 때문에 위험한 측면도 있다.

(2) 배서인은 어음의 배서를 금지하는 문구를 기재함으로써 이러한 위험을 면할 수 있다. 배서금지배서는 곧바로 어음을 기명증권으로 만드는 것은 아니고(어음법 제15조 제 2 항), 이 때에도 다시 하는 배서는 허용되므로 그 후의 모든 배서는 완전한 법적 효력을 그대로 갖는다. 오직 배서를 금지시킨 배서인의 상환의무는 금지된 배서로 인하여 그 이후의 소지인에게 이전하지 않으므로 그는 오직 자기의 직접의 어음당사자에게만 담보책임을 질 뿐이다. 반면 배서금지어음에 이 금지에 관계 없이 한 모든 배서는 오직 양도의 효과만 표현한 것으로서 어떠한 담보책임도 야기시키지 못한다(어음법 제11조 제 2 항).

(3) 배서인이 배서에 의한 책임을 면할 수 있는 또 다른 방법은 어음법 제15조 제 1 항에 의거한 무담보배서이다. 이 때에는 배서인은 자기의 직접 어음당사자에 대해서도 어음상의 책임을 지지 않는다.

(4) 배서인이 담보책임을 지는 근거에 관하여는 많은 학설이 제기되고 있으나, 생각건대 이는 오직 기명날인 또는 서명에서 제시된 교부계약을 통해서만

근거지워지고 있다고 본다. 이에 대해 배서인의 담보책임은 어음의 유통을 보호하기 위하여 법이 정책적으로 인정한 것이라고 하는 견해도 있으나(정동윤, 410쪽; 최기원, 320쪽), 어음배서행위에 의한 교부계약은 원칙으로 두 가지 특성이 있다고 보아야 한다. 즉 그 하나는 어음양도이고, 다른 하나가 바로 담보책임을 근거지우는 것이다. 따라서 오직 양도만 하는 배서는 무담보배서이고, 오직 담보책임만을 지는 배서는 순수한 담보배서이다.

(5) 위에서와 같이 어음을 양도한다는 목적은 없이 오직 배서인으로서의 담보책임만을 부담할 목적으로 어음에 배서의 기명날인 또는 서명을 하는 것을 담보배서라 한다. 실제 담보배서는 어음보증이 어음채무자의 지급능력을 의심하게 한다는 불리함을 회피하기 위해 자주 이용되며, 보증의 역할을 수행한다. 이 담보배서는 당사자의 의사표시에 따른 담보적 효력은 있으나 이전적 효력은 없는 배서라고 본다. 왜냐하면 권리이전적 효력이 담보적 효력의 필수조건이라고 볼 충분한 근거는 없기 때문이다. 그리고 담보배서의 배서인에게도 전자에 대한 상환청구권이 인정되는가에 관하여는 부정설(BGHZ 13, 87f.)이 있으나, 어음보증인과 참가지급인의 상환청구권을 인정하는 어음법 제32조 제 3 항이나 제63조 제 1 항을 유추적용하여 이를 긍정하여야 할 것이다(동지: 정동윤, 412쪽; 최기원, 342쪽).

(6) 공동배서의 경우에는 각자가 배서인으로서 인수와 지급을 담보하며, 어음금액 전부에 대한 책임을 진다. 단, 이 경우의 책임은 연대책임이 아니라 합동책임이다.

Ⅲ. 資格授與的 效力

(1) 어음이 배서에 의하여 양도되면 양수인은 적법한 권리자로서 추정되는데, 이는 곧 배서가 소지인에게 적법성을 증명하는 근거를 제공해 준다는 뜻이다(배서의 자격수여적 효력: Ligitimationsfunktion: 어음법 제16조). 이러한 적법성의 증명은 적법한 소지인이 어음을 유효하게 행사할 수 있다는 것을 뜻할 뿐만 아니라, 어음채무자가 그 소지인에게 지급함으로써 채무를 면한다는 것을 보장해 준다. 그러나 어음의 소지인이라고 해서 누구나 다 적법한 소지인이 되는 것은 아니고, 오직 배서의 연속(Indossamentenkette)에 의하여 증명되는 어음소지인만이 원칙으로 적법한 소지인이 된다.

(2) 배서의 연속이라 함은 어음의 배서를 하는 자가 전 배서의 피배서인으로 지명된 자인 경우의 배서로서, 이것이 끊임없이 연속되어 있음을 뜻한다. 따

라서 소지인은 최후의 피배서인이어야 하며, 이러한 연속은 일반 환어음의 경우에는 수취인에게까지, 자기 지시환어음의 경우에는 발행인에게까지 거슬러 올라간다. 배서의 연속은 형식적으로 존재하면 되고 또 이것으로 족하며, 실질적으로 연속되어 있을 필요는 없고 또한 이것만으로는 부족하다. 허무인의 명의로 한 배서나 위조배서의 경우에도 배서의 연속은 순형식적으로 존재하면 되므로 자격수여적 효력은 인정된다.

〈대판 1971. 5. 24, 71 다 570〉

「어음배서의 연속은 형식상 존재함으로써 족하고, 어음의 기재 자체에 의하여 배서의 연속이 증명되면 족하다.」

〈대판 1974. 9. 24, 74 다 902〉

「어음의 배서연속이란 그 배서가 형식상 연속되어 있으면 족하고 실질상 유효한 것임을 요하지 아니하므로, 배서가 위조된 경우에 있어서도 배서의 연속이 흠결된 것이라 할 수 없으니 위 어음의 소지인은 적법한 소지인이다.」

백지식 배서 다음에 다른 배서가 있는 때에는 그 배서를 한 배서인은 백지식 배서에 의하여 어음을 취득한 것으로 보며(어음법 제16조 제1항 제4문), 최후의 배서가 백지식인 때에는 어음소지인이 권리자로 추정된다(어음법 제16조 제1항 제2문). 또한 말소된 배서는 배서의 연속에 관하여는 배서의 기재가 없는 것으로 본다(어음법 제16조 제1항 제3문). 배서의 말소로서 주로 문제되는 것은 피배서인만을 말소한 경우인데, 이 경우에는 부정이용의 위험을 방지하기 위하여 전부말소로 보아야 한다(동지 : 정동윤, 417쪽. 어음·수표의 기재에 의해 배서인에 의해서 말소된 것이 분명한 때에는 백지식배서로 보아야 한다는 견해로는 채이식, 95쪽 아래). 이에 대해 단순히 백지식 배서로 보는 설(최기원, 330쪽; 서돈각·정찬형, 453쪽; 강위두, 343쪽)과 말소한 자가 말소의 권한이 있는 자인지의 여부에 따라서 백지식 배서 또는 말소무효로 다루는 권한유무판정설(일본판례) 등이 있다. 배서연속의 판정시점에 관하여는 어음의 주채무자에 대한 권리행사의 경우에는 구두변론종결시에, 선의취득을 위하여는 어음의 취득시에, 그리고 지급인의 면책력이 인정되려면 만기에 지급을 하는 때에 배서의 연속이 있으면 된다.

〈대판 1964. 5. 12, 63 아 55〉

「어음의 말소한 배서는 배서의 연속에 관하여는 그 말소가 지급거절증서 작성기간 경과 전후에 불구하고 처음부터 없는 것으로 간주되는 것이다.」

(3) 배서가 연속되어 있지 아니할 때에는 자격수여적 효력과 관련하여 실

제로 어음을 소지한 자라도 권리자로 추정받지 못한다. 이러한 어음소지인이 진실로 어음상의 권리를 취득한 자인 경우에는 소지인이 별도로 그 승계사실을 증명하면, 그 중단은 가교되어 권리를 행사할 수 있다(통설).

〈대판 1969. 12. 9, 69 다 995〉

「어음에 있어 배서의 연속이 끊긴 경우, 그 중단된 부분에 관한 실질관계를 증명하면 어음상의 권리행사를 할 수 있다.」

이에 반하여 담보적 효력과 관련하여서는 실질적 권리는 없으나 형식적 자격이 있는 자가 배서한 것은 배서로서의 효력이 있으므로 선의취득자에 대하여 담보적 효력이 있음은 물론이요, 또 형식적 자격이 없는 경우라도 민사적 승계가 이루어진 실질적 권리자가 한 배서도 담보적 효력이 있다. 형식적 자격뿐만 아니라 실질적 권리마저 없는 배서에도 담보적 효력을 인정할 것인가가 문제된다. 담보배서에 관하여는 이를 긍정하고, 양도배서의 경우에는 그 양도가 유효하거나 양수인이 실질적 권리를 취득한 경우에 한하여 배서의 담보적 효력을 인정하여야 할 것이다(동지 : 정동윤, 432쪽)(그러나 담보배서의 경우에는 배서인의 담보책임은 반드시 배서의 이전적 효력을 전제로 하지 않으므로 위의 경우에도 담보책임은 성립하지만 양도배서의 경우에는 양도의 효과로서 법정의 담보책임을 지는 것이므로 배서의 불연속이 실질적 권리에 의해서도 가교되지 않는 때에는 담보책임을 지지 않는다는 견해 : 최기원, 347쪽. 두 경우 모두 담보적 효력을 부정하는 견해 : 서돈각·정찬형, 456쪽).

제 5 절 어음所持人의 適法推定

鄭東潤, 어음배서의 僞造 — 배서의 연속 및 입증책임을 중심으로 —, 法曹 388(1989. 1).

Ⅰ. 어음所持人의 適法推定이 인정되기 위한 要件

어음법 제16조 제 1 항에 의하면 어음을 점유하고 배서의 연속에 의해 자신의 권리를 증명한 자는 적법한 어음소지인으로 추정된다. 따라서 어음소지인의 적법추정이 인정되기 위해서는 어음의 점유 및 배서의 연속이 필요하다. 여기서는 어음법 제16조 제 1 항이 갖는 의미를 따로 살펴보고자 한다.

1. 占 有

점유에 있어서 어음소지인의 법적 지위의 핵심은 그가 자신의 권리를 증명하지 않아도 된다는 점이다. 증권을 점유하고 있다는 것 자체가 그 권리를 충분히 설명해 준다. 어음소지인은 그가 어음의 소유자(Eigentümer) 또는 정당한 점유자라는 사실을 증명할 증명책임을 지지 않는다. 즉 점유로 인하여 실질적 권리에 대한 추정(Vermutung)이 주어진다. 오히려 어음으로부터 의무를 지는 자, 발행인은 자신이 소지인의 무권리를 증명한 때에만 소지인에게 급부하지 않을 수 있다.

2. 背書의 連續

(1) 제1의 배서에서 피배서인으로 기재된 자가 제2의 배서에서 배서인이 되는 것이 계속해서 이어지면, 배서의 연속은 원칙적으로 인정된다. 어음소지인은 최후에 기재된 피배서인이어야 하고, 배서의 연속이 인정되기 위해서는 수취인까지, 자기지시어음의 경우에는 발행인에게까지 배서의 연속상태가 거슬러 올라가 계속되어야 함은 앞서 밝힌 바와 같다. 한편 발행인의 수취인에 대한 배서는 의미가 없다.

〈대판 1965. 9. 7, 65 다 1387〉
「약속어음의 발행인의 수취인에 대한 제1차 배서는 어음법상 아무 의미가 없는 것이므로 배서연속의 관계에 있어서는 그 기재가 없는 것으로 볼 것이다.」

중간에 백지식 배서가 있고, 그 다음에 다시 보통의 배서가 이어지더라도 배서의 연속은 인정된다(어음법 제16조 제1항 제4문). 최후의 배서가 백지식이면, 어음소지인은 성명의 기재가 없어도 적법추정력을 갖는다.

(2) 배서의 연속은 오로지 어음면상 표시된 형상에 의해서만 판단된다. 기명날인 또는 서명이 진정한 것인가는 문제되지 않으며, 더욱이 기명날인 또는 서명이 실질적으로 법률상 유효한가 여부도 문제되지 않는다.

〈대판 1973. 6. 22, 72 다 2026〉
「약속어음의 점유자가 배서의 연속에 의하여 그 권리를 증명하는 때에는 이를 적법한 소지인으로 추정하게 되어 있고, 배서의 연속은 오로지 어음의 외관상 배서연속이 되어 있으면 되는 것이며, 중간에 허무인이 배서인으로 게재하더라도 무방한 것이다.」

〈대판 1973. 12. 26, 73 다 1436〉
「배서의 연속이란 그 배서가 형식적으로 연속되어 있으면 실질적으로는 연속되어 있지 아니하더라도 배서의 연속이 있는 어음이라 할 것이므로, 중간배서인의 대리인이 진정한 대리인인지에 불구하고 피배서인은 배서의 연속이 있는 어음의 적법한 소지인으로 추정된다.」

〈대판 1974. 9. 24, 74 다 902〉

「어음의 배서연속이란 그 배서가 형식상 연속되어 있으면 족하고 실질상 유효한 것임을 요하지 아니하므로, 배서가 위조된 경우에 있어서도 배서의 연속이 흠결된 것이라 할 수 없다.」

〈대판 1995. 6. 9, 94 다 33156〉

「수취인을 '甲'으로 하여 발행된 약속어음의 제 1 배서인이 '주식회사 甲 대표이사 乙'이라면 양자의 표시는 형식적으로 동일인이라고 인정함이 상당하고, 따라서 이 약속어음의 배서는 연속되어 있다.」

〈대판 1995. 9. 15, 94 다 54856〉

「정당한 어음소지인이 자신의 배서 앞뒤에 임의의 사람을 중간배서인으로 기재하여 어음을 양도한 경우, 약속어음을 양도한 자가 정당한 소지인인 이상 그 양수인은 적법하게 어음상의 권리를 이전받는다.」

(3) 배서의 연속이 외형상 흠결되면 배서의 자격수여적 효력은 인정되지 않는다. 물론 이러한 흠결은 민법에 의해, 즉 지명채권양도(Zession) 또는 상속(Erbgang) 및 다른 유형의 포괄승계에 의해서 보충될 수도 있다. 그러나 이 때에는 어음 자체가 자격수여적 효력을 갖지 않는다. 다시 말해 어음의 자격수여적 효력은 배서가 연속하는 부분으로 제한된다. 그 결과 어음소지인은 다른 방법으로 그 부분의 배서연속의 흠결이 보충되었음을 증명하여야 한다(통설). 어음소지인이 일단 이를 증명할 수 있으면, 그 밖의 사항에는 어음법 제16조 제 1 항이 적용된다.

〈대판 1995. 9. 15, 95 다 7024〉

「어음에 있어서의 배서의 연속은 형식상 존재함으로써 족하고 또 형식상 존재함을 요한다 할 것이니, 형식상 배서의 연속이 끊어진 경우에 딴 방법으로 그 중단된 부분에 관하여 실질적 관계가 있음을 증명한 소지인이 한 어음상의 권리행사는 적법하다.」

〈대판 1995. 9. 29, 94 다 58377〉

「乙을 수취인으로 하여 발행한 어음에 甲이 그냥 담보의 목적으로 배서를 한 나머지 배서가 단절된 경우, 乙이 실질적 권리자임이 증명되고 甲의 배서가 배서로서의 유효요건을 구비하고 있다면 배서의 담보적 효력은 인정되어야 하고, 그와 같은 경우에는 배서가 단절된 채로 지급제시를 하여 지급거절되었다고 하더라도 그 지급제시는 적법한 것으로 보아 어음소지인은 배서인에 대하여 상환청구권을 행사할 수 있다.」

〈대판 1996. 4. 26, 94 다 9764〉

「배서의 연속에 흠결이 있는 경우 소지인이 실질적인 권리이전사실을 증명하면 어음상의 권리를 행사할 수 있음은 원심이 인정한 바와 같으나 ….」

Ⅱ. 適法推定의 意義

어음법 제16조 제 1 항에 의한 적법추정으로 적법추정자(der Legitimierte)가 실질적 권리자, 즉 어음청구권의 실질적 채권자로 되는 것은 아니다. 따라서 외부로 드러나는 형상과 관련되는 이러한 특성에 비추어 적법추정을 형식적 자격(formelle Legitimation)이라고 일컫는다. 그러나 이 형식적 자격으로부터 여러 가지 측면에서 중요한 법적 효과가 도출된다.

1. 形式的 資格과 어음債權者

형식적 자격은 우선 어음청구권의 채권자로서 어음소지인에게 유리하게 작용하는데, 이에는 형식적 자격자가 실질적 권리자라는 추정이 부여되어 있다. 이는 형식적 자격자가 진정한 권리자가 아닐 때에는 채무자는 급부를 이행해서는 안 된다는 점 및 실질적 권리의 흠결에 대한 증명책임은 채무자에게 부과되어 있다는 점을 의미한다.

예컨대 최후의 배서가 행위무능력자에 의해 행하여졌거나 위조되었을 때, 어음소지인은 형식적 자격을 갖지만 실질적 권리는 없다(물론 이 때에도 어음소지인이 선의취득을 하게 되면 사정은 다르다. 이에 관해서는 '선의취득'에 관한 설명 참조). 그러나 그 경우에도 채무자는 어음소지인에 의한 취득을 방해하는 사정을 제시하고 증명하여야 한다.

2. 形式的 資格과 어음債務者

자격수여적 효력은 채무자에게도 의미가 있다.

(1) 어음소지인에게 어음법 제16조 제 1 항에 의한 형식적 자격이 있으면, 채무자는 원칙으로 어음소지인을 실질적 권리자로 추정할 수 있다. 즉 채무자는 형식적 자격자에 지급함으로써 원칙적으로 면책된다. 물론 채무자가 형식적 자

격자에게 지급함으로써 갖는 면책적 효력은 어음법 제16조 제 1 항에 근거하여 발생하는 것은 아니므로, 채무자가 형식적 자격을 믿고 어음금을 지급했다고 해서 언제나 면책되는 것은 아니다. 예컨대 채무자가 만기 전에 지급하면 채무자는 전혀 면책되지 않으며(어음법 제40조 제 2 항), 채무자에게 사기 또는 중과실이 있으면 만기에 형식적 자격자에게 지급하여도 채무자는 면책되지 않는다(어음법 제40조 제 3 항). 그런데 이 규정을 이해함에는 주의가 요구된다. 즉 어음법 제40조 제 3 항은 선의와 무과실을 결정적인 요소로 삼는 민법 제249조와 다를 뿐만 아니라 악의 및 중과실을 기준으로 삼는 어음법 제16조 제 2 항과도 다르다. 어음법 제40조 제 3 항의 이러한 상위에는 다음과 같은 충분한 근거가 있다. 즉 채무자가 어음소지인의 실질적 권리의 흠결을 알았으나 그에게 어음소지인에 대하여 급부를 거절할 것을 기대할 수 없을 때에도 채무자는 면책되어야 할 것이라는 점이다. 그러한 경우에 실질적 권리의 흠결에 대한 증명책임을 채무자에게 부과한다는 것은 시사하는 바가 크다. 왜냐하면 채무자가 실질적 권리의 흠결을 알았다 하더라도 그것이 채무자가 소송에서 그러한 권리의 흠결을 증명할 수 있음을 의미하지 않기 때문이다. 따라서 특별히 확실한 이유가 없는한, 예컨대 실질적 권리자가 아니라는 심증만 있는 경우, 어음채무자가 어음을 지급한 경우에도 면책되어야 한다. 그래야만 어음의 유통성은 확보되기 때문이다. 한편 상거래에서는 경우에 따라서 거절증서의 작성이 어음채무자에 대한 중대한 신용의 훼손을 초래할 수도 있지만, 거절증서의 작성은 의미가 있다. 형식적 자격이 있는 어음소지인이 무권리자임을 확신하고, 또 짧은 시일 내에 이를 증명할 수 있을 경우에만 어음에 대한 거절증서의 작성을 상인에게 기대할 수 있다. 그러므로 채무자가 어음소지인의 권리흠결을 알고, 또 어음소지인의 권리흠결을 증명하는 것이 그에게 용이한 일이라는 것도 알지만 그럼에도 불구하고 부득이한 사유 없이 지급을 한 때에만 사기적으로 행위한 것이 된다. 또한 채무자가 권리의 흠결 및 이를 용이하게 증명할 수 있음을 쉽게 인식할 수 있었을 때에만 채무자가 중대한 과실로 행위한 것이 된다.

(2) 어음소지인에게 형식적 자격이 있으면 어음채무자는 어음소지인이 실질적 권리자라는 추정을 할 수 있다. 즉 어음채권이 어음소지인에 속할 뿐만 아니라 어음소지인에게 행위능력이 있고 또 처분권이 있다고 볼 수 있다.

예컨대 만일 정신병자가 어음을 제시하면 채무자는 사기 또는 중과실로 행위하지 않는 한 그에게 지급함으로써 면책된다. 어음소지인이 파산하여 그의 처분권이 제한된 경우에도 동일하다. 따라서 어음법 제40조 제3항의 범위에서의 채무자보호는 어음에 배서하는 경우의 정직한 취득자를 보호하는 것보다 실제로 더 넓게 미친다. 채무자에게 이러한 특권을 부여하는 것은 지급을 위한 제시가 있는 경우에 채무자가 놓이게 되는 특별한 강제적 상태(Zwangslage)에 기인한다.

3. 形式的 資格과 어음取得者

자격수여적 효력은 배서에 의한 어음의 선의취득의 요건으로서 어음취득자에게도 의미가 있다. 배서인이 진정한 권리자가 아니더라도 취득자가 선의이고 원칙으로 양도인이 형식적 자격을 갖추면, 배서에 권리이전적 효력(Transportfunktion)이 인정된다.

4. 形式的 資格과 拒絶證書作成

유효한 거절증서를 작성하는 데에 어음소지인의 형식적 자격이 필요한가에 관해서는 다툼이 있다. 이 문제에 대해서 독일판례는 긍정한다(BGH WM 1977, 840; OLG München WM 1972, 607). 이에 따르면 상속(Erbgang) 또는 채권양도(Zession)에 의해 배서의 연속이 단절된 경우에는 유효한 거절증서를 작성할 수 없으며, 따라서 상환청구권을 행사할 수 없다. 제한적으로는 위의 견해에 찬성한다. 왜냐하면 채무자가 한편 제시인의 형식적 자격 없이는 자신의 지급이 면책적 효력을 갖는다고 확신할 수 없고, 다른 한편 불지급의 경우에 거절증서의 단점(자신의 신용실추)을 받아들여야만 한다면 채무자에게 불리한 것이기 때문이다. Hueck/Canaris(§8 V 2b)가 주장하는 것처럼 채무자가 어음금을 공탁(Hinterlegung)함으로써 거절증서작성을 피할 수 있다는 것은 옳지 않다(Zöllner, §20 II 4). 왜냐하면 만일 그와 같이 공탁할 가능성이 있게 된다면, 어음법 제40조 제3항의 규정의 의미가 사라져 버리기 때문이다. 그러나 최후의 피배서인의 상속인이 상속증명서와 동시에 어음을 제시하면 거절증서작성이 허용된다고 본다. 이 경우 어음채무자는 그 상속인에게 지급함으로써 면책된다.

Ⅲ. 調査義務의 範圍

1. 어음債務者의 調査義務

채무자의 조사의무(Prüfungspflicht) 또는 채무자의 조사책임(Prüfungslast)은 원칙상 배서연속의 적정성에만 미친다. 따라서 채무자의 조사의무는 배서인의 기명날인 또는 서명의 진정성에는 미치지 않는다(어음법 제40조 제3항 제2문). 그 밖에 채무자가 어음소지인과 최후의 피배서인이 동일인인지도 조사하여야 하는가에 관해서는 다투어지고 있다.

(예) 최후의 배서의 피배서인이 D로 되어 있는 경우 인수인은 지급을 하기 전에 실제로 면전에 있는 사람이 D인지를 조사하여야만 하는가, 또는 이를 하지 않아도 될 것인가?

이 문제에 대하여 어음법은 명백한 해답을 주지 않으나 통설은 어음법 제40조 제3항과의 문언으로 볼 때 이를 부정해야 한다고 주장한다(서돈각, 219쪽 ; 정희철, 268쪽 ; 손주찬, 293쪽 ; 정동윤, 456쪽 ; 최기원, 407쪽 ; 채이식, 154쪽). 어음채무자는 어음이 누구의 손에 들어가는가에 대해 아무런 영향을 미칠 수 없으며, 최후의 피배서인을 전혀 알지 못할 수도 있다는 것이다. 최후의 피배서인에 관한 조사의무를 부담시키는 것은 경우에 따라서는 어음거래를 현저히 어렵게 만들 것이라고 한다.

이러한 견해가 잘못되었음은 어음법 제16조 제1항의 법문언이 밝혀 주고 있다. 어음법 제16조 제1항 제2문에서 최후의 배서가 백지식인 경우에도 소지인의 형식적 자격은 존재한다고 명시적으로 밝히고 있다. 이 한 가지 특별한 경우에는 어음소지인은 동일성의 조사(Identitätsprüfung)를 하지 않고도 자격이 있게 된다. 최후의 피배서인이 자신의 인적 동일성을 증명함이 없이 항상 지급을 청구할 수 있게 된다면, 이 규정은 필요 없는 것이 될 것이다. 또한 동일성 조사로 어음의 유통이 더욱 무거운 부담을 짊어지게 될 것이라는 점도 옳지 않다. 조사의 요청에 대해 지나치게 긴장할 필요는 없다. 채무자는 현금으로 지급할 경우에는 원칙으로 신분증명서(Personalausweis)를 제시하게끔 하여야 한다.

그로써 동일성에 대해 아무런 의문이 제기되지 않으면 지급을 하더라도 채무자는 중대한 과실 없이 행위한 것이 되고, 따라서 그는 어음법 제40조 제3항에 따라 면책된다(독일의 다수설). 물론 조사의무를 부정하면 채무자는 증명서의 제시를 요구할 필요조차도 없을 것이다.

2. 어음取得者의 調査義務

어음취득자의 조사의무에 관해서도 유사하다. 어음취득자는 전의 기명날인 또는 서명의 진정성을 조사할 필요는 없지만 최후의 배서인, 즉 자기에게 어음을 양도한 자가 최후에 기재된 피배서인과 동일한지 조사할 의무가 있다. 어음취득자가 이러한 조사를 하지 않으면 어음법 제16조 제 2 항의 의미에서의 중대한 과실로 행위한 것이 된다(Zöllner, §20 Ⅲ2).

〈대판 1988. 10. 25, 86 다카 2026〉

「어음 · 수표를 취득함에 있어서 통상적인 거래기준으로 판단하여 볼 때 양도인이나 그 어음 · 수표 자체에 의하여 양도인의 실질적 무권리성을 의심하게 될 만한 사정이 있음에도 불구하고, 이에 대하여 상당하다고 인정될 만한 조사를 하지 않고 만연히 양수한 경우에는 중대한 과실이 있다고 하여야 한다.」

제 6 절 特殊背書

姜渭斗, 期限後背書, 商事判例硏究 2(1988)/朴憲穆, 기한후배서에 있어서 어음채무자의 피배서인에 대한 항변범위, 商事判例硏究 6, 1994.

보통의 배서에 대하여 특수한 형식과 효력을 갖는 배서를 특수배서라고 한다. 특수배서에는 양도배서로서의 특수배서와 양도 이외의 목적으로 하는 특수배서가 있는데, 전자에는 무담보배서(어음법 제15조 제 1 항) · 배서금지배서(어음법 제15조 제 2 항) · 기한후배서(어음법 제20조) · 환(역)배서(어음법 제11조 제 3 항)가 있으며, 후자에는 추심위임배서(어음법 제18조)와 입질배서(어음법 제19조)가 있다. 이 밖에 특수한 경제적 목적을 위하여 보통의 배서의 방식을 이용하는 것으로서 숨은 추심위임배서 · 숨은 입질배서 및 신탁배서가 있다.

제 1. 無擔保背書

Ⅰ. 意 義

배서인이 어음상의 담보책임을 지지 않는다는 뜻, 즉 무담보문구를 기재한 배서를 무담보배서라 한다(어음법 제15조 제 1 항). 배서인은 피배서인 및 그 후자 전원에 대하여, 환어음에서는 인수와 지급의 담보책임을, 약속어음에서는 지급의 담보책임을 지는데(어음법 제15조 제 1 항, 제77조 제 1 항 제 1 호, 제78조 제 1 항), 배서인은 두 책임의 전부 또는 일부에 대하여 무담보배서에 의해 담보책임을 면할 수 있다. 배서의 담보적 효력은 본질적인 것이 아니고, 또한 배서인은 환어음의 인수인이나 약속어음의 발행인과 달리 종국적인 의무자가 아니므로 담보책임을 지지 않는다는 뜻을 기재할 수 있다.

Ⅱ. 記載方式

배서인이 담보책임을 면하려면 배서란에 '지급무담보'·'무담보'·'상환무용' 기타 이와 동일한 의미가 있는 문언을 기재하여야 한다. 기재의 장소에 관하여는 특별한 규정이 없으나 당해 배서와 관련이 있다는 것이 나타나야 하고, 또 무담보문언에는 기명날인 또는 서명이 수반되어야 한다. '무담보'라고만 기재한 때에는 인수와 지급의 무담보를 포함한 것으로 본다. '지급무담보'라고만 기재한 경우에도 '인수무담보'가 포함된 것으로 볼 수 있지만, 그 반대로 '인수무담보'라고만 기재한 경우에는 어음법 제43조 제 2 호에 따른 담보책임을 져야 한다(동지 : 최기원, 353쪽). 배서인은 어음금액의 일부에 대하여만 담보책임을 부담할 수도 있고, 인수담보책임과 지급담보책임 가운데 어느 하나만으로 제한할 수도 있다. 그러나 어음을 취득한 사람이 아무런 기재를 하지 않고 인수와 지급의 담보책임을 모두 면할 수 있는 방법은 전자로부터 백지식 배서를 받아 어음을 그대로 교부하는 방법뿐이다.

Ⅲ. 效 力

무담보배서의 배서인은 직접의 피배서인뿐만 아니라 그 후자 전원에 대하여 자기가 기재한 바에 따라 담보책임을 지지 아니한다.

〈대판 1984. 11. 15, 84 다카 1227〉

「단자회사가 C.P. 어음을 '지급책임을 지지 않는다'는 사실을 명시 무담보배서방법으로 매출하였다면, 어음상 담보책임뿐만 아니라 매매계약상의 채무불이행책임이나 하자담보책임까지도 배제하기로 한 취지라고 보아야 한다.」

직접의 피배서인에 대하여도 담보책임을 지지 않는 점에서 배서금지배서와 다르다. 다만, 무담보배서의 효력은 그 기재를 한 배서인에 대하여만 발생한다. 무담보배서에는 담보적 효력이 없을 뿐이고 권리이전적 효력과 자격수여적 효력에 관하여는 보통의 배서와 다름이 없으므로, 피배서인은 선의취득과 인적항변의 절단에 의한 보호를 받는다. 그리고 무담보배서인이 동시에 발행인인 경우에는 발행인으로서의 책임은 면하지 못한다. 하지만 실무에서는 무담보배서의 방식 대신에 백지식 배서를 받아 이를 후자에게 단순히 교부하는 방법으로 다시 양도하는데, 왜냐하면 무담보배서는 지급이 불확실하다는 사실을 공시하게 되기 때문이다.

제2. 背書禁止背書

Ⅰ. 意　義

새로운 배서를 금지하는 뜻을 기재한 배서를 배서금지배서라고 한다(어음법 제15조 제2항). 금전배서라고도 하며, 배서금지문언으로서는 보통 '지시금지', '배서금지' 또는 이와 유사한 표현을 사용한다. 백지식 배서를 할 때에도 이 금전문구를 기재할 수 있다.

Ⅱ. 效　用

배서금지배서를 인정하는 이유는 배서인의 이익을 보호하기 위함이다. 즉 배서인으로 하여금 직접의 피배서인의 후자에 대한 인적항변의 절단을 방지할 수 있게 하고, 또한 배서인이 이후 전혀 알지 못하고 바람직하지 않은 채권자와의 관계가 생기는 것을 방지하는 데에 그 효용이 있다.

Ⅲ. 效　力

배서인이 배서금지배서를 하면 배서인은 자기의 직접의 피배서인에 대하여만 담보책임을 부담하고, 그 후의 피배서인에 대하여는 담보책임을 부담하지 않는다(어음법 제15조 제2항). 배서금지배서는 배서인이 자기의 피배서인 이후의 피배서인에 대하여 담보책임을 지지 않는 점이 전혀 담보책임을 지지 않는 무담보배서와 다르고, 또한 발행인이 한 배서금지는 어음을 단순한 기명증권으로 바꾼다는 점에서 이러한 배서금지어음과도 다르다. 그런데 배서인이 "그 후의 피배서인에 대하여는 담보책임을 부담하지 않는다"는 문구를 기재한 경우, 이를 어떻게 볼 것인가에 대해서는 견해가 갈리고 있다.

① 조문의 표현으로 보아 배서인은 그 후의 피배서인에 대하여 일체의 상환의무를 부담하지 않는다고 해석하는 견해(손주찬, 235쪽 ; 서돈각 · 정찬형, 463쪽 ; 최기원, 355쪽 ; 채이식, 355쪽)와, ② 배서금지배서인의 직접의 피배서인이 배서인에 대하여 가지는 상환청구권은 어음에 화체되어 있으므로 배서양도에 의하여 그 상환청구권도 그 후의 피배서인

에게 이전하며, 다만 이 때에는 인적항변이 절단되지 않아 그 후의 피배서인은 금전피배서인이 금전배서인에 대하여 갖고 있는 상환청구권 이상의 권리를 행사하지 못한다고 해석하는 견해가 있다(정희철, 241쪽, 정동윤 교수는 "피배서인의 후자가 배서금지배서인에게 청구를 할 수 있다고 하여도 그것은 상환청구권이 있다고 할 것은 아니고 직접 피배서인의 상환청구권을 양수받은 것을 전제로 하여 양수금으로서 청구하는 것으로 보아야 하므로 제 1 설이 타당하다"고 하여 제 1 설을 취하고 있지만, 후자의 청구와 이에 대한 항변을 인정하고 있다(정동윤, 428쪽)). 생각건대 배서인에 대한 어음소지인의 상환청구권은 배서인이 한 배서의 담보적 효력에 의하여 부담하게 되는 상환의무의 반사적 효과라고 할 것이고, 어음소지인의 상환청구권이 선행하고, 그에 따라 배서인이 상환의무를 부담한다고 볼 수는 없다. 게다가 금전배서가 있는 경우에는 법의 명문규정에 따라 금전배서인은 자기의 직접의 피배서인 이후의 어음소지인에게는 담보책임을 부담하지 않으므로 그 후의 어음소지인은 금전배서인에 대하여 상환청구권을 행사할 수도 없고, 금전피배서인의 금전배서인에 대한 상환청구권이 이전될 수도 없다고 본다. 결국 금전배서인이 금전피배서인 이후의 피배서인에 대해서는 일체의 상환의무를 부담하지 않는다는 견해가 타당하다.

배서금지배서에 의하여 어음을 취득한 피배서인이 자기의 후자로부터 어음을 환수한 경우에 배서를 금지한 배서인에 대하여 상환청구권을 행사하자면 자기 이후의 배서에 의하여 생긴 통지비와 그 밖의 비용(어음법 제48조, 제49조)을 공제하여야 한다.

제 3. 期限後背書

Ⅰ. 意　義

지급거절증서 작성 후의 배서 또는 지급거절증서 작성기간경과 후의 배서를 기한후배서라고 하며, 후배서라고도 한다(어음법 제20조). 만기 전의 배서와 동일한 효력이 있는 지급거절증서 작성 전 또는 지급거절증서 작성기간경과 전에 행하여진 단순한 만기 후의 배서나 지급거절 후에 한 배서와 다르다.

〈대판 1987. 8. 25, 87 다카 152〉

「약속어음의 만기 후에 배서가 행해졌더라도 그것이 지급거절증서의 작성 전 또는 지급거절증서의 작성기간경과 전 행한 것은 만기전배서와 같은 효력이 있다.」

〈대판 1994. 2. 8, 93 다 54927〉

「백지식으로 배서가 된 약속어음의 소지인이 지급거절증서 작성기간이 경과되기 전에 배서일이 백지로 된 채 배서에 의하여 그 약속어음을 양도받은 것이라면, 지급거절증서 작성기간경과 전으로 배서일을 보충하고, 또 피배서인을 자신으로 보충하였다고 하더라도 기한후배서로 볼 수는 없다.」

〈대판 2000. 1. 28, 99 다 44250〉

「어음법 제20조에 의하면 만기후배서도 그것이 지급거절증서작성 전 또는 지급거절증서 작성기간경과 전에 이루어진 것이면 만기 전의 배서와 동일한 효력을 가지고, 비록 만기에 지급제시된 어음에 교환필이라는 스템프가 압날되고 피사취 또는 예금부족 등의 사유로 지급거절한다는 취지의 지급은행의 부전이 첨부되어 있는 등 지급거절의 사실이 어음면에 명백하게 되어 있다 하더라도 이를 가지고 적법한 지급거절증서작성 전으로서 지급거절증서 작성기간경과 전이기만 하면, 이는 기한후배서가 아닌 만기후배서로서 만기 전의 배서와 동일한 효력이 있다.

만기 전의 배서와 동일한 효력을 갖는 만기후배서의 피배서인이 어음의 최종소지인의 지위에서 어음의 배서인 등 소구의무자에 대한 소구권을 보전하기 위하여는 그에게 만기후배서를 한 배서인이 지급제시를 하였는지 여부와 관계 없이 다시 스스로 적법한 지급제시기간 내에 지급제시를 하여야 한다.」

기한후배서는 지급이 거절되어 지급거절증서가 작성된 후 또는 지급거절증서 작성기간경과 후의 배서로서, 이미 어음으로서의 유통성이 상실된 채 상환청구의 단계에 들어간 어음이므로 유통보호를 위한 배서의 특수한 효력을 인정할 필요가 없다. 따라서 이러한 배서에 대하여는 지명채권양도의 효력만이 인정된다(어음법 제20조 제1항 단서).

〈대판 1994. 1. 25, 93 다 50543〉

「기한후배서는 보통의 배서와는 달리 지명채권양도의 효력밖에 없어 그것에 의하여 이전되는 권리는 배서인이 배서 당시 가지고 있던 범위의 권리라 할 것이므로, 어음채무자는 그 배서 당시 이미 발생한 배서인에 대한 항변사실을 피배서인에 대하여도 대항할 수 있으나 그 배서 후 비로소 발생한 배서인에 대한 사유는 피배서인에 대하여 주장할 수 없다.」

Ⅱ. 期限後背書의 判斷

1. 判斷基準

(1) 기한후배서인가의 판단은 어음에 기재된 일자에 의하지 않고 실제로 어음을 배서하여 교부한 날을 기준으로 한다. 그러나 배서일자가 기재된 때에

는 그 일자에 배서한 것으로 추정되고, 일자의 기재가 없으면 기한 전에 배서한 것으로 추정한다(어음법 제20조 제 2 항). 최후의 배서가 백지식 배서인 어음에 있어서는 그 교부의 시점이 기한 후인 때에 기한후배서가 된다.

〈대판 1968. 7. 23, 68 다 911〉

「지급거절증서 작성기간경과 후의 배서인가의 여부는 진실로 배서한 일자에 의하여 이를 결정지을 것이고, 소론과 같이 진실과 다른 어음면의 기재일자에 따라야 하는 것이 아니다.」(동지 : 대판 1964. 5. 26, 63 다 967 ; 대판 1965. 4. 13, 64 다 1726)

(2) 지급거절 후라도 거절증서를 작성하지 않고 거절증서 작성기간 내에 한 배서는 기한후배서가 아니지만 만기 후 지급거절증서 작성기간경과 전에 한 배서라도 어음면에서 보아 지급제시기간 내에 제시되어 지급이 거절되었음이 명백히 드러난 어음에 한 배서는 기한후배서로 보아야 한다(동지 : 서돈각 · 정찬형, 471쪽 ; 최기원, 358쪽 ; 강위두, 351쪽). 그러나 이 경우는 어음법 제20조가 지급거절 후라는 이유만으로 기한후배서로 하지 않고 지급거절증서작성 후 또는 작성기간경과 후의 배서라고 규정하고 있는 것은 형식적으로 명확한 시점을 정한 것이고, 어음법에서는 수표법 제24조 제 1 항과 같이 지급은행이나 어음교환소의 지급거절선언에 대하여 지급거절증서의 작성과 같은 효력을 부여하는 규정이 없다는 이유로 지급거절 후의 배서는 지급거절의 사실이 어음면상으로 명백하여도 기한후배서라 할 수 없고, 만기후배서라는 반대설이 있다(정희철, 207쪽 ; 정동윤, 433쪽 ; 채이식, 113쪽).

어음법에는 수표법 제24조 제 1 항과 같은 규정이 없다 하더라도 기한후배서란 사실상 부도가 된 어음을 취득한 자에 대하여 일반배서의 경우와 같은 고도의 어음법상의 보호를 인정할 필요가 없다는 점에서 볼 때, 어음법 제20조의 형식적 기준에 구애됨이 없이 기한후배서로 봄이 옳다고 생각된다. 그런데 대법원은 반대의 입장에 서 있다(대판 2000. 1. 28, 99 다 44250).

(3) 거절증서의 작성이 면제된 경우도 기한후배서가 되기 위하여는 거절증서 작성기간경과 후라는 요건이 충족되어야 한다는 설(정동윤, 433쪽 ; 채이식, 113쪽)도 있으나 거절증서의 작성이 면제된 경우에는 지급거절이 있은 후 바로 상환청구절차를 밟을 수 있으므로 지급거절 후의 배서는 기한후배서라고 할 수 있다(동지 : 서돈각 · 정찬형, 470쪽 ; 최기원, 359쪽).

(4) 인수거절증서작성 후의 배서도 기한후배서로 본다. 이에 관하여는 어음법상의 규정이 없으나 인수거절의 경우에도 상환청구가 인정되고, 인수거절은 사실상 지급거절과 다를 바 없다고 할 수 있기 때문이다(통설). 그런데 이렇게

해석하는 것은 아무런 법적 근거 없이 확장해석하는 것이라고 하여 의문을 제기하는 견해도 있다(채이식, 113쪽).

2. 證明責任

기한후배서에 대한 증명책임은 기한후배서의 효과를 주장하는 채무자가 부담한다.

Ⅲ. 期限後背書의 方式

기한후배서도 배서의 일종이므로 그 방식은 보통의 배서의 경우와 같다(어음법 제13조). 일자의 기재는 요건이 아니고, 기명식 · 백지식의 어느 방식이든 관계 없다. 지명채권양도에서 요구되는 채무자에 대한 대항요건(민법 제450조)도 구비할 필요가 없다(어음법 제11조 제2항). 또한 지급거절증서작성 후 또는 그 작성기간경과 후에 배서방식에 의하지 않고 지명채권양도의 방법에 의하여도 어음상의 권리를 양도할 수 있다.

〈대판 1962.3.15, 4294 민상 1257〉

「어음의 만기 후의 배서는 만기 전의 배서와 같은 효력이 있으되 지급거절증서작성 후의 배서 또는 지급거절증서 작성기간경과 후의 배서는 지명채권양도의 효력이 있을 뿐이라는 어음법상의 규정은 지급거절증서작성 후 또는 지급거절증서 작성기간경과 후의 배서는 그 효력에 있어서 민법상 지명채권의 양도의 효력만이 있어 발행인이 소지인에 대하여 배서인에게 대항할 수 있는 사유로 대항할 수 있다는 뜻이고, 민법상 지명채권의 양도절차를 밟기를 요구하거나 또는 어음상의 권리를 상실한다는 뜻이 아니라고 해석하는 것이 옳다고 할 것이다.」

〈대판 1963.12.12, 63 다 736〉

「원심이 적법하게 확정한 사실에 의하면 원심은 본건 약속어음의 배서가 지급거절증서 작성기간경과 후에 이루어진 것으로 보고, 따라서 그 효력은 지명채권양도의 효력만이 있다고 보았다. 그렇다면 이러한 경우에 있어서는 구태여 배서인이 채권양도의 통지를 하거나 또는 발행인이 승낙을 하지 않더라도 이 어음의 소지인은 지명채권의 양수인으로서 발행인에게 대항할 수 있다고 보아야 할 것이다.」

〈대판 1968.6.25, 68 다 243〉

「배서일자의 기재는 어음배서의 요건이 아니므로 발행일자보다 앞선 배서일자가 기재되어 있다 하더라도 그 배서가 무효로 되는 것은 아니다.」(동지: 대판 1964.5.1, 63 다 967; 대판 1972.9.12 72 다 1252)

Ⅳ. 期限後背書의 效力

기한후배서에는 지명채권양도의 효력밖에 없으므로(어음법 제20조 제1항 단서), 담보적 효력을 제외한 권리이전적 효력과 자격수여적 효력만이 있다. 또한 항변의 절단이나 선의취득은 인정되지 않는다.

〈대판 1964. 4. 14, 63 다 772〉

「기한후배서는 지명채권양도의 효력이 있다.」(동지 : 대판 1960. 7. 28, 4292 민상 941 ; 대판 1963. 7. 27, 4293 민상 735)

〈대판 1997. 11. 14, 97 다 38145〉

「어음법 제20조 제1항 후단에서 지급거절증서 작성 후 또는 지급거절증서 작성기간 경과 후의 배서는 지명채권 양도의 효력만이 있다고 규정하고 있는 것은 단지 그 효력이 지명채권 양도의 그것과 같다는 취지일 뿐이므로, 민법상 지명채권의 양도·양수절차인 채권양도인의 통지 또는 채무자의 승낙을 필요로 하는 것은 아니라 할 것이고(대법원 1963. 12. 12. 선고 63다739 판결, 1964. 5. 26. 선고 63다967 판결 등 참조), 한편 1990. 1. 13. 법률 제4201호로 개정된 민사소송법 제527조 제2항 제3호는 어음·수표 등 배서가 금지되지 아니한 유가증권의 경우 유체동산에 대한 압류 방법에 따라 집행관이 그 증권을 점유하여야 함을 명백히 하고 있으며, 또 같은 법 제566조는 배서가 금지된 유가증권의 압류의 경우에도 법원의 압류명령 외에 집행관의 점유를 요하는 것으로 규정하고 있다.」

1. 權利移轉的 效力

기한후배서를 통해서도 어음상의 권리는 이전한다. 그러나 피배서인은 배서인이 가졌던 권리만을 취득한다. 따라서 어음이 인수되어 있는 때에는 인수인에 대한 권리를, 거절증서가 작성되어 있는 때에는 전자에 대한 상환청구권을 취득하지만 그렇지 않으면 어떤 권리도 취득하지 못한다. 그 뿐만 아니라 항변이 절단되지 않으므로 배서인의 권리에 부착된 하자는 모두 승계된다.

〈대판 1961. 7. 27, 4293 민상 735〉

「어음의 기한 후의 배서는 지명채권양도의 효력만이 있는 것이나, 기한후배서도 배서이므로 이전적 효력과 자격수여적 효력은 있는 것이고, 어음법 제20조 제1항에서 지명채권양도의 효력만 있다 함은 동법 제17조의 항변권제한의 규정의 적용을 배제하는 데 중요한 의의가 있는 것이다.」

〈대판 1983. 9. 27, 81 다카 1293〉

「지급거절증서작성 후의 배서는 지명채권양도의 효력만 있으므로 어음채무자는 피배서인에 대해 배서인에 대한 모든 인적항변을 대항할 수 있다.」

〈대판 1990. 4. 25, 88 다카 20774〉

「어음채무자는 기한후배서의 피배서인에 대하여는 그 배서의 배서인에 대한 인적항변을 가지고 대항할 수 있지만, 특단의 사정이 없는 한 그 배서인의 전자에 대한 항변사유를 가지고는 피배서인에게 대항할 수 없는 것이고, 따라서 배서인이 어음취득 당시 선의였기 때문에 배서인에게 대항할 수 없었던 사유에 대하여는 피배서인이 비록 어음취득 당시 그 사유를 알고 있었다 하여도 그것으로써 피배서인에게 대항할 수는 없는 것이다.」

그러므로 기한후배서가 수개 있는 경우에는 어음채무자가 모든 배서인에게 대항할 수 있었던 모든 항변으로써 어음소지인에게 대항할 수 있다. 왜냐하면 기한후배서는 지명채권양도의 효력밖에 없으므로 어음법 제17조가 적용되지 않기 때문이다. 이에 대해서는 만약 어음법 제17조에 포함되지 않는 항변사유(예를 들어서 교부흠결의 항변 · 의사표시흠결의 항변 · 보충권남용의 항변 등)도 승계된다면 민법 · 상법에 의한 선의의 제 3 자 보호까지도 배척되므로 기한후배서에 의해서 절단되지 않는 인적항변사유는 어음법 제17조에 해당하는 인적항변사유만이라고 하는 견해가 있다(서돈각 · 정찬형, 474쪽). 기한후배서가 있은 다음에 발생한 배서인에 대한 항변으로는 피배서인에게 대항하지 못한다.

〈대판 1982. 4. 13, 81 다카 353〉

「기한후배서에 지명채권양도의 효력만이 있다 함은 그 배서 당시 이미 발생한 배서인에 대한 항변사실을 피배서인에 대하여도 대항할 수 있다는 것이고, 배서 후 비로소 발생한 배서인에 대한 사유까지도 피배서인에 대하여 이를 주장할 수 있다는 것은 아니다.」

2. 資格授與的 效力

기한후배서도 배서이므로 당연히 자격수여적 효력이 인정된다. 어음의 기한 후의 배서는 지명채권양도의 효력만 있는 것이나 기한후배서도 배서이므로 권리이전적 효력과 자격수여적 효력은 있는 것이고, 본조(어음법 제20조) 제 1 항 단서의 취지는 어음법 제17조의 적용을 배제하는 데에 중요한 의의가 있는 것이다. 따라서 배서가 연속되어 있는 때에는 피배서인은 그 실질적 자격을 증명할 필요 없이 어음상의 권리를 행사할 수 있고, 또 그 피배서인에게 지급한 선의의 어음채무자는 면책된다.

〈대판 2012. 3. 29, 2010 다 106290, 106306, 106313〉

「어음법 제20조 제1항 후문의 지명채권 양도의 효력만 있다는 규정은 단지 그 효력이 지명채권 양도의 그것과 같다는 취지일 뿐이므로, 민법상 지명채권의 양도·양수절차인 채권양도인의 통지 또는 채무자의 승낙을 필요로 하는 것은 아니다(대법원 1997. 11. 14. 선고 97 다 38145 판결 등 참조). 위와 같은 규정과 법리 및 기록에 비추어 살펴보면, 원고가 배서가 연속된 이 사건 약속어음을 지급거절증서 작성기간이 지난 후에 백지식 배서의 방식으로 교부받았더라도 원고는 여전히 이 사건 약속어음의 적법한 소지인으로 추정되므로 특별한 사정이 없는 한 발행인인 피고에게 약속어음금의 지급을 구할 수 있다. 그럼에도 원고가 이 사건 약속어음을 적법하게 양도받았음을 인정하지 아니한 원심의 조치에는 약속어음의 기한후 배서와 백지식 배서에 관한 법리를 오해하여 판결에 영향을 미친 위법이 있다. 이 점을 지적하는 상고이유의 주장은 이유 있다.」

3. 擔保的 效力의 問題

기한후배서는 지급될 가능성이 없다는 것이 명백하여진 뒤에 행하여진 배서이므로 전자들이 기한후배서의 피배서인에 대하여 담보책임을 지는지 문제된다. 그런데 이 문제는 기한후배서의 배서인이 상환청구요건을 갖추었느냐에 따라 달라진다. 기한후배서는 지명채권양도의 효력밖에 없으므로 배서인의 권리 이상을 피배서인이 가질 수 없다. 이러한 점에서 기한후배서의 배서인이 상환청구요건을 갖추지 않은 상태에서 기한후배서를 한 경우에는 전자들은 기한후배서의 피배서인에 대해 상환의무를 지지 않는다. 이에 반하여 기한후배서의 배서인이 거절증서 등 상환청구 요건을 갖춘 후 기한후배서를 한 경우에는 기한후배서인의 전자들은 기한후배서의 피배서인에게 담보책임을 부담한다(이철송, 367쪽).

제 4. 還 背 書

I. 意 義

발행인·인수인·배서인 등 이미 어음에 기명날인 또는 서명하여 어음상의 책임을 부담하고 있는 자에 대하여 하는 배서를 환배서(또는 역배서)라고 한다. 예를 들어 B를 수취인으로 하여 A가 발행한 어음을 B가 D에게 배서하고 D가 다시 이 어음을 자신에 대한 배서인인 B를 피배서인으로 하여 배서한 경우, 이 배서를 환배서라고 한다. 어음법 제11조 제3항은 환배서가 인정된다는 취지 및 환배서의 피배서인은 다시 이 어음에 배서할 수 있다는 취지를 규정하고 있다. 환배서에 관해서는 다음과 같은 점이 문제된다.

Ⅱ. 還背書와 混同의 法理

1. 混同의 法理를 적용하는 입장

환배서가 행해진 경우에 그 피배서인은 자기 자신에 대해서는 물론 중간의 배서인인 D에 대해서도 어음상의 권리를 행사할 수 없다. 물론 자기 자신에 대해서 권리를 행사하는 것은 무의미하지만, 중간의 배서인 D도 B에 대하여 어음상의 권리를 가지고 있으므로 B의 권리행사를 거절할 수 있다.

이 점을 설명하기 위하여 혼동(민법 제507조)의 법리를 사용하는 견해가 이전에는 유력하였다. 이 견해는 B의 배서인으로서의 어음채무는 B가 환배서를 받아 B에 대한 어음상의 권리를 취득함으로써 혼동에 의하여 소멸하고, 이에 따라 그 후자인 D의 어음채무도 소멸한다는 구성을 통해 위와 같은 결과를 설명한다. 결국 이 견해에 의하면 약속어음의 발행인에 대하여 환배서가 행하여진 경우에는 발행인의 어음채무가 혼동에 의하여 소멸하고, 따라서 기타 기명날인자 또는 서명자의 채무도 소멸한다고 설명하여야 할 것이다. 또한 이 견해에 의하면 B가 다시 E에게 배서한 경우 E가 A·B 및 D에 대하여 권리를 행사할 수 있다는 것(어느 누구도 이것을 부정하지는 않는다), 다시 말해 B가 환배서를 받았음에도 불구하고 E에 대한 관계에서 B 및 D의 어음채무가 소멸하지 않는다는 것에 관해서는 이것은 어음의 유통을 보호하기 위하여 정책적으로 인정된 혼동의 원칙에 대한 특칙이라고 설명하게 된다.

2. 混同의 法理를 적용하지 않는 입장

그러나 환배서의 경우에 혼동의 법리를 적용하는 것은 유가증권인 어음의 성질과 어울리지 않는다. 즉 유가증권으로서 어음이 성립한 이상 어음금 전액이 지급되고, 그 지급한 뜻이 어음에 기재되어 교부되었다는 등의 어음채무소멸의 물적항변이 생기지 않는 한 유가증권으로서의 어음은 유효하게 존재하고 있고,

어음채무자와 어음권리자가 동일인이라고 해서 그의 어음채무가 소멸하지는 않는다고 풀이하여야 할 것이다. 따라서 E가 A · B 및 D에 대하여 어음상의 권리를 행사할 수 있는 것은 결코 혼동의 원칙에 대한 특칙으로 인한 것이 아니라, B에 대한 환배서에 혼동의 법리가 적용되지 않아서 B 및 D의 어음채무가 소멸하지 않았기 때문이다. B에 대한 환배서가 행하여진 경우에 B가 자신 및 D에 대하여 상환청구권을 행사할 수 없음은 그러한 권리행사를 인정하는 것이 무의미하기 때문이다.

그런데 B의 D에 대한 상환청구권행사가 예외적으로 인정되는 경우도 없지는 않다. 가령 B의 배서가 무담보배서이거나 B · D 사이의 위조의 하자가 있는 등의 사유에 의하여 B가 D의 어음금지급청구를 거절할 수 있는 사유가 있는 경우가 바로 그러하다. 이 경우에는 B가 D에 대하여 어음금의 지급을 청구한 때에 D는 이를 거절할 수 없을 것이다. 이러한 결과는 환배서의 경우에 혼동의 법리가 적용되지 않는다고 풀이하지 않으면 이를 설명할 수 없다고 생각된다.

최근에 이르러서는 이처럼 환배서에는 혼동의 법리가 적용되지 않는다는 견해가 통설이다.

Ⅲ. 還背書의 法的 性質

환배서에 관해서는 피배서인이 ① 전의 배서에 의하여 어음상의 권리를 잃고 환배서에 의하여 다시 어음상의 권리를 취득하는가(권리재취득설)(서돈각 · 정찬형, 464쪽 ; 정동윤, 486쪽 ; 최기원, 452쪽 ; 채이식, 110쪽), 그렇지 않으면 ② 환배서에 의하여 배서 전의 지위를 회복하는가(권리회복설)(서돈각, 232쪽)에 대해 논의되고 있다. 이것은 다음과 같은 사례에 관해 문제가 되지만, 결론적으로는 ①의 고찰방법이 자연스럽고, 또한 이 방법에 의하더라도 각 사례에 대해 구체적으로 타당한 결과를 이끌어 낼 수 있다.

1. 人的抗辯의 對抗을 받는 者에 대한 還背書

어음이 발행인 A로부터 B · D로 이전하고, A · B 사이의 인적항변이 선의의 D에 대해 절단된 후에 D가 이 어음을 B에게 환배서한 경우에 A는 B에 대하여 인적항변을 주장할 수 있는가가 문제된다. 일반론으로서는 전자가 선의이어서 인적항변절단의 보호를 받으면, 그 후의 취득자는 악의이더라도 전자의 권리를 승계취득하므로 원칙적으로 인적항변의 대항을 받지 않는다. 이 일반론을 위의 경우에 그대로 적용시킨다면, 그래서 D가 인적항변절단의 보호를 받는다면 환배서를 받은 B도 D의 권리를 승계취득하게 되어 A로부터 인적항변의 대항을 받지 않게 되는데, 이러한 결과가 부당함은 명백하다. 예를 들어 A가 B에 대하여 반대채권을 가지고 있는 경우에 D가 개입하였다고 하여 상계의 항변을 주장할 수 없다고 할 수는 없기 때문이다. 그러므로 환배서의 피배서인에 대해서는 중간에 선의자가 개입하더라도 인적항변절단의 보호를 받을 수 있는 지위를 승계하지 않는다고 보아야 하지만, 이 결과를 이끌어 내기 위해서는 반드시 ②의 고찰방법을 따르지 않더라도 ①의 고찰방법을 따르면서 인적항변은 B 자신에 부착된 것이므로, 그에 관한 한 선의자인 D가 개입하는가의 여부에 관계없이 항변을 대항할 수 있다고 한다면 이로써 충분하다. 악의의 항변의 대항을 받는 자가 선의자로부터 환배서를 받는 경우도 마찬가지이다.

2. 還背書를 받은 때에 惡意인 경우

예를 들어 어음이 발행인 A로부터 B · D로 이전하고, A가 D에 대하여 반대채권을 가지고 있으며, A가 D에 대하여 상계권을 행사하여 어음금의 지급을 거절할 것이 확실하다고 생각되는 경우에 이러한 사정을 알면서 B가 이 어음의 환배서를 받은 때에는 A는 B에 대하여 악의의 항변을 주장할 수 있다고 보아야 한다. B는 명백히 A를 해할 것을 알고 D로부터 어음을 양수받고 있기 때문이다. 그런데 이러한 결과는 ②의 구성에서는 나올 수 없고, ①의 구성에 의하여야 한다는 점에 주의해야 한다.

3. 償還義務의 履行에 의한 어음의 還受와 惡意의 抗辯

2.의 예에서 B가 D로부터의 상환청구권행사에 따른 상환의무를 이행하고, D로부터 어음을 환수한 경우에는 2.의 경우와는 달리 환수시에 A가 D에 대하여 상계권을 행사하여 어음금지급청구를 거절할 것이 확실하다고 하는 사정을 알고 있었다고 하더라도 A로부터의 악의의 항변의 주장을 인정할 수는 없다. 왜냐하면 B로서는 D의 상환청구권행사에 따를 것인가의 여부를 자유롭게 결정할 수는 없고, 법률상의 의무에 기하여 D로부터 어음을 환수하였음에도 불구하고 A에 대한 어음상의 권리행사에 대해 악의의 항변의 대항을 받음은 불합리하기 때문이다. 이 결과를 이끌어 내기 위해서도 ②의 구성을 따를 필요는 없고, ①의 고찰방법을 따르더라도 법률상의 강제에 기한 경우에는 어음법 제17조 단서가 적용되지 않는다는 구성으로써 충분하다.

4. 竊取者에 대한 還背書

발행인 A가 B를 수취인으로 하여 어음을 발행하고, D가 B로부터 이 어음을 절취하여 E에게 배서양도함으로써 E가 이 어음을 선의취득한 경우에 E가 절취자 D에게 이 어음을 환배서하였다면, D는 E의 권리를 승계취득하는가, 그렇지 않다면 여전히 무권리자인가 하는 것이 문제로 된다. 다시 말해 D의 A에 대한 권리행사가 인정되는가의 여부가 문제된다. 결과적으로는 D의 A에 대한 권리행사를 인정하는 것은 부당하다. 왜냐하면 절취자 D는 E에 대하여 어음을 배서한 때에 취득한 대가를 E로부터 환배서를 받을 때 반환하고 있지만, A에 대한 권리행사가 인정된다면 절취에 의하여 부당하게 이득을 보는 것이 시인되는 결과로 되기 때문이다. 따라서 D는 E로부터 환배서를 받더라도 여전히 무권리자라는 결과를 인정할 필요가 있다. 이러한 결과는 환배서에 의하여 다시 어음소지인이 된 자는 배서 전의 지위를 회복한다는 ②의 구성을 따름으로써 자연스럽게 나올 수 있으나(독일에서는 상환에 의한 환수에 관한 경우이기는 하지만, 위와 같은 결과를 이끌어 내기 위하여 어음의 환수에 의하여 배서 전의 지위를 회복하는 것으로 구성할 필요가 있음을 강조하는 견해가 있다), ①의 고찰방법을 따르더라도 앞의 '1. 인적항변의 대항을 받는 자에 대한 환배서'에서 설명한 바와 같이 무권리의 항변은 그 개인에 부착한다는 이론구성을 취해도 이러한 결과를 이끌어 내는 것이 불가능하지는 않다고 본다.

제 5. 推尋委任背書

Ⅰ. 公然한 推尋委任背書

1. 意義와 方式

예를 들어 A가 B를 수취인으로 하여 어음을 발행한 경우에 B 자신이 A에 대하여 어음상의 권리를 행사하지 않고 D에게 추심을 위임할 수 있다. 이 경우에 B는 보통의 배서의 방식 이외에 '회수하기 위하여', '추심하기 위하여', '대리를 위하여' 기타 단순히 대리권수여를 표시하는 문언(추심위임문언)을 기재하여 D에게 교부하게 되는데(어음법 제18조 제1항 본문), 이러한 배서를 추심위임배서라고 한다. 영국 환어음법상의 제한적 배서가 여기에 해당한다(영국 환어음법 제35조 제2항). 추심위임문언은 배서란(목적 또는 부기)에 기재된다. 이것을 후술하는 숨은 추심위임배서와 구별하기 위하여 공연한 추심위임배서라고 한다. 공연한 추심위임배서는 피배서인의 성명이 기재되지 않을 수도 있으나, 추심위임문언은 반드시 기재하여야 하므로 이른바 간략백지식 배서는 하지 못한다.

〈대판 1960.7.28, 4292 민상 987〉

「어음법에 추심위임배서에는 소위 추심문언을 명기하라는 뜻이 규정되어 있을 뿐 아니라, 일반적으로 어음행위는 서면상의 요식행위임에도 불구하고 본건 어음 甲 제1호증의 소외 A의 배서부분에 추심위임문언의 기재가 없으니 이를 추심위임배서라고는 할 수 없다.」

2. 效　力

추심위임배서에는 대리권수여적 효력과 이에 따른 자격수여적 효력이 있다. 그런데 추심위임배서는 단순히 대리권을 수여함에 지나지 않으므로 담보적효력은 없다. 추심위임문언의 기재는 어음법 제15조 제1항에서 말하는 '반대의 문언'에 해당한다고 본다. 또한 추심위임배서에는 권리이전적 효력이 없으므로 배서금지어음에 대하여도 이를 할 수 있다(통설).

(1) 대리권수여적 효력　추심위임배서에 의하여 피배서인은 배서인을 대신하여 어음상의 권리를 행사할 수 있는 대리권을 취득하게 되는데, 이 대리권은 어음으로부터 생기는 모든 권리를 행사할 수 있는 포괄적인 대리권이다(어음법 제18조 제1항 본문). 즉 지급제시, 어음금의 수령, 거절증서의 작성, 상환청구의 통지, 백지어음의 보충, 소송의 제기 등 어음상의 권리행사에 필요한 재판상·재판 외의 모든 행위를 할 수 있는 권한이 주어진다.

그러나 피배서인은 위와 같은 대리권이 주어지고 있을 뿐이고 어음상의 권리자로 되는 것은 아니기 때문에(어음상의 권리는 당연히 그 배서인에게 있다) 양도배서를 할 수는 없다. 다만, 다시 추심위임배서를 할 수 있을 뿐이다(어음법 제18조 제1항 단서. 이 점에서 후술하는 숨은 추심위임배서와 다르다. 추심위임배서의 피배서인이 양도배서를 한 경우에 이를 무효로 볼 것이 아니라 추심위임배서를 한 것으로 보아 그 효력을 인정하는 견해로는 손주찬, 244쪽; 정희철, 195쪽; 정동윤, 438쪽. 그러나 이러한 양도배서를 추심위임으로 보는 것은 부당하므로 무효로 보아야 한다는 견해로는 채이식, 116쪽; 강위두, 368쪽). 그런데 재추심위임배서의 성질에 관해서는 종전에 대리권이전설과 복대리인선임설이 대립하고 있었으나, 현재는 후설이 통설이다. 애초의 배서인과 피배서인의 위임관계를 존중해야 한다는 점에서, 이 경우 재추심위임배서는 복대리인의 선임으로 보는 것이 타당하다. 따라서 이 경우 추심위임배서의 피배서인은 대리권을 잃지 않고, 어음을 반환받은 경우에는 재추심위임배서를 말소하지 않고도 어음상의 권리행사의 자격이 인정된다. 또한 동일한 이유에서 피배서인에 대해 파산절차가 개시된 경우에는 배서인은 환취권(채무자 회생 및 파산에 관한 법률 제407조, 제585조)을 갖는다.

그런데 피배서인에 의한 소송수행에 대해서는 이를 자신의 명의로 할 수 있다고 하는 견해와 대리인으로서 할 수 있음에 지나지 않는다고 하는 견해로 나누어 볼 수 있지만, 추심위임배서는 대외적으로 대리권만을 주었을 뿐이므로 배서인의 명의로 해야 할 것이다(통설)(조고판 1926. 1. 26). 추심위임배서의 피배서인은 배서인의 대리인에 지나지 않으므로 당연히 면제 · 화해 등의 처분행위는 할 수 없다.

(2) 자격수여적 효력 추심위임배서에는 대리권수여적 효력에 따른 자격수여적 효력이 인정된다. 즉 피배서인은 추심위임배서에 의하여 어음상의 권리를 행사할 수 있는 대리권을 수여받은 것으로 추정된다. 따라서 피배서인은 자신의 대리권을 증명할 필요 없이 권리를 행사할 수 있다. 그리고 어음채무자는 피배서인이 실제로는 대리권을 갖지 않음을 증명하지 못하는 한 이를 거절하지 못하며, 그에게 지급한 때에는 사기 또는 중과실이 없는 한 면책된다.

그런데 추심위임배서의 경우에는 피배서인이 대리권을 수여받음에 지나지 않고 어음상의 권리는 당연히 배서인에게 있으므로, 어음의 기재상으로도 배서인에게 어음상의 권리자로서의 자격이 인정된다. 따라서 배서인은 어음을 소지하지 않은 채로는 어음상의 권리를 행사할 수 없지만, 어음을 회수한 때에는 추심위임배서를 말소하지 않더라도 형식적 자격자로서 권리를 행사할 수 있다.

3. 代理權의 消滅

배서인과 피배서인 사이에 위임이 해지되거나 기타 위임의 종료사유가 생긴 때에는 대리권도 소멸하지만(민법 제689조, 제690조), 어음법 제18조 제 3 항에 따라 위임자(수권자)가 사망하거나 무능력자가 되더라도 대리권은 소멸하지 않는다. 왜냐하면 본 규정은 어음거래의 안전을 위한 것이기 때문이다.

배서인과 피배서인 사이에 대리권이 소멸하여도 추심위임배서가 말소되지 않는 한 어음법상의 효력은 발생하지 않는다. 따라서 어음채무자는 피배서인의 권리행사에 응하여야 한다. 그러나 이 경우에도 사기 또는 중과실로 피배서인에게 어음금을 지급한 때에는 배서인에 대한 관계에서 면책되지 않는다(어음법 제40조 제 3 항 제 1 문).

4. 人的抗辯切斷 · 善意取得制度의 不適用

추심위임배서에 있어서 피배서인은 배서인을 대신하여 어음상의 권리를 행사할 수 있는 대리권이 수여된 자에 지나지 않으므로, 인적항변의 관계에서는 배서인이 권리를 행사하는 경우와 동일한 효과가 인정된다. 어음법 제18조 제 2 항은 어음채무자는 배서인에게 대항할 수 있는 항변만으로써 소지인에게 대항할 수 있다고 규정하고 있으나, 이것은 다음과 같은 두 가지 의미를 갖는다. 즉 A가 발행한 어음의 수취인 B가 D에게 추심위임배서를 한 경우에 B·D 사이의 배서에는 인적항변절단의 제도가 적용되지 않고 어음채무자 A는 배서인 B에 대한 인적항변을 D에 대하여 주장할 수 있으나, A는 피배서인 D 자신에 대하여 인적항변을 갖고 있을지라도 D의 권리행사에 대하여 이를 주장하여 어음금의 지급을 거절하지 못한다. 예컨대 A는 D에 대하여 반대채권을 갖고 있어도 이것과의 상계를 주장하여 D의 어음금지급청구를 거절할 수는 없다.

또한 추심위임배서에는 권리이전적 효력이 없고, 피배서인은 독자적인 경제적 이익을 갖고 있지 않기 때문에 선의취득제도가 적용되지 않는다. 절취자가 추심위임배서를 하였다고 하여 피배서인이 대리권을 취득하지는 않는다. 그러나 전술한 자격수여적 효력에 의하여 어음채무자가 사기 또는 중과실 없이 피배서인에게 지급한 때에는 면책된다(어음법 제40조 제3항 제1문).

Ⅱ. 숨은 推尋委任背書

1. 意　義

숨은 추심위임배서란 어음상의 권리행사의 대리권을 수여할 목적으로 보통의 양도배서의 방식으로 하는 배서를 말한다.

〈대판 1988. 1. 19, 86 다카 1954〉

「일반적으로 은행의 예금주가 제3자 발행의 어음을 예금으로서 자신의 구좌에 입금시키는 것은 추심의 위임이라고 보아야 하겠지만, 은행에 대한 채무자가 그 채무의 변제를 위하여 제3자 발행의 어음을 교부하는 것은 특별한 사정이 없는 한 어음상의 권리의 양도로 보는 것이 합리적이고 이를 단순한 추심권한의 위임이라고 할 수는 없다.」

숨은 추심위임배서의 피배서인은 자신의 명의로 배서인을 위하여 어음상의 권리를 행사할 수 있으며, 또한 공연한 추심위임배서의 경우와는 달리 어음을 제3자에게 양도하여 대가를 취득하는 것도 당연히 금지되지는 않는다. 숨은 추심위임배서에서 피배서인은 실질적으로는 배서인을 대신하여 어음상의 권리를 행사하는 자에 지나지 않지만, 형식적으로는 어음상의 권리자로 되어 있다. 이처럼 실질과 형식 사이의 현저한 차이로 인하여 다음과 같은 문제가 생기고, 이에 대한 견해도 나뉘고 있다.

2. 問 題 點

(1) 인적항변절단·선의취득제도의 적용유무 인적항변절단의 제도가 숨은 추심위임배서에도 적용되는가 하는 문제가 있다. 예를 들어 A가 발행한 어음의 수취인 B가 D에게 숨은 추심위임배서를 한 경우에 어음채무자 A는 배서인 B에 대한 항변을 피배서인 D에 대하여 주장할 수 있는가. 공연한 추심위임배서의 경우에는 전술한 바와 같이 피배서인에게는 인적항변절단의 보호가 주어지지 않음을 명문으로 규정하고 있으나 숨은 추심위임배서에서는 양도배서의 형식을 취하고 있으므로 인적항변절단의 제도가 적용된다고 볼 수도 있다. 그러나 실질적으로 보면 피배서인 D는 배서인 B를 대신하여 어음상의 권리를 행사함에 지나지 않으므로 A·B 사이의 인적항변절단의 보호를 받을 이익을 갖지 않는다. 그러므로 숨은 추심위임배서에서는 A가 D에 대항할 수 있는 이론구성이 요구된다. 이것은 선의취득에 관해서도 마찬가지이다.

〈대판 1970. 7. 28, 70 다 1295〉

「A로부터 약속어음을 발행받은 B가 소송제기를 위한 숨은 추심위임의 취지로 D에게 배서양도하면서 배서일자를 발행당일로 소급하여 기입하였다면, 그 어음이 협박을 면하기 위하여 발행교부되고, 그러한 이유로 A가 어음발행에 관한 행위를 취소하는 의사표시를 한 이상 그 어음발행행위 취소의 효력은 위 목적과 취지 하에 그 어음의 배서를 받은 D에게도 미친다.」

〈대판 1990. 4. 13, 89 다카 1084〉

「추심위임의 목적으로 하는 통상의 양도배서, 즉 숨은 추심위임배서도 유효하고 이 경우 본조(제18조)의 규정에 의하여 인적항변이 절단되지 아니한다.」

〈대판 1994. 11. 22, 94 다 30201〉

「은행이 어음할인을 해 주었다가 그 지급이 거절되는 등의 사유로 은행이 환매권을 행사한 다음 그 환매대금채권과 채무자의 은행에 대한 예금반환채권을 상계처리한 경우에는 원칙적으로 그 어음을 채무자에게 반환하여야 하나, 그 채무자에게 곧 이행하여야 할 나머지 채무가 있고 그 어음에 채무자 이외의 다른 어음상 채무자가 있는 때에는 은행은 그 어음을 계속 점유하고 추심 또는 처분하여 임의로 채무의 변제에 충당할 수 있다는 취지의 이른바 상계필어음의 유치특약은 은행이 채무자의 위임에 의하여 그 채무자를 대신하여 어음을 추심 또는 처분하는 권한을 부여받은 약정으로서 유효하다. 이때 채무자가 어음할인의뢰시에 행한 양도배서는 추심위임을 위한 배서로 유용되어 은행은 숨은 추심위임배서의 피배서인의 지위에 서게 되므로, 어음채무자는 배서인(채무자)에 대한 인적항변사유로써 은행에 대항할 수 있다고 보아야 한다.」

(2) 피배서인 자신에 대한 인적항변의 대항 어음채무자가 숨은 추심위임배서의 피배서인에 대하여 피배서인 자신에 대한 항변으로 대항할 수 있는가 하는 것이 또한 문제이다. 공연한 추심위임배서의 경우에는 전술한 바와 같이 어음채무자 A는 피배서인 D 자신에 대한 항변으로 대항할 수 없음을 명문으로 규정하고 있다(제18조 제2항). 그런데 숨은 추심위임배서의 경우에는 실질적으로는 추심위임이지만 형식적으로는 양도배서가 행하여지고 있으므로, 어음채무자로서는 양도배서의 형식에 착안하여(통상의 양도배서에서는 당연히 피배서인 자신에 대한 항변을 주장할 수 있다) 피배서인 자신에 대한 인적항변을 주장할 수 있는가의 문제가 있다.

(3) 피배서인의 파산 등 숨은 추심위임배서의 피배서인 D에 대한 파산절차가 개시된 경우에 배서인 B가 그 어음에 대해 환취권(채무자 회생 및 파산에 관한 법률 제407조)을 갖는가. 공연한 추심위임배서의 경우에는 전술한 바와 같이 어음상의 권리는 배서인에게 속하기 때문에 피배서인에 대해 파산절차가 개시된 때에는 배서인은 당연히 환취권을 가진다. 그렇지만 숨은 추심위임배서의 경우에는 양도배서의 형식을 취하고 있으므로, 형식을 중요시한다면 피배서인에 대해 위 절차가 개시된 때에는 배서인은 환취권을 행사할 수 없게 된다.

3. 法的 性質

이상과 같이 숨은 추심위임배서의 몇 가지 문제점에 관해 형식과 실질 중 어느 쪽을 중시하느냐에 따라 결론이 달라지게 되는데, 이러한 점과 관련하여 숨은 추심위임배서의 법적 성질에 대해 다음과 같은 학설대립이 있다.

(1) 신탁양도설(또는 신탁배서설)이란 형식을 중시하여 어음상의 권리는 피배서인에게 완전히 이전하고, 실질이 추심위임이라고 하는 것은 배서인과 피배서인 사이의 인적 관계에 지나지 않기 때문에 인적항변으로 주장할 수 있음에 지나지 않는다는 견해이다(통설).

(2) 자격수여설(또는 자격배서설·권한수여설)이란 실질을 중시하여 숨은 추심위임배서가 행하여져도 어음상의 권리는 이전하지 않고, 단지 피배서인에 대하여 자신의 명의로 배서인의 계산으로 어음상의 권리를 행사할 수 있는 권한을 부여함에 지나지 않는다는 견해이다.

(3) 상대적 권리이전설이란 기본적으로 신탁양도설의 입장이나 그 권리이전

의 의미를 상대적으로 파악하여 당사자 사이의 관계에서는 실질을 중시하여 권리가 이전하지 않는 것으로 취급하지만, 당사자는 제 3 자에 대한 관계에서는 실질이 추심위임임을 이유로 권리가 이전하지 않는다고 주장할 수는 없고, 따라서 어음상의 권리가 이전한 것으로서 효력이 발생하며, 제 3 자로서는 당사자 사이에서 권리가 이전되었음을 주장할 수도 있고, 아니면 그 권리가 이전되지 않았음을 주장할 수도 있다는 견해이다. 이와는 다른 각도에서 숨은 추심위임배서가 자격수여를 위한 배서인가 신탁적 양도를 위한 것인가는 당사자의 의사에 따라야 하고, 그 의사가 불명인 때에는 어음추심의 원활을 도모하도록 자격수여를 위한 배서로 보아야 한다는 절충설(최기원, 379쪽)이 있다. 그 외에도 구별설 등 많은 학설이 주장되고 있다.

(4) 대법원은 이에 대해 아직 뚜렷한 견해를 표시하고 있지 않은 채 소송행위를 주목적으로 하는 숨은 추심위임배서는 무효로 보고 있으며, 학설에서는 대부분 신탁양도설의 입장을 따르고 있다. 다만, 신탁양도설을 주장할 경우에도 구체적인 사정에 따라서 타당한 결론을 도출하기 위해 주장에 융통성을 부여하고 있다.

〈대판 1969. 7. 8, 69 다 362〉

「숨은 추심위임배서는 일반적으로 신탁양도설이 통설이고, 기타 자격수여설 또는 당사자의 의사에 따라서 결정하여야 한다는 절충설이 있으나, 그 어느 것이든 어음법상의 효력이 있다고 보며, 다만 인적항변의 유무가 문제로 되기는 하나 수탁자로 하여금 소송행위를 하게 하는 신탁은 신탁법 제 7 조의 규정에 의하여 무효가 되는 것이다.」

〈대판 1982. 3. 23, 81 다 540〉

「소송행위를 주된 목적으로 하는 숨은 추심위임배서는 신탁법 제 7 조에 위반하여 무효이다.」

〈대판 2007. 12. 13, 2007 다 53464〉

「수표의 숨은 추심위임배서가 소송행위를 하게 하는 것을 그 주된 목적으로 하는 경우에는 신탁법 제7조에 위반하는 권리이전행위이므로 무효라 할 것이고(대판 1982. 3. 23, 81 다 540 등 참조), 소송행위를 하게 하는 것이 주목적인지의 여부는 추심위임배서에 이르게 된 경위와 방식, 추심위임배서가 이루어진 후 제소에 이르기까지의 시간적 간격, 배서인과 피배서인 간의 신분관계 등 여러 상황에 비추어 판단하여야 한다(대판 2004. 3. 25, 2003 다 20909, 20916 등 참조).」

〈대판 2007.12.13, 2007 다 53464〉

「이 사건 각 수표를 비롯한 25장의 약속어음 및 가계수표가 그 수취인인 소외 회사로부터 양도되기 전에 그 약속어음 및 가계수표의 발행인인 대리점들과 사이에 반품 관련 정산대금과 관련하여 분쟁이 계속되고 있었던 점, 소외 회사와 피고 사이에 미수금에 관한 견해 차이가 좁혀지지 않았을 뿐만 아니라, 그와 같은 상황에서 2002년 가을 신상품이 피고에게 공급되지 않아 그 선수금 명목으로 소외 회사에게 교부한 이 사건 각 수표에 기하여 소외 회사가 피고에게 직접 지급을 청구할 경우 피고가 가을신상품 미지급을 이유로 원인관계 부존재의 항변을 할 것이라는 것을 쉽게 예상할 수 있는 점, 이 사건 각 수표(발행한도액이 500만 원으로 제한되어 있음에도 액면금 1,000만 원으로 발행되어 있다)를 비롯한 14장의 약속어음 및 가계수표의 할인 경위에 대한 원고의 진술이나 할인과 관련한 원고의 행태를 쉽게 이해하기 어려운 점, 약속어음 및 가계수표의 양수인이라고 하는 원고, 소외 3, 5, 4 등이 특정한 시기에 발행인인 대리점주들을 상대로 일괄 소송을 제기하고 있고, 이에 소외 회사의 이사인 소외 2가 주도적으로 관여하고 있는 점, 소외 2와 소외 회사 실질적 사주인 소외 6과의 관계 등에 비추어 볼 때, 소외 회사가 피고와의 분쟁으로 인한 인적 항변에 의하여 수표금을 지급받지 못하게 될 것이 예상되자 원고를 통한 이 사건 소를 제기하여 쉽게 승소판결을 받아 수표금을 지급받기 위하여 원고를 피배서인으로 하여 이 사건 각 수표상에 양도배서하였다고 봄이 상당하고, 이와 같은 배서양도는 원고로 하여금 소송행위를 하게 하는 것을 주된 목적으로 하는 소송신탁에 해당하여 무효라고 할 것이다.」

4. 效 力

중요한 세 가지 견해에서 위의 2의 세 가지 문제점들이 어떻게 해결되는가를 보면 다음과 같다.

(1) 신탁양도설의 경우 (1)과 관련하여서는 어음상의 권리가 B로부터 D에게 이전하고 있는 것으로 되지만, 그럼에도 불구하고 A가 B에 대하여 갖는 항변을 D에 대하여 주장할 수 있다는 결과를 도출하기 위하여 피배서인 D는 B를 위하여 추심을 하는 자에 불과하므로 독립한 경제적 이익을 갖지 않고, 따라서 인적항변절단의 보호를 받는 근거를 결하고 있다고 설명한다(김용태, 271~272쪽; 서돈각, 196쪽). 그러나 이러한 주장에 대해서는 신탁양도설의 본질에 비추어 모순이라는 비판이 있다(최기원, 377쪽; 정희철, 184쪽). 아무튼 신탁양도설을 그대로 적용할 때 야기되는 불합리를 제거하기 위해 신탁양도설에서는 어음채무자가 추심위임임을 증명하여 배서인에 대한 항변을 주장할 수 있다는 데 견해가 거의 일치되어 있다. 이 점에

서는 상대적 권리이전설에 가깝다. 앞서의 판례 중 이러한 주장에 속한다고 볼 수 있는 것이 있다(대판 1970. 7. 28, 70 다 1295 ; 대판 1990. 4. 13, 89 다카 1084 참조). 선의취득에 대해서도 마찬가지로 설명한다. (2)와 관련하여서는 B가 공연한 추심위임배서의 방식을 취하지 않고 양도배서의 방식을 선택한 이상 이로 인한 불이익을 입는 것은 부득이하며, 따라서 어음채무자는 피배서인 자신에 대한 항변을 주장할 수 있다고 풀이한다. 이처럼 신탁양도설에 의하면 어음채무자는 추심위임의 실질에 기하여 배서인 B에 대한 항변을 주장하든가, 아니면 양도배서의 형식에 기하여 피배서인 D 자신에 대한 항변을 주장하든가 그 어느 쪽을 선택하는 것이 인정된다. (3)과 관련하여서는 신탁양도설을 그대로 적용한다면, 어음상의 권리는 피배서인에게 이전하고 있기 때문에 배서인 B는 환취권(채무자 회생 및 파산에 관한 법률 제407조)을 주장할 수 없고 일반파산채권자로서 파산절차에 참가하여야 한다. 그렇지만 신탁양도설의 입장에서도 B 이외의 파산채권자에게는 파산자 D의 일반재산이 그 담보로 되고 있음에 불과하므로 D의 채권자를 D와 동일시하여 B는 D에 대해서는 실질이 추심위임임을 주장할 수 있기 때문에 D의 채권자에게도 이를 주장할 수 있고, 환취권을 행사할 수 있다고 풀이하는 견해도 있다.

(2) 자격수여설의 경우 B · D 사이에서 권리가 이전하고 있지 않기 때문에 공연한 추심위임배서와 완전히 동일한 결과로 해석된다. 즉 어음채무자는 (1) 배서인에 대한 항변을 피배서인에게 주장할 수 있고 선의취득제도도 적용되지 않으며, (2) 피배서인 자신에 대한 항변을 주장할 수 없다. 그리고 (3) 피배서인에 대해 파산절차 또는 정리절차가 개시된 경우에는 배서인은 환취권을 행사할 수 있다.

(3) 상대적 권리이전설의 경우 (1)과 관련해서 어음채무자는 제 3 자로서 실질이 추심위임임을 주장할 수 있기 때문에 배서인에 대한 항변을 피배서인에 대해서도 주장할 수 있고, 선의취득도 인정되지 않게 된다. (2)와 관련해서 당사자인 피배서인은 제 3 자인 어음채무자에 대하여 실질이 추심위임임을 주장할 수 없기 때문에 어음채무자는 D 자신에 대하여 갖는 항변을 주장할 수 있다. (3)에 관해서는 파산자의 채권자의 지위를 당사자 사이의 관계라고 보아 당사자 사이에는 권리가 이전하고 있지 않는 것으로 취급되기 때문에 배서인은 환취권을 갖는다고 한다. 이 설은 결과적으로는 신탁양도설과 차이가 없으나, (1)에 관해 피배서인 D가 독립한 경제적 이익을 갖지 않는다는 구성을 사용하지 않으며, (2)에 관해 배서인 B가 양도배서의 방식을 선택한 이상 불이익을

받아도 부득이하다는 구성을 사용하지 않고, 실질이 추심위임임을 주장할 수 있는가의 여부를 구별함으로써 설명하는 점에 특색이 있다.

(4) 차이점과 신탁양도설의 재검토 이상과 같이 본다면 (1)에 관해서는 어느 견해에 의하더라도 설명의 방향에는 차이가 있으나 결과에는 차이가 없고, (2)에 관해서는 결과적으로 신탁양도설 및 상대적 권리이전설에서는 동일한 결과로 되나 자격수여설에서는 차이가 있다. 그리고 (3)에 관해서는 신탁양도설 중에서도 견해가 나누어져 있으나 두 번째의 견해를 따르면 자격수여설 및 상대적 권리이전설과 차이가 없게 된다.

숨은 추심위임배서는 어음상의 권리를 이전하여 추심위임의 목적을 달성하고자 하는 것이므로, 당연히 신탁법 제1조 제2항에서 말하는 "특정의 재산권(어음상의 권리)을 이전하고 … 수탁자(피배서인)로 하여금 일정한 자(배서인)의 이익을 위하여 또는 특정의 목적(만기일까지의 어음의 보관 및 추심을 위한 어음상의 권리의 행사라는 목적)을 위하여 그 재산권을 관리처분하게 하는 법률관계"에 해당하기 때문에 신탁의 성질을 갖는다는 것을 부정할 수 없다. 즉 배서인은 신탁계약의 위탁자로서 수탁자인 피배서인과의 사이에서 자기를 신탁의 수익자로 하는――위탁자와 수익자가 동일인인 신탁을 자익신탁이라고 한다――신탁을 설정했다고 본다. 따라서 기본적으로 신탁양도설을 취하여야 할 것이다.

이처럼 숨은 추심위임배서를 신탁의 설정으로 보는 경우에 위의 문제가 어떻게 해결되는가를 보기로 하자. 우선 (1)과 관련해서 보면 신탁법 제9조는 수탁자 D가 신탁재산의 점유에 관하여 위탁자 B의 점유의 하자를 승계한다는 취지를 규정하고 있으나, 이 규정의 해석론으로서 그 적용은 자익신탁의 경우에 한정되어야 한다는 주장이 있고, 한편으로는 자익신탁의 경우에는 위탁자의 권리의 하자(위탁자가 무권리자라는 것, 항변을 받는다는 것 등)에 관해서도 수탁자에게 승계되어야 한다는 주장도 있다. 신탁법에 관한 이러한 해석을 숨은 추심위임배서에 적용시킨다면, D는 인적항변의 절단과 선의취득의 보호를 받을 수 없게 된다. (2)의 문제는 신탁의 대항요건의 문제로 된다. 신탁을 이유로 제3자인 A에 대항할 수 있는 경우에는 수탁자의 일반재산으로부터의 신탁재산의 독립성이 인정되기 때문에 A는 수탁자 D 자신에 대한 항변에 대항할 수 없게 되지만, 신탁법 제3조 제2항은 유가증권에 관하여는 증권에 신탁재산인 사실을 표시하지 않으면 신탁을 이유로 제3자에게 대항할 수 없다는 취지를 규정하고 있다. 이 규정을 숨은 추심위임배서에 적용하면 어음상에 이러한 신탁의 표시가 되어 있지 않기 때문에 당사자는 신탁이라는 사실 ── 실질이 추심위임의 목적이라는 사실 ── 을 제 3 자에게 주장할 수 없게 되어 상대적 권리이전설과 동일한 결과에 이르게 된다. (3)에 관해서 보면 신탁법 제21조는 수탁자 개인의 채권자가 강제집행을 할 수 없다는 취지를 규정하여 신탁재산의 독립성을 보장하고 있어 해석상 수탁자가 파산한 경우에는 수익자가 신탁재산의 환취권을 가질 수 있게 된다. 그러면 이러한 신탁재산의 독립성이 인정되기 위해서는 신탁의 대항요건을 갖출 필요가 있는가. 의문이 없지는 않지만 이것을 요한다고 풀이하여야 할 것이다. 왜냐하면 채무자 D의 채권자를 D와 동일시하여 B와 D의 채권자 사이의 관계를 당사자 사이의 관계로서 파악하는 것이 일반적으로 가능하다고 볼 수는 없기 때문이다.

제 6. 入質背書

Ⅰ. 公然한 入質背書

1. 意義와 方式

어음소지인이 차입을 위한 필요 등으로 어음상의 권리에 담보권을 설정하는 경우가 있다. 이 경우에는 보통의 배서의 방식 이외에 '담보하기 위하여', '입질하기 위하여' 기타 질권설정을 표시하는 문언(입질문언)을 기재하여 이를 질권자에게 교부하면 된다(어음법 제19조 제 1 항 본문). 이러한 배서를 입질배서라고 한다. 입질문언은 배서란(목적 또는 부기)에 기재된다. 이것을 후술하는 숨은 입질배서와 구별하기 위하여 공연한 입질배서라고 한다.

그런데 배서금지어음과의 관련에서 입질배서가 가능한가가 문제된다. 학설은 긍정설(손주찬, 249쪽 ; 서돈각, 177쪽 ; 정동윤, 399쪽 ; 서돈각 · 정찬형, 487쪽)과 부정설(최기원, 380쪽 ; 채이식, 83쪽)로 나뉘어 있다. 긍정설은 입질배서를 했다고 해서 어음채권이 이전되는 것은 아니라는 점을 근거로 하고 있으며, 부정설은 배서금지어음은 지명채권의 입질에 관한 방법으로 질권의 설정이 가능하다는 점을 근거로 하고 인정된다.

2. 效　　力

입질배서에는 질권설정적 효력과 이에 따른 자격수여적 효력 외에 담보적 효력도 인정된다.

(1) 질권설정적 효력

A. 질권의 내용　　입질배서에 의하여 피배서인은 어음상의 권리에 질권을 취득하며, 이 질권에 기하여 어음으로부터 생기는 모든 권리를 행사할 수

있다(어음법 제19조 제1항 본문). 즉 지급제시, 어음금의 수령, 거절증서의 작성, 상환청구의 통지, 백지보충, 소송의 제기 등 어음상의 권리행사에 필요한 모든 재판상 및 재판 외의 행위를 할 권한이 있다. 그러나 피배서인이 어음상의 권리자로 된다는 의미는 아니기 때문에 피배서인이 한 배서는 대리를 위한 배서(추심위임배서)로서의 효력만을 갖는다(어음법 제19조 제1항 단서).

B. **보통의 채권질과의 비교** 입질배서의 피배서인은 어음으로부터 생기는 모든 권리를 행사할 수 있으므로 어음금의 지급을 청구할 수 있고, 이 점에서 보통의 채권질의 경우에 질권자가 질권의 목적인 채권을 직접 청구할 수 있다(민법 제353조 제1항)는 것과 동일한 결과로 된다. 그러나 어음의 입질배서의 피배서인의 권리와 보통의 채권질의 질권자의 권리를 비교하면 다음과 같은 차이가 있다.

① 보통의 채권질에서는 금전채권에 질권이 설정된 때에는 질권자는 자신의 채권한도에서 직접 청구할 수 있을 뿐이다(민법 제353조 제2항). 이에 대해 어음의 입질배서의 피배서인은 어음금액이 피담보채권보다 많은 경우에도 어음금 전액의 지급청구권을 갖는다. 그렇지만 이 경우에 그 차액부분에 관해서는 그것이 실질적으로 추심위임의 성질을 갖게 되어 인적항변절단의 보호를 받을 수 없다(통설).

② 보통의 채권질에서는 질권의 목적인 채권의 변제기가 피담보채권의 변제기보다 먼저 도래한 때에는 질권자는 제3채무자(질권의 목적인 채권의 채무자)에 대하여 그 변제금액의 공탁을 청구할 수 있고, 이 경우에 질권은 그 공탁금에 존재하게 된다(민법 제353조 제3항). 이에 대해 어음의 입질배서의 피배서인은 어음의 만기가 피담보채권의 변제기보다 먼저 도래한 때에도 어음의 만기에 청구할 수 있다. 그렇지만 이 경우에 변제기 전에는 추심금을 변제에 충당할 수 없고, 피담보채권의 변제기까지 공탁해야 한다고 볼 수도 있다(정동윤, 446쪽; 최기원, 381쪽; 채이식, 121쪽).

그러나 만기에 청구할 수 있다고 해도 추심금을 변제기까지 공탁하여야 한다면, 담보권자로서는 추심금을 이용할 수 없고, 반대로 질권설정자 또는 채무자로서는 변제기까지는 채무가 소멸하지 않게 되기 때문에 어느 쪽에도 크게 의미가 있는 것은 아니다.

어음법 제48조 제2항은 어음소지인이 만기 전에 상환청구권을 행사하는 경우에는 소지인의 주소지에서 상환청구하는 날의 공정할인율(은행률)에 의한 할인에 의하여 어음금액을 감한다고 규정하고 있는데, 이 규정을 피담보채권의 변제기보다 먼저 어음의 만기가 도래하여 어음을 추심한 경우에도 유추적용할 수는 없을까. 이 규정을 유추적용할 수 있다고 하면 질권자는 피담보채권의 변제기 전에 어음금을 추심한 때에는 피담보채권액이 위와 같은 공정할인율에 의하여 계산한 변제기까지의 금액만큼 감액된 것으로 다루어 감액된 금액을 피담보채권으로 하여 추심금을 변제에 충당한다고 볼 수 있을 것이다.

(2) **담보적 효력** 피배서인은 어음금액을 추심하여 우선변제를 받는 것을 기대하고 있으며, 또 배서인은 반대의 문언이 없으면 인수와 지급을 담보하는 것이므로 입질배서의 배서인도 담보책임을 진다(다수설)(서돈각, 198쪽 ; 손주찬, 251쪽 ; 정동윤, 447쪽 ; 채이식, 121쪽 ; 서돈각 · 정찬형, 491쪽 등. 입질배서에 권리이전적 효력이 없음을 이유로 담보적 효력을 부인하는 설도 있다 : 최기원, 383쪽 ; 정희철, 201쪽).

(3) **자격수여적 효력** 입질배서의 경우에 피배서인은 질권자로서의 형식적 자격이 인정되어 실질적 권리를 증명할 필요 없이 어음상의 권리를 행사할 수 있고, 그에게 사기 또는 중대한 과실 없이 지급한 어음채무자는 면책된다(어음법 제40조 제 3 항 제 1 문).

(4) **인적항변의 절단과 질권의 선의취득** 어음법은 입질배서에 인적항변절단이 인정됨을 명문으로 규정하고 있다(어음법 제19조 제 2 항). 따라서 어음채무자 A는 입질배서의 배서인 B에 대하여 갖는 인적항변을 그 피배서인 D에 대하여 주장할 수 없다. 따라서 입질배서의 피배서인은 독립된 경제적 이익을 갖고 있으므로, 배서인이 무권리자 등인 경우에도 어음상의 권리에 대한 질권을 선의취득할 수 있다(어음법 제16조 제 2 항, 제77조 제 1 항 제 1 호).

(5) **피담보채권이 어음금액보다 적은 경우** 예를 들어 어음금액이 100만원이고, A · B 사이에 어음금 전액에 대해 인적항변이 존재하고 있고, B가 D로부터 70만원의 차입금의 담보로서 D에게 그 어음에 입질배서를 한 경우에 인적항변절단의 제도가 어떻게 적용되는가를 검토해 보자. 이 경우에 D로서는 어음금 100만원을 추심했다고 해도 그 중에서 대부금의 변제에 충당할 수 있는 금액은 70만원뿐이고, 나머지 30만원은 B에게 반환하여야 한다. 이렇게 본다면 어음금액 중 피담보채권을 넘는 30만원은 실질적으로 추심위임에 해당되기 때문에 그 부분에 대해서는 D는 인적항변절단의 보호를 받을 수 없고, A는 그 부분에 대해서는 B에 대한 항변을 D에 대하여 주장할 수 있게 된다.

Ⅱ. 숨은 入質背書

1. 意義와 效果

추심위임배서에 공연한 추심위임배서와 숨은 추심위임배서가 있는 것처럼 입질배서에도 공연한 입질배서와 숨은 입질배서가 있다. 숨은 입질배서는 담보의 목적으로 어음의 양도배서가 행하여지는 것이므로 어음의 양도담보라고 할 수 있다. 숨은 입질배서에 있어서 피배서인은 어음을 제3자에게 양도하여 그 대가인 채권의 만족을 받을 수도 있고, 또한 후술하는 바와 같이 공연한 입질배서에 비하여 세법상으로도 유리한 취급을 받을 수 있어 실무상으로는 보통 숨은 입질배서의 방법에 의하여 어음의 담보가 이루어지고 있다. 은행실무에 있어서 소액의 더구나 다수의 어음에 의한 융자를 받는 경우에는 그 하나 하나를 할인하는 것이 번잡하므로 이를 일괄하여 담보로 하여 어음대부를 하는 일이 있다. 이러한 대부를 상업어음담보대부라고 하는데, 이 경우의 어음담보는 숨은 입질배서의 방식을 취한다.

숨은 입질배서에 있어서 실질과 형식의 차이는 숨은 추심위임배서에 있어서만큼 현저하지는 않다. 왜냐하면 숨은 추심위임배서의 경우에는 실질적으로는 피배서인이 단지 배서인을 대신하여 어음상의 권리를 행사함에 불과하지만, 숨은 입질배서의 피배서인은 추심한 어음금을 배서인에 대한 자신의 채권의 만족에 충당할 수 있기 때문이다.

따라서 숨은 입질배서에서는 숨은 추심위임배서와는 달리 그 효과에 대해서 견해가 일치되어 있다. 즉 ① A의 B에 대한 인적항변은 D에 대하여 주장할 수 없고(인적항변절단의 제도가 적용된다), ② A는 D 자신에 대한 항변을 주장할 수 있으며, ③ D에 대해 파산절차가 개시된 경우에 B가 환취권을 갖는가에 관해서는 채무자 회생 및 파산에 관한 법률 제407조, 제585조의 규정상 부정된다. 그러나 담보의 실질에 착안하여 피담보채권을 변제하고 어음을 반환받을 수 있는가에 대해서도 고찰해 볼 여지가 있다. 그 외에 공연한 입질배서에 관해 설명한 내용이 원칙적으로 숨은 입질배서에도 타당하다.

또한 숨은 입질배서에 선의취득제도가 적용됨은 물론이다.

2. 稅法上의 取扱

숨은 입질배서와 공연한 입질배서의 가장 큰 차이는 세법상의 취급이다. 공연한 입질배서의 경우에는 소정의 기일(법정기일) 전에 전세권·질권 또는 저당권의 설정을 등기 또는 등록한 사실이 국세기본법 시행령이 정하는 바에 의하여 증명되는 재산의 매각에 있어서 그 매각금액 중에서 국세 또는 가산금(그 재산에 대하여 부과된 국세와 가산금을 제외한다)을 징수하는 경우의 그 전세권·질권 또는 저당권에 의하여 담보된 채권에 대하여는 국세·가산금 또는 체납처분비는 우선하지 못한다(국세기본법 제35조 제 1 항 제 3 호; 동 시행령 제18조 제 2 항). 이에 비하여 숨은 입질배서와 관련하여서는 납세자가 국세·가산금 또는 체납처분비를 체납한 경우에 한하여 국세징수법이 정하는 바에 의하여 그 양도담보재산으로써 납세자의 국세·가산금과 체납처분비를 징수할 수 있도록 되어 있다. 다만, 그 국세의 법정기일 전에 담보의 목적이 된 양도담보재산에 대하여는 그러하지 아니하다(국세기본법 제42조 제 1 항; 국세징수법 제13조).

제 7. 信託背書

Ⅰ. 意 義

신탁배서라 함은 피배서인에게 어음상의 권리를 양도하지만, 피배서인은 배서인과의 내부관계에서 어떤 특정한 목적을 위하여 그 권리를 행사하여야 할 의무를 지는 배서를 말한다. 하지만 신탁배서는 어음상에 신탁의 관계가 기재되지 않으므로 대외적으로는 보통의 배서와 같은 효력을 갖는다. 신탁배서에 관하여는 어음법에 아무런 규정이 없고, 신탁의 일반원리에 따라 규율된다. 신탁배서는 여러 가지 목적을 위하여 이용될 수 있으나, 진정한 권리자의 신분을 감추고 피배서인으로 하여금 어음의 추심 또는 할인 등을 하게 하거나 또는 피배서인에게 담보권을 설정하기 위하여 이용된다.

Ⅱ. 種類와 效力

신탁배서는 그 뒤에 숨어 있는 목적 내지 기능에 따라 크게 두 가지로 나눌 수 있다. ① 하나는 내부적으로 단순히 피배서인에게 어음상의 권리를 행사할 수 있는 자격을 부여하기 위하여 하는 것이고, ② 다른 하나는 내부적으로 어음상의 권리를 완전히 피배서인에게 이전하는 것이다.

앞의 단순한 수권적 신탁배서 또는 자격수여적 신탁배서는 오직 배서인의 이익에만 봉사하는 것으로서 말하자면 관리신탁(Verwaltungstreuhand)에 속하고, 뒤의 양도적 신탁배서는 주로 피배서인의 이익에만 또는 그의 이익에도 함께 봉사하는 것으로서 말하자면 담보신탁(Sicherungstreuhand)의 범주에 속한다.

신탁배서가 양자 중 어디에 속하는가 하는 것은 원칙적으로 배서인과 피배서인 사이의 합의내용에 따라 판단할 것이지만 그것이 불명한 때에는 원칙적으로는 단순한 수권적 신탁배서로 추정한다(합의내용이 분명하지 않은 때에는 만일에 순수한 관리신탁의 경우와 같이 배서인의 이익을 위하여 한 것인 때에는 순수한 수권적 신탁으로 볼 수 있고, 반대로 배서가 피배서인의 이익만을 위하여 하였거나 피배서인의 이익도 고려한 것이라면 담보신탁의 경우와 마찬가지로 전권신탁(양도적 신탁)이라고 한다. 최기원, 386쪽).

Ⅲ. 兩者의 差異點

수권적 신탁배서의 경우에는 피배서인이 자기명의로 어음상의 권리를 행사하지만, 어음의 소유자와 어음상의 권리자는 여전히 배서인이다. 따라서 추심위임배서의 경우와 마찬가지로 교부계약은 체결되지 않는다. 또한 항변의 적용범위도 배서인에 대한 항변만이 가능하고, 피배서인에 대한 항변으로는 대항하지 못한다. 왜냐하면 피배서인은 타인의 권리를 행사하는 것이기 때문이다. 그러므로 항변의 절단은 원칙적으로 문제가 되지 않는다. 반면에 어음상의 채무자는 피배서인에 대한 항변을 제기할 수 없다. 수권적 신탁배서에는 담보적 효력이 없다. 왜냐하면 이 경우에는 권리의 양도가 없을 뿐만 아니라 일반적으로 단순한 담보배서를 하려는 의사도 없기 때문이다. 그러나 이후의 피배서인들은 권리외관에 의한 책임의 원칙에 의해서 보호를 받게 된다.

양도적 신탁배서에서는 배서인이 아니라 피배서인이 어음의 소유자이며 어음상의 권리자가 된다. 이 경우에는 교부계약이 필요하다. 피배서인은 원칙적으로 재양도할 수 있는 권리를 갖게 된다. 피배서인은 항변절단에 관한 규정에 의하여 배서인에 대한 항변으로부터 보호를 받게 된다. 왜냐하면 피배서인은 신탁에 대하여 자기 고유한 이익을 갖기 때문이다. 그리하여 어음채무자는 피배서인에 대한 항변만을 주장할 수 있을 뿐이다. 양도신탁을 내용으로 하는 배서의 경우에는 권리양도가 되는 것이므로 배서의 담보적 효력이 생기게 된다.

제5장 어음取得者 保護의 制度

朴用錫, 어음의 취득 및 행사(상·하), 判例硏究 182(1985.11), 183(1985.12)/李基秀, 어음取得者保護의 制度, 월간고시 171(1988.4).

제1절 세 가지 制度의 相互關係

어음법은 어음행위독립의 원칙, 선의취득 및 인적항변의 절단에 관해 규정하고 있다. 세 가지 모두가 어음취득자 보호를 위한 제도라는 점에서 공통되지만, 각각 그 적용되는 경우가 다르다. 따라서 이 세 가지 제도 중에서 어느 제도가 어느 경우에 적용되는가 하는 점이 구별되어야 한다. 이를 위해서는 이 세 가지 제도의 상호 관계를 충분히 이해할 필요가 있다. 이 관계는 어음행위와의 관련이라는 측면에서 살펴볼 수 있다.

Ⅰ. 어음行爲와의 관련 — 어음行爲獨立의 原則

어음행위독립의 원칙은 어음채무부담행위와 관련된 제도이다. 이 원칙이 어음채무독립의 원칙으로 불려지고 있음은 이를 나타내고 있다. 즉 어음행위독립의 원칙이란 전제가 되는 선행어음행위(예컨대 어음발행행위)에 하자가 있는 경우에도 이를 전제로 하는 후행어음행위(예컨대 배서행위)의 효력은 그 하자의 영향을 받지 않는다는 원칙이지만, 여기서 어음행위라고 함은 어디까지나 어음채무부담행위를 말한다. 따라서 어음행위독립의 원칙이란 전제가 되는 앞선 어음채무부담행위에 하자가 있는 경우에도 이를 전제로 하는 다른 어음채무부담행위는 그 하자와 관계 없이 유효하게 성립한다는 원칙이다.

Ⅱ. 어음權利移轉行爲와의 관련 — 善意取得

선의취득제도는 어음권리이전행위와 관련되는 제도이다. 즉 선의취득제도는 어음권리이전행위에 하자가 있는 경우에 악의·중과실이 없는 어음취득자에 대해서는 그 하자가 치유되어 권리취득이 인정된다는 의미이고, 어음권리이전행위의 하자를 치유하는 제도이다.

Ⅲ. 어음 외의 法律關係와의 관련 — 人的抗辯의 切斷

인적항변절단의 제도는 어음 외의 법률관계와 관련되는 제도이다. 즉 이것은 어음행위 자체에 관해서는 어음채무부담과 어음권리이전에 하자가 없고, 어음 외의 법률관계에 기하여(주로 어음의 원인관계에 하자가 있는 경우에) 생기는 항변은 선의의 어음취득자에 대해서 이를 주장할 수 없다는 의미에서 어음 외의 법률관계에 관련되는 제도이다.

제2절 어음行爲獨立의 原則

安東燮, 어음행위독립의 원칙, 판례월보 212(1988. 5).

Ⅰ. 意 義

어음행위독립의 원칙이란 전제가 되는 어음행위에 하자가 존재하는 경우(이것에 기하여 청구를 받은 자가 물적항변을 주장할 수 있는 경우)에도 이를 전제로 하는 어음행위자의 채무는 그 하자의 영향을 받지 않고 유효하게 성립한다는 원칙이다. 예를 들면 A가 B를 수취인으로 하여 어음을 발행하고 B가 이 어음을 D에게 배서양도하였으나 A가 무능력을 이유로 어음의 발행을 취소한 경우에 A는 D의 어음금지급청구를 거절할 수 있으나(비증권적 물적항변이 된다. 자세한 것은 후술함), B는 D의 어음금지급청구에 대하여 배서인으로서의 담보책임을 면할 수 없다는 원칙이다. 다른 예로서 E를 어음보증인으로 하여 A명의의 어음이 수취인 B에게 발행되었으나, A의 어음발행이 위조로서 무효인 경우에 A는 물론 어음채무를 부담하지 않지만 E는 보증인으로서의 책임을 면할 수 없다는 원칙이다.

이 원칙은 어음법 제7조가 일반적으로 규정하고 있고, 더욱이 어음법 제32조 제2항은 특히 어음보증에 관하여 규정하고 있다. 위의 예에서 B의 배서 또는 E의 보증은 A의 어음발행을 전제로 하는 행위이므로 당연히 전제행위인 A의 어음발행의 효력이 부정되는 때에는 이를 전제로 하는 행위인 B의 어음배서 또는 E의 어음보증의 효력도 부정되어야 하지만, 각각의 어음행위는 다른 행위와 관계 없이 독립하여 채무를 부담하려는 의사로 이루어지는 행위이기 때문에 그 채무는 유효하게 성립한다. 이것이 바로 어음행위독립의 원칙이다. 이는 B의 배서 또는 E의 보증에 의한 채무부담은 의사표시상의 효과라는 데에 근거를 두고 있다.

어음행위독립의 원칙이 인정되는 결과 어음취득자로서는 자기에게 어음을 배서한 B 또는 어음보증을 한 E가 유효하게 어음배서 또는 어음보증을 하였다는 것만 확인하면, A가 유효하게 어음을 발행하였는가의 여부를 조사할 필요 없이 적어도 B 또는 E에 대해 어음금의 지급을 청구할 수 있게 되어 어음거래의 안전이 확보된다.

〈대판 1977. 12. 13, 77 다 1753〉
「어음의 최후소지인은 그 어음의 최초의 발행행위가 위조되었다 하더라도 어음행위독립의 원칙상 그 뒤에 유효하게 배서한 배서인에 대하여는 소구권을 행사할 수 있다.」

Ⅱ. 前提行爲에 方式의 瑕疵가 있는 경우

일반적으로 어음행위독립의 원칙이 적용되는 경우는 전제가 되는 어음행위가 실질적 이유에 의하여 효력이 부정되는 경우이고, 전제행위가 법정방식을 흠결하여 무효가 된 경우에는 이를 전제로 하는 행위도 무효로 될 수밖에 없다고 한다.

그러나 이를 모든 경우에 적용한다면 전제행위가 배서행위이고, 여기에 방식의 하자가 있는 경우에는 어음행위독립의 원칙이 적용되지 않고, 이를 전제로 하는 배서행위의 효력도 부정된다고 해석하여야 할 것이다. 그러나 이러한 해석은 어음행위독립의 원칙을 지나치게 좁게 파악하게 되므로, 전제행위가 배서인 경우에 그 배서에 방식의 하자가 있는 경우에도 어음행위독립의 원칙을 적용하여야 할 것이다.

이론적으로 보아도 어음행위독립의 원칙의 근거로서 전술한 바와 같이 어음행위는 각각 독립하여 채무를 부담하려는 의사로 이루어지는 행위라고 한다면, 전제가 되는 어음행위 중 실질적 이유에 기한 하자는 승계되지 않으나 방식의 하자는 승계된다는 것이 논리필연적인 것은 아니다.

그렇지만 전제행위가 어음발행행위이고, 여기에 방식의 하자가 있는 경우에는 발행행위를 전제로 하는 어음행위도 무효라고 보아야 한다. 그리고 어음보증의 효력이 문제로 된 경우 피보증행위의 방식에 하자가 있는 때에 관해서는 어음법 제32조 제2항에서 무효가 됨을 명문으로 규정하고 있다. 그러나 이러한 결과는 결코 전제행위의 방식의 하자가 이를 전제로 하는 행위에 영향을 미쳤기 때문이 아니고, 발행에 있어 발행의 방식이라는 것이 단지 발행행위 자체의 방식일 뿐만 아니라 모든 어음행위의 방식으로서의 의미를 갖고 있으므로 그 방식을 흠결하는 것이 모든 어음행위의 방식을 흠결한 것으로 되기 때문이다.

어음보증의 경우 피보증행위(배서인을 위해 어음보증을 한 경우에는 그 배서인의 배서행위의 방식과 어음보증행위)의 방식과 어음보증행위의 방식의 관계도 마찬가지로 풀이할 수 있을 것이다.

이와 같이 본다면 어음행위독립의 원칙이라는 것은 일반적으로 논의되고 있는 것과는 달리 전제가 되는 행위가 실질적 이유에 의한 경우뿐만 아니고, 형식적 이유에 의하여 무효로 된 경우에도 이를 전제로 하는 행위는 그 영향을 받지 않고 유효하게 성립한다고 하는 원칙으로 이해할 수 있다. 다만, 방식에 하자가 있는 발행행위나 피보증행위가 있는 때에는 다른 모든 어음행위(발행의 방식의 하자가 있는 경우) 또는 보증행위(피보증행위의 방식의 하자가 있는 경우)의 방식 자체도 하자가 있는 것으로 되기 때문에 그 행위의 효력이 부정된다고 해석할 것이다.

그러나 우리나라의 통설은 어음행위독립의 원칙은 선행행위의 실질적 무효 등에 의하여 영향을 받지 않는다는 원칙이므로 선행행위에 형식적 하자가 있는 경우에는 이 원칙이 적용되지 않는 것으로 파악하고 있다(이철송, 어음·수표법 제8판, 박영사, 2006, 62쪽; 정찬형, 어음·수표법 강의 제6판, 박영사, 2006, 124~125쪽 등).

Ⅲ. 어음行爲獨立의 原則과 惡意의 取得者

어음행위독립의 원칙이 취득자의 선의·악의를 불문하고 적용되는 것인지 여부에 대하여 다음과 같이 악의의 취득자에의 적용을 긍정하는 견해와 부정하는 견해의 대립이 있다.

1. 肯定說

이는 어음행위독립의 원칙이 악의의 취득자에게도 적용된다는 입장이다. 그런데 동 원칙의 이론적 근거에 대해 당연법칙설과 예외법칙설의 주장이 있는 바, 그에 따라 여기에서의 주장도 달라진다.

(1) 예외법칙설(정책적 특칙설)**을 취하는 자**(통설)**의 근거** 어음행위독립의 원칙은 선의취득자의 보호뿐만 아니라 한 걸음 더 나아가 어음행위의 확실성을 보장하여 어음의 신용을 높이기 위한 제도이므로 선행행위의 무효원인이 무엇이든 관계 없이 어음행위의 효력을 인정하여야 하며, 또한 어음취득자의 선의·악의에 관계 없이 어음행위의 효력을 인정하여야 한다고 설명한다. 이것이 통설이다.

(2) 당연법칙설을 취하는 자의 근거 어음행위는 각각의 어음상의 기재를 자기의 의사표시의 내용으로 하는 법률행위이므로, 행위자는 그 문언에 따라서 책임을 부담하고 타인의 행위의 유효·무효에 의하여 영향을 받지 않는 것은 당연하다. 따라서 어음취득자가 선행행위의 무효에 대하여 악의인 경우에도 이 원칙이 적용된다고 설명한다(소수설).

2. 否定說

어음행위독립의 원칙은 어음의 반환의무를 지는 악의의 어음취득자에게는 적용되지 않는다고 설명한다(최기원, 어음·수표법, 박영사, 2001, 110쪽). 이 견해에서는 가령 적법하게 발생된 어음의 수취인으로부터 이 어음을 절취한 도둑이 수취인의 배서를 위조하여 자신을 피배서인으로 하고, 나아가 이러한 사정을 알고 있는 자에게 이 어음을 배서양도한 경우 제 2 의 배서인은 이 피배서인에 대해 채무를 부담할 필요는 없다고 한다.

또 이 악의의 피배서인은 어음권리자인 수취인의 어음반환청구에 응할 의무가 없으며, 또한 악의의 피배서인에 대해 배서인도 채무를 부담할 필요는 없고, 이 경우 어음행위독립의 원칙은 적용되지 않는다고 한다. 또한 발행이 무권대리인에 의하여 행하여졌다는 것을 알고 배서인으로부터 어음을 취득한 피배서인에 대하여도 마찬가지라고 한다.

3. 私 見

어음행위독립의 원칙은 상대방의 선의·악의에 관계 없이 적용된다. 따라서 학설 가운데에는 긍정설이 타당하며, 그 가운데에서도 정책적 특칙설에 입각하여 어음소지인의 보호를 위하여 법이 정책적으로 인정한 것이라는 입장이 설득력이 있다.

그러나 이는 배서의 담보적 효력과 연관되어진 채무부담의 측면이고, 취득자가 악의자인 경우에는 경우에 따라서는 권리행사를 할 수 없게 되는 경우는 존재한다. 즉 청구를 당한 자가 무권리의 항변을 할 수 있는 경우도 있기 때문에 사안의 경우를 나누어 보는 것이 필요하다.

제3절 善意取得

姜熙萬, 有價證券대체결제제도와 선의취득의 법이론적 고찰, 商事法 論集(徐燉珏教授停年紀念論文集), 1986/梁承圭, 有價證券의 善意取得, 司法行政 321(1998. 9)/鄭燦亨, 어음·수표의 선의취득에 관한 연구, 서울대박사학위논문, 1982/鄭燦亨, 어음·手票의 善意取得에 있어서의 善意에 의하여 치유되는 瑕疵의 범위, 경찰대학논문집 2(1983. 2)/崔埈璿, 선의취득으로 인하여 치유되는 하자의 범위, 判例月報 300(1995. 9).

Ⅰ. 意 義

어음법 제16조 제2항은 선의취득에 관하여 규정하고 있는데, "… 소지인이 … 그 어음을 반환할 의무가 없다"라고 규정한 것은 어음의 소지인이 어음상의 권리를 취득하고, 그 결과 점유를 잃은 자가 권리를 잃는다는 것을 전제로 하고 있다. 악의·중과실이 없는 어음취득자를 보호하기 위한 제도임은 말할 필요도 없다.

동산에 관해서도 선의취득(민법 제249조 이하)이 인정되고 있으나, 이를 어음의 선의취득과 비교해 보면 어음의 선의취득의 범위가 훨씬 넓다.

① 요건면에서 동산의 경우에는 과실이 있는 때는 선의취득이 인정되지 않음에 대하여, 어음의 경우에는 중과실이 없으면 선의취득이 인정된다.

② 효과면에서 동산의 경우에는 도품·유실물에 대해서는 선의취득의 효과를 제한하여 2년 내에는 반환을 요함에 대하여(민법 제250조), 어음의 경우에는 그러한 제약이 없다.

③ 적용의 범위에서 보면 어음의 경우에는 다음에 설명하는 바와 같이 권리이전의 하자 일반에 대해서 선의취득을 인정하는 견해를 취하면, 동산의 경우보다 넓게 선의취득이 인정된다.

Ⅱ. 適用範圍

1. 問 題 點

선의취득제도가 어음행위의 하자를 치유하는 것임에 관해서는 이론이 없는데, 이 제도가 어음행위의 하자 일반에 관하여 적용되는가 아니면 어음행위의 하자 중에서 양도인의 무권리를 이유로 하는 하자에 관해서만 적용되는가에 대해서는 다툼이 있다. 후자가 종래의 통설이었으나, 현재에는 대체로 전자의 입장을 따르는 견해가 늘고 있다. 선의취득제도의 범위에 관해서는 이 제도가 배서의 연속이 있는 어음소지인이 형식적 자격자라는 것으로부터 생기는 효과에 지나지 않는다고 이해하는가, 아니면 이것으로부터 생기는 효과에 한정하지 않고 어음행위의 하자를 일반적으로 치유하는 제도라고 이해하는가에 따라 견해가 나뉘게 된다.

2. 각 見解의 根據

배서의 연속이 있는 어음의 소지인이 형식적 자격을 인정받는다는 것은 그 자가 권리자로 추정된다는 것이고, 이 효과가 그 자가 어음을 양도할 능력을 갖는다든가, 그 자의 대리인으로서 어음을 양도하는 자가 실제로 대리권을 갖고 있다든가, 어음의 점유자와 최후의 배서의 피배서인이 동일인이라는 등에까지 미치는 것은 아니기 때문에, 어음상 배서의 연속이 있다고 해서 취득자가 위와 같은 것까지 신뢰할 수는 없다. 따라서 선의취득제도를 오로지 배서의 연속이 있는 어음소지인의 형식적 자격을 신뢰한 자를 보호하는 제도로 본다면, 이 제도에 의하여 보호되는 범위는 무권리자로부터의 양수인에 한하고 무능력자나 무권대리인 등으로부터의 양수인은 보호되지 않게 된다. 이에 대하여 이 제도를 배서의 연속의 형식적 자격에 기초를 두고 있기는 하지만 이것으로부터 생기는 효과에 한정되지 않고, 어음행위에 하자가 있는 경우 일반에 관해 선의의 양수인을 보호하는 제도로 본다면 무권리자로부터의 양수인만이 아니고 무능력자나 무권대리인에 의한 양도의 경우, 양도인에게 의사의 하자 · 흠결이 있는 경우 또는 양도인과 최후의 배서인이 다른 경우 등에도 그것에 관해 악의 · 중과실이 없는 양수인은 보호되게 된다.

학설은 현재 양도인이 무권리자인 경우에만 적용하는 무권리자한정설(서돈각, 371쪽; 손주찬, 109쪽 ; 강위두, 152쪽 ; 채이식, 100쪽 ; 정무동, 346쪽)과 이보다 범위를 넓게 보는 확장적 견해(대판 1995. 2. 10, 94 다 55217)로 나뉘어 있다. 그리고 후자는 다시 그 범위의 폭에 따라 양도인이 선의이고 중대한 과실이 없는 한 무제한적으로 선의취득을 인정하는 무제한설(최기원, 391쪽), 이 가운데 인적 동일성의 흠결이나 의사표시상의 하자 및 무능력의 경우는 제외된다는 부분적 제한설(정동윤, 180쪽) 그리고 무능력의 경우만을 제외하고는 모두 적용된다는 무능력자제외설(정희철, 212~214쪽) 등이 주장되고 있다.

3. 結 論

어음법 제16조 제 2 항은 "전 항의 규정에 의하여 그 권리를 증명하는 때"라고 규정하고 있기 때문에 선의취득이 배서의 연속이 있는 어음을 소지한 자에게 인정된 효과임은 명백하다. 이것은 선의취득제도가 배서의 연속이 있는 어음소지인에게 형식적 자격이 인정되는 것을 기초로 하고 있음을 나타내고 있다. 그러나 선의취득의 적용범위를 무권리자로부터의 양수의 경우에 한정하여야 한다는 논리적 필연성은 없다. 선의취득제도는 어음행위의 하자 일반을 치유하는 제도로 이해하여 악의·중과실이 없는 어음취득자를 철저히 보호하도록 이론구성을 하여야 할 것이다.

이 입장을 취하면 배서인이 무권리자인 경우뿐만 아니라 그 자가 무능력자인 경우, 배서인에게 의사표시의 하자·흠결이 있는 경우, 대리권흠결의 경우, 어음상의 최후의 배서의 피배서인과 양도인의 인적 동일성의 흠결의 경우 등에도 양수인에게 악의·중과실이 없는 한 선의취득의 보호가 인정된다. 이러한 경우에는 배서인의 어음행위에 관해서 유효하게 성립하고 있는 것도 있고, 그 성립요건을 충족하지 못하는 것도 있다(예를 들어 의사표시의 하자·흠결의 경우에는 어음임을 인식하거나 인식할 수 있으면서 기명날인 또는 서명을 한 때에는 배서인으로서의 어음행위는 성립하지만, 무능력의 경우에는 어음행위는 유효하게 성립하지 않는다). 무능력자로부터 악의·중과실 없이 어음의 배서양도를 받은 자는 무능력자가 어음행위를 취소한 경우에는 그 자에 대해서는 어음금의 지급을 청구할 수 없으나, 무능력자에 대하여 어음을 반환할 필요는 없고 무능력자 이외의 어음채무자에 대한 어음상의 권리를 취득하게 된다. 그리고 이 입장을 취하면 수취인에 관해서도 발행인에게 착오가 있었던 경우에 선의취득제도가 적용될 여지가 생기게 된다.

〈대판 1995. 2. 10, 94 다 55217〉

「어음의 선의취득으로 인하여 치유되는 하자의 범위, 즉 양도인의 범위는 양도인이 무권리자인 경우뿐만 아니라 이 사건과 같이 대리권의 흠결이나 하자 등의 경우도 포함된다는 입장에서(대판 1993. 9. 24, 93 다 32118 참조), 원고 KW는 1993. 3. 4. 소외 L을 통하여 평소 알고 지내던 고등학교 후배인 소외 1로부터 이 사건 제 1 어음의 할인요청을 받고 소외 1이 소외 회사에 근무하고 있는지 여부를 확인하고, 발행인인 피고회사의 경리부 어음담당직원인 소외 K에게 위 어음이 사고어음인지 여부를 전화로 확인한 후 위 어음이면 좌측상단에 위 K의 이름과 그 확인일시를 기재하고 소외 1로부터 어음을 교부받은 사실, 원고 P 역시 같은 달 31. 위 L을 통하여 소외 1로부터 이 사건 제 2 어음의 할인요청을 받고 소외 1이 소외 회사에 근무하고 있는지를 확인하고, 발행인인 피고회사에게 위 어음이 사고어음인지 여부를 전화로 확인한 후 위 어음을 교부받은 사실, 위 각 어음할인 당시 제 1 배서인인 소외 회사대표이사의 이름과 인감도장이 이미 날인되어 있었고, 원고들과 소외 회사 사이에는 이 사건 이전에는 어음거래를 한 적이 없었던 사실을 인정할 수 있으나, 그러한 사정만으로 원고들이 위 각 어음의 배서가 위조되었다는 정을 알고 악의로 위 각 어음을 취득하였다고 단정할 수 없고, 또한 원고들이 어음할인의 방법으로 이를 취득함에 있어 양도인의 실질적인 무권리성을 의심하게 할 만한 뚜렷한 사정도 엿볼 수 없는 이 사건에 있어서 위 각 어음문면상의 제 1 배서인인 소외 회사에게 연락을 취하여 소외 회사 명의의 배서가 진정한지 여부를 알아보는 등 그 유통과정을 조사·확인하여야 할 주의의무까지 있다고는 할 수 없으므로(위 각 어음의 액면금이 다소 고액이라는 점과 원고들과 소외 회사 사이에 이전에 어음거래를 한 적이 없었던 사정을 덧붙인다 해도 원고들에게 중대한 과실을 인정하기는 어렵다) 원고들이 이 사건 각 어음을 선의취득하였다고 판단하였는바, 원심의 위와 같은 사실인정과 판단은 옳게 수긍이 가고, 거기에 소론과 같은 채증법칙위배로 인한 사실오인과 어음의 선의취득에 있어서 양도인의 범위 및 중과실에 관한 법리오해의 위법이 있다고 할 수 없다.」

Ⅲ. 要 件

1. 背書의 連續이 있는 어음의 所持人으로부터의 讓受 — 背書의 連續을 흠결한 경우

선의취득은 배서의 연속이 있는 어음소지인의 형식적 자격에 기초를 두고 있는 제도이기 때문에 배서의 연속이 있는 어음소지인으로부터의 양수임을 제 1 의 요건으로 한다. 문제는 어음면상 배서의 연속이 흠결되어 있는 경우에는 선의취득은 일체 인정되지 않는다고 해석할 것인가, 아니면 이 경우에도 배서의 연속이 흠결된 부분에 대해 실질적 권리의 이전이 증명되면 선의취득을 인정할 것인가 하는 것이다. B가 수취인으로, D가 제 1 배서인으로, E가 제 1 배서의 피배서인으로 되어 있는 어음을 F가 훔쳐 E의 기명날인 또는 서명을 위조하여 자기를 제2배서의 피배서인으로 한 후 이를 G에게 배서양도한 경우에 B·D 사이에 배서가 흠결되어 있기 때문에 배서의 연속이 없으나 B·D 사이에 실질적으로 권리가 이전하고 있음이 증명되었다고 한다면, G가 F로부터 이 어음의 양수에 의하여 선의취득을 할 수 있는가 하는 문제이다. 이론이 있으나 배서연속의 효과가 개개의 배서에 인정되는 배서의 자격수여적 효력이 집적된 것에 지나지 않고, D로부터 E, E로부터 F에게로의 권리이전에 관해서는 배서의 자격수여적 효력이 인정되고, 배서의 연속이 흠결되어도 그 부분에 관해서 실질적 권리의 이전이 증명되면 배서의 연속이 있는 것으로 보아 이를 긍정하여야 할 것이다(동지 : 정동윤, 180쪽 ; 최기원, 390쪽 ; 채이식, 100쪽. 이설 : 정희철, 211쪽 ; 서돈각, 97쪽). 그런데 이에 대하여는 배서의 연속이 단절된 경우 당사자가 실질적 권리이전을 증명하면 배서의 권리이전적 효력과 담보적 효력은 인정되지만 자격수여적 효력은 인정되지 않아 선의취득도 되지 않는다는 입장(이철송, 어음·수표법, 제10판, 2010, 333쪽)도 있다.

2. 어음法的 權利移轉方法에 의한 (期限前의) 取得

배서의 연속이 있는 어음소지인으로부터 어음을 취득한 자라고 하더라도 회사합병이나 상속에 의한 경우 또는 전부명령이나 지명채권양도방법에 의한 경우와 같이 어음법적 권리이전방법에 따르지 않고 어음을 취득한 때에는 선의취득의 보호를 받지 못한다. 예컨대 피상속인이 어음의 절취자인 경우, 상속인은 어음이 도품임에 관해 악의·중과실이 없다고 해도 권리를 취득하지 못한다. 따라서 배서에 의한 양수인 또는 최후의 배서가 백지식인 어음의 교부를 받은 양수인만이 선의취득의 보호를 받는다(통설). 그러나 기한후배서에 의한 양수인은 선의취득의 보호를 받을 수 없다. 왜냐하면 지급거절증서작성 후 또는 지급거절증서 작성기간경과 후에는 어음이 상환청구나 지급의 단계에 들어가므로 어음의 유통을 보호하기 위해 선의취득을 적용하여 인정할 필요가 없기 때문이다. 또한 추심위임배서(숨은 추심위임배서도 포함한다)에 대해서도 마찬가지로 선의취득이 인정되지 않는다(통설).

3. 取得者에게 惡意·重過失이 없을 것

악의·중과실이 있는 취득자는 보호되어야 할 이유가 없기 때문에 선의취득이 인정되지 않는다.

(1) 악의·중과실의 의미 악의란 권리이전에 하자가 있음을 알고서 어음을 취득하는 것이고, 중과실이란 거래통념상 권리이전에 하자가 있음을 의심할 만한 사실이 존재함에도 불구하고 아무런 조사도 하지 않고 어음을 취득하는 것이다.

〈대판 1985. 5. 28, 85 다카 192〉

「최후의 배서가 백지식으로 된 어음은 단순한 교부만으로 양도가 가능한 것이므로 원고가 어음할인의 방법으로 이를 취득함에 있어서는 양도인의 실질적인 무권리성을 의심하게 할 만한 특별한 사정이 없는 이상 어음문면상의 최후배서인에게 연락을 취하여 누구에게 양도하였는지를 알아보는 등 그 유통과정을 조사확인하지 아니하였다 하여 이를 가지고 그 어음취득에 있어서 중대한 과실이 있다고 할 수 없고, 이는 원고가 사채업자라 하여도 또한 같다.」

〈대판 1987. 6. 9, 86 다카 2079〉

「㈎ 최후의 배서가 백지식으로 된 어음은 단순한 교부만으로 양도가 가능하므로 양수인이 어음할인의 방법으로 이를 취득함에 있어서 그 어음이 잘못된 것이라는 의심이 가거나 양도인의 실질적인 무권리성을 의심하게 될 만한 특별한 사정이 없는 이상 위 어음의 발행인이나 문면상의 최후배서인에게 반드시 확인한 다음 취득하여야 할 주의의무가 있다 할 수 없다.

㈏ 어음의 최종소지인이 외관상 연속된 배서에 의하여 어음상의 권리를 취득하였고, 어음의 발행인은 누구나 신용을 인정할 만한 회사이며, 할인의뢰인은 취득자와 오랫동안 어음할인거래를 해오던 사이라면 어음취득자가 위 어음을 취득함에 있어 발행인 및 배서인 내지 지급은행에 확인조회를 하지 아니하였다 하여 중과실이 있었다고 볼 수는 없다.」

〈대판 1988. 10. 25, 86 다카 2026〉

「어음 · 수표를 취득함에 있어서 통상적인 거래기준으로 판단하여 볼 때 양수인이나 그 어음 · 수표 자체에 의하여 양도인의 실질적 무권리성을 의심하게 할 만한 사정이 있는 데도 불구하고 이에 대하여 상당하다고 인정될 만한 조사를 하지 않고 만연히 양수한 경우에는 중대한 과실이 있다고 하여야 한다.」(동지 : 대판 1995. 8. 22, 95 다 19980)

〈대판 1993. 9. 24, 93 다 32118〉

「회사의 직원이 약속어음의 회사명의 배서를 위조함에 있어 날인한 회사의 인장이 그 대표자의 직인이 아니라 그 대표자 개인의 목도장이고 또 그 어음금액이 상당히 고액인 점 등에 비추어 위 약속어음을 할인의 방법으로 취득한 자에게는 배서의 진정 여부를 확인하지 않은 중대한 과실이 있다.」

〈대판 1996. 11. 26, 96 다 30731〉

「1. 상호신용금고가 상업어음만을 할인하여야 하는 규정에 위반하여 담보용으로 발행된 어음이나 융통어음을 잘못 할인하였다고 하여 곧바로 악의 또는 중대한 과실로 어음을 취득한 때에 해당한다고는 볼 수 없다.

2. 약속어음의 수취인 회사의 직원이 제3자와 공모하여 수취인 회사명의의 배서를 위조하고 제3자 명의의 배서를 거쳐 상호신용금고로부터 어음할인을 받은 사안에서, 배서상 기재의 문제점이 있는 어음에 대하여는 상호신용금고의 어음취득상의 중대한 과실을 인정하고, 배서상 기재의 문제점이 없는 어음에 대하여는 중대한 과실을 인정하지 않는다.」

〈대판 1997.5.28, 97 다 7936〉

「은행이 어음을 담보취득함에 있어 어음이 일반적으로 법인발행의 어음에 비하여 지급이 불확실한 개인발행의 어음이고, 발행인이나 배서인이 당해 은행과 아무런 거래실적이 없는 자이며, 지급은행의 소재지와 다른 곳에 거주하는 배서인이 타지에서 담보제공하는 것이었고, 개인이 발행한 어음으로서는 비교적 고액이었으며, 특히 당시 어음의 지급기일 등 어음요건이 대부분 불비되어 있는 데다가 은행이 어음을 취득할 당시에 배서인이 어음을 발행인으로부터 공사대금조로 교부받았다고 하였다면, 경험칙상 발행인이 지급기일조차도 기재하지 않는다는 것은 극히 이례에 속하는 경우인 점에서 그 양도인의 실질적 무권리성을 의심하게 할 만한 사정이 있었다고 보여짐에도 불구하고 어음의 발행인에게 그 발행경위에 관하여 확인하거나 지급은행에 구체적인 정보조회를 하여 이의 의심을 해소할 만한 상당한 조사를 하여 보지도 아니한 채 이를 취득한 중대한 과실이 있다.」

무능력자로부터 어음을 취득한 양수인에 관해서는 양도인이 무능력자임에 대해 악의·중과실이 있으면 선의취득은 인정되지 않는다. 또한 무권대리인으로부터 어음을 취득한 양수인에 관해서도 무권대리인에 의한 양도임에 대해 악의·중과실이 있으면 선의취득의 적용이 없다.

일단 형식적으로 배서의 연속이 존재하면, 소지인에게 선의취득이 인정되지 않는다는 사실은 이를 주장하는 자가 증명하여야 한다.

〈대판 1987.7.7, 86 다카 2154〉

「약속어음의 배서가 형식적으로 연속되어 있으면 그 소지인은 정당한 권리자로 추정되므로, 배서가 위조된 경우에도 이를 주장하는 사람이 그 위조사실 및 소지인이 선의취득을 하지 아니한 사실을 증명하여야 한다.」

그러나 그 이후 대법원은 위조와 관련하여 제16조 제1항에 규정된 "적법한 소지인으로 추정한다"는 취지는 피위조자를 제외한 어음채무자에 대하여 어음상의 청구권을 행사할 수 있는 권리자로 추정된다는 뜻에 지나지 않고, 자신의 기명날인이 위조되었음을 주장하는 경우에는 그 어음의 소지인이 기명날인이 진정함을 증명해야 한다고 판시하였다.

〈대판 1993. 8. 24, 93 다 4151〉

「민사소송에서의 입증책임의 분배에 관한 일반원칙에 따르면 권리를 주장하는 자가 권리발생의 요건사실을 주장 · 입증하여야 하는 것이므로, 어음의 소지인이 어음채무자에 대하여 어음상의 청구권을 행사하는 경우에도 어음채무발생의 근거가 되는 요건사실, 즉 그 어음채무자가 어음행위를 하였다는 점은 어음소지인이 주장 · 입증하여야 된다고 볼 것이다. 배서의 자격수여적 효력에 관하여 규정한 어음법 제16조 제 1 항은 어음상의 청구권이 적법하게 발생한 것을 전제로 그 권리의 귀속을 추정하는 규정일 뿐, 그 권리의 발생 자체를 추정하는 규정은 아니라고 해석되므로, 위 법조항에 규정된 「적법한 소지인으로 추정한다」는 취지는 피위조자를 제외한 어음채무자에 대하여 어음상의 청구권을 행사할 수 있는 권리자로 추정된다는 뜻에 지나지 아니하고, 더 나아가 자신의 기명날인이 위조된 것임을 주장하는 사람에 대하여까지도 어음채무의 발생을 추정하는 것은 아니라고 할 것이다. 그렇다면 어음에 어음채무자로 기재되어 있는 사람이 자신의 기명날인이 위조된 것이라고 주장하는 경우에는 그 사람에 대하여 어음채무의 이행을 청구하는 어음의 소지인이 그 기명날인이 진정한 것임을 증명하지 않으면 안 된다고 볼 수밖에 없다.」

그러나 이러한 견해는 판결에 대한 별개의견이 밝히고 있는 바와 같이 합리적 근거 없이 제16조 제 1 항을 제한해석함으로써 배서의 연속이라는 외형적 사실에 의하여 어음의 유통성을 보장하려는 동 조항의 규정취지를 반감시키는 것으로서 찬성할 수 없으며, 대법원은 종전 입장으로 회귀해야 할 것이다(자세한 설명은 이기수, "위조 있는 어음의 입증책임," 법률신문, 1993년 10월 4일, 15쪽 이하 참조).

(2) 악의 · 중과실 유무의 판단시기 이러한 악의 · 중과실의 유무는 어음취득시를 기준으로 하여 결정된다. 따라서 어음취득시에 악의 · 중과실이 없으면, 그 후에 악의로 되어도 선의취득에 아무 영향이 없다. 선의취득은 권리이전행위의 하자에 관하여 악의 · 중과실이 없는 어음취득자를 보호하는 제도이기 때문에 악의 · 중과실의 유무는 어음취득시를 기준으로 하지 않으면 의미가 없다.

〈대판 1987. 4. 14, 85 다카 1189〉

「법인이 약속어음에 피배서인을 백지로 한 배서를 하여 보관하고 있던 중 분실하였는데, 甲이 위 법인의 직원이라고 자칭하는 무권리자로부터 그 약속어음을 단순히 교부받은 경우에는 이 같은 어음은 단순한 교부만으로도 양도가 가능한 점과 무권대리인의 어음행위의 법리에 비추어 보면 甲의 위 약속어음의 취득은 권한 없는 직원이 한 무권대리인의 어음행위로 인한 것으로 볼 수가 없고, 다만 어음행위자의 의사에 기하지 아니하고 유통된, 즉 교부행위가 흠결된 어음으로서 무권리자로부터 양도받은 것으로 보아야 하므로 본조에 따라 甲이 그 약속어음을 취득할 당시 악의 또는 중대한 과실이 있었는지를 심리판결하여야 한다.」

(3) 전자가 선의취득한 경우 전자가 선의취득한 때에 그 후의 취득자는 악의 · 중과실의 유무에 불구하고 전자가 취득한 권리를 승계취득한다. 예를 들어 A가 B를 수취인으로 하여 어음을 발행하고 D가 B로부터 이 어음을 절취하여 B · D 사이의 배서를 위조하여 악의 · 중과실이 없는 E에게 배서양도하고, E가 다시 이 어음을 F에 배서양도한 경우에는 F는 D가 절취자임에 대해 악의 · 중과실이 있는 취득자라고 해도 D와 E에 대하여 권리를 취득함은 물론 A에 대한 권리도 취득한다. 왜냐하면 악의 · 중과실이 있는 취득자는 선의취득의 보호를 받을 수 없으나, 일반지명채권양도에 의한 양수인보다 불리한 지위에 놓여져서는 안 되기 때문이다.

따라서 양도인이 완전한 권리자인 경우에는 그 권리의 승계취득이 부정되지 않는다. 그렇지만 양수인 F가 D의 절취행위에 관해 단지 악의 · 중과실이 있을 뿐만 아니라 이것에 관여하고 있는 경우, 즉 절취행위를 교사 · 방조하거나 D와 공모한 경우에는 D와 동일한 지위에 선다고 보아 무권리자로 취급하여야 할 것이다.

제4절 어음抗辯

姜渭斗, 융통어음의 항변과 제3자, 判例月報 301(1995. 10)/高裕卿, 어음抗辯에 관한 硏究 ; 최근 독일의 新抗辯理論을 중심으로, 대전전문대논문집 18(1992. 12)/김교창, 융통어음에 관한 융통계약상의 항변들, 상사법연구 15권 2호(1996)/金永祥, 어음抗辯에 관한 硏究, 건국대대학원논문집 29(1989. 8)/金正皓, 어음수수시 직접 당사자간의 원인관계에 기한 항변가능성, 商事法論叢(姜渭斗博士華甲紀念論文集), 1996/김종택, 어음抗辯과 그 제한에 관한 고찰, 전남대논문집(법 · 행정학) 30(1985. 12)/金泰柱, 어음항변에 관한 연구,

경북대박사학위논문, 1975/安東燮, 어음抗辯의 주장, 司法行政 321(1987. 9)/安東燮, 假裝背書에서의 人的抗辨의 特定, 判例月報 274(1993. 7)/梁碩完, 融通契約의 법적 성질과 어음항변, 경영법률 5(故 李允榮博士追慕論文集)(1992)/李基秀, 어음발행인의 항변사유를 어음保證人이 원용할 수 있는가, 判例月報 219(1988. 12)/李基秀, 어음抗辯, 월간고시 157(1987. 3)/李宙興, 어음의 無因性과 人的抗辯의 개별성에 대한 한계와 부정론, 法曹 390(1989. 3)/李宙興, 어음관계에서의 권리남용의 항변, 司法行政 343(1989. 7)/任忠熙, 어음(수표)항변의 분류, 성균관대수선논집 11(1987. 2)/鄭東潤, 어음抗辯의 이분법에 대한 반성 — 이른바 新抗辯理論과 관련하여, 商事法의 現代的 課題(孫珠瓚博士華甲記念論文集)1984/鄭東潤, 人的抗辯의 個別化, 司法行政 307(1986. 7)/鄭東潤, 어음保證人이 被保證人의 人的抗辯을 원용할 수 있는 경우, 判例研究(서울지방변호사회) 3(1990. 1)/鄭燦亨, 어음(수표)항변의 분류, 商事法論集(徐燉珏教授停年記念論文集), 1986/鄭燦亨, 융통어음의 항변, 기업과 법(김교창변호사화갑기념논문집), 1996/崔埈璿, 융통어음의 항변과 악의의 항변, 判例月報 297(1995. 6)/洪裕碩, 어음항변에 관한 연구 — 권리외관이론을 중심으로, 동국대, 1985/洪裕碩, 어음항변이론에 있어서 3분설과 4분설, 現代商事法의 諸問題(李允榮先生停年記念論文集), 1988/洪裕碩, 최근의 어음항변분류이론, 商事法論叢(姜渭斗博士華甲紀念論文集), 1996.

Ⅰ. 序　論

어음법상의 어음항변론(Einwendungslehre)은 어음에 기하여 청구를 받은 채무자(주채무자 또는 상환의무자, 즉 인수인 · 발행인 · 배서인 · 보증인)의 방어와 관련하여 전개되는 논의이다. 여기서 항변의 개념은 반대규범(Gegennorm)의 주장이라는 의미로 기술적으로 사용되는 것이 아니라, 가령 어음요건상의 하자의 주장에서 볼 수 있는 바와 같이 청구권의 부인도 포함하는 개념으로 쓰이고 있다.

어음법에 있어서의 항변론의 가장 주된 문제는 일단 성립한 항변이 '어음법상의 거래행위'에 의하여 어느 정도까지 절단되느냐 하는 점이다. 어음항변을 절단시킬 수 있는 '어음법상의 거래행위'란 무엇보다도 통상의 배서와 백지식 배서에 의한 양도이다. 또한 수취인에 대한 어음의 교부도 항변을 절단시킬 수 있는 '어음법상의 양도행위'인데, 이는 법조문에서 그 근거를 찾을 수는 없지만 당연한 것으로 받아들여지고 있다.

1. 意　義

어음항변은 어음채무자가 어음상의 채무이행을 거절하기 위하여 어음소지인에 대해 제출할 수 있는 모든 방어방법을 말한다. 어음항변은 어음채무자가 제출하는 것이므로, 어음채무자가 아닌 환어음의 지급인·지급담당자, 수표의 지급은행이 소지인에게 자금부족 또는 자격흠결을 이유로 지급을 거절하는 것은 어음항변이 아니라 단순한 지급거절사유에 불과하다. 상대방에 청구권이 있다는 것을 전제로 하여 그 이행을 거절하는 좁은 의미의 항변뿐만 아니라, 상대방의 청구권 자체를 부정하는 넓은 의미의 항변도 포함한다.

이 어음항변에 관한 논의를 어음법상 어음항변론이라고 한다. 어음항변이 논의되는 이유는 어음의 유통을 촉진하기 위하여 "어음항변제한의 법칙"이 인정되기 때문이다.

2. 抗辯制限의 目的과 根據

(1) 목 적 민법의 일반원칙에 의하면 양수인은 양도인의 권리 이상을 취득하지 못하므로 채무자는 양도인에 대한 모든 항변사유로써 양수인에게 대항할 수 있다(민법 제451조 제2항). 그러나 어음법은 어음의 유통성을 보호하기 위하여 어음채무자의 양도인에 대한 인적항변을 제한하였다. 즉 "어음에 의하여 청구를 받은 자는 발행인 또는 종전의 소지인에 대한 인적관계로 인한 항변으로써 소지인에게 대항하지 못한다"고 규정하여(어음법 제17조, 제77조 제1항 제1호; 수표법 제22조) 인적항변을 절단하고 있다. 이에 의해 양수인은 양도인의 권리 이상을 취득하게 된다. 인적항변의 제한은 어음의 유통성을 보호하기 위한 것이므로 어음의 제2취득자를 위해 작용하는 것이다. 그러므로 어음수수의 직접당사자인 최초의 수취인에 대해서는 모든 항변으로 대항할 수 있다.

(2) 법적 근거 인적항변제한의 근거가 무엇인가에 대해서는 견해가 나뉘어지고 있다. 크게 정책설과 당연설로 나누어 볼 수가 있다.

A. **정 책 설** 정책설에서는 이러한 인적항변의 제한은 어음에 표창된 권리외관을 믿고 거래한 자를 보호하기 위하여 법이 정책적으로 특히 인정한 것이라고 한다. 이러한 입장이 다수설(정찬형, 상법강의(하) 제7판, 2005, 367쪽; 이철송, 어음·수표법 제6판, 2004, 139쪽)이다. 그 가운데에서도 주장의 근거를 권리외관이론에서 구하는 견해가 다수인 가운데(정동윤, 어음·수표법 제4정판, 1996, 266쪽; 최기원, 어음·수표법(제4증보판), 2001, 550쪽), 어음의 무인성·문언성에서 구하는 견해도 있다.

B. **당 연 설** 당연설에서는 원래 인적항변은 양수인에게 승계되지 않는 것이므로 어음항변의 제한은 어음법 제17조를 기다리지 않고도 당연한 법리라고 한다. 그런데 항변제한의 법적 근거로는 통설과 마찬가지로 일반민법과의 관계에서 볼 때 어음의 유통을 보호하고 어음취득자를 보호하기 위한 정책적 특칙으로 파악하는 입장이 타당하다.

Ⅱ. 어음抗辯의 分類

어음항변의 분류방법으로는 전통적인 2분법·3분법·5분법 그리고 6분법이 있다. 이 가운데 2분법이 종래의 통설이고, 3분법 혹은 융통어음의 항변을 별도로 분리한 4분법(강위두·임재호, 상법강의(하), 2004, 148~149쪽)은 유력한 견해이다. 또한 5분법도 주장되고 있다(정동윤, 어음·수표법 제4정판, 1996, 234쪽). 그리고 독일에서는 3분법(Zöllner, *Wertpapierrecht*, 14. Aufl., München, 1987, S. 131ff. [2원적 분류]; Baumbach/Hefermehl, *Wechselgesetz* und Scheckgesetz, 17. Aufl., München, 1990, S. 205), 6분법(Hueck/Canaris, *Recht der Wertpapiere*, 12. Aufl., München, 1986, S. 102ff.)이 주장되고 있다.

이 가운데 근래에 유력설로 대두되고 있는 3분법은 어음항변을 물적항변, 인적항변, 어음채무의 유효성에 관한 항변으로 분류하고, 그 밖에 융통어음의 항변을 성질상 제한(절단)이 불필요한 항변, 즉 제한(절단) 불요의 항변으로 분류한다.

과거의 통설은 어음채무의 유효성에 관한 항변을 인적항변에 포함시켰었는데, 3분법은 이를 분리하였다. 그런데 어음채무의 유효성에 관한 항변은 물적항변으로도 또 어음법 제17조 단서의 적용을 전제로 하는 순수한 인적항변으로도 분류하기 어려운 면이 있으므로 별도로 분류하는 것이 타당하며, 융통어음의 항변은 독자적인 항변으로 분류하여야 할 것이다.

1. 物的抗辯

물적항변은 절단이 불가능한 항변으로서 어음채무자가 모든 사람에게 대항할 수 있는 (물적인) 항변을 가리킨다. 이는 증권상의 항변과 비증권상의 항변으로 나누는 것이 타당하다.

(1) 증권상의 항변 증권상의 항변은 증권의 기재에 의하여 알 수 있는 항변이다. 이러한 항변은 어음면상 명백하게 나타나 있기 때문에 이를 물적항변사유로 하더라도 어음의 유통을 해하지 않게 된다.

① 기본어음의 요건흠결의 항변(어음법 제1조, 제2조; 수표법 제1조, 제2조)
② 소멸시효완성의 항변(어음법 제70조; 수표법 제51조)—이득상환채무는 부담
③ 만기미도래의 항변—만기 전 상환청구요건이 구비된 경우에는 주장 못함
④ 배서불연속의 항변(어음법 제16조 제1항; 수표법 제19조)—그가 실질적 권리자임을 증명하면 어음채무자의 위험부담으로 지급할 수 있다(통설·판례).
⑤ 어음면상 명백한 지급필·일부지급의 항변(어음법 제39조 제1항·제3항; 수표법 제34조 제1항·제3항)
⑥ 무담보문언이 있다는 항변(어음법 제9조 제2항, 제15조 제1항; 수표법 제18조 제1항)
⑦ 상환청구권보전절차 흠결의 항변(어음법 제44조; 수표법 제39조)

(2) 비증권상의 항변 이는 어음면에서는 알 수 없으나 어음채무자를 보호하기 위하여 인정된 항변이다. 뒤의 인적항변은 어음소지인을 보호하나, 여기의 비증권상의 항변은 어음채무자를 보호하는 측면의 기능을 수행한다.

① 의사무능력 · 행위무능력의 항변(민법 제5조, 제10조, 제13조) — 무능력자보호의 법원칙상 당연

② 위조 · 변조의 항변(어음법 제69조; 수표법 제50조) — 표현책임이나 사용자책임이 적용되는 경우에는 주장 못함

③ 무권대리의 항변(민법 제130조) — 추인하지 않는 한 본인은 항변가능

④ 제권판결의 항변(민사소송법 제487조, 제496조) — 판결 전의 선의취득자는 보호됨

2. 人的抗辯

이는 절단이 가능한 항변으로서 어음채무자가 자신의 직접상대방에게만 대항할 수 있는 항변이다(어음법 제17조). 이를 통하여 어음소지인을 보호하게 된다. 여기에는 어음법 제17조가 적용되는 인적항변(악의의 항변시에 해의가 필요한 항변)을 포함시키고, 어음채무의 유효성에 관한 항변은 별도로 분류하여 파악하는 것이 타당하다고 본다.

① 원인관계의 부존재 · 무효 · 취소 또는 해제의 항변

② 원인관계가 공서약속 기타 사회질서에 반한다는 항변(민법 제103조, 제104조)

③ 어음과 상환하지 않은 지급 · 면제 · 상계의 항변(어음법 제39조 제1항; 수표법 제34조 제1항)

④ 어음금의 지급연기의 항변 — 당사자간의 지급유예특약, 어음개서의 경우

⑤ 대가 또는 할인금 미교부의 항변

⑥ 어음 외의 특약의 항변

⑦ 숨은 추심위임배서의 항변

3. 어음債務의 有效性에 관한 抗辯

이는 악의의 항변시에 악의 또는 중과실만 있으면 되는 항변으로서 어음의 효력에 관한 항변이다. 이에는 다음의 것이 있다.

① 교부흠결의 항변

② 의사표시의 하자(진의 아닌 의사표시, 통정한 허위의 의사표시, 착오 · 사기 · 강박에 의한 기명날인 또는 서명)의 항변(민법 제107조~제110조)

그런데 종래 우리나라 판례는 의사표시의 하자가 있는 경우를 인적항변의 일종으로 보고 있었다. 대판 1997.5.16, 96 다 19513(사기에 의한 어음발행), 대판 1996.3.22, 95 다 56033(착오), 대판 1970.7.28, 70 다 1295(협박에 의한 어음발행), 대판 1973.1.30, 72 다 1355(기망에 의한 어음발행).

③ 백지어음의 부당보충의 항변(어음법 제10조; 수표법 제13조)

④ 민법 제124조(자기계약·쌍방대리의 금지), 상법 제398조(이사의 자기거래금지)위반의 항변

4. 融通어음의 抗辯

융통어음이란 아무런 권원 없이 단순히 자금의 융통을 목적으로 발행한 어음을 말한다. 다른 사람으로부터 받은 어음을 신용공여목적으로 교부하는 것도 넓은 의미로 융통어음으로 보고 있다. 이러한 융통어음의 항변은 성질상 항변의 제한 또는 절단을 필요로 하지 않는 항변이다. 통설은 융통어음의 항변은 인적항변의 하나로 보고 있으나(인적항변으로 봄은 부당하다는 입장: 정동윤, 어음·수표법 제4정판, 1996, 240쪽), 이는 독자적인 어음항변으로 분류하는 것이 타당하다. 통설·판례는 어음취득자가 융통어음을 알고 취득한 경우라도 어음법 제17조 제2문의 "채무자를 해할 것을 알고" 취득한 경우에 해당하지 않으므로, 융통어음의 항변은 직접 수취인에게만 할 수 있고 제3취득자에 대해서는 항상 절단된다고 한다(대판 1979.10.30, 79 다 479; 대판 1957.3.21, 57 다 20).

다만, 대법원판례(대판 1994.5.10, 93 다 58721)는 피융통자가 융통어음과 교환하여(어음기승) 그 액면금과 같은 금액의 약속어음(기승어음 또는 교환어음)을 융통자에게 담보로 교부한 경우에는 제3자가 양수 당시에 그 어음이 융통어음으로 발행되었고, 이와 교환으로 교부된 담보어음이 지급거절되었다는 사실을 알고 있었다면, 융통어음의 발행자는 그 제3자에 대해서도 융통어음의 항변으로 대항할 수 있다고 한다(해의의 항변).

〈대판 1979.10.30, 79 다 479〉

「타인의 금융 또는 채무담보를 위하여 약속어음(이른바 융통어음)을 발행한 자는 피융통자에 대하여 어음상의 책임을 부담하지 아니함은 명백하나, 이러한 사유는 피융통자에 대하여서만이 대항할 수 있는 것이라 할 것이고, 그 어음을 양수한 제3자에 대하여는 어음상의 채무를 부담할 의사로 발행한 것이므로 그 제3자가 선의이건 악의이거나 그 취득이 기한후배서에 의한 것이었다 하더라도 대가관계 없이 발행된 융통어음이었다는 항변으로(인적항변) 대항할 수는 없다 할 것이고, 어음에 변조가 있는 경우에는 변조 전의 기명날인자는 변조 전의 원문언에 따라 책임을 져야 한다 할 것인바(어음법 제77조, 제69조), 원심의 위 적법한 인정사실에 의한다면 이 사건 융통어음발행인인 피고는 위 어음을 양수한 제3자인 원고에게 융통어음이라거나, 기한후배서 등 사유로 대항할 수는 없다.」(동지: 대판 1968.8.31, 65 다 1217; 대판 1969.9.30, 69 다 975, 976)

〈대판 1994.5.10, 93 다 58721〉

「피융통자가 융통어음과 교환하여 그 액면금과 같은 금액의 약속어음을 융통자에게

담보로 교부한 경우에 있어서는 융통어음을 양수한 제 3 자가 그 어음이 융통어음으로 발행되었고 이와 교환으로 교부된 담보어음이 지급 거절되었다는 사정을 알고 있었다면, 융통어음의 발행자는 그 제 3 자에 대하여 융통어음의 항변으로 대항할 수 있다.」(동지 : 대판 1990. 4. 25, 89 다카 20740 ; 대판 1995. 1. 20, 94 다 50489)

〈대판 1999. 10. 22, 98 다 51398〉

「융통어음을 발행한 융통자는 피융통자 이외의 제 3 자에 대한 관계에서 어음금채무를 부담하는 데 그치고 융통어음의 발행으로 인하여 피융통자의 보증인이 되는 것은 아니므로, 융통자가 스스로 융통어음의 어음금을 지급하였다 하더라도 이는 어디까지나 융통어음의 발행인으로서 자신이 어음금채무를 이행한 것에 불과하고, 피융통자의 보증인의 지위에서 피융통자의 채무를 대신 변제한 것으로는 볼 수 없다.

융통어음은 융통자와 피융통자 사이의 내부관계에 있어서는 피융통자가 어음금의 결제를 책임지는 것을 당연한 전제로 하여 수수되는 것이므로 융통어음의 수수 당시 당사자 사이에서는 어음의 만기가 도래하기 이전에 피융통자가 어음을 회수하여 융통자에게 반환하거나, 융통어음의 결제자금으로 그 액면금에 상당한 금액을 융통자에게 지급하기로 하는 약정이 있었던 것으로 봄이 상당하다.」(동지 : 대판 1994. 12. 9, 93 다 31672)

〈대판 2001. 8. 24, 2001 다 28176〉

「약속어음금의 지급청구에 있어 어음의 발행인이 그 어음이 융통어음이므로 피융통자에 대하여 어음상의 책임을 부담하지 않는다고 항변하는 경우 융통어음이라는 점에 대한 입증책임은 어음의 발행자가 부담한다.」

〈대판 2010. 1. 14, 2006 다 17201〉

「채무자가 어음할인대출을 위하여 채권자에게 배서양도한 어음이 융통어음인 경우 융통어음을 발행한 융통자는 피융통자에 대하여 어음상의 책임을 부담하지 아니하지만, 그 어음을 담보로 취득한 채권자에 대하여는 채권자의 선의 · 악의를 묻지 아니하고 대가 없이 발행된 융통어음이었다는 항변으로 대항할 수 없으므로 융통어음의 담보권으로서의 가치는 의연히 존재하고, 따라서 채무자 자신이 융통자에 대하여 융통어음의 항변 때문에 어음상 권리를 주장할 수 없다고 하더라도 이러한 어음상 권리가 파산재단에 속하지 않는 것이라고 할 수는 없고, 여전히 채권자가 파산재단에 속하는 재산에 대하여 담보권을 설정한 것으로 보아야 한다.」

Ⅲ. 惡意의 抗辯

악의의 항변은 절단되는 인적항변사유인데, 어음소지인이 그 사실을 알고 있었다면 절단되지 않고 주장할 수 있는 항변이다.

인적항변은 어음채무자의 직접상대방에 대해서만 할 수 있는 것인데, 이 상대방에게서 어음을 양수한 제 3 자가 인적항변사유가 존재함을 알면서 어음을 취득한 경우에는 전자에 대한 어음채무자의 인적항변이 어음소지인에게 승계된다. 따라서 어음채무자는 직접상대방이 아닌 제 3 자에게도 인적항변사유에 대한 악의를 이유로 대항할 수 있다. 이를 악의의 항변이라고 한다(어음법 제17조 단서).

선의취득주장자에 대한 악의의 주장은 어음금지급을 거절하는 항변이 아니라 선의취득성립 자체에 대한, 즉 권리귀속에 대한 부정이다. 선의취득의 경우에는 선의취득이 성립한 자에 대해 어음금지급을 거절하는 것이 어음항변이다. 그 경우는 선의취득자는 항변이 부착된 어음상의 권리를 취득하는 것이다.

1. 種　　類

(1) 어음법 제17조가 적용되는 악의의 항변(해의의 항변)　　이는 어음소지인이 어음을 취득함으로써 항변이 절단되고, 따라서 어음채무자가 "해를 입는다는 것을 알면서" 어음을 취득한 경우에 적용되는 항변이다. 여기서 어음법 제17조 단서 "채무자를 해할 것을 알고"에 관한 해석 등과 관련하여 다음의 문제가 있다.

A. **악의의 내용**　　악의의 내용에 대하여는 제네바통일어음법회의에서도 상당히 논의되었는데, 대체로 세 가지 입장으로 분류할 수 있다.

(i) 공 모 설　　공모설은 악의의 내용을 가장 좁게 해석하여 '채무자를 해할 의사로서 하는 공모'를 요한다고 한다(영국환어음법 제29조 제 3 항; 미국유통증권법 제58조 참조).

(ii) 단순인식설　　이는 악의의 내용을 가장 넓게 해석하여 항변존재의 사실을 아는 것(bad faith)만으로 충분하다고 한다.

(iii) 2중인식설/해의설　　이는 제네바통일어음법회의에서 채택한 타협안으로서 항변사유의 인식만으로는 부족하고, 그 밖에 자기가 어음을 취득함으로써 항변이 절단되고, 그 결과 '채무자가 해를 입는다는 것을 알면서'도 취득하는 것을 말한다.

우리 어음법 제17조 단서, 수표법 제22조 단서는 이중인식설을 염두해 둔듯한 입장을 취하여 "소지인이 그 채무자를 해할 것을 알고 어음을 취득한 때에는 그러하지 아니하다"고 규정한다. 따라서 위의 견해 중에는 2중인식설 내지는 해의설이 타당하다고 본다. 또한 대법원(대판 1996. 5. 14, 96 다 3449; 대판 1995. 1. 20, 94 다 50489)도 같은 취지로 판시하고 있다.

B. 악의와 해의의 구별 문제는 2중인식설에 따른 어음법 제17조 단서의 '채무자를 해할 것을 알고'의 의미가 무엇인가 하는 점이다. 일반적으로 해의와 악의를 구별하는 것은 쉽지 않다. 이에 대해서 통설은 적극적으로 채무자를 해할 의사까지 필요한 것은 아니라고 해석한다. 예를 들어 항변의 존재를 알면서도 해의가 인정되지 않는 예외적인 경우로서, 물건의 매도인이 매수인으로부터 어음을 발행받아 배서함에 있어 피배서인이 매매목적물에 하자가 있는 줄은 알았지만, 하자 없는 물건의 공급을 통하여 해결되리라고 믿고 어음을 취득하는 경우는 해의가 없다고 한다(정동윤, 어음·수표법 제4정판, 1996, 245쪽; 최기원, 어음·수표법(제4증보판), 2001, 573쪽; 서돈각·정완용, 상법강의(하), 1996, 115쪽).

그런데 어음취득자의 이러한 주관적 사유의 유무는 객관적으로 판단하기 쉽지가 않다. 그리고 해의와 악의는 보통 구별되지 아니하여 "이중의 인식"을 증명할 방법도 현실적으로 없다고 보아야 한다. 따라서 어음소지인이 인적 항변사유의 존재를 알고 있는 경우에는 특별한 사정이 없는 한 자신이 어음취득으로 항변이 절단된다는 사실을 알고 있다고 보아야 할 것이다(동지: 정찬형, 상법강의(하) 제7판, 2005, 377쪽; 이철송, 어음·수표법 제6판, 2004, 150쪽; 최준선, 고시연구 1997년 12월, 79쪽). 결국 어음소지인이 어음채무자의 전자에 대한 인적항변의 존재를 알면서 취득하면 일단 해의가 추정되고, 이를 반증하는 객관적 사정이 있는 경우에 해의가 없는 것이 된다고 하여야 한다.

C. 중과실의 포함여부 어음법 제17조 단서(어음법 제77조 제1항; 수표법 제22조 단서)는 선의취득에 관한 규정(어음법 제16조 제2항 단서; 수표법 제21조 단서)과 비교할 때 중과실에 관하여는 규정이 없으므로 중과실로 인하여 채무자를 해할 것을 알지 못하는 경우에는 인적 항변으로 대항할 수 있는가 의문이다.

이에 대하여는 다음의 견해가 있다.

(i) 중과실불포함설 이 설은 다음의 이유로 어음법 제17조 단서의 경우에는 중과실을 포함하지 않는다고 한다. ① 선의취득은 어음(수표)상의 권리취득의 면이요, 악의의 항변은 어음(수표) 채무자의 채무부담의 면을 규정한 것으로 양자는 규율의 측면이 다르고, ② 백지어음의 보충권은 백지어음의 경제상 필요에 비추어 악의의 항변의 경우보다 더욱 행사에 주의가 요구된다고 볼 수 있으며, ③ 어음법 제17조 단서를 문리해석하여도 어음소지인이 인적항변의 대항을 받는 것은 악의의 경우에 한하고, 중과실이 있는 경우에는 인적항변의 대

항을 받지 않았다고 한다.

(ii) 중과실포함설 이 견해는 현실적으로 악의와 중과실이 구별되지 않으므로, 이러한 구별은 이론적인 것 이외에는 가치가 없다고 한다. 따라서 이 입장에서는 중과실을 포함한다는 입장에서 취득자에게 중과실이 있는 경우에도 인적항변의 대항을 인정하여야 한다고 한다.

(iii) 사 견 선의취득의 경우와 악의의 항변은 규율의 측면이 다르므로 중과실불포함설이 타당하다.

(2) 어음법 제17조가 적용되지 않는 악의의 항변(악의 또는 중과실의 항변) 이는 어음소지인에게 항변의 존재에 대한 "악의 또는 중과실"이 있는 경우에 적용되는 항변이다. 어음교부흠결, 의사의 흠결 또는 하자, 백지어음의 부당보충 등이 여기에 해당한다.

2. 惡意의 存在時期

어음소지인의 항변사유에 대한 악의의 유무를 결정하는 시기는 어음의 취득시이다. 따라서 어음취득 후에 항변사유를 안 경우에는 악의의 항변이 성립하지 않는다. 악의의 증명책임은 어음채무자에게 있다.

Ⅳ. 제 3 자의 抗辯

1. 意 義

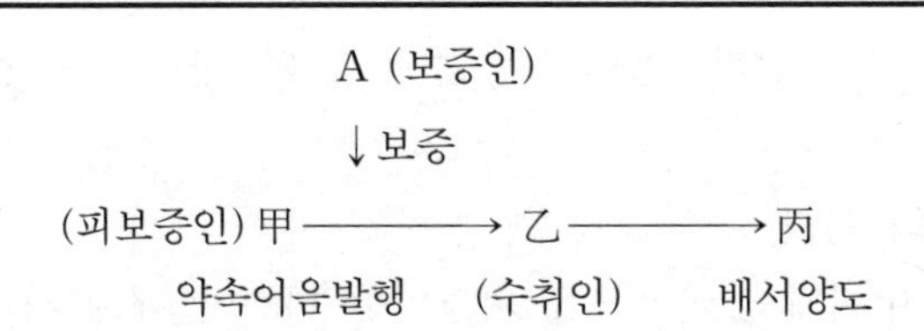

어음항변의 당사자가 아닌 어음채무자가 다른 어음채무자에게 생긴 인적항변사유를 가지고 어음항변의 당사자인 어음소지인에게 항변하는 것을 말한다. 전자의 항변과 후자의 항변이 있다.

① 甲이 甲·乙 간의 인적항변사유로 丙에게 대항할 수 있는 것 — 악의의 항변

② 甲이 乙·丙 간의 인적항변사유로 丙에게 대항할 수 있는 것 — 후자의

항변

③ 乙이 甲·丙 간의 인적항변사유로 丙에게 대항할 수 있는 것 — 전자의 항변

2. 認定根據

원래 인적항변은 그것이 발생한 당사자 사이에서만 가능하다. 따라서 항변사유의 당사자가 아닌 어음채무자는 남의 항변사유를 원용할 수 없는 것이 원칙이다. 그러나 이렇게 되면 불공정한 결과가 발생할 수 있기 때문에 제3자의 항변을 인정하는 것이다. 즉 어음소지인이 어음을 소지할 하등의 정당한 권한이 없음에도 불구하고, 어음을 반환하지 않고 자기가 어음을 소지하고 있는 것을 기화로 어음채무자에게 어음상의 권리를 행사하는 것은 권리남용이므로 어음채무자는 어음소지인에게 어음금의 지급을 거절할 수 있다. 그런데 이에 대하여 제3자의 항변은 어음관계의 신뢰를 해할 뿐 당사자의 공평한 이해조정에 필연적으로 요구되는 것이 아니므로 부정하는 것이 옳다는 입장(이철송, 어음·수표법, 제10판, 2010, 163쪽)도 있다.

3. 種　　類

(1) 후자의 항변

① 乙·丙 간의 원인관계가 소멸하거나 부존재한 경우

② 乙이 어음과 상환하지 않고서 丙에게 어음금을 지급·상계·면제한 경우

이 경우는 乙은 지급을 했으므로 丙에게 인적항변이 가능하다. 丙이 甲에게 청구하는 것은 권리남용이므로 甲은 乙의 항변을 원용하여 丙에게 대항할 수 있다.

(2) 전자의 항변

① 丙이 甲에게서 어음금을 지급받고 다시 乙에게 상환청구하는 것은 권리남용이므로, 乙은 甲의 항변을 원용하여 丙에게 대항할 수 있다.

② 丙이 甲에게서 지급받고도 A에게 청구하는 경우에 보증인 A는 피보증인 甲의 항변을 원용할 수 있다.

③ 甲·乙 간의 원인관계가 무효·취소된 후 이 사실을 알고서 丙이 어음을 취득한 경우에 甲은 丙에게 악의의 항변을 할 수 있는데, 丙이 A에게 어음금을 청구하면 이것은 권리남용이므로 A는 甲의 항변을 원용하여 보증채무이행을 거절할 수 있다.

V. 二重無權의 抗辯

2중무권의 항변은 어음의 교부가 두 단계에 걸쳐 연속적으로 이루어진 경우, 교부의 제 단계에서 원인관계가 모두 흠결되어 있을 때 어음채무자가 어음소지인의 주장에 대항할 수 있는 항변을 가리킨다(김정호, 상법강의(하), 2000, 145쪽). 즉 연속된 어음거래가 3인간에 원인관계가 무효·취소되는 등 항변사유가 연속하여 존재하는 경우, 최초의 어음채무자가 자기 후자의 항변을 원용하여 소지인의 청구를 거절하는 것을 2중무권의 항변이라고 한다. 가령 생산자 K가 중간도매상 B에게 물건을 공급하고, B는 소매상 A에게 공급하는 관계를 상정하자. A가 B에게 약속어음을 발행하여 결제하였는데, B는 이 어음에 배서하여 K에게 교부하였다. 그런데 물건에 하자가 있어 A는 B에게, 다시 B는 K에게 반품하였다면 K가 A에게 어음금청구를 할 경우 A는 B의 항변을 원용하여 지급을 거절할 수 있다는 것이 2중무권의 항변이다(김효신, 어음·수표 판례회고,상사판례연구 제15집, 2003, 900쪽).

항변의 당사자에 한정하여 평가하여 보면 2중무권의 항변은 후자의 항변과 같으나, 어음채무자가 어음항변을 할 경제적 이익을 갖고 어음소지인이 어음을 보유할 정당한 이익이 없다. 만일 이 경우 항변을 인정하지 않는다면 A가 K에게 지급한 후에 B에게 부당이득반환을 청구하고, 다시 B는 K에 대하여 부당이득반환을 청구하는 청구의 순환이라는 번거로운 과정이 일어나게 된다. 따라서 2중무권의 항변을 인정하면 모든 문제를 일거에 해결할 수 있는 실질적인 장점이 있다. 2중무권의 항변에 대해 일반적인 후자의 항변과는 달리 악의의 항변으로 허용하는 견해(정동윤, 어음·수표법(제4정판, 1996, 250쪽))와 이를 부정하는 견해(최기원, 어음·수표법(제4증보판), 2001, 581쪽)가 있는바, 실질적인 효용의 견지에서 긍정하는 견해가 타당하다고 본다.

〈대판 2003. 1. 10, 2002 다 46508〉

「어음에 의하여 청구를 받은 자는 종전의 소지인에 대한 인적관계로 인한 항변으로써 소지인에게 대항하지 못하는 것이 원칙이지만, 이와 같이 인적항변을 제한하는 법의 취지는 어음거래의 안전을 위하여 어음취득자의 이익을 보호하기 위한 것이므로, 자기에 대한 배서의 원인관계가 흠결됨으로써 어음소지인이 그 어음을 소지할 정당한 권원이 없어지고 어음금의 지급을 구할 경제적 이익이 없게 된 경우에는 인적항변절단의 이익을 향유할 지위에 있지 아니하다고 보아야 할 것이다.

어음의 배서인이 발행인으로부터 지급받은 어음금 중 일부를 어음소지인에게 지급한 경우, 어음소지인은 배서인과 사이에 소멸된 어음금에 대하여는 지급을 구할 경제적 이익이 없게 되어 인적항변절단의 이익을 향유할 지위에 있지 아니하므로 어음의 발행인은 그 범위 내에서 배서인에 대한 인적항변으로써 소지인에게 대항하여 그 부분 어음금의 지급을 거절할 수 있다.」

Ⅵ. 無權利의 抗辯

어음소지인이 형식적 자격을 갖고 있더라도 절취·습득·횡령에 의하여 어음을 취득한 경우, 지급수령자격이 없는 경우에는 어음채무자는 소지인의 실질적 무권리를 증명하여 대항할 수 있는바, 이를 무권리의 항변이라 한다. 어음을 절취한 자나 습득한 자에 대하여 제기하는 무권리의 항변은 모든 어음채무자가 무권리자에게 권리남용을 이유로 대항할 수 있는 항변이다. 모든 어음채무자가 특정의 무권리자에게 대항할 수 있는 항변이라는 점에서 특징이 있다.

무권리자로부터 선의이며 중대한 과실 없이 어음을 취득한 자에게는 선의취득이 인정된다.

제5절 어음行爲獨立의 原則과 善意取得의 關係

어음행위독립의 원칙은 어음채무부담행위에 관련된 제도이므로, 이 제도의 적용유무는 어음취득자의 주관적 사정에 의존하지 않는다. 그러나 선의취득은 어음권리이전행위에 관련된 제도이기 때문에 이 제도의 적용유무는 어음취득자의 주관적 사정에 의존한다. 이 점을 충분히 이해하지 못하면 구체적 사례의 해결에 있어서 혼란이 일어난다. 다음의 두 가지 예에서 이를 검토해 보자.

Ⅰ. 背書에 僞造 등의 事由가 있는 경우

A가 B를 수취인으로 하여 발행한 어음을 D가 B로부터 절취하여 B·D 사이의 배서를 위조한 후 E에게 배서양도하였고, E는 D가 절취자임을 알고 이 어음을 취득한 경우에 D의 배서에 관해 본다면 D의 배서는 B의 배서를 논리적 전제로 하고 있다. 어음행위독립의 원칙에 의하면 전제가 되는 B의 배서가 위조에 의하여 무효로 되더라도 D의 배서는 그 영향을 받지 않고 유효하게 성립하기 때문에 D는 어음채무를 부담한다. 이 점은 E의 악의 여부를 불문한다. 그런데 D로부터 악의로 어음을 취득한 E는 이 어음을 선의취득하지 못한다. 따

라서 A에 대하여 어음금을 청구하지 못한다. 문제는 E가 D에 대하여 어음금을 청구할 수 있는가 하는 것이다.

이 점에 관해 어음행위독립의 원칙은 취득자의 선의 · 악의와는 아무런 관계가 없는 제도임을 이유로 이를 긍정하는 견해가 있다. 그러나 이 견해는 어음행위독립의 원칙과 선의취득을 충분히 구별하지 않는다는 비판을 받는다. E가 이 어음을 선의취득하지 않고 무권리자인 이상 E에 대해서는 A뿐만 아니라 D도 어음금의 지급을 거절할 수 있다. 실질적으로 보아도 E는 B에 대하여 이 어음을 반환하여야 할 의무가 있고, 이 의무를 이행하여 어음을 B에게 반환한다면 D에 대하여 어음상의 권리를 행사할 수 없게 된다. 따라서 E의 D에 대한 어음금청구를 인정하는 입장을 취한다면, B의 E에 대한 어음반환청구권과 E의 D에 대한 어음금청구권이라는 상호 양립할 수 없는 권리의 병존을 인정하는 불합리한 결과가 발생한다.

어음행위독립의 원칙이 E의 선의 · 악의에 관계 없이 적용된다는 점은 이미 설명하였지만, 이것은 어디까지나 D가 어음채무를 부담한다고 하는 채무부담의 면에 관한 설명이고, 이렇게 하여 성립한 채무에 대응하는 권리를 누가 취득하여 행사할 것인가 하는 권리이전의 면은 어음행위독립의 원칙과는 무관계한 문제이며, 어음상의 권리를 취득한 자만이 이를 취득하여 행사할 수 있다고 본다. 동일한 유가증권상에 표창된 복수의 권리, 즉 A에 대한 권리와 D에 대한 권리는 일괄하여 이전될 수 있을 뿐이고 이를 분리하여 이전하지 못한다. 따라서 E의 D에 대한 권리행사는 인정되지 않는다고 본다. 그렇지만 F가 E로부터 이 어음의 배서양도를 받아 선의취득한 때에는 F는 D에 대하여 어음금을 청구할 수 있다.

Ⅱ. 發行에 僞造 · 無能力 등의 事由가 있는 경우

(1) B가 A명의를 위조한 후 자기를 수취인으로 하여 어음을 발행하고, D가 B의 위조에 관해 악의로써 B로부터 어음의 배서양도를 받은 경우에 D가 B에 대하여 어음금을 청구할 수 있는가. 이 문제에 관해서는 앞의 경우와는 사정이 다르다. 즉 이 경우에 A의 채무부담행위는 위조에 의하여 무효로 되기 때문에 A는 어음채무를 부담하지 않고 B가 위조자로서 어음상의 책임을 부담할 뿐이다. 문제는 이러한 상황에서 위조에 관하여 악의로써 이 어음을 취득한 D에 대하여 피위조자 A가 어음의 반환을 청구할 수 있는가 하는 것이다. A로서는

A명의의 위조어음이 유통된다면 사실상 불이익을 받을 수도 있다. 따라서 A의 반환청구가 인정된다고 한다면, 앞의 경우에서 설명한 바와 마찬가지의 이유에서 D의 B에 대한 어음금청구는 인정되지 않는다. 그러나 법률적으로 본다면 A는 어음의 반환청구권을 갖지 않는다고 보아야 할 것이다. A가 어음의 반환청구권을 갖기 위해서는 어음상의 권리자이어야 하고, A가 어음상의 권리자라고 하기 위해서는 A의 어음채무부담행위가 유효하게 성립하고 A 자신이 그 채무에 대응하는 어음상의 권리를 취득하고 있어야 한다. 그런데 이 사례에서는 A는 어음상의 채무를 부담하지 않으며, A 자신에 대한 어음상의 권리를 취득하고 있지 않다. 더욱이 D에 대한 어음의 반환청구권을 A에게 인정할 만한 법률상의 근거도 없다. 따라서 A는 D에 대하여 어음의 반환을 청구할 권리를 갖지 않는다고 본다. 이렇게 본다면 이 어음에는 B에 대한 권리가 표창되어 있을 뿐이고, B는 이 권리를 D에게 이전하였기 때문에 D는 B에 대해서 권리를 행사할 수 있게 된다.

(2) 무능력자인 A가 법정대리인의 동의를 얻지 않고 B를 수취인으로 하여 어음을 발행하고, B가 A의 무능력을 알면서 이 어음을 취득하고, D가 B로부터 이 어음을 악의로 배서양도받은 후 A가 무능력을 이유로 발행행위를 취소한 경우에도 (1)에서 설명한 바와 마찬가지의 결과로 된다. 왜냐하면 이 경우에도 A는 발행행위를 취소함으로써 어음채무를 부담하지 않게 되고, 따라서 어음의 반환을 청구할 수 있는 법률상의 근거를 갖지 않는다고 보아야 하기 때문이다.

물론 (1)과 (2)의 경우 A는 자기명의의 어음이 유통되는 것을 방지하기 위하여 어음의 반환을 청구하는 데 대해서 사실상의 이익(예컨대 자신의 신용유지)을 갖고 있으므로, 악의의 취득자에 대한 관계에서 그 이익을 보호할 필요는 있다. 그렇지만 유가증권법리로서는 아직 권리가 증권에 결합하고 있지 아니한 단계에서 유가증권의 성립을 인정할 수는 없기 때문에, 위의 사례에서는 B에 이르러 비로소 유가증권이 성립한다고 보아야 한다. 따라서 A의 어음반환청구에 대한 이익이 법적으로 보호되지 않더라도 이것은 불가피하다고 할 것이다.

제 6 절 善意取得과 人的抗辯切斷의 관계

Ⅰ. 主觀的 要件의 차이의 근거

선의취득과 인적항변절단에 있어서는 어음취득자가 보호되기 위한 주관적 요건이 다르다. 선의취득의 경우에는 어음취득자가 선의 · 무중과실이어야 보호되지만(어음법 제16조 제 2 항 단서), 인적항변절단의 경우에는 어음취득자가 채무자를 해할 것을 알고 어음을 취득한 때가 아니면 중과실이 있어도 보호된다(어음법 제 17조 단서). 어음취득자를 보호하기 위한 요건으로서 중과실이 없을 것을 요하지 않는다는 점에서 인적항변절단은 선의취득보다 어음취득자가 그 보호될 요건을 완화하고 있다.

이처럼 선의취득과 인적항변절단에 주관적 요건의 차이를 두고 있는 것이 입법론으로서 적당하느냐 하는 문제는 별론으로 하고(영미법에서는 이러한 차이를 두고 있지 않다), 현실적으로 이러한 차이가 있는 이유를 어떻게 설명해야 하는가가 문제된다. 이 문제는 각 제도에 의하여 치유되는 하자 내지 항변의 성질의 차이 또는 그 경중의 차이에 의하여 설명할 수 있다. 즉 선의취득제도에 있어서는 어음행위 자체(권리이전의 면)에 하자가 있음에 대하여, 인적항변절단제도에 있어서는 어음행위 자체에는 권리이전의 면에서도, 채무부담의 면에서도 하자가 없고, 어음 외의 법률관계에 기하여 발생하는 항변이라는 점에서, 하자 내지 항변의 정도를 비교한다면 어음행위 자체에 하자가 있는 선의취득제도쪽이 그 정도가 더 무겁고, 어음행위 자체에는 하자가 없는 인적항변절단제도쪽이 그 정도가 가볍다고 할 수 있다. 이 하자 내지 항변의 성질의 차이 또는 경중의 차이에 대응하여 각 제도에 의하여 보호되기 위한 주관적 요건에도 차이가 생긴다. 따라서 그 정도가 중한 선의취득제도에 있어서는 주관적 요건도 중하게 되어 중과실이 있으면 보호되지 않음에 대하여, 그 정도가 경한 인적항변절단제도에 있어서는 주관적 요건도 경하게 되어 채무자를 해할 것을 알지 못하고 취득하면 보호된다.

Ⅱ. 兩 制度의 관계

선의취득제도와 인적항변절단제도는 어음취득자가 보호되기 위한 주관적 요건이 다를 뿐만 아니라 그 규제대상도 다르다. 선의취득제도는 어음상의 권리의 귀속을 정하는 제도이고 이에 의하면 진정한 권리자가 희생되지만, 인적항변절단제도는 어음채무자가 부담하는 채무의 내용을 정하는 제도이고 이에 의하면 어음채무자가 희생된다. 이처럼 양 제도는 규제대상과 주관적 요건을 달리함에 따라, 어음의 선의취득자는 언제나 완전한 어음상의 권리를 취득하는 것이 아니라 어음항변이 부착된 대로의 어음상의 권리를 취득한다. 예컨대 어음취득자가 양도인과 어음채무자 사이에 인적관계로 인한 항변이 있음을 알고 있었지만 양도인이 무권리자임을 알지 못하고, 알지 못한 데 중과실이 없이 어음을 취득한 때에는 인적항변이 절단되지 않은 어음상의 권리를 취득하게 된다.

제 6 장 換어음의 引受

李基秀, 換어음의 引受, 월간고시 156(1987. 1)/鄭燦亨, 환어음의 인수제시, 고려대법학논집 29(1993. 12).

제 1 절 引受의 概念과 法的 性質

지급인은 인수에 의하여 어음금액을 지급할 의무를 부담한다. 이 인수제도는 환어음에만 있고, 약속어음이나 수표에는 없는 제도이다. 발행인이 지급인을 지정하여 어음을 발행하고 어음을 수취인에게 교부하더라도 이로써 당연히 지급인의 지급의무가 생기는 것은 아니다. 우리 법은 제 3 자에게 부담을 지우는 계약을 인정하지 않고 있으며, 다만 이를 인정하기 위하여는 제 3 자가 그 부담에 동의할 것을 요구한다. 따라서 지급인은 인수라는 특별한 어음법상의 법률행위에 기하여 비로소 어음상의 책임을 진다. 인수의 법적 성질에 대하여는 단독행위설(손주찬, 254쪽 ; 서돈각, 199쪽 ; 채이식, 65쪽 ; 박원선, 560쪽)과 계약설(정동윤, 357쪽 ; 정찬형, 395쪽 ; 최기원, 302쪽)의 대립이 있으나 후자가 타당하다. 계약설에 의하면 인수인의 채무부담을 근거지우기 위하여는 인수의 의사표시라는 서면행위 이외에 지급인과 어음소지인(이는 발행인, 최초의 수취인, 피배서인 등과 같은 그 후의 어음취득자가 될 수 있다) 사이에 교부계약이 필요하다.

〈대판 1980. 2. 12, 78 다 1164〉

「일람후정기출급환어음에 있어서는 지급인이 그 환어음 원본에 인수 기타 이와 동일한 의의가 있는 문자로 표시하고, 인수일자를 기재하거나 또는 기재하지 아니한 채 기명날인하여 이를 그 인수제시인에게 교부 · 반환하면 인수가 되는 것이다.」

법은 어음소지인뿐만 아니라 단순한 점유자도 인수를 위한 제시를 할 수 있음을 밝히고 있다(어음법 제21조). 이렇게 인수제시자의 범위를 넓힌 것은 제시자가 누구인가는 중요하지 않고 지급인이 인수를 하느냐 않느냐가 문제이기 때문이다.

인수에 대해서는 지급인이 어음에 대한 소유권을 가지고 있지 않은 경우에도 교부 및 교부계약이라고 한다. 이 경우 교부계약이란 채권의 양도를 위한 계약이 아니라, 단지 채권의 승인을 위한 계약이다. 교부계약설을 취하게 되면 지급인은 어음의 단순한 기명날인 또는 서명에 의하여는 의무를 부담하지 않기 때문에 지급인은 아직 어음을 교부하지 않는 한 자기의 인수를 말소할 수 있다(인수의 말소 : Widerruf der Annahme ; 어음법 제29조 제1항). 이 점에서 교부계약설은 어음법의 입장과도 일치한다. 단, 지급인이 소지인 또는 어음에 기명날인 또는 서명한 자에게 서면으로 인수를 통지하였을 때에는 말소된 인수의 의사표시의 내용에 따라 통지받은 상대방에 대하여 책임을 진다(어음법 제29조 제2항). 교부계약에 관하여는 의사표시와 법률행위에 관한 민법의 일반규정이 적용된다. 그러나 인수의 책임결과(Haftungsfolge)에 관한 착오를 이유로 하는 취소는 인정되지 않는다.

〈대판 2008. 9. 11, 2007 다 74683〉

「국제사법 제53조 제1항 전문은 “환어음, 약속어음 및 수표행위의 방식은 서명지법에 의한다”라고 규정하는 한편, 같은 조 제3항에서 “대한민국 국민이 외국에서 행한 환어음, 약속어음 및 수표행위의 방식이 행위지법에 의하면 무효인 경우에도 대한민국 법에 의하여 적법한 때에는 다른 대한민국 국민에 대하여 효력이 있다”라고 규정하고 있으므로, 대한민국 법인인 신용장 매입은행과 대한민국 법인인 신용장 개설은행 사이에서 외국에서 이루어진 환어음의 인수 방식에 대하여는 우리나라 어음법도 준거법이 될 수 있다고 할 것이다. 그런데 어음법 제25조 제1항은 “인수는 환어음에 기재하여야 한다. 인수는 「인수」 기타 이와 동일한 의의가 있는 문자로 표시하고 지급인이 기명날인 또는 서명을 하여야 한다. 어음의 표면에 지급인의 단순한 기명날인 또는 서명이 있으면 이를 인수로 본다”라고 규정하고 있으므로, 대한민국 법인인 신용장 매입은행과 대한민국 법인인 신용장 개설은행 사이에서 이루어진 환어음의 인수가 위와 같은 방식을 갖추지 아니한 경우에는 어음법상의 효력을 주장할 수 없다고 할 것이고 위 환어음의 인수가 신용장 거래 과정에서 이루어졌다고 하여 달리 볼 것은 아니다.

어음법 제29조 제2항은 “전항의 규정에 불구하고 지급인이 소지인 또는 어음에 기명날인 또는 서명한 자에게 서면으로 인수의 통지를 한 때에는 통지한 상대방에 대하여 인수의 문언에 따라 책임을 진다”라고 규정하고 있는바, 이 조항은 ‘전항의 규정에도 불구하고’라는 문구를 두고 있음에 비추어 같은 조 제1항에서 규정하는 것처럼 환어음에 인수를 기재한 지급인이 그 어음을 반환하기 전에 인수의 기재를 말소하였음에도 소지인 등에게 서면으로 인수의 통지를 한 때에는 어음에 기재된 말소 전의 인수 문언에 따라 책임을 진다는 취지를 규정한 것으로 해석함이 상당하므로, 만일 지급인이 환어음에 인수문언의 기재 및 기명날인 등을 하지 아니한 채 소지인 등에게 인수의 통지를 한 경우에는 그 지급인에 대하여 어음법 제29조 제2항에 따른 어음상의 책임을 물을 수 없다.」

제2절 引受를 위한 提示

법률에 의하여 보통의 경우 환어음은 인수를 위하여 지급인에게 제시된다. 인수를 위한 제시는 원칙적으로 어음의 만기 이전에 지급인의 주소에서(어음법 제21조) 할 수 있다. 지급인은 인수의 의사를 기재한 어음을 반환함으로써 인수제시자의 교부계약상의 청약을 승낙하게 된다. 그러나 실무상으로는 대체로 신용을 구하는 자가 기본어음을 작성하고 인수의 의사표시를 기재하여 그것을 그의 거래상 대방에게 교부하고, 그 상대방은 발행인으로서 기명날인 또는 서명하게 된다. 백지인수의 경우에도 교부계약상의 청약은 흔히 인수인이 하게 된다.

Ⅰ. 引受提示의 自由

인수를 위한 제시에 대하여 어음법상의 제시의무는 없다. 지급인도 어음법상 어음을 인수할 의무는 없다. 인수제시의무와 인수의무는 어음관계자간의 채권법상의 법률관계로부터만 발생할 뿐이다. 그러나 인수제시는 모든 소지인에게 이익이 될 뿐만 아니라 그 밖의 이유에서도 유익하다. 왜냐하면 한편으로는 인수제시에 의해서만 인수인의 채무부담의사가 명확해질 수 있고, 다른 한편으로는 인수된 어음만이 할인될 수 있기 때문이다.

제시기간은 어음법 제21조를 제외하고 일람후정기출급어음(Nachsicht-wechsel)의 경우에만 존재한다(어음법 제23조). 왜냐하면 이 어음에 있어서는 만기가 제시의 시점에 달려 있으므로 만기를 확정할 필요가 있기 때문이다. 따라서 이 경우에는 인수한 일자의 기재도 요구될 수 있다(어음법 제35조 제2항). 만약 적시에 제시되지 않으면 상환청구권을 상실하게 된다(어음법 제53조 제1항).

Ⅱ. 引受提示의 禁止와 命令

인수를 위한 제시는 금지될 수 있을 뿐만 아니라 명령될 수도 있다(어음법 제22조).

인수제시의 금지는 발행인만이 할 수 있다. 발행인이 인수제시를 금지하는 방법에는 일반적으로 금지하는 방법뿐만 아니라(인수불능어음)(어음법 제22조 제2항), 일정일 이전의 인수제시를 금지하는 방법도 있다(어음법 제22조 제3항). 후자의 경우에는 예컨대 "… 이전에 인수를 위하여 제시될 수 없음"과 같은 문구가 기재된다. 이 기재에 의하여 발행인은 인수가 없음을 이유로 하는 상환청구를 받지 않게 된다. 그러나 일람후정기출급어음, 타지지급어음 및 제3자방지급어음의 경우에는 절대적인 인수제시의 금지는 불가능하다(어음법 제22조 제2항 제2문). 일람후정기출급어음에 있어서는 만기를 정할 필요가 있기 때문에 인수제시를 절대적으로 금지할 수 없도록 한 것이며, 타지지급어음과 제3자방지급어음의 경우에는 타지 또는 제3자방에서의 지급을 위해서는 지급인에 의한 준비가 필요하기 때문이다.

발행인뿐만 아니라 모든 배서인은 인수제시를 명할 수 있다. 그러나 배서인의 경우에는 발행인의 인수제시금지가 없는 경우에만 인수제시를 명할 수 있다(어음법 제22조 제4항). 인수제시명령은 기간을 정하거나 정하지 아니하고 할 수 있다. 예컨대 기간을 정한 인수제시명령은 "…까지 인수를 위하여 제시될 것"이라는 문구가 기재된다. 인수제시명령에 반하여 기간 내에 인수제시가 행하여지지 않으면, 인수거절 및 지급거절에 의한 상환청구권을 상실한다. 이 때 발행인의 인수제시명령의 경우에는 모든 상환의무자에 대하여(어음법 제53조 제2항), 배서인의 인수제시명령의 경우에는 그 배서인에 대하여만 상환청구권을 상실한다(어음법 제53조 제3항).

Ⅲ. 猶豫期間

인수를 위한 최초의 제시가 있을 때 지급인은 그 익일에 다시 제시할 것을 청구할 수 있다(어음법 제24조 제1항 제1문). 이로 인해 지급인은 자기가 어음의 지급의무를 부담할 것인지의 여부를 결정할 유예기간(Überlegungsfrist)을 갖게 된다. 물론 소지인으로서는 이 유예기간 동안에는 어음을 지급인에게 교부할 필요가 없다(어음법 제24조 제2항). 제시반복의 청구는 인수거절로 간주되지 않으므로 인수거절을 이유로 하는 상환청구는 발생하지 아니한다. 그러나 최초의 제시일에 거절되는 경우 반복청구의 뜻을 거절증서에 기재하지 않으면 어음법 제24조 제1항 제2문에 의하여 상환의무가 발생한다.

제 3 절 引受의 意思表示

Ⅰ. 正式引受 · 略式引受

(1) 인수는 어음표면에 나타나는 서면에 의한 의사표시를 필요로 한다(어음법 제25조 제1항). 인수가 어음의 표면에 행하여질 때에는 지급인의 기명날인 또는 서명만으로 충분하며, 이로써 지급인은 인수인이 된다. 이를 약식인수라고 한다. 지급인의 기명날인 또는 서명은 기명날인자 또는 서명자와 지급인의 동일성을 인정하는 기준이 된다(형식적 동일성). 이 경우 여백에 지급인의 기명날인 또는 서명이 있는 것이 보통이지만, 반드시 그렇지는 않다. 이면에 인수하는 경우에는 지급인의 기명날인 또는 서명 이외에 특히 배서와 구별하기 위하여 명백한 의사표시(예컨대 '인수함')를 필요로 한다. 이와 같이 지급인의 기명날인 또는 서명 이외에 인수문구가 기재되는 인수를 정식인수라고 한다.

(2) 일반적으로 인수에는 일자를 기재할 필요가 없다. 그러나 일람후정기출급어음과 기한부제시명령의 경우에는 일자를 기재하여야 한다. 이 두 경우에 일자가 기재되지 않으면 거절증서에 의해 보충될 수 있다(어음법 제25조 제2항).

Ⅱ. 支給人과 引受人의 同一性

환어음의 인수는 지급인만이 할 수 있으므로, 유효한 인수로 인정되기 위해서는 지급인과 인수인의 동일성이 요구된다. 지급인과 인수인의 동일성은 어음 자체로부터 알 수 있어야 하나(형식적 동일성), 양자의 표시가 완전히 동일하여야 하는 것은 아니고 거래관념상 동일성이 인정되면 족하다고 본다(동지: 정동윤, 365쪽). 이와는 반대로 어음상으로는 지급인과 인수인의 표시가 동일하지 않더라도 실제로 양자가 동일인이면 족하다는 견해(서정갑, 270쪽; 최기원, 310쪽)도 있으나(실질적 동일성), 이에는 찬성할 수 없다. 또한 절충적 견해로서 상환의무자에 대한 관계에서는 형식적 동일성이 요구되지만, 인수인에 대한 관계에서는 실질적 동일성만 있으면 된다고 보는 견해(채이식, 69~70쪽)도 있다. 그러나 이 견해 역시 어음관계의 신속한 해결에 배치되므로 타당하지 않다. 상호변경 및 포괄승계는 동일성을 방해하지 않는다.

Ⅲ. 不單純引受의 效力

인수의 의사표시가 어음의 내용과 다른 경우를 부단순인수라 하며, 각각의 법률관계는 다음과 같다.

(1) 어음금액의 일부에 한정하여 인수하는 경우(일부인수: Teilakzept)도 어음법 제26조 제1항에 의하여 허용된다. 이 때 인수되지 않은 어음금액은 인수가 거절된 것으로 되어 어음법 제43조 제2문 제1호에 의하여 상환청구가 행해지게 된다. 초과인수, 즉 어음금액을 초과하여 인수를 한 때에는 어음금액의 한도에서 인수가 있는 것으로 보고 유효하게 취급하여야 할 것이다.

(2) 인수의 의사표시가 발행인에 의하여 결정된 어음의 기재사항과 다른 경우(예컨대 다른 지급지에 관한 인수 또는 다른 만기에 관한 인수)에는 인수를 거절한 것으로 간주된다(어음법 제26조 제2항 제1문). 이러한 의제는 이로 인해 상환청구가 개시된다는 데서 의미가 있다(어음법 제43조 제2문 제1호). 그러나 이 때에도 인수인은 자신이 한 의사표시의 내용에 따라서 책임을 진다(어음법 제26조 제2항 제2문). 따라서 인수인은 필요한 경우 발행인이 지정한 곳과 다른 지급지 또는 발행인이 지시한 것과 다른 만기에 어음권리자에 대하여 책임을 질 수 있다.

(3) 이에 반하여 조건부인수의 법률효과는 분명하게 규정되어 있지 않다. 그러나 어음법 제26조 제1항 제1문에 의하여 인수는 무조건이어야 하므로, 인수에 조건이 부가되면 무효라고 해야 할 것이다. 인수가 무효로 되면 어음권리자는 기타의 어음채무자에 대하여 상환청구를 할 수 있다(어음법 제43조 제2문 제1호; 따라서 법률상 허용되지 않는 인수의 의사표시에 의한 인수는 인수의 거절이다). 반면 인수인은 그 조건이 성취되더라도 조건부의사표시상의 책임을 지지 않는다.

이에 대하여 어음법 제26조 제2항 제2문이 이 경우에도 적용될 수 있다는 견해가 있다(손주찬, 264쪽; 채이식, 71쪽). 그러나 이것은 엄격한 문리해석에 반할 뿐만 아니라(어음법 제26조 제2항 '다른 기재사항의 변경'은 제1항에서 언급되지 않은 기재사항의 변경만이 가능하다), 무엇보다 어음채무의 추상성에 반한다. 더욱이 만약 인수인의 책임이 조건의 성취 여부에 따라서 결정된다면, 어음상의 주채무를 유효하게 원인관계와 견련시킬 수 있게 될 것이다. 따라서 이 견해는 타당하지 않다. 그러므로 예컨대 학생 A가 '만일 내가 장학금을 받으면'이라는 문구를 부가하여 어음을 인수한 경우, 그는 장학금을 받더라도 책임을 지지 않는다.

(4) 어음이 지급인의 주소에서 지급될 것인 때에는 인수인이 지급장소를 지정할 수 있다(어음법 제27조 제2항). 뿐만 아니라 인수인은 타지지급어음의 경우에는 아직

지정되지 않은 지급담당자를 정할 수 있다. 이를 기재하지 아니한 경우 인수인은 지급지에서 직접 지급할 의무를 부담하는 것으로 본다(어음법 제27조 제1항).

제4절 引受의 法律效果

Ⅰ. 引受의 效力

인수로 인해 지급인은 어음의 주채무자가 된다. 보통의 경우 인수인은 표창된 지급채무(어음금액 ; 이자는 예외적으로만 ; 어음법 제5조 제1항)를 이행하면 되지만, 만기에 지급하지 않는 경우에는 어음법 제28조 제2항에 의하여 상환금액의 전부(즉 어음금액 · 이자 · 비용 · 보수 : 어음법 제48조, 제49조)를 이행하여야 한다.

인수인은 발행인 기타 어음관계인에 대하여 어음상의 상환청구권을 갖지 않는다. 그러나 특히 호의인수(Gefälligkeitsakzept)에서처럼 특별한 약정 또는 특별한 사정이 있는 경우에는 채권법상의 보상청구권을 갖게 된다.

공동인수의 경우에는 각자가 인수인으로서 지급의무를 부담한다. 이는 합동책임(어음법 제47조)이지 연대책임은 아니기 때문에 그 중 1인에 대한 인수제시는 다른 인수인에게 아무런 효력이 없다. 그러나 그 중 1인이라도 인수를 거절하면 어음소지인은 상환청구권을 행사할 수 있다. 물론 지급제시에 있어서는 전원의 거절이 있어야 상환청구권을 행사할 수 있다.

Ⅱ. 引受拒絶의 效力

지급인의 인수의 의사표시는 그의 자유에 맡겨져 있지만, 인수제시가 있으면 유예기간을 요청하지 않는 한 즉시 인수를 할 것인지의 여부를 결정하여야 한다. 만일 지급인이 인수를 거절하면 지급인은 어음행위자가 아니므로 어음소지인에 대하여도 아무런 책임을 지지 않는다. 다만, 어음법은 이러한 때에는 어음소지인이 만기까지 기다릴 필요 없이 곧바로 자기의 전자에게 상환청구권을 행사할 수 있도록 하였는데(어음법 제43조 제2문 제1호), 이것이 '인수거절로 인한 상환청구'(Rückgriff mangels Annahme)이다. 독일구법에서는 인수가 거절되면 담보제공만을 청구할 수 있었다. 논리적으로 보면 어음의 만기가 아직 도래하지 않았고, 또한 만기에 지급인이 어음금액을 지급할 수도 있기 때문에 타당하다고도 할 수 있지만, 그 절차가 비실제적이고 불편하다는 점에서 통일법은 영미법에 따라서 곧 지급청구를 할 수 있도록 하였다. 따라서 현행법에서는 인수거절로 인한 상환청구는 그 효과면에서 보면 완전히 지급거절로 인한 상환청구에 상응한다.

제5절 어음上의 權利의 複數人에의 分屬

李基秀, 어음상의 權利의 複數人에의 分屬, 판례월보 224(1989. 5).

어음상의 권리가 복수인에게 분속되는 문제는 인수와 관련된 문제만은 아니지만, 어음법 제26조와 제51조는 일부인수의 허용 여부와 이 때의 상환청구권 행사에 관하여 규정하고 있기 때문에 여기에서 간략히 설명하고자 한다.

Ⅰ. 意義 및 形態

어음상의 권리가 복수인에게 분속하는 모습에는 두 가지 형태가 있다. 그 첫째 형태는 예컨대 어음금액 100만원 중 30만원은 C에게 귀속하고, 잔액인 70만원은 D에게 귀속하여 분속되는 경우이다. 그 둘째는 예컨대 어음금 전액에 관하여 A에 대한 권리는 C에게, B에 대한 권리는 D에게 귀속하여 분속되는 경우이다.

전자는 어음상의 권리가 금액적으로 복수인에게 분속되는――전자의 예에서는 C에게 30만원, D에게 70만원으로 분속한다――경우로서, 이를 어음상의 권리의 복수인에의 '금액적 분속'이라 한다. 만일 위의 예에서 C의 권리는 A에 대한 것이며, D의 권리는 B에 대한 것인 때에도 만일 이 권리가 금액에서 분속하고 있는 한 이것 역시 금액적 분속에 속한다. 후자는 전자와 달리 어음상의 권리가 어음금 전액에 관하여 C와 D 모두에게 귀속하고 있는 것으로서 어음상의 권리의 금액적 분속이 발생하지 않고 오직 대인적으로만 어음상의 권리가 복수인에게 분속하는――후자의 예에서는 어음금 전액에 관하여 "A에 대한 권리는 C에게, B에 대한 권리는 D에게 분속"한다――경우이며, 이를 어음상의 권리의 복수인에의 '대인적 분속'이라고 한다. 이와 같은 어음상의 권리의 복수인에의 분속에 관해서는 그러한 분속이 인정될 것인가의 여부가 우선 문제되며, 만일 분속이 인정될 경우에는 그 권리행사방법이 문제된다.

어음상의 권리의 '금액적 분속'에 관해서는 어음법 자체가 그러한 분속이 생길 것을 전제로 한 규정을 두고 있기 때문에, 이를 긍정함과 동시에 그 경우 어음을 소지하고 있지 않은 자의 권리행사방법에 관하여 시안을 마련하고자 한다. 이에 반하여 어음상의 권리의 '대인적 분속'에 관해서는 논리적으로 양립할 수 없는 복수의 권리의 병존을 인정할 수 없으므로 이를 부정할 수밖에 없으며, 따라서 이에 관하여는 논의하지 않기로 한다.

Ⅱ. 어음上의 權利의 複數人에의 '金額的 分屬'

1. 金額的 分屬이 발생하는 경우

(1) 어음법상 인정되는 경우 어음상의 권리가 복수인에게 금액적으로 분속하는 경우에 대해서 어음법은 명문으로 다음과 같은 두 가지 경우를 예정하고 있다.

첫째는 환어음의 지급인에 의해 일부인수가 있고, 그 잔액에 관하여 상환의무자에 의해 상환의무가 이행된 경우이다. 어음법 제26조 제 1 항 단서에서는 지급인이 어음금액의 일부에 대해서만 인수할 수 있음을 규정하고 있고, 더욱이 어음법 제51조 제 1 문에서는 일부인수 후에 어음소지인의 상환청구권행사로 인수되지 아니한 어음금액을 지급한 상환의무자의 권리에 관하여 규정하고 있고, 제 2 문에서는 어음소지인은 그 후의 상환청구를 할 수 있게 하기 위하여 상환의무를 이행한 자에게 어음의 증명등본 및 거절증서를 교부하여야 한다고 규정하고 있다.

가령 A가 B를 수취인으로 하여 발행한 금액 100만원의 환어음을 B로부터 배서양도를 받아 어음소지인으로 된 D가 지급인 C에 대하여 인수를 위한 제시

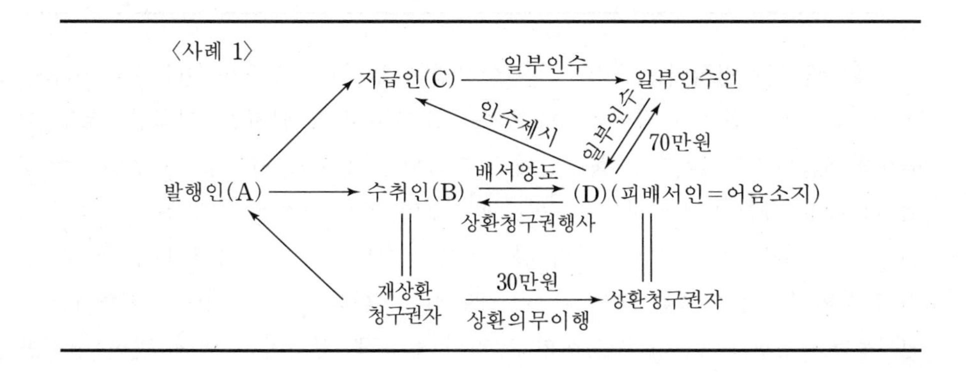

를 하고 C가 70만원에 관하여 인수를 하면 D는 잔액인 30만원에 관하여 A 및 B에 대하여 상환청구권을 취득하지만, B에 대하여 이 상환청구권을 행사할 경우에는 B가 A에 대하여 재상환청구권을 행사할 수 있도록 하기 위하여 B에게 어음의 증명등본 및 거절증서를 교부하여야 한다. 이와 같이 D가 B에 대하여 상환청구권을 행사한 경우에는 인수인 C에 대한 70만원의 어음상의 권리는 D에게 귀속하고, A에 대한 30만원의 어음상의 권리는 B에게 귀속하게 된다.

둘째는 어음금액의 일부에 대하여 어음보증을 한 자가 그 보증채무를 이행한 경우이다. 어음법 제30조 제 1 항은 어음의 지급은 보증에 의해 그 금액의 일부에 대한 담보를 할 수 있음을 명문으로 인정하고 있고(일부보증), 제32조 제 3 항은 보증인이 어음을 지급한 때에는 피보증인 및 그 자의 어음상의 채무자에 대하여 어음상의 권리를 취득한다는 뜻을 규정하고 있다.

가령 환어음의 인수인 A의 100만원의 어음채무 가운데 70만원에 관하여 어음보증을 한 D가 어음소지인 B에 대하여 70만원을 지급하여 보증채무를 이행한 경우에는 D는 A에 대하여 70만원의 어음상의 권리를 취득하게 되어 결국 A에 대한 어음상의 권리 중 30만원에 관하여는 여전히 B에게 귀속하지만, 70만원에 대해서는 D에게 귀속하게 된다.

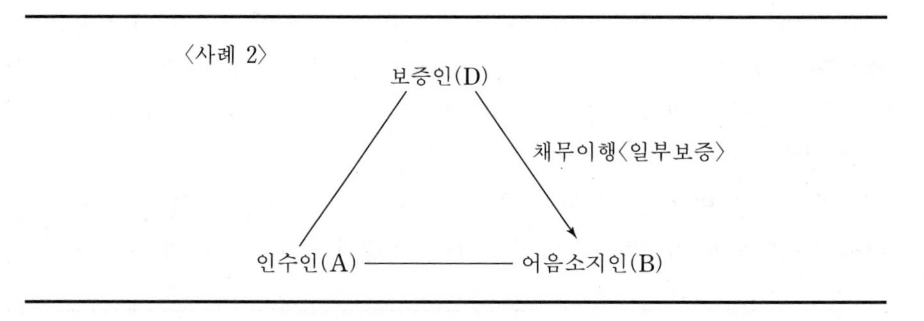

(2) 해석상 인정되는 경우 어음법은 위의 두 경우에 명문으로 어음상의 권리가 복수인에게 금액적으로 분속함을 인정하고 있지만, 해석상으로도 어음상의 권리가 금액적으로 복수인에게 분속되는 경우가 인정될 수 있다. 즉 상환의무자가 자신이 부담하고 있는 상환의무의 일부를 이행한 경우이다. 어음법은 전술한 바와 같이 일부인수의 결과로서 상환의무자가 어음금액의 잔액에 관하여 상환의무를 이행한 경우 ── 이 경우에는 상환의무자는 그 잔액에 관하여만 상환의무를 부담한다 ── 의 어음상의 권리의 분속에 관하여는 이에 관한 규정을

두고 있지만, 어음금 전액에 관하여 상환의무를 부담하고 있는 자가 그 일부에 관하여 상환의무를 이행한 경우에 관해서는 이를 예정한 규정을 두고 있지 않다. 따라서 어음소지인이 상환의무자의 일부지급을 거절할 수 있는가의 여부가 문제된다. 어음법은 환어음지급인의 일부지급의 경우 소지인이 이를 거절할 수 없다는 뜻의 규정을 두고 있지만(어음법 제39조 제 2 항), 상환의무자의 일부지급에 관해서는 아무런 규정을 두고 있지 않다. 상환의무자가 일부지급을 하려는 경우에는 어음소지인으로서는 그 상환의무자로부터 지급을 받지 않고 다른 어음채무자에 대하여 어음금 전액의 지급을 청구할 수 있기 때문에(어음법 제47조 제 2 항 : 어음채무자의 합동책임), 어음소지인이 이를 거절할 수 있을 것인가의 여부를 논하는 것은 의미가 없다고도 할 수 있다. 이에 대하여 학설은 일부지급(어음법 제39조 제 2 항)과는 달리 상환의무자에 의한 일부지급은 이를 거절할 수 있다고 봄이 통설이다. 그러나 어음소지인이 상환의무자의 일부지급에 응하여 지급을 받은 경우에는 상환의무자는 해석상 그 지급을 한 몫에 관해서는 제 1 차적 의무자에 대한 어음상의 권리 또는 자기의 전자인 상환의무자에 대한 재상환청구권을 취득하게 된다고 보아야 한다. 따라서 이 경우에는 어음상의 권리가 어음소지인과 일부지급을 한 상환의무자에게 금액적으로 분속하게 된다.

2. 어음을 所持하지 않은 權利者의 權利行使方法

이상과 같이 어음상의 권리가 복수인에게 '금액적으로 분속'하는 경우에 관해서는 어음법에서 예정하고 있는 경우가 있고, 해석상 인정해야 할 경우도 있다. 여기에서의 문제점은 그와 같은 경우 어음상의 권리를 어떻게 행사할 것인가이다. 물론 어음소지인은 어음을 제시하여 자신에게 귀속하고 있는 몫에 관하여 어음상의 권리를 행사할 수 있기 때문에 별다른 문제는 없다. 문제는 어음을 소지하고 있지 않은 권리자를 어떻게 보호해야 할 것인가이다. 이 문제에 관하여 우선 어음법은 어음상의 권리의 분속을 예정하고 있는 환어음의 일부인수의 경우에 이에 관한 규정을 두고 있다. 즉 앞의 〈사례 1〉에서 B가 D에 대하여 인수가 없었던 부분에 대해 상환의무를 이행한 때에는 A에 대한 재상환청구권을 행사하기 위하여 어음의 증명등본 및 거절증서(거절증서의 작성이 면제되어 있는 경우에 그 교부는 필요 없다. 아래에서도 같다)의 교부를 청구할 수 있다(어음법 제51조 제 2 문). 어음의 원본이 없는 경우에 거절증서의 작성은 어음의 등본에 그 뜻을 기재하고 공증인 또는 집행관이 기명날인하여야 하며(거절증서령 제5조 제 2 항), 어음의 증명등본에는 일부인수가 행하여졌다는 뜻 및 잔액에 관하여 지급이 행하여졌다는 뜻(어음법 제51조 제 1 문 참조)의 기재가 되어 있다. 따라서 상환의무를 이행한 자는 그 잔액에 관해 어음법 제49조에 기하여 재상환청구권을 행사할 수 있게 된다. 어음법 제49조는 그 문언대로 해석하면 '환어음을 환수한 자', 즉 어음금 전액을 지급하여 어음의 교부를 받은 자에 관한 규정이지만, 그것은 어음금액의 일부에 관하여 상환의무를 이행하여 어음의 증명등본 및 거절증서의 교부를 받은 자가 재상환청구권을 행사할 경우에도 유추적용된다고 보아야 한다. 그렇지 않다면 이 경우에는 지급의 날 이후의 이자를 청구할 수 없는 불합리한 결과가 발생하기 때문이다(어음법 제49조 제2호 참조).

이에 반해 어음법은 어음의 일부보증의 경우에 보증채무를 이행하고, 그 몫에 관하여 어음상의 권리를 취득한 자의 권리행사방법에 관해서는 아무런 규정도 두고 있지 않다. 어음법이 한편으로 어음금액의 일부에 관하여 어음보증을 한 자가 그 의무를 이행함으로써 그 부분에 관해 어음상의 권리를 취득함을 인정하면서도, 다른 한편으로 그 권리의 행사에 관한 규정을 두고 있지 않다는 것은 입법의 흠결이라고 할 수밖에 없다. 그러므로 입법론으로는 이 점에 관한 규정의 마련이 시급하며, 해석론으로는 이 경우에 관해 전술한 어음법 제51조 제2문을 유추적용해야 한다고 생각한다. 따라서 이 규정은 직접적으로는 일부인수의 경우에 잔액에 관하여 상환의무를 이행한 자의 권리행사에 관한 것이지만, 나아가 어음상의 권리가 금액적으로 복수인에게 분속한 경우에 어음을 소지하고 있지 않은 자의 권리행사에 관하여도 유추적용된다고 해석해야 한다. 왜냐하면 동일한 어음상의 권리가 금액적으로 복수인에게 분속할 경우가 있음을 인정하는 한 일부인수의 경우에 잔액에 관하여 상환의무를 이행한 자에 관해서는 그 권리행사를 보장하고, 일부보증의 경우에 그 보증의무를 이행한 자에 관해서는 그것을 보장하지 않는다는 것은 받아들일 수 없기 때문이다. 결국 일부보증에 의하여 어음상의 권리가 금액적으로 복수인에게 분속할 때에도 어음법 제51조를 유추적용하여야 하며, 해석상 이러한 분속이 인정되는 경우, 즉 상환의무자가 상환의무의 일부를 이행한 경우에도 이를 유추적용하여야 한다.

제 7 장 어음과 銀行去來

김동건, 貨換어음의 법률관계, 商事法論集(徐燉珏敎授停年紀念論文集), 1986/김문재, 어음·수표의 사고신고담보금에 관한 법적 문제, 상사법연구 16권 2호(1997)/金善國, 美國統一商法典上 信用狀制度에 관한 소고, 경영법률연구 1(1986)/金善國, 信用狀의 독립성의 원칙에 관한 研究, 경남법학 6(1990. 12)/金善國, 보증신용장의 법적 문제에 관한 연구, 고려대박사학위논문, 1992/金善國, 信用狀의 嚴格一致性과 그 緩和手段, 경영법률 5(故李允榮博士追慕論文集)(1992)/柳重遠, 신용장거래의 법률관계에 관한 연구, 동국대박사학위논문, 1990/徐憲濟, 국제거래에 있어서의 銀行保證, 중앙대법학논문집 17(1992. 12)/宋相現, 保證信用狀의 독립성에 관한 소고, 서울대 법학 62, 63(1985. 10)/李基秀, 銀行去來와 어음(上)·(下), 월간고시 176, 177(1988. 9. 10)/李基秀, 貨換어음, 월간고시 187(1989. 8)/林泓根, 荷換信用狀의 법적 구조에 관한 비교법적 연구, 서울대박사학위논문, 1991/田相浩·鄭快永, 貨換信用狀에 관한 법적 고찰, 경성대사회과학연구 8(1992. 10)/崔俊璿, 商業信用狀의 법적 성질론, 전북대 법학연구 12(1985. 6).

제 1 절 貨換어음

Ⅰ. 貨換어음의 의의

화환어음이란 어음상의 권리가 운송중에 있는 물품에 의하여 담보되어 있는 환어음으로서, 하환어음 또는 화부환어음이라고도 한다. 즉 화환어음이란 화물상환증이나 선하증권 등 운송증권이 첨부되어 있는 환어음으로서, 이것이 이용되는 경제적 목적에서 거래상 화환어음이라고 부르는 데 지나지 아니한다. 화환어음의 법적 성질은 보통의 환어음이지 어떠한 특수한 종류의 환어음이 따로 있는 것이 아니다.

화환어음 중에서 국내의 상품거래에서 이용되는 것을 내국화환어음이라고 하고, 국제거래의 결제를 위하여 발행되는 것을 외국앞화환어음이라고 한다. 화환어음은 주로 국제거래에서 이용되며, 내국인간에서 내국신용장에 의하여 화환어음이 발행되면 이 거래도 외국앞화환어음거래로 다루어진다.

Ⅱ. 貨換어음의 효용

화환어음은 격지자간의 매매에 있어서 대금을 신속히 회수하기 위하여 시간적·공간적 장애를 극복하기 위한 방편으로 이용되고 있다. 이를 이용하기 위하여는 매도인과 매수인 사이에 화환어음으로 매매대금을 결제하기로 하는 특약 또는 상관습이 있어야 한다. 다만, 국제거래에서는 화환어음에 의한 결제를 금지하는 특약이나 상관습이 없는 한 매도인은 화환어음으로 결제할 수 있다고 보아야 한다.

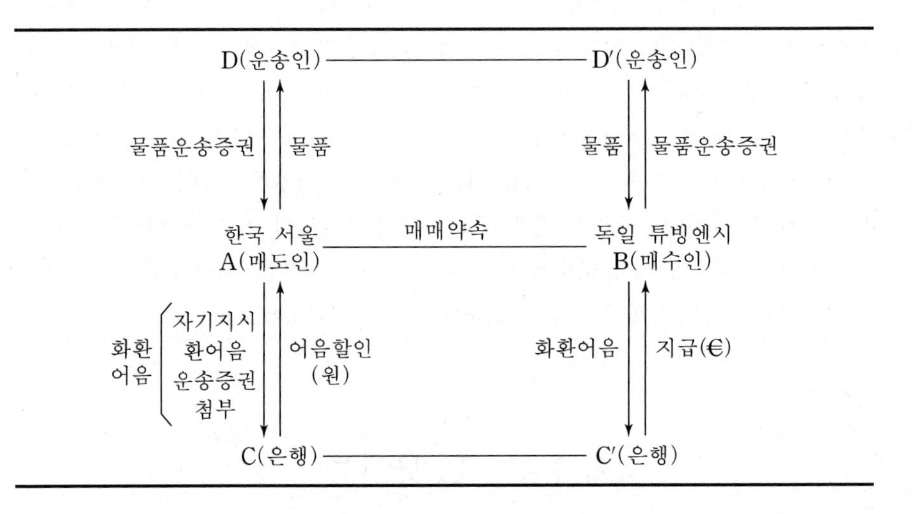

(예) 서울의 상인 A가 독일 튜빙엔(Tübingen)시에 있는 상인 B에게 물품을 매도하였다(매매계약). 이 때 매도인 A는 매수인 B를 지급인으로 하고 자기를 수취인으로 하는 자기지시환어음을 발행하고, 운송위탁물품에 관하여 운송인 D로부터 물품운송증권(보통 화물상환증과 선하증권)을 교부받아(물품운송계약) 위 환어음에 첨부하여(화환어음) 서울에 있는 거래은행 C로부터 할인을 받아(어음할인) 그 할인의 대가를 매매대금의 변제에 충당하든가(할인화환어음), 또는 C에게 추심위임을 한다(추심화환어음). 한편 매도인 A의 거래은행인 C는 화환어음을 독일에 있는 자기의 지점 또는 거래은행 C′에 송부하여 어음을 매수인인 지급인 B에게 제시하게 하여 B가 지급(지급인도) 또는 인수(인수인도)하면 이와 상환으로 운송증권을 매수인 B에게 교부하고, B는 운송증권을 운송인 D의 지점이나 거래처인 D′에 교부하고 D′로부터 물품을 수령하게 된다. 만일 매수인인 지

급인 B가 어음의 지급을 거절한 때에는 할인화환어음에 있어서는 할인은행 C는 매도인인 어음의 발행인 A에 대하여 어음에 의하여 상환청구를 하든가, 또는 운송증권에 의하여 운송물을 처분함으로써 어음금의 변제에 충당하고, 추심화환어음에 있어서는 수임은행은 어음과 운송증권을 A에게 반환한다(우리나라에서는 할인화환어음이 많이 이용되고 있기 때문에 보통 화환어음이라고 하면 할인화환어음을 뜻한다).

이와 같이 화환어음은 매매계약당사자간에 어음금의 지급과 운송중인 물품의 인도를 동시이행의 관계에 있게 하고, 매도인과 할인은행 간에 상환청구권을 운송증권에 의하여 담보시키는 작용을 하여 격지자간의 매매에 있어서 매도인으로 하여금 대금을 신속히 회수하게 하고, 매수인으로 하여금 대금의 지급과 상환으로써만 물품을 취득하게 하여 대금불지급의 위험을 없애는 등 여러 가지의 효용이 있다.

Ⅲ. 貨換어음의 法律關係

1. 賣渡人과 銀行과의 관계

(1) 매도인과 할인은행과의 관계

A. 할인화환어음의 법적 성질 매도인이 매수인을 지급인으로 하고 자기 또는 거래은행을 수취인으로 하여 거래은행으로부터 어음할인을 받는 할인화환어음의 법적 성질에 관하여는 할인의뢰인을 매도인, 할인은행을 매수인으로 하고 어음을 일종의 상품, 할인대금을 매매대금으로 보는 어음매매설과 할인의뢰인을 차주, 할인은행을 대주로 하는 금전소비대차이며, 이러한 소비대차상의 채무의 지급방법으로 어음이 교부된 것이라고 보는 소비대차설이 있다.

어음매매설에 따르면 어음을 할인하는 때에는 어음이 인수되기 이전이지만 매매계약을 원인으로 어음이 발행되고, 이에 매매의 목적물을 표창하는 운송증권까지 담보로 첨부되어 그 지급이 확실하기 때문에 어음은 매매의 목적물로서 충분한 가치가 있으므로 매도인과 할인은행 간의 화환어음의 할인은 지급받을 권한을 표창하는 어음의 매매라고 하며, 할인은행은 매도인에 대하여 어음상의 상환청구권만을 갖게 된다(정희철, 187쪽; 정동윤, 280쪽). 이에 반하여 소비대차설에 따르면 할인은행은 매도인에 대하여 소비대차채권과 상환청구권을 갖는다(손주찬, 165쪽).

매도인과 할인은행 간의 법률관계는 화환어음약정서에 따라 결정된다. 현재 통용되고 있는 이 약정서 제20조(어음의 요식불비로 어음채권이 성립되지 않는다거나, 시효나 절차의 흠결로 어음채권이 소멸된 때에도 매도인은 할인은행에 대하여 해당 어음금액,

(이자와 모든 비용의 합산액에 상당하는 금액을 지급한다)에 따르면 매도인과 할인은행 사이에는 어음채권과 소비대차채권이 공존하여 어음채권이 형식불비, 시효, 절차의 흠결로 소멸하더라도 할인은행은 원인채권인 소비대차채권을 행사할 수 있음을 명확히 하고 있다. 결론적으로 화환어음약정서에 의한 어음할인에 따른 어음교부는 소비대차를 지급방법으로 한 것이라고 보아야 한다(동지 : 최기원, 202쪽 아래).

〈대판 1996.6.11, 96 다 2064〉

「주식회사 국민은행(원고)이 소외 주식회사 스코아상사로부터 계속적인 화환어음 매입을 위하여 체결한 여신한도거래약정 역시 원고가 여신으로 분류하고 있는 각종 여신거래에 대한 규정을 계속적인 거래에 수정하여 적용하기 위한 별도의 약정에 불과하므로, 위 여신한도거래약정의 여신과목이 '무신용장방식의 수출환어음 매입'으로 되어 있는 이 사건에서는 수출환어음 매입의 법적 성질은 수출거래약정서에 의하여 결정될 수밖에 없다 할 것이다.」

B. 운송증권에 의한 담보권의 내용 화환어음의 경우 매도인이 할인은행에 환어음을 배서양도함에 있어서는 운송증권도 배서하여 교부한다. 이 때에 할인은행이 취득하는 담보권의 내용은 매도인과 할인은행 간의 합의에 의하여 정하여지며, 담보의 목적으로 운송물을 신탁적으로 양도하는 경우도 있을 것이고, 운송물을 목적으로 하는 동산질권을 설정함에 불과한 때도 있을 것이다. 다만, 당사자의 의사가 분명하지 아니한 때에는 운송물을 신탁적으로 양도한 것으로 추정함이 타당하다(동지 : 정동윤, 265쪽 ; 서돈각·정찬형, 286쪽의 정찬형 견해). 왜냐하면 이를 신탁적 양도로 보아야만 할인은행은 어음의 인수나 지급의 거절시에 상환청구를 함이 없이도 즉시 운송물을 처분하여 환가할 수 있어 할인은행에 유리하기 때문이다. 하지만 신탁적 양도도 오직 담보를 위한 것이므로 환어음의 인수나 지급의 거절이 있기 전에는 운송물을 처분할 수 없다.

운송증권에 매수인이 수취인으로 지정되고 이 증권이 배서됨이 없이 단순히 할인은행에 교부된 때에는 증권상의 권리자는 여전히 매수인이고, 할인은행은 이를 교부받았다 하여도 운송물상에 담보권을 취득하지 못하고 단지 증권을 유치하여 매수인의 어음금지급을 강제할 수 있을 뿐이다(통설)(정동윤, 265쪽 ; 최기원, 203쪽 ; 채이식, 381쪽). 왜냐하면 운송증권의 인도가 운송물의 인도와 같은 효력을 갖기 위해서는 운송물의 인도를 청구할 수 있는 사람에게 이를 인도한 경우에 한하므로(상법 제133조), 이 인도청구권자는 수취인으로 지정되어 있는 매수인 또는 그로부터 증권적 양도방법인 배서에 의하여 운송증권을 취득한 사람이어야 하기 때문이다.

(2) 매도인과 추심은행과의 관계 추심화환어음의 경우에는 매도인이 추심은행에 대하여 환어음의 추심과 어음의 지급 또는 인수와 상환으로 첨부된 운송증권을 지급인에게 교부할 것을 의뢰한다. 이 때 매도인은 환어음에 추심위임배서를 하고 운송증권에 백지식 배서를 하여 추심은행에 교부하는 방식으로 하며, 양자 사이에는 위임관계가 성립한다(민법 제680조). 따라서 추심은행이 수임인으로서 선관주의의무를 게을리하면 손해배상책임을 진다(민법 제681조).

〈대판 1975.2.10, 74 다 597〉

「타인으로부터 약속어음의 추심의뢰를 받은 자가 그 어음을 분실하여 선량한 관리자로서의 주의의무를 다하지 못하고 타인으로 하여금 어음상의 권리를 행사할 수 없게 하였다면, 분실자는 채무불이행으로 인한 손해배상을 할 책임이 있고, 그 범위는 특별한 사정이 없는 한 어음의 액면상당액이다.」

양자의 관계는 대금추심의뢰서에 의하여 결정되나, 어음금의 지급을 받은 은행은 이를 매도인에게 교부하고 추심에 따른 비용과 수수료를 받는다.

2. 賣渡人과 買受人과의 관계

(1) 매매대금지급채무의 소멸시기 매도인이 어음할인에 의하여 은행으로부터 매매대금상당액을 사실상 확보하였더라도 매도인에 대한 매수인의 매매대금채무는 소멸하지 않으며, 이는 매수인인 지급인이 어음을 인수한 경우에도 마찬가지이다. 왜냐하면 매도인이 이미 인수된 어음으로 할인을 받았다고 하더라도 매수인이 만기에 어음을 지급하지 않으면 매도인은 할인은행으로부터 상환청구를 받거나 약정서에 따라 소비대차채무의 이행청구를 받게 되며, 담보를 제공한 때에는 할인은행이 이를 처분할 수도 있기 때문이다. 따라서 매수인의 매매대금지급채무는 어음의 지급인인 매수인이 어음소지인에게 어음채무를 지급한 때에 소멸한다.

(2) 운송물의 소유권이전시기 매도인은 동산질권설정 또는 소유권의 신탁적 양도의 방법으로 운송증권을 은행에 교부하므로 운송물의 소유권은 동산질권설정의 경우에는 양도인에게, 신탁적 양도의 경우에는 할인은행에 귀속한다. 매수인이 운송물의 소유권을 취득하는 시기는 어음금의 지급과 상환으로 운송증권을 취득한 때이지 현실로 물품을 수령한 때가 아니다. 매수인이 운송물의 수하인인 때에도 운송증권을 취득한 때에 운송물의 소유권을 취득하게 된다.

(3) 화환어음과 동시이행 화환어음에 의하여 매매대금을 결제하는 경우에 매수인은 운송증권과 상환하지 않고는 대금의 지급을 거절할 수 있으며, 매도인의 대리인 또는 이행보조자로서의 은행도 대금지급이 없으면 운송증권의 교부를 거절할 수 있으므로 이 양자는 동시이행의 관계에 있다.

(4) 화환어음과 위험부담·채무불이행책임 매매목적물이 운송도중에 불가항력으로 인하여 멸실·훼손된 때에는 일반적인 위험부담의 문제로서 매도인이 위험을 부담하게 되며(민법 제537조), FOB매매나 CIF매매인 때에는 선적 후의 손해에 대하여는 매수인이 위험을 부담한다. 만일 매매목적물이 운송인의 과실로 인하여 멸실·훼손된 때에는 매도인이 채무불이행의 책임을 지게 되고, 운송물이 약정한 물건과 다른 때에도 마찬가지이다.

3. 割引銀行(또는 추심의뢰은행)과 推尋銀行과의 관계

할인은행은 추심의뢰서에 환어음과 운송증권을 첨부하여 수입지에 있는 추심은행에 송부한다. 이 때에 추심은행이 할인은행의 지점인 때에는 화환어음의 추심의뢰는 동일법인의 내부의 사무처리에 불과하다. 만일 양자가 본·지점의 관계에 있지 않고 전혀 별개의 법인인 때에는 추심의뢰에 따라 양자 사이에 위임관계가 성립한다. 이 때에 추심은행에 송부되는 환어음에는 추심위임배서를 하고, 운송증권에는 보통 추심은행을 피배서인으로 하는 양도배서를 한다. 이 운송증권의 배서양도는 운송물의 소유권은 유보하고서 그 처분권만을 추심은행에 부여하는 것으로 본다.

4. 推尋銀行과 買受人과의 관계

매수인과 추심은행 사이에는 원래 어떠한 계약관계가 있는 것이 아니고, 다만 추심은행은 매도인과의 복위임관계에 따라서 매도인의 대리인 또는 이행보조자로서 매수인에게 운송증권을 교부하고, 이와 상환으로 환어음의 지급을 받게 된다. 매수인이 추심은행에 어음금을 지급하면 매도인에 대한 매매대금채무는 소멸한다.

Ⅳ. 商業信用狀

1. 商業信用狀의 經濟的 機能

국내거래에서 화환어음이 이용될 때에는 할인은행이 매수인인 어음의 지급인의 신용을 쉽게 조사할 수 있고, 부도가 난 때에도 담보물의 처분으로 채권의 회수가 쉽다. 하지만 국제거래에서는 매수인의 신용을 조사한다는 것이 어렵고, 부도의 경우에도 담보물의 처분이나 압류도 거래상대국의 법률과 상관습의 차이로 실효를 거두기가 어렵다. 따라서 할인은행은 결국 매도인의 신용에 의존할 수밖에 없으며, 매도인의 신용이 두텁지 못할 때에는 어음할인에 담보를 제공시키거나 보증인을 세우게 하는 불편을 겪게 된다. 그래서 국제거래에서는 더 신빙성 있는 담보방법이 요구되었고, 이를 위하여 고안된 제도가 바로 상업신용장이다. 이는 매수인의 거래은행으로 하여금 환어음의 지급을 발행인인 매도인 및 불특정의 은행에 대하여 담보하도록 하여 환어음의 지급을 확실하게 하는 경제적 기능을 갖고 있다. 이처럼 신용장은 국제무역의 확실한 결제를 위해 발전한 제도로서 국제적인 통일이 절실히 요구되는 제도라고 할 수 있다. 그리하여 신용장의 국제적 통일을 위한 작업이 1920년대 후반에 국제상업회의소에 의하여 추진되기 시작하여 '신용장통일규칙'이 채택되었다.

오늘날 '신용장통일규칙'은 국제적 관습법이 되었다고 할 수 있으며 우리나라의 판례에서도 "…신용장통일규칙은 모든 화환신용장에 적용되고 당사자를 구속한다…"는 내용의 판시를 한 바가 있다(대판 1977. 4. 26, 76 다 956).

2. 商業信用狀의 意義와 法的 性質

상업신용장이란 매수인의 거래은행이 매수인을 위하여 신용장에 명기된 조건에 합치하는 한에서 매도인이 발행한 화환어음의 지급을 약속하겠다는 내용의 매도인 앞으로 발행된 서면이다. 이 때에 매수인을 신용장발행의뢰인이라 하며, 매수인의 의뢰에 의하여 신용장을 발행하는 은행을 발행은행 또는 신용장개설은행이라 한다. 매도인은 수익자라고 하며, 매도인의 거주지에서 신용장의 발행을 통지하는 은행을 통지은행, 신용장에 따라 발행한 화환어음을 할인해 주는 은행을 할인은행 또는 매수은행이라고 한다.

상업신용장은 매도인의 청구에 의하여 매수인이 그 거래은행에 의뢰하여 개설을 받으며, 신용장이 개설되면 매도인은 매수인이 아니라 신용장개설은행을 지급인으로 하는 환어음을 발행한다. 여기에 신용장과 운송증권을 첨부하여 매도인은 할인은행으로부터 환어음의 할인을 받는다.

상업신용장은 국제거래에서의 대금결제를 확실하게 하기 위하여 창안된 제도로서 관계당사자가 다각적으로 연결되고 내용도 다양하여 그 법적 성질을 일률적으로 정의하기는 어려우나, 매수인의 위탁에 의하여 발행은행이 매수인을 위하여 발행한 지급약속증서라고 본다(동지 : 최기원, 207쪽).

3. 商業信用狀의 種類

신용장은 여러 가지 기준에 따라 다양하게 분류되나, 상품의 대금결제를 목적으로 한 신용장을 상업신용장이라 하고, 상품 이외의 거래를 수행하는 데 쓰이는 신용장을 금융신용장 또는 보증신용장(보증신용장은 금융이나 보증을 위하여 발행되는 특수한 신용장으로서 주채무자가 계약을 이행하지 아니할 경우에 채권자가 은행에 대하여 보증의 실행을 요구할 수 있는 신용장이다. 이는 보통 은행의 고객(개설의뢰인)이 제3자에 대하여 부담하는 이행의무를 확보하기 위하여 이용되거나 해외지사가 현지은행으로부터 금융을 받고자 하는 때에 보증서로서 이용된다)이라 한다.

상업신용장은 신용장에 의하여 발행되는 환어음에 운송증권의 첨부가 요구되는 화환신용장과 그렇지 아니한 무담보신용장으로 나누어지는데, 국제거래관계에서 이용되는 신용장은 대개 화환신용장이다. 따라서 단순히 신용장이라고 하면 화환신용장을 뜻하는 것이 보통이다.

상업신용장은 다시 취소가능신용장과 취소불능신용장으로 나누어진다. 취소가능신용장은 신용장개설은행이 사전통지 없이 언제나 일방적으로 신용장의 취소나 내용의 변경을 할 수 있음에 반하여, 취소불능신용장은 일단 신용장이 발행되면 그 유효기간 내에는 관계당사자 전원의 합의가 없이는 일방적인 취소나 내용의 변경을 할 수 없는 신용장으로서, 국제거래에서는 일반적으로 취소불능신용장이 이용된다. 취소가능신용장은 매우 불안정하기 때문이다.

취소불능신용장은 다시 확인신용장과 무확인신용장으로 나누어지는데, 전자는 신용장의 발행은행 이외에 국제적으로 신용이 있는 은행이 이중으로 지급을 약속하여 그 지급이 더욱더 확실한 것임에 반하여, 후자는 발행은행만이 그 지급을 약속하고 있는 취소불능신용장이다.

신용장에 의하여 발행한 환어음의 매입은행을 한정하느냐의 여부에 따라서 매입제한신용장(특정신용장)과 일반신용장(개방신용장)으로 나뉜다. 전자에는 보통 매입제한조항이 기재되며, 이러한 신용장으로 발행한 어음은 수익자의 거래은행이 지정은행이 아닌 때에는 수익자가 거래은행에 대하여 지정은행에 대한 매입을 의뢰하거나 직접 지정은행에서 매입을 요구하여야 하는 불편이 뒤따른다. 이에 반하여 일반신용장에 의하여 발행한 환어음은 수익자가 직접 자기의 거래은행에서 할인을 할 수 있어 편리하다.

내국신용장은 외국의 수입업자로부터 받은 신용장을 국내의 수출업자가 수출품을 생산·가공하는 데 소요되는 원자재를 국내에서 조달할 때에 자기의 신용을 믿지 못하는 납품업자에게 자기가 외국으로부터 받은 신용장을 담보로 하여 발행받은 제2의 신용장이다. 이 때 외국의 수입업자로부터 받은 신용장을 원신용장이라 하는데, 내국신용장의 조건은 금액 · 인도기한 · 유효기간 등에서 원신용장보다 적거나 단기로 하여 발행됨이 일반적이다.

신용장의 수익자가 신용장에 기재된 금액의 전부 또는 일부를 동일한 조건으로 제 3 자에게 양도할 수 있는 신용장을 양도가능신용장이라 하는데, 이에는 반드시 양도가능문구가 기재되어야 한다. 양도가능신용장은 수익자가 매매의 목적물을 확보하고 있지 못한 경우나 무역업을 할 수 없는 수익자가 허가 있는 무역업자에게 양도하기 위하여 이용되고 있다.

4. 信用狀去來의 特性

(1) 독립 · 추상의 원칙 신용장거래는 그 원인된 법률관계와는 별개의 독립한 것이며, 신용장 자체에 의한 거래이다. 그러므로 원인된 법률관계의 효력 여하에 따라 신용장거래의 효력이 영향을 받지는 아니한다.

(2) 엄격일치의 원칙 신용장거래에 있어서 은행은 제출된 서류가 신용장의 조건에 합치하는가를 엄격히 심사하여야 하며, 양자가 일치하는 경우에만 지급이 가능하다.

5. 信用狀去來의 法律關係

(1) 신용장거래의 세 가지 법률관계 신용장은 국제거래로 인한 대금지급의무를 은행이 매수인의 계산으로 매도인에게 부담함을 내용으로 한다. 대금지급의무는 매도인이 적정시기에 필요서류를 제출하고 합의한 물건을 송부하는 조건에서 이루어진다. 신용장발행의 원인관계는 상품거래로 인한 매매계약이 대부분이나, 물건공급계약이나 사무처리로 인한 채무의 지급을 위해서도 신용장이 발행되고 있다.

신용장거래에는 최소한 세 가지 독립된 법률관계가 형성된다. 첫째는 매도인(수익자)과 매수인(개설의뢰인) 사이의 매매계약(기본계약) 관계이며, 이 계약에서 매매당사자는 신용장에 의하여 매매대금을 결제하기로 약정한다. 둘째는 매수인과 개설은행 사이의 자금관계로서, 이 계약에 의하여 개설은행은 매수인을 위하여 매도인에게 신용장을 개설하기로 약정한다. 셋째는 개설은행과 매도인 간의 법률관계로서 개설은행은 매도인이 발행한 환어음을 신용장조건에 따라 지급할 것을 약정한다.

(2) 매도인과 매수인의 법률관계 매도인과 매수인 사이에는 보통 매매계약이 존재하지만, 대금지급을 신용장에 의하여 하려면 당사자간에 이에 관한 합의가 있어야 한다. 이 합의에 의하여 매수인은 신용장개설의무를 부담하

게 되는데, 이는 매수인의 선이행의무이므로 매수인의 개설의무불이행의 경우에 매도인은 매매계약을 해제할 수 있다(민법 제545조). 신용장의 개설은 대금채무의 이행을 위하여 이루어지기 때문에 이로써 곧 매수인의 대금지급채무가 소멸되는 것은 아니다.

(3) 매수인과 개설은행과의 법률관계 매수인과 개설은행 사이에는 사무처리를 목적으로 하는 도급계약관계가 성립하며, 이는 유상·쌍무계약이다. 이 계약에 의거하여 개설은행은 신용장을 개설하고, 신용장조건에 따라 매도인에게 환어음금을 지급할 의무를 진다. 개설은행은 선량한 관리자의 주의로써 매도인이 제출한 서류와 신용장조건이 외견으로 보아 일치하는가를 조사하여야 하나, 원인된 상품거래가 계약에 따라 이행되었는가 하는 신용장의 진정성립에 관한 실질적 조사의무는 없다.

〈대판 1980. 1. 15, 78 다 1015〉

「수출신용장에 기재된 사항과 일치하는가, 그리고 정규성을 갖추었는지를 조사할 의무는 있으나 은행은 모든 서류의 실질적 조사의무는 없다.」(동지 : 대판 1977. 4. 26, 76 다 956 ; 대판 1979. 5. 8, 78 다 2006)

즉 신용장거래는 서류상의 거래이므로(신용장의 추상성·독립성), 이 때의 심사기준은 오로지 제출된 서류의 신용장과의 일치성뿐이다(이를 신용장엄격의 원칙이라고 한다). 그렇다고 매도인이 제출한 서류와 신용장의 내용이 형식상 완전히 일치하여야 하는 것은 아니고, 그 차이가 중요하지 않고 위탁자에게 해가 되지 않는다는 것이 분명한 때에는 신용장과의 차이에도 불구하고 은행은 지급할 수 있다.

〈대판 1985. 5. 28, 84 다카 697〉

「화환어음매입은행이 수차에 걸쳐 신용장조건과 일부불합치서류를 신용장개설은행에 제시하여 아무 이의 없이 대금을 지급받아 왔다면 신용장개설은행은 동일사안의 불일치를 이유로 지급거절해서는 안 된다.」

〈대판 1992. 2. 25, 91 다 30026〉

「하환신용장에 의한 거래에 있어서 선적서류상의 상품명세는 신용장의 명세기재와 합치하여야 하고, 선하증권상의 화물표시는 신용장조건에 합치되어야 하는 것이나, 선하증권상의 화물표시가 신용장조건에 합치되어야 한다는 것은 서류상의 자구가 하나도 틀리지 않게 완전히 일치하여야 한다는 뜻은 아니며, 자구에 약간의 차이가 있다 하더라도 은행이 상당한 주의를 기울이면, 그 차이가 경미한 것으로서 문언의 의미에 차이를 가져오는 것이 아니고, 또 신용장조건을 해하는 것이 아님을 문면상 알아차릴 수 있는 경우에는 신용장조건과 합치하는 것으로 보아야 한다.」

〈대판 2012. 1. 27, 2009 다 93817〉

「화환신용장에 의한 거래는 본질적으로 서류에 의한 거래이지 상품에 의한 거래가 아니므로, 은행은 상당한 주의를 기울여 선적서류가 문면상 신용장의 조건과 일치하는지만 확인하면 되고 선적서류에 대한 실질적인 심사의무까지 부담하지는 않으나, 선적서류가 위조(변조 또는 허위 작성을 포함한다)되었을 경우 은행이 위조에 가담한 당사자이거나 또는 서류의 위조 사실을 사전에 알았거나 그와 같이 의심할 만한 충분한 이유가 있는 경우에는, 이는 신용장거래를 빙자한 사기거래에 지나지 아니하므로 은행은 더 이상 이른바 신용장 독립·추상성의 원칙에 의한 보호를 받을 수 없다.」

매수인은 개설은행과의 법률관계(자금관계)로 인하여 매매대금을 결제하고서야 목적물의 반환청구권을 개설은행으로부터 양수받게 되고, 또한 비용과 수수료의 지급의무가 있다.

〈대판 1984. 9. 11, 83 다카 1661〉

「수출업자가 선하증권을 대신하여 신용장발행은행을 화물수취인으로 한 운송주선업자의 화물수취증을 첨부하여 환어음을 발행한 경우에는 신용장발행은행이 운송목적지에서의 수출품의 반환청구권을 가지게 되고, 수입업자가 신용장발행은행에 수출대금을 결제하고, 그로부터 이러한 반환청구권을 양수받지 않는 한 수출품을 인도받을 수 없게 된다.」

〈대판 2011. 1. 27, 2009 다 10249〉

「분할 환어음의 발행이 허용된 신용장거래에서 수익자가 신용장 한도금액을 초과하여 분할 환어음을 발행하고 선적서류 중 일부를 위조하여 서로 다른 은행에게 이를 매도한 경우, 위조된 선적서류를 매입한 선행 매입은행의 신용장대금 청구에 대하여 신용장개설은행이 선적서류에 상당한 주의를 기울였으면 충분히 발견할 수 있었던 신용장조건과 불일치하는 하자가 있음을 간과하고 신용장대금을 상환하였다면, 신용장개설은행은, 후행 매입은행이 상당한 주의를 기울였음에도 신용장 한도금액을 초과하여 환어음이 발행되었고 다른 은행이 환어음 일부를 선행하여 매입하였다는 사실 등을 알지 못한 채 신용장의 제조건과 문면상 일치하게 표시된 서류와 상환으로 환어음 등을 선의로 매입한 후 신용장대금의 상환을 구하는 것에 대하여 선행 매입은행에게 신용장대금을 상환한 점을 내세워 신용장 한도금액이 초과하였다는 이유로 이를 거절하지 못한다. 그리고 여기서 신용장개설은행과 매입은행에게 요구되는 상당한 주의는 상품거래에 관한 특수한 지식경험이 없는 은행원으로서의 일반적인 지식경험에 의하여 기울여야 할 객관적이고 합리적인 주의를 말하며, 은행원은 이러한 주의를 기울여 신용장과 기타 서류에 기재된 문언을 형식적으로 엄격하게 해석하여 신용장조건과의 합치 여부를 가려낼 의무가 있다.」

(4) 매도인과 개설은행과의 법률관계 개설은행이 신용장을 개설하면 매도인에 대하여 개설은행은 신용장의 조건에 따른 대금지급의무를 부담하는데, 이의 법적 성질은 '독립된 채무약속'이다. 이의 특수성은 개설은행과 매수인 사이의 신용장계약과도 독립되고, 매도인과 매수인 간의 매매계약과도 독립된 법률관계라는 데 있다. 개설은행 이외에 신용장의 확인은행(개설은행이 원격지에 있어서 그 공신력이 매도인에게 알려져 있지 않은 때에 매도인이 믿을 수 있는 제3의 은행이 그 신용장에 따라 발행된 환어음의 지급·인수 또는 매입을 확약하게 되는데, 이를 확인은행이라 한다)이 있는 때에는 확인은행도 매도인에 대하여 지급의무를 부담하며, 이 때에는 확인은행은 발행은행과 함께 연대채무자가 된다(동지 : 최기원, 215쪽; 서돈각·정찬형, 307쪽).

개설은행은 매수인과 개설은행 사이 또는 매도인과 매수인 사이에 기한 항변으로써 매도인에게 대항하지 못한다. 이를 허용하면 신용장의 담보기능을 해치기 때문이다. 하지만 매도인이 사기로 신용장을 발행받은 경우에는 매도인에 대하여 개설은행이 자기의 항변을 주장할 수 있음은 물론이다.

제2절 어음割引

Ⅰ. 意 義

어음할인이라는 말은 실무상 여러 가지 의미로 사용되고 있지만 일반적으로는 할인의뢰인이 만기가 도래하지 아니한 어음을 할인인(은행 등의 금융기관)에게 배서양도하여 할인인으로부터 어음금액에서 만기일까지의 이자와 기타 비용(할인료)을 공제한 금액(할인금)을 취득하는 거래를 말한다. 어음할인은 경제적으로는 은행의 여신업무의 하나로서 대부와 함께 중요한 지위를 차지하며, 또한 은행의 중요한 수입원이기도 하다. 한편 할인의뢰인인 기업도 자기가 거래처에 제공한 신용인 기한부채권을 조기에 환금·회수하여 재투자할 수 있는 기회를 가질 수 있다는 경제적 이익이 있다. 이 점에서 어음할인은 '상업신용의 은행신용에 의한 인수'를 매개하는 가장 중요한 방법이라고 할 수 있다.

Ⅱ. 法的 性質

어음할인을 어떠한 계약유형에 해당하는 것으로 이해해야 할 것인가, 즉 그 법적 성질에 관해서는 종래부터 여러 가지 고찰방법이 주장되고 있다.

첫째는 어음할인은 할인의뢰인을 매도인, 할인인을 매수인으로 하는 어음상의 권리의 매매이며 할인금은 그 매매대금이라고 보는 것(매매설)인데, 이것이 전통적인 견해임과 동시에 오늘날의 통설(최기원, 217쪽 ; 정동윤, 280쪽 ; 서돈각 · 정찬형, 267쪽의 정찬형 견해. 다만, 정동윤 교수와 정찬형 교수는 "어음할인은 어음의 매매인 것이 보통이지만, 소비대차로서 그 이행을 위하여 어음이 수수되는 경우도 있다 할 것이다"라고 한다)과 판례의 입장이기도 하다.

〈대판 1984. 11. 15, 84 다카 1227〉

「단자회사가 할인매수한 어음을 다시 일반 제 3 자에게 어음할인의 방식으로 매출한 것은 그 성질이 어음의 매매라고 볼 것이므로, 그 매매의 이행으로 어음을 배서양도함에 있어 배서란에 '지급을 책임지지 않음'이라는 문언을 기재한 것은 특단의 사정이 없는 한 어음상 배서인으로서의 담보책임뿐만 아니라 매매계약상의 채무불이행책임이나 하자담보책임까지 배제하기로 한 취지라고 보아야 한다.」(동지 : 대판 1985. 2. 13, 84 다카 1832)

둘째는 어음할인은 할인의뢰인을 차주로, 할인인을 대주로 하는 소비대차이며, 어음의 수수는 소비대차상의 채무의 이행확보 또는 담보를 위해 행하여진 것이라고 하는 견해(소비대차설)인데, 이는 은행실무가측으로부터 많이 주장되고 있다.

셋째는 이러한 매매설 · 비대차설의 절충적 견해로서, ① 어음할인은 관습에 의해 발전 · 형성된 복잡다기한 것으로 일종의 무명계약으로서 그 내용을 일률적으로 결정하는 것은 불가능한 것이라고 보는 견해(무명계약설), 또는 ② 실질적으로 보면 매매이지만 대금관계에 있어서는 개별적인 의사해석에 맡겨질 문제이며 일률적으로 매매나 소비대차라는 한 종류의 전형계약에 집어넣기 위하여 논쟁하는 것은 무익하다고 보는 견해(의사해석설), 혹은 ③ 어음할인을 매매로 보고 할인의뢰인은 할인인에 대하여 어음할인을 할 때마다 어음금액에 상당하는 소비대차상의 채무를 수반하여 부담한다고 보는 견해(혼합계약설 · 병존설) 등이 주장되고 있다.

이러한 어음할인의 법률구성방식의 상위는 ① 기한의 이익상실약관의 적용유무, ② 상계의 경우에 어음교부의 요부, ③ 할인료에 관한 이자제한법의 적용유무, ④ 이득상환청구권의 성부, ⑤ 국세채권에 의한 압류와의 관계, ⑥ 할인의뢰인이 파산한 경우의 법률관계 등 개별적·구체적 문제를 둘러싸고 다른 결과를 가져온다. 하지만 현행의 어음거래약정서에 의하면 채무자회생절차개시시에 할인의뢰인에 대한 채권이 정리채권으로 취급될 것인가, 아니면 정리담보권으로 취급될 것인가 하는 점에서만 결론적으로 차이가 있을 뿐 그 밖의 점에 있어서는 소비대차설·매매설 어느 것을 취하여도 그 결론에 있어 실질적으로 차이가 없다. 따라서 어음할인의 성질을 논하는 실익은 오늘날 거의 없다. 그렇다 하더라도 어음거래약정서에 규정되지 않은 사항 혹은 당사자의 의사가 불명한 사항에 관해 민법·상법의 규정을 적용하여야 할 경우가 있으므로, 어음할인이 민법·상법이 정하는 어떠한 계약유형에 해당하는가, 즉 그 법적 성질이 어떠한가를 결국 명확히 하지 않으면 안 된다.

〈대판 1996.6.11, 96 다 2064〉

「은행이 수출자로부터 무신용장방식에 의한 화환어음을 매입하면서, 일정한 경우 수출자가 은행에 대하여 환매채무를 지고 수출자는 은행의 관련규정이 정하는 바에 따라 환매채무를 변제하여야 한다는 내용의 수출거래약정을 한 경우, 은행은 화환어음 매입의 법적 성질이 어음의 매매라는 것과 그 화환어음의 지급과 관련하여 일정한 사유가 발생한 경우에는 환매규정에 의하여 은행의 권리를 구제받을 수 있다는 것을 약정하였다고 보아야 할 것이므로, 은행이 화환어음의 매입에 의하여 어음법상의 상환청구권이나 위 환매채권을 갖는 외에 별도의 대출금채권을 갖게 될 수는 없다.」

생각건대 어음할인은 경제적으로 볼 때 어음이 만기에 지급되는 한 어음의 순수한 매매가 되지만, 동시에 어음지급인이 지급불능에 빠진 때에는 새로이 자본을 대부하였다고 볼 수 있는 양면적 성질을 갖고 있다. 하지만 법률적으로는 그 본래의 기능에 착안하여 법적 성질을 결정할 수밖에 없다고 한다면, 어음할인은 어음의 매매라고 보는 것이 옳을 것이다.

Ⅲ. 割引어음의 還買請求權

1. 趣　旨

어음할인을 어음의 매매라고 볼 때 할인인은 할인의뢰인에 대하여 배서에 기한 상환청구권을 갖는 데 지나지 않으므로, 비록 어음의 만기 전에 할인의뢰인의 신용상태가 악화되어도 상환청구요건(어음법 제43조 제2문)이 충족되지 않는 한 금액을 회수할 수 없음과 동시에, 할인어음의 발행인(또는 수인 인)에게 상환청구요건보다 가벼운 사정이 발생한 데 불과한 때에도 어음상의 상환청구권만으로는 위의 금액을 할인의뢰인으로부터 회수할 수 없게 된다. 그래서 은행은 소비대차의 유용적 측면을 어음매매로서의 어음할인에 대해서도 확보하여 두기 위해 일정한 경우에 은행이 할인의뢰인에 대하여 할인어음의 환매를 청구할 수 있음을 약정하고 있다(은행여신거래 기본약관 제 9 조 등).

2. 法的 性質

어음할인을 소비대차라고 해석하는 입장에서 보면 환매청구권은 단순히 소비대차에 기한 대금반환청구권을 의미하게 되므로 별다른 어려움이 없다. 그러나 어음할인을 매매라고 해석할 경우에는 환매청구권의 법적 성질이 문제된다. 이에 관하여 ① 상환청구권과 유사한 청구권이라고 보는 설, ② 채권매도인의 하자담보책임에 기한 법정해제권이라고 해석하는 설, ③ 매매계약에 있어서 약정해제권의 유보라고 보는 설, ④ 정지조건부재매매의 조건성취 또는 재매매계약의 완결권행사라고 보는 설, ⑤ 어음재매매의 대금채권이라고 보는 설, ⑥ 무명계약상의 청구권이라고 보는 설 등 여러 가지 견해가 주장되고 있으며, 아직 정설이라고 할 만한 것이 없다. 그러나 그 중에서도 환매청구권이 당연히 발생하는 경우는 정지조건부재매매, 은행의 청구에 의한 경우는 재매매의 예약이라고 해석하는 설이 다수설(최기원, 210쪽; 정동윤, 281쪽)이다. 생각건대 이러한 견해는 각각 환매청구권의 일면적 성격을 포착하고는 있지만 그 전부를 설명하고 있는 것은 아니다. 상환청구권과 유사한 권리라고 본다면 약속어음의 발행인 이외의 자에게 발생한 사유가 환매청구권의 발생원인으로 되어 있는 경우에 적합하지 않으며, 매도인의 하자담보책임이라고 하여도 매도인인 할인의뢰인 자신에 관하여 발생한 사유에 기하여 이 권리가 발생하는 경우를 설명할 수 없으며, 또 매매계약의 해제설 및 재매매설도 환매청구권의 내용을 명확히 하는 데는 충분하지 않다. 문제는 어음환매청구권의 성질론보다 오히려 할인계약의 부속약관이 그 목적에 상응한 합리적인 내용을 가질 수 있도록 해석하는 것에 있으며, 결국 환매청구권은 이를 특약 혹은 관습에 기한 특수한 권리로 보아 그 구체적인 내용을 검토하는 것이 중요하다.

3. 發　生

어음의 환매청구권은 어음법상의 권리는 아니지만 실무에 있어서는 이미 종래로부터 관행화되어 온 제도이고, 판례에 의하여도 사실인 관습으로 인정되며, 현재로서는 할인의뢰인과 할인인 사이의 약정에 의해 발생하는 것이라는 점이 널리 인정되고 있다. 은행여신거래기본약관은 어음의 환매청구권이 발생하는 경우를 크게 두 가지로 분류하여 규정하고 있다. 첫째는 할인의뢰인 및 어음의 주채무자의 신용악화를 나타내는 정형적인 사유가 발생한 경우이다. 이 경우에는 할인의뢰인은 할인은행의 환매청구가 없더라도 당연히 환매채무를 부담하며 직접 변제하지 않으면 안 된다(은행여신거래기본약관 제9조 제1항). 둘째는 위의 할인의뢰인 등에 대한 정형적인 신용악화사유에는 해당하지 않지만, 할인어음에 관하여 채권보전을 도모하는 것이 필요하다고 생각되는 사유가 발생한 경우이다. 이 경우에는 할인의뢰인 및 주채무자의 신용악화의 징후가 첫째의 경우만큼 명백하지는 않기 때문에 그 발생을 명확히 하기 위해 은행이 환매청구를 함으로써 비로소 할인의뢰인에게 어음환매채무가 발생하도록 규정하고 있다(은행여신거래기본약관 제9조 제2항). 그러나 어음의 주채무자의 보증인의 예금채권에 대한 압류가 있을 때에도 환매채무의 자동적 발생을 인정하는 것은 은행측에는 지나치게 유리한 반면, 할인의뢰인에게는 너무 가혹하다. 이러한 경우에도 환매청구권이 당연히 발생한다고 보는 것은 통상 당사자의 의사에 합치되지 아니하므로, 은행의 청구에 의해 비로소 환매청구권이 발생한다고 해석해야 할 것이다.

4. 還買請求權의 範圍 · 內容

은행여신거래기본약관에 의하면 할인의뢰인의 환매채무의 범위 · 내용은 할인금 상당액만으로는 되지 않는다. 만기에 환매할 경우에는 어음면기재금액(은행여신거래기본약관 제9조 제1항), 만기 후에 환매할 경우에는 어음면기재금액에다가 만기일의 익일로부터 환매일까지의 할인료와 동률의 지연손해금을 가산한 것(동 약관 제3조 제2항), 만기 전에 환매할 경우에는 어음금액이 기준이 되지만(동 약관 제9조 제2항) 환매일 이후 만기일까지의 미경과분의 할인료를 공제한 금액을 지급해야 할 것이다. 상계의 경우에는 항상 상계실행일을 기준으로 하여 할인료 및 그 공제금액을 계산한다(동 약관 제11조 제2항·제5항).

5. 還買請求權의 行使(還買請求權에 의한 相計)

(1) 환매청구권에 의한 상계의 대외적 효력 은행에 의한 환매청구권행사의 방법으로는 환매청구권(자동채권)을 가지고 할인의뢰인의 예금채권(수동채권)과 상계하는 것이 통례이다. 문제는 그 예금채권이 이미 할인의뢰인의 타 채권자에 의해 압류되어 있는 경우에도 그 상계를 가지고 압류채권자에게 대항할 수

있는가이며, 이는 환매청구권의 발생시기와도 관련된다. 은행여신거래기본약관에 의하면 할인의뢰인의 예금채권에 관해 압류 등의 명령이 발송된 때에는 기한의 이익상실사유에 해당하며(은행여신거래기본약관 제 7 조 제 1 항 제 1 호), 환매청구권은 그 시점에서 당연히 발생하는 것으로 된다. 따라서 할인은행은 압류의 효력발생시인 송달의 시점(민사소송법 제561조 제 3 항)에 이르러 언제라도 자신의 환매청구권을 가지고 할인의뢰인의 예금채권과 상계할 수 있고, 이로써 압류채권자에게 대항할 수 있다(은행여신거래기본약관 제10조 제 1 항).

이러한 이론에 의한다면 환매채무의 자동적 발생을 정한 은행여신거래기본약관 제 9 조 제 1 항이 기능을 갖는 경우란 매우 적게 된다. 그런데 최근에는 민법 제498조의 해석으로서 자동채권인 환매청구권의 발생이 할인의뢰인의 예금에 대한 압류 등의 효력발생 이후에라도 그 원인인 어음할인이 압류 전에 존재하고 있는 때에는 할인은행은 압류 후에 발생한 환매청구권에 의한 상계를 가지고 압류채권자에게 대항할 수 있다고 해석하는 견해도 유력한데, 이 견해에 의하면 압류채권자에 대하여 상계를 대항하기 위하여 위와 같은 환매채무의 자동적 발생조항과 같은 것이 도대체 필요한 것인가는 의문스럽다고 한다.

(2) 환매청구권의 행사와 어음의 교부 이에 관해 은행은 채권회수상의 편의를 위해 상계를 할 때에는 어음의 반환이 필요하지 않고, 어음은 상계 후에 은행점포에서 반환하면 족하다는 취지를 어음거래약정서에 규정하여(은행여신거래기본약관 제12조 제 1 항 · 제 2 항) 어음의 교부 없이도 상계를 가능하게 하고 있다. 이러한 약정에 관해서는 할인의뢰인이 이중지급의 위험에 직면할 염려가 있다는 것을 이유로 그 효력을 부정하는 견해도 있지만, 고도의 신용이 요구되는 은행이 어음으로 이중의 청구를 하는 것은 있을 수 없고, 또 할인의뢰인이 할인은행을 신용하여 굳이 이중지급의 위험을 각오하고서 이러한 특약을 한 이상 그 효력을 부정 또는 제한해야 할 이유는 없기 때문에 그것이 특별히 공서양속에 반하지 않는 한 또는 부당하게 할인의뢰인의 이익을 해하는 것이 아닌 한 유효하다고 해석하는 것이 일반적이다.

(3) 상계통지의 상대방 할인은행이 환매청구권(또는 대부금채권)을 자동채권으로 하여 할인의뢰인의 예금채권과 상계하는 데는 반드시 상계의 의사표시를 해야 하는데, 그 상계통지의 상대방은 원칙적으로 수동채권인 예금의 예금자이다. 다만, 그 예금채권에 관해 압류 · 추심명령이 발하여져 있는 때에는 추심명령을 얻은 압류채권자 또는 예금자 중의 누구에게나 상계통지를 하여도 좋다. 이에 대하여 예금채권이 예금자로부터 타인에게 전부되어 있는 때에는 전부채권자에

게 통지하지 않으면 안 된다.

(4) 환매된 어음의 반환 환매대금의 지급이 있으면 은행은 할인의뢰인에게 어음을 가능한 한 조속히 반환해야 할 것이다. 상계라는 방법으로 환매청구권이 행사된 때에도 마찬가지이다. 다만, 예금채권이 타인에게 전부된 후에 환매청구권을 가지고 그 예금채권과 상계한 경우에 그 상계필의 어음을 누구에게 반환해야 할 것인가에 관해 학설은 일치되어 있지 않다. ① 전부채무자인 예금자(할인의뢰인)에게 반환해야 할 것이라고 하는 설(채무자설), ② 전부채권자에게 반환해야 할 것이라고 하는 설(전부채권자설), ③ 전부명령발효시에 이미 상계적상에 있는 때에는 전부채무자인 예금자에게, 상계적상에 있지 않은 때에는 전부채권자에게 반환해야 할 것이라고 하는 설(절충설) 등이 대립하고 있다.

이상의 각 설 가운데 어느 것이 정당하다고 해야 할 것인가는 매우 어렵지만, 전부명령의 효력을 고려해 볼 때 절충설의 견해가 가장 타당하다고 생각한다.

(5) 상계필어음의 유치 어음거래약정서에는 환매청구권으로써 행한 상계·공제계산후에도 할인의뢰인이 할인은행에 대하여 직접 이행하지 않으면 안 되는 채무를 부담할 경우 또는 어음에 할인의뢰인 이외의 채무자가 있는 경우에는 은행은 그 어음을 유치하여 추심 또는 처분하고 채무의 변제에 충당하는 것이 가능하다는 취지를 정하고 있으며(은행여신거래기본약관 제12조 제3항 참조), 은행실무에서는 이 유치특약에 의해 상계필어음을 처리하고 있다. 이 유치특약은 상계필어음의 추심위임에 관한 특약이라고 해석되기 때문에 유치에 의해 종래의 양도배서는 숨은 추심위임배서로 변화하며, 따라서 유치 후에는 어음채무자가 할인의뢰인에 대하여 갖는 항변은 은행에 대해서도 대항할 수 있다.

(6) 환매청구권의 소멸시효 어음의 환매청구권은 상인인 은행을 그 일방당사자로 하는 계약에 의해 발생한 것이기 때문에 상행위에 의하여 생긴 채권으로서 5년의 소멸시효에 걸린다(최기원, 222쪽; 서돈각·정찬형, 275쪽). 그 시효기간은 이 권리가 일정한 사실에 의해 당연히 발생할 경우에는 그 사실이 발생한 때로부터, 또 이 권리의 발생이 은행의 청구에 의한 때에는 은행이 청구할 수 있는 상태에 있었던 때로부터 기산된다.

〈대판 2003. 1. 24, 2002 다 59849〉

「금융기관이 어음할인을 하고 취득한 어음을 지급기일에 적법하게 지급제시를 하지 아니하여 소구권을 보전하지 아니하였다 할지라도 지급기일 후에 어음발행인의 자력이 악화되어 무자력이 되는 바람에 어음환매자가 발행인에 대한 어음채권과 원인채권의 어느 것도 받을 수 없게 됨으로 인하여 손해를 입게 된 것이라면, 이러한 손해는 어음주채무자인 발행인의 자력의 악화라는 특별사정으로 인한 손해로서 지급제시의무를 불이행한 금융기관이 그 의무불이행 당시인 어음의 지급기일에 장차 어음발행인의 자력이 악화될 것임을 알았거나 알 수 있었을 때라야 어음을 환매하는 자에 대하여 손해배상채무를 진다.」

제3절 어음貸付

Ⅰ. 意 義

어음대부라 함은 대부를 받는 차주로부터 차용증서를 제출케 하는 대신에 또는 차용증서와 함께 어음을 받아 대금채권을 확보하는 대부를 말한다. 어음대부는 앞서 본 어음할인과 함께 은행의 중요한 여신업무의 하나로 되어 있는데, 이와 같은 광범위한 어음대부가 행해지는 이유로서 ① 은행은 대부채권 이외에 어음채권도 함께 갖게 되어 채권의 관리·회수상 유리하다. ② 은행거래정지처분의 제재를 이용함으로써 채무의 이행을 강제하는 효과가 있다. ③ 대주는 어음기일 전에 어음의 재할인 또는 담보화의 방법에 의해 다른 은행 등으로부터 융자를 받는 것이 가능하여 자금의 유동화가 도모된다. ④ 대부의 실행절차가 간편하다. ⑤ 인지세가 증서대부의 경우보다 싸다. ⑥ 이자를 미리 취득하는 것이 가능하다. ⑦ 어음의 개서시에 금리 등의 대부조건에 관하여 재고할 수 있다는 것 등이 일반적으로 열거되고 있다.

Ⅱ. 어음貸付와 어음割引의 구별

어음대부와 어음할인은 서로 유사점이 많다. 양자는 자금을 필요로 하는 자가 어음을 은행에 교부하고, 은행으로부터 어음금액에서 만기까지의 이자를 공제한 금액을 받는다는 점에서 유사하다. 다만, 소비대차상의 채무의 지급을 위해 또는 담보를 위해 어음이 교부된 경우가 어음대부이고, 어음 자체의 매매가 있었던 경우가 어음할인이다(최기원, 206쪽; 정동윤, 283쪽). 그러나 실무의 은행거래에서 어음을 수수하는 당사자는 매매라든가 소비대차라는 법률구성을 반드시 의식하고 있는 것은 아니기 때문에, 구체적인 계약의 법적 성질은 당사자의 합리적 의사와 행위의 태양으로부터 파악하는 수밖에 없다. 다만, 은행여신거래기본약관에 의해 양자는 사실상 접근하여 구별의 실익은 그다지 크지 않다.

Ⅲ. 어음貸付의 方法

은행이 어음대부를 하는 데 있어서는 미리 은행여신거래기본약관을 채택하여 두고, 개개의 어음대부를 할 때에는 이 약관을 전제로 하여 차용신청서의 제출을 요구하는 정도이어서 특별히 서면에 의한 계약이 이루어지는 것은 아니며, 차주로부터 대주인 은행을 수취인, 대부를 하는 영업점포를 지급장소로 하는 약속어음을 발행·교부시키는 것이 통상이다. 이 어음의 만기는 대부기간이 장기에 걸치는 때에도 통상 발행 후 60일 내지 90일로 한다. 그리고 대부금의 변제기에 달할 때까지 만기마다 어음을 개서시킨다. 이자는 일반적으로 어음의 발행 및 개서마다 어음기일까지의 기간에 관하여 어음금액에 소정의 이율을 곱하여 계산하고 사전에 공제한다.

Ⅳ. 貸付金의 回收

어음대부에 있어서 은행은 대금채권과 어음채권을 갖는데, 이 경우는 담보를 위하여 어음이 발행·교부된 경우에 해당되기 때문에 어느 것을 먼저 행사하여도 좋다. 은행여신거래기본약관에도 이 점에 관한 분쟁을 피한 명시적 규정이 마련되어 있다(은행여신거래기본약관 제2조). 어음대부금의 회수는 통상 채무자가 창구에 지참한 현금 또는 어음을 수령함으로써 행하여진다. 다른 금융기관을 지급장소로 하는 어음을 받았을 때에는 어음교환소에 제시하여 지급을 받는다. 어음대부금이 위와 같은 방법으로 회수되지 않은 때에는 정산의 방법으로 회수되는 것이 보통이다.

〈대판 2008.4.24, 2008 도 1408〉

「이른바 보통예금은 은행 등 법률이 정하는 금융기관을 수치인으로 하는 금전의 소비임치 계약으로서, 그 예금계좌에 입금된 금전의 소유권은 금융기관에 이전되고, 예금주는 그 예금계좌를 통한 예금반환채권을 취득하는 것이므로, 금융기관의 임직원은 예금주로부터 예금계좌를 통한 적법한 예금반환 청구가 있으면 이에 응할 의무가 있을 뿐 예금주와 사이에서 그의 재산관리에 관한 사무를 처리하는 자의 지위에 있다고는 할 수 없다.」

〈대판 2008. 5. 8, 2006 다 57193〉

「은행이 시설자금대출채권에 대한 물적 담보를 보충할 목적으로 후취담보취득 조건부 연대보증계약을 체결하면서 보증인들의 보증기간을 보증한 대출의 목적인 계획시설을 후취담보로 취득 완료할 때까지로 하고, 다만 계획시설에 대한 '대출은행의 담보취득가격'이 보증한 대출금에 미달하면 그 미달금액에 대하여는 대출금 회수일까지 보증채무를 계속 존속시키기로 약정한 사안에서, 위 연대보증계약의 체결 당시 대출은행이 보증인들에게 위 '대출은행의 담보취득가격'이란 용어의 의미가 '감정원의 감정가격'이 아니라 '대출은행이 계획시설에 대한 감정원의 감정가격을 기초로 그 담보가치를 평가한 최종심사가격'을 뜻한다는 것을 설명하지 아니한 것이 약관의 규제에 관한 법률에 위배되지 않는다.

후취담보취득 조건부 시설자금대출채무에 대한 연대보증계약의 채권자인 금융기관이 담보취득 완료 후 정당한 사유 없이 담보취득가격 및 미달금액의 산정을 지체하고 보증채무의 존속 여부 및 그 범위에 관하여 보증인에게 통지를 하지 아니함으로써 그로 말미암아 보증인의 구상권 행사에 장애가 발생하거나 보증책임이 확대되는 등 보증인이 손해를 입게 된 경우, 금융기관이 보증인에게 보증채무 전부의 이행을 청구하는 것은 신의칙에 반하여 용납될 수 없으므로 보증인의 책임을 합리적인 범위 내로 제한할 수 있다.」

제 4 절 어음交換

Ⅰ. 어음交換의 意義·機能

어음교환이라고 하는 것은 일정지역 내에 있는 다수의 금융기관이 상호 추심해야 할 어음과 수표 등을 일정한 장소에 지참하고 모여서 이를 제시·교환하고 교환차액(교환잔액)만의 수수에 의해 그 어음의 추심·지급을 함으로써 그러한 금융기관간의 대량의 어음을 집단적으로 그리고 일시에 결제하는 것이다.

이러한 어음교환제도의 기능은 우선 첫째로 집단적 결제를 행하는 것이므로 개별적인 추심에 드는 시간과 노력을 절약하고, 다액의 현금, 어음과 수표 등을 갖고 다니는 데 수반하는 위험을 감소시켜 주며, 추심금융기관으로 하여금 어음과 수표의 간이하고 안전한 추심을 가능하게 해 준다. 둘째로 그 교환차액의 결제는 결제은행이 되는 각 금융기관의 당좌계정에 의한 이체에 의하여 행해지고 현금의 수수를 요하는 것이 아니기 때문에, 지급금융기관으로 하여금 다액의 지급자금의 준비를 할 필요가 없도록 하여 그 자금의 효율적 운용을 가능하게 하는 기능을 갖고 있다.

Ⅱ. 어음交換所 등

금융기관이 모여서 어음교환을 하는 장소·시설을 일반적으로 어음교환소라 한다. 또 어음교환을 위해 이에 참가하는 일정지역 내의 금융기관이 모여서 조직한 단체도 보통 어음교환소라고 한다. 어음교환소에 있어서 행하여지는 어음교환 등의 사업에는 어음소지인은 직접 참가할 수 없다. 이에 참가할 수 있는 자는 일정한 금융기관에 한정되며, 이를 참가은행이라고 한다(어음교환업무규약 제3조 제1호).

참가은행은 어음교환소를 운영하는 금융결제원의 사원 및 준사원으로서 어음교환에 직접 참가할 수 있는 일반참가은행(어음교환업무규약 제5조)과 일반참가은행 이외의 은행 또는 법령에 의하여 은행과 동일시되는 자로서 과거 1년간 일평균교환매수 중 제시 또는 지급된 어음이 1,000매를 초과하는 자가 동 결제원 어음교환심사위원회를 경유하여 동 결제원 이사회의 승인을 얻은 금융기관 및 교환소 관할지역별 대표우체국으로 이루어진 특별참가은행(어음교환업무규약 제6조)으로 나누어진다. 특별참가은행도 교환소에 직접 참가할 수 있다. 참가은행이 아닌 은행 또는 법령에 의하여 은행과 동일시되는 자로서 교환소의 어음교환에 직접 참가하지 않고 일반참가은행에 대리교환을 위탁하여 간접적으로 어음교환에 참여하는 은행을 대리교환위탁금융기관이라고 한다(어음교환업무규약 제8조). 참가은행 중 어음교환을 통하여 그 대금을 청구 및 영수할 은행을 제시은행이라고 하고, 교환제시된 어음의 대금을 지급할 은행을 지급은행이라고 한다(어음교환업무규약 제3조 제3호).

어음교환에 의해 교환결제되는 증권(교환증권)은 어음, 수표 및 어음교환업무규약 시행세칙 제15조에서 정한 교환가능한 증서를 말한다(어음교환업무규약 제3조 제2호).

Ⅲ. 어음交換의 節次

1. 어음交換節次

어음교환소에 있어서 교환절차는 일반적으로 각 참가은행이 선정한 교환원(어음교환업무규약 시행세칙 제11조)이 출석하여 타행의 교환원과의 사이에 공제계산을 하는 입회교환의 방식으로 행하여진다. 특히 어음교환업무 시행세칙에 따르면 컴퓨터이용에 의한 집중교환이 실시되고 있다. 즉 금융기관이 당좌계정거래처에 교부할 어음·수표 하단에 미리 특수잉크로 그 번호, 발행은행 및 점포코드, 계좌번호, 금액 등 기계처리에 필요한 모든 사항을 MICR(Magnetic Ink Character Recognition) 문자로 인자하여 이를 판독·분류기(Reader/Sorter)에 의하여 전산처리하는 방식을 채택하고 있다(어음교환업무규약 시행세칙 제23조).

2. 交換差額의 決濟

차액결제 및 자금조정결제는 한국은행에 있는 참가은행당좌예금계좌의 대차결제로 한다(어음교환업무규약 제13조).

3. 어음의 受取·交換

참가은행은 교환일의 영업개시 2시간 30분 전까지 자행지급어음을 수취하여야 한다(어음교환업무규약 시행세칙 제45조). 참가은행은 수취시 및 수취 후 즉시 수취어음에 지급지가 자행이 아닌 어음(혼입어음)이 없는가를 점검하여야 하며, 만일 혼입어음을 발견한 때에는 참가은행은 영업개시시간 1시간 전까지 교환소에 교환원을 입회시켜 혼입어음을 상호 교환하고, 필요시 교환소에 통지하여 장표 및 보고서의 내용을 정정받아야 한다(어음교환업무규약 시행세칙 제47조, 제48조).

4. 依賴返還

이미 교환제시된 어음도 제시은행이 추심의뢰인 등의 신청에 의해 지급은행에 의뢰함으로써 반환되는 경우가 있다. 이를 의뢰반환이라고 한다. 의뢰반환은 부도어음의 반환에 준하여 행하여진다. 이 의뢰반환은 본래 어음교환에 지출되지 않았어야 할 어음이 오인으로 교환제시되는 등 진실로 부득이한 경우에 한하여 그 교환제시를 철회하여 그 어음을 제시은행에 반환시키기 위한 방법인데, 실제로는 부도처분을 회피할 목적으로 사용되는 경우가 적지 않다. 그러나 이와 같이 부도처분회피의 목적으로 행하여진 의뢰반환에 관하여는 지급제시철회의 효력을 쉽게 긍정할 것은 아니다.

5. 代理交換

대리교환은 참가은행(수탁은행)이 대리교환위탁금융기관(위탁금융기관)의 위탁을 받고서 행한 어음교환이다. 교환소에 있어서의 교환절차 및 교환차액결제는 수탁은행의 절차 및 결제와 함께 행하여진다.

Ⅳ. 어음交換의 法的 性質·效果

1. 어음交換의 法的 性質

어음교환의 법적 성질에 관해서는 종래부터 ① 상계설(어음교환으로써 어음교환에 참가하는 금융기관이 상호 어음채권을 대등액에 있어서 상계하는 것이라고 해석한다), ② 집단적 상계설(어음교환에 있어서는 참가금융기관은 교환어음에 관해 수령권한 및 지급권한을 갖는 것이어서 그 대립은 채권·채무의 대립과 동시할 수 있으며, 거기에서의 집단적 결제는 그 당사자간의 개별적 결제로 분해된 것이라고 해석한다), 혹은 ③ 상호계산설(어음교환은 교환참가금융기관 사이에서 대립하는 다수의 채권·채무를 일괄하여 결제하는 것이어서 상호계산의 성질을 갖는다고 해석한다) 등이 주장되고 있다. 확실히 어음교환이 일종의 차감계산으로서의 측면을 갖고 있다는 점은 부인할 수 없다. 그러나 어음교환에 참가하는 금융기관은 교환어음의 채권자 또는 채무자가 아닌 경우가 많고, 또한 상계의 전제가 되는 채권·채무의 대립관계가 항상 있다고 할 수는 없다. 또 어음교환에 있어서는 상호계산에서 문제되는 것과 같은 일정한 기간 내의 거래라고 하는 관념도 존재하지 않는다. 그런 의미에서 어음교환은 상계·상호계산의 어느 것도 아니며 교환참가당사자의 합의 또는 교환소규약에 기한 특수한 결제방법이라고 해석하는(특수결제방법설) 수밖에 없으며, 이것이 오늘날의 지배적인 견해이다(정동윤, 458쪽).

2. 어음交換의 成立

어음교환은 교환차액결제가 완료된 때에 성립한다. 따라서 통상은 결제시한에 결제은행인 참가은행의 당좌예금구좌간의 이체결제완료시에 어음교환이 성립되게 된다. 다만, 교환차액부족금 지급을 위해 제시·지급어음을 재조정하여 재차 교환결제의 절차를 밟는 것으로 될 경우에는 어음교환은 이 새로운 교환차액결제완료시에 성립한다. 또 교환차액결제가 행하여져 어음교환이 성립하여도 부도반환어음에 대한 대금미지급으로 인해 어음을 조정하여 다시 교환차액결제가 행하여질 경우에는 종전의 어음교환의 효력은 소멸한다. 따라서 어음교환은 제시은행이 반환어음의 대금을 지급하지 않음으로써 교환결제의 재조정이 행하여지는 것을 해제조건으로 하여 교환차액결제완료시에 성립된다고 해석된다.

이 어음교환의 성립에 의해 전체로서의 교환결제의 효력이 발생한다. 그와 함께 교환에 편입되었던 개개 어음의 지급효력도 부도반환을 해제조건으로 하여 발생한다. 다만, 교환성립 후에 부도어음, 혼입어음 또는 의뢰반환어음이 제시은행에 반환되어 그로써 개개 어음의 지급의 효력이 상실되는 경우가 있어도 그것 자체로는 전체로서의 어음교환결제의 효력에는 영향을 미치지 않는다.

3. 어음交換과 支給提示

법무부장관이 지정하는 어음교환소에서의 어음과 수표의 제시는 지급제시의 효력을 갖는다(어음법 제38조 제2항, 제83조). 어음교환에 의해 제시된 이상 그 후 부도 등에 의해 어음의 반환이 행하여져도 일단 발생한 지급제시의 효력은 소멸하지 않는다.

4. 어음交換과 期限後背書

어음교환에 회부된 어음에 관해서는 교환인의 날인 및 부도부전의 첨부에 의하여 지급거절의 사실이 어음면상에 명백하기 때문에 그와 같은 어음에 관하여는 만기 후 지급거절증서 작성기간경과 전에 행하여진 배서이더라도 기한후배서로서 취급하여 지명채권양도의 효력밖에 없다고 해석해야 할 것이다. 그러나 교환인 및 부도부전은 법률상의 지급거절증서는 아니기 때문에 교환인의 날인 및 부도부전의 첨부 후의 배서를 당연히 기한후배서라고 해석할 수는 없다고 보는 것이 대법원 판례의 태도이다(대판 2001. 1. 28, 99 다 44250).

제5절 어음의 不渡·去來停止處分

I. 總 說

'부도어음'이라고 하는 단어는 일반적으로 적법하게 지급제시가 행하여졌지만, 지급이 거절된 어음을 의미하는 것으로 사용되고 있다. 그러나 은행거래에서는 그보다 좁게 어음교환을 통하여 지급제시가 되어 지급은행에 보내어졌지만, 지급에 응하지 못할 어음이라고 하여 지급은행으로부터 제시은행에 반환된 어음을 의미하는 용어로 사용되고 있다(어음교환업무규약 제15조 제1항). 그 중에서 은행거래상의 부도어음이 특히 주목되는 것은 이것에 은행거래정지처분이 결부되어 있기 때문이다. 은행거래정지처분은 기업에 대한 치명적 제재이고, 이를 받으면 기업은 사실상 도산하게 된다.

〈대판 1985. 2. 13, 84 다카 1832〉

「어음교환이란 일정한 지역 내의 가맹 금융기관이 상호 다른 금융기관에서 지급하여야 할 어음을 서로 제시·교환하여 총수령액과 총지급액의 차액만을 중앙은행의 당좌계정의 대체에 의하여 결제하는 것을 말하며, 어음교환소의 기구나 업무내용상

교환당일의 지급거절은 할 수 없고, 교환한 어음 중 지급에 응하지 못할 어음이 있을 때는 이를 받은 금융기관이 부도사유를 부기하여 교환에 돌린 금융기관에 반환하고, 반환받은 금융기관은 당초 지급받은 부도어음대전을 반환하며, 부도어음에 관련된 금융기관이 어음교환소에 이를 계출하면 어음교환소는 어음지급의무자가 입금계출을 하지 않는 등 특별한 사유가 있을 때에 한하여 제재조치로서 거래정지처분을 하게 됨이 일반이다.」

Ⅱ. 不渡事由

어음교환업무규약 시행세칙은 환어음과 약속어음 및 수표의 부도사유를 다음과 같이 한정하고, 어음과 수표 이외의 기타 증서에 있어서도 이 부도사유를 준용하고 있다(어음교환업무규약 시행세칙 제97조 제 1 항 · 제 2 항).

예금부족 또는 지급자금의 부족, 무거래, 형식불비(법정요건누락, 인감불선명, 정정인 누락 또는 상이, 지시금지위배, 횡선조건 위배, 금액·발행일자오기, 배서불비, 인수표시 없음, 약정용지상위), 안내서미착, 사고신고서접수(분실, 도난, 피사취, 계약불이행), 위조 · 변조, 제시기간경과 또는 미도래(제시기간미도래는 수표의 경우는 제외), 인감서명상위, 지급지상위, 법적으로 가해진 지급제한, 가계수표장당 최고발행한도 초과이다.

〈대판 2007. 9. 7, 2006 다 86139〉

「예금부족으로 인한 어음의 지급거절이란 당좌거래가 있는 자가 발행한 어음이 지급제시되었으나 발행자의 당좌예금계정에 결제할 예금이 부족하거나 당좌대월계약이 있는 경우에 그 대출금으로도 어음금을 지급할 자금이 부족한 경우에 적용되는 부도사유라고 할 것이고, 한편 어음보증보험계약상 어음의 위 · 변조가 어음보증보험계약자의 보험책임 면책사유로 규정되어 있는 경우 어음발행인의 위 · 변조 신고로 인하여 어음이 지급거절되었다고 하더라도 실질적으로는 보험사고에 해당하는 예금부족으로 인하여 지급이 거절되었음이 입증된 경우에는 어음보증보험계약자는 보험책임을 부담하여야 할 것이다.」 (이 판결에 대한 평석으로는 김문재, 2007년도 어음 · 수표에 관한 대법원판례의 동향과 분석, 상사판례연구 제20집 제 4 권, 2007, 259쪽 아래 참조)

〈대판 2007. 9. 20, 2007 다 32184〉

「서울휠타 주식회사와 피고 사이에 주식회사 삼남여지 발행의 약속어음 4장에 관하여 체결된 어음보험계약의 약관 제4조 제1항 제1호는 "부보어음이 어음발행인의 예금부족으로 인하여 그 지급담당금융기관으로부터 지급거절된 경우 이를 보험사고로 한다"고 규정하고 있는바, ……

위 약관상의 '부보어음이 어음발행인의 예금부족으로 인하여 그 지급담당금융기관으로부터 지급거절된 경우'에는 어음발행인이 그 지급기일에 예금부족으로 어음금을 지급할 수 없게 되자 부도를 면하기 위하여 허위의 위·변조신고를 한 경우 즉, 명목상으로는 위·변조신고를 사유로 지급거절되었지만 실질적으로는 예금부족으로 지급거절된 경우도 포함된다고 해석함이 상당한바, 이와 같은 취지의 원심 판단은 정당하고, 거기에 어음보험약관의 해석에 관한 법리를 오해한 위법이 있다고 할 수 없다.」

Ⅲ. 不渡 이후의 處理節次

1. 不渡어음의 반환

교환제시된 어음 중 부도어음이 있을 때 지급은행은 교환일의 영업종료시각까지 이 사실을 제시은행에 통보하여야 하고, 부도어음의 통보를 받은 은행은 부도통보시각으로부터 30분 이내에 부도확인번호를 부여하여 지급은행에 통보하여야 한다(어음교환업무규약 시행세칙 제100조 제1항·제2항)...지급은행은 이러한 부도어음을 당해 어음 또는 부전에 부도사유를 기재하여 제시은행에 반환하여야 한다. 자행점포간 또는 대리교환위탁은행과 수탁은행 간에 교환되는 어음에 대하여도 같다(어음교환업무규약 시행세칙 제105조 제1항 본문). 다만, 환대금청구서에 대하여는 부도로 처리하지 않고 지급은행에서 사고환대금역청구서를 작성하여 교환에 회부하여야 한다(어음교환업무규약 시행세칙 제105조 제1항 단서).

부도어음은 부도발생 익영업일의 어음교환을 통하여 제시은행에 반환하여야 한다. 이외에 교환어음지급은행은 수취한 어음 중 결제가 되지 아니한 어음(미결제어음)에 대하여는 교환일 영업시간종료 2시간 전까지 제시은행 앞으로 이 사실을 통보하여야 하며, 이 통보가 없는 어음은 부도반환할 수 없다(어음교환업무규약 시행세칙 제99조). 부도통보시각에 임박해서 부도어음의 통보를 한 은행은 그 통보를 받은 은행에 대하여 그 어음의 부도로 인하여 부도가 될 다른 어음에 대한 부도확인번호의 부여를 부도통보시각이 경과했다는 이유로 거절할 수 없다(어음교환업무규약 시행세칙 제100조 제3항).

2. 不渡申告

지급은행은 부도어음내역을 교환소에 신고해야 하며, 부도어음신고를 받은 교환소는 이를 참가은행에 통지하여야 한다(어음교환업무규약 제16조 제1항·제2항).

3. 不渡어음대금의 입금통보

참가은행은 부도신고된 발행인이 그 대금을 변제하거나 담보금 또는 예수금을 입금한 경우 그 내역을 교환소에 통보하여야 하고, 이러한 통보를 받은 교환소는 이를 참가은행에 통지하여야 한다(어음교환업무규약 제17조).

〈대판 2007. 6. 1, 2005 두 6737〉

「사업소득금액의 계산에 있어서 필요경비에 해당하는 대손금은 당해 채권이 법적으로 소멸된 경우와 법적으로는 소멸되지 아니하였으나 채무자의 자산상황, 지급능력 등에 비추어 자산성의 유무에 대하여 회수불능이라는 회계적 인식을 한 경우로 구분할 수 있고, 부도발생일로부터 6월 이상 경과한 수표 또는 어음상의 채권은 후자의 대손금에 해당한다 할 것인데, 전자는 당연히 회수할 수 없게 된 것이므로 사업자가 이를 대손으로 회계상의 처리를 하건 안하건 간에 그 소멸된 날이 속하는 과세연도의 필요경비로 산입되는 것이고, 후자는 채권 자체는 그대로 존재하고 있으므로 사업자가 회수불능이 명백하게 되어 대손이 발생했다고 장부에 필요경비로 계상하였을 때에 한하여 당해 과세연도의 필요경비에 산입할 수 있다 할 것이다.」

Ⅳ. 去來停止處分

교환소는 신용거래의 안전과 질서유지를 위하여 어음교환업무규약 시행세칙에서 정한 사유에 해당하는 부도어음의 발행인에 대하여 거래정지처분을 하여야 하는데, 참가은행은 거래정지처분을 받은 자와 거래정지일로부터 만 2년간 당좌예금 및 가계당좌예금거래를 할 수 없다(어음교환업무규약 제18조 제1항; 어음교환업무규약 시행세칙 제125조).

1. 去來停止處分事由

① "예금부족"의 부도로서 참가은행으로부터 부도어음대금의 입금통보가 없을 때(다만, 구조조정대상기업의 등록이 있는 경우는 제외), ② "무거래"로 인한 부도가 있을 때(다만, 발행인이 가설인인 경우에는 제외하며, 타참가은행과 거래하고 있는 사실이 판명되고 부도발생 익영업일에 그 대금을 입금하였을 때는 1년간 1회에 한하여 거래정지처분을 면제), ③ 부도어음신고시 입금사실의 등록이 없는 "사고신고서접수"와 "법적 제한" 중 지급정지가처분명령의 송달로 인한 부도로서 사고신고담보금 또는 지급정지가처분담보금의 입금통보가 없을 때(다만, 은행관리기업의 등록이 있는 경우는 제외), ④ 교환소별로 모든 참가은행을 통하여 1년간 4회 이상 "예금부족", "사고신고서접수" 또는 "법적 제한" 중 지급정지가처분명령의 송달로 인한 어음의 부도가 있을 때, ⑤ 위·변조 증빙자료 제출확인서를 부도일로부터 15일 이내에 교환소에 제출하지 않았을 때, ⑥ 교환소별로 모든 참가은행

을 통하여 1년간 2회 이상 "한도초과"로 인한 부도가 있을 때 등이 거래정지처분사유이다(어음교환업무규약 시행세칙 제121조 제1항).

또한 어음의 배서인으로서 상환의무를 이행하지 않았을 때, 은행거래에 관하여 신용을 훼손하는 행위를 하였을 때, 한은금융망을 통해 콜자금을 조달한 비은행금융기관이 상환일에 동 자금상환을 불이행하였을 때, 위·변조 허위신고자와 관련하여 관계참가은행이 서면으로 신청한 경우에 교환소는 심사위원회 또는 운영위원회의 결의에 의하여 거래정지처분을 할 수 있다(어음교환업무규약 제18조 제2항;어음교환업무규약 시행세칙 제122조).

2. 去來停止處分의 適法性

거래정지처분이 부도어음발행자의 사업에 치명적인 타격을 주는 것은 확실하며, 일종의 사적 제재로서의 실질을 갖는 점은 부정할 수 없다. 그러나 거래정지처분제도는 무엇보다도 먼저 어음거래로부터 부도어음을 배제하고, 그럼으로써 어음거래의 안전을 확보하여 신용질서를 유지한다고 하는 공공적·공익적 기능도 갖는 것을 목적으로 하고 있다. 따라서 거래정지처분은 이것이 헌법의 제 규정(헌법 제11조, 제12조, 제23조)에 위반하지 않는 것은 물론 민법(제2조, 제103조, 제750조) 및 형법(제283조)의 제 규정에도 저촉되지 않는다고 해석된다.

3. 去來停止處分의 內容

부도어음(국고수표·자기앞수표·원화여행자수표·표지어음·교환가능한 제증서는 제외)으로서 거래정지처분사유에 해당하면 교환소는 부도어음의 발행인에 대하여 거래정지일(어음교환업무규약 시행세칙 제121조)에 거래정지처분을 하여야 하며, 당일로 이를 참가은행에 통지하면 거래정지처분은 거래정지일로부터 효력을 갖는다(어음교환업무규약 시행세칙 제124조, 제125조). 따라서 거래정지의 통지를 받은 참가은행은 거래정지처분을 받은 자에 대하여는 그 거래정지일로부터 만 2년간 당좌예금 및 가계당좌예금거래를 하지 못하도록 이를 불허하여야 한다. 하지만 거래를 금지할 수 있는 것은 당좌거래와 가계당좌예금거래만이며, 그 밖의 예금거래나 이체거래까지도 금지할 수 있는 것은 아니다. 거래정지기간중 다시 어음의 부도를 낸 자에 대하여는 거래정지처분을 하지 않는다(어음교환업무규약 시행세칙 제121조 제2항).

4. 去來停止處分의 取消

일단 이루어진 거래정지처분이라 하더라도 어음의 부도가 ① 참가은행의 착오에 기인하였을 때, ② 참가은행 또는 참가은행과 금융결제원이 공동으로 운영하는 전자적 결제시스템의 장애에 기인하였을 때, ③ 어음의 사고신고서 접수, 위·변조 또는 법적 제한 중 지급정지가처분명령의 송달을 이유로 한 지급위탁취소가 허위가 아닌 것으로 판명되었을 때는 피처분자구제를 위하여 관계 참가은행은 거래정지처분의 취소를 신속히 신청하여야 한다(어음교환업무규약 시행세칙 제128조 제1항). 이러한 신청을 받은 교환소는 거래정지처분을 취소하고, 그 내용을 참가은행에 통지하여야 한다(어음교환업무규약 시행세칙 제128조 제4항).

5. 去來停止處分의 解除

거래정지처분을 받은 자가 현저히 신용을 회복하였거나 또는 그 밖에 상당하다고 인정되는 사유가 있는 때에는 교환소는 거래정지기간에도 불구하고 거래정지의 해제를 할 수 있다(어음교환업무규약 시행세칙 제130조). 2년간의 거래정지처분기간 전이더라도 피처분자의 신용이 현저히 회복되어 다시 부도어음을 발생시킬 위험이 없게 된 때에는 이 자를 은행거래로부터 배제시킬 필요가 없기 때문이다. 그러나 거래정지처분을 해제받은 자는 그 해제일로부터 1년간은 거래정저처분을 다시 해제받을 수 없다(어음교환업무규약 시행세칙 제131조).

〈대판 2006.10.26, 2006 도 5147〉

「부정수표단속법 제2조 제2항은 수표를 발행하거나 작성한 자가 수표를 발행한 후에 예금부족·거래정지처분이나 수표계약의 해제 또는 해지로 인하여 제시기일에 지급되지 아니하게 하는 행위를 처벌하는 것인바, 엄격해석을 요구하는 죄형법정주의의 원칙에 비추어 위 규정 소정의 부도사유는 제한적으로 열거된 것이라고 보아야 할 것이므로, 수표가 발행인 또는 작성자의 책임으로 돌릴 수 있는 사유로 인하여 지급거절되었다고 하더라도 그 지급의 거절이 위 규정 소정의 '예금부족·거래정지처분 또는 수표계약의 해제·해지' 이외의 사유로 인한 것인 때에는 그 수표의 발행인 또는 작성자에 대하여 부정수표단속법 제2조 제2항 위반죄가 성립된다고는 할 수 없다.」(수표발행인이 수표결제자금이 부족하자 지급은행에 허위의 내용으로 사고신고서를 제출하여 수표가 지급거절되게 한 경우에는, 사고신고가 없었다면 예금부족으로 인해 수표가 지급거절되었을 것이라고 하더라도 '예금부족·거래정지처분 또는 수표계약의 해제·해지'로 인한 지급거절이 아니므로, 부정수표단속법 제4조에 의해 허위신고죄로 처벌받을 수 있음은 별론으로 하고 같은 법 제2조 제2항 위반죄는 성립하지 않는다고 한 사례).

제 8 장 換어음의 滿期와 支給

金敎昌, 提示證券의 假提示, 商事法의 基本問題(李範燦敎授華甲紀念論文集), 1983/金東石, 어음·수표지급인의 조사의무, 수원대사회과학논집 2(1990. 12)/文容宣, 어음금청구의 소의 제기와 원인채권의 소멸시효의 중단, 法曹 435(1992. 12)/李康龍·裵相五, 지급인의 조사의무, 忠南大 法學硏究 4, 1(1993. 12)/李基秀, 어음채무자의 면책, 司法行政 331(1988. 7)/李基秀, 어음訴訟制度, 월간고시 180(1989.1)/李棹漢, 어음법 제40조 제 3 항에 관한 연구: 어음지급인의 조사의무와 조사권, 연세행정논총 6(1980. 1)/鄭燦亨, 어음수표의 지급인의 조사의무, 충북대논문집 21(1981. 6)/鄭燦亨, 어음요건의 일부가 기재흠결된 어음의 지급제시의 효력, 判例月報 194(1986. 11)/鄭燦亨, 僞造·變造된 어음수표를 지급한 지급인의 책임, 경찰대논문집 4(1985. 1)/黃秉一, 어음금의 청구와 권리남용, 判例硏究(대구지법) 2(1989. 1).

환어음의 지급은 만기에 지급인에 의하여 이루어지는 것이 보통이다. 그러나 지급인은 어음을 인수하여 인수인이 된 때에 한하여 어음의 주채무자가 되는 것이므로, 만약 어음을 인수하지 아니한 채 어음을 지급한 경우에는 어음의 주채무자로서 지급한 것이 아니라 어음상의 채무 없이 단순한 발행인의 위탁에 기하여 행한 것이 될 뿐이다.

제 1 절 履行期(支給의 時期)

어음법은 이행기 대신에 만기에 대하여 규정하고 있다. 어음은 만기에 지급을 청구할 수 있다. 만기라 함은 어음금액이 지급될 날로서 어음상에 기재된 날을 말하며, 만기일(Verfalltag) 또는 지급기일(Zahlungszeit)이라고도 한다. 일반적인 경우에는 만기가 이행기로 되지만, 만기가 법정휴일인 때에는 그에 이은 제 1 거래일이 이행기로 되고, 일람출급어음의 경우에는 지급제시된 때가 이행기로 된다.

(1) 보통은 일정한 일자(확정일출급어음) 또는 발행 후의 일정한 일자(발행일자후정기출급어음)를 만기일로 한다. 또한 흔하지는 않지만 어음이 일람출급(일람

출급어음)이나 일람 후 일정한 일자에 지급할 것(일람후정기출급어음)으로 발행될 수도 있다. 그러나 이상의 네 가지 만기일 이외의 것을 다른 만기일로 하는 것은 허용되지 않는다(어음법 제33조).

〈대판 1997. 5. 7, 97 다 4517〉

「어음의 만기는 확정가능하여야 하므로 어음 자체에 의하여 알 수 있는 날이어야 하고, 어음 이외의 사정에 의하여 좌우될 수 있는 불확정한 날을 만기로 정할 수 없다고 할 것이니 불확정한 날을 만기로 정한 어음은 무효라고 할 것이다.」

(2) 환어음의 만기가 법정휴일인 때에는 그에 이은 제 1 의 거래일에 지급을 청구할 수 있다(어음법 제72조 제 1 항 제 1 문). 이 점은 민법 제161조에 의하여도 마찬가지이다. 그러나 이른바 은혜일(Respekttage)은 법률상이거나 재판상임을 불문하고 인정되지 않는다(어음법 제74조). 물론 이행기가 만기일과 항상 일치하는 것은 아니다. 왜냐하면 법률상 상환청구를 위한 거절증서의 작성은 만기에 이은 2거래일까지 가능하기 때문이다(어음법 제44조 제 3 항). 그러나 이것이 의미하는 바는 그 때까지 어음채무자에게 유예기간이 주어져야 한다는 것뿐이다.

(3) 이와 같이 지급은 만기일에 행해지는 것이 원칙이지만, 현실적으로 어음의 지급을 연기할 필요성으로 인해 다음과 같은 지급연기방법이 행해진다. 첫째, 어음상에 기재된 만기를 사후에 변경하는 방법이 있다. 그러나 이 때에는 모든 어음관계자의 동의를 얻어야 한다. 왜냐하면 그 변경은 현재의 소지인의 이해뿐만 아니라 상환의무자의 이해에도 영향을 미치기 때문이다. 따라서 만기일자의 변경에 동의하지 않은 어음당사자에 대하여는 만기의 변조가 된다.

(4) 둘째로 지급연기를 특약하는 경우로서, 가령 현재의 어음소지인과 인수인(약속어음의 경우 발행인) 사이에서 지급유예를 합의하는 경우가 그것이다. 상환청구권자도 어음채무자에 대하여 지급을 유예할 수 있다. 그렇지만 그러한 합의가 어음법상의 만기에 어떤 변화를 주는 것은 아니므로, 상환청구권을 취득하기 위한 거절증서의 작성은 어음상의 만기를 기준으로 하여야 한다. 다만, 그와 같은 합의로 인하여 어음상의 채권자로부터 지급유예를 허락받은 채무자에게는 인적항변권이 인정된다.

(5) 셋째로 일상의 어음거래에서 행해지는 지급연기의 방법인 어음개서가 있다. 어음개서란 넓은 의미로는 기존의 어음을 여러 가지 목적(예 : 파손된 어음의 교체, 어음의 병합 또는 분할)에서 새로운 어음으로 발행하는 것을 뜻하지만, 좁은 의미로는 어음금의 지급

을 연기하기 위해서 만기를 변경하여 새로운 어음을 발행하는 것을 뜻하며, 보통 어음의 주채무자와 어음소지인 사이의 합의에 의하여 행해진다. 후자의 의미로 발행된 어음을 개서어음 또는 연기어음이라고 부른다. 아래에서 살펴볼 내용은 좁은 의미의 어음개서에 관한 것으로 한정하기로 한다.

A. 어음개서의 방법은 구 어음을 회수하고 새로운 어음을 발행하거나 구 어음을 회수하지 않고 어음소지인이 새로운 어음과 아울러 구 어음을 모두 보유하는 모습으로 행해진다.

B. 어음을 개서하기 위해서는 어음채무자와 어음소지인 사이에 어음개서에 관한 합의가 있어야 한다. 따라서 환어음의 경우 인수인은 발행인에게 어음소지인이 누구인지에 관해 문의할 수 있다. 물론 발행인이 여전히 구 어음을 가지고 있다면, 어음개서는 본래의 어음과 개서어음을 교환함으로써 행해진다. 이와 같이 어음소지인으로부터 어음채무자가 구어음을 회수하는 경우, 어음개서의 법적 성질이 무엇인가와 관련하여 학설상 다툼이 있다.

첫째로 판례(대판 1967. 12. 19, 67 다 935)의 입장인 경개설에 따르면 어음개서에서의 당사자의 의사는 만기의 변경이고, 만기는 어음요건으로서 채무의 요소이므로 그 변경은 경개로 보아야 하며, 따라서 경개에 의해 구 어음상의 채무는 소멸하고 새로운 어음상의 채무가 발생한다. 그러나 이 설은 어음개서를 통해 어음채권자가 교부받은 개서어음상의 채무는 경개계약에 의한 것이 아니라 어음채무의 무인성에 따라 새로운 어음행위에 의해 비로소 발생하는 것이라는 점에서 옳지 않다.

둘째로 통설인 대물변제설에 따르면 새로운 어음은 구 어음을 원인관계로 하여 지급에 갈음하여 발행된 것으로서, 어음개서에 의해 구 어음채무는 소멸하고 그 대신에 새로운 어음채무가 발생한다.

셋째로 신의칙설(吉永榮助, 「手形の書替」, 鈴木竹雄 · 大隅建一郎, 手形法 · 小切手法講座 Ⅳ, 187쪽)에 따르면, 위의 두 학설은 구 어음상의 채무를 소멸하는 것으로 보는데, 이는 당사자의 의사에 반하므로 구어음을 반환하는 근거는 경개나 대물변제에 의한 효과가 아니라 어음채무자가 구 어음을 반환하지 않을 경우 지게 될 수도 있는 이중지급의 위험을 방지하기 위해 신의칙에 따라 반환하는 것이고, 구 어음상의 채무는 구 어음을 반환받은 때에 소멸하지 않고 반환받은 후 이를 파기할 때 소멸한다.

생각건대 구 어음과 교환으로 행하여진 개서어음의 교부는 지급에 갈음하여 행하여진 것으로 보아야 하며, 따라서 구 어음채무는 소멸하게 된다.

C. 두 번째 어음개서의 방법으로는 어음채무자가 구 어음을 회수하지 않는

경우가 있다. 어음채무자와 어음채권자가 어음개서계약을 하면서 구어음을 회수하지 않기로 정한 때에는 일반적으로 어음개서계약은 구어음채무의 이행을 위하여 행해지는 것이므로 새로운 어음상의 채무가 이행될 때 구어음상의 채무도 소멸한다. 따라서 그 전에는 신·구어음상의 채권이 병존하게 된다. 물론 신·구어음의 소지인이 새로운 어음의 만기가 도래하기 전에 구어음에 의해서 어음금지급을 청구할 때에 어음채무자는 새로운 어음의 발행으로 인한 지급유예로써 인적항변을 할 수 있으며, 어음금을 지급할 때에도 이중지급의 위험을 방지하기 위해서 신·구어음 모두의 반환을 청구할 수 있다(새로운 어음이 구어음의 만기 후에 발행된 때에는 구어음의 반환을 요구할 필요는 없다).

다음으로 어음개서계약에서 구어음을 반환하기로 했으나 반환하지 않은 경우의 법률관계는 대체로 구어음을 회수한 경우와 같으나, 구어음이 만기 전에 제3자에게 선의취득될 수 있다는 점이 다르다.

D. 어음개서의 효력과 관련하여 문제가 되는 것은 구어음상의 담보와 항변이 새로운 어음에 의한 권리행사에도 인정되는가의 여부이다. 경개설을 취하건, 대물변제설을 취하건 모두 이를 인정하고 있다.

구어음상의 담보가 새로운 어음에도 승계되는가에 대해서 경개설을 취하는 입장에서는 지급연기의 수단으로 행해진 어음개서는 구어음이 반환되더라도 구어음상의 권리 자체는 소멸하는 것이 아니라 새로운 어음상의 권리와 법적으로 동일성을 갖는다고 하는 반면, 통설인 대물변제설을 취하는 입장에서는 신·구어음상의 권리는 법적으로 동일하지 않으나 경제적 내지 실질적으로는 동일하다고 하여 구어음채무에 대한 담보가 새로운 어음채무에 이전한다고 한다. 모두 근거제시에 논리일관되지 못한 부분이 있다고 할 수 있으나, 어음채권자를 지급연기를 받은 어음채무자에 비해 불리한 지위에 둘 수는 없으므로 그 승계의 근거를 신·구어음채무의 실질적 동일성에서 찾는 통설에 따른다.

다음으로 구어음상의 인적항변의 경우도 신·구어음채무의 실질적 동일성으로 인해 새로운 어음에 승계된다. 이 때 인적항변의 선·악의는 구어음의 취득시를 기준으로 하여 판단하여야 한다(동지 : 정동윤, 278쪽).

(6) 이상에서 살펴본 세 가지의 당사자의사에 의한 지급연기방법 이외에도 법률에 의해 지급이 연기되는 경우가 있다. 즉 전쟁·지진·경제공황 기타 전국 또는 일부 지방에 긴급사태가 발생한 때에는 법률에 의하여 어음채무의 지급이 유예되는데, 이 때에는 만기 자체가 연기되는 때와 만기는 연기되지 않

고 제시기간 및 거절증서 작성기간만이 연장되는 경우가 있다(어음법 제54조 제1항, 제77조, 제1항 제4호).

(7) 만기 전의 어음금지급은 제한된다. 즉 만기 전에 어음이 제시된 때에는 지급인으로서는 당연히 지급을 거절할 수 있고, 어음소지인으로서는 지급인이 지급을 하려고 해도 민법 제468조와는 달리 지급을 받을 의무가 없다(어음법 제40조 제1항, 제77조, 제1항 제3호). 물론 어음소지인과 지급인이 만기 전의 어음금지급에 관해 합의한 때에는 그러하지 아니하며, 이러한 합의가 있더라도 그 지급은 전적으로 지급인의 위험부담으로 해야 한다(어음법 제40조 제2항). 만기 전의 지급을 이와 같이 제한한 이유는 어음소지인이 만기까지 어음을 유통시킬 수 있는 이익을 보호하려는 데 있다(만기 전 지급에 관한 자세한 설명은 제8장 제4절 Ⅱ. 2. 참조).

(8) 반면 지급제시기간이 경과한 후에 지급을 하는 이른바 만기 후의 지급과 관련해서 인수인은 어음상의 주채무자이므로 권리의 보전절차에 흠결이 있어도 어음채무가 시효로 소멸할 때까지는 어음금을 지급하여야 하며, 어음소지인은 상환의무자의 이익을 고려할 필요가 없으므로 일부지급을 거절할 수 있다. 만기 후이지만 지급제시기간 내에 행해지는 지급은 여기서 말하는 만기 후의 지급이 아니라 '만기에 있어서의 지급'에 해당한다.

제 2 절 支給을 위한 提示

Ⅰ. 支給提示의 必要性

어음의 지급은 지급제시를 전제요건으로 한다. 즉 다른 금전채무(민법 제467조 제2항)와는 달리 어음채무는 지참채무가 아니라 추심채무이다. 채무자로서는 어음을 제시받아야 비로소 어음소지인의 자격을 조사할 수 있다. 지급을 위한 제시는 인수를 위한 제시와 구별된다. 인수를 위한 제시는 그 목적이 다를 뿐만 아니라 그 적용규정도 다르기 때문이다.

Ⅱ. 支給提示의 當事者

어음소지인은 어음을 반드시 직접 제시해야 하는 것은 아니며, 대리인을 통해서도 할 수 있다. 피제시자는 약속어음의 발행인, 환어음의 지급인 또는 인수인과 그들의 대리인이다. 물론 환어음의 인수인이나 약속어음의 발행인 등 어음상의 주채무자에 대해서는 적법한 기간 내의 지급제시 없이도 어음금액을 청구할 수 있다.

〈대판 1971. 7. 20, 71 다 1070〉

「약속어음의 발행인은 어음금액을 절대적으로 지급할 채무를 부담하는 자이므로 소지인은 발행인에게 지급을 위한 제시 없이도 어음금을 청구할 수 있다. 이는 백지약속어음에 있어서도 마찬가지이다. 약속어음발행인은 어음금액을 절대적으로 지급할 채무를 부담하는 자이고 상환의무자가 아니므로, 백지로 하여 발행된 약속어음의 지급제시를 적법한 기간 내에 하지 아니하였더라도 소지인은 발행인에 대한 어음금청구권을 상실하는 것이 아니다.」(동지 : 대판 1981. 4. 14, 80 다 2695)

이것은 주채무자를 위한 어음보증인에 대해서도 마찬가지이다.

〈대판 1988. 8. 9, 86 다카 1858〉

「약속어음의 발행인은 어음금을 절대적으로 지급할 의무를 부담하는 것이므로 어음소지인이 발행인에 대하여 지급을 위한 제시를 하지 아니하였다 해도 발행인에게 어음금액을 청구할 수 있는 것이며, 발행인을 위한 어음보증인은 보증된 자와 동일한 책임을 지는 것이므로 이러한 어음보증인에게도 소지인은 지급을 위한 제시 없이도 어음금청구권을 행사할 수 있다.」

〈대판 2009. 9. 24, 2009 다 50506〉

「어음발행인에 대하여 파산절차가 개시되더라도 어음의 정당한 소지인은 파산절차에 의하지 아니하고 지급은행을 상대로 사고신고담보금의 지급청구권을 행사하여 그 채권의 만족을 얻을 수 있는 것이지만(대판 1995. 1. 24, 94 다 40321 판결, 대판 2001. 7. 24, 2001 다 3122 등 참조), 이 경우 어음소지인이 정당한 어음권리자로서 지급은행으로부터 사고신고담보금을 지급받기 위하여 제출이 요구되는 확정판결 등의 증서를 얻기 위하여는 파산채권자로서 파산절차에 참가하여 채권신고를 하고 채권조사절차 또는 채권확정소송 등을 거쳐 그 채권을 확정받는 방법을 통하여야 한다.… 파산채권인 원고의 이 사건 어음금 채권에 관하여 채무자 회생 및 파산에 관한 법률에 정한 절차에 따른 채권신고가 있었는지, 있었다면 채권조사기일의 조사절차를 거쳤는지, 그 때 파산관재인 또는 다른 채권자의 이의가 있었는지 등의 여부에 따라 소송절차를 유지할 필요성 여부가 판단되어야 하고, 속행되는 경우라면 소송의 형태도 채권확정의 소송으로 바뀌어야 할 것인데 원심이 이 점에 관한 조사 및 심리를 다하지 아니한 채 만연히 변론을 종결하고 어음금의 이행을 명한 제 1 심판결을 유지하는 판결을 선고한 조치는 위법하고, 이 점을 지적하는 상고이유의 주장은 이유 있다.」

Ⅲ. 支給提示의 時期

확정일출급어음 · 발행일자후정기출급어음 및 일람후정기출급어음에 있어서 지급을 위한 제시는 지급을 할 날(만기일 또는 만기일이 법정휴일인 때에는 이에 이은 제 1 의 거래일) 혹은 그에 이은 2 거래일 내에 하여야 한다(어음법 제38조 제 1 항). 반면 일람출급어음의 지급을 위한 제시는 발행일로부터 1년 내에 하여야 한다(어음법 제34조 제 1 항).

제시기간을 준수하는 것은 여러 가지 측면에서 중요하다.

(1) 적법한 기간 내의 제시를 게을리하면 어음소지인은 그로 인해 또는 그와 관련된 거절증서작성의 해태로 인해 상환청구권(Regreßanspruch)을 상실한다(어음법 제53조 제 1 항).

〈대판 1996. 11. 8, 95 다 25060〉

「어음이 '지급을 위하여' 교부된 경우에는 채권자는 어음채권과 원인채권 중 어음채권을 먼저 행사하여 만족을 얻을 것을 당사자가 예정하였다고 할 것이므로 채권자로서는 어음채권을 우선 행사하고, 그에 의하여서는 만족을 얻을 수 없을 때 비로소 채무자에 대하여 기존의 원인채권을 행사할 수 있다고 하여야 하며, 나아가 이러한 목적으로 어음을 배서양도받은 채권자는 특별한 사정이 없는 한 채무자에 대하여 원인채권을 행사하기 위하여는 어음을 채무자에게 반환하여야 하므로, 채권자가 채무자에 대하여 자기의 원인채권을 행사하기 위한 전제로서 지급기일에 어음을 적법히 제시하여 상환청구권보전절차를 취할 의무가 있다고 보는 것이 양자 사이의형평에 맞는다.」(동지 : 대판 1995. 10. 13, 93 다 12213)

이러한 사실은 거절증서의 작성이 면제된 경우에도 마찬가지이다(어음법 제46조 제 2 항). 이를 어음의 보전절차의 흠결(Präjudizierung)이라 한다.

〈대판 1974. 12. 2, 74 다 808〉

「회사의 출납계장이 회사의 직인을 부정사용하여 타인발행의 약속어음에 회사가 배서한 것처럼 위조하였다 하여도 소지인이 이 약속어음의 지급기일을 도과한 후에 지급을 위한 제시를 한 경우에는 소지인은 모든 배서인에 대한 상환청구권을 상실하므로, 위 위조에 대한 상환청구권상실을 이유로 하여서는 회사에 대하여 위 출납계장의 사용자로서의 불법행위책임을 물을 수 없다.」

이 판결 이후 대법원은 태도를 바꾸었다.

〈대판 1994.11.8, 93 다 21514〉

「어음이 위조된 경우에 피위조자는 민법상 표현대리에 관한 규정이 유추적용될 수 있다는 등의 특별한 경우를 제외하고는 원칙적으로 어음상의 책임을 지지 아니하나, 피용자가 어음위조로 인한 불법행위에 관여한 경우에 그것이 사용자의 업무집행과 관련한 위법한 행위로 인하여 이루어졌으면 그 사용자는 민법 제756조에 의한 손해배상책임을 지는 경우가 있고, 이 경우에 사용자가 지는 책임은 어음상의 책임이 아니라 민법상의 불법행위책임이므로 그 책임의 요건과 범위가 어음상의 그것과 일치하는 것이 아니다. 따라서 민법 제756조 소정의 사용자책임을 논함에 있어서는 어음소지인이 어음법상 상환청구권을 가지고 있느냐는 등 어음법상의 권리 유무를 따질 필요가 없으므로, 어음소지인이 현실적으로 지급제시를 하여 지급거절을 당하였는지의 여부가 어음배서의 위조로 인한 손해배상책임을 묻기 위하여 필요한 요건이라고 할 수 없고, 어음소지인이 적법한 지급제시기간 내에 지급제시를 하지 아니하여 상환청구권보전의 절차를 밟지 않았다고 하더라도 이는 어음소지인이 이미 발생한 위조자의 사용자에 대한 불법행위책임을 묻는 것에 장애가 되는 사유라고 할 수 없다.」

그러나 지급제시의 해태로 인하여 인수인에 대한 청구권은 상실되지 않는다. 다만, 인수인은 지급제시기간 내에 지급을 위한 제시가 없어 지급의 기회를 갖지 못한 경우, 어음소지인의 위험과 비용으로 어음금액을 공탁함으로써 책임을 면할 수 있다(어음법 제42조). 한편 지급거절증서작성이 면제된 경우 적법한 지급제시를 한 것으로 추정되므로 적법한 지급제시가 없었다는 사실은 이를 원용하는 자가 주장 · 증명하여야 한다.

〈대판 1984.4.10, 83 다카 1411〉

「약속어음의 소지인은 특단의 사정이 없는 한 적법한 지급제시를 한 경우에만 그 배서인에 대한 소구권을 행사할 수 있으며, 그 어음배서인이 지급거절증서작성을 면제한 경우에는 그 어음소지인은 적법한 지급제시를 한 것으로 추정되어 적법한 지급제시가 없었다는 사실은 이를 원용하는 자에게 주장 · 입증 책임이 있고, 어음배서인에 대한 지급제시는 적법한 지급제시의 요건이 아니므로 어음소지인이 그 배서인에게 지급제시하지 않았다 하여 적법한 지급제시가 없었으므로 소구권이 상실되었다고는 할 수 없다.」

〈대판 1985.5.28, 84 다카 2425〉

「약속어음의 배서인이 지급거절증서작성을 면제한 경우에는 그 소지인은 소구권을 행사하기 위하여 법정기간 내에 발행인에 대하여 지급제시를 한 것으로 추정받는 것이므로, 위와 같은 적법한 지급제시가 없었다는 사실은 이를 원용하는 자에게 그 주장 및 입증책임이 있다.」

(2) 어음을 만기 전에 제시하더라도 어음소지인의 지급청구권은 인정되지 않는다. 왜냐하면 기한이 도래하지 않았기 때문이다. 그러나 지급인은 자기의 위험부담으로 만기 전에 지급할 수 있다(어음법 제40조 제2항). 이는 지급인이 무권리자에게 지급한 때에는 인수인으로서의 자신의 채무가 소멸되지 않음을 의미한다. 이 경우 배서의 연속에 의해 어음소지인이 형식적 자격을 갖추고 있더라도 지급인은 보호받지 못한다. 따라서 어음은 만기 전에는 면책적 효력, 즉 채무자를 위한 자격수여적 효력을 갖지 못한다. 이러한 효력은 만기에 이르러 비로소 발생한다(어음법 제40조 제3항).

Ⅳ. 支給提示의 場所

(1) 어음면에 지급장소가 기재되어 있을 때에는 지급을 위한 제시는 지급장소에서 하여야 하며, 그 곳에서 지급제시를 하지 않으면 제시로서의 효력이 없다. 만약 지급장소가 지급지 내에 있지 않을 때에는 지급장소의 기재 자체가 무효이므로 어음소지인은 지급장소가 기재되어 있지 않은 때와 마찬가지로 지급지 내에 있는 지급인의 영업소·주소 또는 거소에서 지급제시를 하여야 한다.

(2) 지급제시기간이 경과한 후에 하는 지급장소의 기재가 유효한가, 즉 지급장소에서 지급제시를 한 경우 제시로서의 효력이 있는가와 관련하여 학설은 크게 유효설과 무효설로 나뉘지만, 우리나라에서는 유효설을 취하는 학자는 없다. 반면 무효설을 취하는 입장은 다시 어음상의 지급지의 기재도 무효가 되는가와 관련하여 지급장소의 기재만을 무효로 보는 입장과 모두 무효로 보는 입장(강위두, 402쪽; 정동윤, 457쪽)으로 나뉘고 있다(지급지는 재판적결정의 기준이 되므로 지급지의 기재는 제시장소를 구속하는 효력만이 실효한다고 하여 절충적 입장을 취하는 견해로는 최기원, 402쪽).

생각건대 지급제시기간이 경과한 후에도 지급장소에서 지급제시를 하도록 하는 것은 지급인으로 하여금 장기간 지급장소에 자금을 보유하게 하는 불합리가 있고, 지급지 역시 지급제시기간 내에 어음의 제시가 있을 것을 전제로 하고 있고, 지급지는 지급장소의 탐지를 위하여 기재되는 것이 보통이므로 지급제시기간이 경과한 뒤에는 지급지의 기재도 실효하는 것으로 보아야 할 것이다. 따라서 어음소지인은 지급제시기간이 경과한 뒤에는 지급인의 영업소나 주소에서 지급제시를 하여야 한다.

(3) 지급장소가 어음면에 기재되어 있더라도 어음소지인과 지급인이 지급지 내의 다른 장소를 지급장소로 하기로 합의한 때에는 변경된 장소에서 지급제시를 할 수 있으며, 그 지급제시는 모든 어음관계자에 대해서도 유효하다.

(4) 실무상 어음의 지급제시는 어음교환소를 통해 행해지는 것이 보통이다. 어음법상으로도 어음교환소에서의 환어음의 제시는 지급을 위한 제시로서의 효력이 있다(제38조 제 2 항). 어음교환소는 법무부장관이 지정한다(제83조 : 자세한 내용은 제 2 편 제 7 장 제 4 절 참조).

(5) 2007년 5월 17일 어음법개정에 의하여 소지인으로부터 환어음의 추심을 위임받은 금융기관("제시금융기관")이 그 환어음의 기재사항을 정보처리시스템에 의하여 전자적 정보의 형태로 작성한 후 그 정보를 어음교환소에 송신하여 그 어음교환소의 정보처리시스템에 입력된 때에는 어음법 제38조 제 2 항에서 규정한 지급을 위한 제시가 이루어진 것으로 보도록 변경되었다(제38조 제 3 항).

Ⅴ. 支給提示의 方法

(1) 지급제시는 완성된 어음으로 피제시자에 대하여 현실로 하여야 한다(당사자간의 합의나 상관습에 따른 우편에 의한 제시를 인정하는 입법례로는 영국 환어음법 제45조 제 8 항). 따라서 어음의 등본이나 보충 전의 백지어음에 의한 제시는 무효이다(대판 1970. 3. 10, 69 다 2184; 대판 1971. 1. 26, 70 다 602).

〈대판 1995. 9. 15, 95 다 23071〉

「약속어음의 발행지는 어음요건의 하나이므로 그 기재가 없는 상태에서 아무리 보충권이 수취인 내지 소지인에게 주어졌다 하더라도 완성된 어음으로서의 효력이 없는 것이어서 어음상의 권리자에 의한 완성행위(백지어음의 보충권의 행사) 없이는 어음상의 권리가 적법하게 성립할 수 없고, 따라서 소지인이 이러한 미완성의 어음으로 지급을 위한 제시를 하였다 하여도 적법한 지급제시가 될 수 없으므로 배서인은 소지인에 대하여 상환청구의무를 부담하지 아니한다.」

어음을 상실한 자는 제권판결을 받아야 적법한 제시를 할 수 있다. 지급제시는 지급인의 지급거절이 명백한 경우에도 하여야 한다.

(2) 지급제시가 불가능한 경우나 무의미한 때에는 현실의 제시가 없어도 지급제시로서의 효력이 인정된다. 따라서 피제시자가 지급장소나 지급인의 영업소 또는 주소지에 없거나, 지급장소가 불명한 때(이 때에는 어음소지인이 필요한 조치, 예컨대 제시불능의 공증과 같은 조치를 취해야 할 것이다), 지급장소로 기재된 은행이 어음을 소지한 때, 지급인이 어음소지인에 대해 만기

일에 지급장소에서 일부지급을 한 때, 재판상의 청구에 있어서 소장 또는 지급명령의 송달이 있는 때에는 지급제시와 동일한 효력이 있다.

〈대판 1959. 2. 19, 4290 민상 588〉

「어음금을 재판상 청구하는 경우에는 어음을 채무자에게 제시할 필요 없고, 소장의 송달이 어음제시와 동일한 효력을 가진다고 볼 것이다.」

〈대판 1970. 7. 24, 70 다 965〉

「약속어음금 청구소송에서 그 소장부본이 피고에게 송달되면 지급제시의 효력이 있다.」(동지 : 대판 1962. 9. 20, 62 다 326 ; 대판 1964. 11. 24, 64 다 1026)

제 3 절　支給의 目的物과 方法

(1) 지급은 일정액의 금액으로 하여야 한다. 어음금액이 우리나라의 통화로 표시된 때에는 통화의 종류가 지정되지 않는 한 각종의 내국통화로 지급인의 선택에 따라 지급할 수 있다(민법 제377조 제 1 항). 통화의 종류가 지정된 경우 그 통화가 변제기에 강제통용력을 잃은 때에는 다른 통화로 지급하여야 한다(민법 제376조).

(2) 어음금액이 외국통화로 기재된 때에는 특정외국통화에 의해 지급해야 한다는 외국통화현실지급문구가 기재되어 있는 경우(어음법 제41조 제 3 항, 제77조 제 1 항 제 3 호)를 제외하고 내국통화로 환산하여 지급할 수 있다. 이 때의 환산율은 어음에 그 기재가 있는 때에는 그것에 따르고, 그렇지 않을 때에는 만기에 있어서 지급지의 환시세에 따르며, 지급을 지체한 때에는 어음소지인의 선택에 따라 만기의 날 또는 지급의 날의 환시세에 의하여 지급을 청구할 수 있다(어음법 제41조 제 1 항). 이것은 지급인이 환차익을 임의로 갖지 못하도록 하기 위해서 마련된 규정이다. 발행국의 통화와 지급국의 통화가 동명이가인 경우(예 : 홍콩의 달러와 미국의 달러)에는 어음금액은 지급지의 통화에 의하여 정한 것으로 추정한다(어음법 제41조 제 4 항).

(3) 지급인이 권리자에게 어음금액을 지급하거나 제40조 제 3 항에 의하여 면책적으로 무권리자에게 지급하면 어음법 제28조 제 1 항의 어음주채무에 의한 이행으로서의 효력이 있다. 지급이 적시에 행하여지면 상환청구권이 성립될 수 없다. 왜냐하면 지급의 흠결이라는 요건이 존재하지 않기 때문이다(어음법 제43조 제 1 문). 지급이 지체되어 거절증서작성 이후에 행해지더라도 이미 성립된 상환청구권은 소멸한다.

지급은 민법 제469조에 의하여 제3자에 의하여도 할 수 있다. 그러나 상환의무자가 지급인을 대신하여 지급하였다면(자기 자신의 상환청구권도 상실되는 효과와 함께) 특약이 없는 한 상환의무자는 지급인의 급부의무를 이행한 것이 아니라 자기의 상환의무에 대하여 지급한 것으로 보아야 할 것이다.

(4) 이행대용방법(상계·공탁·면제 등)에 의한 이행도 이행으로서의 효력이 있다.

〈대판 1991.4.9, 91 다 2892〉

「어음채권을 자동채권으로 하여 상계의 의사표시를 하는 경우에 있어 재판 외의 상계의 경우에는 어음채무자의 승낙이 없는 이상 어음의 교부가 필요불가결하고 어음의 교부가 없으면 상계의 효력이 생기지 아니한다 할 것이지만, 재판상의 상계의 경우에는 어음을 서증으로서 법정에 제출하여 상대방에게 제출되게 함으로써 충분하다.」

〈대판 1976.4.27, 75 다 739〉

「어음금채권자가 어음금채권을 자동채권으로 하여 상계의 의사표시를 함에 있어서 상대방의 승낙이 없는 한 어음의 교부가 없으면 상계의 효력이 생기지 않는다.」

면제에 있어서는 지급인만을 면제해 주는 경우를 생각해 볼 수 있다. 그러나 그 경우에 면제는 진정한 의미의 면제가 아니며, 지급인 대신 청구받은 상환의무자에 대하여 지급인은 계속해서 책임을 부담한다.

(5) 소지인은 일부지급을 거부할 수 없다. 왜냐하면 소지인으로서는 지급되지 아니한 부분에 대해서는 다시 상환청구할 수 있을 뿐만 아니라, 상환의무자로서는 지급된 부분에 대한 상환의무를 면할 수 있기 때문이다. 소지인이 일부지급을 거절한 때에는 그 부분에 대한 상환청구권을 상실한다. 지급인은 일부지급을 어음에 기재하고, 또 일부지급에 대한 영수증을 교부할 것을 요구할 수 있다(어음법 제39조 제3항). 그러나 지급인은 일부지급을 하여도 소지인에 대하여 어음의 교부를 청구할 수 없다.

(6) 지급인은 영수여부를 기재한 어음을 교부받은 때에 비로소 완전한 지급을 할 수 있다(어음법 제39조 제1항). 왜냐하면 그렇게 하여야 지급인은 (이미 지급되어 소멸한) 어음의 취득자에 의하여 다시 청구를 받는 위험을 피할 수 있기 때문이다. 이는 강제집행의 경우에도 마찬가지이다.

〈대판 1991.12.24, 90 다카 28405〉

「어음채무자가 어음채무를 지급하는 경우 어음의 상환증권성에 의하여 임의변제의 경우뿐만 아니라 강제집행에 의한 경우에도 그 상환을 필요로 하는 것이므로, 채무자에게 이중변제의 위험이 있을 수 없다.」

만약 어음을 환수받지 아니한 경우에는 어음의 취득자에게 변제의 항변을 할 수 없다. 물론 거절증서 작성기간경과 전의 배서에 의해서 어음을 취득한 자에 대해서만 변제의 항변배제가 고려된다. 그러므로 통상의 지명채권양도의 효력만을 가지는 이른바 기한후배서에 대해서는 변제의 항변이 가능하다.

(7) 면책적인 지급을 함으로써 어음에 대한 소유권은 지급인에게 이전된다.

(8) 지급인에 의한 어음채무의 지급은 보통의 경우 어음발행의 원인이 되는 채무관계에 대하여도 효력을 미친다. 대개는 지급에 의하여 일정한 채무에 대한 이행을 위하여 그 때 그 때마다 인수인 · 발행인 또는 배서인으로부터 어음이 교부되었던 모든 채무관계가 종결된다.

제 4 절 支給의 效果와 어음債務者의 免責

Ⅰ. 支給의 效果

유효한 지급에 의하여 어음은 그 본래의 역할을 다한 것이 되어 어음상의 권리는 모두 소멸한다.

Ⅱ. 어음債務者의 免責

어음채무자는 원칙적으로 어음상의 권리자 또는 이로부터 지급수령의 권한을 수여받은 자에게 지급하지 않으면 안 되고, 그 이외의 자, 예컨대 어음의 절취자 · 습득자 기타 권리자로부터 지급수령의 권한을 수여받지 아니한 자에게 지급하여도 그 지급은 무효이므로 권리자에 대한 지급의무를 면하지 못한다. 그러나 어음채무자는 지급시마다 어음의 지급을 청구하는 자가 진정한 권리자 또는 그 자로부터 권한을 수여받은 자인가의 여부를 언제나 정확하게 판단할 수는 없다. 그런데 어음채무자가 어음의 지급을 받을 권한이 있는 자 이외의 자에게 지급한 경우에 항상 면책되지 않는다고 한다면, 이는 어음채무자에게 가혹하고 동시에 어음의 원활한 유통은 저해된다.

이러한 이유에서 어음채무자가 진정한 권리자 또는 이로부터 권한을 수여받은 자 이외의 자에게 지급한 경우에도 어음채무자를 면책시킬 필요가 있다. 문제는 어떠한 경우에 어떠한 조건이 충족되어야 면책의 효과가 발생하느냐 하는 것이다.

1. 滿期에 있어서의 支給

어음법 제40조 제3항은 "만기에 지급하는 지급인은 사기 또는 중대한 과실이 없으면 책임을 면하고, 지급인은 배서의 연속의 정부를 조사할 의무가 있으나 배서인의 기명날인 또는 서명을 조사할 의무는 없다"고 규정하고 있다.

(1) "만기에 지급하는"의 의미 어음법 제40조 제3항은 만기에 지급하는 경우에 관해 규정하고 있는데, 이 규정은 제2항의 만기 전에 지급하는 경우와 대비되는 것이므로, 결국 지급의무에 기하여 지급하는 경우를 말한다고 본다. 따라서 단지 만기에 하는 지급뿐만 아니라 지급제시기간내의 지급, 나아가 지급제시기간경과 후의 지급에도 어음법 제40조 제3항이 적용된다고 할 것이다.

그리고 만기 전의 상환청구의 경우에는 그것이 비록 만기 전에 있어서의 지급이지만, 상환의무자에게 이미 지급의무가 발생하고 있으므로 상환의무자의 면책에 관해서는 만기 후의 지급과 마찬가지로 취급되어야 하고, 따라서 이 경우 상환의무자의 지급에는 제2항이 아니라 제3항이 적용된다고 본다.

(2) "지급인"의 의미 제3항에서 말하는 지급인에는 환어음의 인수인(약속어음의 경우 발행인)이 이에 해당함은 당연하고, 상환의무자도 이에 포함된다. 나아가 지급담당자(수표의 지급담당자도 마찬가지이다)에게도 이 조항이 유추적용된다고 할 것이다. 왜냐하면 위의 지급담당자는 지급의무를 부담하는 주채무자로부터 지급을 위탁받은 대리인의 지위에 있기 때문이다.

(3) 지급인의 조사의무 환어음의 경우 지급인(약속어음의 발행인)은 지급시 면책이 되기 위하여 반드시 소지인이 배서의 형식적 연속에 의하여 형식적 자격을 구비하여야 하고, 또 그를 실질적 유자격자로 믿는 데 발행인, 지급인에게 사기나 중과실이 없어야 한다. 조사의무의 측면에서 본다면 형식적 자격에 관하여는 지급인(발행인)이 반드시 조사해야 할 적극적 조사의무가 있다 할 수 있고 실질적 자격에 관하여는 지급인 또는 발행인에게 사기나 중과실만 없으면 되므로 소극적 조사의무가 있다 할 수 있으며, 이러한 적극적·소극적 조사의무를 다하였을

때에 지급인은 비로소 면책적 효력을 주장할 수 있다.

A. **형식적 자격의 구비 : 적극적 · 절대적 조사의무**

(ⅰ) 지급상대방은 어음 · 수표의 소지인으로서의 형식적 자격을 구비하여야 한다(어음법 제40조 제 3항, 수표법 제35조). 이러한 형식적 자격만 구비하면 그가 어음 · 수표상 권리를 사실상 행사하지 않더라도 지급인(환어음 · 수표) · 발행인(약속어음)은 면책적 효력을 주장할 수 있다. 이는 민법에 비해 면책적 효력의 요건을 완화하고 조사의무를 경감하였다고 할 수 있다.

(ⅱ) 형식적 자격이란 어음 · 수표의 요건구비와 최초의 수취인으로부터 소지인에 이르기까지 배서의 형식적 연속을 말한다. 따라서 어음 · 수표가 어음 · 수표 요건을 결한 경우 및 백지어음 · 수표가 미보충인 상태인 경우 등과 같이 어음 · 수표의 형식적 하자가 있는 때에는 이러한 면책적 효력을 주장할 수 없다.

(ⅲ) 면책적 효력의 발생요건으로서 소지인은 반드시 어음 · 수표상 권리자로서 형식적 자격을 갖추어야 하므로 면책적 효력을 주장하고자 하는 지급인(발행인)은 반드시 소지인의 이러한 형식적 자격을 조사 · 확인하여야 한다. 그리고 지급인이나 발행인은 이러한 형식적 자격을 조사하는 데에 과실이 전혀 없다 하더라도 소지인이 실제로 형식적 자격이 없다면 면책적 효력을 주장할 수 없다(이로 인하여 이를 적극적 혹은 절대적 조사의무라 한다).

2007년 5월 17일 어음법개정에 의하여 어음법 제38조 제 3 항에 따른 지급제시의 경우에는 지급인 또는 지급인으로부터 지급을 위임받은 금융기관은 어음법 제40조 제 3 항 후단에 규정된 배서의 연속된 정부에 대한 조사를 제시금융기관에 위임할 수 있도록 되었다(어음법 제40조 제 4 항).

(ⅳ) 지급인은 소지인이 실질적 권리자라는 것을 조사할 적극적 조사의무는 없다. 따라서 예컨대 배서인의 기명날인 또는 서명이 위조된 경우에도(어음법 제40조 제 3 항, 수표법 제35조 참조) 배서의 형식적 연속만 있으면 면책적 효력을 주장할 수 있다. 최후의 피배서인과 어음 · 수표의 소지인의 인적동일성, 소지인의 대리인에 의한 어음 · 수표금청구의 경우 대리권의 존부, 파산 등을 원인으로 권리자가 수령권을 상실한 경우 그 수령권의 존부, 소지인의 어음 · 수표금의 청구능력 및 수령능력의 존부 등도 지급인(발행인)의 적극적 조사대상인지에 관하여는 학설이 대립되어 있다.

B. **지급인의 사기 또는 중과실의 부재** : 소극적 조사의무(상대적 조사의무)

형식적 자격이 있는 소지인에게 지급하면 소지인이 실질적 자격이 없어도 지급인에게 사기 또는 중대한 과실이 없으면 책임을 면한다(어음법 제40조 제3항, 수표법 제35조). 즉 지급인은 소지인이 어음·수표상 권리의 귀속자인지에 관한 실질적 자격에 대해 상대적 조사의무만 있다. 실질적 자격이 없는 경우로는 무권리자인 경우는 물론 무능력자·무수령권자·무권대리인인 경우도 포함된다.

〈대판 2013. 1. 24, 2012 다 91224〉

「은행 직원이 단순히 인감 대조 및 비밀번호 확인 등의 통상적인 조사 외에 당해 청구자의 신원을 확인하거나 전산 입력된 예금주의 연락처에 연결하여 예금주 본인의 의사를 확인하는 등의 방법으로 그 청구자가 정당한 예금인출권한을 가지는지 여부를 조사하여야 할 업무상 주의의무를 부담하는 것으로 보기 위하여는 그 예금의 지급을 구하는 청구자에게 정당한 변제수령권한이 없을 수 있다는 의심을 가질 만한 특별한 사정이 인정되어야 한다. 그리고 그러한 특별한 사정이 있다고 볼 것인지 여부는, 인감 대조와 비밀번호의 확인 등 통상적인 조사만으로 예금을 지급하는 금융거래의 관행이 금융기관이 대량의 사무를 원활하게 처리하기 위한 필요에서 만들어진 것이기도 하지만, 다른 한편으로는 예금인출의 편리성이라는 예금자의 이익도 고려된 것인 점, 비밀번호가 가지는 성질에 비추어 비밀번호까지 일치하는 경우에는 금융기관이 그 예금인출권한에 대하여 의심을 가지기는 어려운 것으로 보이는 점, 금융기관에게 추가적인 확인의무를 부과하는 것보다는 예금자에게 비밀번호 등의 관리를 철저히 하도록 요구하는 것이 사회 전체적인 거래비용을 줄일 수 있는 것으로 보이는 점 등을 참작하여 신중하게 판단하여야 한다(甲이 사실혼관계에 있던 乙의 동의 없이 丙 은행에서 예금청구서에 위조한 乙 명의의 도장을 날인하여 乙 명의의 예금통장과 함께 제출하고, 비밀번호 입력기에 비밀번호를 입력하여 예금을 인출한 사안에서, 제반 사정에 비추어 인감 대조에 숙련된 금융기관 직원이 충분히 주의를 다하여도 육안에 의한 통상의 대조 방법으로는 예금거래신청서와 예금청구서상의 각 인영이 다른 인감에 의하여 날인되었다는 것을 확인할 수 없고, 나아가 甲에게 정당한 변제수령권한이 없을 수 있다는 의심을 가질 만한 특별한 사정이 있어 예금주 乙의 의사를 확인하는 등의 방법으로 정당한 예금인출권한 여부를 조사하여야 할 업무상 주의의무가 있었던 것으로 보기 어려우므로, 육안에 의한 통상의 인감 대조만으로 甲에게 예금을 인출하여 준 丙 은행의 출금 담당 직원들에게 어떠한 과실이 있었다고 할 수 없다는 이유로, 丙 은행의 甲에 대한 예금지급은 채권의 준점유자에 대한 변제로서 유효하다고 한 사례).」

(4) **"책임을 면한다"의 의미** 책임을 면한다고 하는 의미는 지급하는 자가 누구인가에 따라 달라진다. 지급하는 자가 환어음의 인수인(약속어음의 발행인도 마찬가지이다)인 때에는 그 지급에 의하여 자기뿐만 아니라 모든 어음채무자가 진정한 권리자에 대하여 부담하는 어음상의 채무가 소멸한다는 것을 의미한다. 지급하는 자가 상환의무자인 때에는 자신과 그 후자인 어음채무자가 진정한 권리자에 대하여 부담하는 어음상의 채무가 소멸한다는 것을 의미한다. 이에 대하여 지급담당자(환어음·수표의 지급인도 마찬가지이다)는 어음상의 채무를 부담하지 않으므로 자신의 어음상의 채무가 소멸하는가는 문제되지 않지만, 인수인 기타 모든 어음채무자가 진정한 권리자에 대하여 부담하는 어음상의 채무가 소멸하고 그 결과 지급담당자는 그 지급의 효과를 인수인의 계산으로 돌릴 수 있다(실무상으로는 지급담당자가 인수인의 거래은행인 경우에 인수인의 당좌예금에서 어음금액을 인출할 수 있다)는 것을 의미한다.

(5) **면책되는 지급의 상대방의 범위** 어음채무자(이하에는 지급담당자를 포함하는 의미로 사용한다)가 만기에 배서의 연속이 있는 어음소지인(어음의 상실자로서 제권판결을 얻은 자도 포함한다)에게 지급하는 경우에 사기 또는 중대한 과실이 없는 경우, 그 지급은 유효하고 어음채무자는 책임을 면한다.

여기서 우선 문제되는 것은 어음법 제40조 제 3 항의 적용범위로서, 구체적으로 지급에 의하여 책임을 면하게 되는 자의 상대방의 범위 내지는 어음채무자가 보호되는 선의의 범위에 관한 문제이다.

따라서 이 문제는 선의취득의 적용범위와도 관련된다. 어음권리이전행위의 하자를 치유하는 제도인 선의취득이 어음권리이전행위의 하자 일반에 적용되는가, 아니면 양도인이 무권리자라는 하자에만 적용되는가에 관해서는 견해가 나뉘고 있다. 이 제도가 오로지 배서의 연속이 있는 어음의 소지인이 형식적 자격자라는 사실에서 생기는 효과라고 이해한다면 후자의 견해를 따르게 되지만, 이 제도가 배서연속의 형식적 자격을 기초로 하면서도 여기에서 생기는 효과에 한정하지 않고 어음권리이전행위의 하자가 있는 경우 일반에 관해 선의자를 보호하는 것이라고 이해한다면 전자의 견해를 따르게 된다. 최근에는 전자의 견해가 유력해지고 있다.

어음채무자의 지급에 의한 면책을 규정하고 있는 어음법 제40조 제 3 항의 적용범위에 관해서도 이론적으로 이와 같은 문제가 있다. ① 어음법 제40조 제 3 항의 면책을 배서의 연속이 있는 어음의 소지인이 형식적 자격자라는 사실에서 생기는 효과라고 한다면, 그 적용범위는 어음금의 지급청구자가 무권리자

(절취자·습득자 등)인 경우에 한정된다. 그리고 배서가 연속하고 있더라도 최후의 피배서인과 어음소지인의 인적 동일성, 어음소지인의 대리권·지급수령권한 등을 추정하는 효과는 생기지 않기 때문에 최후의 피배서인과 어음을 소지한 어음금의 지급청구자가 동일인이 아닌 경우, 어음소지인의 대리인임을 주장하는 어음금의 지급청구자가 피배서인으로부터 권한을 수여받고 있지 않은 경우(무권대리의 경우) 또는 어음소지인이 파산하거나 어음소지인에 대해 채무자회생절차가 개시되었다는 등의 이유로 지급수령권한을 상실한 경우 등에는 어음법 제40조 제3항이 적용되지 않는다(민법 제470조와 제472조 등의 일반적인 면책규정이 적용되는가의 여부는 별 문제이다).

이에 대하여 ② (어음결제의 신속안전을 도모하기 위하여) 배서의 연속이 있는 어음소지인의 형식적 자격을 기초로 하면서도 이에 국한하지 않고 널리 어음법 제40조 제3항을 적용해야 한다고 하면, 단순히 지급청구자가 무권리자인 경우뿐만 아니라 위에서 언급한 모든 경우에 대해서도 이 조항의 적용을 인정하여 이러한 자에게 지급한 어음채무자는 책임을 면하게 된다.

그런데 어음법 제40조 제3항의 적용범위에 관해서는 선의취득의 적용범위에 있어서와는 달리 견해의 대립이 현저하지 않으며, 통설(정희철, 525쪽; 최기원, 381쪽; 정동윤, 466쪽)은 ②의 입장에 따라 어음채무자의 면책을 넓게 인정한다. 그 이유는 아마도 선의취득의 경우에 취득자가 어음을 취득할 것인가의 여부는 취득자의 자유에 속하지만, 면책의 경우에는 어음채무자가 어음상의 권리자에 대하여 지급의무를 부담하고 있으므로(지급담당자의 경우에도 발행인·인수인에 대한 관계에서 지급의무를 부담하는 때에는 마찬가지이다) 면책을 넓게 인정해야 한다는 견해가 일반적으로 쉽게 받아들여지기 때문이라고 생각된다.

선의취득이 권리이전행위의 하자 일반에 대해 적용된다고 보는 이상 여기서도 ②의 입장을 따라야 할 것이다.

(6) "사기 또는 중대한 과실"의 의미 어음채무자가 책임을 면하기 위해서는 지급시에 사기 또는 중대한 과실이 없어야 한다. 즉 ① 어음의 지급청구자가 무권리자라는 것, ② 최후의 피배서인과 어음을 소지한 지급청구자가 동일인이 아니라는 것, ③ 어음소지인의 대리인임을 주장하는 지급청구자가 어음소지인으로부터 대리권을 수여받지 않았다는 것, 또는 ④ 어음소지인이 파산 등의 이유로 지급수령권한을 상실하였다는 것 등을 모르는 데에 있어서 사기 또는 중대한 과실이 없이 지급하였어야 한다.

여기서 사기라 함은 어음채무자가 위의 사실을 아는 것만으로는 부족하고 더 나아가 이 사실을 쉽게 증명하여 지급을 거절할 수 있음에도 불구하고 고의로 지급하는 것을 의미하고, 중대한 과실이란 위의 사실을 쉽게 증명하여 지급을 거절할 수 있음에도 불구하고 이를 거절하지 않은 것에 관해 중대한 과실이 있는 것——그러한 증명방법이 있음을 중대한 과실로 인하여 알지 못한 경우와 그 증명방법을 알고 있었으나 중대한 과실로 지급해 버린 경우를 포함한다——을 의미한다는 것이 통설이다.

그러나 ①의 사실에 대해서는 배서연속의 형식적 자격의 효력이 미치지만, ② 내지 ④의 사실에 대해서는 그 효력이 미치지 않는다. 이에 따라 면책의 요건인 사기 또는 중대한 과실의 의미에 관해서 각각의 경우를 구별하여 검토할 필요가 있다.

A. **어음소지인이 무권리자인 경우** 배서의 연속이 있는 어음의 소지인은 권리자로 추정된다(어음법 제16조 제1항). 따라서 배서의 연속이 있는 자는 어음금지급청구시에 자신이 권리자임을 증명할 필요가 없다. 어음채무자는 어음소지인의 형식적 자격, 즉 배서의 연속의 여부를 조사할 의무가 있는데, 배서의 연속의 여부는 어음상 이를 쉽게 조사하여 증명할 수 있다. 이러한 증명방법이 있음에도 불구하고 고의로 지급하거나 그 지급에 중대한 과실이 있는 때에는 면책될 수 없다.

그러나 어음채무자는 어음의 배서가 연속되어 있더라도 부진정한 기명날인 또는 서명이 있는지의 여부를 조사할 의무는 없다. 다만, 이를 알고 있거나 특히 의심할 사정이 있는 경우에는 배서의 자격수여적 효력을 부인하는 데 필요한 반증을 제시하여야 한다. 그런데 어음채무자가 어음금의 지급청구자의 무권리(어음의 절취·습득 등)를 증명할 수 있는 증거를 갖고 있지 않은 경우에는 어음채무자로서는 어음금청구소송에서 패소하게 되어 어음금을 지급하지 않을 수 없게 된다. 이와 같이 어음채무자가 법률상 지급을 거절할 수 없는 지위에 처하게 되는 때에는 단순히 지급청구자가 무권리자라는 사실을 알고 있거나 중대한 과실로 알지 못하였다고 하여 어음채무자의 면책을 인정하지 않을 수는 없을 것이다. 따라서 이 경우에는 증명방법의 존재를 문제삼아 사기 또는 중대한 과실의 유무를 판단하여야 할 것이다.

B. **기타의 경우** 배서의 연속이 있는 어음의 소지인이라고 해서 ① 최후의 피배서인과 어음소지인의 인적 동일성이 있다는 것, ② 어음금의 지급청구자가 어음소지인의 대리인이라는 것, 또는 ③ 어음소지인이 지급수령권한을 갖는다는 것이 추정되지는 않는다. 따라서 어음채무자는 지급시에 지급청구자에

게 그러한 사실의 증명을 요구하고, 그 증명이 없는 한 지급을 거절할 수 있다. 그렇다면 어음채무자는 ① 내지 ③의 사실을 알고 있는 때에는 지급을 거절하여야 할 것이고, 따라서 이 경우에 있어서 사기 또는 중대한 과실의 의미는 어음의 지급청구자가 무권리자인 경우와는 달리 통상적인 의미의 악의 또는 중대한 과실로 해석할 수 있을 것이다.

(7) 배서의 연속이 흠결된 경우 어음채무자의 면책에 관한 어음법 제40조 제3항의 규정은 배서의 연속이 있는 어음소지인의 형식적 자격을 기초로 하는 제도이기 때문에 배서의 연속이 있는 어음의 소지인(어음상실자로서 제권판결을 얻은 자를 포함한다)에 대하여 지급하여야 책임을 면할 수 있다.

문제는 어음상의 배서의 연속이 흠결된 경우에 이 조항에 의한 면책이 전혀 인정되지 않는다고 해석할 것인가, 아니면 배서의 연속이 흠결된 부분에 관해 실질적 권리이전의 증명이 있으면 면책이 인정된다고 해석할 것인가 하는 것이다. 선의취득에 있어서도 어음소지인이 그 부분의 실질적 권리의 이전을 증명하면 선의취득을 인정하고 있는 이상 어음채무자의 면책의 경우에도 이를 인정하여 그 증명이 있는 한 어음채무자는 유효한 지급을 할 수 있고, 따라서 면책의 이익을 누릴 수 있다고 풀이하여야 한다.

(8) 위조·변조 어음의 지급과 면책 위조·변조의 사실을 식별함에 있어서, 지급인에게 고의·과실이 없는 경우에 지급인과 피위조자 가운데 누구에게 그 손실을 부담시킬 것인가가 문제된다. ① 지급자부담설(다수설)에 의하면 어음법 제40조 제3항의 지급면책은 어음 자체가 유효한 것을 전제로 하고 있으므로, 특약이 없는 한 위조어음에 관하여는 지급자가 그 손실을 부담해야 한다고 한다(정동윤, 467쪽; 정희철, 528쪽; 서돈각, 221쪽; 서정갑, 211쪽). 반면 ② 피위조자부담설은 선의·무과실의 지급자에게 손해를 부담시킬 수 없으므로, 금반언칙이나 위험부담의 원칙에 의하여 피위조자가 손해를 부담하여야 한다(박원선, 566쪽)고 주장한다.

2. 滿期前에 있어서의 支給

(1) 만기 전에 지급하는 경우 만기 전에는 어음채무자는 어음금을 지급할 필요가 없을 뿐만 아니라(상환의무자에 대한 만기 전의 상환청구의 경우는 다르다), 어음소지인도 어음법 제40조 제1항에 따라서 지급을 받을 의무가 없다. 그 이유는 어음소지인은 만기까지 어음을 유통시키는 것에 이익을 갖기 때문이다. 따라서 만기 전에 지급되기 위해서는 어음채무자와 어음소지인 사이에 이에 관한 합의가 있어야 한다.

(2) 만기 전의 지급에 의한 면책 어음법 제40조 제2항은 만기 전에 지

급을 하는 지급인은 자기의 위험부담으로 하는 것으로 한다고 규정하고 있다. 약속어음의 발행인은 지급인에 포함되지만(어음법 제77조 제 1 항 제 3 호), 만기 전의 상환청구의 경우에 있어서 상환청구의무자에 대해서는 이 조항이 적용되지 않는다. 자기의 위험부담으로 지급한다는 것은 지급의 상대방이 지급을 받을 권리 내지 권한이 없는 자인 경우에는 지급을 받아야 할 자에 대하여 다시 지급하여야 한다는 것이고, 결국 면책의 효과가 발생하지 않는다는 것이다.

그런데 어음채무자가 만기 전에 무권리자 등에게 지급한 경우의 효과와 그가 만기 전에 무권리자로부터 어음을 양수받은 경우의 선의취득의 효과의 관계가 문제된다. 즉 어음채무자가 지급하지 않고 환배서를 받은 때에는 배서인이 무권리자 등이어서 그 배서의 권리이전행위에 하자가 있다고 하더라도 어음법 제16조 제 2 항에 의하여 어음을 선의취득할 수 있게 되는데, 이것과 어음법 제 40조 제 2 항 사이의 불균형이 지적될 수 있다.

이 때의 불균형을 해소하기 위한 고찰방법으로서 두 가지의 방법이 고려될 수 있다. ① 만기 전의 지급에 대해서도 어음법 제16조 제 2 항을 유추적용하여 악의 또는 중대한 과실이 없는 한 지급을 유효로 인정하는 방법과, ② 환배서에 대해서도 어음법 제40조 제 2 항의 효력을 미치게 하여 어음법 제16조 제 2 항의 적용을 배제하는 방법이 그것이다. ①의 방법에 의하게 되면 어음법 제40조 제 2 항의 규정이 무시된다는 문제가 있으나, 이 방법이 타당하다고 본다. 또한 지급시에 환배서를 받은 경우에 한정하여 위의 결과를 인정하는 방법도 생각할 수 있으나, 이 경우에는 바로 어음법 제16조 제 2 항이 적용되므로 그러한 경우에 한정할 필요 없이 만기 전의 지급에 대해서도 이 조항의 유추적용이 인정된다고 할 것이다. 다만, 이 때의 악의 또는 중대한 과실의 의미는 지급청구자가 무권리자 또는 무권한자라는 것 등에 대해 알고 있거나 중대한 과실로 이를 알지 못한 것이다. 왜냐하면 만기 전에 있어서 어음채무자는 지급의무가 없을 뿐만 아니라 지급청구자가 무권리자 또는 무권한자라는 것 등을 알고 있는 경우에는 지급을 거절할 수 있기 때문이다. 따라서 위와 같은 의미의 악의 또는 중대한 과실이 있는 때에는 면책될 수 없다.

제 9 장 換어음의 償還請求

金敎昌, 소구권행사의 형식적 요건, 대한변호사협회지 82(1982. 12)/金敎昌, 再遡求權을 취득할 수 있는 遡求義務者, 판례월보 262(1992. 7)/金敎昌, 어음상의 初 · 再遡求權에 관한 연구, 현대상사법논집(김인제박사정년기념 논문집, 1997)/李基秀, 遡求 · 어음의 逆行, 월간고시 163(1987. 7)/李宙興, 소구권보전절차를 해태하여 어음상 권리가 소멸한 경우 손해발생과 인과관계의 문제, 判例月報 287(1994. 8)/崔基元, 어음 · 수표의 소구의무자에 대한 통지의무, 司法行政 331(1988. 7).

제 1 절 償還請求의 意義

상환청구(Rückgriff)라 함은 만기에 어음금의 지급이 거절되거나 또는 만기 시에 지급의 가능성이 현저하게 불확실하게 된 때에 어음소지인이 자기의 전자, 즉 발행인과 배서인에 대하여 어음금과 기타 비용의 지급을 청구하는 것을 말한다.

이 상환청구제도는 어음의 대가관계를 고려하여 어음의 유통을 보호하기 위해 마련된 것으로 매도인의 하자담보책임과 같은 취지를 어음법적으로 일반화 내지 엄격화한 것이라고 할 수 있다.

상환청구에 관한 입법주의는 세 가지가 있다. 첫째, 일권주의로 지급거절의 경우는 물론이고, 만기 전의 인수거절의 경우에도 상환청구권을 인정하는 입장으로 영미법과 일본법 그리고 제네바통일어음법이 채용하고 있다. 둘째, 이권주의로 지급거절의 경우에만 상환청구권을 인정하고, 인수거절 기타 지급불확실의 경우에는 담보청구를 인정하는 입장으로 독일과 일본의 구법이 택했던 것이다. 셋째, 선택주의로 지급거절의 경우에는 상환청구권을 인정하고, 인수거절 등의 경우에는 상환청구권과 담보청구 중 하나를 선택하여 행사할 수 있도록 하는 입장으로 스칸디나비아제국이 채택하고 있다. 우리나라의 어음법은 이 가운데 일권주의를 채택하고 있다.

제 2 절 償還請求의 當事者

Ⅰ. 償還請求權者

상환청구를 할 수 있는 자는 어음의 최후의 적법한 소지인(어음법 제43조)과 상환의무를 이행하고 어음을 환수하여 새로이 소지인이 된 자이다(어음법 제47조 제3항). 후자에는 상환의무를 이행한 배서인(담보배서의 배서인도 포함)(어음법 제49조)·보증인(어음법 제32조 제3항)과 참가지급인(어음법 제63조 제1항) 및 어음채무를 변제한 무권대리인(어음법 제8조) 등이 해당한다. 그 밖에 상환청구권자의 상속인이나 채권양수인 및 대위변제에 의한 채권자의 대위자도 상환청구권자가 된다.

그러나 상환의무자가 아니면서 어음을 환수한 자, 즉 상환의무 없는 무담보배서를 한 배서인이나 법정기간 내에 거절증서를 작성하지 않은 소지인에게서 어음을 환수한 자는 상환청구권이 없다. 또한 백지식 배서에 의해 어음을 취득한 자가 단순한 교부를 통해 어음을 양도한 뒤 다시 어음을 환수한 때에도 그 어음의 환수자는 상환청구권이 없다.

〈대판 1990. 10. 26, 90 다카 9435〉

「상환의무를 부담하지 않는 자가 어음소지인의 상환요구에 응하여 어음금을 지급하고 어음을 취득한 경우에는 전 배서인에 대하여 재상환청구할 수 없다.」

또한 상환청구권은 지명채권양도의 방법으로도 양도가 가능하다(정희철, 485쪽; 정동윤, 471쪽; 최기원, 399쪽).

Ⅱ. 償還義務者

상환의무를 지는 자는 어음의 배서인(어음법 제15조 제1항)·보증인(어음법 제32조 제1항)과 환어음의 발행인(어음법 제9조 제1항)이다. 환어음의 인수인은 주채무자이고 상환의무자가 아니다. 예외적으로 무권대리인도 상환의무자가 될 수 있다(어음법 제8조).

배서인 중에서 무담보배서인, 추심위임배서인, 기한후배서를 한 배서인은 담보책임을 지지 않으므로 상환의무자가 아니며, 배서금지배서를 한 배서인은 자기의 직접의 후자인 피배서인에게만 상환의무를 지고, 그 후의 어음취득자에 대하여는 상환의무를 지지 않는다(어음법 제15조 제2항). 또한 백지식 배서를 통해 어음을 양도받은 후 단순한 교부만으로 그 어음을 양도한 자도 상환의무가 없다.

제3절 償還請求의 要件

어음행위에 의하여 발행인(어음법 제9조)·배서인(어음법 제15조) 및 어음보증인(어음법 제32조 제1항)은 지급인을 위하여 보조적으로 담보책임을 진다. 이들의 담보책임은 무조건으로 이행되어야 하는 것은 아니다. 즉 이들이 담보책임을 지기 위해서는 형식적 요건과 함께 실질적 요건이 충족되어야 한다.

Ⅰ. 償還請求의 實質的 要件

(1) 지급거절로 인한 상환청구는 어음소지인이 지급제시기간 내에 적법한 지급제시를 하였으나, 지급인이 만기에 지급하지 않은 경우에 있게 된다(어음법 제43조 제1문). 적법한 지급제시가 있어야 하므로 지급제시를 할 수 있는 자가 지급제시기간 내에 지급제시장소에서 완성된 어음을 현실로 제시하여야 한다.

〈대판 1986.9.9, 85 다카 2011〉

「약속어음의 소지인이 피상환청구권자에 대한 상환청구권을 행사하기 위하여는 어음법 제75조 소정의 법정기재사항이 기재된 약속어음에 의하여 적법한 지급제시를 할 것을 요하고, 위 법정기재사항의 일부라도 기재되지 아니한 약속어음에 의하여 한 지급제시는 어음법 제76조의 규정에 의하여 구제되지 않는 한 적법한 지급제시로서의 효력이 없는 것이므로 그와 같은 경우에는 피상환청구권자에 대한 상환청구권을 상실한다.」

따라서 백지를 보충하지 않고 지급제시한 때에는 지급제시기간 내에 백지를 보충하여 다시 지급제시를 하지 않으면 상환청구권을 상실한다. 변경 전 대법원판례에 의하면 발행지는 어음요건으로서 발행지의 보충 없이 한 지급제시는 상환청구요건을 충족하지 못하는 것으로 인정되었었다.

〈대판 1979.8.14, 79 다 1189〉

「어음법 제75조에 의하여 약속어음에 반드시 기재하여야 하는 사항이 법정되어 있으므로 약속어음에 지급지·지급장소의 기재가 있더라도 발행지의 기재나 발행인의 명칭에 부기한 자의 기재가 없으면 적법한 제시기간 내에 발행지란을 보충하여 지급을 위한 제시를 하지 아니하는 한 피상환청구권자에 대한 상환청구권은 상실하는 것으로 보아야 한다. 발행일란의 기재가 없을 때도 위와 같다.」(동지 : 대판 1991. 4. 23, 90 다카 7958)

〈대판 1992. 10. 27, 91 다 24724〉

「발행지가 백지로 되어 있는 어음의 소지인으로부터 추심의뢰를 받은 금융기관직원이 지급제시기간 내에 지급제시를 하지 않아 지급이 거절되었다 하여도 배서인 등에 대한 상환청구권상실의 책임이 금융기관직원이 지급제시를 해태한 데 있다고 할 수 없어 금융기관에 대하여 상환청구권상실로 인한 손해배상책임을 물을 수 없다.」

〈대판 1995. 9. 15, 95 다 23071〉

「약속어음의 발행지는 어음요건의 하나이므로 그 기재가 없는 상태에서 아무리 보충권이 수취인 내지 소지인에게 주어졌다 하더라도 완성된 어음으로서의 효력이 없는 것이어서 어음상의 권리자에 의한 완성행위(백지어음의 보충권의 행사) 없이는 어음상의 권리가 적법하게 성립할 수 없고, 따라서 소지인이 이러한 미완성의 어음으로 지급을 위한 제시를 하였다 하여도 적법한 지급제시가 될 수 없으므로 배서인은 소지인에 대하여 상환의무를 부담하지 아니한다.」

(2) 인수거절로 인한 상환청구는 인수를 위한 제시가 금지되지 않는 한 지급인이 어음의 인수를 전부 또는 일부 거절하는 경우에 있게 된다(어음법 제43조 제 2 문 제 1 호).

(3) 담보의 하자로 인한 상환청구는 인수인, 지급인 또는 인수가 금지된 경우에는 발행인의 재산상태가 악화된 경우에 가능하다. 즉 인수인 또는 인수를 하지 않은 지급인의 파산, 그 지급정지 또는 그 재산에 대한 강제집행이 주효하지 않은 경우(어음법 제43조 제 2 문 제 2 호)와 인수의 제시를 금지한 어음의 발행인이 파산한 경우(어음법 제43조 제 2 문 제 3 호)에 상환청구가 가능하다.

지급정지란 지급불능을 추정하게 하는 징표로 채무자의 지급불능을 외부에서 인식할 수 있도록 하는 행위를 말한다. 그 사실의 유무는 채무자 회생 및 파산에 관한 법률상의 지급정지(채무자 회생 및 파산에 관한 법률 제305조)를 표준으로 하여 판단하게 되는데, 채무자가 적극적으로 그러한 취지를 표명한 경우뿐만 아니라 이를 추측케 하는 행위를 한 경우도 포함된다.

〈대판 1984. 7. 10, 84 다카 424 · 425〉

「어음법은 약속어음의 경우에 환어음의 경우와 같은 만기 전 상환청구에 관한 규정을 두고 있지 않으나 약속어음에 있어서도 발행인의 파산이나 지급정지 기타 그 자력을 불확실하게 하는 사유로 말미암아 만기에 지급거절이 될 것이 예상되는 경우에는 만기 전의 상환청구가 가능하다고 보아야 할 것인바, 이 사건 약속어음과 동일인발행명의의 다른 약속어음이 모두 부도가 된 상황이라면 특별한 사정이 없는 한 이 사건 약속어음도 만기에 지급거절이 될 것이 예상된다고 하겠으므로, 그 소지인은 만기전이라고 할지라도 일단 지급제시를 한 후 배서인에게 상환청구권을 행사할 수 있다.」

Ⅱ. 償還請求의 形式的 要件

1. 拒絶證書의 作成

인수거절로 인한 상환청구 및 지급거절로 인한 상환청구는 원칙으로 이른바 거절증서의 작성을 요건으로 한다(어음법 제44조 제1항). 이에 관하여는 "거절증서 없이는 상환청구 없다"(Ohne Protest kein Regreß)라는 법언이 잘 알려져 있다.

거절증서란 상환청구에 관한 중요한 일정한 사실을 기재한 공정증서이다. 그 가장 중요한 종류로는 인수거절증서와 지급거절증서가 있다. 이 두 가지 거절증서 이외에도 법률상 다른 종류의 거절증서가 규정되어 있으며, 이에는 일람후정기출급어음에 있어서 인수의사표시의 일자기재가 없는 거절증서(어음법 제25조 제2항), 인수를 위하여 복본이 발행된 경우에 인수복본반환거절증서(어음법 제66조 제 2항) 및 등본이 작성된 경우에 원본반환거절증서(어음법 제68조 제2항)가 있다.

지급인 · 인수인 또는 인수제시금지어음의 발행인이 파산선고를 받은 경우에는 파산결정서(어음법 제44조 제6항), 그리고 회생절차의 개시가 있은 때에는 회생절차개시결정서(채무자 회생 및 파산에 관한 법률 제49조)만을 제시하면 되고, 상환청구의 형식적 요건으로서의 거절증서의 작성을 요하지 않는다. 왜냐하면 이러한 결정서들만으로도 그 지급불능을 충분히 증명할 수 있기 때문이다.

2. 拒絶證書의 作成期間

거절증서가 적시에 작성된 경우에만 상환청구가 가능하다. 따라서 거절증서의 작성기간은 준수되어야만 한다.

(1) 인수거절증서는 특별한 인수의 기간이 정해져 있을 때에는 이 기간 내에 작성되어야 한다. 다만, 제시기간 말일에 제1의 제시가 있을 때에는 예외적으로 1일의 연장이 가능하다(어음법 제44조 제2항).

(2) 지급거절증서는 확정일출급어음 · 발행일자후정기출급어음 및 일람후정기출급어음의 경우, 지급을 할 날에 이은 2거래일 내에 작성시켜야 한다(어음법 제44조 제3항 제1문). 따라서 소지인은 이러한 2거래일 내에 최초로 어음을 제시하여도 된다.

지급인이 지급을 거절한 경우에는 즉시 거절증서를 작성하여야 한다. 소지인은 지급이 어렵다고 판단되는 경우에 이러한 절차를 곧 행할 수 있다.

지급일이 확정되어 있지 않은 일람출급어음의 경우에는 지급거절증서는 발행일자로부터 1년이라는 제시기간(어음법 제34조 제1항) 내에 작성되어야 한다. 최초의 제시가 이 기간 말일에 있을 경우에는 그에 이은 제1거래일에도 거절증서를 작성할 수 있다(어음법 제44조 제2항 제2문).

(3) 인수거절증서가 작성된 경우에는 지급을 위한 제시나 지급거절증서의 작성을 요하지 않는다(어음법 제44조 제4항). 왜냐하면 인수거절로 인한 상환청구가 이미 개시되어 불필요한 비용만을 부담하기 때문이다.

(4) 인수거절증서 또는 지급거절증서가 적시에 작성되지 않은 때에는 이에 상응하는 상환청구권이 상실된다(어음법 제53조 제1항 제2호).

인수거절증서의 작성을 게을리한 경우에도(적시의 지급거절증서 작성에 의하여) 지급거절로 인한 상환청구는 할 수 있다. 그러나 일람후정기출급환어음의 경우(어음법 제23조)와 인수를 위한 제시가 명령된 경우(어음법 제22조)에는 그렇지 않다.

물론 지급거절증서 작성기간의 해태 등의 이유로 상환청구권이 상실되더라도 인수인에 대한 청구권은 아무런 영향을 받지 않는다(어음법 제53조 제1항).

3. 拒絶證書作成의 免除

거절증서의 작성은 어음상의 기재로써 면제될 수 있다. 면제는 어음 자체에 '무비용상환'·'거절증서불요'의 문자 또는 이와 동일한 의의가 있는 문언을 기재하고 기명날인 또는 서명하는 방식으로 한다(어음법 제46조 제1항). 그런데 어음의 배서란에 위의 문언이 있으면 배서인이 위 문언에 따로 기명날인 또는 서명을 하지 아니하여도 배서인의 배서의 기명날인 또는 서명만 있으면, 위 작성면제의 기명날인 또는 서명도 겸하는 것으로 볼 것이다.

〈대판 1962. 6. 14, 62 다 171〉

「위의 '서명'(기명날인)은 반드시 무비용상환문구 자체에 서명을 하여야 한다는 의미가 아니고, 배서인이 배서를 하는 문구 중에서 무비용상환의 문구를 기재하고 배서의 기명날인만을 하였을 경우에도 적법한 무비용상환문구의 기재가 있는 것으로 볼 수 있고, 반드시 배서의 기명날인 외에 별도로 무비용상환문구에 배서인의 서명을 필요로 하는 것이 아니라고 해석하여야 할 것이다.」

그리고 거절증서작성면제의 기재가 어음에 부동문자로 인쇄되어 있는 경우에도 면제의 방법으로 유효하다.

〈대판 1959.10.22, 4291 민상 870〉

「약속어음의 이서란에 지급거절증서 작성면제의 기재가 부동문자로 인쇄되어 있을지라도 그 기재는 다만 예문에 불과한 것이 아니고, 그 란의 이서가 성립에 다툼이 없는 이상 반증이 없는 한 위 작성의무면제의 기재도 진정히 성립된 것으로 봄이 타당하다.」

이 때 상환청구는 거절증서 없이 개시되고, 거절증서작성의 면제가 발행인에 의하여 행하여진 경우에는 모든 상환의무자에 대하여 그 효력이 있다(이에 대한 자세한 내용과 거절증서작성의 면제에 의한 비용절감의 범위에 관하여는 어음법 제46조 제3항을 참조).

거절증서작성의 면제가 적시의 어음의 제시를 면제하는 것은 아니므로 유효한 상환청구를 하기 위해서는 적시에 어음을 제시하여야 하지만, 다만 이 때 거절증서작성이 면제되어 있으면 적시의 제시에 관한 상환청구권자의 증명책임이 면제되는 것이다(어음법 제46조 제2항). 즉 거절증서의 작성면제가 있으면 법정기간 내에 지급제시가 있는 것으로 추정되는 효과가 있으므로, 기간의 불준수는 이를 주장하는 자가 입증하여야 한다.

〈대판 1985.5.28, 84 다카 2425〉

「약속어음의 배서인이 지급거절증서작성을 면제한 경우에는 그 소지인은 상환청구권을 행사하기 위하여 법정기간 내에 발행인에 대하여 지급제시를 한 것으로 추정을 받는 것이므로, 위와 같은 적법한 지급제시가 없었다는 사실은 이를 원용하는 자에게 그 주장 및 입증책임이 있는 것이다.」(동지: 대판 1964.6.23, 63 다 1171; 대판 1969.3.31, 68 다 1182 참조)

제4절 償還請求의 內容 및 節次

Ⅰ. 通知義務

소지인은 상환청구권을 행사하기 위하여 발행인과 자기의 전자에게 4거래일 내에 통지하여야 하며, 이 통지의무는 배서의 연속에 따라서 그 전자에게 각 배서인은 2거래일 내에 행하는 것으로 점차적으로 소급하여 행하여진다. 상환청구의 통지는 상환청구의 요건은 아니기 때문에 이를 게을리하여도 상환청구권을 상실하지는 않으나, 다만 과실로 인하여 손해가 발생한 때에는 어음금액의 한도 내에서 손해배상책임을 진다(어음법 제45조 제 6 항).

이 때의 통지는 각 기간 내에 발송하면 족하고, 상대방에게 도달하여야 하는 것은 아니다. 왜냐하면 도달을 요구하는 경우에는 수령자의 주소까지의 거리에 따라 통지기간이 좌우되어 불합리하기 때문이다(발신주의)(손주찬, 237쪽 ; 정동윤, 480쪽 ; 최기원, 427쪽).

Ⅱ. 合同責任

각 상환의무자는 어음소지인에 대하여 합동채무자로서 책임을 지며, 이에는 상환의무자가 아닌 인수인도 마찬가지로 책임을 진다(어음법 제47조 제 1항). 따라서 상환청구권자는 그들 모두에게 또는 그들 일부에게 또는 그들 중 각자에 대하여 상환금액 전액에 대하여 청구할 수 있으며, 여기에는 일정한 순서가 없다(비약적 상환청구). 어음법 제47조 제 2 항에서도 이를 명기하고 있지만, 이는 당연한 것이라 할 수 있다. 상환청구권자는 변제를 받을 때까지는 이미 청구를 받은 자의 후자에 대해서도 상환청구권을 행사할 수 있다(어음법 제47조 제 4 항). 상환의무자들은 내부관계에 있어서 모두 동일한 위치에 있는 것이 아니라 상호 종속되어 있기 때문에 연대채무에 관한 민법규정이 무제한으로 적용될 수는 없다.

〈대판 1989. 2. 28, 87 다카 1356〉

「약속어음의 발행인과 배서인이 소지인에 대하여 지는 합동책임은 연대채무와는 달리 배서인의 채무이행이나 배서인에 대한 권리의 포기는 발행인에 대하여는 영향을 미치지 않는다.」

즉 어음상의 합동책임에서는 상환의무자가 모두 각자 그의 후자에 대해서만 책임이 있고, 따라서 발행인은 모두에게 대해서 책임이 있고, 최후의 피배서인은 모두에게 상환청구권을 행사할 수 있다. 상환의무자의 지급은 그와 그의 후자를 면책시킨다.

그러므로 최초의 상환청구(Erstrückgriff)와 상환의무자로서 어음을 환수한 자의 재상환청구(Remboursregreß : Einlösungsrückgriff)는 구별된다. 최후의 피배서인이 모든 상환의무자에 대하여 선택하여 청구할 수 있는 반면, 청구받은 배서인은 자기의 전자에 대해서만 상환청구할 수 있으며, 이는 채권자가 비약적 상환청구를 한 경우에도 마찬가지이다. 왜냐하면 청구받은 자는 그의 후자에 대해서만 책임을 부담하고 있기 때문이다.

어떤 자가 상환의무자의 연속에 있어서 여러 번 참가하고 있는 경우에는 그의 상환청구가능성은 단축된다. 예컨대 X가 역배서에 의하여 두 번 배서하였다면(A-B-C-X-D-E-X-F), X는 자기가 최초로 어음을 취득했을 때의 배서인과 그의 전자에게만 상환청구할 수 있다. 따라서 X가 F에게 상환금액을 지급한 때에는 X는 A·B·C에 대해서만 재상환청구할 수 있을 뿐이며, D와 E에 대해서는 재상환청구할 수 없다.

Ⅲ. 償還請求의 內容

상환청구는 상환금액을 지급받을 것을 목적으로 한다. 따라서 상환청구는 항상 지급을 위한 도구이며, 상환청구권자가 어떠한 실질적 근거에 따라 상환청구권을 행사한 것인가는 전혀 문제가 되지 않는다(인수거절로 인한 상환청구의 독일 구법상의 규정에 관하여는 이기수, "인수," 월간고시, 1987년 1월호, 134쪽 참조).

Ⅳ. 償還金額

(1) 최초의 상환청구에 있어서 상환금액은 어음금액에 이자, 거절증서비용, 통지의 비용 및 기타의 비용을 포함한다(어음법 제48조 제1항 참조). 이자는 그 기재가 있는 경우에 청구할 수 있으며, 만기 후에는 연 6분의 이율에 의한 이자를 청구할 수 있다(어음법 제48조 제1항 제1호·제2호). 약속어음의 발행인은 상환의무를 지는 자는 아니지만, 약속어음의 소지인이 발행인에 대하여 어음금을 청구하는 경우에도 연 6분의 만기 이후의 이자를 청구할 수 있다.

〈대판 1965. 9. 7, 65 다 1139〉

「어음법 제48조에 의하면 어음소지인이 상환청구권을 행사함에 있어 연 6분의 비율에 의한 만기 이후의 이자를 청구할 수 있으므로 약속어음의 소지인이 어음발행인에 대하여 어음금을 청구하는 경우에도 같은 비율에 의한 만기 이후의 이자를 청구할 수 있다 할 것이다.」

만기 전의 상환청구(따라서 인수거절로 인한 상환청구 또는 담보의 하자로 인한 상환청구)에 있어서는 중간이자(할인료)를 어음금액에서 공세한다(어음법 제48조 제2항).

(2) 재상환청구에 있어서는 어음을 환수한 자가 그 전자에 대하여 이미 지급전 상환금액에 다시 이자와 비용을 가산한다(어음법 제49조). 이에 따라서 상환청구가 여러 단계를 거친 경우에는 상환금액이 원래의 어음금보다 훨씬 증가하게 된다.

Ⅴ. 還 受 權

각 상환의무자는 자기가 환수권을 행사함으로써 상환금액의 증가를 피할 수 있다(어음법 제50조 제1항). 따라서 상환의무자는 상환청구가 자기에게 달할 때까지 기다릴 필요가 없다. 물론 이러한 환수권의 행사는 그가 어음의 소지인을 알고 있을 때에만 가능하다. 이러한 의미에서 상환청구의 통지의무는 중요한 의의가 있다.

Ⅵ. 逆 어 음

역어음이라 함은 상환청구권자가 본래의 어음으로 직접 상환청구하는 대신 상환의무자를 지급인으로 하고, 자기를 수취인으로 하여 새로이 발행한 일람출급의 환어음을 가리킨다(어음법 제52조, 제77조 제1항 제4호). 역어음은 그 법적 성질이 보통의 환어음이지만, 어음상 권리가 상환청구권에 의하여 사실상 담보되어 있다는 데 그 특색이 있다(채이식, 상법강의(하), 1992, 178쪽). 그리고 역어음제도는 어음에만 있고 수표에는 없다.

상환청구권리자는 어음에 특히 이를 금지하는 기재가 없으면 역어음을 발행할 수 있다. 역어음은 지급지와 상환의무자의 주소지가 다른 경우에 환시세의 차이로 인하여 상환청구권자가 받게 될 손해의 예방을 위한 경우와 채권자의 할인에 의한 신속한 만족을 위하여 발행된다. 역어음에 본어음, 거절증서 및 계산서를 첨부하여 할인을 받으면 상환청구권리자는 직접 상환을 받은 것과 동일한 효과를 누릴 수 있다. 상환의무자는 역어음에 대하여 지급을 하면 상환의무를 이행한 것이 된다. 그리고 역어음의 채무자는 역어음의 지급 후에 본어음에 의하여 상환청구받을 염려가 있으므로, 본어음과 상환하지 않으면 지급할 필요가 없다. 역어음을 배서양도하는 경우에는 역어음을 지급하는 경우와 같이 피배서인은 역어음과 함께 본어음, 거절증서 및 영수를 기재한 계산서의 교부를 청구할 수 있다(강위두·임재호, 상법강의(하), 2004, 459쪽).

역어음의 발행은 그 발행이 금지되지 않아야 가능하며, 발행인은 상환청구권리자이다. 그리고 지급인은 상환의무자이며, 지급지는 상환의무자의 주소지이다. 상환의무자가 복수인 경우에는 상환청구권리자는 그 중의 1인을 임의로 정하여 지급인으로 할 수 있다. 그러나 한 장의 어음에 수인의 상환의무자를 지급인으로 하거나 수인의 상환의무자에 대하여 각기 별개의 역어음을 발행하는 것은 허용되지 않는다(최기원, 어음·수표법(제4증보판), 2001, 547쪽). 그리고 역어음의 경우에는 제3자방지급으로 할 수 없다(통설)(정동윤, 어음·수표법 제4정판, 1996; 정찬형, 어음·수표법강의 제5판, 2004, 579쪽).

역어음의 만기는 일람출급이어야 하며, 발행지는 본어음의 지급지이어야 하고, 재소구의 경우에는 상환청구권리자의 주소지이어야 한다(어음법 제52조 제1항·제3항). 어음금액은 보통의 상환금액 외에 역어음의 중개료 및 인지세를 포함한다(어음법 제52조 제2항). 그리고 역어음의 어음금액은 소지인이 발행하는 경우에는 본어음의 지급지로부터 그 전자의 주소지로 발행하는 일람출급어음의 환시세에 의하여 결정하고, 배서인이 발행하는 경우에는 역어음의 발행인이 그 주소지로부터 전자의 주소지에 대하여 발행하는 일람출급의 환시세에 의하여 정한다(어음법 제52조 제3항).

Ⅶ. 引受人의 責任

인수인은 상환의무자가 아니라 어음의 주채무자이다. 인수인에 대한 청구권행사는 상환청구요건의 존부에 영향받지 않으며(어음법 제53조 제1항), 또한 인수인은 언제든지 상환의무자와 함께 피청구인이 된다(어음법 제47조 제1항). 상환청구의 경우에 인수인은 어음소지인과 피배서인에게는 물론이고, 발행인에 대하여도 책임을 진다. 이 때 인수인은 본래의 어음금액에 그치지 않고, 전상환금액에 대하여 책임을 진다(어음법 제28조 제2항).

제5절 어음의 逆行(再償還請求)

어음의 전 소지인에 대하여 상환청구가 진행되면 이른바 '어음의 역행'(Rücklauf des Wechsels)이 있게 된다. 어음의 역행은 어음의 수취인에게 이르기까지 배서의 연속에 따라 역으로 있게 되며, 다시 어음의 수취인에 의하여 발행인에게까지 소급될 수 있다. 하지만 이른바 '비약적 상환청구'(Sprungregreß)가 있게 되면, 이 절차는 단축될 수도 있다. 상환청구절차 이외의 방법, 예컨대 환배서 등에 의해 어음을 재취득하는 경우에는 어음의 역행과는 구별된다.

Ⅰ. 法律의 規定

어음의 역행에 관한 법률의 규정이 불충분하므로 이를 보완할 입법이 필요하다.

(1) 지급과 상환으로 어음을 환수한 자는 거절증서, 영수를 증명하는 계산서와 그 어음의 교부를 청구할 수 있다(어음법 제50조 제1항).

(2) 환수자는 자기로부터 이루어진 모든 배서, 즉 자기와 자기의 후자에 의하여 행하여진 모든 배서를 말소함으로써 자기의 형식적 자격을 원칙적으로 다시 얻을 수 있다(어음법 제50조 제 2 항). 왜냐하면 환수자는 그의 전자에 대해서만 청구할 수 있으므로, 자기 이후의 배서들은 그에게 아무런 소용이 없기 때문이다. 자기가 어음상의 권리자라는 증명에는 영수를 증명하는 계산서와 단순한 어음의 소지만으로 족하다.

(3) 어음의 역행의 법적 성질과 법률효과에 관해서는 법률에 아무런 규정이 없다. 이와 관련하여 생겨 나는 문제점에 관하여는 아래에서 더 자세히 고찰하고자 한다.

Ⅱ. 再償還請求의 法的 性質

상환의무를 이행한 재상환청구권자의 권리취득을 어떻게 설명할 것인가와 관련하여 견해의 대립이 있다.

(1) **권리회복설** 권리회복설에 의하면 재상환청구권자가 상환의무를 이행하고 재상환청구권을 취득하는 것은 재상환청구권자가 원래 그 전에 소지인이었던 지위를 회복하는 것이라고 한다. 그리하여 과거의 그에 대해 존재했던 인적항변이 되살아나고 재상환의무자는 원상환청구권자에 대한 인적항변으로 재상환청구권자에게 대항하지 못한다.

(2) **권리재취득설** 이 설에 의하면 상환의무를 이행할 때에 법률의 규정에 의해 재상환청구권자가 어음·수표상 권리를 재취득하는 것이라고 한다. 이것이 통설의 입장(가령 김정호, 상법강의(하), 2000, 329쪽; 정찬형, 어음·수표법강의 제 5 판, 2004, 583쪽 등)이다.

이 설은 상환의무를 이행한 재상환청구권자가 원상환청구권자의 주채무자에 대한 권리를 취득하는 것을 쉽게 설명할 수 있는 장점이 있다. 이에 의하면 재상환청구권자는 전자의 인적항변의 대항을 받지 않는 것으로 해석하는 것이 일응은 자연스럽다. 더 나아가 재상환청구권자의 후자에게 대항할 수 있었던 항변으로 재상환청구권자가 대항을 받는가의 문제가 있다. 이에 대해 후자에 대한 인적항변은 재상환청구권자에게 해의가 없는 한 절단된다고 보는 견해(채이식, 상법강의(하), 1992, 168쪽)도 있고, 재상환청구권자의 선의·악의에 관계 없이 절단된다고 보는 견해(정동윤, 어음·수표법 제 4 정판 1996, 568~569쪽)도 있다.

결국 배서의 법적 성질을 채권양도로 해석하는 한 권리재취득설이 타당하다. 그리고 전자의 항변의 대항을 받지 않는 것이 아닌가 하는 문제와 관련하여서는 대항을 받지 않는다는 주장은 타당하지 않고, 이 경우에도 꼭 舊지위를 회복하지 않는다고 하더라도 전자의 항변의 대항을 받는다고 해석하는 것이 오히려 합리적이다. 그리고 이 경우에도 재상환청구권자의 후자에 대한 항변은 그의 선·악의에 관계 없이 재상환의무자로부터 대항을 받지 않는다고 보는 것이 옳다. 상환청구에 응하여 어음을 환수하는 것은 어찌 보면 자유로운 임의의사에 의한 것이라기보다는 상환의무의 이행에 의한 강제적인 것으로 평가하여야 하기 때문이다.

Ⅲ. 還受者의 法的 地位

어음의 역행에 있어서의 상환청구권의 이전은 배서 등에 의해 행해지는 어음진행에 있어서의 어음양도와 동일한 법률효과를 갖지 않는다. 오히려 이러한 효과는 기술적 관점에서 어음역행의 목적에 따라서 부분적으로 달리 형성되어 있다.

1. 抗辯의 提起

가장 중요한 문제는 어음을 환수한 자에 대하여 그의 전자가 어떠한 항변을 제기할 수 있는가이다.

(1) 일반적 견해에 따르면 모든 전자는 비록 비약적 상환청구의 경우 환수자의 후자에 대해서는 제기할 수 없었을 항변이라도 그가 어음을 취득할 당시에 상환청구권자에 대하여 갖고 있던 모든 항변들을 제기할 수 있다.

〈사 례〉

피배서인 D는 C(지급인)가 지급할 3,000만원의 어음을 매매대금의 이행을 위하여 E에게 배서양도하고, E는 F에게 배서양도하였다. 어음이 만기에 C에 의하여 지급되지 않았다. D는 E와 매매계약을 해제하였다. 어음법 제17조에 의하여 F에 대해서 매매계약이 해제되었다는 D의 항변이 절단된 경우에도 D는 E에 의한 상환청구권행사에 대하여 이러한 항변을 제기할 수 있다.

(2) 그러나 환수자의 후자에 대하여 환수자의 전자가 갖는 항변은 환수자에게 제기될 수 없다.

〈사 례〉

앞의 사례에서 F가 D에게 지급의 유예를 약속하였거나, D가 F에게 상계할 수 있었을 경우에도 이러한 사정은 D에 대한 E의 상환청구에 아무런 영향을 주지 않는다.

이것은 어음의 역행에 있어서 청구권의 이전은 어음항변의 확대 또는 감소를 가져올 수 있음을 나타내고 있다. 그 근거는 상환청구에 관한 규범목적에서 찾을 수 있다. 상환청구의 의의는 어음의 유통에서 지배하는 사정에 따라서 어음을 취득한 자의 안전을 보호하고자 함에 있다. 이에 반하여 어음의 유통보호가 양도에 의하여 강화되거나 또는 약화되어서는 안 된다. 따라서 이러한 한도에서 환수자는 어음의 역행에 있어서 자기의 구 지위를 다시 얻게 된다고 말할 수 있다. 다만, 이론구성은 권리재취득으로 파악하여야 한다.

2. 償還請求權의 取得

앞의 문제와 유사한 문제로서 실질적으로 무권리자인 자가 어음을 배서양도한 경우에 상환청구권을 취득할 수 있는가이다. 이 문제는 여러 가지 사례에서 그 유형을 찾아 볼 수 있다.

(1) 무권리자의 상환청구권 어음을 유효하게 취득하지 못한 자가 권리이전적 효력을 가지는 배서양도를 한 경우가 그 한 사례이다. 실질적으로 무권리자에 의해 행해진 그러한 양도의 담보적 효력에 대해서는 다툼이 없으나 권리이전적 효력의 인정 여부는 거론되고 있다.

〈사 례〉

① D가 E에게 한 배서가 무효이었다. 그럼에도 불구하고 실질적인 무권리자인 E가 F에게 배서양도했다. F는 선의일 때 어음을 취득하며, 만일 그 어음이 부도가 된 경우에도 F는 E에게 자기의 권리를 주장할 수 있다. 이 경우에 실질적인 무권리자인 E가 상환청구할 수 있는가의 여부가 문제이다. 이는 부정되어야 하는데, 그 이유는 E의 상환청구에 대하여 항변을 제기할 수 있기 때문이다. 따라서 위의 사례에서 E는 그의 전자에 대하여 상환청구할 수 없다. 즉 D의 담보책임은 교부계약의 무효로 인하여 소멸되었다는 항변을 제기할 수 있다. 따라서 E에 있어서의 어음의 상환청구는 여기에서 배서의 연속이 종결된다(이와 반대되는 견해 : Baumbach/Hefermehl, WG Art. 49, Rn 3). 만일 E가 환수에도 불구하고 실질적인 권리자가 아니라면 누가 E 대신에 그 어음의 권리자인지가 문제된다. F는 이미 권리자가 아니다. 따라서 그 어음의 소유권은 E의 환수에 의하여 D에게 귀속한다고 보아야 한다(E에 의하여 어음의 양도전의 법상황에로 되돌아감). 그러므로 D는 E에 대하여 어음의 인도를 요구할 수 있고, D에 대하여는 E는 일반적으로 동시이행의 항변권으로 대항할 수 있다. D가 어음을 다시 되찾은 경우에 D는 환수자와 동일한 지위를 가지며, 그의 전자에 대하여 상환청구할 수 있다.

② 형식적 자격과 실질적 자격을 다 갖추지 못한, 피배서인 D의 자칭상속인인 E는 허위의 상속증서를 제시하고서 어음을 F에게 배서양도하였다. F는 실질적인 권리자로서 E에게 상환청구할 수 있으나, E는 D의 진정한 상속인 및 발행인에게는 상환청구할 수 없다.

만일 후자가 상환의무자로서 환수하였다 하더라도 유효한 양도를 할 수 있는 위치에 있지 못한 때에는 상환청구권의 취득은 인정되지 않는다.

〈사 례〉

자칭상속인 E는 상속증서의 제시를 하지 않고 어음을 배서양도했다. 그 후에 어음은 진정한 상속인에 의하여 계속 양도되고, E의 배서는 말소되지 않았다. 이러한 배서는 적어도 선의취득자에 대하여는 효력이 있으며, 정당한 견해에 따르면 그 밖에도 담보적 효력이 발생한다. E의 직접의 후자에게는 선의취득이 인정되지 않으며, 그 이유는 어음법 제16조 제1항의 형식적 자격이 존재하지 않기 때문이다.

(2) 담보배서의 경우 담보배서는 권리이전 목적 없이 오로지 배서인으로서 담보책임을 부담할 목적으로하는 배서를 가리킨다(최준선, 어음·수표법, 제2판, 2005, 317쪽). 이때에 주관적 의사를 중심으로 판단하게 된다. 이 경우 대개 특정인이 담보배서인에게 배서하고 담보배서인이 다시 백지식 혹은 소지인출급식 배서를 한다. 보통 피보증인의 자력을 의심하게 되므로 어음·수표보증을 하는 대신 담보배서를 한다. 통설은 이러한 배서의 적법성을 인정하고 있다. 담보배서는 어음보증과는 구별되며 특수배서로 인정함이 다수설이다. 만일 담보목적의 담보배서가 부적법하다고 하여 이러한 배서를 무효로 보는 것은, 어음행위는 그 형식에 의해서만 유효여부가 판단되는 점에서 보거나 또 이는 담보배서인인 당사자의 의사에도 반하는 문제점이 있다(정찬형, 어음·수표법강의, 제6판, 2006, 508쪽). 이 경우 담보배서인은 배서인으로서 보통의 배서인과 마찬가지로 책임을 져야 한다(Müller-Christmann/Schnauder, Wertpapierrecht, Berlin · Heidelberg, 1992, S. 83). 담보배서는 담보배서인이 권리를 이전할 의사를 가지지 않았다 하더라도 이는 그와 의뢰자 사이의 통정한 허위의 의사표시에 해당되고 따라서 배서인은 이를 이유로 선의의 제3자에게 대항할 수 없다. 그리고 담보배서인은 배서인으로서 담보책임을 질 의사를 가졌음이 분명하므로 그가 담보책임을 부인할 수 있도록 허용할 아무런 이유가 없다. 그렇기 때문에 담보배서인은 배서인으로서 보통의 배서인과 마찬가지로 인수 혹은 지급의 담보책임을 져야 한다(채이식, 상법강의(하), 개정판, 2003, 165쪽).

담보배서의 경우 담보적 효력은 양도배서에서와는 달리 법정의 양도의 효과로서가 아니라 어음행위에 의하여 어음상의 의무를 부담한다는 법률행위로서의 기명날인 또는 서명한 자의 의사표시에 의한 효력이다. 어음상의 권리의 양도가 결여되어 있기 때문이다(Müller-Christmann/Schnauder, Wertpapierrecht, Berlin · Heidelberg, 1992, S. 83). 따라서 담보배서는 담보기능의 배서이며 이전기능은 없는 것이다. 그런데 이와 관련하여 담보배서도 권리이전적 효력이 없고 담보적 효력만이 있는 특수배서의 일종으로 인정되는 것이 아니라 양도배서의 일종으로 인정되어야 할 것이라는 견해(정찬형, 어음 · 수표법강의, 제6판, 2006, 508쪽)가 있다. 이 입장에서는 담보배서에는 권리이전적 효력, 담보적 효력 및 자격수여적 효력이 모두 인정되고 담보목적은 당사자간에서 실질관계에 기한 항변사유로써만 대항할 수 있다고 한다. 그렇게 되면 당사자의 의사에는 일치하지 않는 면이 있지만 그렇다 하더라도 어음법이 인정하지 않는 새로운 형태의 배서를 당사자의 의사에 따라서만 인정하는 것은 어음행위의 정형성 내지 유가증권법정주의에 반하는 것으로 파악하고 있다. 우리 판례는 배서가 배서로서의 유효요건을 구비하고 있는 이상 담보배서의 담보적 효력은 인정되어야 할 것이라고 한다(대법원 1995. 9. 29. 선고 94 다 58377 판결)(이 판결에 대하여 배서로서의 유효요건을 구비하고 있다고 본 것은 문제가 없지 않다고 하면서 배서의 유효요건을 구비했기 때문이 아니라 순수한 담보목적의 배서를 하였기 때문에 배서인의 책임이 인정된다고 하였어야 한다는 입장으로는 최기원, 어음 · 수표법, 제4증보판, 2001, 408쪽 참조).

순수한 담보배서의 경우 타인을 위한 담보라는 뜻이 아니라 인수 또는 지급이 거절된 경우에 자신이 담보책임을 진다는 뜻이다. 그렇기 때문에 이는 그 목적으로부터 볼 때 보증과 같은 기능을 수행한다. 담보배서와 보증의 관계를 살펴보면, 보증은 어음법 제31조 제2항, 제3항에서 볼 때 어음의 이면에 한 단순한 기명날인 · 서명이 있는 경우에는 이를 보증으로 볼 수 없고, 보증은 피보증인의 표시가 없는 때에는 발행인을 위한 보증으로 보기 때문에 전의 배서인들에 대하여도 그 효력이 미칠 수 있지만(어음법 제32조 제1항, 제31조 제4항 제2문), 담보배서인은 자기의 후자에 대해서만 책임을 진다는 점에서 양자는 다르다(최기원, 어음 · 수표법, 제4증보판, 2001, 406쪽). 한편 담보배서의 배서인에게도 전자에 대한 상환청구권이 인정되는가에 대하여는 다툼이 있다. 애초부터 담보의 목적으로만 배서를 하는 진정한 담보배서인은 상환청구권을 취득하지 못한다고 하는 입장도 있다(Zöllner, Wertpapierrecht, München, 1987, S. 117). 이 입장에서는 실질적 권리가 되고자 하는 의도가 전혀 없이 어음상에 기명날인 혹은 서명한 담보배서인에게 상환청구권을 허용할 수 없다고 한다. 그러나 이러한 경우에도 상환청구권을 인정하는 것이 타당하다(동지: Hueck/Canaris, Recht der Wertpapiere, 12. Aufl., München, 1986, S. 143; 정동윤, 어음 · 수표법 제5판, 2004, 380쪽; 최기원, 어음 · 수표법, 제4증보판, 2001, 406~407쪽; 최준선, 어음 · 수표법, 제2판, 2005, 319쪽). 상환청구권은 어음금을 지급하고 어음을 환수한 자가 실질적으로 어음으로부터 자격이 있어야 하는 것은 아니기 때문이다.(Baumbach/Hefermehl, Wechsel-gesetz und Scheckgesetz, 17. Aufl., München, 1990, S. 335). 그리고 이때 근거로서 어음보증인과 참가지급인의 상환청구권을 인정하는 어음법 제32조 제 3 항 혹은 제63조 제 1 항을 유추적용에 의하여 인정할 수 있다는 점을 제시하기도 한다(최기원, 어음·수표법, 제4증보판, 2001, 407쪽).

3. 破産時의 相計

환수인은 자기가 취득한 상환청구권으로 그 취득 전에 파산한 상환의무자에 대하여 어느 정도까지 상계할 수 있는가의 문제가 자주 논의되어 왔다.

〈사 례〉

A는 C를 지급인, B를 수취인으로 한 어음을 발행하였다. B는 D에게, D는 E에게 배서양도하였다. 만기에 C가 지급하지 않아서 E는 D에게 상환청구하고, D는 A에게 상환청구하고자 하였다. A는 그 동안에 파산하였다. 따라서 D는 자기의 청구권을 파산재단에 대한 채무와 상계하고자 한다.

채무자 회생 및 파산에 관한 법률 제422조 제 1 호에 의하여 D는 만일 자기가 상계하고자 하는 청구권을 파산개시 후에 취득한 경우에는 상계를 할 수 없다. 이에 대하여 D가 구 상환청구권을 가지고 있다면 D는 상계를 할 수 있으며(채무자 회생 및 파산에 관한 법률 제417조 참조), 이로써 D는 현저하게 유리한 지위에 있게 된다. 독일제국법원판결(RGZ 80, 413)에서는 지시설에 근거하여 어음의 배서는 어음상의 권리의 이전이 아니며, 따라서 배서인은 자기의 구 상환청구권을 행사할 수 있다고 하여 상계권을 인정하였다. 오늘날의 학설은 그 결과에 있어서는 일치하지만, 그 양도의 법률구성에 관하여는 달리 보고 있다. 상계의 허용 여부는 상계를 제한하는 채무자 회생 및 파산에 관한 법률 제422조의 규정에 대한 정당화된 해석에서 귀결된다. 비록 파산개시 후에 상계채권을 취득하였다 하더라도 어음의 역행에서는 상계하고자 하는 자에게 이미 앞서 청구권이 성립되어 있으며, 어음의 유통상 청구권의 양도시에 자동적으로 환수의무를 부담하므로 법률의 문언과는 달리 상계가 배제되지 않는다. 여기에서 환수인의 상환청구권은 경제적으로 양도인의 재산으로부터 완전히 배제되지 않은 것이며, 이는 양도인이 상환의무의 이행에 의하여 자기의 재산의 잠재적인 부담을 부채로서 계산하는 것과 마찬가지이다. 법률은 투기의 대상이 될 수 있는 상계나 또는 파산개시 후의 상속에 의한 청구권의 취득에 있어서와 같이 채권자에게 '예기치 않은' 보상가능성을 부담시키는 상계만을 금지하는 것이기 때문이다.

Ⅳ. 無權利者에 대한 支給의 法律效果

(1) 비록 어음의 정당한 소지인이 아닌 자에게 배서인 또는 발행인이 상환금액을 지급하고 어음을 환수한 경우에도 환수자는 그의 권리재취득에 의해 어음을 취득하고, 그의 상환의무자에 대하여 어음상의 상환청구를 할 수 있다. 이것은 그의 후자의 청구권을 민법상의 양도에 의하여 취득하는 것은 아니다. 이를 인정하는 것은 그가 어음을 양도하지 않았다면 가졌을 안정성을 부인할 아무런 이유가 없기 때문이다.

(2) 어떤 상환의무자가 실질적으로 무권리자인 어음소지인에게 지급을 하였는데 그가 거절증서를 작성하는 등 형식적 자격을 갖추고 있다면, 이 상환의무자는 만일 그가 선의라면 지급으로 인하여 진정한 권리자에 대하여 면책될 뿐만 아니라, 어음을 취득하여 그의 전자에 대하여 상환청구할 수 있다고 보아야 한다. 어음의 역행이 본래의 의미에서의 '거래행위'는 아니라고 하더라도 그 어음 및 배서의 연속과 결합되어 있는 권리의 외관과 관련하여 선의의 어음관계자는 보호되어야 하기 때문이다.

어음의 재취득이 자동적으로 행해진다는 것, 따라서 법률행위에 의한 양도가 아니라는 것은 거래보호원칙에 반하는 것이 아니다. 왜냐하면 여기에서의 권리이전의 자동성은 포괄승계에 있어서와 같이 단순화목적이나 완전성목적에 기여하는 것이 아니라, 지급한 상환의무자의 보호에 기여하는 것이기 때문이다. 그러므로 위와 같은 이유로 상환의무자가 불이익을 받아서는 안 된다.

〈사 례〉

① E로부터 최후의 피배서인 F에게의 배서양도가 무효인 데도 불구하고 F가 비약적 상환청구로써 D에게 상환청구한 경우에는 선의로 지급한 D는 그의 전자인 B 또는 A에게 상환청구할 수 있다.

② 만일 권리자인 피배서인 F가 거절증서작성 후에 인수인으로부터 지급을 받았으나, 그 어음을 교부하지 않고(C의 지급으로 인하여 무권리자로서), E에게 상환청구한 경우에는 이를 선의로 지급한 E는 그의 전자에게 상환청구할 수 있다.

제10장 換어음의 保證 및 參加

姜渭斗, 어음保證, 司法行政 321(1987. 9)/姜渭斗, 어음保證의 判例研究, 부산대법학연구 37(1987. 8)/姜渭斗, 條件附어음保證의 效力, 商事判例研究 2(1988)/姜熙甲, 어음保證의 독립성의 한계, 商事法의 基本問題(李範燦教授華甲紀念論文集), 1993/權炳敏, 어음保證에 관한 研究, 광주대사회과학연구 2(1992. 12)/梁碩完, 숨은 어음保證에 관한 고찰, 제주대 논문집(인문 · 사회과학) 35(1992. 12)/鄭鎭世, 銀行의 保證人에 대한 責任, 商事法研究 9(1991)/鄭燦亨, 어음(수표) 보증, 現代商法의 課題와 展望(梁承圭教授華甲紀念論文集), 1994.

발행인 · 지급인 · 수취인 및 배서인으로 구성되는 어음관계자의 통상적인 범위는 어음보증과 참가에 의하여 확대될 수 있다. 이하에서는 몇 가지 기본구조만을 설명한다.

제1절 어음保證

I. 어음保證의 意義

어음보증은 어음보증인이 피보증인과 같은 책임을 지기로 하는 어음행위이다. 어음보증(Wechselbürgschaft ; Aval)의 목적은 어음금지급을 담보하는 데 있다(어음법 제30조 제1항). 이 때 어음보증인은 어음에 대해 일반적으로 보증하는 것이 아니라 어음관계자 중의 1인을 보증하는 것이다.

〈대판 1981. 10. 31, 81 다 726, 81 다카 90〉

「A가 B를 수취인으로 기재해 작성한 약속어음에 피고로부터 발행인을 위한 어음보증을 받은 다음, 피고의 동의 없이 멋대로 수취인란의 기재를 삭제하고 원고에게 이를 교부하여 원고가 그 수취인란에 자신의 이름을 써 넣었다면, 이와 같은 약속어음의 수취인란 기재변경은 피고에 대한 관계에 있어서 어음의 변조에 해당하고, 위 어음보증의 주된 채무는 발행인 A의 수취인 B에 대한 채무이며, 원고에 대한 채무가 아니므로 변조된 수취인인 원고에 대하여까지 어음보증책임을 지는 것이 아니다.」

〈대판 1994. 8. 26, 94 다 5396〉
「다른 사람이 발행 또는 배서양도하는 약속어음에 배서인이 된 사람은 그 배서로 인한 어음상의 채무만을 부담하는 것이 원칙이고, 특별히 채권자에 대하여 자기가 그 발행 또는 배서양도의 원인이 된 채무까지 보증하겠다는 뜻으로 배서한 경우에 한하여 그 원인채무에 대한 보증책임을 부담하는 것이므로, 甲이 乙의 신용상태를 보충하기 위하여 乙이 물품대금의 지급을 위하여 丙에게 교부하는 약속어음에 배서하였더라도 달리 甲이 민사상의 원인채무까지 보증하는 의미로 배서하였다고 볼 자료가 없는 이상 甲은 배서인으로서 어음상의 채무만을 부담한다.」

〈대판 1994. 8. 12, 94 다 14186〉
「甲회사가 발행하여 乙회사에 교부한 약속어음과 乙회사가 甲회사에게 교부한 丁회사 발행의 약속어음이 서로 대가관계에 있는 것으로서 어음교환이 행하여진 경우, 그 원인관계에서 甲·乙회사 사이에 각자 상대방에게 교부한 어음에 대하여 지급기일에 그 지급을 담보하기로 하는 어음금지급보증의 특약은 어음법상의 어음보증이 아니라 민법상의 보증이다.」

〈대판 2005. 10. 13, 2005 다 33176〉
「다른 사람이 발행하는 약속어음에 명시적으로 어음보증을 하는 사람은 그 어음보증으로 인한 어음상의 채무만을 부담하는 것이 원칙이고, 특별히 채권자에 대하여 자기가 그 약속어음발행의 원인이 된 채무까지 보증하겠다는 뜻으로 어음보증을 한 경우에 한하여 그 원인채무에 대한 보증책임을 부담하게 되므로, 타인이 물품공급계약을 맺은 공급자에게 물품대금채무의 담보를 위하여 발행·교부하는 약속어음에 어음보증을 한 경우에도 달리 민사상의 원인채무까지 보증하는 의미로 어음보증을 하였다고 볼 특별한 사정이 없는한, 단지 어음보증인으로서 어음상의 채무를 부담하는 것에 의하여 신용을 부여하려는 데에 지나지 아니하는 것이고, 어음보증 당시 그 어음이 물품대금채무의 담보를 위하여 발행·교부되는 것을 알고 있었다 하여 이와 달리 볼 수는 없다.

신용보증기금이 기업과 신용보증계약을 체결하면서 기업이 물품대금채무의 담보를 위하여 발행한 어음의 보전에 거래상의 채무를 적시하는 문구를 기재하였더라도 이는 그 어음의 담보대상거래를 특정하려는 취지로 해석될 뿐, 그 기재만으로 어음보증이 아니라 거래상의 채무에 대하여 직접 민법상의 연대보증의 의사표시를 한 것으로는 볼 수 없다.」(이 판결에 대한 평석으로는 김문재, 2005/2006년도 어음·수

표에 관한 대법원판례의 동향과 분석, 상사판례연구 제19집 제4권, 2006, 683쪽 아래 참조)

〈대판 2007.9.7, 2006 다 17928〉

「타인의 채무에 대한 담보의 목적으로 수표를 발행한 경우 수표의 발행인이 그 채권자에 대하여 수표법상의 채무만을 부담한 것인지 아니면 더 나아가 민사상의 보증채무까지도 부담한 것인지가 문제될 수 있는데, 민사상의 보증계약이라는 것은 수표상의 권리·의무에 관한 수표행위와는 엄연히 구분되는 법률행위이므로 그에 관한 청약과 승낙이 별도로 존재하여야 하고 그 존재 여부의 판단 문제는 근본적으로 당사자 사이의 의사해석의 문제이다. 그리고 보증계약의 성립 요건인 보증의사의 판단방법에 관한 일반 법리, 즉 보증계약의 성립을 인정하려면 당연히 그 전제로서 보증인의 보증의사가 있어야 하고 이러한 보증의사의 존재 여부는 당사자가 거래에 관여하게 된 동기와 경위, 그 관여 형식 및 내용, 당사자가 그 거래행위에 의하여 달성하려는 목적, 거래의 관행 등을 종합적으로 고찰하여 판단하여야 할 당사자의 의사해석 및 사실인정의 문제이지만 보증은 이를 부담할 특별한 사정이 있을 경우 이루어지는 것이므로 보증의사의 존재나 보증범위는 이를 엄격하게 제한하여 인정하여야 한다(대판 1998.12.8, 98 다 39923 등 참조)는 법리를 감안해 볼 때, 비록 수표의 발행인에게 어느 특정인의 채무를 담보하기 위한 것이라는 수표의 사용 목적에 대한 인식이 있었다거나 수표의 발행인이 채권자의 요구에 따라 그 앞에서 직접 수표를 발행·교부하였다는 사정이 있었다 하더라도 그러한 사실이 수표의 발행인에게 민사상의 보증채무까지 부담할 의사가 있었다고 인정하는 데 있어 적극적인 요소 중의 하나가 될 수 있음은 별론으로 하고, 그러한 사실로부터 바로 수표의 발행인과 채권자 사이에 민사상 보증계약이 성립한다고 추단할 수는 없다. 그보다 더 나아가 채권자의 입장에서 수표 발행시에 원인이 되는 채무에 대한 민사상의 보증채무를 부담할 것까지도 수표의 발행인에게 요구하는 의사가 있었고 수표의 발행인도 채권자의 그러한 의사 및 채무의 내용을 인식하면서 그에 응하여 수표를 발행하였다는 사실, 즉 수표의 발행인이 단순히 수표법상의 상환의무를 부담한다는 형태로 채권자에게 신용을 공여한 것이 아니라 민사상의 보증의 형태로도 신용을 공여한 것이라는 점이 채권자 및 채무자와 수표의 발행인 사이의 관계, 수표의 발행에 이르게 된 동기, 수표의 발행인과 채권자 사이의 교섭 과정 및 방법, 수표의 발행으로 인한 실질적 이익의 귀속 등 수표의 발행을 전후한 제반 사정과 거래계의 실정에 비추어 인정될 수 있을 정도에 이르러야만 수표의 발행인과 채권자 사이의 민사상 보증계약의 성립을 인정할 수 있을 것이고, 그에 미치지 못하는 경우에는 수표의 발행인은 원칙적으로 수표의 채무자로서 수표가 지급거절된 경우 그 소지인에 대하여 상환청구에 응하지 않으면 안 되는 수표법상의 채무만을 부담할 뿐이라 할 것이다(대판 1988. 3. 8, 87 다 446; 대판 2003. 4. 22, 2000 다 63950 등 참조).」(이 판결에 대한 평석으로는 김문재, 2007년도 어음·수표에 관한 대법원판례의 동향과 분석, 상사판례연구 제20집 제4권, 2007, 259쪽 아래 참조)

〈대판 2009. 10. 29, 2009 다 44884〉

「약속어음의 배서인에게 어느 특정인의 채무를 담보하기 위한 것이라는 약속어음의 사용 목적에 대한 인식이 있었다 하더라도 그러한 사실이 약속어음의 배서인에게 민사상의 보증채무까지 부담할 의사가 있었다고 인정하는 데 있어 적극적인 요소 중의 하나가 될 수 있음은 별론으로 하고, 그러한 사실로부터 바로 약속어음의 배서인과 채권자 사이에 민사상 보증계약이 성립한다고 추단할 수는 없다. 그보다 더 나아가 채권자의 입장에서 배서시에 원인이 되는 채무에 대한 민사상의 보증채무를 부담할 것까지도 배서인에게 요구하는 의사가 있었고 배서인도 채권자의 그러한 의사 및 채무의 내용을 인식하면서 그에 응하여 배서하였다는 사실, 즉 배서인이 단순히 어음법상의 상환의무를 부담한다는 형태로 채권자에게 신용을 공여한 것이 아니라 민사상의 보증의 형태로도 신용을 공여한 것이라는 점이 채권자 및 채무자와 배서인 사이의 관계, 배서에 이르게 된 동기, 배서인과 채권자 사이의 교섭 과정 및 방법, 약속어음의 발행으로 인한 실질적 이익의 귀속 등 배서를 전후한 제반 사정과 거래계의 실정에 비추어 인정될 수 있을 정도에 이르러야만 배서인과 채권자 사이의 민사상 보증계약의 성립을 인정할 수 있고, 그에 미치지 못하는 경우에는 배서인은 원칙적으로 약속어음의 채무자로서 약속어음이 지급거절된 경우 그 소지인에 대하여 상환청구에 응하지 않으면 안 되는 어음법상의 채무만을 부담할 뿐이다(약속어음의 배서인이 채무자(어음발행인)와 채권자의 대여관계의 내용을 알고 배서하였다는 점이나 채권자가 배서인의 보증이 없었다면 대여금을 대여하지 않았을 것이며 이러한 사정을 배서인이 잘 알고 있었다는 점은 배서인에게 민사상 보증채무까지 부담지우는 근거가 되기에 부족하다고 한 사례).」

어음보증제도는 실무에서 잘 이용되고 있지 않음에도 불구하고 가끔 이를 다루고 있는 판례를 볼 수 있다. 어음보증 대신에 담보배서가 많이 이용되는데, 이는 담보배서가 어음의 신용에 대한 의구심을 덜 갖게 하기 때문이다. 어음보증의 법적 성질은 어음법상 특수한 종류의 책임참가(Haftungsbeitritt)이다.

어음보증은 그 명칭을 제외하고는 민법상의 보증과는 공통점이 거의 없다.

특히 어음보증에는 부종성이 없다.

Ⅱ. 어음保證의 方式

어음보증의 의사표시는 어음 또는 보전이나 등본에 하여야 한다(어음법 제31조 제 1 항, 제67조 제 3 항).

〈대판 1975. 5. 13, 75 다 53〉

「은행지점 차장이 B로 하여금 A에게 금원을 대여케 하고, A가 지급담보로 발행하는 약속어음에 은행지점명의의 배서를 하고, 따로이 은행지점 차장명의로 위 약속어음의 지급을 보증한다는 내용의 지급보증서를 작성·교부하였다면, 위 배서행위나 지급보증행위는 어음법상 배서나 지급보증으로서의 효력은 없다 하더라도 이는 은행업무 전반에 걸쳐 은행지점장을 보좌하는 동 지점 차장 본래의 업무인 예금의 유치확보 및 대출업무 등과 밀접한 관련을 갖는 것일 뿐 아니라, 외관상으로도 그 직무행위에 속하는 것으로 은행은 그 지점 차장의 사용인으로서 B가 입게 된 손해를 배상할 책임이 있다.」

어음보증의 의사표시는 원칙적으로 보증 또는 이와 동일한 의의가 있는 문언을 표시하여야 한다. 또한 어음보증도 어음행위이므로 어음보증인의 기명날인 또는 서명이 있어야 한다(어음법 제31조 제 2 항).

어음의 앞면에 한 단순한 기명날인 또는 서명은 그것이 지급인 또는 발행인의 기명날인 또는 서명이 아닌 한 보증으로 본다(어음법 제31조 제 3 항). 어음의 이면 또는 보전에 한 단순한 기명날인 또는 서명은 어음법 제13조 제 2 항에 의해 백지식 배서로 본다.

〈대판 1974. 9. 25, 74 다 507〉

「어음이면에 배서인으로서 기명날인한 경우에는 어음보증의 요건을 구비하지 못하여 보증의 효력이 없다.」

Ⅲ. 條件附어음保證

어음발행에 조건을 붙이면 발행이 무효가 되고(어음법 제 1 조 제 2 호 유해적 기재사항), 배서에 조건을 붙이면 그 조건의 기재가 없는 것으로 본다(어음법 제12조 제 1 항 무익적 기재사항). 그런데 어음보증에 조건을 붙일 수 있는가에 관해서는 견해가 나누어진다.

(1) 어음보증에 조건이 붙은 때에는 그 조건이 붙은 대로의 어음보증으로서 효력이 있다고 하는 설(유익적 기재사항설)(정동윤, 376쪽; 정찬형, 681쪽)이 있다. 보증인으로서는 자기 스스로 그러한 조건으로 채무를 부담할 것을 약속한 이상 그 약속대로의 책임을 지는 것이 합당하고, 또 어음소지인으로서는 어음보증에 조건이 붙어 있더라도 그 조건이 성취된 경우에는 보증인의 책임을 물을 수 있어 유리하기 때문이다.

(2) 조건부어음보증은 어음보증 그 자체를 무효로 한다고 하는 설(유해적 기재 사항설)(강위두, 444쪽)이 있다. 이는 어음보증에 조건을 붙인 경우를 어음발행에 조건을 붙인 경우와 동일시하는 견해이나, 양자를 같게 볼 근거는 없으므로 타당성이 적다.

(3) 조건부어음보증은 배서의 경우와 같이 조건만을 기재하지 않은 것으로 인정하여 무조건의 보증으로 본다는 입장(무익적 기재사항설)(손주찬, 193쪽; 최기원, 465쪽)이 있다. 이는 어음보증이 배서와 마찬가지로 다른 채무의 존재를 전제로 하는 부속적 어음행위임을 근거로 한다.

그러나 배서는 어음상의 권리를 이전하는 행위이므로 조건을 붙이면 피배서인의 지위를 불안정하게 하여 어음의 유통성을 해할 염려가 있음에 반하여, 어음보증은 이미 발생한 어음채무의 지급을 보다 확실하게 하는 것으로서 이에 조건을 붙이더라도 보증이 없는 경우보다는 어음채무의 지급이 확보되고, 어음의 유통성을 해하지 않으므로 배서와 보증을 동시하는 것은 무리라는 비판이 있다(정동윤, 375쪽).

(4) 어음보증에 붙이는 부관을 조건과 조건 이외의 제한으로 구별하여 조건부어음보증은 무효이고, 조건 이외의 제한이 붙은 어음보증은 유효라고 하는 견해가 있다. 이는 어음채무의 추상성을 관철하려는 입장에 근거하고 있다.

(5) 피보증인이 누구냐에 따라서 발행인과 인수인을 위한 어음보증의 경우에는 무효이고, 배서인을 위한 어음보증의 경우에는 조건을 기재하지 않은 것으로 보는 견해가 있다. 그러나 이에 의하면 조건부어음보증의 효력이 일의적으로 결정되지 못한다는 단점이 있다.

(6) 생각건대 어음보증은 어음채무의 지급을 확실하게 하기 위한 제도이어서 환어음의 인수나 수표의 지급보증과 같은 목적을 가지지만 인수는 약속어음의 발행과 같아서 여기에 조건을 붙이는 것을 허용할 수 없으나, 어음보증은 이미 성립한 어음채무에 대해 부가적으로 그 지급을 확실하게 하는 행위이므로

여기에 조건을 붙여도 큰 문제점은 없다. 그러므로 조건과 조건 이외의 제한을 불문하고 조건이 붙은 대로 효력을 인정하는 견해가 타당하다고 할 것이다(정동윤, 376쪽).

〈대판 1986. 9. 9, 84 다카 2310〉

「어음법상 보증의 경우에는 발행 및 배서의 경우와 같이 단순성을 요구하는 명문의 규정이 없을 뿐만 아니라, 부수적 채무부담행위인 점에서 보증과 유사한 환어음인수에 불단순인수를 인정하고 있음에 비추어 어음보증에 대하여 환어음인수의 경우보다 더 엄격하게 단순성을 요구함은 균형을 잃은 해석이고, 또 조건부보증을 유효로 본다고 하여 어음거래의 안전성이 저해되는 것도 아니므로 조건을 붙인 불단순보증은 그 조건부보증문언대로 보증인의 책임이 발생한다고 보는 것이 마땅하다.」(동지 : 대판 1986. 3. 11, 85 다카 1600)

Ⅳ. 被保證人의 決定

책임과 관련하여 가장 중요한 문제 중의 하나는 누구를 위하여 어음보증이 행하여졌느냐 이다. 어음법 제31조 제4항에 의하면 이는 어음보증의 의사표시에 의하며, 그러한 표시가 없으면 어음보증은 발행인을 위하여 한 것으로 본다. 따라서 어음보증인이 어떤 특정한 배서인을 위해 보증하려 한다는 의사표시를 게을리하면, 그의 지위는 어음법 제31조 제4항 제2문의 규정에 의해 훨씬 나빠진다. 왜냐하면 어음보증인이 이후 상환청구과정에서 지급인과 발행인 이외의 모든 어음관계자에 대하여 책임을 지기 때문이다. 어음보증에는 누구를 위하여 할 것인가를 표시하여야 하고, 그 표시가 없는 때에는 발행인을 위한 보증이라고 보는 어음법 제31조 제4항의 규정은 어음보증인이 직접 인수인이나 배서인 옆에 기명날인 또는 서명한 경우에도 관철될 것이냐의 문제에 대하여 견해가 대립한다. 이를 부정하는 견해도 있지만, 이는 오히려 거래의 안전을 해치므로 법문에 충실하여 발행인을 위한 것으로 보는 것이 타당하다.

Ⅴ. 代理人의 記名捺印 또는 署名

대리의 부가문자를 기재하지 않았으나 인수인의 성명 옆에 표시되어 대리인의 기명날인 또는 서명으로 인식될 수 있는 어음면상의 기명날인 또는 서명을 어음보증으로 볼 수 있는가에 대해서는 이를 부정하여야 할 것이다. 기명날인 또는 서명이 어음증권의 전체구조에 비추어 보아 독립적이지 않은 것으로 인식되면, 어음보증의 의사표시가 없는 것으로 받아들일 수도 있다. 그러나 그 밖의 경우에는 어음법 제31조 제3항의 규정이 엄격하게 적용된다.

Ⅵ. 어음保證人의 責任의 根據

어음보증인의 책임이 그의 어음법상의 의사표시로부터 법적으로 어떻게 성립할 것인가는 매우 불분명하다. 어음법이론의 고찰방법이 여기서 모두 되풀이 된다. 어음법상 의무를 부담하는 의사표시의 다른 모든 경우에서와 마찬가지로 여기서도 의무부담이 유효하기 위해서는 교부계약(Begebungsvertrag)이 필요하지만, 증권에 화체된 권리를 양도하는 계약은 어음이론에 있어서 계약설(Vertragstheorie)의 의미로 족하다고 볼 수 있다. 한편 책임효과에 대한 착오를 이유로 한 교부계약의 취소는 인정될 수 없다.

Ⅶ. 어음保證債務의 內容

(1) 어음보증인은 피보증인과 동일한 책임을 진다(어음법 제32조 제1항). 이는 어음보증인이 약속어음의 발행인이나 환어음의 인수인을 위해 보증하였다면, 모든 어음소지인에게 무조건, 다시 말하면 상환청구요건이 갖추어지지 않았어도 책임을 진다는 의미이다.

〈대판 1997.6.24, 97 다 5428〉

「…피고가 위 보증을 함에 있어 위 오영오가 제3자가 발행한 상업어음의 할인거래로 인한 채무만을 보증한 것이라고 볼 자료는 찾아볼 수 없으며, 나아가 피고가 연대보증한 약속어음에도 피고의 보증책임을 제한하는 취지의 기재는 찾아볼 수 없고, 피고는 위 보증 당시 위 오영오가 운영하는 위 제일식품 및 소외 회사에 관한 사정을 잘 알고 있었던 것으로 보이는바, 피고는 제3자가 발행한 상업어음의 할인거래로 인한 채무에 대하여만 이를 보증한 것이 아니라, 위 오영오 자신이 발행한 어음의 할인거래로 인하여 부담하는 채무도 이를 보증한 것이라 할 것이고, 그 할인대상이 되는 어음도 상업어음뿐 아니라 융통어음까지 포함된다고 할 것이며, 나아가 위 오영오 자신이 발행한 어음의 할인거래로 인하여 부담하는 채무가 포함되는 이상 가사 소외 회사가 오영오의 1인 회사로서 주로 어음할인목적을 위하여 이용되었고, 원고가 이를 알았다고 하더라도 위 오영오가 소외 회사 발행의 이 사건 약속어음들을 할인받음으로써 부담하는 채무도 피고가 이를 보증한 것으로 보아야 할 것이다.」

〈대판 1988. 8. 9, 86 다카 1858〉

「약속어음의 발행인은 어음금을 절대적으로 지급할 의무를 부담하는 것이므로 어음소지인이 발행인에 대하여 지급을 위한 제시를 하지 아니하였다 해도 발행인에게 어음금액을 청구할 수 있는 것이며, 발행인을 위한 어음보증인은 보증된 자와 동일한 책임을 지는 것이므로 소지인은 지급을 위한 제시 없이도 어음청구권을 행사할 수 있는 것이다.」

만약 어음보증인이 환어음의 발행인 또는 배서인을 위하여 보증하면 상환청구요건이 갖추어진 경우에만 책임을 진다. 피보증인이 상환청구에 대해 거절증서작성을 면제하였다면, 이는 보증인에 대해서도 효력이 있다. 피보증인이 배서인이고 그의 배서에 배서금지문구를 부가하였다면 그는 직접의 피배서인에 대해서만 책임을 지는데, 이는 어음보증인에게도 마찬가지로 적용된다. 피보증인이 어음채무에 대해 지급하면 어음보증인도 당연히 책임을 면한다. 피보증인이 채무를 면제받으면 어음보증채무도 마찬가지로 소멸한다.

(2) 어음보증인의 책임은 어음주채무자의 형식상 유효한 기명날인 또는 서명이 있을 것을 전제요건으로 한다. 주채무자가 어음에 기명날인 또는 서명하지 않았다면(예를 들면 회사스탬프만 찍혔거나 또는 어음보증인이 지급인을 위하여 어음보증을 했지만 지급인이 어음의 인수를 거절한 경우) 유효한 어음보증채무는 성립되지 않는다.

(3) 그렇지만 어음보증에는 민법상의 보증에서와 같은 실질적인 의미에서의 부종성이 없다. 피보증인의 채무가 그 방식에 하자가 있는 경우 외에는 어떠한 사유로 인하여 무효가 된 때에도(예를 들어 교부계약에 영향을 미치는 의사의 흠결 때문에) 어음보증은 유효하다(어음법 제32조 제2항). 주된 기명날인 또는 서명이 위조된 경우조차도 어음보증은 유효하다. 즉 어음행위독립의 원칙이 적용된다(어음법 제7조).

(4) 어음보증인이 주채무의 기초가 되어 있는 원인관계상의 항변을 주장할 수 있을 것인가의 여부는 어음법에 의해서가 아니라 부당이득법에 의해 판단된다. 우리나라 대법원은 과거 이와 관련된 판결을 하였는데, 이 판결에서는 신의성실의 원칙과 관련하여 어음보증인이 피보증인의 인적항변을 가지고 어음소지인에게 대항할 수 있음을 인정하였다.

〈대판 1988. 8. 9, 86 다카 1858〉

「장래의 채무를 담보하기 위하여 발행된 어음에 발행인을 위하여 어음보증이 되어 있는 약속어음을 수취한 사람은 어음을 발행한 원인관계상의 채무가 존속되지 않기로 확정된 때에는 특별한 사정이 없는 한 그 때부터는 어음발행인에 대해서뿐만 아니라 어음보증인에 대해서도 어음상의 권리를 행사할 실질적인 이유가 없어졌다 할 것이므로, 어음이 자기 수중에 있음을 기화로 하여 어음보증인으로부터 어음금을 받으려고 하는 것은 신의성실의 원칙에 비추어 부당한 것으로서 권리의 남용이라 할 것이고, 어음보증인은 수취인에 대하여 어음금의 지급을 거절할 수 있다고 보는 것이 옳다 할 것이고, 위 수취인으로부터 배서양도를 받은 어음소지인이 어음법 제17조 단서의 요건에 해당하는 때에는 어음보증인은 그러한 악의의 소지인에 대하여 권리남용의 항변으로 대항할 수 있다고 할 것이므로 …」

(5) 어음보증인은 민법상의 보증에서와는 달리 최고·검색의 항변권을 갖지 않는다.

Ⅷ. 어음保證人의 求償權

어음보증인이 어음에 대해 지급하면 피보증인에 대해서뿐만 아니라 피보증인에 대해 어음상 책임을 지는 다른 모든 자에 대하여 어음으로부터 발생하는 권리를 취득한다(어음법 제32조 제3항). 즉 발행인의 보증인은 발행인 자신 및 인수인에 대하여, 인수인의 보증인은 인수인에 대해서만, 그리고 배서인의 보증인은 그 배서인과 그의 모든 전자에 대하여 구상할 수 있다.

제2절 參 加

Ⅰ. 總 說

1. 參加의 意義·效用

참가(Ehreneintritt)란 상환청구를 저지하기 위하여 제3자가 어음관계에 개입함을 말한다. 즉 어음이 인수거절이나 자력불확실, 지급거절로 인하여 상환청구권을 행사하기에 이른 때에 인수인 이외의 제3자가 어음관계에 개입하여 어음의 신용을 회복시키고 상환청구권의 행사에 의한 상환금액의 증대를 방지하기 위하여 마련된 제도이다. 상환청구권의 행사를 방지한다는 점에서 보증과 유사하나, 보증은 예방적인 제도임에 반하여 참가는 사후적인 조치라는 점에 차이가 있다.

참가는 어음거래를 위하여 유용한 제도이나, 우리나라에서는 실제로 거의 사용되지 않고 있다. 왜냐하면 이 제도는 원래 통신기술이 발달되지 못한 시대에 어음관계자들이 타지에서 지급이 거절되었다는 사실을 모르거나 늦게 알게 되어 필요한 조치를 취할 수 없는 경우에 자기들의 신용과 명예가 훼손되는 것을 예방하기 위하여 이용되었기 때문이다.

2. 參加의 當事者

(1) 참가인 참가를 하는 자를 참가인(Honorant, Ehrender, intervenient)이라 한다. 참가는 미리 어음의 기재에 의하여 참가할 것으로 예정된 예비참가인이 하는 경우(예정된 참가)와 예정되어 있지 않은 고유의 참가인 또는 협의의 참가인이 하는 경우로 나눌 수 있다.

예비지급인(Notadressat, Notadresse)을 지정할 수 있는 사람은 환어음의 발행인·배서인과 보증인이다(어음법 제55조 제1항). 환어음의 지급인 또는 인수인은 상환의무자가 아니므로 이를 지정하지 못한다.

협의의 참가인이 될 수 있는 사람은 제3자, 지급인 또는 그 밖에 어음채무를 부담하고 있는 환어음의 발행인·배서인·보증인 등이다. 다만, 환어음의 인수인과 그의 보증인만은 참가인이 될 수 없다(어음법 제55조 제3항). 왜냐하면 주채무자와 그의 보증인이 참가인이라는 것은 무의미하기 때문이다.

(2) 피참가인 참가에 의하여 직접 상환청구를 면하게 되는 상환의무자를 피참가인(Honorat, Geehrter)이라 한다. 피참가인이 될 수 있는 사람은 상환의무자인 환어음의 발행인·배서인 및 이들의 보증인이다(어음법 제55조 제2항). 환어음의 인수인과 지급인은 피참가인이 될 수 없다.

3. 參加의 通知

참가가 있으면 참가인은 피참가인에 대하여 2거래일 내에 참가를 통지하여야 한다(어음법 제55조 제4항 제1문). 위 통지기간의 불준수에 대하여 과실이 있으면 참가인은 이로 인한 손해를 배상하여야 한다. 그러나 그 액은 어음금액의 범위 내에 한정된다(어음법 제55조 제4항 제2문). 이 통지는 피참가인으로 하여금 참가인의 구상(어음법 제63조 제1항)을 피하기 위하여 자진하여 소지인에 대하여 상환을 함으로써(어음법 제58조 제2항) 그 전자에 대하여 상환청구를 할 수 있게 하거나, 혹은 참가인에 대한 상환의 준비를 할 수 있게 하기 위한 것이다. 또 환어음의 발행인이 피참가인인 경우에는 무자력인 지급인에게 자금을 제공시키지 않게 하고, 이미 제공한 자금이 있는 경우에는 이를 속히 되찾도록 하기 위하여 필요하다. 따라서 인수거절 또는 지급거절의 사실만을 통지하는 것만으로는 부족하고, 참가의 사실을 통지하여야 한다.

Ⅱ. 參加引受

1. 參加引受의 意義와 法的 性質

참가인수(Ehrenannahme)라 함은 만기 전의 상환청구를 저지하기 위하여 어음을 지급할 것을 약속하는 어음행위이다. 참가인수를 할 수 있는 자는 제3자·지급인·발행인(환어음의 경우)·배서인·보증인 등이다. 지급인이 인수를 하지 않고 참가인수를 하는 실익은 참가인수를 하면 발행인에 대하여는 책임을 지지 않고 피참가인의 후자에 대하여만 의무를 지는 데에 있다.

참가인수의 법적 성질을 보통의 인수의 일종으로 보는 견해도 있으나, 이는 상환의무의 인수라고 해야 한다. 왜냐하면 참가인수인은 피참가인과 동일한 의무를 부담하는데(어음법 제58조 제1항), 피참가인은 상환의무자에 한정되어 있으므로(어음법 제55조 제2항) 참가인수인의 의무는 상환의무를 인수하는 데 불과하기 때문이다. 따라서 참가인수인의 채무의 소멸시효기간은 인수인의 경우와 달리 3년이 아니고 피참가인의 경우와 같다. 또 참가인수인은 이득상환의무자도 아니며(어음법 제79조), 참가인수인의 파산은 만기전상환청구의 원인으로 되지 아니한다(어음법 제43조 참조).

참가인수는 다음과 같은 점에서 인수와 다르다. ① 참가인수인은 피참가인과 동일한 의무를 부담하고(어음법 제58조 제1항), 피참가인은 상환의무자에 한정되므로(어음법 제55조 제2항) 참가인수인의 의무는 상환의무임에 반하여, 인수인은 주채무자로서 어음상의 주된 의무를 부담한다. ② 참가인수인의 의무는 조건부이므로 지급인이 지급하지 않는 경우에만 참가인수인은 지급의무를 부담하나, 인수인의 지급의무는 제1차적·무조건적·최종적이다. ③ 참가인수인은 피참가인의 후자에 대하여만 지급의무를 지나, 인수인은 모든 어음상의 권리자에게 지급의무를 진다. ④ 참가인수인은 상환청구권보전절차의 흠결로 인하여 면책되나, 인수인은 그럼에도 불구하고 지급의무를 진다. ⑤ 참가인수가 있어도 어음소지인은 피참가인의 전자에 대하여 여전히 만기 전의 상환청구를 할 수 있으나(어음법 제56조 제3항, 제58조 제2항), 인수가 있는 경우에는 원칙적으로 만기전상환청구를 할 수 없다(어음법 제43조 참조). ⑥ 참가인수인이 지급을 한 때에는 피참가인과 그 채무자에 대하여 어음상의 권리를 취득하나, 인수인이 지급을 한 경우에는 실질관계상의 청구권은 별 문제로 하고 아무런 어음상의 권리를 취득하지 못한다.

2. 參加引受의 要件

참가인수는 만기 전에 상환청구권을 행사할 수 있는 모든 경우에 할 수 있다(어음법 제56조 제1항). 참가인수를 하기 위하여는 실질적으로 만기 전에 상환청구원인이 발생하고 있어야 하며, 형식적으로 거절증서의 작성이 면제되어 있는 경우를 제외하고 그 사실이 인수거절증서에 의하여 확정되어 있어야 한다. 그러나 인수제시금지어음(어음법 제22조 제2항)에 있어서는 참가인수를 하지 못한다(어음법 제56조 제1항).

3. 參加引受의 方式

참가인수는 어음 자체에 참가인수문구를 기재하고 참가인수인이 기명날인 또는 서명함으로써 한다(어음법 제57조). 또 참가인수에는 피참가인을 표시하여야 한다. 보통 "A를 위하여 참가인수함. B 기명날인 또는 서명"의 형식으로 행한다. 피참가인의 표시가 없는 때에는 환어음의 발행인을 위하여 한 것으로 본다(어음법 제57조). 이것은 발행인을 피참가인으로 할 때에 가장 많은 자가 상환의무를 면하기 때문이다. 그러나 예비지급인의 참가인수는 그 지정자를 위하여 한 것으로 보아야 할 것이다(정동윤, 496쪽 ; 서돈각 · 정찬형, 700쪽).

일부인수가 있었던 경우에는 그 잔액에 대하여만 참가인수가 인정되지만, 일부참가인수는 허용되지 않는다(어음법 제59조 제2항 참조)(서돈각 · 정찬형, 700쪽).

4. 參加引受人의 選擇

(1) 참가인수의 거절 어음소지인은 자기가 신용할 수 없는 제3자의 참가로 인하여 상환청구권을 상실할 수 있으므로 원칙적으로 참가인수를 거절할 수 있다(어음법 제56조 제3항). 그러나 지급지에 주소가 있는 동지예비지급인의 기재가 있는 때에는 그 참가인수를 거절할 수 없다. 왜냐하면 소지인은 그 자가 참가할 것을 알고 어음을 취득하였기 때문이다. 이 경우에 소지인은 먼저 그 예비지급인에게 어음을 제시하여 참가인수를 청구하여야 하고, 만일 거절하면 거절증서를 작성시켜 참가인수를 거절한 사실을 증명하지 않으면 예비지급인을 기재한 사람과 그 후자에 대한 만기 전의 상환청구권을 상실한다(어음법 제56조 제2항). 예비지급인이 수인인 경우에는 그 전원에 대하여 위의 인수제시를 하여야 한다. 제시기간은 만기까지이다.

(2) 참가인수의 경합 피참가인을 달리하는 고유의 참가인수인이 경합하는 경우에 소지인이 발행인을 위한 참가인수를 승낙한 때에는 그 후자를 위한 참가인수를 승낙할 수 없게 된다. 왜냐하면 소지인은 그 후자에 대한 만기 전의 상환청구권을 상실하기 때문이다(어음법 제56조 제3항). 이에 반하여 소지인이 최후의

배서인을 위한 참가인수를 승낙한 때에는 그 후에 전자를 위한 참가인수를 승낙하여도 상관없다.

동지예비지급인과 그렇지 아니한 예비지급인 또는 예비지급인이 아닌 제3자의 참가인수가 경합할 때에는 소지인은 동지예비지급인의 참가인수를 선택하여야 한다. 타지예비지급인과 협의의 참가인과의 사이에서는 소지인은 그 중의 누구를 선택할 수도 있고, 또 이들 전원의 참가인수를 거절할 수도 있다(최기원, 521쪽; 정동윤, 498쪽). 왜냐하면 타지예비지급인을 기재하여도 그 기재에 특별한 효과가 따르는 것은 아니기 때문이다(어음법 제56조 제2항, 제60조 제1항)(정동윤, 498쪽).

5. 參加引受의 效力

(1) 참가인수인의 의무

A. 의무의 내용　　참가인수인은 어음소지인과 피참가인의 후자에 대하여 피참가인과 동일한 의무를 부담한다(어음법 제58조 제1항). 참가인수인의 의무는 피참가인의 의무와 같고 피참가인의 의무는 상환의무이므로, 결국 참가인수인은 상환의무를 부담한다.

B. 의무발생의 요건　　소지인은 참가인수인에게 청구하기 전에 먼저 만기에 지급인에게 지급청구할 것이고, 그 지급을 받지 못한 때에는 지급거절증서작성 등의 상환청구권보전절차를 밟아야 한다. 만일 이러한 절차를 밟지 아니하면 소지인은 참가인수인에 대한 권리를 상실한다. 이미 인수거절증서를 작성하였더라도 이는 참가인수에 의하여 실효되는 까닭에 어음법 제44조 제4항은 적용되지 않는다. 그리하여 지급지에 주소가 있는 참가인수인에 대한 권리를 보전하기 위하여는 다시 제60조 제1항 소정의 절차를 밟아야 한다. 그렇지 않으면 피참가인과 그 후자에 대한 권리를 상실하고(어음법 제60조 제2항), 그 결과 이와 동일한 의무를 부담하는 참가인수인에 대한 권리도 상실하기 때문이다. 그러나 피참가인의 의무가 실질적 이유로 인하여 무효인 때에도 어음행위독립의 원칙에 의하여 참가인수인의 어음채무에는 아무런 영향을 미치지 아니한다.

(2) 상환청구권의 소멸　　참가인수가 있으면 소지인은 피참가인 및 그 후자에 대하여 만기 전의 상환청구권을 상실한다(어음법 제56조 제2항·제3항). 즉 참가인수로 인하여 피참가인과 그 후자는 상환의무의 면책을 받게 된다. 그러나 피참가인의 전자는 참가인수가 있어도 상환의무를 면할 수 없다.

(3) 상환청구권의 존속　　참가인수가 있어도 피참가인의 전자는 상환의무를 면하지 못하고 또 피참가인 자신은 만기 전의 상환의무를 면하지만, 후일

참가인수인이 참가지급을 할 때에는 참가인수인에게 상환하여야 한다. 그리하여 어음법상 피참가인과 그 전자는 참가인수에도 불구하고 소지인에 대하여 상환금액(어음법 제48조)의 지급(상환)과 상환으로 어음 및 거절증서와 영수를 증명하는 계산서의 교부를 청구할 수 있다(어음법 제58조 제2항).

(4) 참가인수인과 피참가인의 관계 참가인수인과 피참가인 사이에는 참가인수로 인하여 직접 아무런 어음상의 관계가 발생하지 아니한다. 참가인수인이 피참가인의 위임에 의하여 참가인수를 하였을 경우에는 위임의 관계를, 그렇지 아니한 경우에는 사무관리의 관계를 인정할 수 있을 뿐이다. 다만 참가인수인이 참가지급을 한 때에는 어음법 제63조 제1항에 의하여 피참가인에 대하여 어음상의 권리를 취득한다.

Ⅲ. 參加支給

1. 參加支給의 意義와 性質

참가지급(Ehrenzahlung)이라 함은 만기 전 또는 만기 후의 상환청구를 저지하기 위하여 지급인 이외의 자가 하는 지급을 말한다. 참가지급은 본래의 지급인이 지급을 하지 아니하는 경우에 제2차적으로 지급하는 것이며, 그 결과는 단순히 피참가인의 후자의 의무를 소멸시키는 데 불과하다는 점에서 본래의 지급과 다르며, 상환청구권의 행사를 저지하기 위하여 하는 변제 또는 변제에 유사한 행위이다. 또 참가지급은 어음상의 기명날인 또는 서명을 요하지 아니하므로 참가인수와 같은 어음행위가 아니다.

2. 參加支給의 要件

참가지급은 만기의 전후를 불문하고 어음소지인이 상환청구권을 가지는 모든 경우에 할 수 있다(어음법 제59조 제1항). 참가지급을 하기 위하여는 실질적 요건으로서 만기의 전후에 상환청구원인이 발생하여야 하고, 형식적 요건으로서 거절증서 작성면제와 파산(어음법 제44조 제6항)의 경우를 제외하고는 그 사실이 거절증서에 의하여 증명되어야 한다.

3. 參加支給人

참가지급인이 될 수 있는 자는 참가인수인·예비지급인 또는 제3자이고, 인수인은 참가지급인이 되지 못한다(어음법 제55조 제3항).

(1) 참가인수인 또는 예비지급인의 참가지급 지급지에 주소를 갖는 참

가인수인 또는 예비지급인이 있는 경우에는 어음소지인은 먼저 이들 전원에게 어음을 제시하고, 또 필요한 때에는 거절증서를 작성시킬 수 있는 최종일의 익일까지 참가지급거절증서를 작성시켜야 하며, 만약 위 기간 내에 거절증서의 작성이 없는 때에는 예비지급인을 기재한 자 또는 피참가인과 그 후의 배서인은 의무를 면한다(어음법 제60조). 그 결과로 참가인수인에 대한 권리도 상실한다.

(2) **제 3 자의 참가지급** 소지인은 순수한 제 3 자가 참가지급을 하려고 할 때에도 참가인수의 경우와 달라서 이를 거절하지 못한다. 왜냐하면 소지인은 참가지급의 경우에도 현실로 지급을 받아 어음의 목적을 달성할 수 있으므로 참가지급인의 개인적 요소를 문제시할 필요가 없기 때문이다. 따라서 제 3 자의 참가지급을 거절하면, 그 참가지급으로 인하여 어음상의 의무를 면할 수 있었던 사람에 대한 상환청구권을 잃는다(어음법 제61조).

(3) **참가지급인의 경합** 상이한 피참가인을 위하여 수인의 참가지급희망자가 있는 경우에는 가장 다수의 의무를 면하게 하는 자가 우선한다(어음법 제63조 제 3 항). 이것은 상환의무자의 이익을 고려한 것이다. 이 원칙에 위반한 참가지급도 유효하지만, 자기보다 선순위에 있는 참가지급인이 있는 것을 알면서 자진하여 참가지급한 자는 선순위의 참가지급인이 참가지급을 하면 의무를 면할 수 있었던 자에 대한 상환청구권을 잃는다(어음법 제63조 제 3 항 후단). 그러나 어음소지인으로서는 이를 걱정할 필요가 없이 누구의 참가지급을 수령하여도 상관없다.

4. 參加支給의 時期 · 金額 및 方式

(1) **참가지급의 시기** 참가인수인은 원칙적으로 지급거절증서 작성기간의 익일까지 참가지급을 하여야 하지만(어음법 제60조 제 1 항), 참가인수인은 그에 대한 보전절차가 밟아진 때에는 거절증서작성기간의 익일이 경과한다고 하여 지급의무를 면하는 것이 아니므로(어음법 제60조 제 2 항), 피참가인이 지급을 할 때까지는 참가지급을 할 수 있다. 예비지급인 기타 제 3 자의 참가지급은 만기 전후 어느 때라도 할 수 있으나 지급거절증서 작성기간의 익일까지는 하여야 한다(어음법 제59조 제 3 항, 제60조 제 1 항).

(2) **참가지급의 금액** 참가지급인은 피참가인이 지급할 의무가 있는 금액의 전부를 지급하여야 한다(어음법 제59조 제 2 항). 피참가인은 상환의무자이므로 참가지급의 금액은 어음금액, 만기 이후의 이자와 거절증서의 비용 등이다(어음법 제48조). 이 금액의 전액을 지급하여야 하며, 지급의 경우와는 달리(어음법 제39조 제 2 항 참조) 일부참가지급은 허용되지 아니한다(어음법 제59조 제 2 항). 만일 소지인이 일부참가지급을 수령하는 경우에도 이것은 상환청구권을 저지하기 위한 참가지급의 목적을 달성할 수 없을

뿐만 아니라 그러한 일부참가지급인은 어음상의 권리(어음법 제63조 제1항 제1문)를 취득하지 못하고, 다만 그로 인하여 면책된 자에 대하여 민법상의 청구권을 행사할 수 있을 뿐이다(서돈각 · 정찬형, 705쪽 ; 정동윤, 502쪽).

(3) 참가지급의 방식 참가지급은 어음상에 피참가인을 표시하고 소지인으로 하여금 영수의 기재를 시키는 방법으로 이를 한다(어음법 제62조 제1항). 누구를 위한 지급인가의 표시가 없는 때에는 발행인을 위하여 지급한 것으로 본다(어음법 제62조 제1항 후단).

소지인은 참가지급인에게 위 기재가 있는 어음을 교부하여야 하고, 또 거절증서를 작성시킨 때에는 이것도 함께 교부할 의무가 있다(어음법 제62조 제2항). 이것은 참가지급인이 어음상의 권리를 행사하기 위하여 필요하기 때문이다.

5. 參加支給의 效力

(1) 소지인의 권리소멸 참가지급으로 인하여 소지인의 어음상의 권리는 어음채무자에 대한 관계에서 소멸한다.

(2) 면책적 효력 참가지급으로 인하여 피참가인의 후자는 상환의무를 면한다(어음법 제63조 제2항). 그러나 피참가인은 의무를 면하지 못하고, 참가지급인에 대하여 의무를 부담한다(어음법 제63조 제1항).

(3) 참가지급인의 권리취득 참가지급인은 피참가인과 그의 어음상의 채무자에 대하여 어음으로부터 생기는 권리, 즉 어음상의 권리를 취득한다(어음법 제63조 제1항). 그러나 배서는 하지 못한다(어음법 제63조 제1항 단서). 이 권리취득의 성질에 관하여 통설은 참가지급인이 소지인의 권리를 승계 또는 대위하는 것이 아니고, 소지인 또는 피참가인에 대한 항변이 부착하지 아니한 독립된 권리를 법정의 효력으로서 어음의 교부 없이 원시취득하는 것이고, 마치 보증인의 권리취득(어음법 제32조 제3항)과 같다고 한다(정동윤, 502쪽 ; 서돈각 · 정찬형, 706쪽 ; 정희철, 308쪽 ; 채이식, 200쪽 ; 손주찬, 345쪽).

(4) 일반사법상의 보상청구권 참가지급인은 어음상의 권리를 취득하는 외에 일반사법상의 관계에 의하여 보상청구권을 가질 수 있는데, 이때에는 두 가지 권리를 선택하여 행사할 수 있다.

제11장 어음의 喪失 · 抹消 · 毀損

金光年, 어음 · 수표의 분실로 인한 법률관계, 대한변호사협회지 90(1983. 9)/李基秀, 어음의 喪失 · 抹消 · 毀損, 고시계 381(1988. 11)/李箕鍾, 증권의 除權判決과 善意取得의 관계, 연세법학연구 1,1(1990. 2)/林載鎬, 유가증권상실자의 권리구제에 관한 법리 : 제권판결제도를 중심으로, 경북대박사학위논문, 1992/鄭東潤, 除權判決에 의하여 무효로 된 어음을 소지한 자의 지위, 고려대법학논집 27 (1992. 4)/鄭東潤, 除權判決이 선고된 어음소지인의 권리행사방법, 法曹 430 (1992. 7)/周基鍾, 白地어음의 除權判決에 관한 研究, 청주대법학논집 5(1990. 7).

제1절 어음의 喪失

어음의 상실이라 함은 어음이 멸실 · 유실 · 도난 등에 의해 존재하지 않거나 그 소재가 불분명한 것을 말하며, 어음으로 인정될 수 없을 정도로 말소 · 훼손된 경우를 포함한다.

어음은 완전한 유가증권이기 때문에 어음을 상실한 경우에도 어음상의 권리가 소멸하지는 않으나 상실자로서는 그 어음에 표창되어 있는 권리를 행사할 수 없고, 그 어음이 제 3 자에게 선의취득됨으로써 어음에 표창되어 있는 권리를 상실하게 될 염려가 있다. 그런데 이러한 경우에 어음 없는 권리행사나 어음의 재발행을 아무런 제한 없이 인정한다면, 상실된 어음의 취득자를 보호할 수 없게 되고 하나의 권리에 복수의 어음이 존재하는 부당한 결과를 초래할 수 있다.

법은 이러한 경우에 대비하여 유가증권 일반에 관하여 공시최고절차(민사소송법 제475조 이하)를 두고 있다. 어음상실자는 공시최고에 의한 제권판결을 받아야만 상실한 어음을 무효로 하고, 어음 없이 권리를 행사하거나 어음의 재발행을 청구할 수 있다. 아래에서는 어음과 관련하여 공시최고절차를 설명한다. 이 설명은 수표에 대해서도 그대로 적용된다.

제2절 公示催告節次

Ⅰ. 意 義

공시최고절차라 함은 법률에서 정한 일정한 경우에 법원이 당사자의 신청에 의해 공고의 방법으로 미지의 불분명한 이해관계인에게 실권의 경고를 함으로써 권리신고를 최고하고, 아무도 권리신고를 하지 않을 때에 제권판결을 내리는 절차를 말한다. 어음의 상실에 관해서는 어음법에 특별한 규정이 없기 때문에 민사소송법 제475조 이하에서 정한 바에 의하도록 되어 있다. 이는 상법 제65조에 의하여 민법 제521조가 적용되기 때문이다.

Ⅱ. 公示催告의 對象이 되는 어음

제권판결은 법률이 공시최고를 허용한 증권에 관해서만 인정된다고 생각한다. 왜냐하면 민사소송법 제490조 제2항 제1호에 의하면 "법률상 공시최고절차를 허하지 아니한 경우인 때"에도 불구하고 행하여진 제권판결에 대해서는 신청인에 대한 소로 최고법원에 불복을 신청할 수 있다는 뜻을 정하고 있기 때문이다.

〈대판 1970.7.24, 70 다 989〉

「민소법 제461조 제2항 제1호에서 말하는 법률에서 공시최고절차를 허하지 아니하는 경우라 함은 현재 취해진 공시최고절차에 대하여 추상적 · 일반적으로 이것을 인정하는 법률상의 근거를 전혀 흠결한 경우를 말하고, 구체적 · 개별적인 공시최고절차 내에서 이루어진 사실인정이 부당한 경우를 포함하지 않는다고 해석한다.」

공시최고절차가 허용되는 증권에 관한 규정은 실정법상 상법 제360조 및 상법 제65조와 민법 제521조에 있다. 이와 같은 실정법의 규정을 전제로 하여 민사소송법 제492조는 "도난, 분실 또는 없어진 증권 그 밖에 상법에 무효로 할 수 있음을 규정한 증서"(제1항), "법률상 공시최고를 할 수 있는 다른 증서"(제2항)에 관하여 공시최고절차가 적용됨을 규정하고 있다.

무기명채권에 관하여도 민법 제524조에 의하여 민법 제521조가 준용되기 때문에 지시채권과 같이 멸실한 증서나 소지인의 점유를 이탈한 증서에 공시최고절차가 적용된다. 이하에서는 어음에 관하여만 경우를 나누어 고찰한다.

(1) 완성된 유효한 어음 완성된 유효한 어음이 제권판결의 대상이 되는 점에 관해서는 이론이 없다.

(2) 배서금지의 어음 배서금지의 어음은 기명증권의 성질을 갖는다고 해석되는데, 기명증권은 공시최고절차의 대상 속에 열거되어 있지 않다. 그러나 배서금지의 어음이더라도 그 권리행사에 관해서는 어음의 제시와 환수가 필요하기 때문에, 그 상실자에 대해 상실 전의 지위를 회복시킬 필요에서 통상의 어음과 차이가 없으므로 배서금지의 어음에도 제권판결을 허용해야 한다는 설이 유력하다.

(3) 미완성의 어음 미완성어음에는 어음의 효력이 발생하지 않기 때문에 굳이 제권판결을 인정할 필요는 없다는 견해도 있지만 미완성의 어음인가 백지어음인가는 구별이 곤란하며, 또한 미완성어음의 작성자는 연속하는 배서의 소지인에 대하여 악의 또는 중대한 과실을 증명하지 않는 한 발행인으로서의 책임을 면할 수 없다고 하는 것이 통설·판례이기 때문에 미완성어음에 관해서도 제권판결을 허용해야 할 것으로 생각된다.

(4) 백지어음 백지어음에도 공시최고절차는 허용된다고 해석하는 것이 통설이다. 그 근거로서 열거되는 이유는 첫째는 백지어음에 있어서 공시최고의 필요성이며, 둘째는 백지어음의 성질이다. 즉 전자는 백지어음이 선의취득됨을 방지하는 데 필요하며, 후자는 백지어음은 그 자체로서는 어음이 아니고 보충에 의해 비로소 어음으로 되는 미완성의 어음이기는 하지만 유통과정에 관한 한 어음과 동일한 법칙에 따른다는 것이 상관습상 인정되어 있는 것, 즉 상관습법상의 지시증권으로서 상법 제65조와 민법 제521조의 적용을 받는다고 해석되기 때문이다.

(5) 어음용지 단순한 어음용지는 아직 법률상의 어음이 아니므로 이를 상실하여도 공시최고절차의 적용은 있을 수 없고, 또 그 필요성도 없다고 생각된다.

(6) 환수 후의 어음 어음상의 의무를 이행하여 이를 환수한 자가 그 후에 이를 상실한 경우에도 권면상의 지급을 필했다는 것이 명시되어 있지 않을 때에는 다시 지급을 청구당할 위험이 있기 때문에, 환수 후의 어음에 대해서도 제권판결을 인정해야 할 것이다.

(7) 시효완성·권리보전절차흠결의 어음 이와 같이 어음상의 권리가 소멸한 경우에 제권판결의 대상으로 될 것인가 아닌가에 관해서는 다툼이 있

다. 이득상환청구권을 일종의 지명채권으로 해석하여 그 행사에는 어음의 소지를 요하지 않는다는 소지불요설(정동윤, 234쪽)과 이를 긍정하는 설(정희철, 549쪽)이 있는데, 소지불요설에 찬성한다. 따라서 어음상의 권리가 소멸한 경우에는 제권판결의 대상이 되지 않는다.

Ⅲ. 公示催告의 申請

1. 申請權者

(1) 형식적 자격자 공시최고의 신청권자는 어음의 상실자이며, 만약 어음을 상실하지 않고 소지하고 있었더라면 어음의 소지 혹은 배서의 연속에 의해 적법한 권리자로서의 추정을 받음으로써(어음법 제16조, 제77조 제1항 제1호) 그 어음상의 권리를 행사할 수 있었을 형식적 자격자이다(민사소송법 제493조).

〈대판 1995. 2. 3, 93 다 52334〉

「약속어음의 전 소지인이 자기의 의사에 기하지 아니하고 그 약속어음의 소지를 상실하였다고 하더라도 그 후 그 약속어음을 특정인이 소지하고 있음이 판명된 경우에는 전 소지인은 현 소지인에 대하여 그 반환을 청구하여야 하고, 이에 대한 공시최고는 허용되지 아니하고, 전 소지인이 그 약속어음의 소지인을 알면서도 그 소재를 모르는 것처럼 공시최고기일에 출석하여 그 신청의 원인과 제권판결을 구하는 취지를 진술하여 공시최고법원을 기망하고, 이에 속은 공시최고법원으로부터 제권판결을 얻었다면, 그 제권판결의 소극적 효과로서 그 약속어음은 무효가 되어 그 정당한 소지인은 그 약속어음상의 권리를 행사할 수 없게 되고 적법한 소지인임을 전제로 한 이득상환청구권도 발생하지 않게 된 손해를 입었다고 할 것이므로, 전 소지인은 그 약속어음의 정당한 소지인에게 불법행위로 인한 손해를 배상할 책임이 있다.」

통설 및 실무는 실질적 권리를 갖는가 아닌가는 묻지 않는다고 해석하지만, 실질적 권리자에 한한다고 해석하는 반대설도 유력하다.

(2) 질권자 · 추심권자 제권판결에 의해 구제되어야 할 자는 부분적 권리자도 포함한다고 보아야 하므로 입질배서 및 추심위임배서에 기한 질권자 및 추심권자도 신청권을 갖는다.

(3) 어음의 발행인 어음의 발행인은 어음상의 권리자는 아니지만, 그 작성 후 교부 전에 어음을 상실한 경우에는 선의취득자에 대하여 의무를 부담

하게 되기 때문에 발행인에게도 신청권을 인정해야 할 것이다.

〈대판 1990. 4. 27, 89 다카 16215〉

「제권판결의 소극적 효력으로서 그 어음이 어음으로서 효력을 상실하여 무효로 되는 이치가 공시최고의 신청인이 발행인인 경우와 발행인이 아닌 소지인(어음상의 권리자)인 경우에 따라 구별되어 해석되어야 할 만한 아무런 합리적인 근거가 없으며, 도리어 약속어음의 발행인이 그 어음상의 채무를 면하기 위하여 어음의 도난·분실 등을 이유로 공시최고의 신청을 할 수 있다고 해석하여야 할 것이다.」

2. 申請方法

공시최고의 신청은 어음기재의 지급지의 지방법원에 대하여 하여야 한다(민사소송법 제476조 제1항 · 제2항). 어음에 지급지의 기재가 없고 지급인의 성명에 부기한 장소의 기재도 없을 경우에는 발행인이 보통재판적을 갖는 장소의 지방법원이 관할하고, 그 법원이 없을 때에는 발행인이 발행 당시 보통재판적을 갖고 있었던 장소의 지방법원이 관할한다(민사소송법 제476조 제1항 · 제3항).

신청은 서면으로 하여야 한다(민사소송법 제477조 제2항). 신청의 증거로서 신청인은 자기가 실질적 권리자임을 증명할 필요는 없지만 증권의 동일성을 나타내기 위해 어음의 등본을 제출하든가, 또는 어음의 중요한 취지 및 증서를 충분히 인지하는 데 필요한 사항을 개시하는 것 이외에 어음의 도난, 멸실 및 공시최고를 신청할 수 있는 이유가 되는 사실을 소명하여야 한다(민사소송법 제494조).

여기서 공시최고절차를 신청할 수 있는 이유가 되는 사실이라 함은 상실하기까지는 자신이 실질적 권리자이었다고 하는 사실을 말하며, 구체적으로 증권상실의 소명은 '도난신고증명서' · '유실신고증명서' · '소실신고증명서' · '이재증명서'(경찰서가 교부) 등에 의해 행하면 된다.

3. 公示催告申請과 時效中斷

공시최고의 신청은 그 자체로서는 시효중단의 효력을 발생시키지 않는다. 따라서 어음을 소지하고 있지 않은 자에 의한 청구는 재판상의 청구이더라도 시효중단의 효력을 발생시키지 않는다는 입장에 의하면 시효중단을 위해서는 민법 제522조에 의한 어음금공탁 혹은 담보의 제공과 교환으로 어음금액의 지급을 청구하고, 그 후 6개월 내에 청구에 관한 소를 제기하여 하는 수밖에 없다(민법 제174조).

Ⅳ. 公示催告

1. 催告内容과 公告

공시최고의 신청에 기하여 법원은 다음과 같은 내용의 공시최고를 한다. 즉 ① 그 어음에 관한 권리를 주장하는 자는 공시최고기일까지 권리를 법원에 신고하고 또한 증권을 제출해야 할 뜻을 최고하고, ② 그 신고를 하지 않을 때에는 그 증권의 무효를 선언한다는 뜻을 경고한다(민사소송법 제475조).

이 공시최고의 공고는 ⅰ) 법원의 게시판에의 게시, ⅱ) 관보·공보 또는 신문게재, ⅲ) 전자통신매체를 이용한 공고 가운데 어느 하나의 방법으로 한다(민사소송법 제480조; 민사소송규칙 제142조 제1항).

2. 催告期間중의 어음上의 權利行使

공시최고가 행하여지면 신청인은 채무자에 대하여 어음금액의 공탁을 구하거나 혹은 상당한 담보를 제공하여 어음을 지급하도록 할 수 있다(상법 제65조; 민법 제522조). 이 청구를 하기 위해서는 어음의 만기가 도래할 것이 필요하다. 여기서 청구의 상대방이 되는 채무자는 환어음의 인수인, 약속어음의 발행인 및 그 보증인이며 상환의무자는 포함되지 않는다. 어음금액을 공탁한 경우에 어음채무자는 공시최고신청인에 대한 관계에 있어서나 어음소지인에 대한 관계에 있어서도 어음채무를 변제한 것으로 되어 완전히 책임을 면하게 된다.

3. 權利의 申告

공시최고기간중에 어음소지인이 신고어음을 제시한 경우에 공시최고 내지 제권판결신청인이 제시된 어음과 상실어음과의 동일성을 승인하면, 신청인은 공시최고의 신청을 취하한 것으로 된다. 만일 신청을 취하하지 않을 때에는 결정으로써 신청을 각하해야 한다. 한편 신청인이 제출된 어음의 동일성을 다투거나 제3자가 권리를 신고하였지만, 그 자도 어음을 상실하여 제시할 수 없을 때에는 민사소송법 제485조에 의해 법원은 직권으로 절차를 중지한다. 그 결과 어음이 진정한 것인가 아닌가, 신고인과 신청인 중에 누가 권리자인가의 다툼은 보통의 절차에 의해 처리된다. 따라서 신청인에 의한 어음의 비진정, 자기가 권리자인 것, 신고인의 무권리를 확인하는 재판에서 이것이 인정될 때에는 신기일을 지정하여 절차가 속행되며, 역으로 청구가 기각되는 판결이 있었던 때에는 신청은 각하되게 된다.

4. 어음上의 債務者의 告知義務

공시최고기간중에 상실어음에 의한 권리행사와 공시최고절차의 사이에는 제도상 견련관계가 존재하지 않는다. 즉 공시최고절차는 재판절차에 의해 행하여지는 것인 데 대하여, 상실어음에 의한 권리행사는 재판 외에서도 행해질 수 있으며, 재판상의 절차로 행하여진다 하더라도 그것과 공시최고절차와는 각각 무관계하게 진행된다. 따라서 어음에 관하여 발행인 자신의 신청에 의한 공시최고절차의 계속중에 어음소지인에 의한 어음금청구소송이 제기되어 그 소송의 계속중에 제권판결이 내려질 수도 있다. 이처럼 상실어음의 취득자가 어음상의 채무자에 대하여 어음상의 채무의 이행을 구하여 지급을 거절당한 때에 그 어음에 관해 공시최고절차가 행하여져 있다는 사실을 알게끔 하는 것도 제도상 보장되어 있지 않고, 또 공시최고신청자에 있어서 상실어음에 의한 권리행사가 행하여진 때에는 제권판결이 내려져도 아무런 의미가 없는 등의 문제점이 있다.

그래서 이에 관한 해석론·입법론이 여러 가지로 제안되고 있다. 그 한 방법으로서 배상증서제도가 제창되고 있다. 이는 영미법계 제국에서 사용되고 있는 제도인데 유가증권상실의 경우에 상실유가증권을 실효시키지 않고, 장래에 상실유가증권이 제출된 경우에는 그 제출자의 권리행사에 응하는 것을 전제로 하여 그로 인해 생긴 손실의 배상을 받기 위하여 유가증권상실자에게 배상증서를 제출시켜 그 권리행사에 응한다고 하는 제도이다. 따라서 우리나라에서도 이 제도를 채용하면 어음에 관하여 상실자가 충분한 배상증서를 제출하여 어음상의 권리를 행사할 뜻을 신고한 때에는 어음상의 의무자는 당해 어음의 소지인이 타인이라는 것을 증명할 수 있는 경우를 제외하고 지체없이 그 권리행사에 응하지 않으면 안 되고, 또 권리행사에 응한 후에 원래의 어음에 의한 권리행사의 신고가 있었던 때에는 어음상의 의무자는 원칙으로 이에 응하지 않으면 안 된다. 이와 같이 어음상의 의무자가 상실자 및 원래의 어음에 의한 권리행사자의 쌍방에 응하게 된 때에는 배상증서의 발행자에 대해 배상을 청구함으로써 손해를 전보할 수 있게 된다. 그러나 이 제도의 도입에 관해서는 구체적으로 검토할 여지가 있다고 본다.

V. 除權判決

공시최고기일까지 권리의 신고를 하는 자가 없는 경우에 법원은 신청인의 구두변론을 거쳐 제권판결을 선고한다(민사소송법 제487조).

1. 除權判決의 效力

제권판결에 있어서는 ① 증권은 무효로 선언되며(민사소송법 제496조), ② 그 결과 신청인은 증권에 의해 의무를 부담하는 자에 대하여 증권 없이 증권상의 권리를 주장할 수 있게 된다(민사소송법 제497조). 전자의 효력을 소극적 효력이라 하고, 후자의 효력을 적극적 효력이라 한다.

(1) 소극적 효력 소극적 효력은 어음이 무효로 되는 효력으로서, 이로써 어음상의 권리와 어음의 결합이 해소되게 된다.

〈대판 1995.10.13, 93 다 12213〉

「일반적으로 약속어음을 교부하고 돈을 차용한 채무자는 채권자의 차용금반환청구에 대하여 약속어음의 반환과 상환으로만 그 반환의무를 이행하겠다는 주장을 할 수 있음은 소론과 같으나, 이 사건에 있어서처럼 그 약속어음에 대한 제권판결이 선고되어 약속어음의 효력이 상실된 경우에는 그러한 상환이행의 주장을 할 수는 없다고 보아야 할 것이다.」

따라서 증권이 물리적으로 존재하고 있더라도 권리는 표창하지 않게 되어 단순한 지편에 불과하게 된다. 그러나 제권판결의 소극적 효력은 어음의 효력을 부정하는 것뿐이며, 진정한 권리자가 어음소지인이었던 경우에 그 자가 제권판결에 의해 권리를 상실하게 될 이유는 없다.

〈대판 1982.10.26, 82 다 298〉

「약속어음에 관하여 제권판결이 있으면 그 약속어음은 효력을 상실하고, 그 정당한 소지인이라 할지라도 약속어음상의 권리를 행사할 수 없고, 일단 제권판결이 선고된 이상 약속어음상의 실질권리자는 제권판결의 효력을 소멸시키기 위해 불복의 소를 제기하여 취소판결을 얻지 않는 한 약속어음상의 권리를 주장할 수 없다.」(동지 : 대판 1990.4.27, 89 다카 16215)

〈대판 1993.11.9, 93 다 32934〉

「약속어음에 관한 제권판결의 효력은 그 판결 이후에 있어서 당해어음을 무효로 하고, 공시최고신청인에게 어음을 소지함과 동일한 지위를 회복시키는 것에 그치는 것이고, 공시최고신청인이 실질상의 권리자임을 확정하는 것은 아니나 취득자가 소지하고 있는 약속어음은 제권판결의 소극적 효과로서 약속어음으로서의 효력이 상실되는 것이므로 약속어음의 소지인은 무효로 된 어음을 유효한 어음이라고 주장하여 어음금청구를 할 수 없다.」

(2) 적극적 효력 적극적 효력은 신청인이 증서 없이도 증서상의 권리를 행사할 수 있도록 하는 효력을 말하며, 또한 제권판결을 얻은 자가 법률상 권리자로서 형식적 자격을 인정받는 것도 의미한다. 즉 첫째로 증권의 상실자인 신청인은 제권판결 후에는 어음 없이 그 권리를 행사할 수 있게 된다. 둘째로 제권판결을 얻은 자는 권리자로서의 형식적 자격을 인정받아 자신이 실질적 권리자라는 것을 증명하지 않아도 권리를 행사할 수 있으며, 의무자측에서도 제권판결을 얻은 자의 권리행사에 관해서는 그 자가 무권리자라는 것을 증명하지 않는 한 그의 권리행사를 거절할 수 없다는 것을 의미한다. 그러나 물론 제권판결로 인해 그 판결을 얻은 자가 실질적 권리를 부여받는 것은 아니다.

〈대판 1965. 7. 27, 65 다 1002〉

「수표상실에 관한 제권판결의 효력은 그 판결 후에 있어 당해 수표를 무효로 하는 것이고, 공시최고신청시에 소급하여 무효로 하는 것이 아니고, 또 신청인에게 수표를 소지함과 동일한 지위를 회복시키는 것에 그치고, 그 신청인이 실질상의 권리자임을 확정하는 것도 아니다.」

2. 公示催告節次와 善意取得者의 地位

공시최고기일 내에 어음을 선의취득한 자가 공시최고기일까지 권리의 신고를 하지 않았기 때문에 제권판결이 내려져 선의취득자가 소지하고 있는 어음이 실효한 경우의 선의취득자의 지위에 관해서는 견해가 나누어진다.

제 1 설은 공시최고의 신청을 한 상실자가 선의취득될 때까지 권리자이었던 경우에는 선의취득자가 권리의 신고를 하지 않은 채 제권판결이 행하여지면, 선의취득자가 권리를 상실하며 제권판결을 얻은 상실자가 어음상의 권리를 회복한다고 보는 견해이다. 이 견해는 이와 같이 해석하지 않으면 애써 공시최고절차를 신청하여 제권판결을 얻어도 소용이 없다는 점을 근거로 한다.

제 2 설은 제권판결 전에 선의취득자가 생긴 이상 증권상실자는 그 권리를 잃기 때문에 제권판결을 얻어도 일단 상실한 권리를 회복하는 것은 불가능하며,

선의취득자가 권리자라는 견해이다. 이 견해는 제권판결은 증권의 효력을 부정하는 데 지나지 않고 제권판결에 의해 진정한 권리자가 권리를 상실하는 것은 아니라는 점과 공시최고가 주지방법으로서 완전한 것은 아니라는 점을 그 근거로 한다(정동윤, 241쪽).

제3설은 위 두 견해를 절충한 견해로서 이 설에 의하면 선의취득자 가운데 제권판결선고 전에 적법하게 권리를 행사한 자만 제권판결취득자에 우선하고, 그렇지 아니한 선의취득자는 제권판결에 의하여 그 권리를 상실하게 된다고 한다. 여기에서 권리를 행사한 자라 함은 예컨대 제권판결 전에 은행에 적법한 지급제시를 한 수표의 소지인, 제권판결 전에 약속어음의 발행인에게 어음금의 지급을 구한 어음소지인 따위를 가리킨다고 한다(박우동, 제권판결취득자와 선의취득자와의 관계, 법조 26.8.76(1977)).

제4설은 선의취득자가 공시최고의 사실을 알면서 권리의 신고를 하지 않은 경우에는 선의취득자에게 실질적 권리를 인정할 필요가 없다고 보며, 선의취득자가 과실로 그 사실을 알지 못한 경우에는 증권의 유통보호의 견지에서 그에게 실질적 권리를 인정하여야 할 것이라고 한다. 이 때 선의취득자의 공시최고에 대한 악의의 증명책임을 주장자(지급인 또는 증권상실자)에게 부담시키면, 증권의 유통도 보호하면서 선의취득제도를 남용하는 자도 규제될 것이라고 한다(서돈각·정찬형, 670~671쪽).

그런데 이와 같이 제권판결의 효력에 관하여 선의취득자와의 관계를 어떻게 할 것인가에 관하여 설이 나누어지는 것은 제권판결을 얻은 어음상실자의 이익을 보호할 것인가, 거래의 안전보호의 견지에서 어음취득자의 이익을 중시할 것인가의 이익형량에 관한 견해의 차이로부터 생기는 것이다. 공시최고방법의 불완전함을 근거로 증권취득자의 이익을 중시하는 제2설에 있어서도 제권판결 후에 그 어음을 선의이며 중과실 없이 취득한 자에 대해서는 그 선의취득은 인정되지 않는다. 따라서 공시최고방법의 불완전성이라는 근거도 반드시 충분하지는 않다. 한편 제권판결의 효력을 중시하는 제1설에 의하여도 공시최고 전의 선의취득자가 권리의 신고를 하지 않는 한 제권판결에 의해 권리를 상실하는 것이므로, 이 자가 취득 후에도 권리를 행사하기까지 공시최고의 유무의 조사를 계속해야만 한다는 것은 가혹하다. 이와 같이 어떤 설을 채택하여도 일장일단은 있지만 현행법 하에서는 제2설, 즉 선의취득자의 이익을 보호해야 할 것이라고 생각하며, 이 설 아래에서는 공시최고절차의 의미가 감쇄되는 것은 부득이하다고 해석해야 할 것이다. 우리 대법원 판례도 선의취득자우선설을 취하고 있다(대판 1965. 7. 20, 65 다 1002; 대판 1965. 11. 30, 65 다 1926).

이와 같이 제2설을 근거로 하여 아래에서는 그 경우를 나누어 고찰하기로 한다.

(1) **적법하게 발행된 어음** 제권판결 전에 선의취득자가 발생한 이상 어음상실자는 그 권리를 상실하기 때문에 제권판결이 내려져도 일단 상실한 권리를 회복할 수 없고 선의취득자는 실질적 권리를 상실하지 않으며, 다만 판결의 효력으로써 형식적 자격을 잃는다.

(2) **교부흠결어음의 선의취득과 제권판결** 기명날인 또는 서명 후 교부 전에 상실한 어음을 선의취득한 자는 제권판결에 의해 그 권리를 상실하지 않는다. 그 이유는 적법하게 발행된 어음의 소지인이 동 어음을 상실하여 공시최고를 신청한 경우와 같이 제권판결의 확정 전에 당해 어음의 선의취득자가 나타나서 제권판결에 의해 권리행사의 자격을 회복하여 어음상실자와의 사이에 권리행사자격의 경합상태를 발생시킬 위험이 없기 때문에 제권판결 전의 권리취득자의 권리를 부정할 필요는 없기 때문이다.

3. 證券의 再發行

공시최고에 의한 제권판결을 받은 자가 어음의 발행인에 대하여 어음의 재발행을 청구할 수 있는지 여부가 문제된다. 주권에 대해서는 상법 제360조 제2항에서 명문규정을 두고 있어 의문의 여지가 없으나, 어음 · 수표에서는 그러한 규정이 없기 때문에 논란이 된다.

이에 대하여는 재발행을 긍정하는 견해와 부정하는 견해로 대립되어 있다. 전자는 재발행을 인정하여도 특별한 불합리가 없고 오히려 편리하다는 점을 든다(정동윤, 242쪽). 이에 대하여 부정설은 ① 주권과는 달리 계속적인 권리관계를 표창하는 것이 아니고 금전의 지급이라는 1회적 내지 단기간의 권리관계를 표창하는 것이며, ② 제권판결 자체에 의하여 어음상실자는 재발행을 인정하는 것과 같은 목적을 달성할 수 있으며, ③ 실제상 재발행을 인정할 실익도 없다는 점을 이유로 제시한다(손주찬, 132쪽 ; 정찬형, 635~636쪽).

이에 대하여는 어음에 있어서도 증권의 재발행을 인정하여야 한다고 본다. 어음에 있어서 비록 단기간에 권리를 행사할 것이 예정되어 있다 하여도 그 행사를 용이하게 하기 위하여 증권 자체가 필요한 경우가 있기 때문이다. 또 상법 제360조와 같은 명문의 규정이 없다는 점을 근거로 하여 재발행을 부정하는 견해에 대해서는 상법 제360조의 규정은 예시규정으로 보고, 제권판결만으로는 권리를 행사할 수 없는 경우에는 제권판결을 실효 있게 하기 위하여 어음의 소지를 회복한 것과 동일한 지위를 구체화하는 방법으로서 어음의 재발행을 인정할 수 있을 것이다.

특히 공시최고신청인과 실질적 어음권리자가 다를 경우에 실질적 어음권리자는 어음상의 권리를 행사하기 위하여 어음의 재발행을 청구할 수 있어야 한다. 왜냐하면 예를 들어 어음의 선의취득자의 경우 제권판결의 적극적 효력의 효과를 직접 주장할 수 없기 때문이다. 선의취득자에게 재발행을 청구할 수 있게 해 주는 것이 위의 선의취득자우선설을 실질적으로 관철시키는 한 방법이 된다. 선의취득자가 재발행을 청구하지 않고 권리를 행사하고자 하는 경우에는 제권판결취득자로부터 제권판결을 받음으로써 취득한 권리를 양도받거나 제권판결의 정본을 인도받음으로써 할 수 있다고 하여야 한다(정동윤, 244쪽).

4. 白地어음에 대한 除權判決의 효력

백지어음에 대하여도 공시최고에 의한 제권판결이 인정된다. 이 때 백지어음에 대한 제권판결의 법적 효력에 관하여는 설이 나누어진다.

백지어음에 관한 제권판결에 관하여 소극적 효력, 즉 백지어음이 무효로 되는 효력에 관하여는 아무런 문제가 없다. 그러나 더 나아가 적극적 효력, 즉 어음상의 권리를 행사할 수 있을 것인가라는 점에 관하여는 어음상의 권리를 행사할 수 없다고 하는 것이 통설이다. 그 이유로서는 제권판결의 취득은 상실 당시의 상태에서의 어음의 소지에 대신하는 데 지나지 않으므로, 백지어음의 경우 미완성의 상태에 있는 어음의 소지에 대신하는 것뿐이며, 더구나 제권판결은 어디까지나 어음 그 자체는 아니기 때문에 위의 판결 후에도 백지의 보충에 의해 어음을 완성시킬 수 없다고 하는 점이 주장된다. 또 어음채무자에 대한 어음의 재발행청구도 인정되지 않으므로 결국 백지어음에 관해서는 제권판결을 얻더라도 어음상실자로서는 상실어음의 취득자에 의한 권리행사를 거부할 수 있는 수단밖에 부여받지 못하는 것이라고 한다.

이러한 통설의 견해에 의하면 백지어음에 대해 제권판결이 선고된 경우 제권판결신청인의 권리행사방법으로서 원인관계상의 권리행사방법 및 이득상환청구권을 행사하는 방법이 고려된다고 한다. 그런데 전자에서 그 어음의 수수가 '지급에 갈음하여' 행하여진 경우는 그 권리의 행사는 곤란하며, 후자도 이득상환청구권이 어음에 결합된 권리라고 해석되는 이상 어음의 권리가 아직 유효하게 존재하지 않는 백지미보충의 어음에 관해서는 이득상환청구권이 발생하지 않게 되어 어느 것도 충분한 구제방법으로는 되지 못한다.

그런데 제권판결을 받은 어음과 관련하여 어떠한 권리행사가 인정되지 않는다면 상실어음의 취득자로부터의 권리행사를 거절한다 해도 그다지 의미가 없게 된다는 점에서 위의 견해는 문제점이 있다. 따라서 백지어음에 대하여 제권판결을 받은 자는 제권판결문에 그의 보충의 의사를 명기한 서면을 첨부받아 어음상의 권리를 행사하든가, 백지어음을 재발행받아 그에 보충권을 행사하여 어음상의 권리를 행사할 수 있다고 하여야 한다.

5. 除權判決에 대한 不服의 訴

제권판결에 대해서는 상소를 할 수 없다(민사소송법 제490조 제1항). 다만, 민사소송법 제490조 제2항에 열거된 경우에만 신청인에 대한 소로써 최고법원에 신청할 수 있다. 제490조 제2항 제1호의 "법률상 공시최고절차를 허가하지 아니할 경우"라 함은 현재 채택된 공시최고절차에 관하여 추상적 · 일반적으로 이를 인정하는 법률상의 근거를 완전히 흠결한 경우를 말한다고 해석되며, 구체적 · 개별적인 공시최고절차 내에서 행하여진 사실인정의 부당성 등은 이에 포함되지 않는다고 해석된다.

〈대판 2013. 9. 13, 2012 다 36661〉

「제권판결 불복의 소와 같은 형성의 소는 그 판결이 확정됨으로써 비로소 권리변동의 효력이 발생하게 되므로 이에 의하여 형성되는 법률관계를 전제로 하는 이행소송 등을 병합하여 제기할 수 없는 것이 원칙이다. 또한 제권판결에 대한 취소판결의 확정 여부가 불확실한 상황에서 그 확정을 조건으로 한 수표금 청구는 장래이행의 소의 요건을 갖추었다고 보기 어려울 뿐만 아니라, 제권판결 불복의 소의 결과에 따라서는 수표금 청구소송의 심리가 무위에 그칠 우려가 있고, 제권판결 불복의 소가 인용될 경우를 대비하여 방어하여야 하는 수표금 청구소송의 피고에게도 지나친 부담을 지우게 된다는 점에서 이를 쉽사리 허용할 수 없다.」

제3절 어음의 抹消

어음의 말소라 함은 어음상의 기재사항을 도말 또는 삭제 등의 방법으로 소멸시키는 것을 말한다. 이와 같은 어음의 말소는 말소의 권한이 있는 자에 의해 그 의사를 갖고 행하여진 때에는 어음상의 권리의 변경 또는 소멸을 발생시킨다. 그러나 그 이외의 경우에 의한 말소, 즉 권한 있는 자에 의해 그 의사로써 행하여지지 않은 말소는 이미 발생하고 있는 어음상의 권리의 변경 또는 소멸을 생기게 하지 않는다고 해석된다.

더욱 배서의 말소에 관해서는 명문의 규정이 있는바, 어음법 제16조 제1항 제3문에 의하면 말소한 배서는 배서와의 관계에서 "기재가 없는 것으로" 된다. 즉 배서말소의 경우는 자격수여적 효력과의 관계에서는 기재가 없는 것으로 보게 되며, 말소에 의해 배서의 연속 혹은 그 절단의 효과가 확정적으로 생긴다. 또한 어음법 제50조 제2항은 어음을 환수한 배서인이 자기와 후자의 배서말소권을 갖고 있음을 규정하고 있다. 물론 이것은 환수자의 권리이고 의무가 아니다. 환배서 대신에 어음소지인이 피배서인으로 되어야 할 자에게 이르기까지의 자기의 전자의 배서를 말소하여 상대방에게 교부하는 방법도 인정된다.

제4절 어음의 毁損

어음의 훼손이라 함은 절단·마모 등 어음증권의 일부에 물리적 손상을 발생시키는 것을 말한다. 이것이 어음상의 권리에 미치는 영향은 어음의 말소의 경우와 동일하다. 더욱이 어음의 훼손이 어음의 동일성을 해할 정도에 이르면 어음의 상실로 된다.

제12장 複本과 謄本

제1절 複　本

Ⅰ. 複本의 意義

복본(Wechselduplikat)이라 함은 동일한 어음상의 권리를 표창하는 수통의 어음증권으로서(어음법 제64조 제1항), 환어음에만 인정되고 약속어음에는 인정되지 않는 제도이다. 이 때 복본의 각 증권은 완전한 하나의 어음이나, 수통의 증권은 모두 합하여 하나의 어음채권을 표창한다. 이처럼 복본에서는 증권은 복수이지만 권리관계는 하나인 점에서 하나의 권리관계에 관하여 하나의 증권이 발행되는 보통의 어음증권과 다르다.

복본은 등본과 같이 어음복제(Vervielfältigung des Wechsels)의 한 경우이나 다음과 같은 차이가 있다. ① 복본은 발행인에 의하여만 작성되나, 등본은 모든 어음소지인에 의하여 작성된다. ② 복본은 모든 어음행위를 위하여 이용되나 등본은 오직 배서와 보증을 위하여만 이용된다. ③ 복본은 환어음에만 인정되나, 등본은 약속어음에도 인정된다. ④ 등본작성 전에 한 최후의 배서의 뒤에 "이 후의 배서는 등본에 한 것만이 효력이 있다"는 문언을 어음원문에 기재한 때에 그 후의 원본에 한 배서는 무효이나(어음법 제68조 제3항), 복본에는 이러한 제한이 없다.

Ⅱ. 複本의 實際的 機能

복본의 실제적 기능은 다음의 두 가지로 나누어 볼 수 있다. 첫째로 원격지, 특히 해외에 어음을 안전하고 확실하게 송부하는 수단으로 이용된다. 즉 해난 및 기타의 사고로 인한 분실 또는 연착에 대비하여 동일한 내용의 수통의 복본을 발행하여 경유지 또는 시기를 달리하여 개별적으로 송부하면 좀더 확실하고 안전한 방법으로 송부할 수 있게 된다. 이는 해운이 범선으로 이루어졌던 때는 물론이고, 오늘날 해외무역분야에서도 여전히 널리 이용되고 있다. 둘째로 복본은 인수를 위하여 환어음을 송부하는 경우에 그것이 인수되어 되돌아 올

때까지 오랜 기간이 소요되므로 소지하고 있는 복본을 할인하여 즉시 현금화하는 데에도 유용하다.

Ⅲ. 複本의 發行

복본은 발행인만이 발행할 수 있으며, 소지인이 임의로 작성하지 못한다. 복본의 발행은 어음의 발행시에 할 수도 있고(어음법 제64조 제1항), 어음에 1통만으로 발행한다는 뜻을 기재하지 아니한 때에는 그 후 소지인의 필요에 의해 발행될 수도 있는데, 이 때 소지인은 자기의 비용으로 발행인에 대하여 복본의 교부를 청구하여야 한다. 이 경우 소지인은 자기의 직접의 배서인에 대하여 이를 청구하고, 그는 다시 자기의 직접의 배서인에 청구함으로써 순차로 발행인에 미치게 하여 그로 하여금 복본을 작성케 하고, 이 복본을 다시 수취인(제1배서인)에서 역으로 배서의 재기를 하여 소지인에게 교부한다(어음법 제64조 제3항). 복본교부의 청구시기에 관하여는 아무런 제한이 없다.

복본에는 특별한 수의 제한이 없으나 2통을 발행하는 것이 관례이며, 각 복본의 내용도 동일하여야 한다(어음법 제64조 제1항). 내용이 다를 때에는 독립한 단일어음으로 취급되므로(어음법 제64조 제2항) 본문 중에는 반드시 번호를 기재하여야 하며, 대개 제1호어음, 제2호어음 등으로 표시된다. 복본의 교부를 청구함에는 원어음을 제시하여야 하는 것은 아니다. 왜냐하면 이 때의 복본교부청구권은 어음법상의 권리이지 어음상의 권리는 아니기 때문이다. 하지만 기 발행증권에 번호를 기재하여야 하기 때문에 실제로는 원어음의 제시가 필요하다.

Ⅳ. 複本의 效力

1. 複本一體의 原則

복본은 단일한 어음관계에 기하여 발행되므로 그 권리행사도 1통으로 할 수 있다. 그러므로 복본의 1통에 대한 지급이 있는 때에는 이 지급이 다른 복본을 무효로 한다는 뜻의 기재(파기문구 : Kassationsklausel)가 없는 경우에도 다른 복본의 기명날인 또는 서명한 자의 의무를 면하게 한다(어음법 제65조 제1항). 이를 복본일체의 원칙이라 한다. 하지만 이 원칙에 대하여는 다음과 같은 예외가 있다.

2. 同原則의 例外

당사자가 복본의 각 통을 마치 독립한 어음과 같이 취급하거나 그 복본의 취득자 등 제3자의 신뢰를 보호해야 할 사정이 있는 때에는 복본일체의 원칙에 대한 예외가 인정되어 각 증권은 독립하여 어음으로서의 효력을 갖게 된다.

우선 인수인이 수통 이상의 복본에 인수를 한 때에 지급시에 이를 모두 반환받지 않으면 미반환복본에 대하여 이중지급의 위험을 부담하게 된다(어음법 제65조 제1항 단서). 다만, 이 규정은 선의의 제3자를 보호하기 위한 것이므로 악의의 소지인에 대해서는 인수인은 이중지급의 위험을 지지 않는다. 이 점은 지급인이 인수되지 아니한 복본에 대하여 지급을 하고, 인수된 복본을 남겨 둔 경우에 있어서도 동일하다.

또한 복본의 소지인이 고의나 과실로 각 통을 수인에 배서양도한 경우에 배서인과 그 후의 배서인은 지급인이 반환받지 아니한 각 통에 대하여 책임을 진다(어음법 제65조 제2항). 그러나 수통의 복본에 대한 백지식배서에 있어서 피배서인이 각각 인도로써 양도한 경우에 피배서인은 불법행위상의 책임은 별론으로 하고 어음상의 책임은 지지 않는다.

Ⅴ. 引受를 위한 複本의 送付

인수를 위하여 복본 중의 1통을 송부한 복본(송부복본)의 소지인은 나머지 각 통으로 배서양도할 수 있다(유통복본). 이 때 유통복본에 송부복본의 소지인의 명칭을 기재하여야 하며, 유통복본의 소지인의 반환청구가 있는 때에는 송부복본의 소지인은 이를 교부해야 한다(어음법 제66조 제1항). 만약 교부를 거절할 경우에 유통복본의 소지인은 ① 복본반환거절증서와, ② 인수 또는 지급거절증서를 작성하여 복본교부와 인수 또는 지급거절의 사실을 증명하지 아니하면 상환청구권을 행사할 수 없다(어음법 제66조 제2항).

그러나 유통복본에 송부복본의 소지인이 기재되지 아니한 경우에 그 소지인은 송부복본 없이 유통복본만으로 인수 또는 지급의 청구를 하고, 그것이 거절되면 인수 또는 지급거절증서를 작성하여 상환청구할 수 있다.

제2절 謄　本

Ⅰ. 謄本의 意義 및 機能

등본(Abschrift)이란 어음의 원본을 등사한 것으로 복본과는 달리 그 자체는 어음이 아니고, 다만 그 위에 배서나 보증을 할 수 있을 뿐이다. 등본제도의 주된 기능은 어음의 유통조장과 원본상실을 방지하는 데 있다. 이를테면 환어음의 인수는 원본에 하여야 하므로 어음소지인은 인수를 위하여 원격지에 원본을 송부한 때라도 유통에 돌릴 수 있어 편리하고, 발행인만이 할 수 있는 복본발행의 복잡한 절차와 비용부담을 피할 수 있어 더욱 그러하다. 한편 인수제도가 없는 약속어음에서는 원본상실의 위험에 대비하여 원본을 보관한 가운데 등본에 의하여 배서·보증하는 데 이 제도가 이용되고 있다.

Ⅱ. 謄本의 方式

등본은 어음소지인이 임의로 작성할 수 있다(어음법 제67조 제1항). 등본에는 원본에 기재된 모든 사항을 정확히 기재하고 그 말미에 '이상 등사'와 같은 경계문구(Arretierungsvermerk)를 기재하여야 한다(어음법 제67조 제2항). 이를 기재하지 않으면 원본이 된다. 그 밖에 등본에는 원본의 소지인을 표시하여야 하고(원본소지인표시문구: Antreffungs-oder Verwahrungs-vermerk), 그 소지인은 등본의 정당한 소지인에 대하여 원본을 교부하여야 한다(어음법 제68조 제1항). 만약 원본소지인의 표시가 없으면 그에 대한 원본반환청구나 원본반환거절증서의 작성이 어렵게 될 수 있다.

Ⅲ. 謄本의 效力

1. 背書·保證의 인정

등본에는 원본과 동일한 방법과 효력으로 배서 또는 보증을 할 수 있다(어음법 제67조 제3항). 그러므로 등본은 작성자가 이를 배서양도 또는 보증을 받음으로써 어음상의 효력이 생기며, 단순히 소지인이 이를 작성한 것만으로는 어음법상 아무런 효력이 없다. 하지만 등본은 복본과는 달리 그 자체 어음이 아니므로 어음상의 권리를 행사함에는 반드시 원본이 있어야 한다.

2. 原本의 背書禁止

등본과 원본이 함께 유통되고 선의의 제3자가 원본을 취득하게 되면, 등본의 소지인은 원본을 반환할 수 없어 어음상의 권리를 행사할 수 없게 된다. 그러므로 등본이 작성된 때에는 원본에 의한 배서양도를 금지하도록 하면 편리하므로 어음법은 등본작성 전에 한 최후의 배서 뒤에 "이 후의 배서는 등본에 한 것만이 효력이 있다"는 내용의 배서폐쇄문구(차단문구: Abschluß- oder Sperrvermerk)를 원본에 기재하면, 그 후의 배서는 무효로 된다는 규정(어음법 제68조 제3항)을 두고 있다. 이 차단문구의 기재는 원본을 배서 이외의 방법으로 양도하는 것까지도 무효로 한다고 풀이된다.

Ⅳ. 原本의 返還請求權과 謄本所持人의 償還請求權

등본에 원본의 송부처를 기재한 경우에 등본의 소지인은 원본의 소지인에 대하여 원본의 반환을 청구할 수 있다(어음법 제68조 제1항). 원본의 소지인이 반환을 거절하는 경우에 등본소지인은 원본반환거절증서로써 거절의 사실을 증명하고, 등본에 배서 또는 보증을 한 자에 대하여 상환청구할 수 있다(어음법 제68조 제2항). 등본에 원본의 송부처를 기재하지 않은 경우에도 등본의 소지인은 어음상의 권리자이므로 원본반환청구권과 상환청구권을 가진다. 그러나 원본의 송부처가 불명이므로 스스로 탐지하여 거절증서를 작성한 때에만 상환청구할 수 있을 것이다(최기원, 532쪽). 하지만 이때에는 복본반환거절의 경우와는 달리 인수 또는 지급거절증서를 따로 작성할 필요가 없다. 왜냐하면 등본제도에서는 오직 배서와 보증만이 가능하기 때문이다. 문제는 원본의 송부처가 기재되어 있지 않고 이를 탐지할 수도 없는 경우에도 상환청구할 수 있는가인데, 소수설은 원본반환거절증서 작성을 요하지 아니하고 상환청구권을 행사할 수 있다고 하는 데 반하여(김용태, 374쪽), 다수설에 의하면 거절증서의 작성을 할 수 없으므로 상환청구권행사를 하지 못한다고 한다(정동윤, 512쪽 ; 채이식, 209쪽 ; 손주찬, 393쪽).

제13장 어음時效와 利得償還請求權

姜渭斗, 利得償還請求權과 어음(수표)증권, 企業法의 現代的 課題(李泰魯敎授華甲記念論文集), 1992/金丙學, 利得償還請求權의 제문제점, 法曹 33,4(1984. 4)/배정순, 利得償還請求權, 원광대법학연구 8(1986. 2)/徐廷甲, 利得償還請求權, 司法行政 285(1984. 9)/李基秀, 어음利得償還請求權, 월간고시 163(1987. 8).

제1절 어음時效

Ⅰ. 序 說

어음상의 권리도 채권으로서 시효에 의하여 소멸한다. 다만, 어음법은 어음거래의 신속한 결제를 위하여, 또한 어음채무자에게 엄격하고 불리하게 되어 있는 어음법의 완화책으로서 어음채무의 시효기간을 단축하고 있다. 이러한 어음시효(Wechselverjährung)에 관하여도 민법의 일반원칙이 적용되기 때문에 어음법에서는 단지 시효기간, 시효의 시기 및 시효의 중단에 관하여만 특칙을 두고 있다.

Ⅱ. 時效期間

1. 引受人에 대한 請求權

환어음의 인수인에 대한 어음상의 청구권은 만기의 날로부터 3년의 시효로 소멸한다(어음법 제70조 제1항). 인수인의 보증인 또는 무권대리인 · 참가인수인에 관하여도 같다(어음법 제32조 제1항, 제8조, 제58조). 시효의 시기는 만기일이 법정휴일에 해당하든지, 만기 전의 상환청구가 가능하든지, 만기일에 지급제시를 하지 않는 등의 여부와 관계없이 만기일의 익일로부터 기산한다(초일불산입의 원칙)(어음법 제73조). 시효기간만기일이 법정휴일인 때에는 이에 이은 제1일의 거래일까지 시효기간이 연장된다(어음법 제72조 제1항). 어음의 개서 또는 어음관계자 전원의 합의에 의하여 만기를 변경한 때에는 새로운 만기일에 따라 시효의 기산점을 정하게 된다.

〈대판 2004. 12. 10, 2003 다 33769〉

「발행인에 대한 약속어음상의 청구권의 소멸시효는 만기의 날로부터 진행하는 것이 원칙이나, 그 약속어음이 수취인 겸 소지인의 발행인에 대한 장래 발생할 구상채권을 담보하기 위하여 발행된 것이라면 소지인은 발행인에 대하여 구상채권이 발생하지 않은 기간중에는 약속어음상의 청구권을 행사할 수 없고 구상채권이 현실로 발생한 때에 비로소 이를 행사할 수 있게 되는 것이므로, 그 약속어음의 소지인의 발행인에 대한 약속어음상의 청구권의 소멸시효는 위 구상채권이 현실적으로 발생하여 그 약속어음상의 청구권을 행사하는 것이 법률적으로 가능하게 된 때부터 진행된다고 봄이 상당하다. 그리고 이러한 결과가 민법 제184조 제 2 항의 규정에 반하여 소멸시효를 가중하는 것이라고 할 수는 없다.」

2. 어음所持人의 前者에 대한 請求權

어음소지인의 전자에 대한 청구권(상환청구권)은 1년의 시효로 소멸한다(어음법 제70조 제 2 항). 이 기간의 기산일은 거절증서작성이 요구된 때에는 그 작성일이며, 그의 작성이 면제된 때(무비용상환의 문언이 기재된 경우)에는 만기의 날이다. 상환의무자의 보증인 또는 무권대리인 · 참가인수인에 대하여도 같다. 거절증서에는 지급거절증서(어음법 제44조 제 3 항)뿐만 아니라 인수거절증서(어음법 제44조 제 2 항), 지급인의 지급정지 또는 재산에 대한 강제집행이 주효하지 않은 경우에 작성한 거절증서(어음법 제44조 제 5 항)까지 포함된다.

〈대판 2003. 3. 14, 2002 다 62555〉

「어음법은 환어음의 경우 만기 전 상환청구와 만기 후 상환청구에 관한 규정을 모두 두고 있고, 환어음소지인의 배서인 · 발행인에 대한 청구권의 소멸시효에 관한 어음법 제70조 제 2 항은 "소지인의 배서인과 발행인에 대한 청구권은 적법한 기간 내에 작성시킨 거절증서의 일자로부터, 무비용상환의 문언이 기재된 경우에는 만기의 날로부터 1년간 행사하지 아니하면 소멸시효가 완성한다"라고만 규정하고 있을 뿐 만기 후 상환청구권의 행사의 경우에만 위 조항을 적용한다고는 규정하고 있지 아니하고 있으므로 위 규정은 환어음의 만기 전의 상환청구권의 행사의 경우에도 당연히 적용된다고 보아야 할 것이고, 한편 어음법상 약속어음에 관하여는 환어음의 경우와 같은 만기 전 상환청구에 관한 규정을 두고 있지 않으나 약속어음에 있어서도 발행인의 파산이나 지급정지 기타 그 자력을 불확실하게 하는 사유로 말미암아 만기에 지급거절이 될 것이 예상되는 경우에는 만기 전의 상환청구가 가능하다고 할 것이므로 만기 전의 상환청구가 가능한 약속어음의 경우에도 역시 만기

전·후의 상환청구권행사 여부를 불문하고 그 소멸시효에 관하여는 모두 어음법 제77조 제1항 제8호에 의하여 준용되는 같은 법 제70조 제2항이 적용된다고 해석하여야 한다.」

3. 償還者의 그 前者에 대한 請求權

상환의무를 이행한 자의 그 전자에 대한 청구권은 어음을 현실로 환수한 날 또는 그 자가 제소된 날로부터 6월의 시효로 소멸한다(어음법 제70조 제3항). 그 전자의 보증인 또는 무권대리인·참가인수인에 대한 권리도 같다.

4. 判決 등에 의하여 확정된 債權의 消滅時效

어음상의 권리가 확정판결 또는 이와 동일한 효력이 있는 재판상의 화해·조정 등에 의하여 확정된 경우에는 위의 시효기간과 관계 없이 그 때부터 10년의 소멸시효에 걸린다(민법 제165조).

〈대판 1992. 4. 14, 92 다 169〉

「약속어음에 공증이 된 것이라고 하여 이 약속어음이 "판결과 동일한 효력이 있는 것에 의하여 확정된 채권"이라고 할 수 없고, 이 약속어음채권이 민법 제165조 제2항 소정의 채권으로서 10년의 소멸시효에 걸린다고 할 수 없다.」

Ⅲ. 時效의 中斷

1. 時效中斷의 事由

시효중단의 사유에 대하여 어음법은 소송고지로 인한 시효중단(어음법 제80조)만을 규정하고 있을 뿐이며, 나머지는 모두 민법(제168조 이하)에 따른다. 따라서 어음의 시효중단사유는 청구·승인 및 소송고지가 있으며, 이 가운데 청구와 승인의 경우는 시효중단을 위하여 어음의 제시 및 소지가 필요한가에 대하여 논의되고 있다.

(1) 청 구 시효중단사유의 하나인 청구에 어음을 제시할 필요가 있는가에 대하여 재판상의 청구나 재판 외의 청구 모두에 어음을 제시할 필요가 없다고 본다. 재판상의 청구에 어음을 제시할 필요는 없다 하더라도 적어도 어음을 소지하고 있어야 하지 않는가와 관련하여서도 어음을 소지하지 않은 자의 재판상의 청구에도 시효중단의 효력이 인정된다고 풀이한다.

〈대판 2010. 5. 13, 2010 다 6345〉

「원인채권의 지급을 확보하기 위하여 어음이 수수된 당사자 사이에서 채권자가 어음채권을 청구채권으로 하여 채무자의 재산을 압류함으로써 그 권리를 행사한 경우에는 그 원인채권의 소멸시효를 중단시키는 효력이 있다. 그러나 이미 어음채권의 소멸시효가 완성된 후에는 그 채권이 소멸되고 시효중단을 인정할 여지가 없으므로, 시효로 소멸된 어음채권을 청구채권으로 하여 채무자의 재산을 압류한다 하더라도 이를 어음채권 내지는 원인채권을 실현하기 위한 적법한 권리행사로 볼 수 없어, 그 압류에 의하여 그 원인채권의 소멸시효가 중단된다고 볼 수 없다.

채무자가 소멸시효 완성 후 채무를 일부변제한 때에는 그 액수에 관하여 다툼이 없는 한 그 채무 전체를 묵시적으로 승인한 것으로 보아야 하고, 이 경우 시효완성의 사실을 알고 그 이익을 포기한 것으로 추정된다. 따라서 이미 소멸시효가 완성된 어음채권을 원인으로 하여 집행력 있는 집행권원을 가진 채권자가 채무자의 유체동산에 대한 강제집행을 신청하고, 그 절차에서 채무자의 유체동산 매각대금이 채권자에게 교부되어 그 채무의 일부변제에 충당될 때까지 채무자가 아무런 이의를 진술하지 아니하였다면, 그 강제집행 절차의 진행을 채무자가 알지 못하였다는 등 다른 특별한 사정이 없는 한 채무자는 어음채권에 대한 소멸시효 이익을 포기한 것으로 볼 수 있고, 그 때부터 그 원인채권의 소멸시효 기간도 다시 진행하지만, 이렇게 소멸시효 이익을 포기한 것으로 보기 위해서는 채무자의 유체동산 매각대금이 채권자에게 교부되어 그 채무의 일부변제가 이루어졌음이 증명되어야 한다.」

이와 관련하여 백지어음에 의한 소제기시에 시효중단의 효력이 있는가에 대해서는 판례가 일치하지 않고 있었으나 2010년 5월 20일 판례에 의하여 시효중단의 효력이 있는 쪽으로 정리되었다.

〈긍정 : 대판 1962. 1. 31, 4294 민상 110·111〉

「어음상의 권리에 의한 재판상의 청구를 함에 있어서는 어음의 제시를 요하지 아니하므로 어음을 제시하지 않더라도 그 재판상의 청구로써 시효가 중단되는 것인바, 그러므로 백지부분이 있는 배서에 의하여 약속어음소지인이 된 자가 발행인을 상대로 소송제기를 한 후에 만기일로부터 3년의 시효기간이 경과하고 나서 비로소 백지부분을 보충하였다 하여도 그 3년이 되기 이전에 재판상 청구를 함으로써 시효가 중단된 이상 그 보충을 시효완성 후의 보충이라 하여 무효라 할 수 없는 것이다.」

〈부정 : 대판 1962. 12. 20, 62 다 680〉

「본건 약속어음은 그 지급기일인 1958. 6. 30로부터 법정시효기간인 3년이 지난 1961. 6. 30 당시에도 아직 피고가 본건 어음의 이른바 수취인으로서 보충권을 행사하고 있지 않았던 사실이 명백하므로 피고는 필경 본건 어음에서 생긴 권리가 시효로 인하여 소멸할 당시에도 아직 어음상의 청구권을 가지고 있지 않다 할 것이다. 그렇다면 본건 어음으로 인한 이득이 있건 없건 피고로서는 이득상환청구권을 행사할 수 있는 요건을 갖추고 있지 못하였다 할 것이다.」

〈대판 2010. 5. 20, 2009 다 48312〉

「백지 약속어음(이하 '백지어음'이라고 한다)은 백지에 대한 보충권과 백지보충을 조건으로 한 어음상의 청구권을 표창하는 유가증권으로서(대법원 1998. 9. 4. 선고 97 다 57573 판결 참조), 후일 어음요건이 보충되어야 비로소 완전한 어음이 되고 그 보충이 있기까지는 미완성어음에 지나지 아니한다. 그렇지만 어음법 제77조 제1항 제8호, 제70조 제1항, 제78조 제1항은 약속어음의 발행인에 대한 어음상의 청구권은 만기의 날로부터 3년간 행사하지 아니하면 소멸시효가 완성된다고 규정하고 있으므로, 만기가 기재된 백지어음은 일반적인 조건부 권리와는 달리 그 백지 부분이 보충되지 않은 미완성어음인 상태에서도 만기의 날로부터 어음상의 청구권에 대하여 소멸시효가 진행한다. 따라서 만기는 기재되어 있으나 지급지, 지급을 받을 자 등과 같은 어음요건이 백지인 약속어음의 소지인은 그 백지 부분을 보충하지 않은 상태에서 시효가 진행함에 대응하여 발행인을 상대로 어음상의 청구권에 대한 시효진행을 중단시킬 수 있는 조치를 취할 수 있다고 봄이 상당하다. 또한 백지어음상의 백지보충을 조건으로 하는 어음상의 청구권은 그 소지인이 언제라도 백지 부분을 보충하기만 하면 어음이 완성되어 완전한 어음상의 청구권으로 성립하게 되고, 백지 부분을 보충하지 않은 상태의 어음금청구라도 그 백지어음의 발행인이 어음금채무를 승인하고 어음금을 지급하여 어음에 관한 법률관계를 소멸시키는 것도 얼마든지 가능하므로, 백지어음의 소지인이 어음요건의 일부를 오해하거나 그 흠결을 알지 못하는 등의 사유로 백지 부분을 보충하지 아니한 채 어음금을 청구하더라도, 이는 완성될 어음에 기한 어음금청구와 동일한 경제적 급부를 목적으로 하는 실질적으로 동일한 법률관계에 관한 청구로서 어음상의 청구권을 실현하기 위한 수단이라고 봄이 상당하다. 그렇다면 만기는 기재되어 있으나 지급지, 지급을 받을 자 등과 같은 어음요건이 백지인 약속어음의 소지인이 그 백지 부분을 보충하지 않은 상태에서 어음금을 청구하는 것은 어음상의 청구권에 관하여 잠자는 자가 아님을 객관적으로 표명한 것이라고 할 수 있고 그 청구로써 어음상의 청구권에 관한 소멸시효는 중단된다고 할 것이다(대법원 1962. 1. 31. 4294 민상 110, 111 판결 참조). 이 경우 백지에 대한 보충권은 그 행사에 의하여 어음상의 청구권을 완성시키는 것에 불과하여 그 보충권이 어음상의 청구권과 별개로 독립하여 시효에 의하여 소멸한다고 볼 것은 아니므로 어음상의 청구권이 시효중단에 의하여 소멸하지 않고 존속하고 있는 한 이를 행사할 수 있다(위 대법원판결 참조). 이와 달리 지급을 받을 자 부분이 백지로 된 약속어음의 소지인은 그 백지 부분을 보충하지 않은 상태에서는 어음상의 청구권을 행사할 수 없으므로, 그 백지어음 소지인의 권리행사에 의한 소멸시효 중단의 효과는 전혀 생길 여지가 없다는 취지로 판단한 대법원 1962. 12. 20. 선고 62다680 판결은 이 판결에 배치되는 범위 내에서 이를 변경한다.」

결국 권리 위에 잠자고 있지 않다는 사실만 표시되면 충분하다는 시효제도의 취지를 감안한다면 백지를 보충하지 아니한 어음에 의한 청구에도 시효중단의 효력을 인정함이 타당하다.

(2) 승 인 어음채무의 승인에 의한 소멸시효중단의 경우에는 채무자의 관념의 통지만 있으면 되고, 채권자가 어음을 제시할 필요는 없다. 상실어음에 관한 제권판결이 있기 전이라도 채무자가 승인한 때에는 시효중단의 효력이 있다.

〈대판 1990. 11. 27, 90 다카 21541〉

「어음시효중단사유로서의 승인은 시효이익을 받을 당사자인 어음채무자가 시효의 완성으로 권리를 상실하게 될 자에 대하여 그 권리가 존재함을 인식하고 있다는 뜻을 표시함으로써 족하고, 반드시 기존 어음에 개서하거나 새로운 어음을 발행·교부함을 요하지 아니하며, 또 채무승인에 관한 문서가 작성되어 있지 않다고 하여 채무승인을 인정할 수 없는 것은 아니다.」

〈대판 2012. 2. 23, 2010 다 49274〉

「원고는 2007. 8. 28.까지 피고에게 일정 금원을 지급함으로써 원인채무뿐만 아니라 이 사건 어음금채무까지도 승인하였다고 봄이 상당하다는 이유로 이 사건 어음금채무의 소멸시효가 중단되었다고 판단하였는바, 관련 법리 및 기록에 비추어 보면, 원심의 이러한 판단은 정당한 것으로 수긍이 된다(채무자가 원인채무를 승인한 경우 그 지급을 위하여 발행된 어음채무도 승인한 것으로 보아야 한다는 원심의 판단을 수긍한 사례).」

(3) 소송고지 배서인의 다른 배서인과 발행인에 대한 환어음상의 청구권(재상환청구권)은 그 자가 제소된 경우에는 전자에 대한 소송고지만으로 시효가 중단된다고 하여(어음법 제80조 제1항) 소송고지를 시효중단의 사유로 하고 있다. 왜냐하면 배서인의 재상환청구권은 소장의 송달을 받은 날로부터 6월 내에 행사하지 않으면 안 되므로(어음법 제70조 제3항) 어음소지인이 배서인에 대하여 소를 제기한 경우, 소송기간이 6월 이상 계속된 후 패소한 때에는 재상환청구권을 행사할 수 없게 되므로 이를 시정하기 위하여 재상환의무자에 대하여 소송고지를 하여 두면 그 자에 대해서는 시효중단의 효력이 발생하도록 한 것이다. 그러나 고지하지 아니한 재상환의무자에 대하여는 시효가 계속 진행된다.

2. 時效中斷의 效力

어음상의 채무는 각각 독립한 것이고 각 채무에 대한 소멸시효도 독립하여 진행하고 완성하는 것이므로, 시효의 중단사유가 발생한 자에 대하여만 효력이 생기도록(개별적 독립성의 원칙) 어음법은 규정하고 있다(어음법 제71조).

〈대판 1993. 3. 23, 92 다 50942〉

「약속어음의 소지인이 당초 제출한 소장에 기재된 청구원인은 피고에 대하여 배서인으로서 어음금을 지급할 것을 구하는 것으로서 그 소장의 제출로써 그 후 피고에 대하여 발행인의 상속인으로서 어음금 중 상속비율에 해당하는 돈의 지급을 구하는 변경된 청구원인에 대하여는 시효중단의 효력이 생긴다고 보기 어렵다.」

Ⅳ. 時效의 效果

상환청구권이 먼저 시효로 소멸하더라도 어음상의 주채무자에 대한 청구권에는 아무런 영향이 없다. 그런데 이와는 달리 주채무자에 대한 청구권이 먼저 시효로 인하여 소멸하면 상환청구권도 따라서 같이 소멸하는가 하는 문제가 있다. ① 어음법 제50조에서는 상환청구권행사의 전제요건으로 유효한 어음을 필요로 하고, ② 주채무가 지급이나 면제에 의해 소멸하면 상환청구권도 소멸하므로 양자는 주종관계에 있고, 궁극적으로 이득상환청구권제도(어음법 제79조)가 있어 상환청구권의 존속을 무리하게 요구할 필요가 없다고 하는 점에서 주채무자에 대한 청구권이 시효로 소멸하면 이와 함께 상환청구권도 소멸한다고 본다(통설)(정희철, 538쪽; 정동윤, 221쪽; 최기원, 541쪽; 정찬형, 601쪽).

제2절 利得償還請求權

I. 序 說

1. 制度의 必要性

이득상환청구권제도는 어음상의 권리가 보전절차의 흠결 또는 단기시효로 인해 단명으로 끝남으로 인하여 자주 발생하는 실제적 불형평의 결과를 해소하기 위한 것으로서 독법계어음법의 특유한 제도이다. 독법계어음법은 어음의 추상성을 전제로 하여 어음항변을 엄격히 제한하고 어음엄정을 이론적으로 긍정하여 소지인의 지위의 안정을 기하는 한편, 상환청구의 조건을 엄격히 하고 그 위에 단기시효제도를 두어 어음채무자측의 준엄한 책임을 시간적으로 경감하고 있다. 어음상의 권리를 이와 같이 획일적으로 단명으로 끝나게 한 결과 필연적으로 개개의 구체적인 경우에 있어서 원인관계와 관련한 많은 경우에 실질적인 불균형을 초래하게 되었다.

반면에 불법계어음법은 어음의 추상성을 확인하는 것도 없고 오히려 어음취득자는 동시에 원인관계인 어음자금(Provision)상의 권리도 취득하는 것으로 보고 있기 때문에 어음소지인은 어음상의 권리를 상실하여도 위의 자금상의 권리를 행사하여 만족을 얻을 수가 있다. 또 영미법계어음법은 상환청구의 조건을 엄격히 하지 않고, 어음에 특별한 단기시효도 두고 있지 않아 어음채권소멸 후의 실질적 불균형을 생기게 하지 않기 때문에 특별히 이러한 제도를 둘 필요가 없다.

2. 各國의 立法例

이러한 제도는 모든 국가에서 다 채용하고 있는 것은 아니다. 독법계의 제국법은 상환청구를 받을 수 있는 사람의 범위에 있어서는 다소의 차이는 있어도 이 제도를 인정한다.

불법계의 제국법은 독법계가 의미하는 바의 이득상환청구를 인정하지 않고 있으며, 절차의 흠결에 의하여 어음상의 권리가 소멸한 때에는 자금을 공급하지 않은 발행인에 대하여 자금의 소가 인정되는 것으로 보고 있다(불상법 제170조).

영미법은 어음법에서는 아무런 구제규정을 두고 있지 않다. 1912년 헤이그 통일법은 이 점에 관하여 규정을 두지 않았으며, 다만 부속서 제13조의 규정에 의하여 각국법에 따라 독법계주의 또는 불법계주의의 구제규정을 둘 수 있는 여지를 남겨 놓았다.

우리 어음법은 의용상법에서부터 독법계에 의거하였고, 신법상에서도 이것을 법정하고 있다(어음법 제79조).

3. 統一法의 態度

독법계의 이득상환청구권제도는 불법계에서 어음의 취득자가 자금관계상의 권리도 함께 취득한다고 하는 것과 함께 어음관계와 밀접한 관련을 맺고 있다. 그러나 양자 모두 실제로는 어음관계소멸 후에 있어서 어음소지인의 구제에 관한 것이므로, 이 점의 통일은 각국의 법제와 종래의 관행의 상위에 비추어 보아 매우 어려운 것이었다. 따라서 통일법은 동법 중에 이 점에 관한 규율을 하지 않고 유보조항을 두어 각 체약국의 국내입법에 위임하는 데 그쳤다(1930년 어음법통일조약 제2부속서 제15조, 제16조).

Ⅱ. 意 義

어음상의 채권이 보전절차의 흠결과 소멸시효로 인하여 소멸하는 경우에는 불합리한 재산의 변동이 발생할 수 있다. 왜냐하면 한편으로는 어음채권을 더 이상 행사할 수 없고, 또 다른 한편으로는 당사자가 원인관계상의 채권에 의지할 수도 없게 되는 수가 있기 때문이다. 예를 들어 어음이 매매대금채권을 위하여 이행에 갈음하여 교부되었다면 소멸시효로 인하여 매도인은 그 대금을 보유하지 못하는데, 매수인은 매매의 목적물을 반대급부 없이 취득하게 되는 결과에 이르게 된다. 왜냐하면 매매대금채권은 민법 제162조에 의하여 소멸하고 어음상의 채권은 어음법 제70조에 의하여 소멸하기 때문이다. 이러한 불합리성은 소멸시효와 관련하여 두드러지는데, 이는 어음법상 중대한 문제이다. 왜냐하면 어음은 그 자체에 목적이 있는 것이 아니라 단지 어음 이외의 관계의 목적에 도달하기 위한 수단이고, 따라서 그 소멸시효는 원인관계와의 결합에 중대한 영향을 미치는 반면, 현금의 이용이나 이체(Giroüberweisung)에 있어서는 문제가 되지 않기 때문이다. 따라서 어음법은 소멸시효의 엄격성을 어음법 제79조의 이득상환청구권을 통하여 완화시키고 있다. 이는 어음의 보전절차의 흠결에도 마찬가지로 해당된다.

Ⅲ. 法的 性質

이득상환청구권의 법적 성질에 대해서는 다툼이 있다. 이전의 독일에서의 통설은 이를 어음상의 청구권의 '잔존물'(Residuum oder Überbleibsel)로 보았다(예를 들어 E. Ulmer, 272 ; Hueck, 10. Aufl., 84 참조). 이 이론은 특히 독일어음법 제89조에서 발행인과 인수인이 의무를 부담한 채 '남아 있다'(bleiben)라고 되어 있는 법문언을 근거로 한다. 그러나 이러한 견해는 결코 타당하지 않다. 왜냐하면 독일어음법 제89조(우리법 제79조)는 다른 한편으로 채무의 '소멸'에 대해서도 명시하고 있으며, 소멸한 청구권은 '잔존물'로서 계속 유효하게 존속할 수 없기 때문이다. 즉 독일어음법 제89조의 법문언은 결코 명백한 것이 아니며, '잔존물설'(Residuumstheorie)은 타당하지 않다. 왜냐하면 잔존물설은 독일어음법 제89조의 법률적 의미를 밝혀 내지 못할 뿐만 아니라 다른 규정간의 체계화에도 지장을 주기 때문이다.

어음법 제79조는 일반 민법상의 부당이득반환청구권의 특별한 형태로 보는 입장이 있다. 이 견해에서는 이러한 견지에서 그 규정의 목적을 설명하는 것이 타당하다는 것이다. 왜냐하면 이렇게 이해하는 것만이 어음법 제79조가 거래보호의 근거로부터 도출된 '엄격한' 규정 ―― 여기서는 소멸시효와 보전절차의 흠결에 대한 규범 ―― 으로 이해되어 원인관계에 있어서의 부당한 재산변동에 대한 보상을 확보해 줄 것이기 때문이라고 한다. 그러나 정확하게 말해서 그것은 부당이득법(Bereicherungsrecht)의 기능이다. 즉 어음법 제79조는 이미 소멸하였고, 따라서 더 이상 행사할 수 없는 청구권에 대한 보상을 확보해 주는 기능을 한다. 소멸한 권리가 부당이득법의 영역에서 이와 같이 계속적으로 영향을 미치는 것은 부당이득(Kondiktion)의 유형에 대한 본질적인 특징이다. 그런데 이러한 유형을 침해부당이득(Eingriffskondiktion)이라고 적시하는 것은 잘못이다. 우리나라의 통설(정동윤, 224쪽 ; 정찬형, 606쪽 ; 채이식, 299쪽) 및 판례는 이득상환청구권을 형평의 견지에서 법이 특히 인정한 특별한 청구권으로서 지명채권의 일종으로 보는데, 이 통설의 입장이 타당하다.

〈대판 1970. 3. 10, 69 다 1370〉

「이득상환청구권은 법률의 직접규정에 의하여 어음의 효력소멸 당시의 소지인에게 부여된 지명채권에 속하므로 지명채권양도방법에 의하여 양도할 수 있는 것이고, 약속어음상의 권리가 소멸된 이후에 배서양도만으로서는 양도의 효력이 없다 할 것이다.」(동지 : 대판 1965. 4. 13, 64 다 1112)

Ⅳ. 當 事 者

어음이득상환청구권은 어음상의 권리의 소멸에 대한 보상으로 마련된 것이기 때문에 그 청구권자는 소멸시효가 완성되거나 보전절차가 흠결될 때까지 정당한 자격이 있었던 어음소지인이다. 채무자는 어음법 제79조에 따라 발행인 · 인수인 또는 배서인이 된다. 이 3자 중 누가 책임을 지는가는 누가 이득을 얻었는가에 달려 있다(이 문제에 대해서는 이하 V 참조).

독일어음법 제89조 제 2 항은 배서인에 대한 이득상환청구를 명백히 배제하고 있다. 이것은 입법자가 "일반적으로 배서인에 있어서의 이득은 결코 있을 수 없다"는 점을 받아들인 데에 기인한다(1866년의 라이프찌히 어음회의의정서 205 참조). 실제로 배서인은 대체로 이득을 얻지 않는다. 왜냐하면 그에게 있어서 어음은 단지 '지나쳐 버리는' 것이고, 원인관계에 의해 배서인이 대가를 최종적으로 획득하지도 않기 때문이다. 하지만 이에 관하여는 학설이 갈리고 있다. Canaris 교수는 이에 관하여 특히 (인수인이 아니라) 발행인이 호의로 어음을 발행하고 수취인이 어음에 배서하는 경우와 같은 예외가 있다고 한다(Hueck/Canaris, §15 Ⅱ 5e 참조). 여기에서 독일어음법 제89조 제 2 항의 제한과 동조 제 1 항의 유추적용의 근거 하에 배서한 수취인에 대한 이득상환청구권이 긍정될 수 있으며, 이것은 또한 수취인이 가령 무담보조항에 있어서처럼 어음으로부터 책임을 지지 않을 때에도 해당된다고 한다. 왜냐하면 이미 설명된 바와 같이 독일어음법 제89조에 있어서는 '어음상의' 책임이 문제되는 것이 아니라 단지 이득을 제거하는 것이 문제되고, 이득의 성립 자체를 방해하는 것은 '무담보조항'의 목적이 아니기 때문이라고 한다(자세히는 Canaris, WM 1977, 39 참조). 하지만 Zöllner 교수는 독일어음법 제89조 제 1 항을 배서인에게 유추적용하는 것은 법률(동조 제 2 항)에 반한다고 하며, 이를 제 3 자에게 확대적용하는 것은 고려될 수 없다고 한다(Zöllner, §22 Ⅱ 4).

Ⅴ. 要　　件

1. 어음上의 權利의 有效存在

이득상환청구권이 발생하기 위하여는 어음소지인이 형식적으로나 실질적으로 완전한 어음상 권리를 취득하고 있어야 한다. 불완전어음 · 미완성(백지) 어음소지인은 이득상환청구권을 취득하지 못한다(통설 · 판례).

〈대판 1963. 12. 20, 62 다 680〉

「어음의 시효기간을 넘기기까지 수취인으로 수취인란 백지의 보충권을 행사하지 아니한 경우에는 이득상환청구권도 행사할 수 없다.」

2. 權利者의 損害

권리자측에 관한 본 청구권의 성립요건으로서 우리 어음법에는 규정이 없지만, 독일의 경우는 동 어음법 제89조에서 '손해'를 요구한다.

독일은 이와 같이 권리자의 '손해'를 요건으로 요구하고 있지만, 우리의 통설은 '권리자의 손해'는 요건이 아니라고 본다. 독일의 경우 권리자의 '손해'를 요구하지만 아래에서 보듯이 여기서 손해를 어음상의 권리가 소멸함으로 인하여 어음금지급의 기대를 상실하는 것으로 이해하기 때문에 우리의 경우와 큰 차이는 없다고 평가할 수 있다.

〈대판 1974. 12. 10, 74 다 1233〉

「약속어음의 소지인이 제 3 자의 잘못으로 어음소지를 잃었으나 발행인이 행방불명이고 무자력인 까닭에 어음소지인이 발행인에게 어음금을 청구하여 수령할 수 없고, 어음을 타처에 유통하여 그 유통이익을 얻을 수 있는 실효를 거둘 것이라고 보여지지 않으면 이를 이유로 어음소지인이었던 자에게 입힌 손해가 있다고 볼 수 없다.」

손해의 개념은 손해배상법상의 손해로 이해할 것이 아니라, 단지 채권자의 '비용으로' 이득한다는 민법 제741조에서의 요건을 나타낸 것으로 민법에 있어서처럼 그 개념을 단지 권리상실의 구성요건으로 이해하여야 한다. 따라서 '손해'는 단지 표창된 권리가 상실된 경우에 존재하게 된다. 따라서 ── 독일제국법원의 판결(RGZ 44, 79 참조)과는 달리 ── 어음소지인이 가령 원인관계상의 청구권과 같이 그의 전자(Vormann)에 대하여 채권을 가지더라도 상관없다(독일의 통설)(Zöllner, §22 II 3C ; Hueck/Canaris, §15 II 4 ; Baumbach/Hefermehl, Art. 89 Rdz. 5ff. 참조). 왜냐하면 어음소지인이 전자(Vormann)에 대한 원인관계상의 채권을 가지고 있다고 하여 어음법 제79조상의 청구권을 배제한다면, 어음의 유통에 있어서 전자(Vormann)가 그의 전자에 대하여 민법상의 청구권을 갖고 있지 않은 경우, 전자가 손해를 최종적으로 부담하여야 한다는 불합리한 결과가 되기 때문이다.

물론 어음상의 권리는 완전히 소멸하여야 한다. 따라서 어음소지인이 가령 발행인에 대한 상환청구권을 상실했음에도 불구하고, 예를 들어 인수인에 대한 채권과 같은 다른 실현가능한 어음상의 청구권을 갖고 있다면, 어음법 제79조의 의미의 손해는 존재하지 않는다. 이에 대해서는 거의 다툼이 없다.

비록 소지인이 어음을 무상증여받았다고 하더라도 기타의 요건이 존재하는 한 그는 발행인이나 인수인에 대하여 이득상환청구권을 주장할 수 있다. 왜냐하면 그의 손해는 그 자신의 재산으로 된 어음을 그가 이제 더 이상 실현할 수 없다는 점에 존재하기 때문이다(이 점은 결과에 있어서 Zöllner 교수와 Canaris 교수의 견해가 일치한다). 따라서 어음소지인의 손해는 그가 아직 어음채권 및 그의 소멸과 관련된 민법상의 청구권을 갖고 있을 때에도 존재하게 된다.

(예) A는 K에 대하여 어음을 발행하여 수취인 B에게 주었고, B는 그것을 D에게 배서 · 양도하였다. D는 E에게 매매대금채무를 변제하기 위하여 E에게 어음을 배서 · 양도하였다.

일반적으로 E는 이행에 갈음해서가 아니라 단지 이행을 위하여 그 어음을 양수받게 된다. 그러므로 그는 경우에 따라서 어음상의 청구권이 소멸하게 되더라도 원인관계인 매매대금채권에 의해 만족을 얻을 수 있다. 이 경우 독일의 통설에 따르면 민법상의 청구권이 존재한다고 해서 어음법 제79조의 의미에 있어서의 손해의 존재를 배제하지는 않는다. 이러한 독일의 통설의 입장과 달리 해석하면 어음을 지급을 위하여(zahlungshalber) 교부한 경우 그 원인관계로부터 계속해서 책임을 지는 전자는 손해를 받게 되는 불합리가 초래되는데, 그 이유는 어음법 제79조의 이득상환청구권을 취득할 수 없기 때문이다. 왜냐하면 이득상환청구권의 양도는 어음소지인에게 이득상환청구권이 존재할 때에만 가능하기 때문이다.

3. 債務者의 利得

채무자측에 관한 요건은 이득이 있어야 한다는 점이다. 여기서의 이득은 어음 · 수표상의 채무를 면한 것을 의미하는 것이 아니라 원인관계에서 현실로 받는 재산상의 이익을 의미한다(통설 · 판례).

〈대판 1974. 7. 23, 74 다 131〉

「채무의 변제확보를 위하여 약속어음을 발행하였다면 특별한 사정이 없는 한 위 채무는 아직 그대로 존속한다 할 것이므로, 약속어음의 소지인이 위 어음에 관한 모든 권리를 상실하더라도 이로 인하여 발행인이 바로 이득을 얻고 있다고 할 수 없다.」

〈대판 1977. 2. 22, 77 다 19〉

「채권의 지급확보를 위하여 어음이 발행된 경우 어음상의 권리가 소멸한 뒤 원인채권이 소멸되었으면 어음채무자의 이득은 어음상의 권리의 소멸에 기인한 것이라 할 수 없으므로 이득상환청구권이 발생할 여지가 없다.」(동지 : 대판 1993. 10. 22, 93 다 26991 ; 대판 1963. 5. 15, 63 다 155)

〈대판 1994. 2. 25, 93 다 50147〉

「어음채무자에게 어음법 제79조 소정의 '받은 이익'이 있음과 그 한도에 관하여는 어음소지인인 이득상환청구자가 이를 주장 · 입증하여야 한다.」

종래 독일의 통설은 이것을 '차액이익설'(Theorie des Differenzgewinns)의 도움을 받아 발전시켰다. 이에 의하면 발행인이나 인수인이 어음에 대해서 지출한 것보다 더 많이 보유하면 이득이 있는 것으로 된다(Stranz, Wechselgesetz, Art. 89 Anm. 9). 그러나 이 설은 타당하지 않다(더 자세한 것은 Canaris, WM 1977, 40ff. 참조. 같은 견해로는 Zöllner, §22 Ⅱ 3d ; Baumbach/Hefermehl, Art. 89 Rdz. 6). 즉 이득은 당사자가 얼마나 보유했고 지출했는가에 달려 있는 것이 아니라, 오히려 당사자가 원인관계상의 근거에 의하여 얼마만큼을 취득해야 하는가와 얼마만큼 보유해도 되는가 하는 점에 달려 있다. 그리고 누가 어음의 환가를 통해서 이익을 얻었는가 아닌가의 여부는 아무런 의미가 없다. 왜냐하면 그러한 것은 원인관계에 의하여 결국 그에게 당연히 귀속될 것이고, 따라서 어음법 제79조에 의하여 반환될 성질의 것이 아니기 때문이다. 또한 위 통설은 이득을 소멸시효와 보전절차의 흠결을 통하여 발생한 재산의 변동에 연결시키지 않고, 소멸시효 및 보전절차의 흠결과 처음부터 관계를 맺지 않은 어음의 환가로 인한 이익에 연결시키기 때문에 부당하다. 오히려 이득은 보전절차의 흠결 및 소멸시효로 인해 발생한 재산의 변동에 있다. 이득을 얻었고 따라서 어음법 제79조의 청구권에 대한 채무자가 되는 사람은 원인관계상의 약정에 의해 최종적으로 어음의 대가를 취득하는 당사자가 된다(Baumbach/Hefermehl. Art. 89 Rdz. 6 참조). 그러므로 어음소지인의 목적에 대한 어떠한 합의가 행하여질 것인가 하는 점이 문제로 된다.

(1) 인수가——물론 드문 경우이긴 하지만——원인채무의 이행에 갈음하여 행하여졌다면, 이득은 인수인에 대한 청구권의 소멸시효로서 발생한다(따라서 오래 전에 일어난 원인관계상의 채권의 소멸에 있는 것이 아니다). 이득상환의무자는 발행인이 아니라 인수인이다(이에 대해서는 다툼이 없다). 왜냐하면 여기서 인수는 자신의 채무의 이행에 갈음하여 행하여졌기 때문에 그

는 원인관계의 평가에 의해 최종적으로 어음에 의한 이득을 받은 것이기 때문이다.

(2) 인수가 원인채무의 이행을 위하여 행하여진 경우에도 마찬가지로 적용된다. 왜냐하면 여기서도 인수인의 채무가 문제되고, 따라서 인수인이 최종적으로 어음의 대가를 취득하게 될 것이기 때문이다. 물론 인수에 대한 원인관계상의 채권이 아직 계속 존재하므로 상황에 따라 이득의 존재를 부인할 수 있는 한도 내에서는 문제되지 않는다. 따라서 과거의 독일학설에서는 이 경우 인수인에 대한 이득상환청구권은 부분적으로 그에 대해 주장된 원인관계상의 채권의 소멸에 종속하는 것으로 보았다(Zöllner, §22 Ⅱ 3d 1).

이러한 소멸은 발행인이 최종적으로 어음으로부터 만족을 얻었을 때에만 발생하고, 더욱이 그가 이후의 배서인으로부터 더 이상 청구를 받지 않게 될 것이라는 점을 전제로 한다(더 자세한 것은 Hueck/Canaris, §17 Ⅲ 4 아래 참조). 따라서 이러한 구조에 있어서 법적 상태는 매우 복잡하고 —— 최후의 어음소지인이 종종 예측할 수 없는 —— 발행인과 그 후의 배서인들 사이의 관계에 달려 있다. 또한 여기서는 항상 원인관계상의 채권이 이행에 의하여 최종적으로 소멸한 때에 전체원인관계상의 견련을 관련지우는 것이 필요하게 되는데, 이것은 매우 비현실적이다. 따라서 인수인에 대한 최후의 어음소지인의 직접적인 이득상환청구가 더 현실적이다. 해석상 이것은 원인관계상의 채권자에 대하여 주장된 어음반환(Wechselrückgabe)의 항변은 어음상의 채권의 소멸시효에 있어서가 아니라 이득상환청구권의 소멸시효(독일어음법 제89조 제1항 제3문 참조)에 의하여 종료하게 된다는 사실에 의하여 이해된다. 인수인은 원인관계의 채권상의 청구의 위험으로부터 보호받으며, 동시에 이득상환청구권으로부터 벗어나게 된다(이 문제에 관한 더 자세한 설명은 Canaris, WM 1977, S. 42f.참조).

이에 반하여 인수인에 대한 청구권의 소멸시효가 아니라 단지 상환의무자에 대한 청구권의 보전절차의 흠결이 발생하였다면, 인수인의 이득상환책임은 명백히 인정되지 않는다. 왜냐하면 인수인은 아직도 어음으로부터 책임을 지기 때문이다. 또한 인수인 대신에 발행인이 어음법 제79조에 의한 책임을 지지도 않는데, 이것은 원칙적으로 인수인이 계속적으로 책임을 지고 있어 '손해'가 발생하지 않았기 때문에 책임을 지지 않는 것이다.

(3) 인수가 호의로(gefälligkeitshalber) 행하여진 경우에는 법률관계가 아주 다르다. 왜냐하면 이 때에는 인수인이 아니라 발행인이 최종적으로 어음의 지급에 대해 책임을 지기 때문에 발행인을 이득상환의무자로 볼 수 있게 된다

(이에 대해서는 다툼이 없다). 이 때 발행인의 이득은 어음상의 권리의 소멸로 인하여 인수인에 대한 보상의무를 면하고, 이미 행하여진 보상에 대한 상환을 요구할 수 있다는 데에 존재한다.

호의인수(Gefälligkeitsakzept)의 특별한 모습은 '은행의 인수신용'(Akzeptkredit der Banken)에서 나타난다. 여기에 있어서도 원칙적으로 인수인인 은행이 아니라 신용을 받은 고객인 발행인이 이득을 한다. 그렇지만 은행이 오늘날 자주 자신이 인수한 어음을 할인한다는 사실을 고려하여야 한다. 이러한 형태에 있어서 은행은 어음으로부터 청구를 받지 않게 될 때에만 어음에 대한 대가를 그 고객에게 청구할 수 있기 때문에 은행은 결과적으로 이득상환청구에 대하여 책임을 져야 한다. 왜냐하면 그렇지 않으면 고객이 2중으로 —— 즉 은행에 대하여 뿐만 아니라 이득상환채권자에 대하여도 —— 지급하게 될 것이기 때문이다.

(4) 인수가 증여를 위하여(schenkungshalber) 행하여졌다면, 발행인이 아니라 인수인이 이득을 한다. 왜냐하면 원인관계상의 합의에 의하여 인수인이 어음에 대하여 지급을 하고, 발행인은 그 대가를 보유하게끔 되어 있기 때문이다.

(5) 미인수된 어음 (그리고 약속어음)의 이득상환채무자로서는 원칙적으로 발행인만이 고려된다. 따라서 그에 대해서는 본질적으로 앞에서 인수인에 대해서 설명한 것이 적용된다. 물론 그 발행이 호의에 의해(gefälligkeitshalber) 행하여졌을 때에는 문제가 있다. 즉 이 때에는 이득상환청구권은 결과적으로 호의인수에 있어서 인수인에 대한 것처럼 발행인에 대하여 거의 성립되지 않는다. 다른 한편 모든 이득상환청구를 부인하고 또한 발행인에 대한 보상의무로부터 면제된 수취인에게도 원래는 받을 수 없는 이익의 향유를 허용할 하등의 이유가 없으므로, 수취인 역시 어음법 제79조의 문언에 따라서 책임을 진다.

4. 어음上의 權利의 消滅

이득상환청구권이 발생하기 위하여는 완전한 어음상의 권리가 보전절차의 흠결 또는 시효로 인하여 소멸하였어야 한다. 이 때 그 소멸의 원인인 보전절차의 흠결이나 시효는 한정적인 것이다.

〈대판 2000. 5. 26, 2000 다 10376〉

「원인관계상의 채무를 담보하기 위하여 어음이 발행되거나 배서된 경우에는 어음채권이 시효로 소멸되었다고 하여도 발행인 또는 배서인에 대하여 이득상환청구권은 발생하지 않는다고 할 것인바, 이러한 이치는 그 원인관계상의 채권 또한 시효 등의 원인으로 소멸되고 그 시기가 어음채무의 소멸시기 이전이든지 이후이든지 관계 없이 마찬가지라고 보는 것이 당원의 견해이다(대판 1993. 10. 22, 93 다 26991 ; 대판 1992. 3. 31, 91 다 40443 ; 대판 1963. 5. 15, 63 다 155 등 참조). 따라서 위 판례의 법리에 의하면 원심인정대로 피고의 위 어음에의 배서가 피고의 원고에 대한 보증채무의 담보를 위한 것이라면, 피고의 배서인으로서의 어음채무가 시효로 소멸되었다고 하여도 피고에 대한 이득상환청구권은 발생하지 않는다.」

5. 다른 救濟手段의 不存在

어음소지인이 누구에 대하여 또 어떠한 구제수단이 없어야만 이득상환청구권이 발생하는가에 대하여 세 가지 견해로 나누어지고 있다.

첫째는 어음소지인이 어음법상은 물론 민법상의 구제수단까지 없어야 한다는 견해로서 판례가 이 입장을 따르고 있다.

〈대판 1959. 9. 10, 4291 민상 717〉

「약속어음상의 권리가 절차의 흠결 또는 시효에 의하여 소멸하였다 하더라도 이와 병존하는 민법상의 채권을 행사할 수 있는 이상 이득상환청구를 할 수 없다.」

〈대판 1993. 3. 23, 92 다 50942〉

「어음법에 의한 이득상환청구권이 발생하기 위하여는 모든 어음상 또는 민법상의 채무자에 대하여 각 권리가 소멸되어야 하는 것인바, 원인관계에 있는 채권의 지급을 확보하기 위하여 발행된 약속어음이 전전양도되어 최후의 소지인이 어음상의 권리를 상실한 경우라도 원인관계는 그대로 존속하는 것이므로 발행인이 바로 어음금액상당의 권리를 얻고 있다고는 할 수 없다.」

〈대판 1992. 3. 31, 91 다 40443〉

「원인관계에 있는 채권의 지급을 확보하기 위하여 어음이 발행된 경우에는 어음채권이 시효로 인하여 소멸하였다 하더라도 이득상환청구권이 발생하지 않는 것이고, 이러한 이치는 어음채권이 시효소멸하기 전에 먼저 원인관계에 있는 채권이 시효 등 별개의 원인으로 소멸하였다 하더라도 마찬가지라 할 것이다.」

둘째는 누구에게든 전어음상의 권리가 소멸되어 어음법상의 다른 구제수단이 없어야한다는 견해(정희철, 544쪽 ; 최기원, 550쪽 ; 정동윤, 226쪽 ; 정찬형, 611쪽)로서 이득상환청구제도는 어음법상의 제도이므로 어음법상의 모든 구제수단이 없어야 하는 것이라고 한다.

셋째는 이득상환을 청구하고자 하는 상대방에 대하여만 어음상의 권리가 소멸되어야 한다는 견해(서돈각, 135쪽 ; 손주찬, 135쪽 ; 이범찬, 302쪽 ; 양승규·박길준, 708쪽)이다.

생각건대 이득상환청구권은 어음상의 권리의 상실에 대한 형평의 견지에서 특별한 구제수단으로서 인정된 것이므로, 그 입법취지에 비추어 두 번째 견해가 타당하다고 생각한다.

제14장 約束어음

徐廷甲, 約束어음의 期限後背書의 효력, 판례월보 19190(1986. 7)/朴鍾衍, 발행지 기재누락 등 약속어음·수표소지자의 구제방안, 法曹 422(1991. 11)/이재순, 약속어음의 배서의 僞造와 입증책임, 判例硏究 1(1988. 1).

제1절 約束어음의 意義

약속어음은 발행인 자신이 만기에 어음금을 지급할 의무를 지는 지급약속증권이다. 지급약속증권이므로 약속어음의 당사자는 발행인과 수취인의 2당사자뿐이며, 지급인은 존재하지 않는다. 따라서 인수라는 제도가 필요 없고, 그래서 환어음에 관한 규정 중에서도 인수와 관련된 인수제도(어음법 제21조, 제22조, 제24조, 제26조, 제28조, 제29조)·일부인수(어음법 제51조) 및 참가인수(어음법 제56조, 제57조, 제58조)가 준용되지 않는다(어음법 제77조). 그 대신 발행인이 환어음의 인수인과 같은 주채무자가 된다(어음법 제78조 제1항).

약속어음은 주로 지급수단과 신용이용수단으로 기능한다. 특히 신용기능은 약속어음의 가장 중요한 기능으로서 어음할인·어음대부 등과 관련하여 지급시기에 관한 시간적인 간격을 극복해 주는 역할을 하므로 약속어음을 신용증권이라고도 한다. 이러한 신용기능은 현재 자력이 없는 사람이 어음을 발행하여 기간을 이용하는 것이 전형적인 모습이다.

제2절 約束어음의 發行

Ⅰ. 發行의 意義와 性質

1. 發行의 의의

약속어음의 발행이란 약속어음을 작성하여 이를 수취인에게 교부하는 어음행위를 말한다.

약속어음발행의 기본적 요소는 약속어음요건의 기재, 즉 약속어음이라는 증권을 작성하여 이를 수취인에게 교부하는 것이다.

발행이란 어음을 창조하는 행위이므로 이를 기본적 어음행위라 하며, 어음요건을 갖추어 발행된 어음을 기본어음이라고 한다.

2. 發行의 성질

약속어음의 발행은 수취인과 어음의 정당한 소지인에 대하여 만기에 어음금액의 지급의무를 부담하는 행위, 즉 지급약속행위이다. 이 때에도 수취인과 어음의 교부계약이 필요하다.

Ⅱ. 約束어음의 記載事項

1. 約束어음要件

아래의 7 가지 어음요건 중 어음법 제76조 제 2 항 · 제 3 항 · 제 4 항의 구제규정에 해당하지 않은 것으로 그 중 어느 하나라도 기재하지 않으면 약속어음은 무효이다(어음법 제76조 제 1 항).

(1) 약속어음문구 증권의 본문 중에 그 증권의 작성에 사용하는 국어로 약속어음임을 표시하는 문자를 기재하여야 한다. 이를 약속어음문구라고 하며, 이는 다른 증권과의 구별을 위하여 필요하다. 따라서 표시는 '약속어음'이라고 함이 보통이나 '약속어음증권' 또는 '약속어음증서'라도 무방하다. 다만, 약속어음문구는 '증권의 본문 중'에, 즉 지급약속문구 중에 하여야 한다. 따라서 어음상단에 '어음'이라는 표제만으로는 충분하지 못하다. 이는 또 '증권의 작성에 사용하는 국어'로 하여야 한다(통일어음법에는 약속어음을 발행함에 있어 각 가맹국은 어음의 문구 중에 지시문구가 있는 경우에는 어음문구의 표시를 하지 않을 수 있다는 유보조항을 두고 있다(통일어음법 제 2 부속서 제19조). 프랑스는 유보조항을 받아들여 어음문구가 없어도 지급약속문구가 있는 때에는 어음을 유효로 하고 있다).

(2) 어음금액의 무조건의 지급약속문구 지급약속문구는 약속어음을 발행함에 있어서 의사표시의 내용을 이루므로 어음의 본문에 기재하여야 한다. 이 기재는 무조건이어야 하므로 어떠한 조건을 붙이거나 지급방법을 제한하는 문구가 있는 경우에는 어음이 무효로 된다.

〈대판 1971. 4. 20, 71 다 418〉

「약속어음은 발행인이 수취인에 대하여 어음금을 지급할 것을 약속하는 유가증권이므로 그 지급약속문언은 단순하여야 하며, 이에 지급에 관한 어떠한 조건을 붙이거나 그로써 지급방법을 제한하였을 때에는 그 어음 자체를 무효한 것이라고 할 것이고, 일방 약속어음에 결합된 부전은 법률상 그 어음면의 연장으로서의 취급을 받는 지편이니만큼 이에 기재된 지급의 조건에 관한 문언도 그 어음의 발행을 무효로 하는 것이라고 할 것이다.」

〈대판 1993.8.24, 92 다 35424〉

「지급장소를 은행으로 하여 발행한 이른바 은행도약속어음은 발행인이 지급장소로 기재한 거래은행에 대하여 발행인의 당좌예금구좌에서 위 약속어음금을 결제하여 줄 것을 요청하는 단순한 지급위탁어음으로서 은행은 약속어음의 소지인에 대하여 약속어음금의 지급의무 또는 약속어음금의 지급과 관련한 어떠한 주의의무를 진다고 할 수 없으므로 은행이 어음발행인의 요청에 따라 당좌예금잔고의 대부분을 우선지급하고 교환제시된 동일발행의 약속어음을 예금부족으로 지급거절하였다고 하여 은행의 그와 같은 행위가 곧 불법행위를 구성한다고 보기는 어렵다.」

(3) 만기의 표시 만기의 종류는 환어음의 경우와 같다(어음법 제77조 제1항 제2호). 다만, 환어음의 경우와 다른 점은 일람후정기출급약속어음에 있어서의 만기의 기산점이다. 즉 약속어음의 경우에는 인수를 위한 제시가 있을 수 없으므로 인수일자에 의한 기산이 불가능하기 때문이다. 그리하여 인수제시 대신으로 일정한 기간(어음법 제23조) 내에 일람을 위한 제시를 하도록 하였다(어음법 제78조 제2항 제1문). 즉 일람 후의 기간은 발행인이 어음에 일람의 뜻을 기재하고 기명날인 또는 서명한 날로부터 진행한다(어음법 제78조 제2항 제2문). 그러나 발행인이 일람의 뜻과 일자의 기재를 거절한 때에는 거절증서에 의하여 이를 증명하여야 한다. 이 경우에 그 일자는 일람 후의 기간의 초일로 한다(어음법 제78조 제2항 제3문·제4문). 거절증서의 작성이 면제된 경우에 일람 후의 기간은 제시기간의 말일로부터 기산한다(어음법 제77조 제1항 제2호, 제35조 제2항). 그러나 거절증서의 작성이 면제되었더라도 어음소지인이 거절증서를 작성하여 실제로 제시한 날을 증명하고 만기의 도래를 앞당길 수 있다.

제시의 장소는 발행인의 주소이며, 제시를 할 수 있는 자는 어음의 소지인이나 단순한 점유자도 할 수 있다고 본다(어음법 제21조 유추). 제시를 절대적으로 금지할 수는 없지만, 일정한 기간 동안 금지하는 것은 무방하다(어음법 제22조 제2항·제3항 유추). 어음의 표면에 발행인으로서의 기명날인 또는 서명 이외에 또 다른 발행인의 기명날인 또는 서명이 있으면 일람한 뜻의 기재로 보아야 할 것이다(어음법 제2조 제1항 유추).

〈대판 1997.5.7, 97 다 4517〉

「어음의 만기는 확정가능하여야 하므로 어음 자체에 의하여 알 수 있는 날이어야 하고, 어음 이외의 사정에 의하여 좌우될 수 있는 불확정한 날을 만기로 정할 수 없는 것인바, 불확정한 날을 만기로 정한 어음은 무효이다.」

(4) 지 급 지 지급지의 기재가 없는 때에는 특별한 표시가 없는 한 발행지를 지급지로 본다(어음법 제76조 제2호).

〈대판 1981. 12. 8, 80 다 863〉

「약속어음의 지급지를 기재함에 있어 원칙적으로 독립된 최소행정구역을 기재하여야 함은 소론과 같으나, 서울특별시의 경우는 '서울'이라고만 기재하면 되고 반드시 그 구까지를 표시하여야 하는 것은 아니다.」

(5) 수취인의 명칭 약속어음에도 발행인 자신을 수취인으로 하는 자기지시약속어음이 인정되는가에 관하여 다툼이 있다. 약속어음에는 이에 관한 준용규정이 없고(환어음에 관한 제3조가 준용되고 있지 않다) 자기가 자기에 대하여 지급약속을 함은 법률상 무의미하고 인수제도가 없으므로 실익이 없다는 점을 들어 무효라고 하는 설도 있으나, 약속어음에도 신용기능이 제일 중요한 기능이고 제3자의 참가가 예상되므로 어음당사자의 자격겸병을 인정하는 일반원칙에 따라 자기지시약속어음도 유효하다고 본다.

(6) 발행일과 발행지 다른 표시가 없는 때에는 발행지를 지급지이자 발행인의 주소지로 보며, 발행지의 기재가 없는 때에는 발행인의 명칭에 부기한 지에서 발행한 것으로 본다(어음법 제76조 제3항 · 제4항).

우리 대법원은 종래에는 발행지와 발행인의 명칭에 부기한 지의 기재가 없는 어음은 효력이 없다고 하였으나(대판 1967. 9. 5, 67 다 1471 등), 전원합의체에 의하여 입장을 변경하였다. 즉 변경된 대법원판례에 의하면 국내어음임이 명백한 한 발행지의 기재가 없어도 유효하다고 한다.

〈대판 1984. 7. 10, 84 다카 424 · 425〉

「이 사건 각 약속어음은 발행지가 모두 백지로 되어 있으나, 각 발행인의 명칭에 '신라체인 점촌지점' 또는 '한남체인 상주슈퍼'라는 상호가 부기되어 있는바, 어음법 제76조 제4항에 의하여 발행인의 명칭에 부기한 지를 발행지로 볼 것이고, 발행지 기재는 독립된 최소행정구역을 표시하면 족한 것이므로 위 각 상호에 포함된 점촌이나 상주의 표시를 발행지기재로 볼 것이다.」

〈대판 1985. 8. 13, 85 다카 123〉

「약속어음에 지급지, 지급장소의 기재가 있더라도 발행지의 기재나 발행인의 명칭에 기재한 지의 기재가 없으면, 그 약속어음은 적법한 제시기간 내에 발행지란을 보충하여 지급제시를 하지 않는 한 청구권을 상실한다.」

〈대판(전원합의체) 1998. 4. 23, 95 다 36466〉

「어음에 있어서 발행지의 기재는 발행지와 지급지가 국토를 달리하거나 세력을 달리하는 어음 기타 국제어음에 있어서는 어음행위의 중요한 해석기준이 되는 것이지만, 국내에서 발행되고 지급되는 이른바 국내어음에 있어서는 별다른 의미를 가지지 못하고, 또한 일반의 어음거래에 있어서 발행지가 기재되지 아니한 국내어음도 어음요건을 갖춘 완전한 어음과 마찬가지로 당사자간에 발행 · 양도 등의 유통이 널리 이루어지고 있으며, 어음교환소와 은행 등을 통한 결제과정에서도 발행지의 기재가 없다는 이유로 지급거절됨이 없이 발행지가 기재된 어음과 마찬가지로 취급되고 있음은 관행에 이른 정도인 점에 비추어 볼 때, 발행지의 기재가 없는 어음의 유통에 관여한 당사자들은 완전한 어음에 의한 것과 같은 유효한 어음행위를 하려고 하였던 것으로 봄이 상당하므로, 어음면의 기재 자체로 보아 국내어음으로 인정되는 경우에 있어서는 그 어음면상 발행지의 기재가 없는 경우라고 할지라도 이를 무효의 어음으로 볼 수는 없다.」

2. 有益的 記載事項

(1) 발행인의 명칭에 부기한 지(어음법 제76조 제4항)

(2) 발행인의 주소지(어음법 제76조 제3항) 일람후정기출급어음의 경우에 만기는 어음소지인이 발행인에게 제시한 때로부터 일정한 기간이 경과한 다음에 도래되므로 우선 일람을 위한 제시를 하여야 하는데, 그 제시는 발행인의 주소에서 하여야 한다(어음법 제21조 유추). 그러므로 발행인의 주소지가 기재되어 있으면 그 지역 내에서 발행인의 주소를 찾을 수 있을 것이기 때문에 발행인의 주소지의 기재가 필요하다. 이 기재가 없으면 발행지를 발행인의 주소지로 보며, 발행지의 기재도 없으면 발행인의 명칭에 부기한 지에서 발행한 것으로 본다(어음법 제76조 제4항).

(3) 제 3 자방지급문구(어음법 제77조 제2항, 제4조, 제27조) 약속어음의 지급은 지급지에 있는 발행인의 주소 또는 영업소에서 하는 것이 원칙이지만 발행인은 주소 또는 영업소 이외의 장소에서 지급한다는 기재를 할 수 있고(지급장소의 기재), 또 제 3 자가 발행인을 위하여 그 주소 또는 영업소에서 지급한다는 기재를 할 수도 있는데, '제 3 자방'이라고 할 때에는 이 두 가지 경우를 모두 포함한다.

(4) 이자문구(어음법 제77조 제2항, 제5조)

(5) 지시금지문구(어음법 제77조 제1항 제1호, 제11조 제2항)

(6) 일람출급어음의 지급제시기간의 변경(어음법 제77조 제1항 제2호, 제34조 제1항)

(7) 일람출급어음의 지급제시의 일시금지(어음법 제77조 제1항 제2호, 제34조 제2항)

(8) 준거할 역의 지정(어음법 제77조 제1항 제2호, 제37 제4항)

(9) 외국통화환산율(어음법 제77조 제1항 제3호, 제41조 제2항)

(10) 외국통화현실지급문구(어음법 제77조 제1항 제3호, 제41조 제3항)

(11) 거절증서의 작성면제문구(어음법 제77조 제1항 제4호, 제46조) 다만, 약속어음의 발행인이 거절증서의 작성을 면제할 수 있는지 여부에 대하여 견해가 나뉘고 있다. 부정설에 의하면 약속어음의 발행인은 주채무자로서 거절증서가 없어도 지급할 의무가 있으므로 면제권을 가지지 아니한다(정동윤, 476쪽; 정희철, 237쪽)고 하지만, 긍정설은 약속어음에 대하여도 어음법 제46조가 준용되고, 발행인도 보전절차비용에 대하여 책임을 지며, 발행인의 거절증서작성면제의 효과가 모든 어음채무자에게 미치므로 모든 어음취득자에게 유리하다(최기원, 446쪽; 채이식, 184쪽)고 한다.

(12) 역어음의 발행금지(어음법 제77조 제1항 제4호, 제52조 제1항)

3. 無益的 記載事項 · 有害的 記載事項

무익적 기재사항과 유해적 기재사항에 관하여는 환어음과 같으며, 약속어음 발행인의 조건부지급의 기재는 어음을 무효로 한다.

Ⅲ. 發行의 效力

약속어음의 발행인은 자신이 어음에 어음금지급을 약속하는 문언을 기재하고 기명날인하므로, 약속어음발행의 본질적인 의사표시상의 효과로서 당연히 만기에 어음금액을 지급할 의무를 진다(어음법 제78조 제1항). 환어음의 발행의 경우와는 달리 약속어음의 발행인의 의무는 제1차적이고, 무조건적인 의무이며, 절대적이고도 최종적인 의무이다.

〈대판 1967. 3. 21, 66 다 2348〉

「약속어음의 발행인은 어음금의 최종적인 지급책임자이므로 어음소지인은 직접의 전자에 대하여 상환청구할 필요 없이 발행인에 대하여 직접 지급을 청구할 수 있다.」

〈대판 1970. 11. 24, 70 다 2205〉

「회사의 상호가 변경되더라도 동일성이 인정되는 한 변경 후의 회사는 변경 전에 발행한 약속어음에 대하여 책임을 진다.」

(1) 약속어음의 발행인의 의무는 제1차적이고 무조건적인 의무이다. 배서인이 지는 상환의무는 원칙적으로 어음소지인이 발행인에 대하여 지급제시기간 내에 지급제시를 하였으나 발행인이 지급을 거절한 때에 지는 의무로서, 발행인 다음에 지는 제2차적 의무이고 지급거절이 있은 때에만 지는 조건부의무(어음법 제77조 제1항 제4호, 제43조)인 데 반하여, 약속어음의 발행인이 지는 의무는 다른 사람에 대한 청구와 다른 사람의 지급거절과 관계 없이 부담해야 하는 제1차적이며 무조건적인 의무이다. 만일 약속어음의 소지인이 지급제시기간(어음법 제34조, 제38조, 제77조 제1항 제2호·제3호)에 어음을 제시하고 지급을 청구하였음에도 불구하고 발행인이 지급을 거절한 경우에는 소지인은 발행인에 대하여 어음금액 이외에 만기 이후의 연 6분의 이율에 의한 법정이자의 지급을 청구할 수 있다(어음법 제28조 제2항, 제48조). 이 경우의 연 6분의 금액은 지연손해금이 아니라 이자이고, 이자의 기산일은 지급제시의 날이 아니라 만기일이다.

(2) 약속어음의 발행인의 의무는 절대적인 의무이다. 어음소지인이 배서인 등에 대하여 상환청구하기 위하여는 어음상의 권리의 보전절차를 취하여야 하며, 그렇지 아니한 경우에는 소지인은 상환청구권을 행사할 수 없고, 상환의무자는 책임을 면하게 된다. 상환의무자의 의무는 어음소지인이 보전절차를 취하는 것을 전제로 하여 발생하는 상대적 의무임에 반하여, 약속어음의 발행인은 어음소지인이 보전절차를 취하였는가의 여부에 관계 없이 만기로부터 3년의 시효기간 내(어음법 제70조 제1항, 제77조 제1항 제8호)에는 지급의무를 지므로, 약속어음발행인의 의무는 절대적 의무이다.

〈대판 1956.5.10, 4289 민상 149〉

「약속어음의 발행인은 환어음의 인수인과 같이 어음금액을 절대적으로 지급할 채무를 부담하는 자이고 상환의무자가 아니므로 소지인이 발행인에 대하여 어음제시를 하지 아니하였다 하더라도 어음금액을 청구할 수 있음은 물론이고, 발행인에게 지체책임이 생기게 되는 지급을 위한 어음제시의 사실을 증명함에 있어서도 지급거절증서를 작성할 필요가 없는 것이다.」

(3) 약속어음의 발행인의 의무는 최종적인 의무이다. 상환의무를 이행하고 어음을 환수한 상환의무자는 자기의 전자인 배서인 등에 대하여 재상환청구할 수 있고 또 발행인에 대하여 지급을 청구할 수 있으므로 상환의무자는 최종적인 의무자가 아님에 대하여, 약속어음의 발행인이 어음금을 지급하고 어음을 환

수한 경우에는 어음상의 권리의무는 소멸하고 발행인이 다시 다른 사람에게 청구할 수 없다. 그러므로 약속어음의 발행인의 의무는 최종적인 의무이다.

약속어음의 발행인이 지는 의무는 약속어음의 본질적인 효력이므로 발행인이 지급책임을 지지 않겠다는 면책문구를 기재하면 발행의 본질적 효력을 부정하게 되어 그 면책문구뿐만 아니라 약속어음 자체를 무효로 만든다. 따라서 환어음의 발행인이 할 수 있는 인수무담보의 기재(어음법 제9조)와는 달리 약속어음의 발행인이 하는 면책문구는 유해적 기재사항이다.

제3절 約束어음과 換어음의 比較

Ⅰ. 約束어음에 準用되는 換어음制度

약속어음은 환어음과 같이 그 가장 중요한 경제적 기능이 신용기능이므로 몇 개의 법제도의 차이를 제외하고는 공통적이다. 따라서 어음법은 약속어음에 관하여 4개조의 특칙만을 두고 있으며, 나머지는 '약속어음의 성질에 상반하지 아니하는 한' 환어음에 관한 규정을 준용하고 있는(어음법 제77조) 환어음중심주의를 채택하고 있다. 약속어음에 준용되는 환어음에 관한 규정과 그 준용시에 유의할 점을 살펴본다.

1. 準用되는 規定

제3자방지급의 기재(어음법 제4조, 제27조), 이자의 약속(어음법 제5조), 어음금액의 이중기재(어음법 제6조), 어음행위독립의 원칙(어음법 제7조), 어음행위의 무권대리(어음법 제8조), 백지어음(어음법 제10조), 배서(어음법 제11조 내지 제20조), 보증(어음법 제30조 내지 제32조), 만기(어음법 제33조 내지 제37조), 지급(어음법 제38조 내지 제42조), 지급거절로 인한 상환청구(어음법 제43조 내지 제50조, 제52조 내지 제54조), 참가지급(어음법 제55조, 제59조 내지 제63조), 등본(어음법 제67조, 제68조), 변조(어음법 제69조), 시효(어음법 제70조, 제71조) 및 휴일, 기간의 계산과 은혜일의 금지(어음법 제72조 내지 제74조)에 관한 규정이 약속어음에 준용된다. 이외에도 어음의 위조·어음거래 등에 관한 설명은 약속어음에 그대로 타당하다.

2. 準用時의 留意點

(1) 제3자방지급의 기재에 관한 규정을 준용함에 있어서 약속어음에는 지급인과 인수제도가 없으므로 제3자방지급문언은 발행인만이 기재할 수 있다.

(2) 보증에 관한 규정도 약속어음에 준용되지만, 약속어음에 있어서 피보증인의 표시가 없는 때에는 약속어음의 발행인을 위하여 보증한 것으로 본다

(어음법 제77조 제3항).

(3) 참가지급에 관한 규정의 준용에 있어서 약속어음의 발행인은 상환의무자가 아니므로 예비지급인을 기재할 수 없고, 배서인 또는 그 보증인만이 이를 기재할 수 있다.

Ⅱ. 約束어음에 準用되지 않는 換어음의 특유한 제도

1. 引受制度

약속어음은 지급약속증권이고 발행인이 주채무자이므로 인수라는 환어음에 특유한 제도가 필요 없고, 따라서 인수에 관한 규정(어음법 제21조 이하)은 준용되지 않는다. 다만, 일람후정기출급어음은 약속어음에도 존재하고, 그 '일람'의 의의는 일람후정기출급환어음의 경우와 동일하므로 어음법 제23조 및 제25조가 적용되고 있다(어음법 제78조 제2항).

2. 引受拒絶로 인한 償還請求

인수제도가 없는 약속어음에 있어서 인수거절로 인한 상환청구는 있을 수 없다. 그러나 이것이 인수거절이 아닌 사실을 원인으로 하는 만기 전의 상환청구까지 부인하는 것은 아니다.

예컨대 파산선고·지급정지·강제집행의 불주효 등 인수거절과 동일시할 수 있는 상환청구원인은 약속어음에서도 있을 수 있다. 약속어음에 관하여 어음법은 지급거절로 인한 상환청구만 규정하고 있지만(어음법 제77조 제1항 제4호) 약속어음에 관해서도 그 지급의 가능성이 현저히 감소한 때에는 만기 전일지라도 상환청구가 가능하다고 보아야 한다.

〈대판 1984. 7. 10, 84 다카 424·425〉

「어음법은 약속어음의 경우에 환어음의 경우와 같은 만기 전 상환청구에 관한 규정을 두고 있지 않으나, 약속어음에 있어서도 발행인의 파산이나 지급정지 기타 그 자력을 불확실하게 하는 사유로 말미암아 만기에 지급거절이 될 것이 예상되는 경우에는 만기 전의 상환청구가 가능하다고 보아야 할 것이다.」

3. 參加引受

인수제도가 인정되고 있지 않은 약속어음에 있어서는 참가인수의 규정이 준용될 수 없다고 보는 견해가 있다.

그러나 참가인수는 인수거절만을 전제로 하는 것이 아니라 소지인이 만기전에 상환청구할 수 있는 모든 경우에 그것을 저지하기 위한 제도이다. 따라서 앞서 말한 바와 같이 약속어음에 있어서 인수거절 이외의 사유에 의한 만기전 상환청구가 인정되는 이상, 약속어음에도 참가인수에 관한 규정을 준용할 수 있다고 보는 것이 타당하다(통설)(정동윤, 492쪽 ; 채이식, 191쪽 ; 손주찬, 335쪽). 다만, 어음법 제57조에서는 피참가인의 표시가 없는 경우에는 발행인을 위한 것으로 되어 있으나, 약속어음의 경우에는 제1의 배서인인 수취인을 위한 것으로 보아야 한다. 왜냐하면 약속어음의 발행인은 상환의무자가 아니기 때문이다.

4. 複　本

약속어음에는 등본만 인정될 뿐 복본은 인정되지 않으므로 복본에 관한 규정은 준용되지 않는다.

그 이유는 약속어음에 있어서는 인수를 위하여 어음을 송부할 필요가 없고, 만일 발행인이 복본을 발행하면 복본의 각 통에 인수의 기명날인을 한 인수인과 같이 각 어음에 대하여 책임을 질 위험이 있는 까닭이다.

제15장 電子어음의發行및流通에관한法律

정보통신기술의 발달과 인터넷의 보편화로 인하여 법률분야도 많은 변화를 겪고 있다. 종래 실물의 발행을 전제로 했기 때문에 유가증권의 전자화는 기존의 유가증권개념의 변화를 초래한다. 이 때문에 유가증권전자화 논의에는 많은 장애가 있었으며, 어음·수표를 포함한 유가증권 전반의 전자화를 추구할 것인지, 아니면 분야별로 전자화를 추진할 것인지의 논의가 채 종결되기도 전에 어음, 그 가운데에서도 특히 약속어음의 전자화의 입법화가 이루어졌다. 즉 전자약속어음의 필요성을 인지하고 상당한 논의를 거친 이후 2004년 3월 22일 전자어음의발행및유통에관한법률(이하 '전자어음법' 또는 '법'이라 한다)이 제정되었다(법률 제7197호). 이 법은 2005년 1월 1일 시행되었다. 그 이후 2007년 5월 17일 동법에 대한 개정이 이루어졌다. 이 때의 개정은 행정기관 재량행위의 투명성을 높이기 위하여 구법에서 대통령령에 포괄적으로 위임되어 있었던 전자어음관리기관의 지정요건을 직접 법률에서 정하여 전자어음관리에 필요한 기술능력·재정능력·시설 및 장비 등을 갖춘 비영리법인이나 주식회사만이 지정받을 수 있도록 하는 등 기존 제도의 운영과정에서 나타난 일부 미비점을 개선·보완하려는 데에 그 목적이 있었다.

또한 동법은 2009년 1월 30일 다시 개정되었다. 이 때의 개정은 문장을 원칙적으로 한글로 적고, 어려운 용어를 쉬운 용어로 바꾸며, 길고 복잡한 문장은 체계 등을 정비하여 간결하게 하는 등 국민이 법 문장을 이해하기 쉽게 정비하려는 것이었다. 다른 한편 질서위반행위의 성립요건과 과태료의 부과·징수 및 재판 등에 관한 사항을 규정한 「질서위반행위규제법」이 제정(법률 제8725호, 2007. 12. 21. 공포, 2008. 6. 22. 시행)됨에 따라 관련 규정을 정비하려는 데에도 개정배경이 있었다. 더 나아가 동법은 2009년 5월 8일 다시 개정되었다. 종이어음에 대하여는 그동안 여러 가지 문제점이 대두되어 있었다. 즉 ① 어음교환소를 거치지 않는 경우 거래내역이 드러나지 않아 사채업자 등의 탈세가 용이하다는 점, ② 어음의 발행, 배서, 지급제시 등을 위하여 실제로 거래상대방을 만나 실물을 교부하여야 하므로 시간과 비용이 낭비된다는 점, ③ 정교한 복사가 가능하여 위·변조의 위험이 높아 분쟁 가능성이 높다는 점, ⑤ 배서 회수에 제한이 없고, 배서의 유효성 여부에 대해 다툼의 소지가 많아 분쟁을 양산해 왔다는 점, ⑥ 분실이나 도난 우려가 높다는 점, ⑦ 횡령 등 사고 위험이 높다는 점 등의 여러 가지 폐단이 지적되어 왔었다. 이에 반하여 전자어음의 경우 다음의 장점이 있다. ① 전자어음은 백지 발행이나 백지 배서가 허용되지 않아 권리 관계가 명확해지고, ② 전자어음을 사용할 경우 배서가 20회로 제한되는 등 어음거래의 투명성이 제고되는 효과가 있으며, ③ 어음 발행 비용이 절감되며, ④ 실물이 발행되지 않고 전자적으로 거래되므로 위·변조 방지 효과가 있고, ⑤ 도난이나 횡령 사고의 위험이 적다. 따라서 주식회사의 외부감사에 관한 법률의 적용 대상 주식회사에 대해 전자어음 사용을 강제함으로써, 전자어음을 활성화하여 그동안 지적되어 온 종이어음의 폐단을 시정하고자 하는 데에 2009년 5월 개정의 이유가 있다. 그로 인하여 2009년 11월 8일부터, 주식회사의 외부감사에 관한 법률의 적용 대상이 되는 회사는 종이어음 대신 전자어음을 발행하여야 할 의무가 있다(개정법 제6조의 2). 이를 어기고 종이어음을 발행할 경우, 그 사법상 법률효과가 없는 것은 아니지만, 500만원 이하의 과태료를 내게 된다(개정법 제23조 제2항 제1호). 종이어음 대신 전자어음을 발행할 의무가 있는 주식회사의 외부감사에 관한 법률의 적용 대상이 되는 회사와 주식회사의 외부감사에 관한 법률의 적용 대상이 되는 회사로부터 어음을 수취할 회사는 은행을 통하여 이용자 등록 절차를 거쳐야 하며(이는 거래 은행을 한번만 방문하여 이용자 약정을 체결하기만 하면 되는 상대적으로 복잡하지 않은 절차이다) 등록 후 거래은행 및 전자어음서비스 홈페이지(www.unote.kr)에 접속하여 어음 발행, 수취, 배서 등의 어음행위를 할 수 있다.

그리고 전자어음법은 2013년 4월 5일 다시 개정되었다(법률 제11730호). 이 개정은 전자어음을 활성화하기 위하여 전자어음의 의무발행 대상자를 개정전 '외부감사 대상 주식회사'에서 '직전 사업연도 말의 자산총액이 대통령령으로 정하는 기준에 해당하는 법인사업자'로 확대하고, 기업의 결제 편리성과 금융비용 절감을 위하여 어음금액을 일부금액으로 나누어서 배서할 수 있는 '분할배서' 제도를 도입하려는 데에 그 이유가 있었다. 동 개정의 주요내용은 다음과 같다. ① 직전 사업연도 말의 자산총액 등이 대통령령으로 정하는 기준에 해당하는 법인사업자는 약속어음을 발행할 경우 전자어음으로 발행하도록 하였다(법 제6조의2). ② 전자어음을 발행받아 최초로 배서하는 자에 한하여 총 5회 미만으로 어음금을 분할하여 그 일부에 관하여 배서할 수 있도록 하였다(법 제7조의2 신설). 이번 개정은 2014

년 4월 6일부터 시행되었다.

Ⅰ. 制定理由와 主要內容

1. 制定理由

현행어음법은 실물어음의 경우를 전제하여 만들어진 법으로서 전자결제환경에 적합하지 못하므로 이 법률을 제정하여 전자어음을 일반상거래와 전자상거래에서 디지털환경에 적합한 전자결제수단으로 사용할 수 있도록 하고, 전자어음을 통하여 조세투명성제고로 조세정의를 실현하며, 디지털환경에 따른 기업간 결제의 효율성을 높이는 결제수단으로서 활용함으로써 국민경제의 발전에 이바지하려는 것이다.

2. 主要內容

(1) 전자어음을 발행하고자 하는 자는 당해 전자어음을 법무부장관의 지정을 받은 전자어음관리기관에 등록하도록 하고, 전자어음의 배서·보증 또는 전자어음상의 권리의 행사는 이 법의 규정에 의한 전자문서에 의하여서만 할 수 있도록 한다(법 제3조 및 제5조).

(2) 전자어음에는 전자어음의 지급을 청구할 금융기관, 전자어음의 동일성을 표시하는 정보, 사업자고유정보 등이 기재되도록 하고, 전자어음에 공인전자서명을 한 경우에는 발행인의 기명날인 또는 서명이 있는 것으로 보며, 전자어음의 만기는 발행일로부터 1년을 초과할 수 없도록 한다(법 제6조).

법 제6조의 2에서는 전자어음의 이용과 관련하여 「주식회사의 외부감사에 관한 법률」 제2조에 따른 외부감사대상 주식회사 및 직전 사업연도 말의 자산총액 등이 대통령령으로 정하는 기준에 해당하는 법인사업자는 약속어음을 발행할 경우 전자어음으로 발행하도록 하고 있다(개정 2013. 4. 5.). 그리고 구체적으로 전자어음의 발행의무 대상 법인사업자와 관련하여 직전 사업연도 말의 자산총액이 10억원 이상인 법인사업자를 대상으로 하고 있다(법 시행령 제8조의 2). 이에 위반하는 경우에는 500만 원 이하의 과태료의 제재를 받게 된다(법 제23조 제2항 제1호).

(3) 전자어음에 배서를 하는 경우에는 전자어음에 배서의 뜻을 기재한 배서전자문서를 첨부하도록 하고, 배서인이 타인에게 전자어음과 배서전자문서를 송신하고 그 타인이 이를 수신한 때에는 배서 및 교부가 있는 것으로 보며, 피배서인이 다시 배서를 하는 경우에는 전자어음에 이전에 작성된 배서전자문서를 전부 첨부하도록 하되 전자어음의 총 배서횟수는 20회를 초과할 수 없도록

한다(법 제7조).

(4) 전자어음의 소지인이 전자어음 및 전자어음의 배서에 관한 전자문서를 첨부하여 지급청구의 뜻이 기재된 전자문서를 금융기관에 송신하고, 당해 금융기관이 이를 수신한 때에는 어음법에 의한 지급제시가 있는 것으로 보도록 한다(법 제9조).

(5) 전자어음관리기관은 전자어음의 발행·배서보증 및 권리행사 등이 자신의 전자정보처리조직을 통하여 이루어지도록 하고, 전자어음별로 발행인과 배서인에 관한 기록, 전자어음소지인의 변동사항 및 당해 전자어음의 권리행사에 관한 기록을 보존하도록 한다(법 제16조).

(6) 법무부장관은 전자어음관리기관에 대하여 이 법 또는 이 법에 의한 명령의 준수 여부를 감독하도록 하고, 필요한 경우 그 업무에 관한 보고를 하게 하거나 자료의 제출을 명할 수 있도록 한다(법 제20조).

Ⅱ. 解 說

1. 電子어음의 意義

전자어음이란 '전자문서로 작성되고 전자어음관리기관에 등록된 약속어음'을 가리킨다(법 제2조 제2호). 또한 전자문서란 '정보처리시스템에 의하여 전자적 형태로 작성, 송신·수신 또는 저장된 정보'를 말한다(법 제2조 제1호; 전자거래기본법 제2조 제1호). 또한 여기에서의 정보처리시스템은 '전자문서의 작성, 송신·수신 또는 저장을 위하여 이용되는 정보처리능력을 가진 전자적 장치 또는 체계'를 가리킨다(전자거래기본법 제2조 제2호).

전자어음법은 전자어음을 약속어음만을 의미하고 있다. 우리의 경우 기업 간 지급거래에서 약속어음이 일반적으로 이용되고 종이어음으로 인한 불편도 약속어음에 관하여 생기는 것이 보통이다(이철송, 어음·수표법 제7판, 2005, 485쪽). 이에 전자어음이라는 용어 대신에 전자약속어음으로 표현하는 것이 정확하다는 주장이 있다(정찬형, 상법강의(하), 2005, 465쪽).

2. 電子어음의 法的 性質

전자어음은 사권인 금전채권을 포함하고 있다. 그런데 종이증권 그 자체를 작성하지 않고 전자어음관리기관에 등록되어 관리된다(법 제5조 제1항, 제16조 제2항). 전자어음의 배서·보증 또는 전자어음상의 권리행사는 전자문서에 의해서만 할 수 있도록 되어 있다(법 제5조 제4항). 전자어음의 법적 성격은 종래 종이의 발행을 전제로 하는 전형적인 유가증권으로 볼 수는 없고, 장부증권이론에서의 장부증권 혹은 전자적 권리표장이론에서의 전자적 등록증권이라고 평가되고 있다(정찬형, 상법강의(하), 2007, 465쪽). 그런데 전자어음의 법적 성질은 유가증권의 전자화라는 특성 때문에 유가증권법상의 유가증권의 개념과 전자거래 혹은 전자계약의 특수성을 반영하여 파악할 필요성이 있다(양석완, "전자어음의 서면증권성과 증거력," 기업법연구 제20권 제4호, 2006, 155쪽). 유가증권의 전자화방식과 관련한 논의로서 전자등록방식과 전자(문서) 증권방식의 논의(특히 정경영, "전자증권의 법적 성질과 전자등록제도에 관한 고찰," 상사법연구 제22집 제3호, 2003, 124~125쪽 참조)와 관련하여 현행전자어음을 양자를 혼합한 방식으로 파악하는 견해(정완용, "전자어음법에 관한 고찰," 인터넷법률 제24호(2004. 7), 40쪽)와 전자증권방식으로 파악하는 견해(이철송, 어음·수표법 제7판, 2005, 488쪽)가 대립되어 있다.

그런데 전자어음에 대해서도 그 성질이 허용하는 한 종래의 유가증권에 관한 규정이 적용되는 것으로 보아야 한다(법 제4조 참조). 그리고 전자어음은 형법의 적용에 있어서 유가증권으로 본다(법 제22조 제4항). 이는 죄형법정주의원리에 의하여 필요한 규정이다.

3. 電子어음의 發行

전자어음의 발행은 전자어음에 필요한 사항을 기재하여 그 어음을 전자어음관리기관에 등록하고 수취인에게 교부하는 것을 가리킨다. 전자어음의 필수적 기재사항은 다음과 같다.

(1) 전자어음의 본문 중에 그 어음의 작성에 사용하는 국어로 약속어음임을 표시하는 문자(법 제6조 제1항 제1호; 어음법 제75조 제1호)

(2) 일정한 금액을 지급할 뜻의 무조건의 약속(법 제6조 제1항 제1호; 어음법 제75조 제2호)

(3) 만기의 표시(법 제6조 제1항 제1호; 어음법 제75조 제3호) 전자어음의 만기는 발행일로부터 1년을 초과할 수 없다(법 제6조 제5항). 이는 전자어음의 경우 만기가 지나치게 장기일 경우, 정보의 변질이나 보관의 애로가 예상되어 어음관계를 신속하게 종결하자는 취지로 이해하고 있다(이철송, 어음·수표법 제7판, 2005, 492쪽). 전자어음에도 어음법 제33조의 의미에서의 4가지의 만기가 인정되는 것으로 평가되고 있다(정찬형, 상법강의(하), 2005, 466쪽).

(4) 지급을 받을 자 또는 지급을 받을 자를 지시할 자의 명칭(법 제6조 제1항 제1호; 어음법 제75조 제5호)

(5) 발행일·발행지(법 제6조 제1항 제1호; 어음법 제75조 제6호)

(6) 전자어음의 지급을 청구할 금융기관(법 제6조 제1항 제2호) 이는 전자어음에만 있는 필요적 기재사항으로 실물어음에서는 기재사항이 아니다. 전자어음의 경우에는 지급지가 필요적 기재사항이 아니고, 전자어음법은 전자어음의 지급을 청구할 금융기관이 소재하는 지역을 지급지로 간주하는 규정을 두고 있다(법 제6조 제2항).

여기서의 금융기관은 은행법에 의한 금융기관 및 이에 준하는 업무를 수행하는 금융기관으로 은행법 제32조의 규정에 의한 당좌예금을 취급하는 금융기관을 가리킨다(법 제2조 제7호, 시행령 제2조).

(7) 전자어음의 동일성을 표시하는 정보(법 제6조 제1항 제3호) 이는 전자어음에만 있는 필요적 기재사항이다.

(8) 사업자고유정보(법 제6조 제1항 제4호) 이는 전자어음에만 있는 필요적 기재사항이다. 여기서 "사업자고유정보"라 함은 전자어음과 관련된 당사자의 상호나 사업자등록번호, 회원번호, 법인등록번호 또는 주민등록번호 등 사업자를 식별할 수 있는 정보를 말한다(법 제2조 제6호).

(9) 발행인의 공인전자서명 발행인이 전자어음법 제6조 제1항의 전자어음에 공인전자서명을 한 경우에는 어음법 제75조 제7호의 기명날인 또는 서명이 있는 것으로 본다(법 제6조 제3항). "공인전자서명"이라 함은 전자서명법 제2조 제3호의 규정에 의한 정보를 말한다(법 제2조 제3호).

전자어음에는 백지어음이 인정되지 않는다(법 제6조 제6항). 그리고 전자어음에는 백지보충에 대한 규정이 없다. 그 결과 전자어음에서는 전자어음요건의 일부를 기재하지 않은 경우, 백지어음으로 추정되거나 보충규정에 의하여 보충되는 경우는 없고 무효어음으로 처리되어야 할 것이다.

4. 電子어음의 交付

전자어음법 제6조 제4항에 의하면 발행인이 타인에게 전자거래기본법 제6조 제1항의 규정에 따라 전자어음을 송신하고, 그 타인이 동법 제6조 제2항의 규정에 따라 수신한 때에 전자어음을 발행한 것으로 본다. 실물어음의 경우에는 어음이론에 의하여 논의되고 있는 사항이다.

5. 電子어음의 登錄

전자어음을 발행하고자 하는 자는 당해 전자어음을 전자어음관리기관에 등록하여야 한다(법 제5조 제1항). 법 제5조 제3항의 규정에 의하여 관리기관에 전자어음을 등록하여 발행하고자 하는 자는 법 제6조 제1항 제2호의 규정에 의한 금융기관(이하 "지급금융기관"이라 한다)과 당해 지급금융기관을 어음법 제4조의 규정에 의한 제3자방(第三者方)으로 하기로 하는 계약(이하 "당좌예금계약"이라 한다)을 체결하여야 한다(법 시행령 제5조 제1항).

발행인이 전자어음을 발행할 때에는 전자어음을 수령할 자로 하여금 관리기관에 등록하도록 하여야 한다. 다만, 전자어음을 수령할 자가 제5조의 규정에 의한 등록(이하 "발행인등록"이라 한다)을 한 경우에는 그러하지 아니하다(법 시행령 제6조 제1항). 법 시행령 제1항 본문의 규정에 의한 등록(이하 "수취인등록"이라 한다) 사항은 전자어음을 수령할 자의 명칭, 사업자등록번호 또는 주민등록번호 및 주소로 한다(법 시행령 제6조 제2항). 관리기관은 수취인등록을 거부하여서는 아니 되며, 수취인등록을 한 자가 관리기관의 정보처리조직을 이용하여 배서를 하거나 전자어음의 지급제시를 할 수 있도록 하여야 한다(법 시행령 제6조 제3항).

관리기관은 전자어음의 발행인등록 또는 수취인등록을 한 자 외의 자가 권한 없이 등록한 자의 명의를 이용하여 전자어음행위를 할 수 없도록 등록한 자가 등록의 종류에 따라 전자어음행위를 배타적으로 할 수 있는 장치를 제공하여야 한다(법 시행령 제7조 제1항). 관리기관은 모든 전자어음행위가 자신이 관리하는 정보통신망(정보통신망이용촉진및정보보호등에관한법률 제2조 제1호의 규정에 의한 정보통신망을 말한다. 이하 같다)을 통하여 이루어지도록 하여야 하며 다른 정보통신서비스제공자(정보통신망이용촉진및정보보호등에관한법률 제2조 제3호의 규정에 의한 정보통신서비스제공자 및 동법 제18조 제1항의 규정에 의한 전자문서중개자를 말한다. 이하 같다)의 정보통신망을 통하여 이루어지거나 다른 정보통신서비스제공자의 정보통신망을 경유한 후 관리기관의 정보통신망을 통하여 이루어지도록 하여서는 아니 된다(법 시행령 제7조 제2항).

관리기관은 이용자가 사용할 전자어음에 관하여 동일한 양식을 정하여야 한다(법 시행령 제8조 제1항). 전자어음에는 복본 또는 사본의 제작이 불가능한 장치를 하여야 하며, 발행·배서된 때에는 발행인 또는 배서인의 정보처리조직에는 전자어음이 소멸하거나 전자어음에 이미 발행 또는 배서되었음을 표시하는 문언이 기재 되도록 하여야 한다(법 시행령 제8조 제2항).

전자어음관리기관은 당해 전자어음의 지급을 청구할 금융기관이나 신용조사기관 등의 의견을 참고하여 전자어음의 등록을 거부하거나 전자어음의 연간 총발행금액 등을 제한할 수 있다(법 제5조 제2항). 관리기관은 신용평가기관 또는 당좌예금계약을 체결한 금융기관의 전자어음발행한도에 관한 의견 및 발행인의 연간 매출액·자본금·신용도·당좌거래실적 등을 종합하여 전자어음발행한도를 제한할 수 있다(법 시행령 제5조 제2항). 관리기관은 다음의 어느 하나에 해당되는 자에 대하여는 전자어음의 발행을 위한 등록을 거부할 수 있다(법 시행령 제5조 제3항).

1. 관리기관 또는 어음교환소로부터 거래정지처분(관리기관이 새로이 전자어음을 발행하고자 하는 자의 전자어음등록을 거부하거나 이미 등록한 발행인의 전자어음발행을 금지하는 처분을 말한다. 이하 같다)을 받고 거래정지중에 있는 자
2. 법 또는 이 영과 어음법에 위반되는 행위를 한 자
3. 그 밖에 금융기관과의 거래에 관하여 신용을 훼손하는 행위를 한 자로서 법무부령이 정하는 자

6. 電子어음의 背書

(1) 배서의 방식 전자어음에 배서를 하는 경우에는 전자어음에 배서의 뜻을 기재한 전자문서(이하 "배서전자문서"라 한다)를 첨부하여야 한다(법 제7조 제1항). 이 배서전자문서에는 전자어음의 동일성을 표시하는 정보를 기재하고 배서인이 공인전자서명을 하여야 한다(법 제7조 제2항 · 제6항). 관리기관은 법 제7조 제1항, 제8조 제1항, 제9조 제1항 및 제13조 제1항에 의하여 전자어음에 첨부할 전자문서 및 법 제12조 제1항의 규정에 의한 지급거절전자문서를 전자어음과 일체가 된 문서로 하고, 전자어음과 분리할 수 없도록 하여야 한다(법 시행령 제8조 제4항).

피배서인이 다시 배서를 하는 경우에는 전자어음에 이전에 작성된 배서전자문서를 전부 첨부하고, 법 제7조 제1항에 의한 배서를 하여야 한다(법 제7조 제4항).

(2) 배서된 전자어음의 교부 배서인이 타인에게 전자거래기본법 제6조 제1항의 규정에 따라 전자어음과 배서전자문서를 송신하고, 그 타인이 동법 제6조 제2항의 규정에 따라 수신한 때에는 어음법 제13조 제1항의 규정에 의한 배서 및 교부가 있는 것으로 본다(법 제7조 제3항). 이 점은 발행의 경우와 동일하다. 관리기관에는 수취인이 등록되므로(법 시행령 제6조 제3항) 이러한 수취인은 관리기관의 정보처리조직을 이용하여 배서를 하는데(법 시행령 제6조 제3항), 배서인이 이렇게 전자어음을 배서한 때에는 배서인이 정보처리조직에는 전자어음이 소멸하거나 전자어음에 이미 배서되었음을 표시하는 문언이 기재하도록 하여야 한다(법 시행령 제8조 제2항).

(3) 배서의 회수제한 전자어음의 총 배서회수는 20회를 초과할 수 없다(법 제7조 제5항). 이는 전자어음의 배서가 많으면 번거로운 등 문제점이 있을 것으로 예상하여 둔 것으로 평가할 수 있다.

(4) 분할배서 2013년 4월 5일의 법 개정에 의하여 전자어음을 발행받아 최초로 배서하는 자에 한하여 총 5회 미만으로 어음금을 분할하여 그 일부에 관하여 배서할 수 있게 되었다(분할배서)(법 제7조의2). 즉 어음법 제12조 제2항에도 불구하고 전자어음을 발행받아 최초로 배서하는 자에 한하여 총 5회 미만으로 어음금을 분할하여 그 일부에 관하여 각각 배서할 수 있으며, 이 경우 분할된 각각의 전자어음은 법 제7조에 따른 배서의 방법을 갖추어야 한다(법 제7조의2 제1항). 이 때 법 제7조의2 제1항에 따라 배서를 하는 자는 배서하는 전자어음이 분할 전의 전자어음으로부터 분할된 것임을 표시하여야 한다(법 제7조의2 제2항). 분할 후의 전자어음은 그 기재된 금액의 범위에서 분할 전의 전자어음과 동일한 전자어음으로 본다(법 제7조의2 제3항). 분할된 전자어음에 대한 법률행위의 효과는 분할된 다른

전자어음의 법률관계에 영향을 미치지 아니하며, 배서인은 분할 후의 수개의 전자어음이 구별되도록 다른 번호를 붙여야 한다. 이 때 번호 부여의 구체적인 방법은 대통령령으로 정하도록 하였다(법 제7조의2 제4항). 그리고 분할 후의 어느 전자어음상의 권리가 소멸한 때에는 분할 전의 전자어음은 그 잔액에 관하여 존속하는 것으로 보게 된다(법 제7조의2 제5항). 한편 전자어음의 발행인이 전자어음면에 분할금지 또는 이와 동일한 뜻의 기재를 한 때에는 법 제7조의2 제1항을 적용하지 아니하도록 하여(법 제7조의2 제6항) 분할배서를 사용하지 않을 수 있도록 하였다.

(5) **특수배서** 전자어음에 한 특수배서의 효력은 전자어음법에 특별규정이 없다.

7. 電子어음의 保證

전자어음의 보증을 하는 자는 전자어음에 보증의 뜻을 기재한 전자문서를 첨부하여야 한다(법 제8조 제1항). 이러한 보증전자문서에는 전자어음의 동일성을 표시하는 정보를 기재하고, 보증인이 공인전자서명을 하여야 한다(법 제8조 제2항, 제6조 제3항, 제7조 제2항). 관리기관은 전자어음에 첨부할 이러한 보증전자문서를 전자어음과 일체가 된 문서로 하고, 전자어음과 분리할 수 없도록 하여야 한다(법 시행령 제8조 제4항).

보증된 전자어음의 교부는 전자어음의 발행의 경우와 동일하다(법 제8조 제2항, 제6조 제4항).

8. 電子어음의 支給

(1) **지급제시** 전자어음의 소지인이 전자어음 및 전자어음의 배서에 관한 전자문서를 첨부하여 지급청구의 뜻이 기재된 전자문서를 법 제6조 제1항 제2호의 금융기관에 송신하고, 당해 금융기관이 이를 수신한 때에는 어음법 제38조 제1항에서 규정한 지급제시가 있는 것으로 본다. 다만, 전자어음관리기관에 대한 전자어음의 제시는 지급을 위한 제시의 효력이 있으며, 전자어음관리기관이 운영하는 정보처리조직에 의하여 전자어음의 만기일 이전에 자동으로 지급제시되도록 할 수 있다(법 제9조 제1항). 이 때 지급제시를 위한 송신과 수신의 시기는 전자거래기본법 제6조 제1항 및 제2항에 따른다(법 제9조 제2항). 지급제시를 하는 소지인은 법 제9조 제1항의 규정에 의한 지급청구의 뜻이 기재된 전자문서에 어음금을 수령할 금융기관의 계좌를 기재하여야 한다(법 제9조 제3항).

전자어음에 첨부할 지급제시전자문서는 전자어음과 일체가 된 문서로 하고, 전자어음과 분리할 수 없도록 하여야 한다(법 시행령 제8조 제4항).

전자어음의 소지인이 제급제시를 위하여 전자어음을 지급금융기관에 송신하는 경우에는 전자어음의 소지인의 정보처리조직에서는 전자어음이 소멸하지 아니하고, 지급금융기관에 송부된 전자어음에는 지급제시를 위한 것임을 표시하는 문언이 기재되도록 하여야 한다(법 시행령 제8조 제3항).

(2) 지 급 법 제9조 제1항의 규정에 의한 지급제시를 받은 금융기관의 어음금을 지급할 때에는 전자어음관리기관에 지급사실을 통지하여야 한다. 다만, 전자어음관리기관에서 운영하는 정보처리조직에 의하여 지급이 완료된 경우에는 그러하지 아니하다(법 제9조 제4항). 법 제9조 제4항의 규정에 의한 통지가 있거나 전자어음관리기관의 정보처리조직에 의하여 지급이 완료된 경우, 어음채무자가 당해 어음을 환수한 것으로 본다(법 제10조).

관리기관은 법 제9조 제3항의 규정에 의하여 어음금을 수령하는 금융기관이 어음금을 수령하는 동시에 소지인이 보관하는 전자어음에 지급이 이루어졌음을 표시하는 문언이 기재되도록 장치하여야 한다(법 시행령 제9조 제1항). 관리기관은 법 시행령 제9조 제1항의 규정에 의한 문언이 기재된 전자어음을 발행인에게 송신하여야 한다(법 시행령 제9조 제2항).

어음법 제39조 제1항 내지 제3항의 규정은 전자어음에 적용하지 아니한다(법 제11조). 그리하여 전자어음에 있어서는 지급금융기관 또는 관리기관이 지급을 할 때에 전자어음의 소지인에 대하여 영수를 증명하는 기재를 하여 교부할 것을 청구할 수 없고, 일부지급이 허용되지 않는다. 그 결과 전자어음의 소지인은 일부지급을 거절할 수 있다.

(3) 지급거절과 상환청구

A. **지급거절** 법 제9조 제1항의 규정에 의한 지급제시를 받은 금융기관이 지급을 거절할 때에는 전자문서(이하 "지급거절전자문서"라 한다)로 하여야 한다(법 제12조 제1항). 관리기관은 법 제7조 제1항, 제8조 제1항, 제9조 제1항 및 제13조 제1항에 의하여 전자어음에 첨부할 전자문서 및 법 제12조 제1항의 규정에 의한 지급거절전자문서를 전자어음과 일체가 된 문서로 하고, 전자어음과 분리할 수 없도록 하여야 한다(법 시행령 제8조 제4항).

지급거절전자문서를 전자어음관리기관에 통보하고 동 기관이 이를 확인한 경우, 동 전자문서를 어음법 제44조 제1항의 규정에 의한 공정증서로 본다(법 제12조 제2항). 그리고 전자어음의 소지인이 법 제12조 제1항의 규정에 의한 전자문서를 수신한 날을 공정증서의 작성일로 본다(법 제12조 제3항).

관리기관은 법 제12조 제2항의 규정에 의한 지급거절전자문서를 통보받은 경우에는 전자어음소지인이 적법하게 금융기관에 지급을 위한 제시를 하였는지를 확인하여야 하며, 지급거절을 확인한 경우에는 지급제시를 위한 전자어음의 여백에 지급거절을 확인하였음을 표시하는 문언을 기재한 후 당해 전자어음을 즉시 소지인에게 송신하여야 한다(법 시행령 제10조 제2항).

관리기관은 법 시행령 제10조 제2항의 규정에 의하여 지급거절된 지급제시용 전자어음을 소지인에게 송신한 때에는 소지인이 보관하는 전자어음의 원본이 소멸되도록 하여야 한다. 이 경우 지급거절된 지급제시용 전자어음을 어음의 원본으로 본다(법 시행령 제10조 제3항).

B. **상환청구** 전자어음의 소지인이 상환청구할 때에는 전자어음과 법 제7조 제1항의 규정에 의한 배서전자문서, 법 제12조의 규정에 의한 지급거절전자문서를 첨부하여 상환청구의 뜻을 기재한 전자문서를 상환의무자에게 송신하여야 한다(법 제13조 제1항). 법 제9조 제3항의 규정은 전자어음의 상환청구에 이를 준용한다. 이 경우 "지급청구"는 "상환청구"로 본다(법 제13조 제4항).

관리기관은 법 제7조 제1항, 제8조 제1항, 제9조 제1항 및 제13조 제1항에 의하여 전자어음에 첨부할 전자문서 및 법 제12조 제1항의 규정에 의한 지급거절전자문서를 전자어음과 일체가 된 문서로 하고, 전자어음과 분리할 수 없도록 하여야 한다(법 시행령 제8조 제4항).

상환의무자가 상환금액을 지급한 때에는 전자어음관리기관에 지급사실을 통지하여야 한다(법 제13조 제2항). 법 제13조 제2항의 통지가 있으면 상환의무자가 전자어음을 환수한 것으로 본다(법 제13조 제3항).

9. 電子어음의 返還과 受領拒否

전자어음을 발행 또는 배서한 자가 착오 등을 이유로 전자어음을 반환받고자 하는 때에는 그 소지인으로 하여금 전자어음관리기관에 반환의 뜻을 통지하게 하여야 한다(법 제14조 제1항).

법 제14조 제1항의 통지가 있으면 전자어음은 발행 또는 배서되지 않는 것으로 보며, 전자어음관리기관은 당해 전자어음의 발행 또는 배서에 관한 기록을 말소하여야 한다(법 제14조 제2항). 그리고 전자어음의 소지인이 법무부령이 정하는 전자어음의 반환양식을 기입하고 공인전자서명을 하여 관리기관에 통지한 경우, 관리기관은 당해 전자어음의 발행 또는 배서에 관한 기록을 말소하여야 한다(법 시행령 제11조 제1항).

전자어음의 수신자가 전자어음의 수령을 거부하고자 하는 경우에는 그 수신자는 전자어음관리기관에 그 뜻을 통지하여야 한다. 이 통지가 있으면 수신자가 전자어음을 수령하지 않은 것으로 보며, 전자어음관리기관은 수신자의 청구가 있을 경우 그 수신자가 전자어음의 수령을 거부한 사실을 증명하는 문서를 발급하여야 한다(법 제14조 제3항). 또한 전자어음의 수신자가 법무부령이 정하는 전자어음의 수령거부양식을 기입하고 공인전자서명을 하여 관리기관에 통지한 경우, 수신자가 전자어음을 수령하지 아니한 것으로 본다. 이 경우 관리기관은 수신자의 신청이 있는 경우, 그 수신자가 전자어음수령을 거부한 사실을 법무부령이 정한 양식에 따라 발급한다(법 시행령 제11조 제2항).

10. 管理機關

(1) 관리기관 개요 전자어음관리기관은 '전자어음에 관한 사항을 처리하기 위하여 법무부장관의 지정을 받은 기관'을 가리킨다(법 제2조 제4호, 제3조 제1항). 전자적 결제수단에 대하여 노하우가 축적되어 있는 금융결제원을 2005년 1월 1일자로 관리기관으로 지정하였다. 그리고 전자어음시스템에 대하여 특허를 가지고 있고, 기술력을 보유하고 있는 한국슈퍼첵크주식회사를 기술지원사업자로 지정하여 금융결제원을 기술적으로 지원하도록 하고 있다.

전자어음관리기관으로 지정받고자 하는 자는 다음의 요건을 갖추어야 한다(법 제3조 제2항): ① 민법 제32조에 따라 설립된 법인 또는 상법에 따라 설립된 주식회사일 것, ② 대통령령으로 정하는 기술능력 · 재정능력 · 시설 및 장비 등을 갖출 것. 관리기관으로 지정받으려는 자는 일정한 서류를 첨부하여 법무부장관에게 지정신청을 하여야 한다(법 시행령 제3조 제1항). 이 때 전자어음관리기관은 전자어음의 이용자가 관리기관의 정보처리조직을 이용하여 안전하게 전자어음을 거래할 수 있도록 하여야 한다(법 시행령 제12조 제1항). 관리기관은 법 시행령 제12조 제1항의 규정에 의한 전자어음거래의 안전성을 확보하기 위하여 다음에 규정된 기술능력 · 재정능력 · 시설 및 장비 그 밖의 필요한 사항을 갖추어야 한다(법 시행령 제12조 제2항).

1. 기술능력 : 다음 각목의 기술인력을 합한 수는 10인 이상일 것
   가. 정보통신기사 · 정보처리기사 및 전자계산기조직응용기사 이상의 국가기술자격 또는 이와 동등 이상의 자격이 있다고 정보통신부장관이 인정하는 자격을 갖춘 자 1인 이상
   나. 정보통신부장관이 정하여 고시하는 정보보호 또는 정보통신운영 · 관리 분야에서 2년 이상 근무한 경력이 있는 1인 이상
   다. 정보통신망이용촉진및정보보호등에관한법률 제52조의 규정에 의한 한국정보보호진흥원에서 실시하는 인증업무에 관한 시설 및 장비의

운영, 비상복구대책 및 침해사고의 대응 등에 관한 교육과정을 이수한 자 1인 이상

라. 공인회계사 또는 금융업무나 신용분석업무에 3년 이상 종사한 자 1인 이상

2. 재정능력

100억원 이상의 순자산(총자산에서 부채를 공제한 가약을 말한다)을 보유할 것

3. 시설 및 장비 : 다음 각목의 시설 및 장비를 갖출 것

가. 이용자가 전자어음의 등록 · 발행 · 배서 · 보증 · 지급제사 · 지급 · 지급거절 및 지급거절증서의 확인 등 권리행사를 할 수 있는 시설 및 장비

나. 전자어음의 상환청구(償還請求) · 반환 및 수령거부 등을 할 수 있는 시설 및 장비

다. 전자어음의 송·수신일시를 확인하고 전자어음거래기록을 생성하고 보존할 수 있는 시설 및 장비

라. 전자어음의 발행 · 유통 관련 시설 및 장비를 안전하게 운영하기 위하여 필요한 보호시설 및 장비

마. 그 밖에 전자어음거래를 원활하고 안전하게 하기 위하여 법무부장관이 필요하다고 인정하여 고시한 시설 및 장비

4. 제3호 각목의 규정에 의한 시설 및 장비의 관리 · 운영 절차 및 방법을 정한 관리기관의 규정

관리기관은 관리기관으로 지정된 후 법 시행령 제12조 제2항 각 호의 어느 하나에 해당하는 사항을 변경하는 경우(법 시행령 제2항 제3호의 규정에 의한 시설 및 장비를 처분하거나 다른 사업에 전용하는 경우를 포함한다)에는 지체없이 법무부장관에게 이를 신고하여야 한다. 이 경우 법무부장관은 관리기관의 기술능력 · 재정능력 · 시설 및 장비의 안전운영여부 등을 점검할 수 있다(법 시향령 제12조 제3항). 관리기관은 법 시행령 제12조 제2항 제3호의 규정에 의한 시설 또는 장비를 보유하고 있거나, 그에 관한 권리를 가진 자와 시설 및 장비 사용계약을 체결할 수 있다. 이 경우에는 관리기관이 법 시향령 제12조 제2항 제3호의 규정에 의한 시설 및 장비를 갖춘 것으로 본다(법 시행령 제12조 제4항). 법 시행령 제4항의 규정에 의하여 관리기관과 시설 및 장비사용계약을 체결한 자(이하 "전자어음기술지원사업자"라 한다)가 준수하여야 할 사항, 시설 및 장비 사용계약의 기간 등에 관하여 필요한 사항은 법무부령으로 정한다(법 시행령 제12조 제5항).

(2) 안전성확보의무 전자어음관리기관은 전자어음에 관한 거래의 안전을 확보하고 지급의 확실성을 보장할 수 있도록 전자어음거래의 전자적 전송·처리를 위한 인력·시설·전자적 장치 등에 관하여 대통령령이 정하는 기준을 준수하여야 한다(법 제15조).

(3) 기록 생성 및 보존의무 전자어음관리기관은 전자어음의 발행·배서·보증 및 권리행사 등이 자신의 전자정보처리조직을 통하여 이루어지도록 하여야 하며, 전자어음별로 발행인과 배서인에 관한 기록, 전자어음소지인의 변동사항 및 당해 전자어음의 권리행사에 관한 기록을 보존하여야 하고, 전자어음거래를 추적·검색하고 오류가 발생할 경우 이를 확인·정정할 수 있는 기록을 생성하여 보존하여야 한다(법 제16조 제1항). 법 제16조 제1항의 규정에 의하여 전자어음관리기관이 보존하여야 하는 기록의 종류와 방법 및 보존기간은 대통령령으로 정한다(법 제16조 제2항).

(4) 정보제공의무 등 전자어음관리기관은 이용자의 신청이 있는 경우에는 대통령령이 정하는 바에 따라 해당 전자어음관련 발행상황 및 잔액 등의 결제정보를 제공하여야 한다(법 제17조 제1항). 그리고 전자어음거래와 관련하여 업무상 다음에 해당하는 사항을 알게 된 자는 이용자의 동의를 얻지 아니하고 이를 타인에게 제공하거나 누설하여서는 아니 된다. 다만, 금융실명거래 및 비밀보장에 관한 법률 제4조 제1항 단서의 구정에 의한 경우와 그 밖에 법률에 정한 경우에는 그러하지 아니하다(법 제17조 제2항).

1. 이용자의 신상에 관한 사항
2. 이용자의 거래계좌 및 전자어음거래의 내용과 실적에 관한 정보 또는 자료

전자어음관리기관은 건전한 전자어음 발행·유통과 선의의 거래자보호를 위하여 대통령령이 정하는 경우에는 법무부장관의 사전승인을 얻어 제1항 및 제2항에 규정된 사항 등을 공개할 수 있다(법 제17조 제3항).

(5) 거래약관명시의무 등 전자어음관리기관은 전자어음을 등록함에 있어 이용자에게 전자어음거래에 관한 약관을 명시하고, 이용자의 요청이 있는 경우 대통령령이 정하는 바에 따라 당해 약관을 교부하고 그 내용을 설명하여야 한다(법 18조 제1항). 전자어음관리기관이 전자어음거래에 관한 약관을 제정 또는 변경하고자 하는 때에는 법무부장관의 승인을 얻어야 한다. 다만, 약관의 변경으로 인하여 이용자의 권익이나 의무에 불리한 영향이 없다고 법무부장관이 정하는

경우에는 변경 후 10일 이내에 법무부장관에게 통보하여야 한다(법 제18조 제2항).

(6) 분쟁처리의무 전자어음관리기관은 대통령령이 정하는 바에 따라 전자어음거래와 관련하여 이용자가 제기하는 정당한 의견이나 불만을 반영하고, 이용자가 전자어음거래에서 입은 손해를 배상하기 위한 절차를 마련하여야 한다(법 제19조 제1항). 전자어음관리기관은 전자어음등록시 법 제19조 제1항의 규정에 의한 절차를 명시하여야 한다(법 제19조 제2항).

(7) 전자어음관리업무의 감독 및 검사 법무부장관은 전자어음관리기관에 대하여 이 법 또는 이 법에 의한 명령의 준수여부를 감독한다(법 제20조 제1항). 법무부장관은 법 제20조 제1항의 규정에 의한 감독을 위하여 필요한 때에는 전자어음관리기관에 대하여 그 업무에 관한 보고를 하게 하거나, 대통령령이 정하는 바에 따라 전자어음관리기관의 전자어음관리업무에 관한 시설·장비·서류 그 밖의 물건을 검사할 수 있다. 그리고 법무부장관은 전자어음제도의 원활한 운영 및 이용자보호 등을 위하여 필요한 때에는 전자어음관리기관에게 이용자의 전자어음거래정보 등 필요한 자료의 제출을 명할 수 있다(법 제20조 제3항).

법무부장관은 전자어음관리기관이 전자어음법 또는 동법에 의한 명령을 위반하여 전자어음제도의 건전한 운영을 해하거나 이용자의 권익을 침해할 우려가 있다고 인정되는 경우에는 다음에 해당하는 조치를 할 수 있다(법 제20조 제4항).

1. 당해 위반행위에 대한 시정명령
2. 전자어음관리기관에 대한 주의·경고 또는 그 임·직원에 대한 주의·경고 및 문책의 요구
3. 전자어음관리기관 임원의 해임권고 또는 직무정지의 요구

법무부장관은 전자어음제도의 운영 및 전자어음관리기관의 감독 또는 검사와 관련하여 필요한 경우 금융위원회에 협의를 요청하거나, 대통령령이 정하는 바에 따라 그 권한의 일부를 위임 또는 위탁할 수 있다(법 제20조 제5항).

법무부장관은 전자어음관리기관이 다음에 해당하는 때에는 제3조의 규정에 의한 지정을 취소할 수 있다(법 제21조 제1항).

1. 허위 그 밖의 부정한 방법으로 제3조의 규정에 의한 지정을 받은 때
2. 정당한 사유 없이 1년 이상 계속하여 영업을 하지 아니한 때
3. 법인의 합병·파산·영업의 폐지 등으로 사실상 영업을 종료한 때

전자어음관리기관은 지정이 취소된 경우에도 그 처분 전에 행하여진 전자어음거래의 지급을 위한 업무를 계속하여 행할 수 있다(법 제21조 제2항). 법무부장관은

법 제21조 제1항의 규정에 의하여 지정을 취소하고자 하는 경우에는 청문을 실시하여야 하며, 지정을 취소한 때에는 지체없이 그 내용을 관보에 공고하고 컴퓨터통신 등을 이용하여 일반인에게 알려야 한다(법 제21조 제3항).

11. 罰則 및 過怠料

법 제3조의 규정에 의한 지정을 받지 아니하고 전자어음관리업무를 한 자는 5년 이하의 징역 또는 1억원 이하의 벌금에 처한다(법 제22조 제1항). 그리고 다음에 해당하는 자는 3년 이하의 징역 또는 5천만원 이하의 벌금에 처한다(법 제22조 제2항).

1. 법 제5조 제1항의 규정을 위반하여 전자어음관리기관에 등록하지 아니하고 전자어음을 발행한 자
2. 법 제17조 제2항의 규정을 위반하여 전자어음거래정보를 제공한 자

법 제20조 제2항의 규정에 의한 검사를 기피하거나 방해한 자는 1년 이하의 징역 또는 3천만원 이하의 벌금에 처한다(법 제22조 제3항). 전자어음은 형법 제214조 내지 제217조에 정한 죄의 유가증권으로 보아 각 그 죄에 정한 형으로 처벌한다(법 제22조 제4항).

다음에 해당하는 자는 1천만원 이하의 과태료에 처한다(법 제23조 제1항).

1. 법 제15조의 규정에 의한 안전성기준을 위반한 자
2. 법 제20조 제3항의 규정에 의한 자료제출명령에 대하여 정당한 사유 없이 자료를 제출하지 아니하거나 허위의 자료를 제출한 자

다음에 해당하는 자는 500만원 이하의 과태료에 처한다(법 제23조 제2항).

1. 법 제16조 제1항의 규정에 의한 보존의무를 위반한 자
2. 법 제17조 제1항의 규정에 의한 신청에 대하여 정당한 사유 없이 결제정보를 제공하지 아니한 자
3. 법 제18조의 규정에 의한 약관의 설명의무 또는 보고의무를 위반한 자
4. 법 제19조 제1항의 규정에 의한 분쟁처리절차를 설치하지 아니한 자

법 제23조 제1항 및 제2항에 따른 과태료는 대통령령으로 정하는 바에 따라 법무부장관이 부과·징수한다(법 제23조 제3항). 이러한 법 제23조 제3항에 따른 과태료처분에 불복하는 자는 그 처분을 고지받은 날부터 60일 이내에 법무부장관에게 이의를 제기할 수 있다(법 제23조 제4항). 법 제23조 제3항에 따른 과태료처분을 받은 자가 이러한 이의를 제기한 때에는 법무부장관은 지체없이 관할법원에 그 사실을 통보하여야 하며, 그 통보를 받은 관할법원은 비송사건절차법에 따른 과태료재판을 한다(법 제23조 제5항). 법 제23조 제4항에 따른 기간 이내에 이의를 제기

하지 아니하고 과태료를 납부하지 아니한 때에는 국세체납처분의 예에 따라 징수한다(법 제23조 제6항).

12. 管理機關의 金融機關看做

법 제3조의 규정에 의한 지정을 받은 전자어음관리기관은 특정경제범죄 가중처벌 등에 관한 법률 제2조의 규정에 의한 금융기관으로 본다(법 제24조).

제16장 어음法事例를 解決하기 위한 體系構成

李基秀, 어음法事例를 解決하기 위한 體系構成, 고시계 350(1986. 4).

Ⅰ. 序 論

어음법에 관계되는 사례문제를 해결하기 위한 체계구성은 초보자들에게는 상당히 어렵게 느껴지는 것 같다. 이 어려움은 무엇보다도 어음법상의 청구권에는 청구권의 성립 그 자체 이외에도 청구권에 관한 정당한 권리자인가의 여부의 문제를 검토해야 하기 때문이다. 이 두 문제점은 서로 얽혀 있으나, 양자가 필연적으로 결합되어 있는 문제는 아니다. 실질적인 권리관계에 관한 증권형식의 법률상의 규률관계도 또한 체계문제를 야기시킨다. 하지만 어느 누구라도 어음법관계의 특수성을 한번 고찰하고 나면, 어음법관계문제의 체계구성도 일반민법상의 사례연구보다 그렇게 어렵지 않다는 것을 알게 된다. 아래에서는 대학과정에서 통상적으로 볼 수 있고, 사안에 다툼이 없는 문제의 해결책을 제시하고자 한다(Zöllner, 부록 Anhang 143ff.).

Ⅱ. 體系構成에 있어서의 一般的인 考慮點

(1) 어음법상의 청구권 이외의 민법상의 청구권, 예컨대 어음법상의 청구권의 근거인 원인관계나 불법행위에 의한 청구권도 검토하여야 할 때가 많다. 이러한 문제를 해결하는 데 있어서도 먼저 어음법상의 청구권의 해설부터 시작하는 것이 보통 권장되고 있다. 왜냐하면 어음법상의 청구권의 답안은 원칙으로 민법상의 청구권이 또 존재하는가의 여부의 문제와 관련되고 있기 때문이다. 예컨대 지급을 위한 어음의 교부에 있어서 채권자가 더 이상 어음으로부터 상환청구권의 방도로는 청구권을 행사할 수 없는 때에는 원인관계에 기한 청구권의 존속 여부가 문제되기 때문이다. 만일 이러한 문제를 민법 제563조에 기한 매매청구권의 검토로부터 해설해 나가야 한다면, 이를 다행한 일이라고 할 수는 없다. 이러한 문제는 자연히 그 역도 성립하여 민법상의 문제가 어음법상의 청구권에도 역시 영향을 미칠 수 있다. 예컨대 매매계약의 변경은 어음법 제17조

의 의미에서의 인적항변을 근거지울 수 있다. 이러한 사례연구는 아주 드물게 출제되고, 출제되었다고 하더라도 어음법에 기한 해설의 범위에서의 민법상의 문제는 아주 간단히 설명하면 족하도록 되어 있다. 어떠한 순서에 따라서 해야 된다는 확실한 원칙은 없다. 다만, 수험생은 자신이 생각했던 해결방도에 따라서 단순화할 수 있는 체계를 따라서, 즉 다른 문제영역과는 관계되지 않는 방향에서 설명하는 것을 원칙으로 해야 한다.

(2) 어음법사례에서 자주 나타나는 바와 같이 어음으로부터 다수인이 의무를 부담하는 때에는 각각 상이한 청구대상자에 대하여는 따로 따로 설명해 주는 것이 좋다. 어떤 문제가 특히 법적 청구권이 상이한 때에는 그에 따라서, 예컨대 인수인에 대하여, 발행인과 배서인에 대하여 등등 따로 설명함이 당연하다. 또한 배서인이 다수인 때에도 각자에 대한 청구권을 따로 설명함이 좋다. 왜냐하면 각 배서인에 대하여 배서의 유효성을 따로 검토하여야 하며, 어떠한 어음항변이 가능한가도 각각 따로 살펴보아야 하기 때문이다.

하지만 어음으로부터 나오는 모든 청구권에 공통적인 문제만은 항상 살펴보아야 하는데, 이에는 특히 ① 어음의 형식유효성, ② 소지인의 능동정당성, ③ 발행인과 모든 배서인에 대한 청구권과 관련하여 상환청구권행사요건의 존재 등이 있다.

이러한 문제점은 개개 청구권을 다루기 전에 먼저 언급하는 것이 상례이나, 이 방식으로도 이들 문제점들이 대부분 잘 해결되는 것은 아니다. 더 나은 방도는 원칙으로 제1청구권을 검토하면서 이와 관련되는 공통적인 문제를 언급하고, 기타의 청구권의 검토에서는 그와 상응하는 설명만을 참조하도록 하면 된다.

Ⅲ. 個別的인 어음請求權의 解說의 體系構成

(1) 해설에 앞서서 항상 검토되어야만 하는 것은 청구권의 근거를 제시하는 일이다. 예컨대 인수의 효력에 관하여는 어음법 제28조 제1항을 열거함과 같다.

(2) 원칙으로 무엇보다도 먼저 검토하여야 할 점은 어음이 형식상 유효한가 하는 점이다. 어떠한 문제점도 없다고 판단할 때에는 한 문장으로도 충분하다. 즉 “형식상 유효한 어음이다”, “이 어음(증권)은 어음법 제1조에서 요구하는 모든 어음요건을 구비하고 있다.” 경우에 따라서는 장구한 설명이 필요한 문제가 제기되기도 하는데, 예컨대 형식상의 요구에 충분한 발행인의 기명날인 또

는 서명이 있는가의 여부에 관한 문제이다. 형식상의 유효성이 부정된다면 어음법상의 청구권은 애당초 존재하지 않는다. 과제의 협소한 문제제기에서 어떤 다른 특별한 문제점을 발견할 수 없을 때에는 무효인 어음의 의미전환을 고려해야 할 그런 문제점이 없는가를 살펴보아야 한다. 따라서 어음의 형식유효성이 문제될 때에는 이와 관련되는 어음법상의 문제에 관하여 보조적인 검토를 하는 것도 그 문제설정에 따라서, 관계되는 사안에 따라서 필요할 때가 있음을 인식하여 주기를 바란다.

(3) 만일 청구권이 발행인이나 배서인 또는 그들의 보증인에 관한 것이라면 이는 상환청구권이 문제된 사례이며, 따라서 검토하여야 할 점은 상환청구권을 행사하기 위한 법률상의 요건인 실질적 요건(어음법 제43조)과 형식적 요건(어음법 제44조)을 갖추었는가의 여부 문제이다.

(4) 채권자의 능동정당성 이와 관련하여 우선 검토하여야 할 점은 채권자가 어음상의 권리를 행사할 수 있는 권리를 가진 어음의 소지인인가 하는 점이다. 만일 어음의 정당소지인지위가 부정된다면 그 자는 어음상의 청구권을 행사할 수가 없으며, 이는 피청구권자의 의무가 존재하는 때, 예를 들어 적법한 인수인이 있는 경우에도 마찬가지이다. 다만, 예외적으로 행사하려는 청구권의 성립을 청구권의 능동적 정당성보다 앞서 검토하여야 할 사례가 있는데, 이는 예컨대 채무자의 정당한 소지가 부정될 수 있는 경우로서 이 사례해설에 다른 요소가 문제되는 것이 별로 없을 경우이다.

A. 형식적 정당성 어음을 유효하게 행사하기 위하여는 채권자는 원칙으로 형식상 배서의 연속에 의하여 정당화되어 있어야만 한다. 즉 최후의 배서는 백지식 배서이든지, 혹은 채권자를 피배서인으로 지정하였어야만 한다. 형식적인 정당성은 Brox 교수(Rdn. 640ff.)나 Harms 교수(S. 96)가 주장하는 바와 같이 어음에 대한 채권자의 소유권의 추정을 근거지우는 데에서 창출되는 것이 아니라, 오히려 형식적 정당성은 원칙으로 소유권과 함께 어음상의 권리를 행사하기 위한 요건이라고 Zöllner 교수(Anhang II 4a)는 주장한다. 형식적 정당성의 결핍은 일정한 방식으로 보완되기도 하는데, 이는 예컨대 배서의 연속에서 결핍된 배서가 상속이나 지명채권양도의 방식으로 권리를 승계할 수도 있기 때문이다. 그러나 그 밖의 경우에는 배서의 불연속의 보완이 불가능하다. 따라서 어음상의 권리행사에 어음에 대한 채권자의 소유권만 있으면 충분하다는 견해에는 의문이 제기되고 있다.

B. **실질적 정당성** 형식적 정당성문제가 완결되면 바로 검토되어야 할 점은 채권자가 실질적으로도 법적으로 정당한 소지인인가 하는 문제이다. 즉 형식적 정당성이 존재한다면(이는 대부분 한 문장으로도 긍정할 수 있음은 앞에서 보았다), 곧 실질적인 법적 소지인 자격이 독립하여 검토의 대상이 된다. 여기에서 특히 문제점으로 나타나는 점은 채권자가 위조배서가 있는 경우에도 불구하고, 혹은 아무런 권리이전적 효력이 없는 그러한 배서가 있는 경우에도 불구하고 어음을 취득할 수 있는가 하는 점이다. 만일 형식적인 정당성이 부인된다면 실질적인 정당성과 관련하여 해설하여야 할 점은 결핍된 형식적 정당성을 보완할 수 있는지, 보완할 수 있다면 어느 정도로 보완할 수 있는지가 문제되는데, 이는 결국 배서의 연속이 끊겨진 부분을 접목하는 일이다.

(i) 채권자가 실질적으로 어음의 정당한 소지인인가의 여부의 검토에 있어서 문제로 대두되는 점은 원칙으로 채권자가 어음을 유효하게 취득하였는가 하는 점이다. 이는 예컨대 배서에 의한 취득인 경우에는 처분할 수 있는 자와의 교부계약이 있었는가를 살펴보아야 할 것이고, 상속과 같은 포괄승계가 문제될 때에는 진정한 상속이 있었는가 하는 점이 고려의 대상이 되어야 할 것이다.

(ii) 많은 어음법상의 사례에서는 채권자가 혹은 그의 전자에 있어서는 어음법 제16조 제2항에 따른 무권리자로부터의 선의취득이 있지 않나 하는 주된 문제가 질문 속에 숨겨져 있는 때가 있다.

(iii) 그러나 예외적으로 소유권자가 아닌 자가 실질적으로 어음의 정당한 소지인일 수도 있는데, 이는 예컨대 어음의 질권설정의 경우와 혹은 숨은 추심위임배서에 의한 어음의 교부 등에서 볼 수 있다. 이에 반하여 공연한 추심위임배서가 있는 경우에는 통설에 따르면 소지인은 어음을 타인의 명의로, 즉 대리인으로서 행사할 수 있으며, 이 때의 채권자는 본인이다.

(iv) 이와 반대로 모든 소유권자가 어음상의 권리를 행사할 정당한 권리자인 것도 아니다. 이는 특히 만일 소유권자가 어음의 회수를 위하여 또는 질권설정을 위하여 배서한 경우에 그러하다. 바로 이러한 사례에서는 형식상의 정당성의 결핍은 소유권자가 어음상의 권리를 행사하지 못하도록 만든다. 하지만 이러한 사례는 그렇게 흔하지는 않다.

(5) 채무자의 수동정당성

A. 여기에서는 우선 형식상 유효한 기명날인 또는 서명이 존재하는가를 검토하여야 한다. 피청구자가 기명날인 또는 서명을 직접 행하지 않은 경우, 즉

그가 직접 어음에 인수를 하지 않았거나, 어음을 발행하지도 배서하지도 않은 경우에는 유효한 대리관계가 존재하였는가 하는 문제를 검토하여야 한다.

B. 그런 후에는 증권으로부터 청구권에 대항할 수 있는 어음항변이 있는가를 살펴보아야 한다. 여기에서의 문제점은 예컨대 조건부인수가 있었다든가(어음법 제26조 제1항 단서), 무담보배서(어음법 제15조 제1항)·배서금지배서(어음법 제15조 제2항)가 있는 경우인가를 검토해야 한다.

C. 대부분의 어음법상의 사례는 채무자의 의무의 성립에 필연적인 교부계약이 전혀 없거나, 또는 채무자에게 권리방해적인 어음항변이 있는 경우이다. 예를 들면 행위무능력·양속위반·의사흠결로 인한 취소 등이 이에 속한다.

D. 이 다음에 다룰 문제는 권리무효의 항변인데, 이에는 지급이나 대물변제 등이 이에 속한다.

E. 예컨대 어음상의 청구권의 연기나 또는 원인관계의 결핍이나 흠결로 인하여 제기되는 부당이득의 항변과 같이 권리실행을 저해하는 어음항변은 원칙으로 청구권검토의 종결시에 다루게 된다.

F. 이러한 모든 어음항변에서 검토하여야 할 점은 그러한 항변권이 존재하는가의 여부는 물론이고, 어느 정도까지 채권자에게 대항할 수 있는가, 즉 채권자에 대하여 얼마만큼 어음항변이 절단되는가 하는 점이 더 세밀하게 다루어져야 한다. 사례연구에서의 관건은 유효한 교부계약의 흠결로 어음에 기명날인 또는 서명한 자의 의무가 맨 처음부터 부인된다고 할지라도 사후에 그에게 귀속시킬 수 있는 어떠한 권리외관이 얼마만큼 존재하는가 하는 문제일 때도 있다.

Ⅳ. 補充說明

어음법상의 사례연구에서의 보충설명은 어음참가자의 합동책임(어음법 제47조) 및 청구금액과 관련된 문제이다(예를 들어 소구금액이 문제될 때에는 어음법 제48조, 제49조와 관련된 문제이다).

Ⅴ. 結　論

개개 사례의 여건에 따라서 나타나는 특수성을 일단 제쳐놓고 보면, 어음법상의 사례연구를 위한 체계는 다음과 같이 구성된다.

(1) 청구권의 근거의 제시

① 인　수(어음법 제28조 제1항)

② 발 행(어음법 제9조 제1항)

③ 배 서(어음법 제15조 제1항)

④ 보 증(어음법 제32조 제1항)

⑤ 참가인수(어음법 제58조 제1항)

(2) 어음의 형식유효성(어음법 제1조~제6조)

(3) 상환청구권과 관련하여서는 상환청구권행사의 요건(어음법 제43조, 제44조)

(4) 원고의 능동정당성

① 형식적인 정당성(어음법 제16조 제1항)

② 실질적인 권리자인가의 여부

(5) 피고의 수동정당성

① 기명날인 또는 서명의 유효성 ; 때로는 대리관계

② 청구권에 대한 증권상의 항변

③ 증권에 나타나지 않는 유효항변

④ 인적항변

(6) 보충설명

① 합동책임(어음법 제47조)

② 청구금액(어음법 제48조, 제49조, 제28조 제2항)

지금까지의 어음법사례를 해결하기 위한 체계구성은 환어음에 관한 것이나, 이러한 체계는 약속어음과 수표에도 그대로 적용시킬 수 있을 것이다. 다만, 이 때에는 약속어음과 수표가 갖는 경제적 기능과 법률적 구성의 차이점을 감안해야 할 것이다. 특히 약속어음은 일정금액의 지급약속증권이기 때문에 환어음에서 볼 수 있는 인수제도가 없으며, 이는 지급증권으로서 신용증권화방지를 위한 여러 제도를 두고 있는 수표에서도 마찬가지이다. 또한 수표에서는 어음에서는 볼 수 없는 특수제도로서의 지급보증이라든지, 횡선수표제도 등도 따로 살펴보아야 할 필요성이 있을 것이다. 또한 환어음에서는 인수를 함으로써 인수인이 주채무자가 됨에 반하여, 약속어음에서는 발행인이 곧 주채무자가 되나, 수표에서는 주채무자가 없다는 점도 감안해야 할 사항이며, 따라서 상환의무자의 범위도 달라진다. 또한 어음과 수표에서의 기본당사자도 환어음과 수표는 지급위탁증권이기 때문에 발행인과 수취인 이외에 지급인이 필요하여 3당사자나, 약속어음은 발행인과 수취인의 2당사자만이 필요한 지급약속증권이라는 점 등이 감안되어야 한다.

제 3 편
수 표 법

제1장 總 說

李基秀, 手票의 特色, 월간고시 183(1989. 4)/李基秀, 수표의 僞造로 인한 위험의 분산; 독일에서의 금융기관과 계좌소유자의 관계를 중심으로, (上) 司法行政 353(1990. 5), (下) 司法行政 363(1991. 3).

제1절 手票의 槪念

Ⅰ. 手票의 意義와 性質

수표는 발행인이 지급인으로 하여금 수취인 기타 증권의 적법한 소지인에게 증권에 기재한 금액을 지급하도록 위탁하는 형식의 완전한 유가증권이다. 수표는 순수한 지급증권이라는 점에서 어음과 다르며, 지급위탁증권이라는 점에서 환어음과 같고 약속어음과 다르다.

수표는 특히 법률적 성질과 형식에 있어서 환어음과 유사하기 때문에 수표에 관한 규정과 어음에 관한 규정 사이에는 공통점이 상당히 많다. 따라서 수표를 이해하기 위해서는 어음과 비교하여 수표의 특색을 밝히고, 이에 관한 수표법의 규정을 이해하는 것이 필요하다. 어음과의 비교에 관해서는 유가증권편에서 설명하였다(제1편 제7장 참조).

Ⅱ. 手票의 沿革과 經濟的 機能

수표는 지급의 안전과 신속을 도모하고 현금의 보관으로부터 생기는 도난·화재·횡령 등의 위험을 피하기 위하여 발달한 기술적인 제도이다. 수표는 대체로 14세기에 지중해연안에서 발생하여 17세기 영국에서 발달하였다. 영국에서는 현금을 환전업자이면서 금융업자인 자에게 맡기고, 필요시마다 그 자 앞으로 지급위탁서를 발행하여 지급하여 오다가 금융업자가 은행으로 바뀌고, 18세기 말에는 어음교환소를 통한 집단적 결제가 행하여지면서 수표의 이용이 확대·보급되어 오늘에 이르고 있다.

이처럼 수표는 어음과 같이 지급기능을 위해 발달하였다. 그러나 환어음은 국내거래에서는 지급기능을 거의 상실하였으나, 수표는 오늘날에도 여전히 그 기능을 유지하고 있다. 그렇지만 수표도 새롭게 등장하는 지급수단인 신용카드·자동이체제도 등에 의해 그 기능이 감퇴되고 있다. 이외에도 수표는 송금기능을 갖는다.

Ⅲ. 手 票 法

실질적 의의의 수표법이라고 하면 수표거래에 관한 법률관계에 적용되는 사법법규의 총체라고 할 수 있으나, 형식적 의의의 수표법이라고 할 때는 수표법이란 명칭을 가진 독립된 법전을 말한다. 우리나라의 수표법은 1931년의 통일수표법을 기초로 하여 1962년에 제정되었다. 우리나라 수표법의 내용은 독일법적 색채가 농후하다.

1995년의 수표법개정에서는 사회·경제적 여건의 변화와 국내·외 상거래관행의 추세를 반영하여 기명날인하도록 되어 있는 수표행위의 요건에 서명도 병용할 수 있도록 하였다. 그리고 이해하기 어려운 한자용어를 알기 쉬운 표현으로 변경하였고(수표법 제2조 제1항, 제48조의 "궐한"을 "기재하지 아니한" 또는 "붙이지 아니한" 등으로 고침), 수표법 제70조의 "각령"을 "대통령령"으로 하였다.

그 이후인 2007년의 수표법개정은 수표의 교환업무에 소요되는 연간 수 백억원의 물류비용의 절감과 업무처리의 효율화를 위하여 수표정보의 전자적 송·수신에 대하여 수표법에 따른 지급제시의 효력을 부여하고, 금융기관 사이의 조사업무 위임에 관한 규정을 신설하는 등 수표교환업무 전자화의 법적 근거를 마련하려는 데에 그 목적이 있었다.

제2절 手票關係와 基本關係

Ⅰ. 總 說

수표는 매매대금의 지급을 위하여 교부되는 등 여러 가지 경제적·사회적 목적을 실현하기 위하여 사용된다. 하지만 수표는 추상증권이고, 따라서 수표수수의 기초가 되는 법률관계와는 분리된다. 이와 같이 오직 수표의 기재에 의하여만 판단되는 수표상의 법률관계를 수표관계라 하며, 수표관계의 이면에 있는 관계를 수표의 실질관계 또는 기본관계라고 한다. 이러한 수표의 실질관계는 발행인과 수취인, 발행인과 지급인, 수취인과 제 1 의 피배서인 사이 등 원칙적으로 모든 수표관계자간에 성립한다. 수표의 실질관계의 법적 성질과 법적 취급 등은 일반사법상의 문제이며 추상적인 법률관계로 있는 수표관계와는 분리되지만, 경제적으로 보면 수표관계란 실질관계의 수단에 불과하므로 양 관계는 아주 밀접하고, 따라서 수표관계를 이해하기 위하여는 실질관계의 이해가 필요하다.

수표의 실질관계에는 ① 수표수수의 당사자간에 있어서 수표수수의 원인이 되는 법률관계인 원인관계와, ② 발행인과 지급인 간에 지급인이 지급을 하는 근거가 되는 법률관계인 자금관계가 있다.

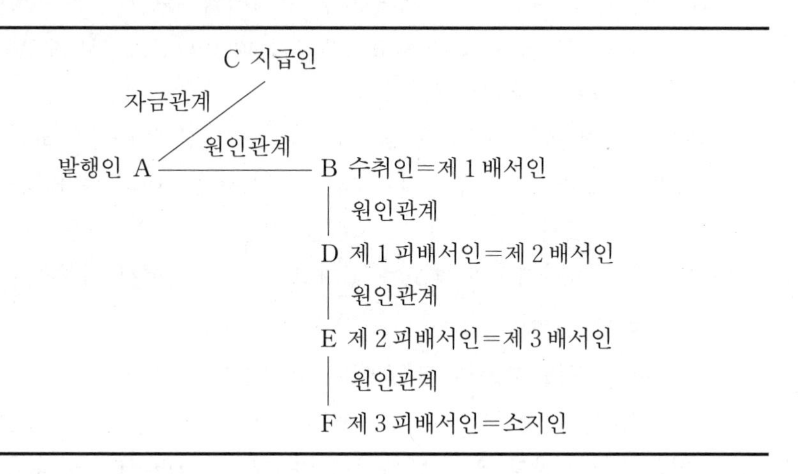

Ⅱ. 原因關係

1. 序 說

(1) 원인관계의 의의 수표행위는 어떤 실질적 관계를 전제로 하여 행하여진다. 수표는 금전지급의 수단으로 이용되는 것이므로 논리필연적이다. 이러한 수표수수의 당사자간의 실질적인 법률관계를 원인관계라고 하는데, 수표를 수수함에는 반대급부가 있는 것이 보통이므로 이를 대가관계(Valutaverhältnis)라고도 한다.

(2) 원인관계와 수표관계의 분리의 조정 수표는 추상적 유가증권으로 원인관계로부터 분리되어 있다. 따라서 수표상의 권리의 행사에 있어서는 그 원인관계의 거증은 불필요하고, 또 원인관계의 유효 · 무효 등에 관계 없이 수표상

의 권리의무관계는 성립한다.

〈대판 1988. 3. 8, 87 다 446〉

「수표의 발행인은 수표의 채무자로서 그 수표가 부도된 경우에 소지인에 대하여 상환청구에 응하지 않으면 안 되는 수표법상의 채무를 부담할 뿐 특별한 사유가 없는 한 수표거래에 관한 원인채무를 보증한 것으로 볼 수는 없다.」

그러나 이와 같은 수표관계의 원인관계로부터의 분리는 본래 제3취득자의 지위를 견고히 하여 수표의 지급증권으로서의 기능을 완전하게 하기 위한 것이다. 더욱이 수표는 그 원인관계에 대하여는 수단적인 것이다. 여기서 원인관계로부터의 분리, 즉 수표의 추상증권성을 유지시켜 두면서 그 수단적인 성격과의 사이에 조화를 도모하는 것이 필요하게 되는데, 이 한도에서 수표관계와 원인관계의 상호적 관련이 문제된다.

다만, 이 경우에 주목해야 할 것은 '상호적 관련'이라고 하는 것은 후술하는 것처럼 수표관계가 원인관계에 영향을 미치는 면에서는 타당하지만 원인관계가 법률상 수표관계의 효력 그 자체에 영향을 미치는 것은 아니므로, 원인관계를 고려한 수표관계상의 제도가 있다고 하는 의미에서 양자의 상호적 관련을 문제로 삼는 데 지나지 않는다.

2. 原因關係를 고려한 手票關係上의 制度

(1) 인적항변의 허용 원인관계가 흠결되어 있더라도 수표행위는 유효하며, 따라서 수표상의 권리는 완전히 유효하게 성립된다. 따라서 법률은 이미 기술한 바와 같이 수표수수의 직접의 당사자간에서도 수표소지인의 권리가 존재한다는 것을 전제로 하여 채무자는 무원인, 그 밖의 원인관계상의 사유를 인적항변으로 하여 제출할 수 있음을 인정하였다(수표법 제22조). 원인관계의 흠결에도 불구하고 수표상의 권리의 행사에 대하여 그 직접의 당사자간에 있어서까지 이를 거부할 수 없다고 할 필요는 없고, 또 이를 인정하면 2중의 절차(일단 지급한 후에 다시 부당이득으로 반환하여야 한다)를 요하기에 번잡할 뿐만 아니라 남용의 위험(예를 들면 위법행위의 수단으로 수표를 이용할 때 등)도 있기 때문이다.

(2) 상환청구권 이는 수표의 유통을 확보하기 위한 것으로서 수표수수의 원인관계, 특히 수표행위가 통상 대가를 받고 행하여진다는 것(대가관계)을 고려하여 법정된 수표행위자의 의무(수표법 제12조, 제18조)에 대응하는 수표소지인의 권리이다. 말하자면 원인관계에 기인하는 담보책임의 수표법화이다.

(3) 이득상환청구권 이득상환청구권(Bereicherungsanspruch)은 수표로부터 발생한 권리가 절차의 흠결 또는 시효로 소멸한 경우에도 수표의 소지인이 발행인, 배서인 혹은 지급보증을 한 지급인에 대하여 그 받은 이익의 한도에서 상환청구를 할 수 있는 권리이다(수표법 第63조).

수표상의 권리는 단기시효 또는 절차의 흠결로 인해 소멸하지만, 한편 수표상의 채무를 면한 수표상의 채무자가 수표의 수수에 있어 취득한 대가 또는 자금을 그대로 보유하게 되어서는 불공평하다는 점을 인식하고 둔 제도이다. 즉 위와 같은 견지로부터 형평에 맞는 해결을 일반사법상의 법률수단에 맡기지 아니하고 원인관계(대가관계) 및 자금관계를 고려하여 수표법의 형식적 엄격성을 완화하여 수표법상의 문제로 삼아 해결한 것이다(이는 독일법계와 프랑스법계의 입장이었다).

3. 手票關係가 原因關係에 미치는 영향

(1) 수표의 수수에 의해 기존 채권이 소멸하지 않는 경우 수표는 그 지급이 확실하고 또 유통성을 띠기 때문에 원인관계상 발생되어 있는 기존 채무를 결제하는 수단으로 이용된다. 그런데 수표의 수수와 기존 채권과의 관계가 문제로 되는데, 수표의 수수는 원칙으로 기존 채권을 소멸시키지 않고 '지급의 담보로서 또는 지급을 위하여'(zahlungshalber) 행하여진 것으로 추정해야 할 것이다. 수표는 그 지급이 확실하고 또 이를 양도함으로써 용이하게 그 대가를 받을 수 있지만, 이는 통화처럼 강제통용력을 갖는 것은 아니고, 결국은 채무실현의 가능성이 강한, 변제를 위한 하나의 수단에 지나지 않기 때문이다.

〈대판 1960. 11. 20, 4293 민상 286〉

「일반적으로 채무자가 기존 채무에 관하여 수표를 교부하였을 때에는 그 채무의 지급을 위한 것이라고 추정하여야 할 것이다.」

〈대판 1961. 11. 2, 4293 민상 278〉

「금전대차관계에 있어서 채무자가 발행한 수표는 특단의 사정이 없는 한 그 채무의 지급담보로서 또는 그 지급을 위하여 발행된 것으로 해석하여야 할 것이다.」

〈대판 1962. 3. 15, 4294 민상 1371〉

「대체 금전소비대차상의 채무가 있는 경우에 수표를 발행하였다면 특별한 의사표시가 없으면 그 수표는 소비대차상의 채무의 이행을 확보하거나 이행하는 방편으로 발행한 것으로 추정하는 것이 거래의 실정에 비추어 타당하다 할 것이다.」

〈대판 1997. 3. 25, 96 다 51271〉

「채무자가 채권자에게 수표를 교부한 경우에 있어서 이것으로 기존 채무의 변제에 갈음하기로 특약을 하였다면 이로써 기존 채무는 채무변제로 소멸한다 할 것이나, 이러한 특약이 없는 경우에 있어서는 다만 수표를 채권자에게 교부한 것만으로서는 채무의 변제에 갈음한 것으로 볼 수 없고, 그것은 오직 기존 채무의 변제확보의 방법 또는 변제의 방법으로 보아야 한다.」

더욱이 기존 채권이 소멸한다고 하면 채권자는 채권의 담보를 상실한다고 하는 불이익을 받는 경우도 있을 수 있다. 따라서 다음의 몇 가지 점을 주목하여야 한다.

A. 수표상의 권리와 기존 채권은 병존한다.

(i) 이 경우에 교부된 수표가 원인관계상의 채무자 이외의 사람에 의해 지급되도록 한 경우, 당사자의 의사는 채권자가 우선 수표상의 권리를 행사(반드시 소송을 제기할 필요는 없지만) 하기로 한 것이라고 해석해야 할 것이다.

(ii) 이와 같이 우선 수표상의 권리를 행사해야 할 것이기 때문에 수표상의 권리보전절차를 해태하여 수표상의 권리를 상실한 때에는 이에 의해 채권자가 손해를 입었음을 증명하지 않으면 기존 채권에 의한 권리를 행사할 수 없다. 다만, 이 경우에도 어떤 권리라도 행사할 수 있다는 특약을 미리 하는 것이 허용된다. 어느 것에 의하든 수표의 지급을 받으면 기존 채권이 소멸함은 당연하다.

더욱이 위와 같은 경우에는 수표의 지급이 거절당하여 수표에 의한 지급을 받을 가망이 없게 된 때에 한하여(이 경우에는 상환청구권을 행사할 수 있지만) 기존 채권을 행사할 수 있으므로 그 사이에는 기존 채권의 시효기간은 진행하지 않는다.

(iii) 수취인이 수표를 타인에게 양도한 경우에도 이에 의해 직접 채무자는 기존 채무를 면하지 아니하고 수취인이 후자로부터 상환청구를 받을 위험이 없게 되어 대가를 결정적으로 받은 때에 비로소 기존 채권은 소멸한다. 또 원인관계상의 채무자가 원인관계상의 채무에 관하여 지급을 함에 있어서는 수표의 반환과 상환으로 지급할 뜻의 동시이행의 항변을 할 수 있다고 해석한다.

그렇지 않다면 채무자는 원인관계상의 채무를 변제하고도 선의의 수표소지인에 대하여 이중지급의 위험에 처하며, 수표상의 전자에 대한 상환청구권을 행사할 수 없게 되어 신의칙에 반하기 때문이다. 그런데 채권자에 대하여는 어음을 채무자에게 반환할 것을 요하는데, 채권자가 수표를 상실한 경우에는 결국 원인채권의 행사를 할 수 없을 것인가 하는 문제가 있다. 원인관계상의 권리의 행사에는 본래 수표의 반환을 법률상의 요건으로 하는 것은 아니고 전술한 바와 같이 신의형평의 견지로부터 채무자의 이익보호를 위하여 동시이행의 관계로 한다. 따라서 채권자가 수표를 채무자에게 반환하지 않더라도 채무자에게 불이익 내지 손해를 가하는 것이 아니라는 점을 증명한 때에는 수표를 반환하지 않더라도 원인채권를 행사할 수 있다고 해야 한다는 입장에 찬성한다.

B. 수표가 소위 '담보를 위하여' 수수된 경우, 즉 수표상의 유일한 채무자가 동시에 원인관계상의 채무자인 경우에는 채권자는 수표상의 권리와 기존 채권 중 어느 것을 행사하든 자유이며, 수표상의 청구를 하더라도 그 때문에 기존 채권을 행사할 수 없는 것은 아니다. 다만, 기존 채권을 먼저 행사함에는 수령한 수표를 반환할 필요가 있음은 A의 경우와 마찬가지로 당연한 것이며, 그렇지 않다면 채무자는 변제할 필요가 없다. 따라서 수표를 소지할 때에는 수표채권을 행사하는 쪽이 편리하다고 할 수 있다.

더욱이 수표상의 채권과 기존 채권은 서로 독립한 것이며, 수표소지인은 전술한 바와 같이 그 어느 것이나 행사할 수 있기 때문에 기존 채무의 변제기가 도래하면 원인관계상의 채무자는 수표의 제시를 받지 않고도 당연히 지체로 된다. 또한 대금채권이 압류되더라도 그 때문에 그 수표의 피배서인에 대하여 수표금의 지급을 거절할 수 없는 것도 당연하다.

(2) 수표의 수수에 의해 기존 채권이 소멸하는 경우

A. 특별한 합의에 의해 수표가 '지급에 갈음하여'(an Zahlungsstatt) 수수된 때에는 기존 채권은 소멸한다. 이 경우의 법률구성에 관해서는 수표의 수수에 의한 대물변제라고 해석해야 할 것이다. 이를 경개(민법 제500조~제505조)로 보는 것은 수표의 추상증권성과 모순된다. 따라서 수표의 발행이 '지급을 위하여'인가 혹은 '지급에 갈음하여'인가 하는 것은 전술한 바와 같이 당사자의 의사(또는 그 합리적 의사)에 의해 판단되어야 할 것이지만, 그로부터 경개로 되는가 아닌가 하는 것이 당사자의 의사에 의한다고 하는 것은 타당치 않다.

B. 대물변제에 의하여 기존 채권이 소멸한 때에는 그 후에 수표가 부도가 되더라도 대물변제가 당연히 효력을 상실하지는 않으므로 기존 채권이 부활하지 아니한다. 다만, 교부된 수표가 방식상의 하자 또는 위조 등으로 인하여 무효인 때에는 대물변제계약은 해제할 수 있다고 할 것인가와 관련하여서는 어느 쪽의 방법에 의하여든 기존 채권의 존재를 인정하여야 할 것이다.

Ⅲ. 手票의 資金關係

1. 資金關係의 意義와 法的 性質

수표의 자금관계란 수표의 발행인과 지급인 사이에서 지급인이 수표금을 지급하는 근거가 되는 법률관계를 말한다. 실질관계로서의 자금관계는 수표의 무인증권성에 의하여 수표관계와 분리되므로 자금관계의 유무나 그 내용이 수표의 효력에 영향을 미치지 않는다(수표법 제3조 단서).

그런데 수표의 소지인이 지급제시한 때에 발행인이 처분할 수 있는 자금(수표자금)을 지급인이 보유하지 않거나 발행인이 그 자금을 수표에 의하여 처분할 수 있는 계약(수표계약)이 없다면, 결국 지급인이 수표금을 지급할 수 없어 수표발행의 목적을 달성할 수 없게 된다. 특히 지급수단으로 사용되는 수표는 지급의 확실을 보장할 필요가 있다. 그래서 수표는 수표자금이 있는 은행을 지급인으로 하고, 수표계약에 따라 발행할 수 있도록 하고 있다(수표법 제3조 본문). 여기서 은행이라 함은 법령에 의하여 은행과 동시되는 사람 또는 시설을 포함하는데(수표법 제59조), 「수표법의 적용에 있어서 은행과 동시되는 사람 또는 시설의 지정에 관한 규정」(1970.4.15, 대통령령 제4920호)에 의하면, 우체국 · 농협 · 수협 ·새마을금고연합회 등이 이에 포함된다. 그러나 이 제한에 위반한 때에도 수표는 유효하며(수표법 제3조 단서), 단지 과태료의 제재를 받는다(수표법 제67조). 그렇지만 수표자금 · 수표계약 없이 발행된 수표는 부정수표 단속법의 적용을 받게 되어 그 발행은 억제되고 있다.

발행인은 통상 은행과 당좌계정거래계약을 체결하여 자금관계를 정하여 놓은 다음에 수표를 발행한다. 이 경우에 자금관계는 위임이 될 것이고, 아무런 자금관계가 없이 지급인이 지급한 경우에는 사무관리 또는 채권의 추심으로 될 것이다.

2. 當座計定去來契約

(1) 의 의 당좌계정거래계약은 수표의 발행인과 은행 사이에서 수표의 자금관계에 관하여 체결한 계약으로서 일반적으로 수표계약과 당좌예금계약, 당좌대월계약, 상호계산 등을 포함하고 있는 계약이다. 당좌계정거래계약의 법적 성질은 금전 또는 일정한 증권을 교부하여 당좌예금으로 할 것을 약정하는 소비임치의 예약과 이로부터 수표금을 지급할 것을 은행에 위탁하는 특수한 계약인 수표계약을 포함하는 계속적 계약이다.

실제 수표와 관련된 은행거래계약에는 당좌계정거래계약과 가계종합예금계정거래계약이 있으나, 전자는 기업이 당좌수표를 발행하기 위하여 후자는 개인이 소액의 가계수표를 발행하기 위하여 은행과 체결하는 계약이라는 차이가 있을 뿐, 그 법적 성질과 계약의 내용 및 절차에 있어서는 거의 차이가 없으므로 본서에서는 당좌계정거래계약에 대해서만 살펴보기로 한다.

(2) 수표예금 수표가 은행에 제시된 때에 발행인이 처분할 수 있는 자금은 당좌예금 · 당좌대월 등의 형식으로 제공된다. 수표가 제 3 자의 계산으로 발행되는 위탁수표의 경우 수표자금은 지급인과 제 3 자 사이에 존재하고, 발행인은 수표를 발행하여 그 제 3 자의 자금을 처분할 수 있는 권한이 부여되어 있으면 된다.

당좌예금이라 함은 수표의 지급자금으로 은행이 고객으로부터 받아들인 예금을 말한다. 당좌예금계약의 법적 성질은 소비임치예약(민법 제702조)이다. 당좌예금계약에 의하면 당좌예금구좌인 당좌계정에는 현금 외에 어음 · 수표 기타 지급은행의 소재지에서 곧 교환결제될 수 있는 증권류로도 입금할 수 있다.

당좌대월이라 함은 은행과 고객이 당좌계정거래를 할 경우에 고객의 당좌예금이 발행된 수표를 지급하기에 부족하더라도 당좌예금잔고를 초과한 일정한 한도까지 수표자금을 제공하기로 하는 것이다. 이러한 의미에서의 당좌대월계약의 법적 성질은 대월한도 내에서 행하는 수표의 지급을 대부금으로 처리하는 것으로 보기 때문에 소비대차계약이다.

(3) 수표계약 발행인이 수표자금을 수표의 지급에 사용하기 위해서는 수표계약이 있어야 한다. 수표계약은 당좌계정거래계약에 포함되어 체결되고 계약의 상대방인 은행이 수표에 관하여 당좌예금 또는 당좌대월의 한도 내에서 지급할 것을 약속하고, 발행인이 수표자금을 수표에 의하여 처분하기로 하는 계약이다. 이 수표계약은 명시 또는 묵시적 방법으로 체결될 수 있다.

수표계약의 법적 성질에 관해서는 대리권수여계약, 제 3 자를 위한 계약으로 보기도 하지만, 수표의 지급이라고 하는 사무처리를 목적으로 하는 위임계약이다. 왜냐하면 수표소지인은 수표계약을 근거로 하여 지급인의 은행에 대하여 수표금의 지급을 청구할 수 없기 때문에 제 3 자를 위한 계약이라고 볼 수 없고, 은행이 지급을 함에 있어서 자신의 명의로 하므로 대리권수여계약도 아니기 때문이다.

〈대판 1970. 11. 24, 70 다 2046〉

「수표발행인이 은행을 지급인으로 하는 것은 발행인과 은행과의 사이에 당좌예금계약 또는 당좌대월계약에 따라 은행은 예금자를 위하여 지급을 할 것을 약정하는 것으로서 당사자간에 있어서만이 효력을 발생함을 원칙으로 하고, 특별한 약정이 없는 한 제 3 자인 수표의 소지인을 위한 취지는 포함되지 아니하므로 지급인인 은행인 수표소지인에 대하여 지급할 의무를 가지는 제 3 자를 위한 계약이 성립되는 것은 아니다.」

수표계약에는 발행인과 은행 사이에 단순히 수표지급에 관한 약정뿐만 아니라 은행이 교부한 수표용지에 의해 수표를 발행한다든가, 위조 · 변조 수표를 지급한 경우의 책임귀속문제 등을 약정하는 것이 보통이다. 수표의 지급에 의하여 은행의 고객에 대한 비용상환청구권이 발생하는데, 이 비용상환청구권은 상호계산과 관련하여 문제가 된다.

(4) 상호계산의 여부 상호계산은 상시 거래관계에 있는 당사자, 즉 발행인과 은행이 일정기간 내의 거래로 인한 채권채무의 총액에 관하여 상계하고, 그 잔액을 지급할 것을 약정하는 계약이다(상법 제72조). 이 상호계산이 당좌계정거래계약에 포함되어 수표의 지급에 의하여 발생한 은행의 비용상환청구권은 일정기간이 경과한 때에만 당좌예금반환청구권과 상계될 수 있는가? 당좌계정거래계약에는 상호계산이 묵시적으로 포함된다고 보아 수표자금으로 예입된 금액과 수표금으로 지급된 금액은 일정기간이 경과된 때에 상계된다는 것이 다수설이라고 한다(정동윤, 535쪽). 그러나 상호계산불가분의 원칙이 당사자 사이에 적용된다고 할지라도 상호계산에 관한 명시적인 합의가 없는 한 당좌계정거래계약에는 상호계산이 포함되지 않으며(정희철, 370쪽), 따라서 당좌예금반환청구권과 비용상환청구권은 상계가능한 시기에 즉시 상계된다고 본다.

제2장 發 行

梁明朝, 手票僞造와 미국상업증권성, 전남대논문집(법·행정학) 29(1984. 12)/李基秀, 手票金, 법률신문 1774(1988. 8. 15).

제1절 發行의 意義와 性質

수표의 발행이라 함은 수표요건 기타 기재사항을 기재하여 작성한 수표(기본수표)를 최초의 권리자인 수취인에게 교부하는 것을 말한다.

발행행위는 발행인이 지급인에 대하여 수표금의 지급을 위탁하는 수표행위이다. 이 지급위탁행위에 의하여 지급인은 수취인에 대하여 발행인의 계산으로 수표금을 지급할 권한을 취득하고, 수취인은 자기의 명의로 수표금을 수령할 권한을 취득한다. 수표의 발행행위는 환어음과 마찬가지로 이중수권(Doppelermächtigung)의 성질을 갖는다. 즉 수표의 발행은 지급인에게는 발행인의 계산으로 지급할 수 있는 권한을 수여함과 함께 수취인에게는 수표금액의 지급수령권한을 수여한다.

수표는 순수한 지급증권이므로 지급기능을 확보하기 위하여 수표자금과 수표계약이 있을 것을 요한다.

제2절 手票의 記載事項

I. 手票要件

수표는 요식증권으로서 기재사항이 결정되어 있다(수표법 제1조). 따라서 법에 특별한 규정이 없는 한 이 법정기재사항의 어느 것을 결하게 되면 수표의 효력이 없다(수표법 제2조 제1항).

〈대판 1959. 10. 15, 4291 민상 470〉

「수표는 요식증권으로서 이에 기재할 사항은 수표법에 이를 명정하고 있고, 대한금융단협정필이라는 사항은 수표법에 기재사항으로 규정되어 있지 아니하므로, 이것이 수표에 기재되어 있지 아니하다 하여 그 무효를 주장할 수 없다.」

지급지와 발행지의 기재가 없는 때에는 법률에 의한 보충에 의하여 무효가 구제된다(수표법 제2조 제2항 내지 제4항).

〈대판 1968. 9. 24, 68 다 1516〉

「수표법 제2조 제2항에서 지급지의 기재가 없는 때에는 발행지에서 지급할 것으로 본다는 규정이 있다고 하여서, 반대로 발행지에 관하여 아무런 표시가 없는 때에는 지급지를 발행지로 보아야 하는 것은 아니다.」

실무상 수표는 은행과 당좌계정거래계약을 체결한 자가 은행으로부터 교부받은 수표용지의 기입란에 기재하여 발행된다. 다만, 은행이 교부한 수표용지의 사용이 법률상의 요건은 아니지만, 당좌계정거래계약에서는 은행이 교부하는 수표용지를 이용하여 발행해야 한다고 약정하는 것이 보통이므로 은행을 지급인으로 하는 수표가 은행이 작성하여 교부한 수표용지 이외의 용지에 의하여 발행되는 경우는 실제상 거의 없다.

수표의 필요적 기재사항은 다음과 같다.

(1) 수표문구(수표법 제1조 제1호) 증권의 본문 중에 그 작성에 사용하는 국어로 수표임을 표시하는 문자를 기재하여야 한다.

(2) 수표금액의 지급위탁문구(수표법 제1조 제2호) 수표금액의 일정성 · 단순성 및 금액복기의 경우 등의 취급은 어음과 동일하다.

(3) 당사자(수표법 제1조 제3호와 제6호) 발행인의 기명날인 또는 서명과 지급인의 명칭은 환어음에서와 마찬가지로 필요하다.

〈대판 1956. 9. 22, 4289 민상 276〉

「재단법인이 그 사업으로 경영하는 학교는 교육을 위한 시설에 불과한 것이므로 학교 자체는 권리의무의 주체가 될 수 없는 것이다. 따라서 이러한 학교의 교장임을 표시하고 발행한 수표는 특별한 사유가 없는 한 법인의 대표라고 할 수 없음은 물론 학교 자체가 발생한 것이라고 할 수 없으므로 결국 교장 개인의 책임으로 발행한 것이라 아니할 수 없다.」

〈대판 1996.10.11, 94 다 55163〉

「무권리자가 수표발행인 회사의 상호가 변경된 후에 임의로 그 회사가 상호변경 전에 적법하게 발행하였던 백지수표의 발행인란의 기명부분만을 사선으로 지우고 그 밑에 변경 후의 상호를 써넣은 경우, 그 변경 전후의 기명은 모두 동일한 회사를 가리키는 것이어서 객관적으로 볼 때 그 백지수표의 발행인란의 기명날인은 그 동일성이 유지되어 있고 그 백지수표의 다른 기재사항에는 아무런 변경도 없으므로 그와 같은 발행인란의 기명의 변경에 의하여 수표면에 부진정한 기명날인이 나타나게 되었다거나 새로운 수표행위가 있은 것과 같은 외관이 작출되었다고 볼 수는 없으므로 이를 수표법상 수표의 위조에 해당한다고 할 수는 없고, 또한 그 백지수표의 발행인란의 기명을 그와 같이 변경함으로 말미암아 그 백지수표의 효력이나 그 수표관계자의 권리의무의 내용에 영향을 미친 것은 아니므로 이를 수표법상 수표의 변조에 해당한다고 할 수도 없다.」

그러나 수취인의 명칭은 필요적 기재사항이 아니다. 수취인의 기재·지정 방식에 따라 수표의 발행은 ① 기명식('C에게 지급하여 주십시오'라는 문구가 있는 경우, 수표법 제5조 제1 항 제1 호), ② 지시식('C 또는 그의 지시인에게 지급하여 주십시오'라는 문구가 있는 경우. 수표법 제5조 제1항 제1호), ③ 기명식으로 지시금지 또는 이와 동일한 의의가 있는 문언을 기재한 방식(지시금지기명식)(수표법 제5조 제1항 제2호), ④ 소지인출급식('소지인에게 지급하여 주십시오'라는 문구가 있는 경우, 수표법 제5조 제1항 제3호), ⑤ 기명소지인출급식('C 또는 소지인에게 지급하여 주십시오'라는 문구가 있는 경우, 수표법 제5조 제2항) 및 ⑥ 수취인을 기재하지 않는 방식(수표법 제5조 제3항) 중 어느 것으로도 할 수 있다.

(4) 지급지(수표법 제1조 제4호, 제2조 제2항·제3항) 이 기재는 환어음의 지급지와 동일하다. 실제로는 지급지를 기재하지 않고 지급인의 주소를 지급지로 하는 경우가 많다.

(5) 발행일과 발행지(수표법 제1조 제5호, 제2조 제4항) 수표에 있어서 발행일은 수표의 지급제시기간을 결정하기 위하여 중요하며, 발행지를 기재하지 아니한 때의 구제도 환어음의 경우와 동일하다.

우리 대법원은 종래에는 발행지와 발행인의 명칭에 부기한 지의 기재가 없는 수표는 효력이 없다고 하였으나(대판 1990.5.25, 89 다카 15540 등) 전원합의체에 의하여 입장을 변경하였다. 즉 변경된 대법원판례에 의하면 국내수표임이 명백한 한 발행지의 기재가 없어도 유효하다고 한다.

〈대판 1990.12.21, 90 다카 28023〉

「수표상 발행일의 기재는 수표요건이므로 그 발행일의 기재가 없으면 요건흠결의 수표이거나 백지식 수표로 볼 수밖에 없지만, 수표의 표면의 "자기앞수표"라는 표기 바로 옆에 고딕체로 "1989.4.15."이라고 선명하게 기재되어 있는 경우에는 어음과는 달리 수표상에는 발행일 이외에 다른 날짜가 기재될 수 없는 점에 비추어 위 일자기재를 수표의 발행일의 기재로 보아야 할 것이다.」

〈대판(전원합의체) 1999.8.19, 99 다 23383〉

「수표면의 기재 자체로 보아 국내수표로 인정되는 경우에 있어서는 발행지의 기재는 별다른 의미가 없는 것이고, 발행지의 기재가 없는 수표도 완전한 수표와 마찬가지로 유통·결제되고 있는 거래의 실정 등에 비추어, 그 수표면상 발행지의 기재가 없는 경우라고 할지라도 이를 무효의 수표로 볼 수는 없다.」

이와 같은 법정기재사항이 흠결되면 무효이지만, 원인관계상 지급되어야 할 금액이 수표를 교부할 때 미확정된 경우 등에 있어서는 후일에 취득자가 그 부분을 보충할 수 있다는 취지에서 미완성수표로 발행한 것은 백지수표로서 유효한 것으로 규정하고 있다(수표법 제13조). 백지수표의 법률상의 성질·효력 등은 백지어음과 동일하다.

〈대판 1995.8.22, 95 다 10945〉

「어음법 제10조 소정의 '중대한 과실'에 관하여 "어음금액이 백지로 된 백지어음을 취득한 자가 그 어음의 발행인에게 보충권의 내용에 관하여 직접 조회하지 않았다면, 특별한 사정이 없는 한 취득자에게 중대한 과실이 있는 것이라고 보아야 한다"고 판시한 대법원판결(1978.3.14, 77 다 2020)은 비록 백지약속어음에 관한 것이기는 하지만, 백지수표에 관한 수표법 제13조의 규정과 백지어음에 관한 어음법 제10조의 규정은 백지수표와 백지어음의 보충권의 남용 내지 부당보충에 관하여 동일한 법리를 규정하고 있으므로, 백지어음의 부당보충에 관한 위 판결이 취하고 있는 견해는 백지수표에 관하여도 그대로 적용되어야 한다.」

〈대판 1995.12.8, 94 다 18959〉

「수표의 권면액은 수표에서 가장 중요한 부분으로서 그것이 백지로 되어 있는 경우란 그리 흔한 것이 아니고, 더욱이 가계수표의 경우에는 통상 수표표면에 발행한도액이 기재되어 있는 데다가 그 이면에는 그 한도액을 넘는 수표는 발행인이 직접 은행에 제시하지 아니하는 한 지급은행으로부터 지급을 받을 수 없다는 취지가 기재되어 있으며, 나아가 그 한도액을 넘는 발행의 경우에는 발행인으로서도 거래은행으로부터 거래정지처분을 당하는 등의 불이익을 받게 되어 있으므로, 그 수표의 취득자가 발행인 아닌 제3자에 의하여 그 액면이 표면에 기재된 한도액을 넘는 금액으로 보충된 점을 알면서 이를 취득하는 경우에는 그 취득자로서는 발행인에게 조회하는 등의 방법으로 그 제3자에게 그러한 보충권한이 있는지 여부를 확인함이 마땅하고, 만약 이를 확인하지 아니한 채 수표를 취득하였다면 이는 특별한 사정이 없는 한 중대한 과실에 의한 취득이라고 보지 아니할 수 없다.」

Ⅱ. 手票要件 이외의 記載事項

(1) 유익적 기재사항 기재 여부가 법정되어 그 흠결시 수표가 무효로 되는 것은 아니지만, 기재한 때에는 수표법상의 효력이 인정되는 기재사항은 다음과 같다.

① 지급인·발행인의 명칭에 부기한 지(수표법 제2조 제2항·제4항)

② 지시금지문언(수표법 제5조 제1항 제2호, 제14조 제2항)

③ 수취인의 명칭(수표법 제5조)

④ 위탁수표문언(수표법 제6조 제2항)

⑤ 제3자방지급문언(수표법 제8조)

⑥ 외국통화의 환산율, 외국통화현금지급문언(수표법 제36조 제2항·제3항)

⑦ 횡 선(수표법 제37조, 제38조)

⑧ 거절증서작성면제문언(수표법 제42조 제1항)

⑨ 복본의 번호(수표법 제48조)

(2) 무익적 기재사항 기재한 때에도 수표법상 효력이 인정되지 않는 사항으로서 수표법에 결정된 것은 다음과 같다.

① 이자문언(수표법 제7조)

② 발행인의 지급무담보문언(수표법 제12조)

③ 일람출급성에 위반되는 만기의 표시(수표법 제28조 제1항)

이외에 위약금문언, 관할의 합의문언, 예비지급인의 명칭 등도 무익적 기재사항이다.

(3) 유해적 기재사항 기재한 때에는 수표를 무효로 만드는 사항으로서 수표의 본질에 반하는 것이다. 수표법에 인정되는 것은 없으나 조건부지급위탁문언이 이에 해당한다.

제3절 發行의 效力

수표의 발행인은 지급을 담보한다(지급담보책임)(수표법 제12조). 따라서 수표가 지급인에 의하여 지급거절된 때에는 발행인은 일정한 절차에 따라 상환의무를 진다(수표법 제39조 이하).

수표는 지급위탁증권이면서 주채무자를 발생시키는 인수제도가 없으므로 수표의 지급인은 지급위탁에 의하여 수표금을 지급할 권한은 있으나 지급할 의무는 없다.

〈대판 1959. 11. 26, 4292 민상 359〉

「수표는 발행인이 지급인에 대하여 하는 단순한 지급위탁이고 지급인이 지급의무를 인수 또는 보증한 것이 아니므로, 지급인은 수표소지인에 대하여 수표금을 지급하여야 할 법률상 의무가 없다.」

〈대판 1964. 4. 28, 63 다 914〉

「수표는 수표발행인의 제3자인 지급인에게 대하여 일정한 금액을 소지인에게 지급할 것을 위탁하는 형식의 유가증권에 불과하므로, 수표소지인은 지급인에 대하여 그 수표금의 지급을 구할 수 있는 수표상의 권리가 있는 것이 아니다. 따라서 지급인은 지급보증을 하지 않는 한 수표소지인에 수표금을 지급하여야 할 수표상의 의무는 없다.」

따라서 수표에는 주채무자가 없기 때문에 지급이 불확실하다. 이를 보충하기 위하여 수표에는 지급보증제도를 두고 있으나, 지급보증이 있다고 하여도 발행인은 지급담보책임을 면하지 못하며(수표법 제56조), 더욱이 지급무담보문언에 의해서도 이 책임을 면하지 못한다. 수표를 발행한 후 발행인이 사망하거나 무능력자가 된 경우에도 거래의 안전을 위하여 수표의 효력은 영향을 받지 않는다(수표법 제33조).

수표는 발행으로 인하여 지급이 확실하게 되지는 않으며, 금전 자체도 아니기 때문에 수표로서 지급하여도 좋다는 특약 또는 관습이 없는 한 금전채무의 이행을 위해 수표가 제공된 때에는 채무의 내용에 좇은 변제의 현실제공으로 되지 않는다. 그러나 자기앞수표 또는 은행의 지급보증이 있는 수표는 현금과 동시할 수 있다고 하여 현실제공으로 보기도 한다(대판 1960.5.19, 4292 민상 784). 수표가 은행에 예입된 경우에도 예입 즉시 예금채권이 성립하지는 않고 수표가 교환결제된 때에 예금채권이 성립한다고 본다.

〈대판 1966.2.22, 65 다 2505〉

「은행의 보통예금구좌에 입금하기 위하여 수표를 인도한 때에는 그 인도로 인하여 은행은 수표상의 권리를 양도받는다.」

〈대판 1984.8.14, 84 도 1139〉

「수표나 어음에 의하여 예금을 하는 경우에는 예금계약의 성립시기에 관하여 다소의 차이가 있을 수 있으나 특단의 경우가 아닌 한 일반적으로 이 때에도 수표어음의 수수와 동시에(자기앞수표 또는 지급인이 당해 금융기관으로 된 수표어음으로 즉시 입금기장을 하는 경우) 또는 정지조건부로 수표어음의 수수와 동시에(예금잔고를 확인하고 입금기장을 하는 경우) 각 성립하는 것으로 풀이할 것이다.」

〈대판 1990.5.8, 88 다카 5560〉

「소지인출급식 자기앞수표 입금은 수표의 양도로서 이에 의하여 예금계약이 성립하였으나, 이 예금의 출금으로서 자기앞수표를 발행하였다면 수표소지인의 상환요건을 갖춘 상환청구에는 수표발행인으로서 이에 응할 의무가 있다. 다만, 당초 발행된 자기앞수표가 부도된 경우에는 피고조합은 예금주에게 부도된 자기앞수표를 반환하고, 그 대금을 청구할 권리가 있다 할 것이다.」

제3장 讓　　渡

제1절 序　　說

수표는 수표상의 권리자의 지정방식에 따라 기명식·지시식·지시금지기명식 외에 소지인출급식·기명소지인출급식 및 무기명식으로 발행될 수 있다. 지시금지기명식은 지명채권양도방법에 따라 그 효력으로서만 양도할 수 있다(수표법 제14조 제2항). 기명식 수표도 어음과 마찬가지로 법률상 당연한 지시증권이므로 지시식과 같이 배서에 의해 양도할 수 있고(수표법 제14조 제1항), 기명소지인출급식·무기명식 수표는 소지인출급식 수표로 보아 교부에 의해 양도할 수 있다(수표법 제5조 제2항·제3항; 민법 제523조). 따라서 수표의 양도는 배서에 의하는 지시식 수표와 교부에 의하는 소지인출급식 수표로 나누어 볼 수 있다(수표는 단순한 교부에 의한 양도방법이 더 많이 이용되고 있기 때문에 수표법 제2장은 '배서'라 하지 않고 양도라고 하고 있다).

제2절 指示式手票의 讓渡

지시식 수표는 어음과 마찬가지로 배서에 의하여 양도할 수 있는데, 배서의 요건(수표법 제15조), 방식(수표법 제16조), 효력(수표법 제17조 내지 제19조), 선의취득(수표법 제21조), 항변의 제한(수표법 제22조), 추심위임배서(수표법 제23조) 등에 있어서 다음과 같은 차이를 제외하고는 어음법과 동일하다.

〈대판 1972.4.11, 71 다 1002〉

「수표발행인은 기한후배서의 배서인에 대한 항변으로써 소지인에 대항할 수 있으나, 그 배서인의 전자에 대한 항변으로서는 대항하지 못한다.」

Ⅰ. 支給人의 背書

지급인이 한 배서는 무효이다(수표법 제15조 제3항). 지급인이 한 배서가 환어음의 경우와 달리 무효로 되는 이유는 수표에는 신용증권화를 방지하기 위하여 인수제도를 인정하지 않는데, 지급인이 배서에 따른 책임을 진다면 이를 회피하는 결과가 되기 때문이다. 그러나 발행인은 수표에 배서할 수 있다(수표법 제14조 제 3 항).

Ⅱ. 支給人에 대한 背書

지급인에 대한 배서는 영수증의 효력만이 있다(수표법 제15조 제 5 항 본문). 따라서 배서인이 지급인에 대하여 배서한 때에는 담보책임을 지지 않는다. 그런데 지급인에 대하여 백지식 배서를 한 경우에 그 배서가 후일 누구에 대한 배서인가가 문제되는 경우는 배서인은 지급인에 대하여는 배서로서의 효력을 부인할 수 있으나, 선의의 제 3 자에 대하여는 배서의 담보책임을 면하지 못한다.

지급인인 은행이 수개의 영업소를 갖는 때에는 수표가 지급될 곳으로 된 영업소 이외의 영업소에 대한 배서는 배서로서의 효력이 인정되는 예외가 있다(수표법 제15조 제 5 항 단서). 이러한 예외는 수표의 할인을 용이하게 하려는 데 목적이 있다.

Ⅲ. 支給擔保責任

수표의 배서인은 지급담보책임만을 부담한다(수표법 제18조 제 1 항). 이는 인수가 인정되지 아니하는 수표의 성질상 당연하다.

Ⅳ. 入質背書

수표는 단순한 지급증권이기 때문에 즉시 지급받아야 할 성질을 가지므로 입질배서는 인정되지 아니한다. 그러나 숨은 입질배서는 가능하다.

Ⅴ. 期限後背書

수표는 만기라는 개념이 없으므로 기한후배서란 지급거절증서 · 지급거절선언작성 후 또는 제시기간경과 후의 배서를 말한다. 그 효력은 어음에서와 같이 지명채권양도의 효력만이 있다.

Ⅵ. 謄本에 의한 背書, 豫備支給人

수표에는 등본과 참가제도가 없으므로 등본에 의한 배서와 예비지급인의 기재는 인정되지 아니한다.

제3절 所持人出給式手票의 讓渡

Ⅰ. 讓渡方法과 效果

소지인출급식 수표는 당사자 사이의 양도의 합의와 수표의 교부에 의하여 양도된다. 교부에 의한 양도는 배서가 백지식인 어음의 소지인이 백지를 보충하지 아니하고, 또 배서도 하지 아니하고 어음을 제3자에게 양도하는 경우와 같다(어음법 제14조 제2항 제3호). 수표의 교부는 권리이전의 성립요건이다. 따라서 교부에 의하여 권리이전적 효력이 발생하고, 수표의 소지인은 형식적 자격이 인정되어 수표상의 권리를 행사할 수 있다.

〈대판 1987.5.26, 86 다카 1559〉

「은행의 보통예금구좌에 예입한 수표가 소지인출급식수표라면, 그 인도로 인하여 은행이 그 수표상의 권리를 양도받은 것으로서 예금자와 은행 간에는 예금계약이 성립한다.」

소지인출급식 수표는 배서에 의하여 양도하지도 않으며, 양도인이 수표상에 기명날인 또는 서명하지 않으므로 배서의 담보적 효력은 인정될 수 없다. 소지인출급식 수표의 소지인은 악의 또는 중대한 과실로 인하여 수표를 취득한 경우 이외에는 수표의 점유를 잃은 자에게 수표를 반환할 의무가 없다(수표법 제21조).

〈서울민지판 1985.5.3, 84 나 2567〉

「도난수표임을 의심할 만한 사정이 없는 한 액면금 10만원의 자기앞수표를 의류판매대금으로 교부받음에 있어 주민등록증제시요구나 전화번호의 진실 여부를 확인하지 않았더라도 수표취득에 중대한 과실이 있었다고 단정할 수 없다.」

〈서울민지판 1985.5.21, 85 나 67〉

「수표소지인이 자기앞수표의 발행은행에 조회를 하여 이상이 없다는 취지의 확인을 받은 이상 그 취득에 중대한 과실이 있다고 할 수 없고, 동일인으로부터 동시에 취득한 나머지 수표에 대해 그 발행은행에 조회하지 아니하였다 할지라도 일부의 조회결과 이상이 없다는 취지의 확인을 받았기 때문에 나머지 수표도 이상이 없을 것으로 믿었다면, 그 취득에 있어서도 중대한 과실이 있다고는 보기 어렵다.」

〈서울민지판 1987. 3. 17, 86 나 392〉

「스탠드바에서 술값으로 야간에 자기앞수표를 취득함에 있어서 주민등록증을 확인하였다면, 은행에 조회하지 않았다는 것만으로는 수표가 분실수표임을 알지 못한데 중대한 과실이 없다.」

〈대구지판 1988. 2. 24, 87 나 589〉

「은행마감시간이 훨씬 지난 한밤중에 호텔 나이트클럽에 찾아와 술값 돈 3만원이 없어 액면 돈 50만원권의 자기앞수표를 내어 놓은 생면부지의 사람에게 그 사람의 신분을 정확히 확인하지도 아니한 채 만연히 즉석에서 술값의 무려 15배 이상에 해당하는 돈 47만원의 거스름돈을 내어 준 때에는 그 수표취득에 중대한 과실이 있다.」

그리고 발행인 또는 종전의 소지인에 대한 인적항변은 소지인이 수표채무자를 해할 것을 알고 취득한 경우 이외에는 수표의 교부로 인하여 절단된다(수표법 제22조). 그러나 기한후교부의 경우에는 지명채권양도의 효력만이 있으므로 선의취득과 항변의 제한이 인정되지 않는다.

〈대판 1965. 11. 30, 65 다 1996〉

「소지인출급식 수표가 지급거절증서 또는 이와 동일한 효력이 있는 선언작성 후, 제시기간경과 후 단지 인도만에 의하여 양도된 경우에는 기한후배서와 같이 지명채권양도의 효력만이 있다.」

Ⅱ. 所持人出給式手票에 한 背書의 效力

소지인출급식 수표에 배서를 한 때에도 이 수표는 배서에 의하여 양도할 수 없으므로 배서에 권리이전적 효력과 자격수여적 효력이 인정되지 않는다. 그런데 이러한 배서인의 기명날인 또는 서명을 신뢰한 제3자를 보호할 필요가 있고, 배서인이 지시식 수표의 배서에서와 같은 의사로 기명날인 또는 서명한 것으로 볼 수 있으므로 배서에 담보적 효력이 인정된다(수표법 제20조 본문). 따라서 배서인은 상환청구에 관한 규정에 따라 상환책임을 진다. 그러나 배서에 담보적 효력이 있다고 하여 소지인출급식 수표가 지시식 수표로 변하지는 않으므로(수표법 제20조 단서) 배서 이후에도 여전히 교부에 의하여 양도할 수 있다.

소지인출급식 수표에 있어서도 지급인에 대하여 한 배서는 영수증의 효력만이 있고, 지급인이 한 배서는 무효이다.

제4장 保證과 支給保證

李基秀, 手票에서의 支給委託과 支給保證, 월간고시 184(1989. 5)/池大雲, 判例評釋 ; 부동산사기사건에 관련된 수표의 법적 문제, 국제법률경영 4(1990. 6).

제1절 序　說

수표는 순수한 지급증권이므로 그 지급이 확실하여야 지급기능을 달성할 수 있다. 이러한 지급기능을 확보하기 위한 제도로서 수표법은 수표의 보증과 지급보증을 인정하고 있다. 수표의 보증은 어음의 보증과 유사하나 지급보증과는 다르며, 지급보증은 또한 환어음의 인수와 다르다.

제2절 保　證

수표에는 인수가 인정되지 않기 때문에(수표법 제4조) 환어음의 인수인이나 약속어음의 발행인과 같은 주채무자가 없다. 그러므로 수표의 신용은 극히 희박하다. 수표법은 수표의 신용을 확실히 하고 수표의 할인을 용이하게 하기 위해 수표의 보증을 인정하고 있고, 수표보증의 의의·성질·방식 및 효력 등은 어음보증과 거의 같다(수표법 제25조 내지 제27조). 그러나 어음보증과 달리 지급인은 보증인이 되지 못한다(수표법 제25조 제2항, 제26조 제3항). 왜냐하면 지급인의 보증을 인정하게 되면 수표에 인수를 금지하고, 지급인의 배서를 금지하는 취지에 반하기 때문이다. 그 결과 수표보증은 발행인·배서인 등 상환의무자의 채무에 관하여서만 인정된다. 수표는 제시기간이 짧고 유통성도 어음에 훨씬 못 미치므로 실제로 수표보증은 거의 이루어지지 않고 있다.

〈대판 1980. 3. 11, 80 다 15〉

「수표를 담보로 하여 타인으로부터 돈을 빌린다는 사실을 알면서 수표에 대하여 보증을 한 것은 돈을 대여하고 그 수표를 교부받아 소지하는 사람에 대하여 그 수표의 액면금범위 내에서 민법상의 연대보증을 한 것이라고 보아야 한다.」

〈대판 1967. 3. 28, 66 다 2376〉

「수표보증은 수표법 제26조에 의하여 수표 또는 보전에 이를 하여야 하고, 보증은 "보증" 또는 이와 동일한 뜻의 문언을 표시하고 보증인이 기명날인을 함으로써 하여야 하는바, …본건 당좌수표내용에 의하면 위와 같은 원고의 기명날인이 없으므로 원고를 소외 수표보증인이라고 할 수 없다.」

〈서울민지판 1973. 10. 12, 73 나 143〉

「수표의 보증은 보증문언을 기재하지 않고 보증인의 기명날인만으로도 할 수 있지만, 이 경우에는 반드시 수표의 표면에 하지 않으면 안 된다고 할 것이므로 피고가 이 사건 수표의 이면에 기명날인을 하였다 하여 이를 수표보증이라 할 수 없다.」

제 3 절 支給保證

Ⅰ. 支給保證의 意義와 法的 性質

수표의 지급보증이라 함은 수표가 제시기간경과 전에 제시된 경우에 지급인이 지급의무를 부담하는 수표행위를 말한다(수표법 제55조 제1항). 지급보증은 최종의 상환의무자와 같은 수표상의 지급의무를 부담하는 것을 목적으로 하는 지급인의 단독행위로서 부속적 수표행위의 일종이다. 그러나 민법상의 보증과는 달리 지급보증은 소지인과 지급인 간의 계약이 아니며, 수표행위 이외의 일반사법상의 행위도 아니다.

Ⅱ. 支給保證의 節次

1. 支給保證을 할 수 있는 者

지급보증을 할 수 있는 자는 지급인만이다. 지급보증을 청구하기 위한 제시는 단순한 점유자이어도 할 수 있지만, 제시를 받은 지급인이 지급보증을 거절하더라도 상환청구권이 발생하지 않는다는 점에서 인수제시와 다르다.

2. 支給保證의 要件

지급보증을 하는 지급인은 수표의 표면에 '지급보증' 기타 지급할 뜻을 기재하고, 일자를 부기하여 기명날인 또는 서명하여야 한다(수표법 제53조 제2항). 따라서 수표의 이면 및 보전에 지급보증의 문언을 기재하여 지급인이 기명날인 또는 서명하더라도 지급보증의 효력은 없다. 즉 수표의 표면에 단순히 기명날인한 것만으로는 지급보증으로 되지 않고, '보증'이라고 쓴 것만으로도 지급보증으로 되지 않는다(수표법 제25조 제2항 참조).

〈대판 1972. 10. 25, 72 도 1976〉
「수표의 이면에 한 지급보증은 지급보증으로서의 효력이 없다.」

일자의 기재는 지급보증이 제시기간 전에 행하여졌음을 증명하기 위한 것이지만(어음법 제25조 제2항 참조) 지급보증은 제시기간 내에 거절증서를 작성하지 않으면 효력을 상실하기 때문에(수표법 제55조 제2항) 일자의 기재는 그다지 의미가 없다. 더욱이 지급보증은 무조건이어야 하며(수표법 제54조 제1항), 수표의 기재사항에 변경을 가하여 보증하더라도 그 변경은 기재하지 아니한 것으로 보아 단순한 지급보증으로 된다.

Ⅲ. 支給保證의 效果

지급보증을 한 지급인은 수표가 제시기간경과 전에 제시된 경우에 한하여 지급의무를 부담한다(수표법 제55조 제1항). 이 제시기간은 불가항력의 경우에는 연장이 인정된다(수표법 제57조). 지급인이 이 제시에 대하여 지급을 하면 그 의무는 이행된 것으로 되며, 지급을 거절한 경우에는 수표소지인은 지급거절증서 또는 지급거절선언에 의해 제시기간 내에 제시가 있었음을 증명하면 지급보증에 의한 지급인에 대한 권리를 보전할 수 있다(수표법 제55조 제2항). 지급보증을 한 지급인의 의무는 상환의무자의 의무의 내용과 동일하다(수표법 제55조 제3항, 제44조, 제45조). 지급보증을 한 지급인에 대한 수표상의 청구권은 제시기간경과 후 1년간 행사하지 아니하면 소멸시효가 완성하며, 이는 수표상의 다른 채무자보다 엄격한 책임이다(수표법 제58조). 지급보증이 있다고 하여 발행인 · 배서인 등 상환의무자가 수표채무를 면하지는 못한다(수표법 제56조).

Ⅳ. 支給保證과 保證, 引受와의 差異點

1. 性　質

지급보증은 환어음의 인수 및 수표보증과 유사한 성질을 갖고 있기 때문에 이를 비교하면 그 성질을 이해하기 쉽다.

2. 換어음의 引受와의 비교

수표상에 지급보증을 한 지급인(지급보증인)과 환어음상에 인수를 한 지급인(인수인)은 어느 쪽이나 증권상의 채무자이지만 다음과 같은 차이가 있다.

(1) 지급보증인은 수표의 최종상환의무자이기는 하지만, 그 의무는 상대적이고 소지인이 제시기간 내에 수표의 제시 및 거절증서의 작성을 해태한 경우에는 그 의무는 소멸한다. 이에 반하여 환어음의 인수인은 어음의 절대적 의무자(주채무자)이고, 그 의무는 절대적이어서 제시기간 내의 제시 및 거절증서의 작성 등 상환청구의 형식적 요건이 흠결되어 있더라도 시효에 의해 권리가 소멸하지 않는 한 그 의무는 소멸하지 아니한다.

(2) 수표의 소지인은 지급인에 대하여 지급보증을 청구할 권리는 없고, 지급인이 지급보증을 거절하더라도 전자에 대하여 상환청구권을 취득하지 못한다. 이에 대하여 환어음의 소지인은 인수를 위하여 어음을 제시할 권리를 가지며, 소지인의 전자는 인수담보책임을 부담하기 때문에 환어음의 인수거절시에는 소지인은 전자에 대하여 상환청구권을 취득하게 된다.

(3) 그 밖에 인수에는 일부인수(어음법 제26조 제1항 단서)·유예기간이 인정되고 있지만, 수표에는 일부지급보증·유예기간은 없다. 또 인수인의 책임의 시효기간은 3년이지만(어음법 제70조), 지급보증인의 시효기간은 1년이다(수표법 제58조).

3. 手票保證과의 비교

(1) 수표보증은 수표의 발행인과 배서인의 수표상의 채무의 담보를 목적으로 하는 종된 수표행위이어서 환어음과 거의 마찬가지이지만, 전술한 바와 같이 지급인은 보증인으로 될 수 없다는 점(수표법 제25조 제2항)에서 환어음과 다르다. 지급보증은 행위자 자신이 수표상의 채무부담을 목적으로 하는 독립된 수표행위로서 지급인만이 할 수 있다.

(2) 수표보증은 수표 또는 그 보전에 하여야 하며 일자의 기재는 불필요하지만(수표법 제26조 제1항), 보증의 성질상 그 피보증인의 기재가 필요하다(수표법 제26조 제4항). 이에 대하여 지급보증은 제시기간과의 관계에서 반드시 수표의 표면에 지급보증문언과 일자의 기재를 필요로 한다(수표법 제53조 제2항). 또 수표보증은 발행인이 기명날인하는 경우를 제외하고 수표의 표면에 단순히 기명날인 또는 서명하는 것만으로 족하지만(수표법 제26조 제3항), 지급보증은 반드시 지급보증문구를 기재하여야 한다(수표법 제53조 제2항).

(3) 수표보증에 의한 보증의무는 피보증인과 동일한 의무, 즉 수표의 지급

담보책임(수표법 제27조 제1항)이며, 보증인이 보증의무를 이행한 때에는 피보증인과 그 자의 수표상의 채무자 전원에 대하여 수표로부터 발생하는 일체의 권리를 취득한다(수표법 제27조 제3항). 한편 지급보증의 경우는 지급보증인이 직접 수표의 최종상환의무자와 같은 위치로 되고, 수표의 상환의무자(발행인·배서인·보증인)가 상환청구에 응하여 지급한 때에는 지급보증을 한 지급인에 대하여 최종적으로 구상할 수 있다.

V. 支給保證과 自己앞手票

지급인인 은행이 지급보증을 하더라도 지급을 하기 전에는 당연히 수표금액을 당좌계정으로부터 차감할 수 없다. 그 때문에 지급시 지급금액이 없으면 은행은 자기자금으로 지급하지 않을 수 없는 위험을 부담한다. 이 위험에 대비하기 위하여는 은행은 지급보증을 할 때에 직접 그 금액을 거래처의 계정으로부터 인출하여 지급보증구좌에 이체하여야 한다. 그러나 지급보증 후 지급하기까지의 사이에 예금자가 지급불능에 빠진 때에는 여러 가지 번거로운 사항이 발생하기 때문에 은행은 실무상 지급보증에 대신하여 자기앞수표를 발행한다.

은행실무에서는 수표의 지급보증의뢰가 있을 경우 지급보증에 갈음하여 자기앞수표를 발행하고, 그 금액을 당좌예금에서 차감하도록 하고 있다. 이와 같은 자기앞수표의 발행은 자기앞수표를 원하는 당좌거래처가 은행 앞으로 발행한 수표와 상환으로 교부하는 것으로서 수표의 대물변제이며, 은행에게 교부된 수표의 금액을 당좌예금잔고로부터 차감하거나 당좌대월잔고에 가산한다. 따라서 이와 같은 자기앞수표에 대해서 은행은 발행인으로서의 책임을 부담하는 것이며, 소지인의 보전절차의 해태 등에 의해 상환의무를 면한 경우에는 은행은 수표소지인에 대하여 이득상환의무를 부담한다(수표법 제63조).

그런데 자기앞수표를 상실한 때에 수표발행의뢰인은 지급은행에 대하여 지급정지를 의뢰하는데, 이는 전술한 지급위탁의 취소는 아니고 단순한 사고신고이다. 실무상으로도 자기앞수표 상실의 경우는 일반의 수표에 관한 사고신고의 취급에 준하여 자기앞수표 발행의뢰인으로부터 은행에 대하여 사고신고가 제출된 것으로 취급되고 있다. 법률상 사고신고의 수리만으로 지급을 할 것인가의 여부는 자유이며, 단지 은행의 주의의무가 가중될 뿐이다.

제5장 支　　給

김종엽, 소지인출급식수표의 예입과 추심전 지급과의 관계, 商事判例硏究 2 (1988).

제1절 序　　說

수표도 어음과 같이 제시증권이므로 지급을 위해 수표를 지급인에게 제시하여야 한다. 지급제시와 지급에 관한 수표법의 규정은 어음법의 규정과 대체로 동일하지만 만기·제시기간에 관해 차이가 있고, 지급과 관련하여 선일자수표·지급위탁의 취소 그리고 횡선수표 등이 문제된다. 특히 수표는 순수한 지급증권이므로 수표법은 수표의 지급기능을 보장하고, 신용증권화를 방지하기 위하여 수표의 일람출급성을 인정하고, 지급제시기간을 단기로 하고 있다. 수표의 지급에 있어서는 어음에서와 같은 공탁에 관한 규정(어음법 제42조)과 만기 전의 지급에 관한 규정이 없다.

제2절 支給提示

수표는 일람출급으로 하고, 이에 위반되는 모든 기재는 기재하지 아니한 것으로 본다(수표법 제28조 제1항). 따라서 수표는 일람한 때, 즉 지급제시한 때에 만기로 되며, 실제의 발행일보다 후일을 발행일로 수표에 기재한 선일자수표에 있어서도 수표에 기재한 발행일자의 도래 전에 지급제시된 때에는 그 제시한 날에 지급하여야 한다(수표법 제28조 제2항). 발행일이 도래하기 전에 지급제시된 선일자수표에 대해 지급을 거절하면 소지인은 즉시 발행인에 대하여 상환청구할 수 있으며(수표법 제39조), 또한 발행인이 자금이 없이 수표를 발행한 경우에는 과태료에 처한다(수표법 제3조, 제67조). 이와 같은 선일자수표는 다음과 같은 이유로 발행되는 경우가 많다. 즉 수표는 일람출급으로 되어 있기 때문에 발행 직후에 지급제시할 수 있으며, 더욱이 발행일로부터 10일 이내에 제시하여야 하는데(수표법 제29조 제 1 항), 수표발행 당시 지급인인 은행에 지급을 위한 자금이 없고, 그 후 일정기간이 지나야 비로소 지급은행에 자금이 생기는 경우에 이용된다.

어음교환소에서의 수표의 제시는 지급을 위한 제시의 효력이 있다(수표법 제31조 제 1 항). 그리고 2007년 5월 17일 수표법개정에 의하여 소지인으로부터 수표의 추심을 위임받은 은행(수표법 제35조 제 2 항 및 제39조 제 2 호에서 "제시은행"이라 하게 됨)이 그 수표의 기재사항을 정보처리시스템에 의하여 전자적 정보의 형태로 작성한 후 그 정보를 어음교환소에 송신하여 그 어음교환소의 정보처리시스템에 입력된 때에는 수표법 제31조 제 1 항에서 규정한 지급을 위한 제시가 이루어진 것으로 보도록 되었다(수표법 제31조 제 2 항).

제 3 절 支給提示期間

I. 內 容

국내에서 발행하고 또 국내에서 지급해야 할 내국수표는 발행일로부터 10일 내에 지급을 위하여 제시하여야 하며(수표법 제29조 제 1 항 · 제 4 항), 발행지와 지급지가 국가 또는 법역을 달리하는 외국수표는 그 거리에 상응하여 20일 또는 70일의 제시기간이 정하여져 있다(수표법 제29조 제 2 항 · 제 3 항). 제시기간의 계산은 수표면에 기재된 발행일자를 표준으로 하고, 실제로 발행된 일자를 표준으로 하지 않으며(수표법 제29조 제 4 항), 초일을 산입하지 않는다(수표법 제61조).

〈대판 1982. 4. 13, 81 다 1000, 81 다카 552〉

「수표의 지급제시기간은 원칙적으로 수표에 기재된 발행일을 기준으로 하여 그 익일부터 기산하여야 할 것이다.」

세력을 달리하는 양지 사이에서 발행한 수표는 발행일자를 지급지의 세력의 대응일로 환산하여 계산한다(수표법 제30조). 수표법 제29조 제 4 항은 제시기간의 기산일이 사실상의 발행일인가 아니면 기재된 발행일인가를 명확히 한 것에 지나지 않고, 제61조는 그 기간계산에 관하여 초일을 포함하는지의 여부를 정한 것이어서 양자는 모순되지 않는다고 생각한다. 지급제시기간중의 휴일은 그 기간에 산입하고 지급제시기간의 말일이 휴일인 때에는 그 다음의 거래일까지 연장된다(수표법 제60조).

Ⅱ. 支給提示期間의 效力

소지인이 제시기간 내에 지급을 위한 제시를 하면 지급인이 지급을 거절하여도 상환청구의 요건을 갖추어 발행인·배서인 등의 전자에 대하여 상환청구권을 행사할 수 있으며(수표법 제39조), 지급보증을 한 지급인에 대하여 지급책임을 추궁할 수 있다(수표법 제55조 제 1 항). 그리고 지급제시기간 내에는 지급위탁의 취소가 있더라도 그 효력은 생기지 않는다(수표법 제32조 제 1 항).

수표소지인이 지급제시기간 내에 지급제시를 하지 아니한 때에는 전자에 대한 상환청구권과 지급보증인에 대한 권리를 잃는다. 그러나 이득상환청구권을 취득한다(수표법 제63조).

〈서울민지판 1984. 7. 16, 83 가단 1524〉

「가계수표가 발행일로부터 10일 이내에 제시되지 아니한 때에는 수표상의 권리가 소멸하고, 그에 따라 은행의 보증책임도 소멸한다.」

지급제시기간은 부정수표단속법위반죄와 관련하여 큰 의의가 있다. 즉 수표발행인이 수표를 발행하여 그 수표가 예금부족 기타 원인으로 지급되지 않는 경우 처벌하도록 되어 있는바, 이 때 소지인이 지급제시기간을 경과하였거나 발행일이 기재되지 않아 제시기간을 확정할 수 없는 경우 구성요건을 흠결하게 된다.

〈대판 1983. 5. 10, 83 도 340〉

「수표의 발행일란의 발행연월일 중 월의 기재가 없는 수표는 발행일의 기재가 없는 수표로 볼 수밖에 없고, 이러한 수표는 수표법소정의 지급제시기간 내에 제시되었는지의 여부를 확정할 길이 없으므로 부정수표단속법 제 2 조 제 2 항 소정의 구성요건을 충족하지 못하는 것이다.」

〈대판 2008. 1. 31, 2007 도 727〉

「부정수표단속법이 규정하는 수표의 발행이라 함은 수표용지에 수표의 기본요건을 작성하여 상대방에 교부하는 행위를 일컫는다 할 것이므로, 이미 적법하게 발행된 수표의 발행일자 등을 수표 소지인의 양해 아래 정정하는 수표문언의 사후 정정행위는 위 법 제2조 제2항에서 규정하는 수표의 발행이라고 할 수 없다 할 것이고

(대판 1995. 12. 22, 95 도 1263 ; 대판 2000. 9. 5, 2000 도 2840 등 참조), 이는 수표의 액면금액 및 발행일자 등을 함께 정정한다거나 법인의 종전 대표자가 발행한 수표의 발행일자 등을 교체된 새로운 대표자가 정정한다고 하여 달리 볼 것이 아니다. 다만, 수표 발행자의 죄책은 그 후의 정정행위와는 별개로 결정되어야 할 것이고, 수표 상에 기재된 발행일자가 그 지급제시기간 내에 적법하게 정정된 경우에는 정정된 발행일자로부터 지급제시기간이 기산되어 그 기간 내에 지급제시가 이루어지면 그 발행자에 대하여 위 법조항 위반죄에 의한 처벌이 가능하다 할 것이지만, 법인의 대표자가 수표를 발행한 후 그 대표자가 아닌 타인이 대표자 본인의 위임이나 동의 없이 정정한 경우에는 그 타인이 정정하기 전의 발행일자로부터 기산된 지급제시기간 내에 지급제시가 이루어지지 아니한 이상 그 수표를 발행한 대표자 본인을 위 법조항 위반죄로 처벌할 수 없다 할 것이다.」

제 4 절 支給委託의 取消

I. 意義와 法的 性質

지급위탁의 취소라 함은 수표를 발행함으로써 발행인이 지급인에 대하여 행한 지급위탁을 철회하는 것이다. 지급위탁취소의 법적 성질에 관해서는 지급사무위탁철회설과 지급지시철회설로 나누어진다. 전설은 발행인이 각 경우에 발행할 수표의 지급을 위탁하는 계약이 수표계약이라고 보아 개개의 수표발행은 수표계약에 대응한 지급지시를 겸함으로써 지급위탁의 취소는 수표관계 이외에서 철회하는 것이라고 해석한다. 이 설에 의하면 우리나라 수표법이 지급위탁의 취소라고 표현하고 있으므로, 이는 수표계약에 의한 지급사무위탁의 철회라고 함이 타당하다고 한다(최기원, 590쪽; 정희철, 514쪽). 이에 대해 지급위탁의 취소를 수표발행 자체의 철회로 보는 후설은 다시 그 효과에 따라 지급지시상대적 철회설과 지급지시절대적 철회설로 나누어진다. 지급지시상대적 철회설은 수표의 발행은 지급지시라고 해석하는 것을 전제로 하여 지급위탁의 취소는 수표의 발행 자체의 지급인만에 대한 철회이며 소지인에 대하여는 아무런 효과를 미치지 않는다고 해석하는 입장이고, 지급지시절대적 철회설도 수표의 발행은 지급지시라고 해석하는 것을 전제로 하지만 지급지시는 일개 · 단일의 행위이기 때문에 지급인에 대한 관계에서 소멸하면 소지인에 대한 관계에서도 소멸할 것이며, 지급인만에 대하여 효과를 발생시키지는 않는다고 해석하는 입장이다. 생각건대 지급인의 지급권한과는 달리 수취인의 수령권한은 수표에 표창되어 유통하므로 발행인의 지급위탁의 철회가 소지인에 미칠 수 없다고 보아야 할 것이다.

Ⅱ. 取消의 方法

지급위탁의 취소는 수표의 발행인의 지급인에 대한 일방적 의사표시에 의해 행하여지는 것으로서 아무런 서면행위를 필요로 하지 않는다. 그 효력은 통지가 도달한 때에 발생한다. 자기앞수표는 발행인과 지급인이 동일인이고 양자 사이에 지급위탁의 관계가 존재하지 않으므로 지급위탁의 취소는 의미가 없고, 발행의뢰인의 지급중지의 요구는 사고신고로서의 의미밖에 없다.

Ⅲ. 支給委託取消의 效果

지급위탁의 취소는 수표계약을 전체로서 해약하는 것이 아니고, 수표계약을 그대로 존속시켜 두면서 발행된 특정한 수표에 관해서만 수표계약에 의한 지급사무의 수행을 정지시킨다. 수표에 관한 지급위탁의 취소를 인정하는 것은 수표의 도난·상실 또는 변조 등의 경우에 수표에 관하여 지급인에 의한 지급이 행하여질 수 없게 하고, 설령 지급이 행하여지더라도 그 결과를 발행인의 계산에 귀속시킬 수 없도록 함을 목적으로 한다. 따라서 지급위탁의 취소에 응하여 은행이 지급거절을 하더라도 수표소지인에 대하여 손해배상의무를 지는 것은 아니다.

Ⅳ. 支給委託取消의 制限

지급위탁의 취소는 위임계약의 해제이므로 원칙적으로 자유이다(민법 제689조 제1항). 그러나 법은 제시기간경과 후에만 효력을 발생시키는 것으로 하고 있다(수표법 제32조 제1항). 즉 지급인은 제시기간 내에는 지급위탁의 취소에 관계 없이 지급을 하고, 이를 발행인의 계산에 귀속시킬 수가 있다. 그러나 제시기간 내의 취소도 무효는 아니며, 제시기간을 기다려 그 효력이 발생한다고 생각된다. 하지만 실무상은 기간 내에 취소가 있어도 지급인인 은행은 발행인의 지급위탁의 취소를 존중하여 당해 수표의 지급을 거절하는 것이 상례라고 한다. 왜냐하면 수표지급인에게 수표소지인이 선의취득자인가를 조사하도록 함은 곤란하며, 지급은행은 수표소지인에 대하여 아무런 의무를 부담하고 있지 않기 때문에 지급을 거절하더라도 지급은행이 이 자에 대하여 책임을 부담하는 것은 아니기 때문이다. 이런 의미에서는 지급위탁의 취소가 제시기간경과 후에만 효력을 발생한다고 하는 수표법 제32조 제1항의 규정은 소지인보호를 위해서는 거의 효력이 없다고 말할 수 있다.

제5절 支 給

Ⅰ. 支給人의 調査義務

배서로 양도할 수 있는 수표의 지급인은 배서의 연속의 여부를 조사할 의무가 있으나, 배서인의 기명날인 또는 서명을 조사할 의무는 없다(수표법 제35조 제1항). 그러므로 지급인은 지시금지 없는 기명식 수표와 지시식 수표를 지급함에 있어 수표요건·배서연속 등 소지인의 형식적 자격을 조사하여 형식적 자격이 있는 자에게 지급한 때에는 배서인의 진정성, 소지인이 진실한 권리자인가의 여부 등 실질적 권리에 관하여 조사하지 않았을지라도 책임을 면한다. 교부에 의하여 양도할 수 있는 소지인출급식·기명소지인출급식 및 무기명식 수표의 경우에는 수표의 단순한 소지인이 형식적 자격자로 추정되므로 수표요건의 구비 여부 이외에는 특히 형식적 자격을 조사할 필요가 없다. 수표법 제31조 제2항에 따른 지급제시의 경우에는 지급인은 제35조 제1항에 규정된 배서의 연속의 정부에 대한 조사를 제시은행에 위임할 수 있다(수표법 제35조 제2항).

수표법은 지급인이 면책되기 위한 주관적 요건에 관한 규정을 두고 있지 않지만, 어음법(제40조 제3항)을 유추적용하여 사기 또는 중대한 과실이 없어야 한다고 해석해야 할 것이다. 지시금지기명식 수표는 기명증권으로서 지급인은 채권의 지급에 관한 일반원칙에 의해 소지인의 실질적 권리에 관하여 조사의무를 진다.

수표의 지급인은 지급제시기간이 경과한 때에도 지급위탁의 취소가 없는 한 지급할 수 있다. 이 경우에도 지급인은 소지인의 형식적 자격을 조사할 의무만 있고, 지급인에게 사기 또는 중대한 과실이 없는 한 지급인은 책임을 면한다. 따라서 지급인은 그 지급을 발행인의 계산으로 돌릴 수 있다.

〈대판 2002. 2. 26, 2000 다 71494, 2000 다 71500〉

「수표법 제35조의 취지에 의하면 수표지급인인 은행이 수표상 배서인의 기명날인 또는 서명 혹은 수표소지인이 적법한 원인에 의하여 수표를 취득하였는지 등 실권리관계를 조사할 의무는 없다고 할 것이지만, 수표금지급사무를 처리하는 은행에게 선량한 관리자로서의 주의를 기울여 그 사무를 처리할 의무가 있다고 할 것인 이상 통상적인 거래기준이나 경험에 비추어 당해 수표가 분실 혹은 도난, 횡령되었을 가능성이 예상되거나 또는 수표소지인이 수표를 부정한 방법으로 취득하였다고 의심할 만한 특별한 사정이 존재하는 때에는 그 실질적 자격에 대한 조사의무를 진다(자기앞수표의 발행지점과 같은 시내에 있는 피고은행의 다른 지점으로부터 액면 1억원 자기앞수표 20장이 발행되고 불과 1시간 후에 위 수표 17장과 3장이 각기 다른 지점에 지급제시되어 모두 현금으로 인출되는 등 매우 이례적인 사정이 있는 경우, 지급지점의 직원으로서는 마땅히 발행지점에 위 수표의 발행경위와 발행의뢰인 등을 확인하고 다시 그 발행된 발행의뢰인에게 직접 또는 발행지점을 통하여 위 수표를 사용하거나 타에 양도한 경위 등에 관하여 파악하려는 노력을 기울여 보았어야 한다).」

Ⅱ. 僞造 · 變造手票의 支給

위조 · 변조 수표를 제시한 경우에는 발행인의 유효한 지급지시가 없으므로 그 수표에 대한 지급을 당연히 발행인의 계산으로 돌릴 수 없다. 그런데 이 결과에 대해 발행인과 지급인 중 누가 책임을 부담하느냐에 관해 발행인부담설과 지급인부담설이 대립하고 있다. 지급인의 면책은 수표가 발행인에 의하여 유효하게 발행된 것을 전제로 하므로 책임을 발행인이 부담한다는 특약이 없는 한 지급인이 손실을 부담하여야 할 것이다. 판례는 특별법규 · 면책약관 또는 상관습을 전제로 하여 면책조항을 배제한다는 특약이 없는 한 지급인이 손실을 부담한다고 한다.

〈대판 1971. 3. 9, 76 다 2895〉

「다른 사람이 위조한 무효의 수표에 대한 변제가 유효로 되는 것은 특별법규 · 면책약관 또는 상관습이 있는 경우에 한하고, 이 경우 채권의 준점유자에 대한 변제의 법리는 적용되지 않는다.」

〈서울고판 1972. 12. 15, 71 라 741〉

「일반시중은행에서는 상당한 주의를 다하여도 인감대조결과 인영의 동일성이 인정되는 경우의 수표지급은 면책된다는 뜻의 약관을 당좌거래계약서에 명기하는 관습이 생겼고, 그러한 관습이 보편화됨으로써 은행과 수표거래자 사이에는 수표지급에 있어서 하나의 거래관습으로 생성되게 되었으며, 특히 이러한 면책조항을 배제한다는 특약이 없는 이상 당좌거래계약서에 이를 기재하건 아니하건 이에 관계 없이 은행업자와 수표거래자들은 이러한 거래관습을 시인하고 이에 따르고 있는 사실을 인정할 수 있으므로, 이러한 거래관습에 비추어 은행의 위조의 국고수표의 지급행위는 유효하다.」

거래의 실제에서는 당좌거래계약에서 수표, 어음 및 각 신고서류에 사용된 인영을 은행에 미리 신고한 인감과 육안으로써 상당한 주의로 대조하고 상위 없는 것으로 인정하여 처리한 때에는 그 수표·어음 및 각 신고서류에 관하여 위조·변조 기타 사고가 있더라도 그로 인한 손해에 대해 은행이 책임을 지지 않는다고 약정하여 지급인인 은행에 과실이 없는 경우에 한하여 그 손실을 발행인의 부담으로 하고 있다.

〈대판 1969. 10. 14, 69 다 1237〉
「피고은행에서 수표 또는 어음을 예금주의 인감·필적 또는 명판을 대조하여 통상적 변별로서 부합한 것으로 인정하고 지급한 때에는 그 지급의 효력은 예금주에게 생기고, 이로 인하여 손해가 발생할지라도 피고은행이 그 책임을 지지 않는다는 약정의 취지는 비단 인감·필적·명판에만 국한할 것이 아니라, 금액란이 위조 또는 변조된 것을 통상적 변별로서 식별할 수 있는 것을 고의 또는 과실로 이를 알지 못하고 위조 또는 변조된 액면금액을 지급하였을 때에는 이를 피고은행의 손해로 돌리고 예금주의 채권에는 영향이 없는 것으로 해석함이 타당하다 할 것이다.」

〈대판 1975. 3. 11, 74 다 53〉
「당좌거래시에 은행과 거래선 간에 체결되는 면책약관에 "은행이 취급상 보통의 주의를 다한 연후에 수표금을 지급한 때에는 그 지급된 수표가 위조·변조된 것이어서 손해가 생길지라도 은행은 책임을 지지 아니한다"는 취지의 약정이 되어 있는 경우, 위 약관상의 '보통의 주의의무'라는 문언을 은행이 중과실 있는 경우에만 책임지고 경과실로 인하여 위조·변조사실을 식별치 못한 경우에는 책임을 지지 아니한다는 취지로 판단할 수 없다.」

제6장 償還請求

金重坤, 수표법상 소구의무요건으로서의 지급거절선언, 法曹 3, 11(1982. 11)/梁明朝, 수표사고와 손실의 분배 — 미국의 개정유통증권법의 원칙, 現代商法의 課題와 展望(梁承圭教授華甲紀念論文集), 1994.

제1절 序 說

적법한 지급제시기간 내에 지급을 위하여 수표를 제시하였으나 지급이 거절된 때에는 환어음의 경우와 마찬가지로 수표의 소지인은 전자에 대하여 상환청구를 할 수 있다.

수표의 상환청구는 당사자(수표법 제39조), 상환청구의 통지(수표법 제41조), 거절증서작성면제(수표법 제42조), 상환의무자의 합동책임(수표법 제43조), 상환청구 · 재상환청구금액(수표법 제44조, 제45조), 상환의무자의 권리(수표법 제46조) 및 불가항력에 의한 제시기간의 연장(수표법 제47조) 등은 환어음의 경우와 같다. 이하에서는 수표에 있어서 다른 점만을 살펴본다.

제2절 手票償還請求의 特色

Ⅰ. 支給拒絶로 인한 償還請求

수표에는 인수제도가 없으며, 수표는 항상 일람출급이므로 인수거절로 인한 만기 전의 상환청구와 지급인의 파산 등을 이유로 하는 만기 전의 상환청구가 인정되지 않는다. 수표에는 언제나 지급거절로 인한 상환청구만이 인정된다. 따라서 수표에 있어서 상환청구권이 발생하기 위해서는 제시기간 내에 그리고 지급인이 은행인 때에 그 영업시간 내(동지 : 정동윤, 550쪽. 이에 반하여 제시기간의 최종일의 자정까지 수표가 도달되어도 무방하다는 견해는 최기원, 666쪽 참조)에 지급제시되었으나 그 지급이 거절되었어야 한다.

〈대판 1990. 5. 25, 89 다카 15540〉

「당좌수표가 발행일자 · 지급지 · 액면금액 및 발행인란은 기재되어 있었으나 발행지의 기재와 발행인의 명칭에 부기한 지의 기재는 모두 누락한 채로 지급제시가 되었다가 지급제시기간이 경과된 후에야 비로소 발행지란이 보충된 경우, 위 수표는 지급제시 당시에 수표요건이 흠결되어 효력이 없는 상태에 있었기 때문에 그 지급제시는 부적법한 것이므로 위 수표에 대한 지급거절이 있었다 하여도 상환청구권이 발생할 여지가 없다.」

〈대판 1994. 9. 30, 94 다 8754〉

「수표의 발행인은 환어음의 인수인이나 약속어음의 발행인이 어음금을 절대적으로 지급할 의무를 부담하는 것과는 달리 수표금의 지급을 담보하는 책임을 지는 것으로서(수표법 제12조) 수표가 지급거절된 경우 상환의무를 부담할 뿐인바(수표법 제39조), 수표의 소지인이 발행인에 대하여 상환청구권을 행사하기 위하여는 수표법 제1조 소정의 법정기재사항이 기재된 수표에 의하여 적법한 기간 내에 지급제시할 것을 요하고, 위 법정기재사항의 일부라도 기재되지 아니한 수표에 의하여 한 지급제시는 수표법 제 2 조의 규정에 의하여 구제되지 않는 한 적법한 지급제시로서의 효력이 없는 것이므로, 그와 같은 경우에는 상환청구권을 상실한다.」

Ⅱ. 支給拒絶의 證明方法

수표는 지급증권이므로 지급거절의 증명방법을 간편하게 할 필요가 있고, 수표의 지급인은 은행에 한정되고, 은행의 지급거절선언은 신용이 있기 때문에 거절증서에 의한 방법 이외에 간편한 지급거절의 증명방법이 인정된다. 간편한 지급거절의 증명방법으로서는 지급인이 수표에 제시의 날을 기재하고 일자를 부기하여 지급거절의 뜻을 선언하는 지급인의 지급거절선언(수표법 제39조 제 2 호)과 적법한 시기에 수표를 제시하였으나 지급이 없었던 뜻을 증명하고 일자를 부기한 어음교환소의 지급거절선언(수표법 제39조 제 3 호)이 있다. 전자는 제시의 날을 기재하여 수표 그 자체에 하여야 하지만, 후자는 제시의 날을 기재할 필요는 없고 수표 그 자체에 할 필요도 없다.

〈대판 1982. 6. 8, 81 다 107〉

「수표의 소지인이 적법한 기간 내에 지급을 위한 제시를 하였으나 그 지급을 받지 못한 경우에 상환청구권을 행사하기 위하여 그 지급거절을 증명하는 방법의 하나로 갖추어야 할 지급인의 지급거절선언은 수표법 제39조 제 2 호의 규정상 수표 자체에 기재한 것이어야만 하므로, 수표가 아닌 지면에 기재한 지급인의 지급거절선언은 비록 그 지면을 수표에 부착시키고 부착부분에 간인을 하였다 하더라도 수표자체에 기재한 것이 아니어서 수표법 제39조 제 2 호 소정의 지급거절선언에 해당하지 아니한다.」

수표에 있어서 상환청구권보전을 위한 거절증서 또는 이와 동일한 효력이 있는 선언은 원칙적으로 제시기간경과 전에 작성시켜야 하지만, 제시기간 말일에 제시한 경우에는 이에 이은 제 1의 거래일에 작성시킬 수 있다(수표법 제40조).

Ⅲ. 不可抗力의 存續期間

불가항력에 의한 보전절차면제를 받는 기간은 환어음의 경우에는 만기로부터 30일을 넘어 불가항력이 계속되어야 하나(어음법 제54조 제 4 항), 수표의 경우에는 불가항력의 통지를 받은 날로부터 15일 이상 계속됨을 요한다(수표법 제47조 제 4 항).

Ⅳ. 利子 · 逆手票制度 · 時效期間

수표는 일람출급으로서 존속기간이 짧아 이자의 기재가 인정되지 아니하므로 상환금액에는 이자가 가산되지 아니한다(수표법 제44조 제 1 호). 수표에는 역어음과 같은 역수표가 실제상 필요치 아니하므로 역수표제도는 없다. 그리고 수표소지인의 전자에 대한 상환청구권의 시효는 어음과 달리 6개월이다(수표법 제51조).

제7장 특수한 手票

金敎昌, 자기앞수표 취득시의 주의정도, 判例硏究(서울지방변호사회) 2(1989. 1)/徐廷甲, 횡선수표, 司法行政 268(1983. 4)/徐延甲, 횡선수표, 司法行政 305(1986. 5)/安東燮, 선일자수표의 법률관계, 판례월보 254(1991. 11)/梁明朝, 자기앞수표의 법률문제, 梨花女大 社會科學論集 14(1994. 12)/李基秀, 橫線手票, 월간고시 163(1987. 10)/李基秀, 預金主에게 자기앞手票를 발행한 銀行의 償還義務 — 大法院 1987. 5. 26 宣告 86 다카 1559 判決 —, 사법행정 322(1987. 10)/李基秀, 送金手票, 법률신문 1726(1988. 2. 11)/李基秀, 送金手票 · 預金手票, 월간고시 170 (1988. 3)/이명갑, 여행자수표의 법률적 성질, 商事法論集(徐燉珏教授停年紀念論文集), 1986/黃 澈, 여행자수표의 법적 성질, 국민대북악논총 7(1989. 8).

제1절 橫線手票

Ⅰ. 橫線手票의 意義

횡선수표는 수표상에 두 줄의 평행선을 그은 수표로서 그 지급수령자격이 제한된다. 수표는 현금의 대체물로서 항상 일람출급이며, 더욱이 대부분 소지인출급식이기 때문에 그 도난과 분실의 경우에 부정한 소지인이 용이하게 그 지급을 받을 수 있다. 그래서 이 위험을 방지하기 위하여 수표법은 횡선수표에 대해 지급인은 은행 또는 자기의 거래처에게만 지급할 수 있으며, 또 은행은 자기의 거래처 또는 다른 은행으로부터만 이 수표를 취득할 수 있도록 하고 있다. 이에 따라서 그 은행으로부터 지급을 받은 자를 쉽게 알 수 있으며, 더욱이 소급하여 수표의 유통경로를 알 수 있기 때문에 피해자의 구제가 용이하게 됨과 동시에 수표의 부정취득에 의한 범죄를 방지할 수 있게 된다. 동일한 목적을 달성할 수 있는 것으로 계산수표가 있다. 계산수표는 발행인 또는 소지인이 수표면에 '계산을 위한'이라는 문자 또는 이와 동일한 의의가 있는 문언을 기재하고 현금의 지급을 금지한 수표인데, 이에 의하여 수표는 현금으로 지급할 수 없고, 이체 · 상계 · 어음교환 등의 기장계산방법에 의해서만 결제할 수 있는 수표이다. 우리나라에서는 계산수표가 채용되지 않고 있으므로 외국에서 발행하여 우리나라에서 지급할 계산수표는 일반횡선수표의 효력이 있다(수표법 제65조).

횡선의 법률상의 성질은 수표의 발행인 또는 소지인이 수표의 지급인에 대하여 지급수령자격을 제한하는 표시이다. 횡선은 통상의 수표상에 표시된 지급수령자격제한에 지나지 않으므로, 횡선수표라고 하더라도 기타의 법률관계, 예를 들면 양도방법 등에 관하여 통상의 수표와 다르지 않다.

Ⅱ. 橫線手票의 種類

횡선수표는 일반횡선수표와 특정횡선수표의 두 종류가 있는데, 어느 것이나 수표의 표면에 두 줄의 평행선이 그어져 있다(수표법 제37조 제2항). 횡선은 명료하여야 하며, 불명료한 횡선은 지급은행을 구속하지 않는다고 본다.

1. 一般橫線手票

일반횡선수표는 두 줄의 평행선 내에 아무런 지정을 하지 아니하거나 '은행' 또는 이와 동일한 의의를 갖는 문자를 기재한 것이다(수표법 제37조 제2항).

2. 特定橫線手票

특정횡선수표는 두 줄의 평행선 가운데에 특정한 은행의 명칭을 기재한 것이다(수표법 제37조 제3항). 그러나 특정횡선수표가 실제 사용되고 있는 예는 극히 드물며, 다만 추심은행 기타 어음교환소에의 경유도중에서 행하여지는 경우가 있다. 특정횡선이 2개 이상 있으면 지급인이 어느 피지정은행에 대해 지급해야 하는가를 정할 수 없게 되어 소지인은 지급을 받지 못하게 되므로 특정횡선은 원칙적으로 하나에 한정하는 것으로 하고 있다(수표법 제38조 제4항).

Ⅲ. 橫線의 記載

1. 橫線을 그을 수 있는 者

횡선을 그을 수 있는 자는 발행인과 수표의 소지인이다(수표법 제37조 제1항). 추심위임을 위해 소지인출급식 수표의 교부를 받은 은행도 숨은 추심위임의 수임자인 소지인으로서의 횡선을 그을 수 있다. 특정횡선의 피지정은행은 기타의 은행을 지정하여 추심위임의 특정횡선을 그을 수 있지만 제 2 의 특정횡선에는 '어음교환소에 있어서 추심을 위하여', '추심을 위하여' 등의 문언이 부기되어야 한다(수표법 제38조 제4항).

2. 橫線의 變更 · 抹消 · 取消

(1) 횡선의 변경 횡선은 지급수령자격을 제한하여 그 부정취득자에 대한 지급을 방지하도록 하는 것인 이상 그 자격을 엄격히 하는 것은 가능하지만, 이것을 완화하는 것은 인정되지 않는다. 즉 일반횡선을 특정횡선으로 변경하는 것은 가능하지만(手표법 제37조 제4항), 반대로 특정횡선을 일반횡선으로 변경하는 것은 인정되지 않는다(手표법 제37조 제4항).

(2) 횡선의 말소 · 취소 횡선의 말소는 정당한 권한을 가진 자에 의해 행하여졌는가 아닌가에 관한 분쟁을 피하기 위해 이를 인정하지 않으며, 또 특정횡선수표의 특정은행명의 말소도 허용되지 않지만, 말소에 의해 수표 자체의 무효를 초래하는 것은 아니고 말소를 하지 않은 것으로 본다(手표법 제37조 제5항). 이것은 정당한 권한을 가진 자에 의한 말소의 경우에도 마찬가지이다.

Ⅳ. 橫線의 效力

일반횡선수표와 특정횡선수표는 그 효력에 차이가 있다.

1. 一般橫線手票

(1) 지급의 제한 일반횡선수표에 관하여 지급인인 은행은 다른 은행 또는 거래처로부터 지급제시가 있었던 경우에 한하여 그 지급을 할 수 있다(手표법 제38조 제1항). 이와 같이 지급의 상대방이 제한되기 때문에 지급인으로부터 지급을 받을 수 있는 자는 지급인에게 그 정체가 알려져 있는 거래처에 한하며, 가령 그 자가 부정한 소지인이라면 곧 그 자를 포착할 수가 있으며, 그 결과로서 부정한 소지인에 대한 지급을 예방할 수 있다.

그러나 횡선에 의하여도 상실된 수표와 관련하여 선의취득되는 경우를 막을 수 없다. 따라서 선의취득이 발생하는 것을 방지하기 위해서는 지시금지의 기재(手표법 제5조 제1항 제2호)를 하는 수밖에 없다.

(2) 취득 · 추심의 제한 횡선수표의 지급을 제한하여도 은행에 의하여 자유로이 할인을 받을 수 있게 한다면, 부정취득자는 용이하게 수표를 환금할 수가 있기 때문에 법은 은행에 의한 수표의 취득에 관하여도 제한을 두고 있다. 즉 은행은 자기의 거래처 또는 다른 은행이 아닌 자로부터 횡선수표를 취득하거나 이러한 자를 위하여 횡선수표를 추심하는 것을 금지하고 있다(手표법 제38조 제3항).

(3) 거 래 처 거래처라 함은 지급인인 은행과 다소 계속적인 거래관계가 있는 자를 말한다. 횡선수표의 지급을 받거나 은행에 대해 횡선수표를 양

도 · 추심위임할 수 있는 은행 이외의 자라는 거래처의 개념을 인정하는 입법취지는 지급인이 거래처의 속성을 알고 있으므로 직접 지급하거나 취득 · 추심을 받더라도 수표의 도난방지 · 부정사용방지라고 하는 횡선제도의 취지에 반하지 않는다는 점에 있다. 거래처개념의 구체적인 결정은 수표의 지급제시자가 그 수표를 정당하게 취득한 것이라고 객관적으로 생각할 수 있는 거래관계가 은행과의 사이에 존재하는가를 표준으로 제도목적을 고려하여야 한다.

현재까지 계속하여 당좌예금거래를 하고 있는 자는 거래처라고 할 수 있으나 기타 예금거래 · 어음할인 · 어음대부 등 이른바 은행거래관계가 있는 때에는 그 구좌수 · 빈도 · 예금액 등을 고려하여 종합적으로 판단하여야 한다(상세한 내용에 관해서는 이기수, "횡선수표," 월간고시 통권 제163호(1987.10), 174~184쪽 참조).

2. 特定橫線手票

(1) 지급의 제한 특정횡선수표의 지급은행은 피지정은행(두 줄의 평행선 내에 기재된 은행)에 대하여만 지급할 수 있으며, 피지정은행이 지급은행인 경우에는 자신의 거래처에 대해서만 지급할 수 있는 수표이다(수표법 제38조 제 2 항).

(2) 수표금수령의 제한 특정횡선수표의 소지인이 피지정은행의 거래처인 경우에는 그 피지정은행에게 추심위임을 하여 피지정은행을 통하여 지급을 위한 제시를 하여 지급을 받을 수가 있다. 한편 위의 소지인이 피지정은행의 거래처가 아닌 경우에는 자신의 거래은행에 추심을 위임하고, 그 은행으로부터 다시 피지정은행에 추심위임을 하여 피지정은행으로부터 지급인에게 제시하여 받는 것으로 된다(수표법 제38조 제 3 항).

(3) 피지정은행의 추심위임 피지정은행으로서는 그 수표를 다른 은행에 추심위임배서를 함으로써 추심시킬 수 있다(수표법 제38조 제 2 항 단서). 더욱이 지정은행으로부터의 추심위임이라는 점을 명확히 하기 위해 피지정은행은 소지인출급식 수표의 경우에도 추심위임배서를 할 필요가 있으며, 그렇지 않으면 추심을 의뢰한 은행은 지급인으로부터 지급을 받을 수 없다(수표법 제38조 제 2 항 단서). 이 경우 피지정은행은 그 수표가 지시식이나 기명식이라면 추심위임배서를 하면 되고, 소지인출급식의 경우에는 추심위임의 기재를 하여야 한다.

(4) 취득 · 추심위임의 제한 특정횡선수표는 지급수령자격의 취지를 철저히 하기 위해 은행이 미지의 자로부터 횡선수표를 취득하거나 또는 미지의 자를 위하여 횡선수표의 추심을 하는 것을 금지하고 있다. 즉 은행이 횡선수표를 취득하거나 추심위임을 받을 수 있는 상대방은 자기의 거래처 또는 다른 은

행에만 제한된다(수표법 제38조 제3항). 그러나 이 제한은 유통을 제한하는 것에 그치며, 이 제한에 따랐다고 해서 반드시 특별한 보호를 부여하는 것은 아니다. 따라서 예를 들어 은행이 은행·거래처로부터 취득하였다고 하여 선의취득(수표법 제21조)의 보호를 당연히 부여받는 것도 아니다.

(5) 복수의 특정횡선이 있는 수표

A. **교환을 위한 이중횡선** 두 개의 횡선이 있는 경우에 그 하나가 어음교환소에 제시하여 추심하기 위한 것인 때에는 이를 지급할 수 있다(수표법 제38조 제4항 단서). 이러한 횡선을 이중횡선이라 한다. 어음교환소에 가입하지 않은 은행의 수표를 입수한 때에 도난·분실에 대비하여 자신을 피지정은행으로 하는 특정횡선을 하고, 다른 가입은행을 피지정은행으로 하는 제2의 특정횡선을 한 다음 그 다른 은행에 추심위임을 한다. 이와 같은 이중횡선은 수표의 교환지급은행을 명확히 하기 위하여 인정되고 있지만, 이것은 어디까지나 어음교환소에 있어서 추심을 위하여밖에 이용될 수 없으며, 교환소를 경유하지 않고 직접 추심을 시키는 때에는 통상의 위임방식에 의하여도 가능하다.

B. **기타의 경우** 수개의 특정횡선이 있는 수표의 지급인은 지급하지 못한다(수표법 제38조 제4항 본문). 왜냐하면 어느 피지정은행에 대하여 지급할 것인가를 정할 수 없기 때문이다.

V. 制限違反의 效果

횡선수표에 관한 제한규정에 위반한 수표의 지급 또는 취득이 무효로 되지는 않지만, 그 지급인 또는 은행은 이로 인해 발생한 손해에 관하여 수표금액의 한도 내에서 배상할 책임을 진다(수표법 제38조 제5항). 이 손해배상책임은 수표법상 특별히 인정된 책임으로서 무과실책임이다.

〈대판 1977.8.29, 77 다 344〉—과실책임을 인정

「횡선을 긋는 왼쪽 윗부분이 잘려져 있는 수표를 제시받은 은행원은 이 수표가 일단 사고가 난 것으로 보고 지급을 거부하거나 횡선수표의 지급절차를 밟아 지급했어야 한다. …이를 거치지 않았기 때문에 은행은 배상책임이 있다.」

이 손해배상책임은 발행인, 정당한 소지인 등 제한위반에 의해 손해를 받은 모든 사람에 대하여 발생한다. 또 이 책임은 민법상의 불법행위 기타 책임을 방해하지 않으며, 손해배상액을 수표금액의 범위에 제한하지도 않는다. 또한 이

책임은 '인하여 생긴' 손해를 배상하는 것이기 때문에 은행에 위반행위가 있어도 정당한 수표소지인에게 지급의 결과가 귀속되는 때에는 책임을 부담하지 않는다.

Ⅵ. 橫線의 抹消와 橫線效力排除特約

횡선수표를 절취하거나 습득한 자가 기재사항을 변경하거나 말소하여 지급받는 것을 방지하기 위하여 횡선 또는 피지정은행의 명칭을 말소한 때는 이를 하지 아니한 것으로 본다(수표법 제37조 제5항). 따라서 수표의 발행인이나 소지인이 횡선을 그은 때에는 지급인에 대한 지급수령자격제한의 지시를 취소하지 못하게 한다.

수표의 발행인은 수표용지의 도난·분실에 대비하여 미리 횡선을 그어 놓는 경우가 많다. 이 경우에 수표의 발행을 받을 상대방이 횡선수표를 원하지 않는 때, 예컨대 상대방이 지급인인 은행의 거래처가 아닌 때 또는 상대방이 자기의 거래은행을 통해 추심을 할 수 있으나 즉시 자금을 필요로 하는 때에는 횡선의 효력을 배제하여 지급인으로부터 직접 지급받을 필요가 있다. 이러한 경우에 횡선을 그어 놓은 수표용지를 사용하면서 지급은행의 거래처가 아닌 자가 현실로 지급받도록 하기 위하여 발행인이 은행과의 약정에 의하여 수표의 뒷면에 신고인감을 날인하여 발행하고 은행이 그 소지인에게 지급할 수 있게 하는 관행이 있다. 이와 같이 수표의 뒷면에 날인하는 것은 횡선의 효력을 배제하는 발행인과 은행 사이의 특약이라고 본다. 이 특약의 효력에 관해서는 발행인에 대한 관계에서는 효력이 있지만 기타 수표권리자에 대해서는 효력이 없다고 본다. 따라서 발행인 이외의 수표권리자에 대하여 특약을 이유로 손해배상책임을 면하지 못할 것이다.

제 2 절 自己앞手票

Ⅰ. 意 義

자기앞수표라 함은 발행인 자신을 지급인으로 하여 발행한 수표를 말한다(수표법 제6조 제3항). 수표관계의 당사자는 발행인·지급인 및 수취인인데, 수표관계는 그 수단성·추상성으로 인하여 3자 사이의 이해대립이 없으므로 당사자자격의 겸병이 가능하다. 수표의 지급인은 은행이므로 '은행이 발행한 자기앞수표'라고 할 수 있다(자세한 내용에 관하여는 이기수, "송금수표 · 예금수표," 월간고시, 통권 170호(1988. 3), 171~182쪽 참조).

자기앞수표는 발행인이 수취인을 겸하는 자기지시수표와 다르다(수표법 제6조 제1항). 자기지시수표는 은행에 당좌예금을 한 자가 이를 인출하는 방법으로 발행되는 경우가 흔하다. 그러나 자기앞수표는 발행인이 지급인을 겸하며, 지급인이 은행이라는 점에서 은행이 약속어음을 발행하는 때와 같이 지급을 확보할 수 있으므로 지급보증을 한 수표 대신에 사용되고 현금의 대용역할을 하기도 한다. 동시에 지급점포를 달리하여 발행하는 때에는 송금역할을 수행할 수 있다.

Ⅱ. 種類와 發行

1. 種 類

은행이 발행한 자기앞수표는 발행점포와 지급점포가 동일한 자기앞수표와 동일한 은행에 속하는 다른 점포를 지급점포로 하여 발행한 자기앞수표로 구분할 수 있다. 통상 전자를 예금수표, 후자는 발행은행이 다른 은행을 지급인으로 하여 발행한 수표를 포함하여 송금수표라고 부른다. 우리나라 수표법은 발행인과 지급인이 동일한 은행이면 되고, 반드시 그 점포까지 동일함을 요하지 않는다(그러나 독일수표법은 점포가 다른 경우에만 허용한다(독일수표법 제6조 제3항)). 우리나라에서는 발행인과 지급인이 동일점포인 경우가 대부분이고, 좁은 의미에서 자기앞수표라 할 때는 예금수표를 말한다.

연혁적으로 보면 최초에 송금수단으로 이용된 것은 환어음이었으나, 수표를 이용하게 된 것은 기명식 · 소지인출급식 등을 선택할 수 있으며, 무권리자에 대한 지급방지를 위한 횡선제도를 이용할 수 있고, 또한 수취인이 수표를 제3자에게 교부하여 직접 지급에 충당할 수 있기 때문에 수표가 송금기능까지를 수행하게 되었다. 발행은행의 다른 점포가 지급인인 송금수표도 자기앞수표로서 법률적 성질이나 당사자의 법률관계에 있어서 예금수표와 차이가 없으므로 예금수표에 대해 살펴본다.

2. 發 行

(1) **발행절차** 자기앞수표를 원하는 자는 은행에 수표의 발행을 의뢰하고, 예금수표의 발행의뢰가 있으면 은행은 의뢰인으로부터 액면과 동액의 자금을 받아 이를 '별단예금'이라고 하는 계정에 입금한다. 그리고 이것을 지급자금으로 하여 은행점포의 책임자, 보통 지점장이 발행인으로서 기명날인 또는 서명한 자

기앞수표를 의뢰인에게 교부한다. 예금수표는 통상 소지인출급식인 것이 많지만, 의뢰인의 희망에 따라 기명식으로 발행된 것도 있으며 또 횡선을 그은 것도 있다.

예금수표를 발행한 이상 은행은 무조건 수표상의 책임을 부담하므로 예금수표의 지급자금으로서 은행이 받은 자금은 자기은행으로부터의 이체에 의한 자금이나 현금에 한정되어 있다. 드물게 대부대금을 직접 예금수표로 교부하는 경우도 있는데, 예금수표의 교부가 소비대차의 요물성을 충족한다는 데에는 의문이 없다. 의뢰인은 현금 대신 지급수단으로 사용하는 경우, 지급보증수표를 필요로 하는 경우, 선물로 이용하는 경우 등에 예금수표의 발행을 의뢰한다. 연혁적으로는 지급수단으로 이용하는 것이 예금수표 본래의 모습인데, 그 이외의 경우에도 예금수표가 널리 이용되고 있다.

(2) 지급보증에 대신할 예금수표의 발행 은행이 수표의 지급보증을 하면 수표가 지급되기 전에 의뢰인의 신용상태가 악화된 경우에는 은행이 자금상의 위험을 부담하게 된다. 그런데 지급보증을 할 때 의뢰인의 당좌계정으로부터 수표금액상당의 자금을 꺼내어 은행이 이것을 유보하여 둘 수 있다. 그러나 이 경우에도 의뢰인이 파산하면 유보한 자금에 대해서 은행에 별제권이 있는가의 여부에 관해 의문이 있기 때문에 지급보증에 대신하여 예금수표를 발행하는 것이 상당히 오래 전부터 행하여지고 있다.

또 개인발행의 당좌수표의 지급보증을 제도적으로 인정하면 지급보증의 기명날인을 위조하거나 금액을 변조할 위험이 있기 때문에 1956년 3월 27일에 대한금융단협정에 의하여 “수표의 지급보증 의뢰가 있을 경우에는 지급보증에 갈음하여 저희 은행 소정 자기앞수표를 발행하고, 그 금액을 당좌계정에서 차감합니다”라고 합의하였다. 현재에도 은행실무상 그와 같이 운용되고 있기 때문에 지급보증수표는 존재하지 않는다. 원래 지급보증수표는 납세자금과 입찰보증금 등에 사용하는 경우에 필요하지만, 지급확보라고 하는 점에 있어서는 예금수표가 오히려 확실하기 때문에 실제상 이 점에서 불편은 없다.

이 경우의 절차는 지급보증을 의뢰한 수표금액을 의뢰인의 당좌계정에서 인출하여 그 자금을 ‘별단예금’으로 이체하고, 이것을 지급자금으로 하여 예금수표를 작성교부하고 있다.

Ⅲ. 發行依賴人과 銀行과의 關係

1. 發行依賴契約

예금수표의 발행의뢰인은 수표상의 당사자는 아니기 때문에 의뢰인과 은행 간에 수표상의 관계는 존재하지 않는다. 그러나 실질관계에 있어서는 의뢰인이 자금을 제공하고 은행은 그 의뢰에 기하여 예금수표를 발행하는 것이기 때문에 의뢰인과 발행은행 간의 법률관계가 문제된다.

발행의뢰계약은 예금수표의 전신인 예금어음에 있어서는 그 문언으로부터도 명백하듯이 자금의 소비임치와 증서소지인에 대한 지급위탁이었다. 이것이 자기앞수표를 이용하게 되면 증서소지인에 대한 지급위탁이라고 하는 점은 수표 본래의 성질 가운데 흡수되어 버리고, 외견상 당사자의 의사는 예금수표의 발행이라고 하는 점에 중점이 놓여지게 되었다. 그리고 선물수표와 같이 누구에 대하여도 현금과 교환으로 예금수표가 발행되도록 하면, 그 거래형태는 매매에 극히 유사하여진다.

그러나 예금이 최종적으로 결제되기까지에는 분실·도난의 경우에 있어서 사고신고 또는 자금의 반환 등 의뢰인과 은행의 거래관계가 계속되고 있다는 점에서 단순한 수표의 매매라고 볼 수는 없다. 결국 의뢰인은 제3자에 대하여 자금을 교부할 필요가 있기 때문에 그 지급수단으로서 예금수표의 발행을 은행에 의뢰하는 것이며, 의뢰인과 은행의 계약은 예금수표의 발행을 의뢰하고 그 지급자금을 의뢰인이 제공하는 것을 주된 내용으로 한다. 따라서 의뢰인과 은행 간에 있어서는 실질상 의뢰인이 지급위탁자이지만, 예금수표를 발행한 은행은 무인적으로 수표상의 채무를 부담하기 때문에 은행이 수표상의 채무를 부담할 가능성이 있는 한 의뢰인은 지급위탁자로서의 지위를 주장할 수 없다. 그러나 은행이 수표상 면책되어 버리면 의뢰인은 실질관계에 기하여 지급의 정지와 자금의 회수를 할 수 있다.

발행의뢰인과 은행 사이의 법률관계의 성질에 관하여는 이를 일종의 위임계약으로 보는 견해도 있고, 또는 의뢰인의 현금교부에 대하여 은행이 자기앞수표로 대물변제를 한다는 견해도 있으나, 은행이 고객에게 자기앞수표라는 유가물을 매매하는 것으로 풀이하는 매매설이 유력하다고 한다(정동윤, 567쪽). 그러나 결국 발행의뢰인과 은행의 관계를 한 마디로 매매나 위임과 같은 전형계약으로 설명하는 것은 타당하지 않고, 은행거래관행으로부터 생긴 무명계약이라고 인정한 후에 그 내용을 위와 같이 이해하는 것이 가장 적절할 것이다.

〈대판 1997. 3. 11, 95 다 52444〉

「은행이 정상영업시간 외에 자기앞수표를 예입받고 교환결제되기 전에 그에 해당하는 금원을 수표예금자에게 지급한 후 예입된 자기앞수표가 지급거절된 경우에, 은행은 불법행위책임이 없고 정당한 예금계약이 성립된 것이므로 은행이 수표상 권리자로서 권리를 행사할 수 있다.」

2. 事故申告와 支給의 停止

예금수표의 분실 · 도난 등의 사고가 발생한 경우에는 의뢰인이 발행은행에게 사고를 신고하여 지급의 정지를 의뢰하고 있다. 물론 이 경우에도 제시기간 내라면 적법한 제시에 대하여는 은행은 발행인으로서 상환의무를 부담하기 때문에 지급에 응하지 않을 수 없지만, 제시기간 후라면 은행은 지급을 거절한다.

그런데 예금수표는 발행인과 지급인이 동일인이기 때문에 통상의 의미에서의 지급위탁관계는 존재하지 않으며, 따라서 그 취소라고 하는 것도 있을 수 없다(자기앞수표와 같이 발행인과 지급인이 동일인으로 된 수표에 관하여는 발행인과 지급인 사이에 지급위탁의 기초가 되는 수표계약(자금계약)이 없는 데도 불구하고 지급위탁의 형식을 취할 뿐이므로 지급위탁의 취소는 있을 수 없다(정희철, 383쪽)). 또 의뢰인은 수표관계의 당사자가 아니기 때문에 그 제시는 수표상 어떠한 의미도 갖고 있지 않다. 그러나 의뢰인은 실질관계상 지급위탁자의 입장에 있기 때문에 그 지급을 정지할 필요가 생긴 때에는 예금수표의 지급거절이 가능한 한 지급정지를 지시할 수가 있으며, 이로 인해 은행은 의뢰인에 대한 관계에서 예금수표지급의 기능을 상실한다고 본다. 예금수표가 일단 발행된 이상 의뢰인과의 관계는 종료하며, 여하한 의미에 있어서도 지급위탁의 취소라고 하는 것은 있을 수 없다고 볼 때 사고신고는 단순히 사고의 사실을 알려서 은행의 주의를 촉구하는 것에 지나지 않으며, 은행은 사고신고를 수리할 의무도 없다. 그러나 이것은 은행거래의 실정에 반하며, 또 여기서 지급의 정지라고 함은 수표법상의 지급위탁의 취소는 아니고 실질관계상 의뢰인으로부터 받아들인 자금을 가지고 예금수표를 지급하는 것을 금지한다는 의미이다.

〈대판 1956. 8. 11, 4287 민상 327〉

「은행이 자기앞수표를 발행한 경우, 비록 전 소지인으로부터 도난 또는 분실의 신고가 있었거나 공시최고의 신청이 있었다 할지라도 발행인인 은행의 상환의무에는 하등 영향이 없다.」

결국 제시기간이 경과하여 은행이 지급인으로서는 물론 발행인으로서도 지급을 강요당할 가능성이 없게 된 경우에는 의뢰인의 의사에 반하여까지 은행에게 예금수표지급의 권한을 인정할 필요는 없다. 따라서 이 경우에는 지급의 정지가 인정된다고 볼 것이다.

은행실무에서는 자기앞수표 발행인이나 소지인이 이를 분실하거나 도난당한 후 은행에 신고하면 은행은 그 자기앞수표의 지급제시가 있더라도 지급을 하지 않게 되고, 지급제시한 자는 수표금지급청구소송을 제기할 수 있는데, 이 경우 은행은 도난신고인에게 그 소송에 보조참가할 것을 요청하고, 이러한 소송이 성립되면 법원은 수표취득자에게도 50%의 과실이 있는 것으로 보아 그 수표금의 50 : 50 비율로 당사자가 화해하도록 하는 것이 보통이다.

Ⅳ. 所持人과 銀行과의 關係

1. 預金手票의 支給

예금수표를 발행한 은행은 발행인으로서의 지위와 지급인으로서의 지위를 겸하고 있다. 수표의 지급인은 소지인에 대하여 지급의무를 부담하고 있지 않기 때문에 지급인으로서의 은행은 그 지급을 자유로이 거절할 수 있다. 그러나 제시기간 내에 제시된 경우에 지급을 거절하면 은행은 발행인으로서 직접 상환청구당하기 때문에(手표법 제39조), 결국 지급에 응하지 않을 수 없다. 한편 제시기간경과 후에 제시된 경우에는 은행은 발행인으로서도 상환의무를 부담하지 않기 때문에 남는 것은 이득상환청구권의 문제만이다.

예금수표의 제시기간은 통상의 수표와 같이 10일이며, 이를 연장하는 관행은 인정되지 않는다. 그러나 실제에는 제시기간을 상당히 경과하였어도 의뢰인으로부터의 지급정지신청이 없는 한 무조건 지급할 수 있다. 이것은 지급인으로서의 은행은 제시기간경과 후에 있어서도 수표지급의 기능을 상실하지 않으며, 또 의뢰인으로서도 통상의 경우는 예금수표가 지급될 것을 희망하고 있다고 보기 때문이다. 더욱이 제시기간경과 후의 지급의 경우 적법한 제시를 흠결한 때에는 상환청구권은 발생하지 않기 때문에 시효(수표법 제51조)라고 하는 점은 문제되지 않는다. 그러나 실제상은 제시기간경과 후 6개월 이상이 경과한 예금수표는 지급에 응하지 아니하는 예가 많이 있다.

예금수표의 발행은행과 동일한 은행이라면 발행점포 이외의 점포에서도 예금수표의 지급을 하는 것이 있다. 이것을 대지급이라고 하고 있으며, 특히 선물

수표에 관해서는 대지급이 일반화되어 있다. 대지급의 법률적 성질은 수표법이 지급장소인 점포에 대한 배서와 이것 이외의 점포에 대한 배서를 구별하고 있는 점에 비추어(수표법 제15조 제5항) 예금수표의 매입이라고 생각할 수 있다.

따라서 어떤 사정으로 인해 대지급된 예금수표가 부도된 경우에는 은행은 배서인에 대하여 상환청구권을 취득한다(수표법 제39조).

2. 利得償還請求權

은행은 예금수표를 발행할 때에 의뢰인으로부터 그 지급자금을 받아들이기 때문에 소지인이 제시기간경과에 의해 실권한 경우, 은행은 발행인으로서 지급자금을 이득하고 있는 것으로 된다. 따라서 예금수표가 제시되지 않고 제시기간을 경과하면, 예금수표의 소지인은 당연히 수표금액과 동액의 이득상환청구권을 취득한다. 그러나 소지인은 제시기간경과 후에 있어서도 예금수표의 지급을 구할 수 있기 때문에 이득상환청구권을 행사하든지, 예금수표의 지급을 구할 수 있다. 그리고 적법한 예금수표의 지급이 있으면 이득상환청구권은 그 존재의의를 상실하여 당연히 소멸한다.

그런데 이득상환청구권은 실권 당시 이득이 있으면 족하고, 그 이득이 청구권행사시에 현존할 것은 요하지 않는다. 따라서 실권 당시에 은행이 지급자금을 가지고 있으면, 그 후에 예금수표를 반환받더라도 이득상환청구권에는 영향이 없다고 볼 수 있다. 예금수표의 반환에 의하여 그 지급자금이 의뢰인에게 반환된 때에는 은행의 이득은 소멸하고, 그 결과 이득상환청구권도 소멸한다고 본다.

예금수표의 지급자금은 예금수표지급의 가능성과 필요성이 없게 된 경우에는 의뢰인이 은행에 대한 실질적인 지급위탁관계를 해지하여 반환받을 수 있다. 은행의 이득은 본래 해제조건부의 것에 지나지 않고 의뢰인이 지급자금을 반환받지 않으면 은행이 받았던 자금이 이득으로 되어 있다고 하는 것에 지나지 않는다. 따라서 이 관계는 변제에 대신하여 수표가 교부되고, 기존 채무가 소멸하여 이득이 발생한 경우와는 본질적으로 다르다.

이와 같이 생각하면 지급자금의 반환으로 제시기간경과 후에 있어서는 소지인은 예금수표에 관한 일체의 권리를 상실하여 버리게 되어 예금수표의 지급이 확실하다고 하는 것과 모순된다. 그러나 예금수표의 지급이 확실하다고 하는 것은 경제적으로는 발행은행의 신용이 뒷받침되고 있다는 것과 법률적으로는 적법한 제시에 대하여 발행은행이 발행인으로서 상환의무를 부담하게 되는 것을 의미하며, 예금수표를 발행한 이상 은행이 절대적인 책임을 부담한다고 하는 것은 아니다. 만약 은행이 어떤 형태에서든 절대적 지급의무를 부담한다고 하면, 지급증권으로서의 수표의 성질에 현저히 반하게 된다.

〈대판 1987. 5. 26, 86 다카 1559〉

「예금의 출금으로서 농협중앙회가 자기를 지급인으로 하여 소지인출급식 수표를 발행한 경우에는 동일인이 발행인과 지급인의 두 가지 자격을 겸하여 가지게 되며, 지급인의 자격으로서는 단순히 지급위탁을 받은 것이고 수표상의 채무를 부담하는 것은 아니므로 언제든지 지급청구에 응할 의무가 있는 것이라고 할 수는 없으나, 발행인의 자격으로서는 소지인으로부터 상환청구권을 행사할 수 있는 요건을 구비하여 상환청구를 할 때에는 언제든지 이에 응할 의무가 있다.」

제 3 절 旅行者手票

Ⅰ. 意義와 法的 性質

여행자수표(Reisescheck ; traveller's check)라 함은 일반적으로 해외여행자가 현금의 휴대에 따른 도난 · 분실 등의 위험을 피하기 위하여 여행지에서 현금화 수단 또는 현금대용의 지급수단으로 사용하는 수표라고 할 수 있다. 여행자수표는 각국이 그 내용을 달리하는 독자적인 제도를 운용하고 있으므로, 우리나라에서 발매되고 있는 미국식 여행자수표에 대하여 간단히 살펴보기로 한다.

미국식 여행자수표는 은행이 그 고객인 여행자에게 발행하여 주는 증권으로서 발행은행이 해외지점 또는 거래은행에 대하여 고객의 부서를 조건으로 일정금액을 지급하라고 지시하는 수표이다. 따라서 고객은 여행자수표를 교부받을 때 수표에 서명을 하고, 이 수표를 사용하는 때에는 이를 취득하는 상대방 앞에서 수표에 부서를 함으로써 서명과 부서의 대조에 의하여 도난 또는 분실에 대비할 수 있다. 여행자수표는 배서에 의해서만 양도된다.

여행자수표가 수표라는 명칭을 가지고 있으나, 그 법적 성질에 관해서는 수표설 · 환어음설 · 예금증서설 · 여행자신용상설 등이 대립되고 있다. 이는 여행자수표가 해외여행자의 필요에 따라 특별히 고안된 제도이므로 종래의 어음 · 수표와 정확히 합치되지 않기 때문이다. 그런데 미국에서는 수표를 은행앞으로 발행한 일람출급의 환어음으로 하고 있으나, 환어음과 수표는 법적 성질이 유사하고 여행자수표가 수표라는 말을 쓰고 있는 이상 이를 수표의 법적 성질을 갖는 것으로 볼 수 있다. 발매은행이 자기 또는 그 거래은행을 지급인으로 하는 자기앞수표 또는 통상의 수표를 발행하여 이를 고객에게 교부하는 것으로 볼 수 있으나, 여행자수표에는 발매은행의 서명 내지 기명날인이 없고 회사명이 모사인쇄되어 있으므로 수표요건의 흠결이 문제된다. 따라서 여행자수표는 고객이 발매은행 또는 거래은행을 지급인으로 하여 발행한 수표로 보는 것이 타당하다고 본다(정동윤, 577쪽).

Ⅱ. 旅行者手票에 관한 問題點

여행자수표를 위와 같이 수표로 본다면 수표에 관한 원리의 지배를 받게 될 것인데, 특히 다음과 같은 점이 문제된다.

(1) 여행자수표는 취득자가 그의 면전에서 이미 한 서명과 동일한 부서를 받아 취득할 것을 수표에 기재하고 있는데, 이러한 부서가 없거나 최초의 서명과 다른 부서가 있는 경우에 이 수표의 취득자는 발매은행 또는 그 거래은행에 대해 수표금의 지급을 청구할 수 있는가. 부서는 소지인의 신원을 확인하여 부정사용을 방지하는 데 목적이 있으므로, 부서가 없는 수표라고 하여 무효로 볼 수는 없고 지급인은 그 취득자에 대하여 부서 없음 또는 부서 다름을 증권상의 항변으로 주장하여 지급을 거절할 수 있을 것이다.

(2) 여행자수표는 언제 그 수표상의 권리가 발생하는가. 고객을 발행인으로 본다면, 고객이 수표요건을 기재하여 최초의 권리자에게 교부하는 때에 발생하는 것으로 보아야 한다.

(3) 부서 있는 여행자수표가 도난·분실된 경우, 또는 부서 없이 여행자수표가 도난·분실된 후 부정하게 허위의 부서가 보충된 경우에는 선의취득이 성립하는가. 제 3 자는 이를 선의취득할 수 있고, 지급은행이 선의·무과실로 지급한 때에는 면책될 것이다.

제 8 장 利得償還請求權

宋相現, 手票의 善意取得에 관한 消極的 要件, 서울대 법학 50(1982.6)/鄭世喜, 手票의 善意取得, 商事判例研究 1(1986).

제 1 절 序　說

수표에서 생긴 권리가 절차의 흠결로 인하여 소멸한 때나 그 소멸시효가 완성한 때라도 소지인은 발행인·배서인 또는 지급보증을 한 지급인에 대하여 그가 받은 이익의 한도 내에서 상환을 청구할 수 있다(수표법 제63조). 수표의 이득상환청구권도 어음의 경우와 대체로 같으나 상환의무자가 발행인·배서인 및 지급보증인이라는 점이 다르며, 수표의 이득상환청구권에 있어서는 그 권리자가 누구이냐 하는 문제와 지급위탁의 취소와 관련하여 이득상환청구권이 언제 발생하느냐 하는 문제가 있다.

제 2 절 利得償還請求權의 當事者

Ⅰ. 權 利 者

이득상환청구권의 권리자는 수표상의 권리가 소멸할 당시의 정당한 수표소지인이다. 이득상환청구권을 지명채권의 일종에 지나지 않는 것으로 보는 통설(정동윤, 224쪽; 최기원, 506쪽)에 따르면 수표상의 권리가 소멸할 당시의 정당한 수표소지인으로부터 지명채권양도방법에 따라 양도받은 자만이 그 권리를 취득한다.

〈대판 1983.9.27, 83 다 429〉

「수표상의 이득상환을 청구할 수 있는 소지인이라 함은 수표상의 권리가 소멸할 당시의 소지인으로서 그 수표상의 권리를 행사할 수 있었던 자를 말한다.」

〈대판 1983. 3. 8, 83 다 40〉

「자기앞수표의 지급제시기간이 도과되어 수표상의 권리가 소멸된 수표를 양도함에 있어서 그 수표상의 권리가 소멸할 당시 그 소지인이 누구인지 또는 그 소지인이 정당한 수표소지인인지 알 수 없는 경우에는 지명채권양도의 방법에 따른 절차를 밟음이 없는 한 이득상환청구권을 양도받았음을 발행인에게 주장할 수 없다.」

〈대판 1981. 6. 23, 81 다 167〉

「수표의 이득상환청구권이 있는 수표소지인이라 함은 그 수표상의 권리가 소멸할 당시의 정당한 소지인으로서 그 수표상의 권리를 행사할 수 있었던 자 및 그로부터 이득상환청구권을 양수한 자에 한한다.」

〈대판 1978. 3. 28, 77 다 2497〉

「수표법상으로 이득상환청구를 할 수 있는 수표소지인은 그 수표상의 권리가 소멸할 당시의 소지인으로서 그 수표상의 권리를 행사할 수 있는 자를 말하는 것인데, 제시기간의 경과로 수표상의 권리가 소멸된 이후 이를 지명채권양도의 방법에 의하지 않고 단순히 양도받은 때는 이득상환청구권을 취득하였다고 할 수 없다.」

〈대판 1972. 5. 9, 70 다 2994〉

「이득상환청구권은 지명채권양도의 방법에 따라 양도할 수 있고, 수표상의 권리가 소멸된 후에 수표를 교부하는 것만으로는 양도하지 못한다.」

그러나 이득상환청구권을 수표법상의 권리의 잔존물로 보는 설에 따르면, 수표상의 권리가 소멸한 뒤에는 이 이득상환청구권이 수표에 표창되어 있다고 보아 수표의 교부만으로 그 권리가 이전될 수 있다고 한다(정희철, 542쪽).

이렇게 보더라도 수표의 제시기간경과 당시의 정당한 수표소지인으로부터 그 수표를 양수받은 경우에 한정하여야 할 것이다. 그러므로 지급제시기간경과 후에 수표를 취득하는 자는 그것이 보통의 수표이든, 자기앞수표이든 수표상의 권리소멸 당시의 정당한 소지인을 확인하지 못하는 한 이득상환청구권을 취득할 수 없는 결과가 된다.

〈대판 1981. 3. 10, 81 다 220〉

「은행 기타 금융기관이 발행한 자기앞수표의 소지인이 그 제시기간을 도과하여 수표상의 권리가 소멸한 수표를 양도하는 행위는 수표금액의 지급수령권한과 아울러 특별한 사정이 없으면 수표상의 권리의 소멸로 인하여 소지인에게 발생한 이득상환청구권까지도 이를 양도하는 동시에 그에 수반하여 이득을 한 발행은행에 대하여 그 소지인을 대신하여 양도에 관한 통지를 할 수 있는 권능을 부여한 것이다.」

〈대판 1962. 9. 20, 62 다 408〉

「자기앞수표를 제시기간경과 후에 취득하였다 하더라도 그 소지인은 언제나 정당하게 그 수표를 취득한 것으로 추정받는다.」

〈대판 1976. 1. 13, 70 다 2462〉

「은행 또는 금융기관이 발행한 자기앞수표의 소지인이 수표법상의 보전절차를 취함이 없이 제시기간을 도과하여 수표상의 권리가 소멸된 수표를 양도하는 경우에 특별한 사정이 없으면 수표상의 권리의 소멸로 인해서 소지인에게 발생한 이득상환청구권을 양도함과 동시에 그에 수반해서 이득을 한 발행인인 은행에 대하여 소지인을 대신해서 그 양도에 관한 통지를 할 수 있는 권능을 부여하는 것이다.」

Ⅱ. 義 務 者

이득상환청구권의 의무자에는 발행인과 배서인 외에 지급보증인이 포함되는 반면, 인수인이 제외되는 것은 인수제도가 없는 수표의 성질상 당연하다.

제3절 利得償還請求權의 發生時期

수표는 지급제시기간이 경과한 때에도 발행인의 지급위탁의 취소가 없는 한 지급인은 지급할 수 있고(수표법 제32조 제2항), 이 지급에 의해 이득상환문제는 일어나지 않는다. 이에 대해 지급제시기간의 경과로 발생한 이득상환청구권이 지급인의 지급으로 소멸한다는 해제조건설(정희철, 545쪽; 정동윤, 228쪽)과 그 기간의 경과로 이득상환청구권이 당연히 발생하지는 않고 지급위탁의 취소 또는 지급거절에 의하여 지급가능성이 소멸하는 때에 발생한다는 정지조건설(양승규, "이득상환청구권," 서울대법학 통권 제22호(제12권 제1호), 101쪽 아래)의 대립이 있다. 지급위탁의 취소가 있기까지 지급인이 유효한 지급을 할 수 있다고 해도 이것은 지급인의 권한일 뿐이므로 이로 인하여 지급인이 지급의무를 부담하는 것은 아니며, 수표소지인은 지급제시기간이 경과하면 그 지급을 받을 권리가 없을 뿐만 아니라 상환청구권을 상실하게 되므로 이득상환청구권도 이 때 발생하고, 그 후 지급위탁이 취소되기 전에 유효한 지급이 있는 때에는 이미 발생한 이득상환청구권은 소멸한다고 본다. 따라서 해제조건설이 타당하다.

제9장 複本·時效·罰則 기타

제1절 複　本

Ⅰ. 複本의 發行制限

수표에는 인수제도가 없으므로 인수시의 증권유통에 대비하기 위한 등본제도는 인정되지 않는다. 수표의 복본은 지급보증을 위하여 원격지에 송부하거나 원격지 사이에 유통하는 도중의 분실에 대비하기 위해 이용된다.

복본의 발행은 ① 일국에서 발행하여 타국이나 발행국의 해외영토에서 지급할 수표, ② 일국의 해외영토에서 발행하여 그 본국에서 지급할 수표, ③ 일국이 동일해외영토에서 발행하고 지급할 수표, 또는 ④ 일국의 해외영토에서 발행하여 그 나라의 다른 해외영토에서 지급할 수표로서 소지인출급식이 아니어야 한다(수표법 제48조 제1문). 이처럼 수표의 복본은 그 발행지와 지급지가 멀리 떨어져 있어야 하고, 기명식 수표 또는 지시식 수표에만 허용된다. 기명식·지시식 수표에만 복본을 허용하는 이유는 소지인출급식 수표의 복본 각 통이 따로 따로 양도된 경우에는 그 양도인을 알 수 없으므로 결국 발행인에게 각 통에 대하여 책임을 부담시키기 때문이다.

Ⅱ. 複本의 發行方法과 效力

복본은 발행인이 발행하고 각 복본에는 그 증권의 본문 중에 번호를 붙여야 하며, 번호를 붙이지 아니한 때에는 그 수통의 복본은 각별의 수표로 본다(수표법 제48조 제2문·제3문). 수표의 소지인은 환어음에서와는 달리 복본의 교부를 청구하지 못한다.

복본은 각 통이 각각 하나의 수표이기 때문에 1통으로 지급을 청구할 수 있고, 그 1통에 대한 지급이 있는 때에는 1통에 대한 지급이 다른 복본을 무효로 한다는 뜻의 기재가 없는 경우에도 다른 복본을 무효로 하여 의무를 면하게 한다(수표법 제49조 제1항). 수인에게 각별로 복본을 양도한 배서인과 그 후의 배서인은 그 기명날인한 각 통으로서 반환을 받지 아니한 것에 대하여 책임을 진다(수표법 제49조 제2항).

제2절 時 效

수표상의 권리의 시효기간은 다음과 같이 어음의 경우에 비하여 단축되어 있다. 소지인의 발행인·배서인 등에 대한 시효기간은 6개월이고(수표법 제51조 제1항), 지급보증을 한 지급인에 대한 권리는 1년이며(수표법 제58조), 상환을 한 자의 재상환청구권의 시효기간은 6개월이다(수표법 제51조 제2항). 더욱이 시효의 중단은 어음과 마찬가지로 그 중단사유가 생긴 자에 대하여서만 효력이 있고(수표법 제52조), 배서인의 다른 배서인과 발행인에 대한 수표상의 청구권의 소멸시효는 그 자가 제소된 경우에는 전자에 대한 소송고지를 함으로 인하여 중단하고, 이에 따라 중단된 시효는 재판이 확정된 때로부터 다시 진행을 개시한다(수표법 제64조). 시효기간의 기산점은 소지인의 상환청구권 및 지급보증인에 대한 권리에 관하여는 어음의 경우와는 달리 거절증서 또는 이와 동일한 효력이 있는 지급거절선언의 작성일이 아니라 지급제시기간경과 후이며(수표법 제51조 제1항, 제58조), 재상환청구권에 관해서는 그 자가 수표를 환수환 날 또는 소장이 송달된 날이다(수표법 제51조 제2항).

제3절 罰 則

수표가 지급증권으로서의 기능을 다하기 위해서는 지급성이 확보되어야 한다. 수표의 지급성은 지급위탁의 취소를 제한하고, 발행인이 사망하거나 능력을 상실하여도 그 수표의 효력에 영향을 미치지 않도록 하는 동시에 수표자금을 확보하여 지급의 거절을 방지함으로써 지급성을 확보하고자 한다. 수표법상으로 수표의 발행인이 제시한 때에 처분할 수 있는 수표자금이 있는 은행을 지급인으로 하여 그 자금을 수표에 의하여 처분할 수 있는 수표계약이 없이 수표를 발행한 때에는 50만원 이하의 과태료에 처한다(수표법 제67조; 벌금 등 임시조치법 제4조 제3항). 이외에 부정수표 등의 발행을 단속처벌함으로써 국민의 경제생활의 안정과 유통증권인 수표의 기능을 보장함을 목적으로 하는 부정수표단속법상의 벌칙이 있다.

제4절 기 타

어음의 위조·변조의 책임문제(수표법 제50조), 수표에 관한 항위와 휴일(수표법 제60조), 기간과 초일불산입(수표법 제61조), 은혜일의 불허(수표법 제62조), 휴일(수표법 제66조) 및 어음교환소의 지정(수표법 제69조)에 관한 규정은 어음의 경우와 동일하다.

제10장 새로운 支給手段

姜渭斗, 신용카드거래의 법구조, 現代商事法의 諸問題(李允榮先生停年紀念論文集), 1988/姜渭斗, 신용카드거래의 법구조, 부산대법학연구 38(1988. 8)/高大先, 신용카드業의 법률관계, 장안논총 13(1993. 2)/金文煥, 크레디트카드의 盜難과 保證責任 ; 하급판례를 중심으로, 국민대법정논총 8(1986. 2)/金文煥, 크레디트카드의 保證人 책임, 判例月報 200(1987. 5)/金文換, 大法院判例로 본 크레디트카드의 盜難·保證, 국민대법정논총 10(1988. 2)/金文煥, 미국의 크레디트카드제도, 現代商事法의 諸問題(李允榮先生停年紀念論文集), 1988/徐圭錫·尹洪善, 신용카드거래의 법률문제에 관한 연구, 전북대논문집 33(1991. 9)/孫晉華, 電子資金移替去來의 법률관계, 경영법률 4(1991)/孫晉華, 電子資金移替去來의 법적 규제에 관한 연구 ; 미국법의 적용가능성, 고려대박사학위논문, 1991/孫晉華, 전자자금이체에 관한 입법례, 曉園大 法學論叢 1(1993. 12)/安澤植, 신용카드의 부정사용에 관한 연구, 한양법학 2(1991. 2)/柳道鉉, 신용카드에 관한 이론 및 판례분석, 商事判例研究 6, 1994/尹鍾珍, Credit Card의 법률관계, 청주대牛巖論叢 8(1992. 2)/李基秀, 컴퓨터를 이용한 金融決濟와 法, 고려대법학논집 24(1986. 12)/李基秀, 信用카드 活性化方案·法的 側面, 신용경제 44(1987. 6)/이부훈, 신용카드법리에 관한 연구, 全州大博士學位論文, 1995/李在洪, 가계수표와 신용카드사용의 문제점, 司法行政 299(1985. 11)/정경영, 자금이체제도의 법적 연구, 서울대博士學位論文, 1994/鄭敬永, 資金移替指示의 撤回의 時間的 限界에 관한 研究, 商事法論叢(姜渭斗博士華甲紀念論文集), 1996/鄭東潤, 신용카드에 관련된 법률문제, 국제법률 경영 1(1989. 10)/鄭東潤, 신용카드거래와 소비자보호, 경영법률연구 2(1988)/崔完鎭, 크레디트카드에 관한 실태와 법적 문제점 고찰, 企業法의 行方(鄭熙喆教授古稀紀念論文集), 1991.

제1절 總 說

금전의 지급을 위하여 이용되는 수표는 현금에 의한 지급에서 발생하는 불편과 위험을 줄일 수 있다. 그러나 수표는 지급이 불확실한 단점이 있으므로 이를 보완하기 위한 지급보증제도를 인정한다. 지급보증이 있는 경우에 지급인인

은행이 지는 책임은 제시기간 내에 제시를 조건으로 하는 지급책임에 지나지 않는다. 그런데 지급보증은 제 3 편 제 4 장에서 본 바와 같이 우리나라 실무에서는 이루어지지 않고, 자기앞수표의 발행으로 이를 대신하고 있다. 이러한 지급의 불확실성을 부분적으로 제거하기 위하여 수표카드제도가 등장하였다. 이 수표카드는 수표의 결점을 보완하고 있는데, 그 발행조건에 따라 수표를 발행한 경우에 은행이 일정한 한도 내에서 지급책임을 진다. 순수한 지급수단으로서의 수표는 현재에도 여전히 중요한 기능을 수행하고 있다. 그렇지만 수표의 지급기능을 수행하면서, 더욱이 신용까지 얻을 수 있는 새로운 지급수단인 신용카드가 창안되어 그 이용이 확대되면서 지급제도의 전기를 맞게 되었다. 신용카드에 의한 거래에 있어서는 카드보유자의 카드이용대금을 카드발행회사가 지급하므로 확실한 지급을 기할 수 있다. 이와 함께 다량의 카드이용대금의 결제, 현금 · 수표의 수수에 따르는 비용과 노력을 줄이기 위하여 은행의 계좌를 통하여 자금결제를 행하는 자금이체제도가 이용되어 왔고, 컴퓨터 등 전자기술 · 장치를 사용하는 전자자금이체제도의 보급에 따라 종래의 지급제도와는 구별되는 새로운 지급수단의 영역이 형성되고 있다.

물론 수표카드는 그 자체가 지급수단이 되지는 않고 반드시 수표와 함께 보완적으로 사용되는 제도일 뿐이고, 신용카드와 자금이체는 유가증권의 법영역에 속하지도 않는다. 따라서 엄밀히 말하면 신용카드와 자금이체는 어음법 · 수표법에서 논의될 문제가 아니다. 그러나 이러한 제도는 수표의 지급기능을 대신하고 더욱이 수표의 법리와 공통되는 점이 많기 때문에 어음법 · 수표법에서 개괄적으로나마 다루어져야 한다. 미국에서는 전자자금이체 · 신용카드 · 환어음 · 수표 등 현금과 약속어음을 제외한 모든 지급제도를 포괄하는 종합적인 지급법전을 제정하기 위한 입법작업으로서 현재까지 통일신지급법전(Uniform New Payment Code) 제 3 초안이 발표되었다. 이 통일신지급법전의 제정은 증권이든 카드이든 전자식이든 모든 지급제도에 관하여 소비자의 선택을 방해하지 않으면서 기술과 지급의 성격이 허용하는 동일한 법적 결론을 부여할 것을 목적으로 한다(Scott, New Payment Systems : A Report to the 3-4-8 Committee of the Permanent Editorial Board for the Uniform Commercial Code 248(1978), p. 1073).

우리나라에서는 어음 · 수표와 함께 모든 종류의 지급수단을 포함하는 통일적인 지급법전에 관한 논의가 아직까지는 시작되지 않고 있지만, 이러한 논의의 정초로서 이하에서는 수표카드의 법리를 살펴보고 새로운 지급수단인 신용카드와 자금이체에 관하여 그 문제점을 중심으로 고찰한다.

제 2 절 手票카드와 支給約束

Ⅰ. 意 義

수표카드(Scheckkarte)란 수표거래에서의 지급의 불확실성이라는 결점을 보완해 주기 위하여 은행이 신용 있는 고객에게 발행하는 카드이다. 수표카드는 수표금의 지급을 보증하므로 이를 수표보증카드라고도 한다.

독일에서는 1968년부터 이를 발행하기 시작했으며, 은행들은 일정한 요건이 갖추어지면 수표카드를 통해서 유럽과 지중해연안국가의 수표수취인에 대해 400마르크까지 유럽수표용지로 발행된 수표의 수표금액지급을 보증한다. 현재 우리나라에서는 가계수표보증카드가 발행되고 있다.

Ⅱ. 法的 性質

수표에 의해서가 아니라 수표카드에 의하여 행해지는 지급약속(Einlösungszusage)은 수표관계 외에서 은행이 수표금의 지급을 약속하는 민법상의 계약이므로, 수표법 제 4 조의 인수금지의 탈법행위가 아니라는 점에는 견해가 일치한다(Zöllner, §26 Ⅳ 1a ; BGHZ 64, 79(81)).

그러나 은행의 지급의무(Einlösungsverpflichtung)를 법률상 어떻게 구성할 것인가가 문제된다. 은행과 수표수취인 사이에는 손해담보계약(Garantievertrag)이 체결된다고 하는 손해담보계약설이 통설이나(Hueck/Canaris, §21 Ⅱ 2), 그것은 기교적인 구성일 뿐이다. 은행은 지급 이외에 다른 아무 것도 약속하지 않으며, 따라서 추상적인 지급약속만을 할 뿐이다(Zöllner, §26 Ⅳ 1b ; 독일상법 제350조 참조). 이에 대한 손해담보계약설의 항변은 납득할 수 없으며(Hueck/Canaris, §21 Ⅱ 2), 특히(예금이 모자라는 경우에) 은행은 왜 보충적 의무(subsidiäre Einstandspflicht)만을 져야 되는지는 도저히 이해할 수 없다.

물론 은행의 지급의무는 수표의 기능에 따른 사용의 당연한 귀결이다. 그러나 누가 금전대출을 받거나 담보제공을 위하여 자기의 예금잔고(Deckungsguthaben)를 초과하여 수표를 발행하였고, 또한 수취인이 그 초과사실을 알거나 또는 그의 부지가 중과실에 기인한 경우에는 은행은 지급하지 않아도 된다(BGHZ 54, 79). 왜냐하면 이는 수표의 기능에 따른 사용이 아니기 때문이다.

손해담보계약설은 또한 계약상의 채무성립도 납득할 수 있게 설명하지 못한다. 이 설에 따르면 수표수취인과의 계약체결시 은행은 수표발행인에 의해 대리된다고 한다(대리인설)(Hueck/Canaris, §21 Ⅱ 1). 그렇지만 은행이 수표카드를 교부함으로써 고객에게 대리권을 수여한 것이라는 설명은 전혀 옳지 않다. 이전에는 은행고객의 지위를 은행의 사자로 규정한 견해(사자설)도 있었다. 그러나 이 견해에 대하여는 사자는 계약상대방의 선택 및 수표금액에 관하여 아무런 재량권이 없는데, 수표카드를 발행받은 은행의 거래처는 수표교부의 상대방과 수표금액을 스스로 결정하므로 그를 은행의 단순한 사자로 볼 수 없다는 비판이 가하여지고 있다.

지급약속은 은행과 수표발행인 간에 체결된 제 3 자를 위한 계약으로 이해하는 것이 가장 간결하다(Zöllner, DB 1968, 559). 수익하는 제 3 자가 수표의 최초의 수취인만을 의미하는지, 또는 수표의 모든 정당한 소지인을 의미하는지는 의문이다. 이것은 은행이 수표카드에 한 지급약속의 범위에 대한 의사표시의 내용에 의한다. 진정한 최초의 수취인만을 직접적인 수익자로 보는 견해에 찬성한다. 대법원은 은행이 연대보증계약에 따라 책임을 지는 것으로 풀이하고 있다.

〈대판 1987. 8. 18, 86 다카 1696〉

「가계수표에 대한 은행의 지급보증책임은 당해 은행의 거래처인 수표보증카드 소지인이 그 카드와 당해 은행으로부터 교부받은 가계수표용지에 표시되어 있는 요건과 방식에 따라 가계수표를 발행하면, 그에 의하여 성립되는 수표채무에 부종수반하는 연대보증채무라 할 것이므로 은행에 위와 같은 지급보증책임을 추궁하기 위하여는 주채무인 가계수표상의 채무가 수표법상 적법하게 성립·존속되어야 하는 것이다.」

〈서울민지판 1985. 5. 29, 84 나 3160〉

「은행이 국민대중의 일상경제생활에 있어 소액자금의 융통과 지급수단의 편의를 원활·촉진시키기 위하여 고객과의 가계종합예금계약을 토대로 하여 고객에게 가계수표보증카드와 가계수표용지를 교부하여 주고, 이에 따라 고객이 불특정한 제 3 자와의 거래에 있어 가계수표보증카드를 제시하고 가계수표이면에 보증카드번호를 기재하여 보증카드의 요건에 부합하는 가계수표를 발행하여 준 경우 은행은 제 3 자에 대하여 보증책임을 부담하게 된다고 볼 것인바, 그 후 고객이 사망하여 지급위탁관계가 소멸되거나 연체 등을 이유로 가계종합예금거래가 해지된 경우에도 은행은 이로써 가계수표를 선의로 취득한 제 3 자에게 대항할 수 없다.」

은행에 대한 지급청구권은 그 후의 수표의 양수인에게는 채권양도의 방법으로만 이전되게 된다. 한편 수표의 이면에는 수표카드의 번호가 기재되어 있으므로 수표카드에 의하여 발행된 수표가 양도되면 특별한 사정이 없는 한 수취인의 은행에 대한 수표금지급청구권도 이에 따라서 양도된 것으로 본다(서울고판 1984. 12. 11, 84 나772).

Ⅲ. 銀行의 支給責任

은행은 수표카드를 통해서 첫째 수표와 수표카드에 나타난 기명날인과 계좌번호(Kontonummer)가 일치하며, 둘째 수표의 이면에 수표카드의 번호가 기재되고, 셋째 수표가 수표카드의 유효기간 내에 발행되어 발행일로부터 10일(외국수표의 경우 20일) 내에 지급제시되고, 넷째 지급은행이 교부한 수표용지에 의해 발행된 경우에는 제한된 금액 내(10만원)에서 수표금액을 지급하여야 한다.

첫번째 요건과 관련하여 가계수표상의 기명날인이 보증카드에 인영된 기명날인과 일치하지 않는 때에는 비록 그것이 서로 유사하더라도 지급은행의 지급책임은 발생하지 않는다.

〈대판 1987. 10. 13, 85 다카 1664〉

「수표상의 기명날인이 보증카드에 영인된 인영과 일치(동일)하지 아니하는 다른 인영인 경우에는 비록 그것이 서로 유사하다 하더라도 지급은행의 보증책임은 발생하지 아니한다고 볼 것이고, 또 보증카드에 영인된 인영은 통상 지급은행에 신고된 인영과 동일할 것이지만 만약 어떤 이유에 의하여 신고된 인영과 일치하지 아니한 경우에는 수표상의 인영은 보증카드의 인영과 대비하여 그 동일성 여부를 가려야 할 것이다.」

두 번째 요건과 관련하여 수표의 이면에 수표카드의 번호를 기재하는 시점은 수표의 발행시에 하는 것이 보통이지만, 이를 기재하지 않아 지급거절된 때에는 이를 곧 기재할 수 있다고 보아야 한다.

〈서울민지판 1984. 1. 24, 83 나 1100〉

「가계수표가 가계수표보증카드의 기재사항대로 합치되게 발행되고, 그것이 수취인 면전에서 제시된 가계수표보증카드에 의하여 확인된 이상 수표이면에 카드번호를 기재하는 것은 이를 반드시 수표를 수취할 당시나 지급제시할 때까지 하여야 한다고 할 것은 아니고, 사후에라도 수표이면에 카드번호가 기재되면 가계수표보증카드를 발급한 은행은 그 지급보증책임을 면할 수 없다.」

Ⅳ. 抗辯問題

은행이 수표소지인에 대해 어떠한 항변을 주장할 수 있는지가 분명하지 않다. 원칙적으로 자금관계 또는 대가관계상의 항변을 주장하지 못하는 것은 분명하다(OLG Nürnberg, NJW. 1978, 2513). 그런데 수표발행인의 행위무능력으로 인해 수표가 무효인 경우에도 은행의 지급의무가 어느 정도까지 유효한가는 의문이다. 수표의 수취인이 수표의 무효를 안 경우에는 지급의무를 긍정하는 것은 너무 지나치다. 그리고 각 액면금액이 10만원인 가계수표수십장으로 소비대차를 상환하는 것과 같이 발행인이 의무에 반하여 수표카드를 사용한 것을 수표수취인이 중과실로 알지 못한 경우와 마찬가지로 그 권리행사에 대해 권리남용의 항변은 가능하다(서울고판 1984. 12. 11, 84 나 772. 반대판례로서는 서울민지판 1985. 5. 29, 84 나 3160, BGHZ 64, 79 ; 83, 28)고 본다.

Ⅴ. 制限金額을 초과한 경우의 支給義務

현재 수표카드는 수표수취인에 대해 10만원까지만 보증한다. 그 이상의 금액인 경우 수표수취인이 지급은행에 대해 그 수표를 지급할 것인지의 여부를 문의하는 일이 드물지 않다. 만일 은행이 이를 인정하면 독립한 지급약속이 성립하는데, 독일연방대법원은 이를 보증(Garantie)이라고 하였다(BGHZ 77, 50). 이에 대해서는 전술한 은행의 지급의무의 법적 성질에 관한 설명이 그대로 타당하다.

일정액의 수표가 지급이 가능한지에 대한 문제에 있어 은행의 정보제공에 어느 정도 지급약속이 들어 있는지는 의문이다. 보통의 경우에는 지급약속이 부인된다. 왜냐하면 이 때의 정보제공은 원칙상 단지 문의할 당시에 지급은행에 제시하면 그 수표가 지급되리라는 것만을 의미하기 때문이다(BGHZ 49, 167).

제3절 信用카드

Ⅰ. 信用카드의 槪念과 機能

신용카드라 함은 그 제시로써 반복하여 물품의 구입 또는 서비스의 제공을 받을 수 있는 증표로서 신용카드업자가 발행하는 것을 말한다(신용카드업법 제2조 제1호). 이는 일찍이 미국의 석유회사와 백화점이 휘발유와 상품의 판매촉진을 목적으로 사용하기 시작하여 급속도로 발전한 제도로서, 우리나라에서는 1969년 신세계백화점이 최초로 사용하기 시작하여 오늘에 와서는 거의 모든 백화점과 은행이 이용하고 있다.

신용카드의 경제적 기능은 우선 카드보유자인 회원에 있어서는 현금 없는 지급 및 단기신용의 제공을 가능하게 하고, 가맹점에 있어서는 현금수수의 번잡을 피하거나 거래의 안전과 고객을 확보할 수 있고, 카드발행회사에 있어서는 수수료수입에 의한 수익성과 대규모의 고객 및 예금을 유치할 수 있어 신용카드당사자 모두에게 유리하다. 그러나 이 제도의 무분별한 확대는 소비를 조장하고, 카드발행회사가 수수료나 연회비를 얻기 위하여 신용조사를 게을리한 채 회원을 무리하게 모집하는 등의 신용거래질서를 해치는 역기능을 초래하기도 한다.

Ⅱ. 信用카드의 種類와 法的 性質

신용카드는 여러 가지 기준에 의해 이를 분류할 수 있다. 우선 이용범위의 제한 여부에 따라서는 제한목적카드와 다목적카드로, 사용가능지역에 따라서는 국내카드와 외국카드로, 당사자의 수에 따라서는 카드발행회사와 회원 사이의 2당사자카드, 카드발행회사 · 가맹점 및 회원의 3당사자카드 및 카드발행회사가 수개의 회사로 구성되는 다수당사자카드로 분류할 수 있다. 다수당사자카드도 발행회사 · 보유자 및 가맹점의 3당사자기초 위에 서 있는 점에서 3당사자카드와 같으나, 다만 발행회사가 단일의 기업이 아니고 수개의 기업에 의하여 공동으로 참여되고 있는 점이 특이하다.

그리고 신용카드의 법적 성질에 대해서는 확립된 견해가 없지만 일반적으로 2당사자카드에 있어서는 카드보유자의 신원을 확인하는 증거증권에 불과하며, 3당사자카드에서는 여기에 그치지 않고 카드발행회사와 손해담보계약관계를 표시하는 자격증권으로 본다(정동윤, 606쪽). 그리고 종류 여하에 관계 없이 신용제공기능이 있으므로 신용증권의 성질도 가진다고 볼 것이다. 3당사자카드의 이용구조를 도해하면 다음과 같다.

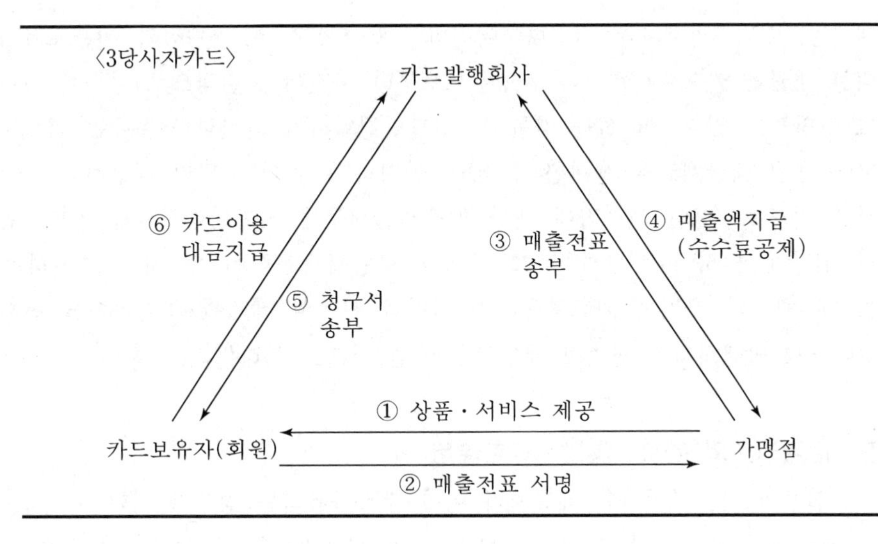

Ⅲ. 信用카드當事者 사이의 法律關係

1. 카드保有者와 카드發行會社

신용카드에 있어서 카드보유자는 회원계약에 기초하여 카드발행회사(2당사자카드)와 가맹점(3다수당사자카드)으로부터 상품이나 서비스를 제공받을 수 있고, 카드발행회사가 정한 결제일까지 신용을 이용할 수 있다. 양자 사이의 법률관계는 계속적 채권관계(Dauerschuldverhältnisse)로서 일종의 도급계약 또는 위임계약으로 볼 수 있다(Canaris, *Bankvertragsrecht*, 2. Aufl., Rdn. 1628f.).

2. 카드保有者와 加盟店

양자 사이에서는 통상의 매매계약이 체결된 것으로 보아 카드보유자는 가맹점에 카드를 제시하고 매출전표에 서명함으로써 상품 및 서비스를 제공받을 수 있다. 가맹점은 그 매출전표를 카드발행회사에 송부하고 전표금액에서 수수료를 공제한 금액을 즉시 지급받게 된다. 그 후 카드발행회사는 매월 카드보유자별 카드이용대금을 합산하여 청구서를 보내고, 카드보유자로부터 이를 지급받게 된다. 이 때 카드보유자가 현금 없이 상품 및 서비스의 제공을 받을 수 있는 것은 카드발행회사에 대하여 가맹점이 가맹점계약상의 의무를 이행한 결과이다.

3. 카드發行會社와 加盟店

여기에서는 카드발행회사가 어떤 근거에서 카드보유자에게 대금지급액을 청구할 수 있는가에 대한 대금결제의 법률적 성질이 문제되는데, 이에 대해서는 채권양도설과 체당지급설로 나누어진다. 채권양도설은 가맹점의 카드보유자에 대한 채권을 카드발행회사가 가맹점으로부터 사전에 포괄적으로 양수한 것이라고 설명하고 있다. 이 설을 따를 때 카드발행회사가 파산한 경우에는 카드보유자에 대해 대금채권을 행사할 수 없어 불리하다. 이와는 달리 체당지급설에 의하면 카드보유자의 가맹점에 대한 매매대금채무는 카드발행회사가 카드보유자의 위탁에 의하여 체당하고 그 금액을 회원에게 구상하는 것이라고 하는데, 이 때 체당의 근거는 카드보유자와 가맹점 사이의 채권관계의 존속을 전제로 하여 카드발행회사가 병존적 채무인수를 한 것으로 본다(정동윤, 610쪽 ; 최기원, 656쪽).

Ⅳ. 信用카드의 紛失·盜難·不正使用

신용카드를 분실하면 제3자가 이를 부정사용하는 경우가 많다. 이 경우에 그 책임을 누구에게 돌릴 것인가 하는 점이 신용카드를 둘러싼 가장 중요한 문제인데, 실제로 가맹점은 신용카드와 전표의 서명을 잘 확인하지 않는 것이 관례로 되어 있어 분실로 인한 책임귀속의 분쟁이 빈번하게 발생하고 있다. 이에 대하여 카드발행회사는 회원규약과 가맹점규약에서 카드보유자나 가맹점의 일방적인 부담으로 처리하여 사실상 무한책임을 지도록 하였다. 그러나 가맹점이나 카드발행회사가 인적 동일성, 서명의 동일성, 분실신고의 유무를 확인해야 하는 상거래상 요구되는 주의의무를 게을리하였을 때에도 특약에 따라 카드보유자가 책임을 지도록 하는 것은 신의칙이나 선량한 풍속 기타의 사회질서에 반하여 무효가 된다.

〈대판 1991.4.23, 90 다 15129〉

「1. 신용카드발행회사 회원규약에 회원이 카드를 분실하거나 도난당한 경우에는 즉시 서면으로 신고하여야 하고, 분실 또는 도난당한 카드가 타인에 의하여 부정사용되었을 경우에는 신고접수일 이후의 부정사용액에 대하여는 전액을 보상하나 신고접수한 날의 전날부터 15일 전까지의 부정사용액에 대하여는 금 2,000,000원의 범위 내에서만 보상하고, 16일 이전의 부정사용액에 대하여는 회원에게 전액지급할 책임이 있다고 규정하고 있는 경우, 위와 같은 회원규약을 신의성실의 원칙에 반하는 무효의 규약이라고 볼 수 없다.

2. 카드의 월간 사용한도액이 회원 본인의 책임한도액이 되는 것은 아니므로 부정사용액 중 월간 사용한도액의 범위 내에서만 회원의 책임이 있는 것은 아니다.

3. 신용카드업법 제15조 제2항은 신용카드가맹점은 신용카드에 의한 거래를 할

때마다 신용카드상의 서명과 매출전표상의 서명이 일치하는지를 확인하는 등 당해 신용카드가 본인에 의하여 정당하게 사용되고 있는지 여부를 확인하여야 한다라고 규정하고 있는바, 가맹점이 위와 같은 주의의무를 게을리하여 손해를 자초하거나 확대하였다면 그 과실의 정도에 따라 회원의 책임을 감면함이 거래의 안전을 위한 신의성실의 원칙상 정당하다.

4. 남자 회원의 신용카드를 부정사용한 자가 여자인 경우에 있어 카드 앞면의 회원 주민등록번호 뒷부분의 첫숫자가 1이면 남자를 의미하므로 가맹점이 카드의 앞면을 살펴보기만 하면 카드상의 회원이 남자임을 알 수 있어 위 여자가 그 카드의 회원이 아님을 쉽게 판별할 수 있는 데도 가맹점의 직원들이 상품판매에만 급급하여 카드의 이용자가 회원 본인인지를 제대로 확인하지 아니한 가맹점의 과실을 참작하여 회원의 책임을 감액한 원심의 조치는 정당하다.」

〈대판 1986.3.11, 85 다카 1490〉

「은행신용카드에 의한 거래에 있어서 그 거래약관상 비록 카드의 분실·도난으로 인한 모든 책임이 카드회원에게 귀속된다고 약정되어 있다고 하더라도 회원이 분실·도난 등의 사실을 은행에 통지하고 소정양식에 따라 지체없이 그 내용을 서면신고하였음에도 불구하고, 은행이 가맹점에 대한 통지를 게을리하였거나 가맹점이 분실·도난카드의 확인과 서명의 대조 등을 게을리하여 거래가 성립되었을 경우에까지 그 책임을 회원에게 물을 수 없다.」

〈대판 1986.10.28, 85 다카 739〉

「1. 신용카드발행회사와 가맹점 및 가입회원 사이의 카드이용에 따르는 거래에 있어서 발행회사와 가맹점은 이윤을 추구하는 측면에서 회원은 현금 없이 일정기간 그 지급유예까지 받는다는 측면에서 다같이 이해관계가 있는 것이고, 그 관계는 회원가입규약과 회원규약 또는 가맹점규약 등에 의하여 규율할 수밖에 없다 할 것이며, 그 회원으로 가입하는 것은 오로지 가입하려는 사람의 자유의사에 맡겨져 있고 일단 가입한 회원은 그 카드를 분실하거나 도난을 당하면 다른 사람이 이를 쉽게 부정사용할 가능성이 있어 적어도 현금과 같은 정도의 주의를 기울여 보관해야 할 책임이 있음과 아울러 도난·분실된 카드는 그 부정사용자가 서명을 연습하여 본인의 것과 흡사하게 만들기가 쉬워서 서명의 대조가 무의미하게 되는 결과 발행회사 또는 가맹점에게 뜻하지 않는 손해를 줄 염려가 있으므로, 위와 같은 사정을 두루 고려하면 설사 카드발행회사와 회원 사이의 거래약관인 회원규약에 카드의 도난·분실 등으로 인한 모든 책임이 회원에게 귀속된다고 규정하였다 하더라도 이를 가지고 회원에게만 현저히 불이익하여 신의성실의 원칙이나 공서양속에 위반되는 무효의 것이라고는 할 수 없다.

2. 신용카드거래약관에 카드의 도난·분실 등으로 인한 모든 책임이 회원에게 귀속된다고 규정되어 있다 하더라도 회원이 카드의 도난·분실 등을 발행회사에 통지하고 정해진 양식에 따라 지체없이 그 내용을 서면으로 신고하였는 데도 발행회사가 가맹점에 대한 통지를 게을리하였다거나 가맹점이 그와 같은 통지를 받고서도 도난·분실된 카드의 확인을 게을리하여 거래가 이루어진 경우, 또는 위와 같은 도난·분실의 신고와 가맹점에 대한 통지가 있기 전에 이루어진 거래라 하더라도 가맹점이 카드상의 사진이나 서명의 대조 등으로 카드소지인이 정당한 회원인지를 확인하지 않았거나 매출표상의 서명이 카드상의 그것과 현저하게 다른 것이어서 의심이 가는 데도 그 확인을 게을리하여 카드의 부정사용자와의 거래가 이루어진 것으로 인정되는 경우 등에 있어서는 거래의 안전에 따른 신의성실의 원칙상 회원에게만 그 책임을 물을 수 없다.」

이에 대한 거듭된 대법원판례와 입법(신용카드업법)(법률 제3928호 1987. 5. 30. 1998년 1월 1일부터는 여신전문금융업법으로 대체됨(법률 제7531호))에 의하여 분실신고를 한 이후에는 카드발행회사가 부정사용의 책임을 진다는 이른바 신고전책임조항(liability until notice clause)이 확립되었다(여신전문금융업법 제16조 제1항).

또한 분실신고 전에 발생한 신용카드의 사용에 대해서도 분실신고 전 60일 이내의 사용금액에 대해서는 신용카드업자가 책임을 지는 것으로 규정하였다(여신전문금융업법 제16조 제2항; 여신전문금융업법 시행령 제6조의 9). 다만, 신용카드업자가 신용카드의 분실 등에 대하여 그 책임의전부 또는 일부를 신용카드회원의 부담으로 할 수 있다는 취지의 계약을 체결할 때에는 신용카드업자는 신용카드회원에게 고의 또는 과실이 인정되는 경우에 한해 당해 신용카드회원에 대하여 그 계약내용에 따른 책임을 부담하게 할 수 있다(여신전문금융업법 제16조 제3항). 그리고 신용카드업자는 책임을 부담하는 경우에 대비하여 보험 또는 공제에 가입하거나 준비금을 적립하는 등 필요한 조치를 취하여야 한다(여신전문금융업법 제16조 제8항).

제4절 資金移替

Ⅰ. 序 說

자금이체라 함은 자금을 지급할 자(채무자)와 자금을 지급받을 자(채권자) 사이에 현금을 이동함이 없이 은행의 계좌를 통하여 자금을 이체하는 새로운 지급결제방법이다. 자금이체는 은행에 구좌가 없는 고객도 이용할 수 있으나, 통상 은행에 구좌를 가지고 있는 당사자가 이용하며(우리나라에서는 구좌 없이 1회적으로 이루어지는 자금이체를 기본형대변이체라고 한다. 독일에서는 반드시 지로계약을 전제로, 즉 은행에 구좌를 개설한 후 자금이체를 의뢰함을 요한다), 자금이체의 한 유형인 차변이체는 당사자가 모두 구좌를 가지고 있는 때에만 이용할 수 있다.

자금이체는 여러 가지 기준에 따라 분류할 수 있다. 첫째, 자금이체에 관여하는 은행수에 따라 자금이체가 동일한 은행을 통하여 이루어지는 단일은행자금이체, 채무자와 채권자가 다른 은행에 구좌를 가지고 있는 경우에 이루어지는 2 은행간 자금이체 및 양 은행 사이에 중개은행이 개입하는 3 은행간 자금이체로 나누어진다. 둘째, 자금이체에 이용하는 수단에 따라 장부 등 서면을 사용하는 서면자금이체와 전자장치를 이용하는 전자자금이체로 나누어진다. 셋째, 자금 이체절차가 누구에 의하여 개시되느냐에 따라 채무자가 예금구좌의 이체절차를 주도하는 대변이체와 채권자가 이를 주도하는 차변이체로 나누어진다(여기서 대변이체와 차변이체의 구별은 미국과 국제연합국제거래법위원회(UNCITRAL)의 전자자금이체에 관한 법지침(Legal Guide on Electronic Funds Transfer)에서 사용하는 credit transfer와 debit transfer의 역어이다. 미국의 통일신지급법전(Uniform New Payments Code) 제 3 초안(이하 NPC로 약함)이 사용하고 있던 pay order(지급지시)와 draw order(인출지시), 독일에서의 Überweisung(자금이체) 또는 Gutschrift(대변통지)와 rückläufige Überweisung(역자금이체) 또는 Lastschrift(차변통지)의 구별에 대응하는 개념이다). 대변이체는 봉급·연금 등의 지급에, 차변이체는 전기료·전화료·종합공과금·카드이용대금의 지급 등에 이용되고 있다. 후자를 실무에서는 자동대체결제 또는 자동이체라고 한다.

특별히 의미가 있는 분류는 대변이체와 차변이체의 구별이다. 그러나 누가 이체절차의 주도권을 갖느냐에 따라 자금이체의 법적 성질이나 구조가 크게 달라지는 것은 아니다. 그리고 은행업무의 전산화, 전창구업무의 온라인화, 은행간 온라인시스템의 개발 등에 힘입어 자금이체에는 그 절차 중에 적어도 부분적으로는 전자장치를 이용하고 있으므로 오늘날 자금이체는 바로 전자자금이체라고 할 수 있다. 우리나라에서는 1977년 2월에 은행지로제도가 도입되었고, 금융결제원의 발족으로 은행간 공동전산망이 가동되면서 현금자동지급기(CD)의 공동이용이 시작되었으며(1988. 6), 뒤이어 타행환시스템이 가동되었는데(1989. 12), 최근 이들의 이용실적이 크게 증가하고 있다. 또한 한국은행을 중심으로 운영될 거액자동결제시스템인 BOK-WIRE의 구축이 거의 완성단계에 이름으로써 바야흐로 우리나라도 은행간 자동결제시스템시대로 접어들게 되었다.

이하에서는 2은행간 자금이체를 중심으로 전자자금이체에 관하여 그 문제점을 살피기로 한다. 우리나라에는 아직 전자자금이체에 관한 법이 존재하지 않는다. 그리고 동 거래절차나 거래관련 각종 문제점과 거래당사자의 책임소재 등 제반사항에 관한 종합적이고 체계적인 연구검토도 아직 미흡한 실정이다. 따라서 전자자금이체에 관한 법적 문제의 대부분은 약관에 의하여 해결되고 있으나 약관에는 자세한 해결규정이 없으며, 종래의 거래해석으로서는 해결하기 어려운 문제가 있다. 특히 어느 시점 · 행위로써 결제의 완료로 보는가. 송금사고 · 범죄의 경우 누가 책임을 지는가. 컴퓨터를 이용한 행위의 법적 증거능력을 어떻게 보는가. 이외에도 차변이체에 관한 문제, 소비자보호의 문제 등이 거의 논의되고 있지 아니하다. 더욱이 전자자금이체에 관한 문제가 보통거래약관 · 은행지로업무규약 · 은행지로업무세부처리지침에 의해 규율되고 있다고 해도 이것이 바로 전자자금이체의 법적 성질이나 당사자의 법규관계를 결정할 수 없으므로 전자자금이체에 관한 일반적인 규제법이라고 할 수 있는 미국법을 토대로 하여 독일에서의 이론과 비교하면서 구체적 문제점을 살피고 해석론을 가미한다.

Ⅱ. 電子資金移替

1. 意 義

전자자금이체라 함은 컴퓨터, 자기테이프, 전화 기타 전자적 기술 또는 장치를 사용하는 자금이체를 말한다.

금융거래가 기계화 · 전자화되기 전에는 대부분의 자금이체가 서면에 의하여 동일은행 내에서 이루어졌으나, 금융거래가 기계화 · 전자화되고 종합온라인시스템 · 은행간 온라인시스템이 가동됨에 따라 2은행간 · 3은행간 거래로 확대되고 있다. 더욱이 이러한 시스템이 기업체 · 일반가정과 연결될 때에는 고객이 직접 금융사무를 처리하는 기업은행업무처리(firm banking) · 가정은행업무처리(home banking)로 발전되며, 외국의 다른 시스템과 연결될 때에는 세계적인 자금결제도 가능하게 된다.

2. 構 造

전자자금이체의 대부분은 종래부터 행하여진 대변이체가 대부분이고, 그 일부가 차변이체이다.

자금의 지급인과 자금의 수취인이 별개의 은행에 예금구좌를 갖고 있는 때에는 대변이체라 함은 자금을 지급할 자(대변이체의뢰인)가 자기의 거래은행(지시은행)에 대하여 자기의 구좌로부터 자금을 출금하여 자금을 지급받을 자(대변이체수취인)의 거래은행(수취은행)에 있는 수취인의 구좌에 입금할 것을 위탁하는 거래를 말한다. 이에 반하여 차변이체라 함은 자금을 지급받을 자(차변이체의뢰

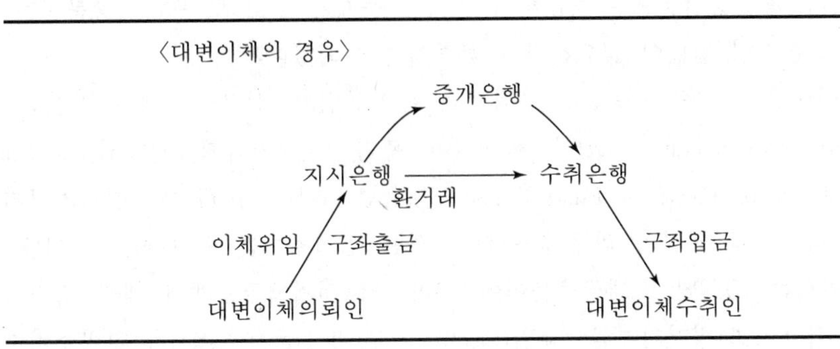

인)가 자기의 거래은행(추심은행)에 대하여 자금을 지급할 자(차변이체지급인)의 거래은행에 있는 지급인의 구좌로부터 자금을 출금하여 자기의 구좌에 입금할 것을 위탁하는 거래를 말한다. 자금이체의 구조를 도해하면 위와 같다.

3. 美國의 電子資金移替와 法

(1) 전자자금이체제도 미국의 전자자금이체제도 중에는 소비자가 이용하는 현금자동지급기(CD)·현금자동예입지급기(ATM)·판매점두단말기(POS)·전화에 의한 지급 등이 있다.

자동어음교환소(ACH)는 자기테이프교환제도에 의한 대변이체·급여대변이체와 공공요금 등의 자동이체를 병합한 제도이고, 급여대변이체, 기업연금 및 배당의 대변이체, 보험료와 대부상환금의 지급 등에 사용되고 있다. 미국에서 가장 결제액이 많은 제도가 연방준비제도전신(Fed Wire)이다. 이것은 미국 전역의 연방준비은행·재무부 등을 연결한 컴퓨터망이고, 금융기관 사이에서 그들의 연방준비은행예탁금구좌를 사용한 결제 등에 이용되고 있다. 이외에 다액의 금액을 결제하는 데 사용되는 제도로서는 은행전신(Bank Wire)·현금전신(Cash Wire)·어음교환은행간 지급제도(CHIPS)·어음교환소 전자정산제도(CHESS) 등 (총칭하여 전신이체(Wire Transfer)라 함)이 있다.

(2) 기존의 법규와 연방전자자금이체법 미국의 전자자금이체의 법규정은 최근에 상당한 발전을 이루고 있다. 최초에는 자금이체의 전자적 통신내용이 통일상법전(UCC) 제 3 편(상업증권)과 제 4 편(은행에 대한 예입과 추심)의 적용대상을 정하는 유통증권(Negotiable Instrument) 또는 증권이라는 개념에 해당하는가가 문제로 되었다. 통일상법전의 규정이 전자자금이체의 법률문제에 직접 적용되기

도 하나, 통일상법전으로 처리하지 못하는 문제가 많고 보통법도 충분하지 못하므로 근본적인 입법이 필요하다는 의견이 대두되었다.

미국은 그 동안 수표에 대해서는 통일상법이, 신용카드에 대하여는 대부진실법(Truth Lending Act)이 적용되어 왔다. 전자자금거래전국위원회(National Commission on Electronic Fund Transfer, 1976년 설치)는 1977년에 전자자금거래에 대한 당사자의 권리와 의무를 명확히 하는 입법조치를 권고하였다. 이에 따라 연방의회는 1978년 소매금융분야에 있어서의 전자자금거래에 대한 소비자보호를 목적으로 연방전자자금이체법(Electronic Fund Transfer Act)을 연방소비자신용보호법(Consumer Credit Protection Act, 1968년 제정) 제 9 편으로 추가하여 1980년 5월부터 시행하는 한편, 연방준비제도이사회에서는 동법의 시행규정으로 'Regulation E'를 제정하였다(이에 관해서는 한국은행 저축부, 주요국의 전자자금이체 관련법규 정비현황, 1993. 7, 18쪽 이하 참조).

(3) 통일신지급법의 제정시도와 실패 1974년 통일주법을 총괄하는 입장에 있는 통일주법위원회전국회의(National Conference of Commissioners on Uniform State Law)에서는 미국법률회의(American Law Institute)와 함께 통일상법상설편찬위원회(Permanent Editorial Board for the Uniform Commercial Code)를 구성하였다. 동 위원회에서 어음·수표·신용카드 및 전자자금거래 등 현금 이외의 지급결제수단에 대하여 통일된 법률의 작성에 착수함으로써 통일신지급법(Uniform New Payment Code)의 제정을 시도하였다. 그러나 1983년 제 3 차 초안까지 발표한 바 있으나 다음과 같은 이유로 각계로부터 반대에 부딪혀 결국 유보되었다. 그 이유는 첫째, 동 법안은 상당히 다양한 분야를 포괄하기 때문에 각 지급수단의 특색과 장점을 희석시킬 우려가 있다는 점과 둘째 어음수표·POS·신용카드·Fed Wire·CHIPS 등 모든 소액 및 거액 거래를 새로운 단일법으로 포괄하는 데에는 현실적으로 실현불가능하다는 점이 그 이유였다.

(4) 통일상법전 제[4A]편 추가 연방전자자금이체법은 오로지 소비자보호를 목적으로 하고 있고, 소비자에 관계된 POS·ATM·직접대변이체·자동대변이체·전화에 의한 지급 등 어디까지나 자연인인 소비자를 대상으로 하는 소매금융분야의 입법이었기 때문에 거액자금이체, 즉 도매금융분야에 관한 법제정비가 요망되고 있었다. 그 동안에 은행 상호간, 은행과 기업 간의 거절자금이체에 관하여는 당사자간의 계약에 위임되어 오다가 CHIPS에서는 내규에, Fed Wire에서는 연방준비법 제16조 등에 의거 연준의 Regulation J(Subpart B)로 규정하여 왔다. 1985년 통일주법위원회전국회의 산하에 전자결제(Electronic

Payment)에 관한 법개정위원회가 설치되어 통일상법에 새로이 자금이체편인 제 [4A] 편을 추가하였다. 통일상법 제 [4A] 편 제정으로 1989년 8월에 통일주법위원회전국회의에서 전국의 모든 주법으로 통일상법 제 [4A] 편을 수용토록 권고키로 결정하는 한편, 미연방에서도 1990년 6월 종전의 지급결제관련 시행규정인 Regulation J(Subpart B) 중 동법 제 [4A] 편과 상치되거나 미비된 부분을 개정하였다. 통일상법 제 [4A] 편 제정은 통일신지급법 제정실패에 대한 반성으로 은행관계자 및 기업 등의 조언을 받아 이루어졌으므로 은행들도 이를 호의적으로 받아들이고 있고, 미국의 양대 자금이체시스템인 Fed Wire 및 CHIPS에서 동 제 [4A] 편을 채택함으로써 각국의 동법수용 움직임을 가속화시켰을 뿐만 아니라 다른 나라의 자금이체법이론에도 커다란 영향을 미쳤다.

(5) 전자자금이체법규의 국제적 통일노력 국제적인 자금이체가 급증함에 따라 최근 전자자금거래에 관한 규정의 국제적인 통일을 위한 새로운 움직임이 전개되고 있음은 주목할 만하다. 국제연합의 UNCITRAL에서 1986년에 전자자금거래에 관한 법지침(Legal Guide on Electronic Fund Transfer)이 작성되어 전자자금거래에 관한 모델법을 만들어(1992년 5월) 각국에 채택을 권고하고 있고, 유럽제국에서도 EC통합을 위하여 세제 · 금융 등 경제 각 분야에 있어서 제도의 통일에 관한 논의가 활발히 진행되고 있는데, UNCITRAL의 모델법완성에 따라 전자자금거래에 관한 통일법규의 논의가 급속히 진전되고 있다.

4. 法律構成과 當事者의 責任

(1) 법률구성 대변이체에 관해서는 독일의 영향을 받아 대변이체가 위임계약인가, 아니면 제 3 자를 위한 계약인가 하는 법적 성질이 다투어졌다. 독일에서는 대변이체의 기초가 되는 지로계약(Girovertrag)은 은행에 지로사무의 처리를 위임하는 위임계약이며, 아울러 임치계약 · 도급계약 및 고용계약의 성질을 갖는 혼합계약이라고 한다(정동윤, 618~619쪽 ; Canaris, *Bankvertrags-recht,* 2. Aufl., Rdn, 315, 318).

미국에서는 그 법적 성질에 관해서 거의 논의되지 않고 있다. 그러나 Fed Wire 규칙 또는 ACH 규칙 등에 의하면 대변이체의뢰인과 지시은행 사이의 대변이체위임계약, 지시은행과 수취은행 사이의 환거래계약, 수취은행과 수취인 사이의 구좌입금계약에 의하여 제시은행에 있는 의뢰인의 구좌로부터 수취은행에 있는 수취인의 구좌로 대변이체가 행하여진다. Fed Wire 규칙에 의하면 의뢰인이 제시은행에 대변이체지시를 보내거나 전화로 대변이체를 청구함으로써 대변이체의 수권(위임)의 합의가 이루어진 것으로 되어 대변이체수취인이 수취은행에 구좌를 갖거나 이용함으로써 대변이체금을 구좌로 입금하는 권한을 부여하는 합의를 수취은행과 한 것으로 된다(C. F. R. §210. 29, 30(1981)). ACH 규칙은 대변이체에 관해서도 위임계약적 구성을 채택하고 있다.

이상과 같은 위임계약적 구성을 채택하는 결과 대변이체에 있어서 수취은행이 수취인에게 지급한 대변이체자금을 지시은행으로부터 결제받지 못한 때에도 수취은행은 대변이체의뢰인에 대하여 그 자금을 청구하지 못하며, 지시은행의 지급불능으로 인하여 수취인이 대변이체자금을 지급받을 수 없다고 해도 수취인은 전자자금이체거래의 권리로서 의뢰인에 대하여 그 금액을 청구하지 못한다(Scott, Corporate Wire Transfers and the Uniform New Payments Code, 83 Colum. L. Rev., pp. 1684, 1685). 그러나 원인관계상의 청구는 별개의 문제이다. 차변이체의 경우도 마찬가지이다. 그러나 미국의 판례는 개별적인 취급을 엄격히 관철시키지 않는다. 예컨대 수취은행이나 중개은행이 의뢰인과 대리관계에 있다고 하여 대변이체의뢰인에 대한 과실책임을 인정하고 있다(Securities Fund Services v. American National Bank and Trust Co., 542 F. Supp. 323(N. D. I11. 1982). 이것은 대변이체의뢰인이 위조된 지시에 따라 대변이체의뢰를 행한바, 수취인명의의 구좌가 없음에도 불구하고 수취은행이 구좌번호만에 입금한 사건이다. 판결은 UCC 제4-104조 제1항 E호, 제4-203조 등에 따라 수취은행의 대변이체의뢰인에 대한 책임을 인정하였다. 또한 Evra Corp. v. Swiss Bank Corp. v. Continental Illinois National Bank and Trust Co.(third party defendant), 522 F. Supp. 820은 지시은행으로부터 대변이체의 텔렉스를 받으면서 수취은행에 송금한 중개은행의 대변이체의뢰인에 대한 책임을 인정하고 있다).

이처럼 수취은행은 대변이체의뢰인에 대하여 복위임관계에 있는 것으로 본다면 복위임에 관한 규정(민법 제682조 제2항, 제121조)을 유추적용하여 수취은행이 의뢰인에 대하여 직접책임을 지고, 의뢰인이 수취인의 구좌를 지정한 때에는 수취은행이 부적임 또는 불성실함을 알고 의뢰인에게 통지하거나 해임을 해태한 경우가 아니라면 지시은행이 수취은행의 행위로 인하여 그 의뢰인에게 손해배상책임을 지지는 않는다고 보아야 한다. 대변이체의뢰인을 보호하기 위해서는 수취은행은 대변이체의뢰인에 대하여 자기의 과실에 관해 직접책임을 지는 것으로 해석해야 한다. 독일의 판례 · 학설도 동일한 결론에 이르고 있다(BGHZ 69, 82 ; Canaris, *Bankvertragsrecht*, Rdn. 391, 395). 결과의 타당성은 인정할 수 있다고 해도 일률적으로 복위임관계를 인정할 수 없고, 복위임에 관한 규정을 유추적용한다면 수취은행이 대변이체의뢰인에 대하여 비용상환청구권 · 보수청구권을 갖지 않는 것이 이상하다. 차변이체의 지급은행이 차변이체의뢰인에 대하여 복위임관계에 선다고 해도 마찬가지의 문제가 있다.

(2) 지시은행과 추심은행의 책임 자금이체의 법률구조를 복위임이라고 단정할 수 없다면, 대변이체에 있어서 수취은행 또는 중개은행은 지시은행의 이행보조자라고 할 수 있는가. 차변이체의 경우 지급은행 또는 중개은행이 추심은

행의 이행보조자인가 하는 문제와 같다. 대변이체가 지시은행의 과실로 불이행된 경우에 지시은행이 대변이체의뢰인에 대하여 책임을 지는 것은 위임관계상 당연하다.

독일에서는 이 문제를 계약해석의 문제로 보면서 지시은행은 단지 대변이체지시를 정규의 방법으로 전송할 의무만을 부담하고, 그 수취인의 구좌에 입금할 의무까지 부담하지는 않으므로 수취은행 또는 중개은행은 지시은행의 이행보조자에 해당하지 않는다고 한다(Canaris, *Bankvertragsrecht*, Rdn. 391 ; RGZ 105, 48, 51). 차변이체의 경우도 동일하다.

그러나 UNCITRAL의 전자자금이체에 관한 법지침에 이르게 되면 대변이체의 지시은행은 그 절차에 관계하는 모든 당사자의 행위에 대하여 그 의뢰인에게 책임을 지며, 이것은 차변이체에 있어서도 동일하게 된다(UNCITRAL, U. N. Doc. A/CN. 9/250/Add. 4 Para, 56~60). 이를 조직망책임이라고 부른다(이러한 책임을 인정하는 이유에 관해서는 이기수, "컴퓨터를 이용한 금융결제와 법," 고대법학논집 제24집, 152~153쪽 참조).

이러한 문제는 의뢰인과 지시은행(추심은행) 사이의 계약의 해석문제라고 할 수 있고, 계약자유의 범위 내에서 자유롭게 결정할 수 있으나, 특별한 약정이 없는 한 지시은행은 수취은행에 대한 입금까지 약속한다고 보아 일종의 결과채무(obligation de résultat)에 해당하는 의무를 부담한다고 보아야 할 것이다. 이러한 점에서는 의뢰인과 지시은행 사이의 계약은 도급계약을 강하게 반영하게 된다.

(3) 직접계약관계가 없는 당사자 사이의 책임 지시은행은 자신의 명의로 중개은행에 자금이체의 중개를 위탁하므로 의뢰인과 중개은행 사이에 직접적인 계약관계는 생기지 않는다. 경우에 따라 불법행위책임을 물을 수 있을 것이다(동지 : 최기원, 902쪽).

5. 法律問題

(1) 자금이체거래의 하자

A. 원인관계상의 하자 개별적인 계약적 구성을 전제로 하는 미국에 있어서도 현행법상은 대변이체의뢰인과 수취인 사이 또는 차변이체의뢰인과 지급인 사이라는 전자적 자금이체거래의 원인관계(대가관계)상의 항변을 이체거래에서는 원칙적으로 주장할 수 없다고 한다(정동윤, 620쪽 ; Scott, *New Payment Systems*, p. 184). 이것은 독일에 있어서도 마찬가지이다(*Ulmer, Akkreditiv und Anweisung*. ACP Bd 126(1926) S. 129ff. insb. 143ff. ; Canaris, *Bankvertragsrecht*, Rdn. 429).

B. 이체지시의 하자 전자적 자금이체거래의 이체지시 자체의 하자에 관하여 독일에서는 대변이체지시 자체의 하자에 대해서는 대변이체의 효력을

부정한다(Canaris, *Bankvertragsrecht*, Rdn. 425, 454). 2중의 대변이체와 같은 지시의 부존재, 수취인 이외의 자에 대한 대변이체, 지시의 위조·변조, 대변이체의뢰인의 행위능력의 하자, 무권대리 등의 경우에는 그 거래의 효력이 없으며, 의사표시의 하자에 관한 규정도 원칙적으로 적용된다고 한다(OLG Karlsruhe JW 1938 ; Canaris, *Bankvertragsrecht*, Rdn. 377). 차변이체에 있어서 지급인의 지급은행에 대한 차감위탁(Abbuchungsauftrag)에 하자가 있는 경우, 또는 차변이체의뢰인의 이체지시에 하자가 있는 경우도 마찬가지로 다루어진다(Canaris, *Bankvertragsrecht*, Rdn, 625). 이러한 경우에는 지시은행 또는 지급은행은 대변이체의뢰인 또는 차변이체의뢰인의 구좌에서 이체자금을 차감할 수 없고, 수취은행 또는 추심은행은 대변이체의뢰인 또는 차변이체의뢰인에 대한 입금을 취소하거나 정정할 권리를 갖는 외에 지급을 받는 자에 대하여 부당이득반환청구권을 갖는다. 그러나 대변이체에 관계한 은행을 해하지 않기 위하여 대변이체지시에 의사표시의 하자가 존재해도 지시은행이 중개은행 또는 수취은행에 대하여 취소할 수 없는 채무를 부담한 경우나 수취인에 지급하였기에 반환청구가 불가능한 경우는 지시은행은 차감한 자금을 원상으로 하지 않아도 좋다고 한다(Canaris, *Bankvertragsrecht*, Rdn. 379).

거래당사자의 의사표시가 가장 문제로 되는 것은 대변이체의뢰인·차변이체의뢰인·지시은행·수취은행·추심은행 등의 착오에 의하여 잘못된 대변이체·차변이체가 이루어진 경우이다.

이체지시 자체에 명백한 하자가 존재하는 경우에는 그 이체를 무효로 할 수 있지만, 자금이체거래에 관계하는 은행을 보호할 필요가 있으므로 어음·수표상의 항변대항에 준하여 고찰하는 방법이 타당하다고 본다.

(2) 부정이체와 소비자의 책임제한 위조·변조 등 적법한 권한에 기하지 아니한 이체지시는 그 효력을 인정할 수 없다. 따라서 무권한의 지시에 의하여 이체가 이루어진 때에는 대변이체의 제시은행 또는 차변이체의 지급은행은 그 의뢰인 또는 지급인의 구좌에서 이체자금을 차감하지 못한다. 그러나 은행측이 아닌 대변이체의뢰인 또는 차변이체지급인측의 과실로 인하여 무권한이체가 행하여진 경우도 있어 은행으로서는 어떠한 경우에 어느 정도의 금액까지 고객의 구좌에 손해를 부담시킬 것이냐가 문제로 된다.

이러한 경우 특별한 규정이 없는 한 손실부담은 과실책임에 입각하여 고객의 과실유무에 따라 고객의 책임을 결정하여야 할 것이다. 그러나 이 과실책임기준에 의한다면 현금자동지급기카드와 같은 전자자금이체카드를 분실한 경우에는 고객이 전손실을 부담하게 되고, 은행은 보통 채권의 준점유자에 대한 변제(민법 제470조)의 법리가 유추적용됨으로써 면책될 것이다.

미국에서 전자자금이체법을 제정함에 있어서도 현금자동지급기카드 · 현금자동예입지급기카드 · 판매점두단말기카드 등을 소비자가 분실 · 도난당한 경우에 누가 그 손해를 부담할 것인가 하는 것이 특히 문제되었다. 전자자금이체법은 대부진실법에 의한 신용카드의 책임부담방식을 채용하여(기업측은 수표에 관한 UCC 제3-406조와 같은 과실책임기준을, 소비자측은 금융기관의 우월한 법적 수단에 의해 애매한 과실책임기준으로서 소비자에게 가혹한 결과를 가져온다고 하여 손실부담을 50달러로 제할 것을 주장하였다. 이에 대해서는 Brandel & Oliff. The Electronic Fund Transfer Act. 40 Ohio St. L. J. 531, 555, 556 참조), 소비자의 과실 여부를 불문하고 원칙적으로 소비자의 책임을 50달러로 제한하고, 카드를 보유하거나 암호번호를 알고 있던 소비자가 2영업일 이내에 은행에 통지하지 아니한 때에는 소비자의 책임한도액을 500달러로 인상하는 등 상세한 규정을 두고 있다(15 U. S. C. § 1693g (a), (b) (1982)).

전자자금이체법의 책임부담원칙은 전통적인 과실책임주의 등의 법원칙에 얽매이지 않는 극히 정책적인 고려에 근거하고 있다.

정책적 고려를 배경으로 하는 법규정이 없는 한(우리나라에서도 신용카드에 관한 것이기는 하지만, 신용카드의 분실 · 도난으로 인한 손해는 신용카드업자가 사고의 통지를 받은 때에는 카드회원은 책임이 없다는 규정이 정책적 고려의 표현이라고 할 수 있다(신용카드업법 제12조 제 1 항)) 채권의 준점유자에 대한 변제의 법리의 사회통념상 일반적으로 기대되는 의무상 상당한 주의로 지급한 때에는 면책된다는 약관에 의하여 소비자에게 과실이 없어도 소비자가 손해를 부담하게 된다. 이러한 책임원칙은 소비자에게 가혹하므로, 현재 설치된 전자자금이체의 기계와 제도를 전제로 하는 주의의무만이 아니라 보다 사고가 적은 기계와 제도를 제공하여야 하는 주의의무도 은행측의 과실을 판단함에 고려하여야 할 것이다. 미국의 전자자금이체법은 소비자에 대한 관계에서 무권한이체에 관한 면책약속을 금지하고 있고(15 U. S. C. §1693), 독일의 은행보통거래약관도 위조 · 변조의 대변이체에 대한 은행의 면책규정을 두고 있지 않다(면책약관 자체는 원칙적으로 유효하다고 한다(Canaris, *Bankvertragsrecht*. Rdn. 369 ; Schlegelberger/Hefermehl, *Handelsgestzbuch*, 5 Aufl. (1976), Rdn. 41). 금융기관이 아닌 통신사업자와 같은 송달자는 계약에 의한 면책이 넓게 인정된다(UNCITRAL의 법지침은 계약으로서도 컴퓨터의 고장을 은행의 고객에 대한 면책사유로 할 수 없음을 지적하는 동시에 통신사업자의 면책에도 제한을 가할 것을 주장하고 있다(UNCITRAL, UN. Doc. A/CN, 9/250/Add. 4 para 64~73)).

(3) 이체제시의 이행장애와 손해배상의 범위 이체제시가 상실되거나 지연되어 은행이 손해배상책임을 지는 경우 그 범위는 어디까지인가? 대변이체가 지연된 경우 지시은행은 지연이자와 지연으로 인한 환차손을 배상하여야 한다는 점에는 의문이 없다(최기원, 680쪽). 그러나 대변이체의 지연으로 인하여 계약을 해제당한 의뢰인에 대하여 은행이 이행이익을 배상하여야 하는가 하는 점은 다투어진다. 민법의 원칙에 의하면 지시은행이 특별한 사정을 알았거나 알 수 있

었을 때에 한하여 배상책임을 질 것이다(민법 제393조 제2항).

미국에서도 보통법의 원칙을 적용하여 은행이 특별사정을 알고 있었느냐의 여부에 따라 이행이익의 배상가능성을 인정하기도 한다(Evra Corp. v. Swiss Bank Corp. v. Continental Ilinois National Bank and Trust Co.(thirdparty defendant), 522 F. Supp. 820(N. D. I 11. 1981). rev'd 673 F. 2d 951(7th Cir. 1982), cert. denied 103 S. Ct. 377(1982). 지시은행 Y_1으로부터 대변이체의 텔렉스를 받았으나 환거래은행 Y_1가 수취은행에 송금하지 않았기 때문에, 대변이체의뢰인 X가 약정일에 수취인인 선박소유자에게 지급하지 못하여 비선계약을 해제당한 사건이다. 1심인 연방지법은 Y_1에 대하여 계약해제에 의하여 상실한 기대이익의 배상을 구한 X의 청구를 인정하였으나, 2심인 연방고법은 그것을 부정하였다. 그러나 2심 판결도 EFT 거래에는 UCC가 적용되지 않는다고 하여 악의가 없는 한 결과손해의 배상을 부정하는 UCC 제4-103조 제5항이 아닌 보통법을 적용하여 Y_2가 특별사정을 알지 못하였다는 것 및 X측에도 대변이체의뢰에 여유가 없어 결과회피에 충분한 노력을 다하지 못한 부주의한 점이 있다는 것을 이유로 X의 청구를 기각하였다).. N. P. C. §204(4), 411(7), 전자자금이체법은 소비자의 지시에 따르지 아니한 때의 금융기관의 책임을 직접손해에 한정하고 있다(15 U. S. C. §1693h(a) (1982)). 지시의 송달자나 은행은 원인채무관계와 분리된 이체거래의 성질상 제시의 지정에 따른 결과를 알지 못하고, 또 그 예견가능성이 없다고 할 것이므로 은행 등이 이행이익을 배상할 경우란 흔하지 않을 것이다. 그리고 미국의 전자자금이체법은 은행이 고객의 이체지시에 불응하더라도 예금부족 등 고객측에 귀책사유가 있는 경우와 불가항력의 사유가 있는 경우에는 은행측의 배상책임을 인정하지 않고 있으나(EFTA 910(a)(1) (2), (b)), 고객이 은행에 대하여 사전이체지시를 취소하였음에도 불구하고 은행이 이를 무시하고 자금이체를 함으로써 고객이 손해를 입은 경우에는 은행의 배상책임을 인정하고 있다(EFTA 910(a)(3)).

(4) 지급완료와 지급확정 지급완료시점의 문제에는 대변이체 · 차변이체의 철회가 불가능하게 되는 시점, 수취은행 · 추심은행이 처분할 수 있는 자금으로 되는 시점, 그 은행으로부터 수취인 · 차변이체의뢰인이 인출할 수 있는 예금으로 되는 시점, 예금으로서 이자가 발생하게 되는 시점, 채무자의 채권자에 대한 채무변제의 효과가 발생하는 시점 등의 문제가 포함된다. 이체절차의 컴퓨터화로 인하여 이러한 사실의 대부분이 동시에 발생하게 되었으나 다른 경우도 있다.

이 가운데 가장 문제되는 것은 대변이체의뢰가 철회할 수 없게 되는 시점이다. 미국의 전자자금이체법은 이체제시의 취소는 인정하지 않기로 하고, 다만 사전승인에 의한 이체(preauthorized transfer)의 경우에 한하여 예정된 이체일의 3거래일 전까지 구두 또는 서면에 의하여 이체제시를 취소할 수 있도록 하였다(EFTA 909 (a) ; Regulation E 205. 10(C)). 독일에 있어서는 수취은행이 수취인의 구좌에 입금(기장)하기 전까지는 철회할 수 있다고 한다(Canaris, *Bankvertragsrecht*, Rdn. 354). 위임계약설에 의하면 위임사무의 완료까지는 언제든지 해제할 수 있으므로 수취은행의 입금(기장) 전에 언제든지 대변이체의뢰인은 철회할 수 있고, 철회의 의사표시가 입금(기장)

전에 도달하지 않는다면 수취인의 예금청구권은 성립하여 그 이후에는 대변이체를 철회하지 못한다(정동윤, 632쪽).

미국에서는 CHIPS에 관하여 이 제도의 성격, 회원은행의 견해 및 보통법을 근거로 하여 대변이체가 수취은행에 통지된 이상 대변이체는 완료하고, 의뢰인은 그것을 철회하지 못한다는 판례가 있으며(Delbruck & Co. v. Manufacturrers Hanover Trust Company. 609 F. 2d 1047(2d Cir. 1979). aff'g 464 F. Supp. 989(SDNY 1979). 이것은 제시은행 Y가 수취은행 A에 송금한 후 대변이체의뢰인 X와 Y가 A에게 대변이체의 철회를 의뢰하였으나, A가 그것에 따르지 않고 수취인의 구좌에 입금기장해 버렸기 때문에, X가 A에 의한 입금기장까지는 철회가 가능하였다고 하여 Y에 대하여 손해배상을 청구한 사건이다. 1·2심 모두 X의 청구를 기각하였다), CHIPS 규제 등 전신이체(Wire Transfer) 규칙은 일단 제도에 들어간 대변이체지시는 최종적인 것으로 되어 철회할 수 없다는 입장을 따르고 있다(Rules Governing the Bankwire Net Settlement System §9(1982)(이하 Cash Wire 규칙이라고 함), Terms of Settlement by Federal Reserve Bank for Banks Relating to Bank Wire Transactions §9(1982) ; Rules Governing the Computerized Clearing House Interbank Payments System §2(1981)(이하 CHIPS 규칙이라고 함), 우리나라에서도 금융결제원의 은행지로업무규약 제12조에 따라 마련된 일반계좌이체업무세부처리지침은 일단 지급이체통지서가 위탁은행으로부터 결제원에 송부된 후에는 이체의뢰를 취소할 수 없다고 한다). 전신이체규칙이 정하는 지급완료(철회불능)시점은 참가은행 사이에 있어서 지급완료시점이다. 은행으로서는 일단 송신·수신된 지시사항을 철회하여 원상으로 하는 것은 시간과 비용을 요하기 때문에 철회가능시점을 제한한 것이라고 본다. 그렇다면 이러한 제한은 수취인과 지급인 사이에도 적용되는가? 이 경우에도 그러한 규정이 기술상 합리적으로 요구되는 것이라면 지급인도 그 규정의 적용에 대하여 묵시적으로 동의한 것으로 보아 지급인도 구속한다고 하나(최기원, 683~684쪽), 철회불능시점을 앞당기는 것을 인정할 정도의 기술상의 필요는 없으므로 특별한 약정이 없는 한 참가은행을 구속하는 처리지침은 제 3 자인 지급인을 구속하지 못한다고 본다.

컴퓨터화에 수반한 문제로서는 온라인으로 연결된 전자자금이체의 경우 어느 시점에서 수취은행 또는 추심은행에 있는 수취인의 구좌에 입금되었다고 볼 수 있는가 하는 점이다.

CHIPS 규칙은 지급완료의 전후에 불구하고 은행의 고객에 대한 지급의무는 당해 은행에 대한 이체자금의 현실적인 입금을 전제로 하고 있다. 따라서 이체자금을 현실적으로 결제받지 못한 수취은행 또는 추심은행은 입금기장을 취소하고, 이미 수취인에게 지급한 자금의 반환을 청구할 수 있다. 그 결과 지급인의 수취인에 대한 변제의 효과는 발생하지 않고, 지급인은 2중으로 지급해야 하기 때문에 지시은행·지급은행 또는 중개은행의 지급불능위험을 지급인이 최종적으로 부담하게 된다. 독일에 있어서는 수취인의 구좌에 입금기장한 이상 취소하지 못한다고 하여 지급완료 후의 지시은행·중개은행의 지급불능위험을 수취은행에 부담시키고 있다. 이것은 구좌에 입금기장이 이루어진 수취인의 신뢰를 보호하기 위함이다.

(5) 소비자보호 미국의 전자자금이체법에 있어서의 특징은 무권한이체에 대한 소비자의 책임제한 이외에도 소비자보호를 위한 많은 규정이 있다는 점이다. 물론 은행 사이의 자금이체는 특별히 소비자보호를 고려할 필요가 없어 은행 사이의 자치에 맡겨진다.

전자자금이체법에 의하면(15 U.S.C. §1693c 아래 참조) ① 소비자의 권리와 책임에 관한 상세한 개시가 있어야 하고, ② 금융기관은 서면에 의한 완전한 기록을 소비자에게 교부하고, 기간계산서를 작성하여야 한다. 단말기의 기록과 기간계산서는 추정적 증거로서의 효력을 갖는다. ③ 소비자의 신청이 없는 한 전자자금이체카드를 송부하지 못하며, 그 거래를 강제하지 못한다. 그리고 ④ 우리나라의 공공요금의 자동차변이체에 해당하는 사전수권차변이체에 관하여 두터운 소비자보호절차와 소비자의 신청에 의한 거래의 과오해결절차에 대하여 상세한 규정을 두고 있다. 특히 사전수권차변이체에 있어서 구좌에서 차감할 소비자의 수권은 서면에 의하여야 하고, 소비자는 차변이체예정일의 3영업일 전까지 서면 또는 구두로 금융기관에 사전수권차변이체지급의 유지를 청구할 수 있다.

부 록

- 2010년 3월 31일 개정 어음법 신구조문 대비표
- 2010년 3월 31일 개정 수표법 신구조문 대비표
- 입출금이 자유로운 예금약관
- 예금거래기본약관
- 은행여신거래기본약관(가계용)
- 은행여신거래기본약관(기업용)
- 외환거래기본약관
- 신용카드개인회원규약
- 신용카드가맹점규약
- 신용카드온라인개인회원약관

2010년 3월 31일 개정 어음법 신구조문 대비표

어 음 법 [법률 제8441호, 2007.5.17., 일부개정]	어 음 법 [법률 제10198호, 2010.3.31., 일부개정]
제1조(어음요건) 환어음에는 다음의 사항을 기재하여야 한다. 1. 증권의 본문중에 그 증권의 작성에 사용하는 국어로 환어음임을 표시하는 문자 2. 일정한 금액을 지급할 뜻의 무조건의 위탁 3. (생 략) 4. 만기의 표시 5. 지급지 6. 지급을 받을 자 또는 지급을 받을 자를 지시할 자의 명칭 7. 발행일과 발행지 8. 발행인의 기명날인 또는 서명	**제1조(어음의 요건)** 환어음(換어음)에는 다음 각 호의 사항을 적어야 한다. 1. - - - 본문 중에 그 증권을 작성할 때 - - - - - - - - - - - - - - - - 글자 2. 조건 없이 일정한 금액을 지급할 것을 위탁하는 뜻 3. (현행과 같음) 4. 만기(滿期) 5. 지급지(支給地) 6. 지급받- - - - - 지급받- - - - - - - - - - - - - 7. - - - - - 발행지(發行地) 8. - - - - 기명날인(記名捺印) - - - -
제2조(어음요건의 흠결) ①제1조 각호의 사항을 기재하지 아니한 증권은 환어음의 효력이 없다. 그러나 다음 각항의 경우에는 그러하지 아니하다. ②만기의 기재가 없는 때에는 일람출급의 환어음으로 본다. ③지급지의 기재가 없는 때에는 지급인의 명칭에 부기한 지를 지급지이며 지급인의 주소지로 본다. ④발행지의 기재가 없는 환어음은 발행인의 명칭에 부기한 지에서 발행한 것으로 본다.	**제2조(어음 요건의 흠)** 제1조 각 호의 사항을 적지 아니한 증권은 환어음의 효력이 없다. 그러나 다음 각 호의 경우에는 그러하지 아니하다. 1. 만기가 적혀 있지 아니한 경우: 일람출급(一覽出給)의 환어음으로 본다. 2. 지급지가 적혀 있지 아니한 경우: 지급인의 명칭에 부기(附記)한 지(地)를 지급지 및 지급인의 주소지로 본다. 3. 발행지가 적혀 있지 아니한 경우: 발행인의 명칭에 부기한 지(地)를 발행지로 본다.
제3조(자기지시어음, 자기앞어음, 위탁어음) ①·② (생 략) ③환어음은 제삼자의 계산으로 발행할 수 있다.	**제3조(자기지시어음, 자기앞어음, 위탁어음)** ①·② (현행과 같음) ③ - - - - 제3자- - - - - - - - - - - - - - .
제4조(제삼자방지급의 기재) 환어음은 지급인의	**제4조(제3자방 지급의 기재)** - - - - - -

주소지에 있거나 다른 지에 있음을 불문하고 제삼자방에서 지급할 것으로 할 수 있다.	- - - - - - - - 있든 다른 지(地)에 있든 관계없이 제3자방(第三者方)에서 지급하는 - - - - - - - - - -.
제5조(이자의 약정) ①일람출급 또는 일람후 정기출급의 환어음에는 발행인은 어음금액에 관하여 이자가 생길 뜻의 약정을 기재할 수 있다. 그 외의 환어음에는 이자의 약정을 기재하여도 하지 아니한 것으로 본다. ②이율은 어음에 기재하여야 한다. 이율의 기재가 없으면 이자의 약정을 기재하여도 하지 아니한 것으로 본다. ③이자는 특정한 일자를 기재하지 아니한 때에는 어음발행당일로부터 계산한다.	**제5조(이자의 약정)** ① 일람출급 또는 일람 후 정기출급의 환어음에는 발행인이 어음금액에 이자가 붙는다는 약정 내용을 적을 수 있다. 그 밖- - - - - - - - - - - - - - - 적어도 이를 적지 - - - - - - - - - - . ② - - - - - - - - - 적어야 - - . 이율이 적혀 있지 아니하면 이자를 약정한다는 내용이 적혀 있더라도 이자를 약정하지 아니한 것으로 본다. ③ 특정한 날짜가 적혀 있지 아니한 경우에는 어음을 발행한 날부터 이자를 계산한다.
제6조(어음금액의 기재에 차이가 있는 경우) ① 환어음의 금액을 문자와 수자로 기재한 경우에 그 금액에 차이가 있는 때에는 문자로 기재한 금액을 어음금액으로 한다. ②환어음의 금액을 문자 또는 수자로 중복하여 기재한 경우에 그 금액에 차이가 있는 때에는 최소금액을 어음금액으로 한다.	**제6조(어음금액의 기재에 차이가 있는 경우)** ① - - - - - - - - - - 글자와 숫자로 적은 - - - - - - - - - - - - - - 있으면 글자로 적은 - - - - - - - - - - - - - - . ② - - - - - - - - - - 글자 또는 숫자로 중복하여 적은 - - - - - - - - - - - - - - 있으면 - - - - - - - - - - - - - - .
제7조(어음채무의 독립성) 환어음에 어음채무를 부담할 능력이 없는 자의 기명날인 또는 서명, 위조의 기명날인 또는 서명, 가설인의 기명날인 또는 서명 또는 기타의 사유로 인하여 환어음의 기명날인 또는 서명자나 그 본인에게 의무를 부담하게 할 수 없는 기명날인 또는 서명이 있는 경우에도 다른 기명날인 또는 서명자의 채무는 그 효력에 영향을 받지 아니한다.	**제7조(어음채무의 독립성)** 환어음에 다음 각 호의 어느 하나에 해당하는 기명날인 또는 서명이 있는 경우에도 다른 기명날인 또는 서명을 한 자의 채무는 그 효력에 영향을 받지 아니한다. 1. 어음채무를 부담할 능력이 없는 자의 기명날인 또는 서명 2. 위조된 기명날인 또는 서명 3. 가공인물의 기명날인 또는 서명 4. 그 밖의 사유로 환어음에 기명날인 또는 서명을 한 자나 그 본인에게 의무를 부담하게 할 수 없는 기명날인 또는 서명
제8조(어음행위의 무권대리) 대리권없이 타인의 대리인으로 환어음에 기명날인 또는 서명한 자는 그 어음에 의하여 의무를 부담한다. 그 자가 어음금액을 지급한 때에는 본인과 동일한 권리를 가진다. 권한을 초과한 대리인에 관하여도 같다.	**제8조(어음행위의 무권대리)** 대리권 없이 - - - - - - - - - - - - - 기명날인하거나 - .- - - 경우에는 본인과 같은 - - - - - - - - - - - - - - - - 대리인의 경우- - - - -.
제9조(발행인의 책임) ①발행인은 어음의 인수와 지급을 담보한다.	**제9조(발행인의 책임)** ① - - - - - - - - - 인수(引受)- - - - - - - - - - .

현행	개정
②발행인은 인수를 담보하지 아니한다는 뜻을 기재할 수 있다. 지급을 담보하지 아니한다는 뜻의 모든 문언은 기재하지 아니한 것으로 본다.	② - - - - - - - - - - - - - - - 내용을 어음에 적을 - - - -. 발행인이 지급- - - - - - - - - - - - - - - 문구는 적지 - - - - - - - - - - - .
제10조(백지어음) 미완성으로 발행한 환어음에 미리 한 합의와 다른 보충을 한 경우에는 그 위반으로써 소지인에게 대항하지 못한다. 그러나 소지인이 악의 또는 중대한 과실로 인하여 환어음을 취득한 때에는 그러하지 아니하다.	**제10조(백지어음)** - - - - - - - - - - - - - - - 합의한 사항과 다른 내용을 보충한 - - - - - - - 합의의 위반을 이유로 - - - - - - - - - - - - - - - . - - - - - - - - - - - - - - 취득한 경우- - - - - - - - - - - - - .
제11조(당연한 지시증권성) ①환어음은 지시식으로 발행하지 아니한 경우에도 배서에 의하여 양도할 수 있다. ②발행인이 환어음에 「지시금지」의 문자 또는 이와 동일한 의의가 있는 문언을 기재한 때에는 그 어음은 지명채권의 양도에 관한 방식에 따라서만 그리고 그 효력으로써만 양도할 수 있다. ③배서는 인수한 지급인이나 인수하지 아니한 지급인, 발행인 기타의 어음채무자에 대하여도 할 수 있다. 이러한 자는 다시 어음에 배서할 수 있다.	**제11조(당연한 지시증권성)** ① - - - 지시식(指示式)- - - - - - - - - - 배서(背書)- - - - - - - - - - - - - - . ② - - - - - - - - - - - "지시 금지" 라는 글자 - - - - - 같은 뜻이 있는 문구를 적은 경우- - - - - - - - - - - - - - - 양도 방식으로만, -. ③ 배서는 다음 각 호의 자에 대하여 할 수 있으며, 다음 각 호의 자는 다시 어음에 배서할 수 있다. 1. 어음을 인수한 지급인 2. 어음을 인수하지 아니한 지급인 3. 어음의 발행인 4. 그 밖의 어음채무자
제12조(배서의 요건) ①배서는 무조건으로 하여야 한다. 배서에 붙인 조건은 기재하지 아니한 것으로 본다. ② (생 략) ③소지인출급의 배서는 백지식 배서와 동일한 효력이 있다.	**제12조(배서의 요건)** ① 배서에는 조건을 붙여서는 아니 된다.- - - - - - - - - - - 적지 - - - - - - - - - - . ② (현행과 같음) ③ 소지인에게 지급하라는 소지인출급의 배서는 백지식(白地式) 배서와 같은 효력이 있다.
제13조(배서의 방식) ①배서는 환어음이나 이에 결합한 보전에 기재하고 배서인이 기명날인 또는 서명하여야 한다. ②배서는 피배서인을 지명하지 아니하고 할 수 있고 또는 배서인의 기명날인 또는 서명만으로 할 수 있다(백지식배서). 후자의 경우의 배서는 환어음의 이면이나 보전에 기재하지 아니하면 효력이 없다.	**제13조(배서의 방식)** ① - - - - - - - - - - - - - - - - - 보충지[보전]에 적고 배서인이 기명날인하거나 - - - - - - - - -. ② - - - 피배서인(被背書人)- - - - - - - - - - - - - - 있으며 - - - - - - - - - - - - 서명만으로도 - - - 있다(백지식 배서). 배서인의 기명날인 또는 서명만으로 하는 백지식 - - - - - - - - - 뒷면이나 보충지에 하지 - - - - - - .

제14조(배서의 권리이전적 효력) ①배서는 환어음으로부터 생기는 모든 권리를 이전한다. ②배서가 백지식인 때에는 소지인은 1. 자기의 명칭 또는 타인의 명칭으로 백지를 보충할 수 있다. 2. 백지식으로 또는 타인을 표시하여 다시 어음에 배서할 수 있다. 3. 백지를 보충하지 아니하고 또 배서도 하지 아니하고 어음을 제삼자에게 양도할 수 있다.	**제14조(배서의 권리 이전적 효력)** ① - 이전(移轉)한다. ② 배서가 백지식인 경우에 소지인은 다음 각 호의 행위를 할 수 있다. 1. - 백지(白地)를 보충하는 행위 2. - 배서하는 행위 3. - 교부만으로 제3자에게 양도하는 행위
제15조(배서의 담보적 효력) ①배서인은 반대의 문언이 없으면 인수와 지급을 담보한다. ②배서인은 다시하는 배서를 금지할 수 있다. 이 경우에 그 배서인은 어음의 그 후의 피배서인에 대하여 담보의 책임을 지지 아니한다.	**제15조(배서의 담보적 효력)** ① - - - - - - - - - 문구가 -. ② - - - - 자기의 배서 이후에 새로 하는 - - - - - - - - - - - - - - -. - - 경우 - .
제16조(배서의 자격수여적 효력, 어음의 선의취득) ①환어음의 점유자가 배서의 연속에 의하여 그 권리를 증명하는 때에는 이를 적법한 소지인으로 추정한다. 최후의 배서가 백지식인 경우에도 같다. 말소한 배서는 배서의 연속에 관하여는 배서의 기재가 없는 것으로 본다. 백지식 배서의 다음에 다른 배서가 있는 때에는 그 배서를 한 자는 백지식 배서에 의하여 어음을 취득한 것으로 본다. ②사유의 여하를 불문하고 환어음의 점유를 잃은 자가 있는 경우에 그 어음의 소지인이 전항의 규정에 의하여 그 권리를 증명한 때에는 그 어음을 반환할 의무가 없다. 그러나 소지인이 악의 또는 중대한 과실로 인하여 어음을 취득한 때에는 그러하지 아니하다.	**제16조(배서의 자격 수여적 효력 및 어음의 선의취득)** ① - 증명할 때에는 그- - - - - - - - - - - - 추정(推定)한다.- 배서를 하지 아니한 - 있는 경우- -. ② 어떤 사유로든 - 제1항에 따라 - - - - - - 증명할 -.- 취득한 경우- - - - - - - .
제17조(인적 항변의 절단) 환어음에 의하여 청구를 받은 자는 발행인 또는 종전의 소지인에 대한 인적관계로 인한 항변으로써 소지인에게 대항하지 못한다. 그러나 소지인이 그 채무자를 해할 것을 알고 어음을 취득한 때에는 그러하지 아니하다.	**제17조(인적 항변의 절단)** - 인적 관계로 인한 항변(抗辯)- - - - - - - - - - - - - - - - - - -.- - - - - - - - - - - - 취득한 경우- - - - - - - - - - - - - -.
제18조(추심위임배서) ①배서에 「회수하기 위	**제18조(추심위임배서)** ① 배서한 내용 중 다음

현행	개정
하여」, 「추심하기 위하여」, 「대리를 위하여」 기타 단순히 대리권 수여를 표시하는 문언이 있는 때에는 소지인은 환어음으로부터 생기는 모든 권리를 행사할 수 있다. 그러나 소지인은 대리를 위한 배서만을 할 수 있다.	각 호의 어느 하나에 해당하는 문구가 있으면 - 대리(代理)- - - - - - - - - - - - - - - - - - -.
〈신 설〉	1. 회수하기 위하여
〈신 설〉	2. 추심(推尋)하기 위하여
〈신 설〉	3. 대리를 위하여
〈신 설〉	4. 그 밖에 단순히 대리권을 준다는 내용의 문구
②전항의 경우에는 어음의 채무자는 배서인에게 대항할 수 있는 항변만으로써 소지인에게 대항할 수 있다.	② 제1항- 항변으로써만 - - - - - - - - - - - - - - -.
③대리를 위한 배서에 의한 대리권은 그 수권자가 사망하거나 무능력자가 됨으로 인하여 소멸하지 아니한다.	③ - - - - - - - 의하여 주어진 대리권은 그 대리권을 준 자- - - - - - - - - - - - - 되더라도 - - - - - - - - -.
제19조(입질배서) ①배서에 「담보하기 위하여」, 「입질하기 위하여」 기타 질권설정을 표시하는 문언이 있는 때에는 소지인은 환어음으로부터 생기는 모든 권리를 행사할 수 있다. 그러나 소지인이 한 배서는 대리를 위한 배서의 효력만이 있다.	**제19조(입질배서)** ① 배서한 내용 중 다음 각 호의 어느 하나에 해당하는 문구가 있으면 -.- 효력만 - - .
〈신 설〉	1. 담보하기 위하여
〈신 설〉	2. 입질(入質)하기 위하여
〈신 설〉	3. 그 밖에 질권(質權) 설정을 표시하는 문구
②전항의 경우에 어음채무자는 배서인에 대한 인적 관계로 인한 항변으로써 소지인에게 대항하지 못한다. 그러나 소지인이 그 채무자를 해할 것을 알고 어음을 취득한 때에는 그러하지 아니하다.	② 제1항의 경우 - 취득한 경우- - - - - - - - - - - - - .
제20조(기한후 배서) ①만기후의 배서는 만기전의 배서와 동일한 효력이 있다. 그러나 지급거절증서작성후 또는 지급거절증서작성기간경과후의 배서는 지명채권양도의 효력만이 있다. ②일자의 기재가 없는 배서는 지급거절증서작성기간경과전에 한 것으로 추정한다.	**제20조(기한 후 배서)** ① 만기 후의 배서는 만기 전의 배서와 같은 효력이 있다. 그러나 지급거절증서가 작성된 후에 한 배서 또는 지급거절증서 작성기간이 지난 후에 한 배서는 지명채권 양도의 효력만 있다. ② 날짜를 적지 아니한 배서는 지급거절증서 작성기간이 지나기 전에 한 것으로 추정한다.
제21조(인수제시의 자유) (생 략)	**제21조(인수 제시의 자유)** (현행과 같음)

제22조(인수제시의 명령, 금지) ①발행인은 환어음에 기간을 정하거나 정하지 아니하고 인수를 위하여 어음을 제시하여야 할 뜻을 기재할 수 있다. ②발행인은 인수를 위한 어음의 제시를 금지하는 뜻을 어음에 기재할 수 있다. 그러나 어음이 제삼자방에서 또는 지급인의 주소지 아닌 지에서 지급하여야 할 것이거나 일람후 정기출급인 때에는 그러하지 아니하다. ③발행인은 일정한 기일전에는 인수를 위한 어음의 제시를 금지하는 뜻을 기재할 수 있다. ④각 배서인은 기간을 정하거나 정하지 아니하고 인수를 위하여 어음을 제시하여야 할 뜻을 기재할 수 있다. 그러나 발행인이 인수를 위한 어음의 제시를 금지한 때에는 그러하지 아니하다.	**제22조(인수 제시의 명령 및 금지)** ① - 아니하고, - - - - - - - - - - - - - - - - - - - 한다는 내용을 적을 - - - -. ② - - - - - - - - - - - - - - - - - - 금지한다는 내용을 어음에 적을 - - - -. 그러나 어음이 제3자방에서 또는 지급인의 주소지가 아닌 지(地)에서 지급하여야 하는 것이거나 일람 후 정기출급 어음인 경우에는 그러하지 아니하다. ③ - - - - - - - - - - 기일(期日) 전- - - - - - - - - - - - - - - - - - - 금지한다는 내용을 적을 - - - -. ④ - 아니하고, - - - - - - - - - - - - - - - - - - - 한다는 내용을 적을 - - - -. - 금지한 경우- - - - - - - - - - - - - - .
제23조(일람후 정기출급어음의 제시기간) ①일람후 정기출급의 환어음은 그 일자로부터 1년내에 인수를 위하여 이를 제시하여야 한다. ②발행인은 전항의 기간을 단축 또는 연장할 수 있다. ③배서인은 전2항의 기간을 단축할 수 있다.	**제23조(일람 후 정기출급 어음의 제시기간)** ① 일람 후 정기출급의 환어음은 그 발행한 날부터 1년 내에 인수를 위한 제시를 하여야 한다. ② - - - - 제1항의 기간을 단축하거나 - - - - - - - - . ③ - - - - 제1항 및 제2항- - - - - - - - - - - - - - .
제24조(유예기간) ①지급인은 제1의 제시가 있은 익일에 제2의 제시를 할 것을 청구할 수 있다. 이해관계인은 이 청구가 거절증서에 기재된 때에만 그 청구에 응한 제2의 제시가 없었음을 주장할 수 있다. ②소지인은 인수를 위하여 제시한 어음을 지급인에게 교부함을 요하지 아니한다.	**제24조(유예기간)** ① - - - - 첫 번째 제시일의 다음 날에 두 번째 - - - - - - - - - - - - - - - - -. - - - - - - - - - - - - - - - - - - - 적혀 있는 경우- - - - - - - - - - - - 두 번째 - - - - - - - - - - - - - - - - - - . ② - 교부할 필요가 없다.
제25조(인수의 방식) ①인수는 환어음에 기재하여야 한다. 인수는 「인수」 기타 이와 동일한 의의가 있는 문자로 표시하고 지급인이 기명날인 또는 서명을 하여야 한다. 어음의 표면에 지급인의 단순한 기명날인 또는 서명	**제25조(인수의 방식)** ① 인수는 환어음에 적어야 하며, “인수” 또는 그 밖에 이와 같은 뜻이 있는 글자로 표시하고 지급인이 기명날인하거나 서명하여야 한다. 어음의 앞면에 지급인의 단순한 기명날인 또는 서명이 있으

구조문	신조문
이 있으면 이를 인수로 본다. ②일람후 정기출급의 어음 또는 특별한 기재에 의하여 일정한 기간내에 인수를 위한 제시를 하여야 할 어음에 있어서는 소지인이 제시일자의 기재를 청구한 경우외에는 인수에는 인수일자를 기재하여야 한다. 일자의 기재가 없는 때에는 소지인은 배서인과 발행인에 대한 소구권을 보전하기 위하여는 적법한 시기에 작성시킨 거절증서에 의하여 그 기재가 없었음을 증명하여야 한다.	면 인수로 본다. ② 일람 후 - 기간 내- - - - - - - - - - - - - - - 하는 어음의 경우에는 소지인이 제시한 날짜를 기재할 것을 청구한 경우가 아니면 인수에는 인수한 날짜를 적어야 - - . 날짜가 적혀 있지 아니한 경우 - - - - - - - - - - - - - - - - - - - 상환청구권(償還請求權)을 보전(保全)하기 - - - - - - - - - - - - - - - - - - - 거절증서로써 - .
제26조(불단순인수) ①인수는 무조건이어야 한다. 그러나 지급인은 어음금액의 일부에 제한하여 인수할 수 있다. ②환어음의 다른 기재사항을 변경하여 인수한 때에는 인수를 거절한 것으로 본다. 그러나 인수인은 그 인수의 문언에 따라 책임을 진다.	**제26조(부단순인수)** ① - - - 조건 없이 하여야 - - .- - - - - - - - - - - - - - - 일부만을 - - - - - - - - . ② - - - - - - - - - - - - - - - - - - - 인수하였을 - - - - - - - - - - - - - - .- - - - - - - - - - - 인수 문구 - - - - - - - - - - - -.
제27조(제삼자방지급의 기재) ①발행인이 지급인의 주소지와 다른 지급지를 환어음에 기재한 경우에 제삼자방에서 지급할 뜻을 기재하지 아니한 때에는 지급인은 인수를 함에 있어 그 제삼자를 정할 수 있다. 이를 기재하지 아니한 때에는 인수인은 지급지에서 직접 지급할 의무를 부담한 것으로 본다. ②어음이 지급인의 주소에서 지급될 것인 때에는 지급인은 인수를 함에 있어 지급지에서의 지급장소를 정할 수 있다.	**제27조(제3자방 지급의 기재)** ① - 적은 경우에 제3자방에서 지급한다는 내용을 적지 아니하였으면 - - - - - - - - - - - - - - - - - 제3자- - - - - - - - -. 그에 관하여 적은 내용이 없으면 - - - - - - - - - - - 직접 지급- - - - - - - - - - - - - - - - . ② 지급인- - - - - - - - - - 어음의 경우 - - - - - - - - - - - - - - - - - 지급지 내에 위치한 - - - - - - - - - - - -.
제28조(인수의 효력) ①지급인은 인수로 인하여 만기에 환어음을 지급할 의무를 부담한다. ②지급을 받지 못한 경우에는 소지인은 제48조와 제49조의 규정에 의하여 청구할 수 있는 모든 금액에 관하여 인수인에 대하여 환어음으로부터 생기는 직접의 청구권이 있다. 소지인이 발행인인 경우에도 같다.	**제28조(인수의 효력)** ① - - - - 인수를 함으로써 - . ② - - - - - - - - - 경우에 - - - - - - - - - - - 제49조에 따라 - 직접청구권을 가진다.- - - - - - - - - - - - - - - - - - - .
제29조(인수의 말소) ①환어음에 인수를 기재한 지급인이 그 어음을 반환하기 전에 인수	**제29조(인수의 말소)** ① -

의 기재를 말소한 때에는 인수를 거절한 것으로 본다. 말소는 어음의 반환전에 한 것으로 추정한다. ②전항의 규정에 불구하고 지급인이 소지인 또는 어음에 기명날인 또는 서명한 자에게 서면으로 인수의 통지를 한 때에는 통지한 상대방에 대하여 인수의 문언에 따라 책임을 진다.	- - - - - - - - - - - - - 말소한 경우- . - - - - - - - 반환 전- - - - - - - - - - . ② 제1항에도 - - - - - - - - - 소지인이나 - - - - - - - - - - - 서명을 한 자에게 서면으로 인수를 통지한 경우에는 그 - - - - - - - - - - - - - - - 문구- - - - - - - - - - - - .
제30조(보증의 가능) ①환어음의 지급은 보증에 의하여 그 금액의 전부 또는 일부에 대한 담보를 할 수 있다. ②제삼자는 전항의 보증을 할 수 있다. 어음에 기명날인 또는 서명한 자도 같다.	**제30조(보증의 가능)** ① 환어음- 일부의 지급을 담보할 - - - - . ② 제3자는 제1항- - - - - - - - - - - - - - - - - 기명날인하거나 - - - - - - - - .
제31조(보증의 방식) ①보증은 환어음 또는 보전에 이를 하여야 한다. ②보증은 「보증」 또는 이와 동일한 의의가 있는 문언을 표시하고 보증인이 기명날인 또는 서명하여야 한다. ③환어음의 표면에 단순한 기명날인 또는 서명이 있는 경우에는 이를 보증으로 본다. 그러나 지급인 또는 발행인의 기명날인 또는 서명은 그러하지 아니하다. ④보증에는 누구를 위하여 한 것임을 표시하여야 한다. 그 표시가 없는 때에는 발행인을 위하여 보증한 것으로 본다.	**제31조(보증의 방식)** ① 보증의 표시는 - - - - - - 보충지에 - - - - - - - . ② 보증을 할 때에는 "보증" - - - - - 같은 뜻이 있는 문구를 - - - - - - - - - 기명날인하거나 - - - - - - - - - . ③ - - - - 앞면- 보증을 한 것 - - - - - . - 서명의 경우에는 - - - - - - - - - - . ④ - . - - - - - - 없는 경우 - - - - - - - - - - - - - - - - - - - .
제32조(보증의 효력) ①보증인은 보증된 자와 동일한 책임을 진다. ②보증은 담보된 채무가 그 방식에 하자가 있는 경우외에는 어떠한 사유로 인하여 무효가 된 때에도 그 효력이 있다. ③보증인이 환어음의 지급을 한 때에는 보증된 자와 그 자의 어음상의 채무자에 대하여 어음으로부터 생기는 권리를 취득한다	**제32조(보증의 효력)** ① - - - - - - - - - - 같은 - - - - - - . ② 보증은 담보된 채무가 그 방식에 흠이 있는 경우 외에는 어떠한 사유로 무효가 되더라도 그 효력을 가진다. ③ - - - - - - - - - - - - - - 하면 -
제33조(만기의 종류) ①환어음은 다음 각호의 어느 하나로 발행할 수 있다. 1. (생 략) 2. 일람후 정기출급 3. 발행일자후 정기출급	**제33조(만기의 종류)** ① - - - - - - - - 각호- - - - - - - - - - - - - - - - - . 1. (현행과 같음) 2. 일람 후 정기출급 3. 발행일자 후 정기출급

4. (생 략) ②전항과 다른 만기 또는 분할출급의 환어음은 무효로 한다.	4. (현행과 같음) ② 제1항 외의 - - - - - 분할 출급- - - - - - - - - - - - -.
제34조(일람출급어음의 만기) ①일람출급의 환어음은 제시된 때 만기로 된다. 이 어음은 발행일자로부터 1년내에 지급을 위하여 제시하여야 한다. 발행인은 이 기간을 단축 또는 연장할 수 있고 배서인은 그 기간을 단축할 수 있다. ②발행인은 일정한 기일전에는 일람출급의 환어음의 지급을 위한 제시를 금하는 뜻을 기재할 수 있다. 이 경우에는 제시기간은 그 기일로부터 개시한다.	**제34조(일람출급 어음의 만기)** ① - - - - - - - - - - - - - - - 때를 만기로 한다.- - - - - - 발행일부터 1년 내에 지급을 받기 위한 제시를 하여야 - - - - - - - - - - - - - 단축하거나 - . ② - - - - - - - - - - 기일 전- - - - - - - - - - - - - - 지급을 받기 - - - - - - - 금지한다는 내용을 적을 - - - -.- - 경우 - - - - - - - - 기일부터 시작한다.
제35조(일람후 정기출급어음의 만기) ①일람후 정기출급의 환어음의 만기는 인수의 일자 또는 거절증서의 일자에 의하여 정한다. ②인수일자의 기재가 없고 거절증서도 작성하지 아니한 경우에는 인수인에 대한 관계에서는 인수제시기간의 말일에 인수한 것으로 본다.	**제35조(일람 후 정기출급 어음의 만기)** ① 일람 후 정기출급의 환어음 만기는 인수한 날짜 또는 거절증서의 날짜에 따라 정한다. ② 인수일이 적혀 있지 아니하고 거절증서도 작성되지 아니한 경우에 -.
제36조(만기일의 결정, 기간의 계산) ①발행일자후 또는 일람후 1월 또는 수월에 지급할 환어음은 지급할 달의 대응일을 만기로 한다. 대응일이 없는 때에는 그 달의 말일을 만기로 한다. ②발행일자후 또는 일람후 1월반 또는 수월반에 지급할 환어음은 먼저 전월을 계산한다. ③월초, 월중 또는 월종으로 만기를 표시한 경우에는 그 달의 1일, 15일 또는 말일을 이른다. ④「8일」 또는 「15일」이라 함은 1주 또는 2주가 아니고 만8일 또는 만15일을 이른다. ⑤「반월」이라 함은 만15일을 이른다.	**제36조(만기일의 결정 및 기간의 계산)** ① 발행일자 후 또는 일람 후 1개월 또는 수개월이 될 때 지급할 환어음은 지급할 달의 대응일(對應日)을 만기로 한다.- - - - - 없는 경우- - - - - - - - - - - - - - - - - -. ② 발행일자 후 또는 일람 후 1개월 반 또는 수개월 반이 될 때 지급할 환어음은 먼저 전월(全月)을 계산한다. ③ - - - - - - - - - 월말로 - 말한다. ④ "8일" 또는 "15일"이란 1주 또는 2주가 아닌 만 8일 또는 만 15일을 말한다. ⑤ "반월"(半月)이란 만 15일을 말한다.
제37조(만기결정의 표준이 되는 세력) ①발행지와 세력을 달리하는 지에서 확정일에 지급할 환어음의 만기의 날은 지급지의 세력에 의하여 정한 것으로 본다.	**제37조(만기 결정의 표준이 되는 세력)** ① - - - - 세력(歲曆)을 달리하는 지(地)- - - - - - - - - - - - - - - - - - 만기일은 지급지의 세력에 따라 - - - - - - - .

②세력을 달리하는 양지간에서 발행한 환어음이 발행일자후 정기출급인 때에는 발행일자를 지급지의 세력의 대응일로 환산하고 이에 의하여 만기를 정한다.	② - - - - - - - - - - 두 지(地) 간에 발행한 발행일자 후 정기출급 환어음은 발행일을 지급지 - - - - - - - - - - - - - - - - - 따라 - - - - - - - -.
③환어음의 제시기간은 전항의 규정에 의하여 계산한다.	③ - - - - - - - - - - - - 제2항에 따라 - - - - .
④전3항의 규정은 환어음의 문언 기타의 기재에 의하여 다른 의사를 알 수 있는 때에는 적용하지 아니한다.	④ 제1항부터 제3항까지- - - - - - - - - - 문구나 그 밖의 기재사항- - - - - - - - - - - - - - - - 있는 경우- - - - - - - - - - - - .
제38조(지급의 제시의 필요) ①확정일출급, 발행일자후 정기출급 또는 일람후 정기출급의 환어음의 소지인은 지급을 한 날 또는 이에 이은 2거래일내에 지급을 위한 제시를 하여야 한다.	**제38조(지급 제시의 필요)** ① - - - - - - - 발행일자 후 - - - - - - - - 일람 후 정기출급의 환어음 소지인은 지급을 할 - - - - - 그날 이후의 2거래일 내에 지급을 받기 - - - - - - - - - - - - - -.
②어음교환소에서의 환어음의 제시는 지급을 위한 제시의 효력이 있다.	② 어음교환소에서 한 - - - - - - - - - - - - 받기 위한 제시로서- - - - - - .
③소지인으로부터 환어음의 추심을 위임받은 금융기관(이하 이 장에서 "제시금융기관"이라 한다)이 그 환어음의 기재사항을 정보처리시스템에 의하여 전자적 정보의 형태로 작성한 후 그 정보를 어음교환소에 송신하여 그 어음교환소의 정보처리시스템에 입력된 때에는 제2항에서 규정한 지급을 위한 제시가 이루어진 것으로 본다.	③ - 입력되었을 때에는 제2항에 따른 지급을 받기 - - - - - - - - - - - - - - - - - - - .
제39조(상환증권성, 일부지급) ①환어음의 지급인은 지급을 할 때에 소지인에 대하여 어음에 영수를 증명하는 기재를 하여 교부할 것을 청구할 수 있다.	**제39조(상환증권성 및 일부지급)** ① - - - - - - - - - - - - - - - - - - - 소지인에게 그 어음에 영수(領受)를 증명하는 뜻을 적어서 - - - - - - - - - - - - - - - .
② (생 략)	② (현행과 같음)
③일부지급의 경우에는 지급인은 소지인에 대하여 그 지급한 뜻을 어음에 기재하고 영수증을 교부할 것을 청구할 수 있다.	③ - - - - - - 경우 지급인은 소지인에게 그 지급 사실을 어음에 적- .
제40조(지급의 시기, 지급인의 조사의무) ①환어음의 소지인은 만기전에는 그 지급을 받을 의무가 없다.	**제40조(지급의 시기 및 지급인의 조사의무)** ① - - - - - - - - - - - 만기 전에는 - - - - - - - - - - - - - -.
②만기전에 지급을 하는 지급인은 자기의 위험부담으로 하는 것으로 한다.	② 만기 전- .
③만기에 지급하는 지급인은 사기 또는 중대한 과실이 없으면 그 책임을 면한다. 이 경우에 지급인은 배서의 연속의 정부를 조사할	③ - . - 경우 - - - - - - - - - - 연속이 제대로 되

구 조문	신 조문
의무가 있으나 배서인의 기명날인 또는 서명을 조사할 의무는 없다.	어 있는지- .
④제38조제3항에 따른 지급제시의 경우에는 지급인 또는 지급인으로부터 지급을 위임받은 금융기관은 제3항 후단에 규정된 배서의 연속의 정부(정부)에 대한 조사를 제시금융기관에 위임할 수 있다.	④ - - - - - - - - - 지급 제시의 경우 - 후단에 따른 배서의 연속이 제대로 되어 있는지- .
제41조(지급할 화폐) ①지급지의 통화가 아닌 통화로 지급할 것을 기재한 환어음은 만기의 날의 가격에 의하여 지급지의 통화로 지급할 수 있다. 어음채무자가 지급을 지체한 때에는 소지인은 그 선택에 따라 만기의 날 또는 지급의 날의 환시세에 의하여 지급지의 통화로 어음금액을 지급할 것을 청구할 수 있다.	**제41조(지급할 화폐)** ① 지급지의 통화(通貨)가 아닌 통화로 지급한다는 내용이 기재된 환어음은 만기일의 가격에 따라 지급지의 통화로 지급할 수 있다.- - - - - - - - - - - - - - - - 경우 - - - - - - - - - - - - - - 만기일 또는 지급하는 날의 환시세(換時勢)에 따라 - .
②외국통화의 가격은 지급지의 관습에 의하여 정한다. 그러나 발행인은 어음에 정한 환산률에 의하여 지급금액을 계산할 뜻을 어음에 기재할 수 있다.	② - 따라 - - - .- - - - - - - - - - 어음에서 정한 환산율에 따라 지급금액을 계산한다는 - - - - - - - 적을 - - - - .
③전2항의 규정은 발행인이 특종의 통화로 지급할 뜻(외국통화현실지급문구)을 기재한 경우에는 적용하지 아니한다.	③ 제1항 및 제2항은 발행인이 특정한 종류의 통화로 지급한다는 뜻(외국통화 현실지급 문구)을 적은 경우에는 적용하지 아니한다.
④발행국과 지급국에서 동명이가를 가진 통화에 의하여 환어음의 금액을 정한 때에는 지급지의 통화에 의하여 정한 것으로 추정한다.	④ - - - - - - - - - - - - 명칭은 같으나 가치가 다른 통화로써 - - - - - - - - - - - 경우에는 지급지의 통화로 - - - - - - - - - - - - .
제42조(어음금액의 공탁) 제38조에 규정한 기간내에 환어음의 지급을 위한 제시가 없는 때에는 각 어음채무자는 소지인의 비용과 위험부담으로 어음금액을 관할관서에 공탁할 수 있다.	**제42조(어음금액의 공탁)** - - - - 따른 기간 내에 환어음의 지급을 받기 - - - - - - 없으면 - 관할 관서에 공탁(供託)- - - - - - .
제43조(소구의 실질적 요건) 만기에 지급되지 아니하는 때에는 소지인은 배서인, 발행인 기타의 어음채무자에 대하여 소구권을 행사할 수 있다. 다음의 경우에는 만기전에도 소구권을 행사할 수 있다.	**제43조(상환청구의 실질적 요건)** - - - 지급이 되지 아니한 경우 - - - - - - - - - 발행인, 그 밖- - - - - - - - - - - - 상환청구권(償還請求權)- - - - - - - - -. 다음 각 호의 어느 하나에 해당하는 경우에는 만기 전에도 상환청구권을 행사할 수 있다.
1. 인수의 전부 또는 일부의 거절이 있은때	1. - - - - - - - - - - - - - 있는 경우
2. 인수를 하였거나 하지 아니한 지급인의 파산의 경우 그 지급정지의 경우 또는 그 재	2. 지급인의 인수 여부와 관계없이 지급인이 파산한 경우, 그 지급이 정지된 - - - -

산에 대한 강제집행이 주효하지 아니한 경우	- - - - - - - - - - - - - - - - - 주효(奏效)- - - - - - - - -
3. 인수를 위한 어음의 제시를 금지한 어음의 발행인의 파산의 경우	3. - 발행인이 파산한 - -
제44조(소구의 형식적 요건) ①인수 또는 지급의 거절은 공정증서(인수거절증서 또는 지급거절증서)에 의하여 증명하여야 한다.	**제44조(상환청구의 형식적 요건)** ① - 지급거절증서)로 - - - - - - - - -.
②인수거절증서는 인수를 위한 제시기간내에 작성시켜야 한다. 제24조제1항의 경우에 기간의 말일에 제1항의 제시가 있은 때에는 그 익일에도 거절증서를 작성시킬 수 있다.	② - - - - - - - - - - 제시기간 내- - - - - - - - - - - . 다만, - - - - - - - 제24조제1항에 따른 제시가 있으면 그 다음 날- - - - - - - - - - - - - - - - - - .
③확정일출급, 발행일자후 정기출급 또는 일람후 정기출급의 환어음의 지급거절증서는 지급을 할 날에 이은 2거래일내에 작성시켜야 한다. 일람출급어음의 지급거절증서는 인수거절증서작성에 관한 전항의 규정에 따라 작성시켜야 한다.	③ - - - - - - - 발행일자 후 - - - - - - - - 일람 후 정기출급 - 날 이후의 2거래일 내- - - - - - - - - - - . 일람출급어음의 지급거절증서는 인수거절증서 작성에 관한 제2항에 따라 작성시켜야 한다.
④인수거절증서를 작성한 때에는 지급을 위한 제시와 지급거절증서의 작성을 요하지 아니한다.	④ 인수거절증서가 작성되었을 때에는 지급을 받기 위한 제시와 지급거절증서의 작성이 필요하지 아니하다.
⑤인수를 하였거나 하지 아니한 지급인이 지급을 정지한 경우 또는 그 재산에 대한 강제집행이 주효하지 아니한 경우에는 소지인은 지급인에 대하여 지급을 위한 제시를 하고 거절증서를 작성시킨 후가 아니면 소구권을 행사하지 못한다.	⑤ 지급인의 인수 여부와 관계없이 - 경우 - - - - - - - - - - 대하여 지급을 받기 - 상환청구권- - - - - - - - - - - .
⑥인수를 하였거나 하지 아니한 지급인이 파산선고를 받은 경우 또는 인수를 위한 제시를 금지한 어음의 발행인이 파산선고를 받은 경우에 소지인이 소구권을 행사함에는 파산결정서를 제시하면 된다.	⑥ 지급인의 인수 여부와 관계없이 - 상환청구권을 행사할 때- - - - - - - - - - - - - - - - - - - .
제45조(인수거절, 지급거절의 통지) ①소지인은 거절증서작성일에 이은 또는 무비용상환의 문언의 기재가 있는 경우에는 어음제시일에 이은 4거래일내에 자기의 배서인과 발행인에 대하여 인수거절 또는 지급거절이 있었음을 통지하여야 한다. 각 배서인은 통지를 받은 날에 이은 이거래일내에 전통지자전원의 명칭과 처소를 표시하고 자기가 받은 통지를	**제45조(인수거절 및 지급거절의 통지)** ① 소지인은 다음 각 호의 어느 하나에 해당하는 날 이후의 4거래일 내에 자기의 배서인과 발행인에게 인수거절 또는 지급거절이 있었음을 통지하여야 하고, 각 배서인은 그 통지를 받은 날 이후 2거래일 내에 전(前) 통지자 전원의 명칭과 처소(處所)를 표시하고 자기가 받은 통지를 자기의 배서인에게 통지하여 차

자기의 배서인에게 통지하여 순차로 발행인에게 미치게 하여야 한다. 이 기간은 각통지를 받은 때로부터 진행한다.	례로 발행인에게 미치게 하여야 한다. 이 기간은 각 통지를 받은 때부터 진행한다. 1. 거절증서 작성일 2. 무비용상환(無費用償還)의 문구가 적혀 있는 경우에는 어음 제시일
②전항의 규정에 따라 환어음에 기명날인 또는 서명한 자에게 통지할 때에는 동일한 기간내에 그 보증인에 대하여도 동일한 통지를 하여야 한다.	② 제1항- - - - - - - - - 기명날인하거나 - - - - - - - - - - - - - - - - 같은 기간 내에 그 보증인에게도 같은 - - - - - - - - - - .
③배서인이 그 처소를 기재하지 아니하거나 그 기재가 분명하지 아니한 경우에는 그 배서인의 직접의 전자에게 통지하면 된다.	③ - - - - - - - - - - - 적지 - 직전(直前)의 자 - - - - - - - - - - .
④통지를 하여야 할 자는 어떠한 방법에 의하여도 할 수 있다. 단순히 어음의 반환에 의하여도 할 수 있다.	④ - - - - - - - - 하는 자는 어떠한 방법으로- - - - - - - - .- - - - - 어음을 반환하는 것으로도 통지할 - - - -.
⑤통지를 하여야 할 자는 적법한 기간내에 통지를 하였음을 증명하여야 한다. 이 기간내에 통지의 서면을 우편으로 부친 때에는 그 기간을 준수한 것으로 본다.	⑤ - - - - - - 하는 자는 적법한 기간 내- .- - 기간 내에 통지서를 - - - - 부친 경우- - - - - - - - - - - - - - - - -.
⑥전항의 기간내에 통지를 하지 아니한 자도 소구권을 잃지 아니한다. 그러나 과실로 인하여 손해가 생긴 때에는 환어음금액의 한도내에서 배상할 책임을 진다.	⑥ 제5항의 기간 내- - - - - - - - - - - - - - 상환청구권- - - - - - - . - 경우에는 환어음금액의 한도 내- - - - - - - - - - - - -.
제46조(거절증서작성면제) ①발행인, 배서인 또는 보증인은 「무비용상환」, 「거절증서불요」의 문자 또는 이와 동일한 의의가 있는 문언을 환어음에 기재하고 기명날인 또는 서명함으로써 소지인에 대하여 소구권을 행사하기 위한 인수거절증서 또는 지급거절증서의 작성을 면제할 수 있다.	**제46조(거절증서 작성 면제)** ① - - - - - - - - - - - - - - - - - 다음 각 호의 어느 하나에 해당하는 문구를 환어음에 적고 기명날인하거나 서명함으로써 소지인의 상환청구권 행사를 -.
〈신 설〉	1. 무비용상환
〈신 설〉	2. 거절증서 불필요
〈신 설〉	3. 제1호 및 제2호와 같은 뜻을 가진 문구
②전항의 문언은 소지인에 대하여 법정기간내의 어음의 제시와 통지의 의무를 면제하지 아니한다. 법정기간의 불준수는 소지인에 대하여 이를 원용하는 자가 증명하여야 한다.	② 제1항 각 호의 문구가 있더라도 소지인의 법정기간 내 어음의 제시 및 통지 의무가 면제되는 것은 아니다. 법정기간을 준수하지 아니하였음은 - - - - - - - - - - - 원용(援用)- - - - - - - - - - - - - -.

③발행인이 제1항의 문언을 기재한 때에는 모든 어음채무자에 대하여 효력이 있고 배서인 또는 보증인이 이 문언을 기재한 때에는 그 배서인 또는 보증인에 대하여서만 효력이 있다. 발행인이 이 문언을 기재하였음에도 불구하고 소지인이 거절증서를 작성시킨 때에는 그 비용은 소지인이 부담하고 배서인 또는 보증인이 이 문언을 기재한 경우에 거절증서를 작성시킨 때에는 모든 어음채무자에게 그 비용을 상환하게 할 수 있다.	③ - - 제1항 각 호의 문구를 적은 경우- - - - - - - - - - - - - - - - 있고, - - - - - - - - - - - - - 문구를 적은 경우 - - - - - - - - - - - - - - - 대하여 - - - - - - - - . 발행인이 이 문구를 적었음에도 불구하고 소지인이 거절증서를 작성시켰으면 그 비용은 소지인이 부담하고, 배서인 또는 보증인이 이 문구를 적은 경우에 거절증서를 작성시켰으면 모든 어음채무자에게 그 비용을 상환하게 할 수 있다.
제47조(어음채무자의 합동책임) ①환어음의 발행, 인수, 배서 또는 보증을 한 자는 소지인에 대하여 합동하여 책임을 진다.	**제47조(어음채무자의 합동책임)** ① - 합동으로 - - - - - - -.
②소지인은 전항의 어음채무자에 대하여 그 채무부담의 순서에 불구하고 그 1인, 수인 또는 전원에 대하여 청구할 수 있다.	② - - - - 제1항- 순서에도 불구하고 그중 1명, 여러 명 - - - - - - - - - - - - - - - - - - -.
③어음채무자가 그 어음을 환수한 경우에도 전항의 소지인과 동일한 권리가 있다.	③ - - - - - - - - - - - - - - - - - 제2항의 소지인과 같은 - - - - - - -.
④어음채무자의 1인에 대한 청구는 다른 채무자에 대한 청구에 영향을 미치지 아니한다. 이미 청구를 받은 자의 후자에 대하여도 같다.	④ 어음채무자 중 1명- -.- - - 후자(後者)- - - - - - - - - .
제48조(소구금액) ①소지인은 소구권에 의하여 다음의 금액의 지급을 청구할 수 있다.	**제48조(상환청구금액)** ① - - - - 상환청구권에 의하여 다음 각 호- - - - - - - - - - - - - - - - -.
1. 인수 또는 지급되지 아니한 어음금액과 이자의 기재가 있으면 그 이자	1. - 이자가 적혀 있는 경우 - - - -
2. 년 6분의 이율에 의한 만기이후의 이자	2. 연 6퍼센트의 이율로 계산한 만기 이후의 이자
3. 거절증서의 비용, 통지의 비용과 기타의 비용	3. 거절증서의 작성비용, 통지비용 및 그 밖의 비용
②만기전에 소구권을 행사하는 경우에는 할인에 의하여 어음금액을 감한다. 그 할인은 소지인의 주소지에서의 소구하는 날의 공정할인율(은행률)에 의하여 계산한다.	② 만기 전에 상환청구권- 줄인다.- - - - - - - - - - - 주소지에서 상환청구- - - - - - - - - - - - - - - - - .
제49조(재소구금액) 환어음을 환수한 자는 그 전자에 대하여 다음의 금액의 지급을 청구할 수 있다.	**제49조(재상환청구금액)** - - - - - - - - - - - - - 전자(前者)에 대하여 다음 각 호- - - - - - - - - - - - - - - - - -.

1. (생 략) 2. 전호의 금액에 대한 년 6분의 이율에 의하여 계산한 지급의 날 이후의 이자 3. (생 략)	1. (현행과 같음) 2. 제1호의 금액에 대하여 연 6퍼센트의 이율로 계산한 지급한 날 이후의 이자 3. (현행과 같음)
제50조(소구의무자의 권리) ①소구를 받은 어음채무자나 받을 어음채무자는 지급과 상환으로 거절증서, 영수를 증명하는 계산서와 그 어음의 교부를 청구할 수 있다. ②환어음을 환수한 배서인은 자기와 후자의 배서를 말소할 수 있다.	**제50조(상환의무자의 권리)** ① 상환청구(償還請求)- 상환(相換)- . ② - - - - - - - - - - - - 자기의 배서- .
제51조(일부인수의 경우의 소구) 일부인수후에 소구권을 행사하는 경우에 인수되지 아니한 어음금액을 지급하는 자는 그 지급한 뜻을 어음에 기재할 것과 영수증의 교부를 청구할 수 있다. 소지인은 그 후의 소구를 할 수 있게 하기 위하여 어음의 증명등본과 거절증서를 교부하여야 한다.	**제51조(일부인수의 경우의 상환청구)** 일부인수 후에 상환청구권- 이를 지급한 사실을 어음에 적을 것과 영수증을 교부할 것을 - - - - - - - - .- - - - - - - - - - - - 상환청구- .
제52조(역어음에 의한 소구) ①소구권이 있는 자는 어음의 반대문언의 기재가 없으면 그 전자의 1인을 지급인으로 하여 그 자의 주소에서 지급할 일람출급의 새어음(역어음)을 발행함으로써 소구권을 행사할 수 있다. ②역어음에는 제48조와 제49조에 규정한 금액외에 그 어음의 중개료와 인지세를 포함한다. ③소지인이 역어음을 발행하는 경우에는 그 금액은 본어음의 지급지에서 그 전자의 주소지에 대하여 발행하는 일람출급어음의 환시세에 의하여 정한다. 배서인이 역어음을 발행하는 경우에는 그 금액은 역어음의 발행인이 그 주소지에서 전자의 주소지에 대하여 발행하는 일람출급어음의 환시세에 의하여 정한다.	**제52조(역어음에 의한 상환청구)** ① 상환청구권- - - - - - - 어음에 반대문구가 적혀 있지 아니하면 그 전자 중 1명- - - - -, - 새 어음(이하 "역어음"이라 한다)을 발행함으로써 상환청구권- - - - - - - - - - . ② 역어음의 어음금액에는 제48조와 제49조에 따른 금액 외에 그 어음의 중개료와 인지세가 포함된다. ③ - - - - - - - - - - - - - - 경우에 - 일람출급어음의 환시세에 따라 - - - .- - - - - - - - - - - - - - - - 경우에 - 일람출급어음의 환시세에 따라 - - - .
제53조(소구권의 상실) ①다음의 기간을 경과한 때에는 소지인은 배서인, 발행인 기타의 어음채무자에 대하여 그 권리를 잃는다. 그	**제53조(상환청구권의 상실)** ① 다음 각 호의 기간이 지나면 - - - - - - - - - 발행인, 그 밖- - - - - - - - - - - - - - -

러나 인수인에 대하여는 그러하지 아니하다.	- - - - - - - - - - - - - - -.
1. 일람출급 또는 일람후 정기출급의 환어음의 제시기간	1. - - - - - - - - 일람 후 - - - - - - - - - - - - - - -
2. (생 략)	2. (현행과 같음)
3. 무비용상환의 문언의 기재가 있는 경우에 지급을 위한 제시기간	3. - - - - - - - - 문구가 적혀 - - - - - - 지급을 받기 - - - - - - - -
②발행인이 기재한 기간내에 인수를 위한 제시를 하지 아니한 때에는 소지인은 지급거절과 인수거절로 인한 소구권을 잃는다. 그러나 그 기재한 문언에 의하여 발행인이 인수에 대한 담보의무만을 면할 의사가 있었음을 알 수 있는 때에는 그러하지 아니하다.	② - - - - - - - - - - 기간 내- 소지인- - - - - - - - - - - - - - 상환청구권- - - - -. - - - - - - - - - - 문구에 의하여 발행인에게 - - - - - - - - 의사(意思)- - - - - - - - - - 있는 경우- - - - - - - - - - - - -.
③배서에 제시기간의 기재가 있는 때에는 그 배서인에 한하여 이를 원용할 수 있다.	③ - - - 제시기간이 적혀 있는 경우에는 그 배서인만이 - - - - - - - - - - - -.
제54조(불가항력과 기간의 연장) ①법정기간내에 환어음의 제시 또는 거절증서의 작성이 피할 수 없는 장애(국가법령에 의한 금제 기타의 불가항력)로 인하여 방해된 때에는 그 기간을 연장한다.	**제54조(불가항력과 기간의 연장)** ① 피할 수 없는 장애[국가법령에 따른 금제(禁制)나 그 밖의 불가항력을 말한다. 이하 "불가항력"이라 한다]로 인하여 법정기간 내에 환어음을 제시하거나 거절증서를 작성하기 어려운 경우에는 그 기간을 연장한다.
②소지인은 자기의 배서인에 대하여 지체없이 그 불가항력을 통지하고 어음 또는 보전에 그 통지한 뜻을 기재하고 일자를 부기하여 기명날인 또는 서명하여야 한다. 기타의 사항에 관하여는 제45조의 규정을 준용한다.	② 소지인은 불가항력이 발생하면 자기의 배서인에게 지체 없이 그 사실을 통지하고 어음 또는 보충지에 통지를 하였다는 내용을 적고 날짜를 부기한 후 기명날인하거나 서명하여야 한다. 그 밖- - - - - - - - - - 제45조를 - - - - .
③불가항력이 종지된 때에는 소지인은 지체없이 인수 또는 지급을 위하여 어음을 제시하고 필요한 경우에는 거절증서를 작성시켜야 한다.	③ - - - - - - 사라지면 소지인은 지체없이 - .
④불가항력이 만기로부터 30일을 넘어 계속하는 때에는 어음의 제시 또는 거절증서의 작성없이 소구권을 행사할 수 있다.	④ - - - - - - 만기부터 30일이 지나도 계속되는 경우- - - - - - - - - - - - - - - - - - 작성 없이 상환청구권- - - - - - - - - -.
⑤일람출급 또는 일람후 정기출급의 환어음에는 30일의 기간은 제시기간경과전이라도 소지인이 배서인에게 불가항력의 통지를 한 날로부터 진행한다. 일람후 정기출급의 환어음에는 30일의 기간에 어음에 기재한 일람후의 기간을 가산한다.	⑤ 일람출급 또는 일람 후 정기출급의 환어음의 경우 제4항에 따른 30일의 기간은 제시기간이 지나기 전이라도 소지인이 배서인에게 불가항력이 발생하였다고 통지한 날부터 진행한다. 일람 후 정기출급의 환어음의 경우 제4항에 따른 30일의 기간에는 어음에 적

구 조문	신 조문
	은 일람 후의 기간을 가산한다.
⑥소지인 또는 소지인으로부터 어음의 제시 또는 거절증서작성의 위임을 받은 자의 단순한 인적사유는 불가항력으로 보지 아니한다.	⑥ 소지인이나 - - - - - - - - - - - - - - - - - - 거절증서 작성을 위임받- - - - - - - - 인적 사유- - - - - - - - - - - - - - - - -.
제55조(참가의 당사자, 통지) ①발행인, 배서인 또는 보증인은 어음에 예비지급인을 기재할 수 있다. ②환어음은 소구를 받을 어느 채무자를 위하여 참가하는 자도 본장의 규정에 따라 인수 또는 지급을 할 수 있다. ③제삼자, 지급인 또는 이미 어음채무를 부담한 자도 인수인을 제외하고는 참가인이 될 수 있다. 〈단서 신설〉 ④참가인은 피참가인에 대하여 2거래일내에 참가의 통지를 하여야 한다. 참가인이 이 기간을 준수하지 아니한 경우에 과실로 인하여 손해가 생긴 때에는 참가인은 어음금액의 한도내에서 배상할 책임을 진다.	**제55조(참가의 당사자 및 통지)** ① - 적을 - - - -. ② 상환청구- 이 장(章)- - - - - - - - 환어음을 인수하거나 지급할 - - - -. ③ 제3자- 자도 - - - - - - - - - - -. 다만, 인수인은 참가인이 될 수 없다. ④ - - - - - - - - - - - - - - - 2거래일 내에 참가하였음을 통지하여야 - - .- - - - - - - - - - - - - 지키지 - 생기면 그 참가인은 어음금액의 한도- - - - - - - - - - - - -.
제56조(참가인수의 요건) ①참가인수는 인수를 위한 제시를 금하지 아니한 환어음의 소지인이 만기전에 소구권을 행사할 수 있는 모든 경우에 이를 할 수 있다. ②환어음에 지급지에 있는 예비지급인을 기재한 경우에는 어음의 소지인은 예비지급인에게 어음을 제시하였으나 그 자가 참가인수를 거절하였음을 거절증서에 의하여 증명하지 아니하면 예비지급인을 기재한 자와 그 후자에 대하여 만기전에 소구권을 행사하지 못한다. ③전항의 경우외에는 소지인은 참가인수를 거절할 수 있다. 소지인이 참가인수를 승락한 때에는 피참가인과 그 후자에 대하여 만기전에 행사할 수 있는 소구권을 잃는다.	**제56조(참가인수의 요건)** ① 참가인수(參加引受)- - - - - - - - 제시를 금지- - - - - - - - - - - - 만기 전에 상환청구권 - - - - - - - - 경우에 - - - - - - . ② - 경우 - 거절증서로 - 만기 전에 상환청구권- - - - - - - - - - . ③ 제2항의 경우 외- -. - - - - - - - - - - - 승낙- 만기 전- - - - - - - - - - - 상환청구권- - - - - -.
제57조(참가인수의 방식) 참가인수는 환어음에 기재하고 참가인이 기명날인 또는 서명하여야 한다. 참가인수에는 피참가인을 표시하여야 한다. 이 표시가 없는 때에는 발행인을	**제57조(참가인수의 방식)** 참가인수를 할 때에는 환어음에 그 내용을 적고 참가인이 기명날인하거나 서명하여야 한다. 이 경우 피참가인을 표시하여야 하며, 그 표시가 없을 때에는

위하여 한 것으로 본다.	발행인을 위하여 참가인수를 한 것으로 본다.
제58조(참가인수의 효력) ①참가인수인은 소지인과 피참가인의 후자에 대하여 피참가인과 동일한 의무를 부담한다. ②피참가인과 그 전자는 참가인수에 불구하고 소지인에 대하여 제48조에 규정한 금액의 지급과 상환으로 어음의 교부를 청구할 수 있다. 거절증서와 영수를 증명하는 계산서가 있는 때에는 그 교부도 청구할 수 있다.	**제58조(참가인수의 효력)** ① - 같은 - - - - - - - - -. ② - - - - -- - - - - - 참가인수에도 - - - - - - - - - - - - - 제48조에 따른 - - - - - - - 상환(相換)- - - - - - - - - - - - - - - - - - - -. - - - - - 경우에는 그것을 교부할 것- - - - - - - - -.
제59조(참가지급의 요건) ①참가지급은 소지인이 만기 또는 만기전에 소구권을 행사할 수 있는 모든 경우에 이를 할 수 있다. ② (생 략) ③지급은 지급거절증서를 작성시킬 수 있는 최종일의 익일까지 하여야 한다.	**제59조(참가지급의 요건)** ① - - - - - - - - - - - 만기나 만기 전에 상환청구권- - - - - - - - - - - - - 경우에 - - - - - . ② (현행과 같음) ③ - 다음 날- - - - - - - - - .
제60조(참가지급의 제시의 필요) ①지급지에 주소가 있는 자가 참가인수를 한 때 또는 지급지에 주소가 있는 자가 예비지급인으로 기재된 때에는 소지인은 늦어도 지급거절증서를 작성시킬 수 있는 최종일의 익일까지 그 전원에게 어음을 제시하고 필요가 있는 때에는 참가지급거절증서를 작성시켜야 한다. ②전항의 기간내에 거절증서의 작성이 없는 때에는 예비지급인을 기재한 자 또는 피참가인과 그 후의 배서인은 의무를 면한다.	**제60조(참가지급 제시의 필요)** ① - 한 경우 - 기재된 경우- - - - - - - - - - - - 마지막 날의 다음 날까지 그들 모두- - - - - - - - - - - - 필요할 - - - - - - - - - - - - - - - - - - - . ② 제1항의 기간 내에 거절증서가 작성되지 아니하면 -.
제61조(참가지급거절의 효과) 참가지급을 거절한 소지인은 그 지급으로 인하여 의무를 면할 수 있었던 자에 대한 소구권을 잃는다.	**제61조(참가지급거절의 효과)** - 상환청구권- - - - - -.
제62조(참가지급의 방법) ①참가지급이 있은 때에는 어음에 피참가인을 표시하고 그 영수를 증명하는 문언을 기재하여야 한다. 그 표시가 없는 때에는 발행인을 위하여 지급한 것으로 본다. ②환어음은 참가지급인에게 교부하여야 한다. 거절증서를 작성시킨 때에는 이것도 교	**제62조(참가지급의 방법)** ① - - - - - - 있었으면 - 문구를 적어야 하며, 그 표시가 없을 때에는 발행인을 위하여 지급한 것으로 본다. 〈후단 삭제〉 ② 환어음은 참가지급인에게 교부하여야 하며, 거절증서를 작성시킨 경우에는 그 거절

부하여야 한다.	증서도 교부하여야 한다.
제63조(참가지급의 효력) ①·② (생 략) ③참가지급의 경합이 있는 경우에는 가장 다수의 어음채무자의 의무를 면하게 하는 자가 우선한다. 이러한 사정을 알고 이 규정에 위반하여 참가지급을 한 자는 의무를 면할 수 있었던 자에 대한 소구권을 잃는다.	**제63조(참가지급의 효력)** ①·② (현행과 같음) ③ 참가지급이 경합(競合)하는 경우에는 가장 많은 수- - - - - - - - - - - - - - - - - - .- - - - - - 알고도 이 규정을 - 상환청구권- - - - - -.
제64조(복본발행의 방식) ①환어음은 동일한 내용의 수통의 복본으로 발행할 수 있다. ②전항의 복본에는 그 증권의 본문중에 번호를 붙여야 한다. 이를 붙이지 아니한 때에는 그 수통의 복본은 이를 각별의 환어음으로 본다. ③어음에 1통만으로 발행한다는 뜻을 기재하지 아니한 때에는 소지인은 자기의 비용으로 복본의 교부를 청구할 수 있다. 이 경우에는 소지인은 자기의 직접의 배서인에 대하여 이를 청구하고 그 배서인은 다시 자기의 배서인에 대하여 청구를 함으로써 이에 협력하여 순차로 발행인에게 미치게 한다. 각 배서인은 새 복본에 배서를 재기하여야 한다.	**제64조(복본 발행의 방식)** ① - - - - 같은 내용으로 여러 통을 복본(複本)- - - - - - - - - - -. ② 제1항의 복본을 발행할 때에는 그 증권의 본문 중에 번호를 붙여야 하며, 번호를 붙이지 아니한 경우에는 그 여러 통의 복본은 별개의 환어음으로 본다. ③ - - - 한 통만을 발행한다는 내용을 적지 아니한 경우- .- - 경우 소지인은 자기에게 직접 배서한 배서인에게 그 교부- - - - - - - - - - - - - - - - - - - 배서인에게 - - - - - - - - - - - - - - - 차례로 발행인에게 그 청구가 - 다시 하여야 - - .
제65조(복본의 효력) ①복본의 1통에 대한 지급이 있는 때에는 이 지급이 다른 복본을 무효로 하는 뜻의 기재가 없는 경우에도 의무를 면하게 한다. 그러나 지급인은 인수한 각통으로서 반환을 받지 아니한 복본에 대하여 책임을 진다. ②수인에게 각 별로 복본을 양도한 배서인과 그 후의 배서인은 그 기명날인 또는 서명한 각통으로서 반환을 받지 아니한 것에 대하여 책임을 진다.	**제65조(복본의 효력)** ① - - - 한 통에 대하여 지급한 경우 그 - - - - - - - - - - - - - - 한다는 뜻이 복본에 적혀 있지 아니하여- - - - - - - - - - - - - .- - - - - - - - - - - - - - 각 통의 복본- -. ② 여럿에게 각각 - 그가 기명날인하거나 서명한 각 통의 복본- -.
제66조(인수를 위하여 하는 송부) ①인수를 위하여 복본의 1통을 송부한 자는 다른 각통에 이 1통을 보지하는 자의 명칭을 기재하여야 한다. 이 자는 다른 복본의 정당한 소지인에 대하여 이를 교부할 의무가 있다.	**제66조(인수를 위하여 하는 송부)** ① - - - - - - 복본 한 통- - - - - - - - - 각 통의 복본에 이 한 통의 복본을 보유- - - - - - - - - 적어야 - - . 송부된 복본을 보유하는 - - - - - - - - - - - - 소지인에게 그 복본을 - - - - - - - - - - .

②교부를 거절당한 때에는 소지인은 거절증서에 의하여 다음의 사실을 증명하지 아니하면 소구권을 행사하지 못한다. 1. 인수를 위하여 송부한 1통이 소지인이 청구하여도 교부되지 아니하였다는 것 2. 다른 1통으로 인수 또는 지급을 받을 수 없었다는 것	② 복본 교부를 거절당한 소지인은 거절증서로 다음 각 호의 사실을 증명하지 아니하면 상환청구권을 행사하지 못한다. 1. - - - - - - - - - - - - - 한 통의 복본이 소지인의 청구에도 불구하고 - - - - - - - - - - - - - - 2. - - - 한 통의 복본으로는 -
제67조(등본의 작성, 방식, 효력) ①환어음의 소지인은 그 등본을 작성할 권리가 있다. ②등본에는 배서 기타 원본에 기재한 모든 사항을 정확히 재기하고 그 말미를 표시하는 기재를 하여야 한다. ③등본에는 원본과 동일한 방법에 의하여 동일한 효력으로 배서 또는 보증을 할 수 있다.	**제67조(등본의 작성, 작성방식 및 효력)** ① - - - - - - - - - - - - 등본(謄本)- - - - - - - - - - - - - -. ② - - - - 배서된 사항이나 그 밖에 원본에 적힌 - - - - - - - - - - 다시 적고 끝부분임을 - - - - - - - - - - - - - - -. ③ 등본에 대하여는 원본과 같은 - - - - - - - 같은 - .
제68조(등본보지자의 권리) ①등본에는 원본의 보지자를 표시하여야 한다. 그 보지자는 등본의 정당한 소지인에 대하여 그 원본을 교부할 의무가 있다. ②교부를 거절당한 때에는 소지인은 원본의 교부를 청구하였음에도 불구하고 교부를 받지 못하였음을 거절증서에 의하여 증명하지 아니하면 등본에 배서 또는 보증한 자에 대하여 소구권을 행사하지 못한다. ③등본작성전에 한 최후의 배서의 뒤에 「이후의 배서는등본에 한 것만이 효력이 있다」는 문언 또는 이와 동일한 의의가 있는 문언을 원본에 기재한 때에는 원본에 기재한 그 후의 배서는 무효로 한다.	**제68조(등본 보유자의 권리)** ① - - - 원본 보유자- - - - - - - - - - - .- - 보유자 -. ② 원본 교부를 거절당한 - - - - - - - - - - - - - - - - - - 불구하고 - - - - - - - - - 거절증서로 - - - - - - - - - - - - - 배서하거나 - - - - - - - - - 상환청구권- - - - - - - - - - . ③ 등본 작성 전에 원본에 한 최후의 배서의 뒤에 다음 각 호의 어느 하나에 해당하는 문구를 적은 경우에는 원본에 한 그 후의 배서는 무효로 한다. 1. 이 후의 배서는 등본에 한 것만이 효력이 있다 2. 제1호와 같은 뜻을 가진 문구
제69조(변조와 어음행위자의 책임) 환어음의 문언에 변조가 있는 경우에는 그 변조후에 기명날인 또는 서명한 자는 변조된 문언에 따라 책임을 지고 변조전에 기명날인 또는 서명한 자는 원문언에 따라 책임을 진다.	**제69조(변조와 어음행위자의 책임)** 환어음의 문구가 변조된 경우에는 그 변조 후에 기명날인하거나 서명한 자는 변조된 문구에 따라 책임을 지고 변조 전에 기명날인하거나 서명한 자는 원래 문구에 따라 책임을 진다.
제70조(시효기간) ①인수인에 대한 환어음상의 청구권은 만기의 날로부터 3연간 행사하지	**제70조(시효기간)** ① - 만기일부터 3년간 -

아니하면 소멸시효가 완성한다.	- - - - - - - - - - - - - - 완성된다.
②소지인의 배서인과 발행인에 대한 청구권은 적법한 기간내에 작성시킨 거절증서의 일자로부터, 무비용상환의 문언이 기재된 경우에는 만기의 날로부터 1연간 행사하지 아니하면 소멸시효가 완성한다.	② - 다음 각 호의 날부터 1년간 - - - - - - - - - - - - - - - - 완성된다.
〈신 설〉	1. 적법한 기간 내에 작성시킨 거절증서의 날짜
〈신 설〉	2. 무비용상환의 문구가 적혀 있는 경우에는 만기일
③배서인의 다른 배서인과 발행인에 대한 청구권은 그 배서인이 어음을 환수한 날 또는 그 자가 제소된 날로부터 6월간 행사하지 아니하면 소멸시효가 완성한다.	③ - 날부터 6개월간 - - - - - - - - - - - - - - 완성된다.
第71조(시효의 중단) 시효의 중단은 그 중단사유가 생긴 자에 대하여서만 효력이 생긴다.	**第71조(시효의 중단)** - - - - - - - - - - - - - - - 대하여- - - - - - - - - .
第72조(휴일과 기일, 기간) ①환어음의 만기가 법정휴일인 때에는 이에 이은 제1의 거래일에 지급을 청구할 수 있다. 환어음에 관한 다른 행위 특히 인수를 위한 제시와 거절증서의 작성은 거래일에 한하여 할 수 있다.	**第72조(휴일과 기일 및 기간)** ① - - - - - - - - - - 경우에는 만기 이후의 제1거래일 - - - - - - - - - - - - - - . - - - - - - - - 행위, - - - - - - - - - 제시 및 거절증서 작성 행위는 거래일에만 - - - .
②전항의 어느 행위를 일정기간내에 하여야 할 경우에 그 기간의 말일이 법정휴일인 때에는 이에 이은 제1의 거래일까지 기간을 연장한다. 기간중의 휴일은 그 기간에 산입한다.	② 제1항의 어느 행위를 일정 기간 내에 하여야 할 경우 그 기간의 말일이 법정휴일이면 말일 이후의 제1거래일까지 기간을 연장하고, 기간 중의 휴일은 그 기간에 산입(算入)한다.
第73조(기간의 초일불산입) 법정기간 또는 약정기간에는 그 초일을 산입하지 아니한다.	**第73조(기간의 초일 불산입)** - - - - - - - - - - - - - - - - - 첫날- - - - - - - - - - - .
第74조(은혜일의 불허) 은혜일은 법률상이거나 재판상임을 불문하고 인정하지 아니한다.	**第74조(은혜일의 불허)** 은혜일(恩惠日)은 법률상으로든 재판상으로든 인정하지 아니한다.
第75조(어음요건) 약속어음에는 다음의 사항을 기재하여야 한다.	**第75조(어음의 요건)** 약속어음에는 다음 각 호의 사항을 적어야 한다.
1. 증권의 본문중에 그 증권의 작성에 사용하는 국어로 약속어음임을 표시하는 문자	1. - - - - 본문 중에 그 증권을 작성할 때 - 글자
2. 일정한 금액을 지급할 뜻의 무조건의 약속	2. 조건 없이 일정한 금액을 지급할 것을 약속하는 뜻
3. 만기의 표시	3. 만기

4. (생 략) 5. 지급을 받을 자 또는 지급을 받을 자를 지시할 자의 명칭 6.·7. (생 략)	4. (현행과 같음) 5. 지급받- - - - - - 지급받- - - - - - - - - - - - - - 6.·7. (현행과 같음)
제76조(어음요건의 흠결) ①제75조 각호의 사항을 기재하지 아니한 증권은 약속어음의 효력이 없다. 그러나 다음 각항의 경우에는 그러하지 아니하다. ②만기의 기재가 없는 때에는 일람출급의 약속어음으로 본다. ③다른 표시가 없는 때에는 발행지를 지급지이며 발행인의 주소지로 본다. ④발행지의 기재가 없는 약속어음은 발행인의 명칭에 부기한 지에서 발행한 것으로 본다.	**제76조(어음 요건의 흠)** 제75조 각 호의 사항을 적지 아니한 증권은 약속어음의 효력이 없다. 그러나 다음 각 호의 경우에는 그러하지 아니하다. 1. 만기가 적혀 있지 아니한 경우: 일람출급의 약속어음으로 본다. 2. 지급지가 적혀 있지 아니한 경우: 발행지를 지급지 및 발행인의 주소지로 본다. 3. 발행지가 적혀 있지 아니한 경우: 발행인의 명칭에 부기한 지(地)를 발행지로 본다.
제77조(환어음에 관한 규정의 준용) ①다음의 사항에 관한 환어음에 대한 규정은 약속어음의 성질에 상반하지 아니하는 한도에서 이를 약속어음에 준용한다. 1. 배서(제11조 내지 제20조) 2. 만기(제33조 내지 제37조) 3. 지급(제38조 내지 제42조) 4. 지급거절로 인한 소구(제43조 내지 제50조, 제52조 내지 제54조) 5. 참가지급(제55조, 제59조 내지 제63조) 6. ~ 8. (생 략) 9. 휴일, 기간의 계산과 은혜일의 금지(제72조 내지 제74조) ②제삼자방에서 또는 지급인의 주소지가 아닌 지에서 지급할 환어음(제4조와 제27조), 이자의 약정(제5조), 어음금액의 기재의 차이(제6조), 어음채무를 부담하게 할 수 없는 기명날인 또는 서명의 효과(제7조), 대리권한없는 자 또는 대리권한을 초과한 자의 기명날인 또는 서명의 효과(제8조)와 백지환어음(제10조)에 관한 규정은 약속어음에 준용한다.	**제77조(환어음에 관한 규정의 준용)** ① 약속어음에 대하여는 약속어음의 성질에 상반되지 아니하는 한도에서 다음 각 호의 사항에 관한 환어음에 대한 규정을 준용한다. 1. 배서(제11조부터 제20조까지) 2. 만기(제33조부터 제37조까지) 3. 지급(제38조부터 제42조까지) 4. 지급거절로 인한 상환청구(제43조부터 제50조까지, 제52조부터 제54조까지) 5. 참가지급(제55조, 제59조부터 제63조까지) 6. ~ 8. (현행과 같음) 9. - - - - - - - - - - - - - - - - - 인정 금지(제72조부터 제74조까지) ② 약속어음에 관하여는 제3자방- - - - - - - - - - - - - - - - - - - 지(地)에서 지급할 환어음에 관한 제4조 및 제27조, 이자의 약정에 관한 제5조- - - - - - - - - - 차이에 관한 제6조- 효과에 관한 제7조, 대리권한 없- 효과에 관한 제8조, 백지환어음에 관한 제10조를 - - - - .

구조문	신조문
③보증(제30조 내지 제32조)에 관한 규정도 약속어음에 준용한다. 제31조제4항의 경우에 누구를 위하여 보증한 것임을 표시하지 아니한 때에는 약속어음의 발행인을 위하여 보증한 것으로 본다.	③ 약속어음에 관하여는 보증에 관한 제30조부터 제32조까지의 규정을 준용한다.- 아니하였으면 - - - - - - - -.
제78조(발행인의 책임, 일람후 정기출급어음의 특칙) ①약속어음의 발행인은 환어음의 인수인과 동일한 의무를 부담한다. ②일람후 정기출급의 약속어음은 제23조에 규정한 기간내에 발행인에게 일람을 위하여 이를 제시하여야 한다. 일람후의 기간은 발행인이 어음에 일람의 뜻을 기재하고 일자를 부기하여 기명날인 또는 서명한 날로부터 진행한다. 발행인이 일람의 뜻과 일자의 기재를 거절한 때에는 거절증서에 의하여 이를 증명하여야 한다(제25조). 그 일자는 일람후의 기간의 초일로 한다.	**제78조(발행인의 책임 및 일람 후 정기출급 어음의 특칙)** ① - - - - - - - - - - - - - - - - - - - 같은 - - - - - - - - - -. ② 일람 후 정기출급의 약속어음은 제23조에 따른 기간 내에 발행인이 일람할 수 있도록 제시하여야 한다. 일람 후의 기간은 발행인이 어음에 일람하였다는 내용을 적고 날짜를 부기하여 기명날인하거나 서명한 날부터 진행한다. 발행인이 일람 사실과 날짜의 기재를 거절한 경우에는 제25조에 따라 거절증서로써 이를 증명하여야 한다. 그 날짜는 일람 후의 기간의 첫날로 한다.

2010년 3월 31일 개정 수표법 신구조문 대비표

수 표 법 [법률 제8440호, 2007.5.17., 일부개정]	수 표 법 [법률 제10197호, 2010.3.31., 일부개정]
제1조(수표요건) 수표에는 다음의 사항을 기재하여야 한다. 1. 증권의 본문중에 그 증권의 작성에 사용하는 국어로 수표임을 표시하는 문자 2. 일정한 금액을 지급할 뜻의 무조건의 위탁 3. (생 략) 4. 지급지 5. 발행일과 발행지 6. 발행인의 기명날인 또는 서명	**제1조(수표의 요건)** 수표에는 다음 각 호의 사항을 적어야 한다. 1. - - - 본문 중에 그 증권을 작성할 때 - - - - - - - - - - - - - - - - 글자 2. 조건 없이 일정한 금액을 지급할 것을 위탁하는 뜻 3. (현행과 같음) 4. 지급지(支給地) 5. - - - - - - 발행지(發行地) 6. - - - - - - 기명날인(記名捺印) - - - - -
제2조(수표요건의 흠결) ①제1조 각호의 사항을 기재하지 아니한 증권은 수표의 효력이 없다. 그러나 다음 각항의 경우에는 그러하지 아니하다. ②지급지의 기재가 없는 때에는 지급인의 명칭에 부기한 지를 지급지로 본다. 지급인의 명칭에 수개의 지를 부기한 때에는 수표의 초두에 기재한 지에서 지급할 것으로 한다. ③전항의 기재 기타 다른 표시가 없는 때에는 발행지에서 지급할 것으로 한다. ④발행지의 기재가 없는 수표는 발행인의 명칭에 부기한 지에서 발행한 것으로 본다.	**제2조(수표 요건의 흠)** 제1조 각 호의 사항을 적지 아니한 증권은 수표의 효력이 없다. 그러나 다음 각 호의 경우에는 그러하지 아니하다. 1. 지급지가 적혀 있지 아니한 경우: 지급인의 명칭에 부기(附記)한 지(地)를 지급지로 본다. 지급인의 명칭에 여러 개의 지(地)를 부기한 경우에는 수표의 맨 앞에 적은 지(地)에서 지급할 것으로 한다. 2. 제1호의 기재나 그 밖의 다른 표시가 없는 경우: 발행지에서 지급할 것으로 한다. 3. 발행지가 적혀 있지 아니한 경우: 발행인의 명칭에 부기한 지(地)를 발행지로 본다.
제3조(수표자금, 수표계약의 필요) 수표는 제시한 때에 발행인이 처분할 수 있는 자금이 있는 은행을 지급인으로 하고 발행인이 그 자금을 수표에 의하여 처분할 수 있는 명시 또는 묵시의 계약에 따라서만 이를 발행할 수 있다. 그러나 이 규정에 위반하는 경우에도	**제3조(수표자금, 수표계약의 필요)** - 하고, - - - - - - - -- - - - - - - - - - 명시적 또는 묵시적 계약에 따라서만 - - - - - - - - .- - - - - - 규정을 - - - - - -

수표로서의 효력에 영향을 미치지 아니한다.	- - - - - - - - - - - - - - - - - .
제4조(인수의 금지) 수표는 인수하지 못한다. 수표에 한 인수는 기재하지 아니한 것으로 본다.	**제4조(인수의 금지)** - - - - - - - - - - - - . - - - 적은 인수의 문구는 적지 - - - - - - - - - - .
제5조(수취인의 지정) ①수표는 다음의 어느 하나의 방식으로 발행할 수 있다. 1. 기명식 또는 지시식 2. 기명식으로 「지시금지」의 문자 또는 이와 동일한 의의가 있는 문언을 기재한 것 3. 소지인출급식 ②기명식수표에 「또는 소지인에」의 문자 또는 이와 동일한 의의가 있는 문언을 기재한 때에는 소지인출급식수표로 본다. ③수취인의 기재가 없는 수표는 소지인출급식 수표로 본다.	**제5조(수취인의 지정)** ① - - - 다음 각 호- - - - - - - - - - - - - - - - - - . 1. 기명식(記名式) 또는 지시식(指示式) 2. 기명식으로 "지시금지"라는 글자 또는 이와 같은 뜻이 있는 문구를 적은 것 3. 소지인출급식(所持人出給式) ② 기명식 수표에 "또는 소지인에게"라는 글자 또는 이와 같은 뜻이 있는 문구를 적었을 때에는 소지인출급식 수표로 본다. ③ 수취인이 적혀 있지 아니한 수표는 소지인출급식 수표로 본다.
제6조(자기지시수표, 위탁수표, 자기앞수표) ① (생 략) ②수표는 제삼자의 계산으로 발행할 수 있다. ③ (생 략)	**제6조(자기지시수표, 위탁수표, 자기앞수표)** ① (현행과 같음) ② - - - 제3자- - - - - - - - - - . ③ (현행과 같음)
제7조(이자의 약정) 수표에 기재한 이자의 약정은 기재하지 아니한 것으로 본다.	**제7조(이자의 약정)** - - - 적은 - - - - - - - 적지 - - - - - - - - - - .
제8조(제삼자방지급의 기재) 수표는 지급인의 주소지에 있거나 다른 지에 있음을 불문하고 제삼자방에서 지급할 것으로 할 수 있다. 그러나 그 제삼자는 은행이어야 한다.	제8조(제3자방 지급 기재) - - - - - - - - - - - - - 있든 다른 지(地)에 있든 관계없이 제3자방(第三者方)에서 지급하는 - - - - .- - - - - 제3자- -- - - - .
제9조(수표금액의 기재에 차이가 있는 경우) ① 수표의 금액을 문자와 수자로 기재한 경우에 그 금액에 차이가 있는 때에는 문자로 기재한 금액을 수표금액으로 한다. ②수표의 금액을 문자 또는 수자로 중복하여 기재한 경우에 그 금액에 차이가 있는 때에는 최소금액을 수표금액으로 한다.	**제9조(수표금액의 기재에 차이가 있는 경우)** ① - - - - - - - - 글자와 숫자로 적은 - - - - - - - - - - - - - 있으면 글자로 적은 - - - - - - - - - - - - - - . ② - - - - - - 글자 또는 숫자로 중복하여 적은 - - - - - - - - - - - - - - 있으면 - - - - - - - - - - - - - - - - .
제10조(수표채무의 독립성) 수표에 수표채무를 부담할 능력이 없는 자의 기명날인 또는 서명, 위조의 기명날인 또는 서명, 가설인의 기명날인 또는 서명 또는 기타의 사유로 인하여 그 기명날인 또는 서명자나 그 본인에게 의무를 부담하게 할 수 없는 기명날인 또는 서명이 있는 경우에도 다른 기명날인 또는	**제10조(수표채무의 독립성)** 수표에 다음 각 호의 어느 하나에 해당하는 기명날인 또는 서명이 있는 경우에도 다른 기명날인 또는 서명을 한 자의 채무는 그 효력에 영향을 받지 아니한다. 1. 수표채무를 부담할 능력이 없는 자의 기명날인 또는 서명

현행	개정안
서명자의 채무는 그 효력에 영향을 받지 아니한다.	2. 위조된 기명날인 또는 서명 3. 가공인물의 기명날인 또는 서명 4. 그 밖의 사유로 수표에 기명날인 또는 서명을 한 자나 그 본인에게 의무를 부담하게 할 수 없는 기명날인 또는 서명
제11조(수표행위의 무권대리) 대리권없이 타인의 대리인으로 수표에 기명날인 또는 서명한 자는 그 수표에 의하여 의무를 부담한다. 그 자가 수표금액을 지급한 때에는 본인과 동일한 권리를 가진다. 권한을 초과한 대리인에 관하여도 같다.	**제11조(수표행위의 무권대리)** 대리권 없이 - - - - - - - - - - - - - - 기명날인하거나 - - - - - - - - - - - - - - - - .- - - - - - - - - - - - - - - 경우에는 본인과 같은 - - - - - - - - - - - - 대리인의 경우- - - - -.
제12조(발행인의 책임) 발행인은 지급을 담보한다. 발행인이 담보하지 아니한다는 뜻의 모든 문언은 기재하지 아니한 것으로 본다.	**제12조(발행인의 책임)** - - - - - - - - - - - - - - . 발행인이 지급을 - - - - - - - - - - - - - - - - - - 문구는 적지 - - - - - - - - - - .
제13조(백지수표) 미완성으로 발행한 수표에 미리 한 합의와 다른 보충을 한 경우에는 그 위반으로써 소지인에게 대항하지 못한다. 그러나 소지인이 악의 또는 중대한 과실로 인하여 수표를 취득한 때에는 그러하지 아니하다.	**제13조(백지수표)** - - - - - - - - - - - - - - - - 합의한 사항과 다른 내용을 보충한 - - - - - - - 합의의 위반을 이유로 - - - - - - - - - - - - - - - - .- - - - - - - - - - - - - - - - - 취득한 경우- - - - - - - - - - - - .
제14조(당연한 지시증권성) ①기명식 또는 지시식의 수표는 배서에 의하여 양도할 수 있다. ②기명식 수표에 「지시금지」의 문자 또는 이와 동일한 의의가 있는 문언을 기재한 때에는 그 수표는 지명채권의 양도에 관한 방식에 따라서만 그리고 그 효력으로써만 양도할 수 있다. ③배서는 발행인 기타의 채무자에 대하여도 할 수 있다. 이러한 자는 다시 수표에 배서할 수 있다.	**제14조(당연한 지시증권성)** ① - - - - - - - - - - - - - - - - 배서(背書)- - - - - - - - - - - - - . ② - - - - - - - “지시금지” 라는 글자 - - - - - - 같은 뜻이 있는 문구를 적은 경우- - - - - - - - - - - - - - - - 양도 방식으로만, -. ③ - - - 발행인이나 그 밖- .- -.
제15조(배서의 요건) ①배서는 무조건으로 하여야 한다. 배서에 붙인 조건은 기재하지 아니한 것으로 본다. ② · ③ (생 략) ④소지인출급의 배서는 백지식배서와 동일한 효력이 있다. ⑤지급인에 대한 배서는 영수증의 효력만이 있다. 그러나 지급인의 영업소가 수개인 경우에 그 수표가 지급될 곳으로 된 영업소 이외	**제15조(배서의 요건)** ① 배서에는 조건을 붙여서는 아니 된다.- - - - - - - - - - - 적지 - - - - - - - - - - . ② · ③ (현행과 같음) ④ 소지인에게 지급하라는 소지인출급의 배서는 백지식 배서와 같은 효력이 있다. ⑤ - - - - - - - - - - - - - - - 효력만 - - .- - - - - - - - - - 여러 개인 - - - - - - - - - - - - - - - - 외- - -

의 영업소에 대한 배서는 그러하지 아니하다.	- - - - - - - -- - - - - - - - - -.
제16조(배서의 방식) ①배서는 수표 또는 이에 결합한 보전에 기재하고 배서인이 기명날인 또는 서명하여야 한다. ②배서는 피배서인을 지명하지 아니할 수 있고 또는 배서인의 기명날인 또는 서명만으로 할 수 있다(白地式背書). 후자의 경우의 배서는 수표의 이면이나 보전에 기재하지 아니하면 효력이 없다.	**제16조(배서의 방식)** ① - - - - - - - - - - - - - - - 보충지[보전]에 적고 배서인이 기명날인하거나 - - - - - - - -. ② - - - 피배서인(被背書人)을 지명하지 아니하고 할 수 있으며 - - - - - - - - - - - - 서명만으로도 - - - 있다(백지식 배서). 배서인의 기명날인 또는 서명만으로 하는 백지식 - - - - - - - 뒷면이나 보충지에 하지 - - - - - - - - - - - .
제17조(배서의 권리이전적효력) ①배서는 수표로부터 생기는 모든 권리를 이전한다. ②배서가 백지식인 때에는 소지인은 1. 자기의 명칭 또는 타인의 명칭으로 백지를 보충할 수 있다. 2. 백지식으로 또는 타인을 표시하여 다시 수표에 배서할 수 있다. 3. 백지를 보충하지 아니하고 또 배서도 하지 아니하고 수표를 제삼자에게 양도할 수 있다.	**제17조(배서의 권리 이전적 효력)** ① - - - - - - - - - - - - - - - - 이전(移轉)한다. ② 배서가 백지식인 경우에 소지인은 다음 각 호의 행위를 할 수 있다. 1. - - - - - - - - - - - - 백지(白地)를 보충하는 행위 2. - 배서하는 행위 3. - - -- - - - - - - - - - - - - - - - 교부만으로 제3자에게 양도하는 행위
제18조(배서의 담보적효력) ①배서인은 반대의 문언이 없으면 지급을 담보한다. ②배서인은 다시하는 배서를 금지할 수 있다. 이 경우에 그 배서인은 수표의 그 후의 피배서인에 대하여 담보의 책임을 지지 아니한다.	**제18조(배서의 담보적 효력)** ① - - - - - - - - - 문구가 - - - - - - - - - - - . ② - - - - 자기의 배서 이후에 새로 하는 - - - - - - - - - - - - -.- - 경우 - - - - - - - - - - - - - - - - - - .
제19조(배서의 자격수여적 효력) 배서로 양도할 수 있는 수표의 점유자가 배서의 연속에 의하여 그 권리를 증명하는 때에는 이를 적법한 소지인으로 추정한다. 최후의 배서가 백지식인 경우에도 같다. 말소한 배서는 배서연속에 관하여는 배서의 기재가 없는 것으로 본다. 백지식배서의 다음에 다른 배서가 있는 때에는 그 배서를 한 자는 백지식배서에 의하여 수표를 취득한 것으로 본다.	**제19조(배서의 자격 수여적 효력)** - 증명할 때에는 그- - - -- - - 추정(推定)한다.- - - - - - - - - - - - - - - - - - - 배서의 연속에 관하여는 배서를 하지 아니한 - - - - - 백지식 배서- - - - - - - - 있는 경우- - - - - - - - - - 백지식 배서- - - - - - - - - - - - - - - - - - - -.
제20조(무기명식 수표의 배서) 소지인출급의 수표에 배서한 자는 소구에 관한 규정에 따라 책임을 진다. 그러나 이로 인하여 수표는 지시식수표로 변하지 아니한다.	**제20조(무기명식 수표의 배서)** - - - - - - - - - - - - - - - - 상환청구(償還請求)- - - - - - - - - - - - - - - - - - -. - - - - - - - - - - - - 그 수표가 지시식 수표- - - - - - - - - - - .
제21조(수표의 선의취득) 사유의 여하를 불문하	**제21조(수표의 선의취득)** 어떤 사유로든 - -

고 수표의 점유를 잃은 자가 있는 경우에 그 수표의 소지인은 그 수표가 소지인출급식인 때 또는 배서로 양도할 수 있는 수표의 소지인이 제19조의 규정에 의하여 그 권리를 증명한 때에는 그 수표를 반환할 의무가 없다. 그러나 소지인이 악의 또는 중대한 과실로 인하여 수표를 취득한 때에는 그러하지 아니하다.	- 소지인출급식일 - 제19조에 따라 - - - - - 증명할 -. - 취득한 경우- - - - - - - - - - - - - .
제22조(인적항변의 절단) 수표에 의하여 청구를 받은 자는 발행인 또는 종전의 소지인에 대한 인적관계로 인한 항변으로써 소지인에게 대항하지 못한다. 그러나 소지인이 그 채무자를 해할 것을 알고 수표를 취득한 때에는 그러하지 아니하다.	**제22조(인적 항변의 절단)** - 인적 관계로 인한 항변(抗辯)- 취득한 경우- - - - - - - - - - - - - - .
제23조(추심위임배서) ①배서에 「회수하기 위하여」, 「추심하기 위하여」, 「대리를 위하여」 기타 단순히 대리권수여를 표시하는 문언이 있는 때에는 소지인은 수표로부터 생기는 모든 권리를 행사할 수 있다. 그러나 소지인은 대리를 위한 배서만을 할 수 있다.	**제23조(추심위임배서)** ① 배서한 내용 중 다음 각 호의 어느 하나에 해당하는 문구가 있으면 -. - - - - - - - - 대리(代理)- - - - - - - - - - - - - - -.
〈신 설〉	1. 회수하기 위하여
〈신 설〉	2. 추심(推尋)하기 위하여
〈신 설〉	3. 대리를 위하여
〈신 설〉	4. 그 밖에 단순히 대리권을 준다는 내용의 문구
②전항의 경우에는 채무자는 배서인에게 대항할 수 있는 항변만으로써 소지인에게 대항할 수 있다.	② 제1항- 항변으로써만 - - - - - - - - - - - - - - -.
③대리를 위한 배서에 의한 대리권은 그 수권자가 사망하거나 무능력자가 됨으로 인하여 소멸하지 아니한다.	③ - - - - - - - 의하여 주어진 대리권은 그 대리권을 준 자- - - - - - - - - - - - 되더라도 - - - - - - - - - -.
제24조(기한후 배서) ①거절증서나 이와 동일한 효력이 있는 선언의 작성후의 배서 또는 제시기간경과후의 배서는 지명채권양도의 효력만이 있다.	**제24조(기한 후 배서)** ① - - - - - - - - 같은 - - - - - - - 선언이 작성된 후에 한 - - - - - - 제시기간이 지난 후에 한 배서는 지명채권 양도의 효력만 - - .
②일자의 기재가 없는 배서는 거절증서나 이와 동일한 효력이 있는 선언의 작성전 또는 제시기간경과전에 한 것으로 추정한다.	② 날짜를 적지 아니한 - - - - - - - - - - - 같은 - - - - - - - 선언이 작성되기 전 또는 제시기간이 지나기 전- - - - - - - - - - - - -.
제25조(보증의 가능) ①수표의 지급은 보증에 의하여 그 금액의 전부 또는 일부에 대한 담	**제25조(보증의 가능)** ① 수표는 - 일부의 지급

보를 할 수 있다. ②지급인을 제외한 제삼자는 전항의 보증을 할 수 있다. 수표에 기명날인 또는 서명한 자도 같다.	을 담보할 - - - -. ② - - - - - - - - - 제3자는 제1항- - - - - - - - - - - .- - - - 기명날인하거나 - - - - - - - - - .
제26조(보증의 방식) ①보증은 수표 또는 보전에 이를 하여야 한다. ②보증은 「보증」 또는 이와 동일한 의의가 있는 문언을 표시하고 보증인이 기명날인 또는 서명하여야 한다. ③수표의 표면에 단순한 기명날인 또는 서명이 있는 경우에는 이를 보증으로 본다. 그러나 발행인의 기명날인 또는 서명은 그러하지 아니하다. ④보증에는 누구를 위하여 한 것임을 표시하여야 한다. 그 표시가 없는 때에는 발행인을 위하여 보증한 것으로 본다.	**제26조(보증의 방식)** ① 보증의 표시는 - - - - - 보충지에 - - - - - - -. ② 보증을 할 때에는 "보증" - - - - - 같은 뜻이 있는 문구를 - - - - - - - - - 기명날인하거나 - - - - - - - - -. ③ - - - 앞면- 보증을 한 것- - - - -.- - - - - - - - - - - - - - - 서명의 경우에는 - - - - - - - - - -. ④ - . - - - - - - 없는 경우- - - - - - - - - - - - - - - - - - -.
제27조(보증의 효력) ①보증인은 보증된 자와 동일한 책임을 진다. ②보증은 담보된 채무가 그 방식에 하자가 있는 경우외에는 어떠한 사유로 인하여 무효가 된 때에도 그 효력이 있다. ③보증인이 수표의 지급을 한 때에는 보증된 자와 그 자의 수표상의 채무자에 대하여 수표로부터 생기는 권리를 취득한다.	**제27조(보증의 효력)** ① - - - - - - - - - - - 같은 - - - - - - -. ② 보증은 담보된 채무가 그 방식에 흠이 있는 경우 외에는 어떠한 사유로 무효가 되더라도 그 효력을 가진다. ③ - - - - - - - - - - - - - 하면 - .
제28조(수표의 일람출급성) ①수표는 일람출급으로 한다. 이에 위반되는 모든 기재는 기재하지 아니한 것으로 본다. ②기재된 발행일자의 도래전에 지급을 위하여 제시된 수표는 그 제시한 날에 이를 지급하여야 한다.	**제28조(수표의 일람출급성)** ① - - - 일람출급(一覽出給)- - - - -.- - - - - - - - - - - 문구는 적지 - - - - - - - - - . ② - - - 발행일이 도래하기 전에 지급을 받기 - - - - - - - - - - - - - - 제시된 - - - - - - - - - - - - - - -.
제29조(지급제시기간) ①국내에서 발행하고 지급할 수표는 10일내에 지급을 위한 제시를 하여야 한다. ②지급지의 국과 다른 국에서 발행한 수표는 발행지와 지급지가 동일주에 있는 경우에는 20일내에, 다른 주에 있는 경우에는 70일내에 이를 제시하여야 한다. ③전항에 관하여는 유롭주의 일국에서 발행하여 지중해연안의 일국에서 지급할 수표 또는 지중해연안의 일국에서 발행하여 유롭주의 일	**제29조(지급제시기간)** ① - - - - - - - - - - - - - - - - 10일 내에 지급을 받기 - - - - - - - - - - - - - -. ② - - - - 국가와 다른 국가에서 발행된 - - - 동일한 주(洲)- - - - - - - - - 20일 내에- - - - - - - - - - - - - - 70일 내- - - - - - - - - - - - - -. ③ 제2항에 관하여는 유럽주의 한 국가에서 발행하여 지중해 연안의 한 국가에서 지급할 수표 또는 지중해 연안의 한 국가에서 발행

국에서 지급할 수표는 동일주내에서 발행하고 지급할 것으로 본다. ④전3항의 기간은 수표에 기재된 발행일자로부터 기산한다.	하여 유럽주의 한 국가에서 지급할 수표는 동일한 주에서 발행하고 지급할 수표로 본다. ④ 제1항부터 제3항까지의 기간은 수표에 적힌 발행일부터 기산(起算)한다.
제30조(표준이 되는 세력) 세력을 달리하는 양지간에서 발행한 수표는 발행일자를 지급지의 세력의 대응일로 환산한다.	**제30조(표준이 되는 세력)** 세력(歲曆)을 달리하는 두 지(地) 간에 - - - - - - - 발행일을 - - - - - - 대응일(對應日)- - - - - - -.
제31조(어음교환소에 있어서의 제시) ①어음교환소에서의 수표의 제시는 지급을 위한 제시의 효력이 있다. ②소지인으로부터 수표의 추심을 위임받은 은행(이하 제35조제2항 및 제39조제2호에서 "제시은행"이라 한다)이 그 수표의 기재사항을 정보처리시스템에 의하여 전자적 정보의 형태로 작성한 후 그 정보를 어음교환소에 송신하여 그 어음교환소의 정보처리시스템에 입력된 때에는 제1항에서 규정한 지급을 위한 제시가 이루어진 것으로 본다.	**제31조(어음교환소에서의 제시)** ① 어음교환소에서 한 - - - - - - - - - - - - 받기 위한 제시로서- - - - - - - - . ② -입력되었을 때에는 제1항에 따른 지급을 받기 - - -- - - - - - - - - .
제32조(지급위탁의 취소) ①수표의 지급위탁의 취소는 제시기간경과후에만 그 효력이 생긴다. ②지급위탁의 취소가 없는 때에는 지급인은 제시기간경과후에도 지급을 할 수 있다.	**제32조(지급위탁의 취소)** ① - - - - - - - - - - - - - 제시기간이 지난 후- - - - - - - - - - - - -. ② - - - - - - - - - - - 없으면 지급인은 제시기간이 지난 후- -- - - - - - - - .
제33조(발행인의 사망, 능력상실) (생 략)	**제33조(발행인의 사망 또는 능력 상실)** (현행과 같음)
제34조(상환증권성, 일부지급) ①수표의 지급인은 지급을 할 때에 소지인에 대하여 수표에 영수를 증명하는 기재를 하여 교부할 것을 청구할 수 있다. ② (생 략) ③일부지급의 경우에는 지급인은 소지인에 대하여 그 지급한 뜻을 수표에 기재하고 영수증을 교부할 것을 청구할 수 있다.	**제34조(상환증권성 및 일부지급)** ① - - - - - - - - - - - - - - 소지인에게 그 수표에 영수(領受)를 증명하는 뜻을 적어서 - - - - - - - - - - - - - - - . ② (현행과 같음) ③ - - - - - - 경우 지급인은 소지인에게 그 지급 사실을 수표에 적- .
제35조(지급인의 조사의무) ①배서로 양도할 수 있는 수표의 지급인은 배서의 연속의 정부를 조사할 의무가 있으나 배서인의 기명날인 또는 서명을 조사할 의무는 없다. ②제31조제2항에 따른 지급제시의 경우에는 지급인은 제1항에 규정된 배서의 연속의 정부(整否)에 대한 조사를 제시은행에 위임할	**제35조(지급인의 조사의무)** ① - - - - - - - - - - - - -- - - - - 연속이 제대로 되어 있는지- . ② - - - - - - - - - - - - - - - - 경우 지급인은 제1항에 따른 배서의 연속이 제대로 되어 있는지- - - - - - - - - - - -

수 있다.	- - - - - - - - - - .
제36조(지급할 화폐) ①지급지의 통화가 아닌 통화로 지급할 것을 기재한 수표는 그 제시기간내에는 지급의 날의 가격에 의하여 지급지의 통화로 지급할 수 있다. 제시를 하여도 지급을 하지 아니하는 경우에는 소지인은 그 선택에 따라 제시한 날이나 지급하는 날의 환시세에 의하여 지급지의 통화로 수표금액을 지급할 것을 청구할 수 있다.	**제36조(지급할 화폐)** ① - - - - 통화(通貨)가 아닌 통화로 지급한다는 내용이 기재된 - - - - - 제시기간 내에는 지급하는 날의 가격에 따라 - - - - - - - - - - - - - - - - - - .- 환시세(換時勢)에 따라 -.
②외국통화의 가격은 지급지의 관습에 의하여 정한다. 그러나 발행인은 수표에 정한 환산률에 의하여 지급금액을 계산할 뜻을 수표에 기재할 수 있다.	② - - - - - - - - - - - - - - - - 따라 - - - .- - - - - - - - 수표에서 정한 환산율에 따라 지급금액을 계산한다는 - - - - - - - 적을 - - - -.
③전2항의 규정은 발행인이 특종의 통화로 지급할 뜻(外國通貨現實支給文句)을 기재한 경우에는 적용하지 아니한다.	③ 제1항 및 제2항은 발행인이 특정한 종류의 통화로 지급한다는 뜻(외국통화 현실지급 문구)을 적은 경우에는 적용하지 아니한다.
④발행국과 지급국에서 동명이가를 가진 통화에 의하여 수표의 금액을 정한 때에는 지급지의 통화에 의하여 정한 것으로 추정한다.	④ - - - - - - - - - - - - 명칭은 같으나 가치가 다른 통화로써 - - - - - - - - - 경우에는 지급지의 통화로 - - - - - - - - - - - .
제37조(횡선의 종류, 방식) ①수표의 발행인이나 소지인은 그 수표에 횡선을 그을 수 있다. 이 횡선은 다음 조에 규정한 효력이 있다.	**제37조(횡선의 종류 및 방식)** ① - - - - - - - - - - - - - 횡선(橫線)- - - - - - - -.- - - - - - 제38조에서 - - - - - - - - - - .
②횡선은 수표의 표면에 2조의 평행선을 그어야 한다. 횡선은 일반 또는 특정으로 할 수 있다.	② - - - - - - 앞면에 두 줄의 평행선으로 - - -.- - - - 일반횡선 또는 특정횡선- - - - - - - - -.
③2조의 횡선내에 아무런 지정을 하지 아니하거나 「은행」 또는 이와 동일한 의의가 있는 문자를 기재한 때에는 일반횡선으로 하고 2조의 횡선내에 은행의 명칭을 기재한 때에는 특정횡선으로 한다.	③ 두 줄의 횡선 내- - - - - - - - - - - - - - - - - - “은행” - - - - - 같은 뜻이 있는 문구를 적었을 - - - - - - - - - - - 하고, 두 줄의 횡선 내- - - - - - - - - 적었을 - - - - - - - - - - - -.
④일반횡선은 특정횡선으로 변경할 수 있으나 특정횡선은 일반횡선으로 변경하지 못한다.	④ - - - - - - - - - - - - - - 있으나, - - - - - - - - - - - - - - - - -.
⑤횡선 또는 지정된 은행의 명칭의 말소는 이를 하지 아니한 것으로 본다.	⑤ - - - - - - - - - - - - - - - - - 말소는 - - - - - - - - - - - - - -.
제38조(횡선의 효력) ①일반횡선수표의 지급인은 은행 또는 지급인의 거래처에 대하여서만	**제38조(횡선의 효력)** ① - 거래처에-

지급할 수 있다.	- - - - - - - - - -.
②특정횡선수표의 지급인은 지정된 은행에 대하여서만 또는 지정된 은행이 지급인인 때에는 자기의 거래처에 대하여서만 지급할 수 있다. 그러나 지정된 은행은 다른 은행으로 하여금 추심하게 할 수 있다.	② - - - - - - - - - - - - - - 은행에만 또는 지정- - - - - - - - - - - 경우에는 자기의 거래처에- - - - - - - - - - -.- .
③은행은 자기의 거래처 또는 다른 은행에서만 횡선수표를 취득할 수 있다. 은행은 이 이외의 자를 위하여 횡선수표의 추심을 하지 못한다.	③ -. - - - - - - 외- .
④수개의 특정횡선이 있는 수표의 지급인은 이를 지급하지 못한다. 그러나 2개의 횡선이 있는 경우에 그 하나가 어음교환소에 제시하여 추심하게 하기 위한 것인 때에는 그러하지 아니하다.	④ 여러 개- -.- 것일 - - - - - - - - - - - - - .
⑤전4항의 규정을 준수하지 아니한 지급인이나 은행은 이로 인하여 생긴 손해에 대하여 수표금액의 한도내에서 배상할 책임을 진다.	⑤ 제1항부터 제4항까지- 한도 내- - - - - - - -.
제39조(소구의 요건) 적법한 기간내에 제시한 수표의 지급을 받지 못한 경우에 소지인이 다음의 어느 하나의 방법에 의하여 지급거절을 증명한 때에는 소지인은 배서인, 발행인 기타의 채무자에 대하여 소구권을 행사할 수 있다. 1. 공정증서(拒絶證書) 2. 수표에 제시의 날을 기재하고 일자를 부기한 지급인(제31조제2항의 경우에는 지급인의 위임을 받은 제시은행)의 선언 3. 적법한 시기에 수표를 제시하였으나 지급이 없었던 뜻을 증명하고 일자를 부기한 어음교환소의 선언	**제39조(상환청구의 요건)** - - - 기간 내에 수표를 제시하였으나 지급받지 - - - - - - 다음 각 호- - -- - 방법으로 지급거절을 증명하였을 - - - - - - - - - - 발행인, 그 밖- - - - - - 상환청구권(償還請求權)- - - - - - - - - - -. 1. 공정증서(거절증서) 2. - - - - - 제시된 날을 적고 날짜- 3. - - - - - - - - - - - - - - - - - - - 지급받지 못하였음을 증명하고 날짜- - - - - - - - - - - - - - - -
제40조(거절증서등의 작성기간) ①거절증서 또는 이와 동일한 효력이 있는 선언은 제시기간경과전에 작성시켜야 한다. ②제시기간말일에 제시한 경우에는 거절증서 또는 이와 동일한 효력이 있는 선언은 이에 이은 제1의 거래일에 작성시킬 수 있다.	**제40조(거절증서 등의 작성기간)** ① - - - - - - - - - - 같은 - - - - - - - - - - - 제시기간이 지나기 전- - - - - - - - - . ② 제시기간 말일- 같은 - - - - - - - - - - 그 날 이후의 제1거래일- - - - - - - - - - -.
제41조(지급거절의 통지) ①소지인은 거절증서 또는 이와 동일한 효력이 있는 선언의 작성	**제41조(지급거절의 통지)** ① 소지인은 다음 각 호의 어느 하나에 해당하는 날 이후의 4거래

구조문	신조문
일에 이은 또는 무비용상환의 문언의 기재가 있는 경우에는 수표의 제시일에 이은 4거래일내에 자기의 배서인과 발행인에 대하여 지급거절이 있음을 통지하여야 한다. 각배서인은 통지를 받은 날에 이은 2거래일내에 전통지자전원의 명칭과 처소를 표시하고 자기가 받은 통지를 자기의 배서인에게 통지하여 순차로 발행인에게 미치게 하여야 한다. 이 기간은 각 통지를 받은 때로부터 진행한다.	일 내에 자기의 배서인과 발행인에게 지급거절이 있었음을 통지하여야 하고, 각 배서인은 그 통지를 받은 날 이후의 2거래일 내에 전(前) 통지자 전원의 명칭과 처소(處所)를 표시하고 자기가 받은 통지를 자기의 배서인에게 통지하여 차례로 발행인에게 미치게 하여야 한다. 이 기간은 각 통지를 받은 때부터 진행한다. 1. 거절증서 작성일 2. 거절증서와 같은 효력이 있는 선언의 작성일 3. 무비용상환(無費用償還)의 문구가 적혀 있는 경우에는 수표 제시일
②전항의 규정에 따라 수표에 기명날인 또는 서명한 자에게 통지할 때에는 동일한 기간내에 그 보증인에 대하여도 동일한 통지를 하여야 한다.	② 제1항- - - - - - - - 기명날인하거나 - - - - - - - - - - - - - - - - - 같은 기간 내- - - - - - - - - - - - - - 같은 - - - - - - - - - - - .
③배서인이 그 처소를 기재하지 아니하거나 그 기재가 분명하지 아니한 경우에는 그 배서인의 직접의 전자에게 통지하면 된다.	③ - - - - - - - - - - - 적지 - 직전(直前)의 자- - - - - - - - - - - .
④통지를 하여야 할 자는 어떠한 방법에 의하여도 할 수 있다. 단순히 수표의 반환에 의하여도 할 수 있다.	④ - - - - - - - - 하는 자는 어떠한 방법으로- - - - - - - - .- - - - 수표를 반환하는 것으로도 통지할 - - - -.
⑤통지를 하여야 할 자는 적법한 기간내에 통지를 하였음을 증명하여야 한다. 이 기간내에 통지하는 서면을 우편으로 부친 때에는 그 기간을 준수한 것으로 본다.	⑤ - - - - - - - - 하는 자는 적법한 기간 내- .- - 기간 내에 통지서를 - - - - 부친 경우- - - - - - - - - - - - - - - - - - -.
⑥전항의 기간내에 통지를 하지 아니한 자도 소구권을 잃지 아니한다. 그러나 과실로 인하여 손해가 생긴때에는 수표금액의 한도내에서 배상할 책임을 진다.	⑥ 제5항의 기간 내- - - - - - - - - - - - - - 상환청구권- - - - - - - - .- - - - - - - - - - - - - - - - - 생긴 경우에는 수표금액의 한도 내- - - - - - - - - - - - -.
제42조(거절증서등의 작성면제) ①발행인, 배서인 또는 보증인은 「무비용상환」, 「거절증서불요」의 문자 또는 이와 동일한 의의가 있는 문언을 수표에 기재하고 기명날인 또는 서명함으로써 소지인에 대하여 소구권을 행사하기 위한 거절증서 또는 이와 동일한 효력이 있는 선언의 작성을 면제할 수 있다. <신 설>	**제42조(거절증서 등의 작성 면제)** ① - - - - - - - - - - - - - - - - 다음 각 호의 어느 하나에 해당하는 문구를 수표에 적고 기명날인하거나 서명함으로써 소지인의 상환청구권 행사를 위한 거절증서 - - - - - 같은 - . 1. 무비용상환

〈신 설〉 〈신 설〉 ②전항의 문언은 소지인에 대하여 법정기간내에 제시와 통지의 의무를 면제하지 아니한다. 법정기간의 불준수는 소지인에 대하여 이를 원용하는 자가 증명하여야 한다. ③발행인이 제1항의 문언을 기재한 때에는 모든 채무자에 대하여 효력이 생기고 배서인 또는 보증인이 이 문언을 기재한 때에는 그 배서인 또는 보증인에 대하여서만 효력이 생긴다. 발행인이 이 문언을 기재하였음에도 불구하고 소지인이 거절증서 또는 이와 동일한 효력이 있는 선언을 작성시킨 때에는 그 비용은 소지인이 부담하고 배서인 또는 보증인이 이 문언을 기재한 경우에 거절증서 또는 이와 동일한 효력이 있는 선언을 작성시킨 때에는 모든 채무자에게 그 비용을 상환하게 할 수 있다.	2. 거절증서 불필요 3. 제1호 및 제2호와 같은 뜻을 가진 문구 ② 제1항 각 호의 문구가 있더라도 소지인의 법정기간 내 수표의 제시 및 통지 의무가 면제되는 것은 아니다. 법정기간을 준수하지 아니하였음은 - - - - - - - - - - - 원용(援用)- - - - - - - - - - - - - - -. ③ - - 제1항 각 호의 문구를 적은 경우- - - - - - - - - - - - - - - - 생기고, - - - - - - - - - - - - 문구를 적은 경우- - - - - - - - - - - - - 대하여- - - - - - - - - - - - - - 문구을 적었음- - - - - - - -- - - - - - - - - - - - 같은 - - - - - - 작성시켰으면 - - - - - - -- - 부담하고, - - - - - - - - - - - - 문구를 적은 - - - - - - - - 같은 - - - - - - - - - - 작성시켰으면 -.
제43조(수표상의 채무자의 합동책임) ①수표상의 각채무자는 소지인에 대하여 합동하여 책임을 진다. ②소지인은 전항의 채무자에 대하여 그 채무부담의 순서에 불구하고 그 1인, 수인 또는 전원에 대하여 청구할 수 있다. ③수표의 채무자가 수표를 환수한 경우에도 전항의 소지인과 동일한 권리가 있다. ④수표의 채무자의 1인에 대한 청구는 다른 채무자에 대한 청구에 영향을 미치지 아니한다. 이미 청구를 받은 자의 후자에 대하여도 같다.	**제43조(수표상의 채무자의 합동책임)** ① - - - - 각 채무자- - - - - - - 합동으로 - - - - - - -. ② - - - - 제1항- - - - - - - - - - - - - - - - - - - 순서에도 불구하고 그중 1명, 여러 명 - - - - - - - - - - - - - - - - - - -. ③ - - - - - - - - - - - - - - - - - - 제2항의 소지인과 같은 - -- - - -. ④ - - - 채무자 중 1명- 후자(後者)- - - - - - - - - .
제44조(소구금액) 소지인은 소구권에 의하여 다음의 금액의 지급을 청구할 수 있다. 1. 지급 되지 아니한 수표의 금액 2. 제시일이후의 년 6분의 이율에 의한 이자 3. 거절증서 또는 이와 동일한 효력이 있는 선언의 비용, 통지비용과 기타의 비용	**제44조(상환청구금액)** - - - - 상환청구권에 의하여 다음 각 호- - - - - - - - - - -. 1. 지급되지 - - - - - - - - - - 2. 연 6퍼센트의 이율로 계산한 제시일 이후의 이자 3. - - - - - - - - - - - 같은 - - - - - - - - - 작성비용, 통지비용 및 그 밖 - - - -

구조문	신조문
제45조(재소구금액) 수표를 환수한 자는 그 전자에 대하여 다음의 금액의 지급을 청구할 수 있다.	**제45조(재상환청구금액)** - - - - - - - - - - - - 전자(前者)에 대하여 다음 각 호- - - - - - - - - - - - - - - - - - -.
1. (생　략)	1. (현행과 같음)
2. 전호의 금액에 대한 년 6분의 이율에 의하여 계산한 지급의 날 이후의 이자	2. 제1호의 금액에 대하여 연 6퍼센트의 이율로 계산한 지급한 날 이후의 이자
3. (생　략)	3. (현행과 같음)
제46조(소구의무자의 권리) ①소구를 받은 채무자나 받을 채무자는 지급과 상환으로 거절증서 또는 이와 동일한 효력이 있는 선언, 영수를 증명하는 계산서와 그 수표의 교부를 청구할 수 있다	**제46조(상환의무자의 권리)** ① 상환청구(償還請求)- 상환(相換)- - - - - - - - - - - - - 같은 -
②수표를 환수한 배서인은 자기와 후자의 배서를 말소할 수 있다.	② - - - - - - - - - - - 자기의 배서- - - - - - - - - - - - - - -.
제47조(불가항력과 기간의 연장) ①법정기간내에 수표의 제시 또는 거절증서나 이와 동일한 효력이 있는 선언의 작성이 피할 수 없는 장애(국가법령에 의한 금제 기타의 불가항력)로 인하여 방해된 때에는 그 기간을 연장한다.	**제47조(불가항력과 기간의 연장)** ① 피할 수 없는 장애[국가법령에 따른 금제(禁制)나 그 밖의 불가항력을 말한다. 이하 "불가항력"이라 한다]로 인하여 법정기간 내에 수표를 제시하거나 거절증서 또는 이와 같은 효력이 있는 선언을 작성하기 어려운 경우에는 그 기간을 연장한다.
②소지인은 자기의 배서인에 대하여 지체없이 그 불가항력을 통지하고 수표 또는 보전에 그 통지한 뜻을 기재하고 일자를 부기하여 기명날인 또는 서명하여야 한다. 기타의 사항에 관하여는 제41조의 규정을 준용한다.	② 소지인은 불가항력이 발생하면 자기의 배서인에게 지체 없이 그 사실을 통지하고 수표 또는 보충지에 통지를 하였다는 내용을 적고 날짜를 부기한 후 기명날인하거나 서명하여야 한다. 그 밖- - - - - - - - - - 제41조를 - - - - .
③불가항력이 종지된 때에는 소지인은 지체없이 지급을 위하여 수표를 제시하고 필요한 때에는 거절증서 또는 이와 동일한 효력이 있는 선언을 작성시켜야 한다.	③ - - - - - - 사라지면 소지인은 지체 없이 지급을 받기 - - - - - - - - - - - 필요한 경우- - - - - - - - - - - - 같은 - - - - - - - - - - - - - - - .
④불가항력이 제2항의 통지를 한 날로부터 15일을 넘어 계속하는 때에는 제시기간경과전에 그 통지를 한 경우에도 수표의 제시 또는 거절증서나 이와 동일한 효력이 있는 선언없이 소구권을 행사할 수 있다.	④ - - - - - - - - - - - - - - - - - - 날부터 15일이 지나도 계속되는 경우에는 제시기간이 지나기 전- 같은 - - - - - - - 선언을 작성하지 아니하고 상환청구권- - - - - - - - - -.
⑤소지인 또는 소지인으로부터 수표의 제시 또는 거절증서나 이와 동일한 효력이 있는 선언의 작성을 위임받은 자의 단순한 인적사유는 불가항력으로 보지 아니한다.	⑤ 소지인이나 - 같은 - - - - - - - - - - - - - - - - - - - 인적사유- - - - - - - - - - - - - - - - -.

제48조(복본발행의 조건, 방식) 일국에서 발행하여 타국이나 발행국의 해외영토에서 지급할 수표, 일국의 해외영토에서 발행하여 그 본국에서 지급할 수표, 일국의 동일해외영토에서 발행하고 지급할 수표 또는 일국의 해외영토에서 발행하여 그 국의 다른 해외영토에서 지급할 수표는 소지인출급의 것을 제외하고는 동일한 내용의 수통의 복본으로 발행할 수 있다. 수표를 복본으로 발행할 때에는 그 증권의 본문중에 번호를 붙여야 한다. 이를 붙이지 아니한 때에는 그 수통의 복본은 이를 각별의 수표로 본다.	**제48조(복본 발행의 조건 및 방식)** 다음 각 호의 수표는 소지인출급수표 외에는 같은 내용으로 여러 통을 복본(複本)으로 발행할 수 있다. 수표를 복본으로 발행할 때에는 그 증권의 본문 중에 번호를 붙여야 하며, 번호를 붙이지 아니한 경우에는 그 여러 통의 복본은 별개의 수표로 본다. 1. 한 국가에서 발행하고 다른 국가나 발행국의 해외영토에서 지급할 수표 2. 한 국가의 해외영토에서 발행하고 그 본국에서 지급할 수표 3. 한 국가의 해외영토에서 발행하고 같은 해외영토에서 지급할 수표 4. 한 국가의 해외영토에서 발행하고 그 국가의 다른 해외영토에서 지급할 수표
제49조(복본의 효력) ①복본의 1통에 대한 지급이 있는 때에는 그 지급이 다른 복본을 무효로 하는 뜻의 기재가 없는 경우에도 의무를 면하게 한다. ②수인에게 각별로 복본을 양도한 배서인과 그 후의 배서인은 그 기명날인 또는 서명한 각통으로서 반환을 받지 아니한 것에 대하여 책임을 진다.	**제49조(복본의 효력)** ① - - - 한 통에 대하여 지급한 경우 - - - - - - - - - - - - - - - 한다는 뜻이 복본에 적혀 있지 아니하여- - - - - - - - - - - - -. ② 여럿에게 각각 - 그가 기명날인하거나 서명한 각 통의 복본- -.
제50조(변조와 수표행위자의 책임) 수표의 문언에 변조가 있는 경우에는 그 변조후에 기명날인 또는 서명한 자는 변조된 문언에 따라 책임을 지고 변조전에 기명날인 또는 서명한 자는 원문언에 따라 책임을 진다.	**제50조(변조와 수표행위자의 책임)** 수표의 문구가 변조된 경우에는 그 변조 후에 기명날인하거나 서명한 자는 변조된 문구에 따라 책임을 지고, 변조 전에 기명날인하거나 서명한 자는 원래 문구에 따라 책임을 진다.
제51조(시효기간) ①소지인의 배서인, 발행인, 기타의 채무자에 대한 소구권은 제시기간경과 후 6월간 행사하지 아니하면 소멸시효가 완성한다. ②수표의 채무자의 다른 채무자에 대한 소구권은 그 채무자가 수표를 환수한 날 또는 그 자가 제소된 날로부터 6월간 행사하지 아니하면 소멸시효가 완성한다.	**제51조(시효기간)** ① - - - - - - - - - - - - - 그 밖- - - - - - - - - 상환청구권은 제시기간이 지난 후 6개월간 - - - - - - - - - - - - - - - - 완성된다. ② - - - - - - - - - - - - - - - 상환청구권- 날부터 6개월간 - - - - - - - - - - - - - - - - 완성된다.
제52조(시효의 중단) 시효의 중단은 그 중단사유가 생긴 자에 대하여서만 효력이 생긴다.	**제52조(시효의 중단)** - - - - - - - - - - - - - - - - 대하여- - - - - - - - - .
제53조(지급보증의 가능방식) ① (생 략) ②지급보증은 수표의 표면에 "지급보증" 기타 지급을 할 뜻을 기재하고 일자를 부기	**제53조(지급보증의 가능방식)** ① (현행과 같음) ② 지급보증은 수표의 앞면에 "지급보증" 또는 그 밖에 지급을 하겠다는 뜻을 적고 날

하여 지급인이 기명날인 또는 서명하여야 한다.	짜를 부기하여 지급인이 기명날인하거나 서명하여야 한다.
제54조(지급보증의 요건) ①지급보증은 무조건이어야 한다. ②지급보증에 의하여 수표의 기재사항에 가한 변경은 이를 기재하지 아니한 것으로 본다.	**제54조(지급보증의 요건)** ① - - - - - - 조건 없이 하여야 - - . ② - - - - - - - - - - - - 기재사항을 변경한 부분은 이를 변경- - - - - - - -.
제55조(지급보증의 효력) ①지급보증을 한 지급인은 제시기간경과전에 수표를 제시한 경우에 한하여 지급할 의무를 부담한다. ②전항의 경우에 지급거절이 있는 때에는 수표의 소지인은 제39조의 규정에 의하여 수표의 제시를 증명하여야 한다. ③제44조와 제45조의 규정은 전항의 경우에 준용한다.	**제55조(지급보증의 효력)** ① - - - - - - - - - 제시기간이 지나기 전에 수표가 제시된 경우에만 - - - - - - - - - - - . ② 제1항- - - - - - - - - - - 있을 - - - - - - - - - - - - - 제39조에 따라 수표를 제시하였음을 - - - - - - - - -. ③ 제2항의 경우에는 제44조와 제45조를 준용한다.
제56조(지급보증과 수표상의 채무자의 책임) 발행인 기타 수표상의 채무자는 지급보증으로 인하여 그 책임을 면하지 못한다.	**제56조(지급보증과 수표상의 채무자의 책임)** 발행인이나 그 밖의 -.
제57조(불가항력과 기간의 연장) 제47조의 규정은 지급보증을 한 지급인에 대한 권리의 행사에 준용한다.	**제57조(불가항력과 기간의 연장)** 지급보증- - - - - - - - - - - - - - - 행사에 관하여는 제47조를 - - - - .
제58조(지급보증인의 의무의 시효) 지급보증을 한 지급인에 대한 수표상의 청구권은 제시기간경과후 1년간 행사하지 아니하면 소멸시효가 완성한다.	**제58조(지급보증인의 의무의 시효)** - - - - - - - - - - - - - - - - - - - 제시기간이 지난 후 - - - - - - - - - - - - - - - - - - 완성된다.
제59조(은행의 의의) 본법에서 「은행」이라는 문자는 법령에 의하여 은행과 동시되는 사람 또는 시설을 포함한다.	**제59조(은행의 의의)** 이 법에서 "은행"이라는 글자는 법령에 따라 은행과 같은 것으로 보는 사람 또는 시설을 포함한다.
제60조(수표에 관한 행위와 휴일) ①수표의 제시와 거절증서의 작성은 거래일에 한하여 할 수 있다. ②수표에 관한 행위를 하기 위하여 특히 수표의 제시 또는 거절증서나 이와 동일한 효력이 있는 선언의 작성을 위하여 법령에 규정된 기간의 말일이 법정휴일인 때에는 이에 이은 제1의 거래일까지 기간을 연장한다. 기간중의 휴일은 그 기간에 산입한다.	**제60조(수표에 관한 행위와 휴일)** ① - - - - - - - - - - - - - - - - - 거래일에만 - - - - - . ② - 같은 - 법정휴일일 때에는 그 말일 이후의 제1거래일- - - - - - - - - - . 기간 중- - - - - - - - - - - .
제61조(기간과 초일불산입) 본법에 규정하는 기간에는 그 초일을 산입하지 아니한다.	**제61조(기간과 초일 불산입)** 이 법에서 - - - - - - - - - 첫날- - - - - - - - - - .
제62조(은혜일의 불허) 은혜일은 법률상이거나 재판상임을 불문하고 인정하지 아니한다.	**제62조(은혜일의 불허)** 은혜일(恩惠日)은 법률상으로든 재판상으로든 인정하지 아니한다.

입출금이 자유로운 예금약관

제 1 조(적용범위)

① 입출금이 자유로운 예금(이하 '이 예금'이라 한다)이란 예치기간을 정하지 아니하고 자유로이 입출금하는 예금을 말한다.

② 이 약관에서 정하지 아니한 사항은 예금거래기본약관의 규정을 적용한다.

제 2 조(이　　자)

① 이 약관의 적용을 받는 예금 중 다음 예금의 이자는 해당 기준일에 셈하여 기준일에 이은 첫 영업일(이하 '원가일'이라 한다)에 원금에 더한다. 다만, 당좌예금은 이자를 붙이지 않는다.

1. 보통예금 : 매년 6월, 12월의 셋째 일요일
2. 저축예금 · 기업자유예금 및 가계당좌예금 : 매년 3월, 6월, 9월, 12월의 셋째 토요일

② 제 1 항의 예금이자는 최초 예금일 또는 원가일부터 원가일 또는 지급일 전날까지의 기간을 이자계산 기간으로 하고, 매일 최종잔액을 평균하여 영업점에 게시한 이율로 셈한다. 다만, 기업자유예금의 이자는 예금액마다 예금일부터 7일이 경과한 예금에 한하여 예금일부터 원가일 또는 지급일 전날까지를 이자계산기간으로 하여 셈한 다음 이미 지급한 이자액을 뺀다.

제 3 조(거래중지계좌)

은행은 이 예금이 다음 각 호의 1에 해당할 때에는 거래중지계좌로 따로 관리하여 입출금 · 잔액조회 · 이관 등의 거래를 제한할 수 있다. 다만, 거래처가 위 계좌로 입출금 · 잔액조회 · 이관 등을 신청한 때에는 은행은 곧 거래재개에 필요한 조치를 취하고 이를 처리하여야 한다.

1. 예금잔액이 10,000원 미만이며, 1년 이상 입출금거래가 없는 계좌
2. 예금잔액이 10,000원 이상 50,000원 미만이며, 2년 이상 입출금거래가 없는 계좌
3. 예금잔액이 50,000원 이상 100,000원 미만이며, 3년 이상 입출금거래가 없는 계좌

제 4 조(은행제공 수표 · 어음용지에 의한 거래)

① 거래처는 은행이 내어 준 수표 · 어음용지로 거래하여야 한다.

② 제 1 항의 용지는 거래처가 요청할 때 은행이 내어 준다. 다만, 거래처가 요청한 양이 많다고 판단될 때에는 이를 필요하다고 인정되는 양으로 제한할 수 있다.

③ 〈삭　　제〉

제 5 조(거래제한)

① 가계당좌예금은 모든 금융기관을 통하여 1인 1계좌에 한한다.

② 거래처는 제 4 조 제 1 항의 규정에 따라 교부받은 가계수표용지에 인쇄된 발행한

도금액 이내로 발행하여야 하며, 은행은 발행한도를 넘는 수표에 대하여는 지급하지 않는다. 다만, 거래처가 은행(다른 은행 포함)과 직접거래할 때에는 발행한도액을 초과하여 발행할 수 있다.

제6조(수표·어음금 지급 및 지급위탁 취소)

① 은행은 제4조 제1항에 따라 내어 준 수표나 어음에 적힌 금액을 거래처에서 지급위탁받아 그 제시인에게 지급한다.

② 은행은 수표나 어음이 지급제시기간 안에 제시된 때에만 지급한다. 다만, 수표는 지급제시기간이 지난 뒤에도 지급할 수 있다

③ 거래처가 이미 발행한 수표나 어음의 지급위탁을 취소할 때에는 은행이 마련한 서식으로 신청하여야 하고, 어음교환업무규약에 따라 수표나 어음에 적힌 금액을 담보금으로 예치하여야 한다.

제7조(지급특례)

① 제6조 제1항의 규정에 불구하고 거래처가 은행에 이행하여야 할 다음의 채무가 있을 때에는 은행은 수표나 지급청구서 없이 해당 예금에서 지급하거나 대체결제할 수 있다.

1. 각종 이자·보증료·수수료
2. 수입어음 원금·수출어음 부도대전
3. 어음교환업무규약에 따른 제재금
4. 콜자금결제통지서나 콜자금상환영수증으로 청구받은 금액

제8조(지급자금부족시의 처리)

같은 날 거래처의 지급자금을 초과하는 수표나 어음의 지급 또는 그밖의 채무이행의 청구가 있는 경우 은행은 거래처의 의사를 확인하였을 때에는 그 의사에 따라 처리하고 의사를 확인할 수 없는 때에는 은행이 판단하여 처리한다.

제9조(초과지급 및 일부지급의 거절)

① 은행은 당좌예금·가계당좌예금의 지급자금(대출한도 포함)을 초과하는 수표나 어음금은 지급하지 않는다.

② 은행은 수표나 어음에 적힌 금액의 일부에 대하여 지급청구하는 경우에는 지급하지 아니한다.

제10조(수표·어음금의 지급과 면책 등)

① 은행이 수표나 어음금을 지급함에 있어 다음 각 호의 경우에 해당하는 때에는 거래처에 손해가 생겨도 은행은 책임을 지지 않는다. 다만, 제3호 및 제4호의 경우에는 어음·수표의 지급사무를 함에 있어 요구되는 주의를 다하였어야 한다.

1. 발행일이 기재되지 아니한 수표, 발행일이나 수취인 또는 발행일 및 수취인이 기재되지 아니한 어음을 지급했을 때
2. 달력에 없는 날짜를 발행일 또는 지급일로 기재한 수표·어음에 대하여 그 달 말일을 지급일로 하여 지급하였을 때(다만, 32 이상의 숫자를 만기일 또는 지급일로

한 때에는 그러하지 아니함)

3. 예금거래기본약관 제 5 조 제 1 항에 따라 신고된 거래인감이 틀림없다고 인정되는 도장을 수표 뒷면에 찍은 횡선수표를 지급하였을 때
4. 지시금지란 글자를 누구나 알아볼 수 있는 크기로 분명히 적지 않아 그 수표나 어음이 지시금지 수표 또는 어음인지 모르고 지급했을 때

② 제 1 항 제 3 호에 따라 지급함으로써 수표법상 횡선위반에 해당하여 제 3자에게 손해배상했을 때에는 은행은 그 금액을 거래처에게 상환청구할 수 있다.

제11조 (대리인과의 거래)

① 거래처가 대리인을 통하여 거래하고자 할 때에는 수표 · 어음거래에 사용할 대리인 성명과 인감을 신고하여야 한다.

② 은행은 제 1 항에 따라 신고된 대리인이 「신용정보관리규약」 상의 신용불량정보대상자에 해당하여 수표나 어음의 유통질서를 해칠 만한 상당한 이유가 있을 때에는 그 사실을 거래처에 통보하고, 이의 교체를 요청할 수 있다.

③ 거래처가 대리인을 통하여 수표나 어음을 발행할 때에는 수표 또는 어음면에 거래처 본인 및 대리인의 성명을 적고 대리관계를 나타내는 표시를 하여야 하며, 은행은 대리인명의만으로 발행한 수표나 어음을 지급거절할 수 있다.

제12조 (당좌 · 가계당좌예금 계약의 해지)

① 은행은 거래처가 「신용정보관리규약」 의 기준에 의해 신용불량정보 대상자로 등록되고, 은행이 정한 당좌 · 가계당좌예금계약 해지사유에 해당할 때에는 이 예금을 해지하고, 그 사실을 거래처에 통지한다.

② 은행은 거래처가 관련법규나 규정을 위반하여 당좌거래자격을 잃거나 이 약관의 중요사항을 위반하여 은행과 당좌거래를 계속하는 것이 부적절하다고 판단될 때에는 미리 서면으로 통지하고, 해당 예금계약을 해지할 수 있다.

제13조 (당좌 · 가계당좌예금 해지 후 처리)

이 예금을 해지했을 때에는 해지 전에 발행한 수표나 어음이 지급제시되더라도 은행은 지급하지 않으며, 거래처는 사용하지 않은 수표나 어음용지를 곧 개설점에 반환하여야 한다.

제14조 (당좌예금거래보증금)

① 거래처는 은행이 따로 정한 당좌예금거래보증금(이하 '보증금'이라 한다)을 은행에 별단예금으로 예치해야 한다.

② 은행이 제 1 항의 보증금액을 변경했거나 거래처가 개설점변경 등으로 예치한 보증금이 부족할 경우 거래처는 그 차액을 추가로 예치하여야 하고, 남으면 은행은 그 차액을 거래처에게 돌려 준다.

③ 이 예금을 해지했을 때 은행은 제 1 항의 보증금을 거래처가 은행에 갚아야 할 채무변제로 충당한다.

④ 은행은 제 3 항의 절차를 마치고 보증금이 남았을 때에는 사용하지 않은 수표 · 어

음용지를 모두 회수한 뒤에 돌려 준다. 다만, 이미 발행한 수표나 어음으로서 지급제시되지 않은 것이 있을 때에는 부도처리수수료와 어음교환업무규약에서 정한 부도어음제재금만큼 빼고 돌려 준다.
⑤ 제4항 전단의 규정에도 불구하고 거래처가 수표나 어음용지를 회수할 수 없는 정당한 사유가 있으면 은행은 곧 보증금을 돌려 준다.

예금거래기본약관

이 예금거래기본약관(이하 "약관"이라 한다)은 ○○은행(이하 "은행"이라 한다)과 거래처(또는 예금주)가 서로 믿음을 바탕으로 예금거래를 빠르고 틀림없이 처리하는 한편, 서로의 이해관계를 합리적으로 조정하기 위하여 기본적이고 일반적인 사항을 정한 것이다. 은행은 이 약관을 영업점에 놓아두고, 거래처는 영업시간 중 언제든지 이 약관을 볼 수 있고, 또한 그 교부를 청구할 수 있다.

제 1 조 (적용범위)

이 약관은 입출금이 자유로운 예금 · 거치식예금 및 적립식예금거래에 적용한다.

제 2 조 (실명거래)

① 거래처는 실명으로 거래하여야 한다.

② 은행은 거래처의 실명확인을 위하여 주민등록증 · 사업자등록증 등 실명확인증표 또는 그 밖에 필요한 서류의 제시나 제출을 요구할 수 있고, 거래처는 이에 따라야 한다.

제 3 조 (거래장소)

거래처는 예금계좌를 개설한 영업점(이하 "개설점"이라 한다)에서 모든 예금거래를 한다. 다만, 은행이 정하는 바에 따라 다른 영업점이나 다른 금융기관 또는 현금자동지급기 · 현금자동입출금기 · 컴퓨터 · 전화기 등(이하 "전산통신기기")을 통하여 거래할 수 있다.

제 4 조 (거래방법)

거래처는 은행에서 내준 통장(증서 · 전자통장을 포함한다) 또는 수표 · 어음용지로 거래하여야 한다. 그러나 입금할 때와 자동이체약정 · 전산통신기기이용약정 등에 따라 거래할 때는 통장 없이도 할 수 있다.

제 5 조 (인감 · 비밀번호 등의 신고)

① 거래처는 거래를 시작할 때 인감 또는 서명 · 비밀번호 · 성명 · 상호 · 대표자명 · 대리인명 · 주소 등 거래에 필요한 사항을 신고하여야 한다. 다만, 비밀번호는 비밀번호입력기(이하 "PIN-Pad기"라 한다)에 의하여 거래처가 직접 등록할 수 있으며, 거래처가 은행에 내점할 수 없는 경우 거래처는 개설된 예금의 첫거래 전에 은행이 정한 방법에 따라 전산통신기기를 이용하여 비밀번호를 등록하여야 한다.

② 제 1 항에 불구하고 거치식 · 적립식 예금은 비밀번호를 신고하지 않을 수 있다.

③ 거래처는 인감과 서명을 함께 신고하거나, 인감 또는 서명을 추가신고할 수 있다.

제 6 조 (입　　금)

① 거래처는 현금이나 즉시 추심할 수 있는 수표 · 어음 기타 증권(이하 "증권"이라

한다) 등으로 입금할 수 있다.

② 거래처는 현금이나 증권으로 계좌송금(거래처가 개설점 이외에서 자기계좌에 입금하거나, 제 3 자가 개설점 또는 다른 영업점이나 다른 금융기관에서 거래처계좌에 입금하는 것)하거나, 계좌이체(다른 계좌에서 거래처계좌에 입금하는 것)할 수 있다.

③ 증권으로 입금할 때 입금인은 증권의 백지보충이나 배서 또는 영수기명날인 등 필요한 절차를 밟아야 하며, 은행은 백지보충 등의 의무를 지지 않는다.

④ 입금하는 증권이 수표나 어음일 때 은행은 소정금액란에 적힌 금액으로 처리한다.

제 7 조(예금이 되는 시기)

① 제 6 조에 따라 입금한 경우 다음 각 호의 시기에 예금이 된다.

1. 현금으로 입금한 경우: 은행이 이를 받아 확인하였을 때
2. 현금으로 계좌송금하거나 계좌이체한 경우: 예금원장에 입금의 기록이 된 때
3. 증권으로 입금하거나 계좌송금한 경우: 은행이 그 증권을 교환에 돌려 부도반환시한이 지나고 결제를 확인한 때. 다만, 개설점에서 지급하여야 할 증권은 그 날 안에 결제를 확인한 때

② 제 1 항 제 3 호에도 불구하고 증권이 자기앞수표이고 지급제시기간 안에 사고신고가 없으며, 결제될 것이 틀림없음을 은행이 확인하였을 때에는 예금원장에 입금의 기록이 된 때 예금이 된다.

③ 은행은 특별한 사정이 없는 한 제 1 항 및 제 2 항의 확인 또는 기록처리를 신속히 하여야 한다.

제 8 조(증권의 부도)

① 제 6 조 제 1 항에 따라 입금한 증권이 지급거절되었을 때는 은행은 그 금액을 예금원장에서 뺀 뒤 거래처(무통장입금일 때는 입금의뢰인)가 신고한 연락처로 그 사실을 알린다. 다만, 통화불능 등 부득이한 사유로 그 사실을 알릴 수 없는 경우에는 그러하지 아니하다.

② 은행은 지급거절된 증권을 그 권리보전절차를 거치지 아니하고 입금한 영업점에서 거래처(무통장입금일 때는 입금의뢰인)가 반환청구할 때 돌려 준다. 다만, 증권발행인이 지급거절한 날의 다음 영업일까지 증권을 입금할 예금계좌에 해당자금을 현금이나 즉시현금으로 바꿀 수 있는 증권으로 입금했을 때는 발행인에게 돌려 줄 수 있다.

제 9 조(이　　자)

① 이자는 원을 단위로, 약정한 예치기간 또는 제 7 조에 따라 예금이 된 날(자기앞수표·가계수표는 입금일)부터 지급일 전날까지의 기간에 대하여 은행이 정한 이율로 셈한다.

② 은행은 예금종류별 예금이율표를 영업점 및 인터넷 홈페이지에 비치·게시하고, 이율을 바꾼 때는 그 바꾼 내용을 영업점 및 인터넷 홈페이지에 1개월 동안 게시한다.

③ 제 2 항에 따라 이율을 바꾼 때에는 입출금이 자유로운 예금은 바꾼 날로부터 바

꾼 이율을 적용하며, 거치식 · 적립식 예금은 계약 당시의 이율을 적용함을 원칙으로 하되 변동금리가 적용되는 예금은 바꾼 날로부터 바꾼 이율을 적용한다.

④ 변동이율을 적용하는 거치식 · 적립식 예금은 최초거래시 이율적용방법을 통장에 표시하며, 또한 변동이율을 적용하는 적립식예금은 이율을 바꾼 때마다 바뀐 이율을 통장에 기록하여 안내한다.

⑤ 거래처가 실제 받는 이자는 제1항에 따라 셈한 이자에서 소득세법 등 관계법령에 따라 원천징수한 세액을 뺀 금액이다.

제10조 (지급 · 해지청구)

① 거래처가 통장으로 예금 · 이자를 찾거나 예금계약을 해지하고자 할 때에는 신고한 비밀번호 등 필요한 사항을 적고, 거래인감을 날인하거나 서명감과 일치되게 서명된 지급 또는 해지청구서를 제출하여야 한다. 다만, 거래처가 PIN-Pad기에 직접 비밀번호를 입력하는 경우에는 지급 또는 해지청구서에 비밀번호의 기재를 생략할 수 있다.

② 거래처가 자동이체 · 전산통신기기 등을 이용하여 찾을 때는 그 약정에서 정한 바에 따른다.

제11조 (지급시기)

① 입출금이 자유로운 예금은 거래처가 찾을 때 지급한다. 이 경우 기업자유예금은 먼저 예금한 금액부터 지급한다.

② 거치식 · 적립식 예금은 만기일이 지난 다음 거래처가 찾을 때 지급한다.

제12조 (양도 및 질권설정)

① 거래처가 예금을 양도하거나 질권설정하려면 사전에 은행에 통지하고 동의를 받아야 한다. 다만, 법령에 의하여 금지되는 경우에는 양도나 질권설정을 할 수 없다.

② 입출금이 자유로운 예금은 질권설정할 수 없다.

제13조 (사고 · 변경사항의 신고)

① 거래처는 통장 · 도장 · 카드 또는 증권이나 그 용지를 분실 · 도난 · 멸실 · 훼손했을 때는 곧 서면으로 신고하여야 한다. 다만, 긴급하거나 부득이 할 때는 영업시간중에 전화 등으로 신고할 수 있으며, 이 때는 다음 영업일 안에 서면신고하여야 한다.

② 거래처는 인감 또는 서명 · 비밀번호 · 성명 · 상호 · 대표자명 · 대리인명 · 주소 · 전화번호 기타 신고사항을 바꿀 때에는 서면으로 신고하여야 한다. 다만, 비밀번호는 서면신고 없이 전산통신기기를 이용하여 바꿀 수 있으며, 이 경우 계좌번호 · 주민등록번호 · 비밀번호 등 은행이 정한 요건이 맞으면 은행은 새로운 비밀번호로 변경처리한다.

③ 거래처는 주소 · 전화번호 등의 일부 신고사항에 대하여는 은행이 정한 방법에 따라 전산통신기기를 이용하여 변경할 수 있다.

④ 제1항 및 제2항의 신고는 은행이 이를 접수한 뒤 전산입력 등 필요한 조치를 하는 데 걸리는 합리적인 시간이 지나면 그 효력이 생기며, 전산장애 등 불가항력적인 사유로 처리하지 못한 때는 복구 등 사유해제시 즉시 처리하여야 한다.

⑤ 제1항의 신고를 철회할 때는 거래처 본인이 서면으로 하여야 한다.

제14조(통장·카드의 재발급 등)

제13조에 따라 통장·도장·카드에 대한 사고신고가 있을 때에는 은행은 신고인이 거래처 본인임을 확인하는 등 필요한 조치를 마친 뒤에 재발급하거나 지급한다.

제15조(통지방법 및 효력)

① 은행은 오류의 정정 등 예금거래에서 발생하는 일반적 사항을 통보하는 경우에는 거래처가 신고한 연락처로 전화통보할 수 있다. 이 때 통화자가 거래처 본인이 아닌 경우, 그 통화자가 은행의 통지내용을 이해하고 이를 거래처에 전달할 것이라고 믿을 충분한 이유가 있는 때에는 거래처에 정당하게 통보한 것으로 본다.

② 은행이 예금거래에서 발생하는 일반적 사항을 서면으로 통지했을 때는 천재지변 등 불가항력적인 경우 외에는 보통의 우송기간이 지났을 때 도달한 것으로 본다.

③ 은행은 예금계약의 임의해지 등 중요한 의사표시를 하는 때에는 서면으로 하여야 하며, 그 통지가 거래처에 도달되어야 의사표시의 효력이 생긴다. 다만, 관계법령 또는 어음교환업무규약 등에 의하여 예금계약을 해지한 경우나 거래처가 제13조에 의한 변경신고를 게을리하여 도달되지 않은 때에는 그러하지 아니하다.

제16조(면 책)

① 은행은 예금지급청구서·증권 또는 신고서 등에 찍힌 인영(또는 서명)을 신고한 인감(또는 서명감)과 육안으로 주의 깊게 비교·대조하여 틀림없다고 여기고, 예금지급청구서 등에 적힌 비밀번호나 PIN-Pad기를 이용하여 입력된 비밀번호가 신고 또는 등록한 것과 같아서 예금을 지급하였거나 기타 거래처가 요구하는 업무를 처리하였을 때에는 인감이나 서명의 위조·변조 또는 도용이나 그 밖의 다른 사고로 인하여 거래처에 손해가 생겨도 그 책임을 지지 않는다. 다만, 은행이 거래처의 인감이나 서명의 위조·변조 또는 도용 사실을 알았거나 알 수 있었을 때는 그러하지 아니하다.

② 전산통신기기 등을 이용하거나 거래정보 등의 제공 및 금융거래명세 등의 통보와 관련하여 은행이 책임질 수 없는 사유로 계좌번호·비밀번호 등의 금융정보가 새어나가 거래처에 손해가 생겨도 은행은 그 책임을 지지 않는다.

③ 은행이 주민등록증 등 실명확인증표로 주의 깊게 실명확인하거나 실명전환한 계좌는 거래처가 실명확인증표 또는 서류의 위조·변조·도용 등을 한 경우, 이로 인하여 거래처에 손해가 생겨도 은행은 그 책임을 지지 않는다.

④ 거래처가 제13조 제1항·제2항·제4항의 신고나 절차를 미루어 생긴 손해에 대해 은행은 그 책임을 지지 않는다. 다만, 이 경우에도 은행은 거래처에 손해가 발생하지 않도록 선량한 관리자로서의 주의를 다하여야 한다.

제17조(수수료)

① 거래처가 개설점 아닌 다른 영업점이나 다른 금융기관 또는 전산통신기기 등을 통해 거래할 때 은행은 온라인수수료나 추심수수료 등을 받을 수 있다.

② 은행은 제1항의 경우 외에도 거래처가 자기앞수표 발행 등을 원하거나 거래처 잘못으로 통장재발행 등을 요청하는 경우 그 사무처리와 관련하여 수수료를 받을 수

있다.

③ 제 1 항 · 제 2 항과 관련한 수수료표는 영업점에 놓아두거나 게시한다.

제18조 (오류처리 등)

① 은행이 예금원장이나 통장거래내용을 사실과 다르게 처리하였을 때에는 이를 확인하여 바르게 고치고 그 사실을 거래처에 통지하여야 한다.

② 거래처는 거래를 마친 때 그 내용이 맞는가를 확인하고, 거래내용이 사실과 다를 때에는 바르게 고칠 것을 요구할 수 있으며, 은행은 그 사실을 확인하고 바르게 처리하여야 한다.

제19조 (예금의 비밀보장)

① 은행은 금융실명거래및비밀보장에관한법률 등 법령에서 정한 경우를 제외하고는 거래처의 거래내용에 대한 자료나 정보를 남에게 제공하지 않는다.

② 은행은 거래처가 전산통신기기 등으로 무통장입금(송금 포함), 예금잔액 등에 관한 정보의 제공을 요청한 때에는 명의인 · 계좌번호 · 비밀번호 〈자동응답서비스(ARS)는 계좌번호 · 비밀번호〉 가 맞으면 그 요청자를 본인으로 여겨 입금인 · 입금액 · 예금잔액 등에 관한 정보를 제공할 수 있으며, 이로 인하여 금융거래정보누설 등으로 거래처에 손해가 생겨도 그 책임을 지지 않는다.

제20조 (약관의 변경)

① 은행은 이 약관이나 입출금이자유로운예금약관 또는 거치식 · 적립식 예금약관을 변경하고자 할 때에는 변경약관 시행일 1개월 전에 한 달간 영업점과 인터넷 홈페이지에 게시하여 거래처에 알린다. 다만, 법령의 개정이나 제도의 개선 등으로 인하여 긴급히 약관을 변경한 때에는 즉시 이를 게시 또는 공고하여야 한다.

② 약관변경의 내용이 거래처에 불리한 경우에는 변경약관시행일 1개월 전에 다음 각 호의 방법으로 거래처에 알린다.

1. 제 1 항에 의한 게시
2. 2개 이상의 일간신문에 공고
3. 거래처가 신고한 전자우편(E-mail)에 의한 통지
4. 현금자동지급기/현금자동입출금기 설치장소에 게시
5. 거래통장에 표기
6. 인터넷뱅킹 가입고객의 경우에는 인터넷뱅킹 초기화면에 게시

③ 거래처는 제 1 항 및 제 2 항의 고지 후 변경약관시행일 전 영업일까지 서면에 의한 통지로 계약을 해지할 수 있으며, 이 기간 내에 거래처의 서면에 의한 이의가 은행에 도달하지 않으면 이를 승인한 것으로 본다.

제21조 (약관적용의 순서)

① 은행과 거래처 사이에 개별적으로 합의한 사항이 약관조항과 다를 때에는 그 합의 사항을 약관에 우선하여 적용한다.

② 이 약관에 정한 사항과 입출금이 자유로운 예금약관 또는 거치식 · 적립식 예금약

관에서 정한 사항이 다를 때는 입출금이 자유로운 예금약관이나 거치식·적립식 예금약관을 먼저 적용한다.

제22조 (기　　타)

이 약관과 입출금이 자유로운 예금약관 또는 거치식·적립식 예금약관에서 정하지 않은 사항은 따로 약정이 없으면 관계법령·어음교환업무규약을 적용한다.

제23조 (이의제기)

거래처는 은행거래와 관련하여 이의가 있을 때, 거래은행의 분쟁처리기구에 해결을 요구하거나 금융분쟁조정위원회 등을 통해 분쟁조정을 신청할 수 있다.

은행여신거래기본약관(가계용)

이 은행여신거래기본약관(이하 "약관"이라 합니다)은 ○○은행(이하 "은행"이라 합니다)과 거래처(이하 "채무자"라 합니다)와의 상호신뢰를 바탕으로 여신거래의 원활하고 공정한 처리를 위하여 만들어진 것입니다.

은행은 이 약관을 모든 영업점 및 전자금융매체에 비치·게시하고, 채무자는 이를 열람하거나 그 교부를 청구할 수 있습니다.

제1조(적용범위)

이 약관은 주택자금 기타의 가계자금대출과 이에 준하는 가계부업자금대출·지급보증 등의 가계용 여신에 관련된 은행과 개인인 채무자 사이의 모든 거래에 적용됩니다.

제2조(어음채권과 여신채권)

채무자(차주·지급보증신청인 등 은행에 대하여 채무를 부담하는 사람을 말합니다. 이하 같습니다)가 발행·배서·보증·인수한 어음에 의한 여신의 경우, 은행은 어음채권 또는 여신채권의 어느 것에 의하여도 청구할 수 있습니다.

제3조(이자 등과 지연배상금)

① 이자·할인료·보증료·수수료 등(이하 "이자 등"이라고 합니다)의 율, 계산방법, 지급의 시기 및 방법에 관하여는 채무자는 법령이 허용하는 한도내에서 은행이 정하는 바에 따르기로 합니다.

② 이자 등의 율은 거래계약시에 채무자가 다음의 각 호 중 하나를 선택하여 적용할 수 있습니다.

1. 채무의 이행을 완료할 때까지 은행이 그 율을 변경할 수 없음을 원칙으로 하는 것
2. 채무의 이행을 완료할 때까지 은행이 그 율을 수시로 변경할 수 있는 것

③ 제2항 제1호를 선택한 경우에 채무이행완료 전에 국가경제·금융사정의 급격한 변동 등으로 계약 당시에 예상할 수 없는 현저한 사정변경이 생긴 때에는 은행은 채무자에 대한 개별통지에 의하여 그 율을 인상·인하할 수 있기로 합니다. 이 경우 변경요인이 해소된 때에는 은행은 해소된 상황에 부합되도록 변경하여야 합니다.

④ 제2항 제2호를 선택한 경우에 이자 등의 율에 관한 은행의 인상·인하는 건전한 금융관행에 따라 합리적인 범위내에서 이루어져야 합니다.

⑤ 채무자가 은행에 대한 채무의 이행을 지체한 경우에는 곧 지급하여야 할 금액에 대하여 법령이 정하는 제한내에서 은행이 정한 율로, 1년을 365일로 보고, 1일 단위로 계산한 지체일수에 해당하는 지연배상금을 지급하기로 하되 금융사정의 변화 그 밖의 상당한 사유로 인하여 법령에 의하여 허용되는 한도내에서 율을 변경할 수 있습니다. 다만, 외국환거래에 있어서는 국제관례·상관습 등에 따릅니다.

⑥ 은행이 이자 등과 지연배상금의 계산방법, 지급의 시기 및 방법을 변경하는 경우에 그것이 법령에 의하여 허용되는 한도내이고, 금융사정 및 그 밖의 여신거래에 영향을 미치는 상황의 변화로 인하여 필요한 것일 때에는 변경 후 최초로 이자를 납입하여야 할 날부터 그 변경된 사항이 적용됩니다.

⑦ 제4항·제5항 및 제6항에 따라 변경하는 경우, 은행은 그 변경기준일부터 1개월간 모든 영업점 및 은행이 정하는 전자매체 등에 이를 게시하여야 합니다. 다만, 특정채무자에 대하여 개별적으로 변경하는 경우에는 개별통지하여야 합니다.

⑧ 제3항 및 제6항에 의하여 채무자에게 예상하지 못한 불이익이 초래되는 경우에 채무자는 변경 후 최초로 이자를 납입하여야 할 날부터 1개월 이내에 계약을 해지할 수 있습니다. 이 경우 해지일까지는 변경 전의 이율 등을 적용하기로 하고, 채무자가 그 해지로 인하여 발생한 은행에 대한 반환채무이행을 지체한 경우에는 변경 전의 지연배상금률 등을 적용합니다.

⑨ 제1항 및 제2항 제2호에 의한 이자 등의 율과 관련하여 은행이 정하는 바에 따라 채무자는 약정당시와 비교하여 신용상태의 현저한 변동이 있다고 인정되는 경우, 합리적인 근거를 서면으로 제시하고 금리변경을 요구할 수 있습니다. 이 경우 은행은 그 적정성 여부를 성실히 심사하고, 이에 따른 필요한 조치를 취할 경우 그 결과를 곧 통지하기로 합니다.

제4조(비용의 부담)

① 다음 각 호의 비용은 채무자가 부담합니다.

1. 채무자·보증인 또는 물상보증인에 대한 은행의 채권·담보권 등의 권리의 행사·보전(해지 포함)에 관한 비용
2. 담보목적물의 조사·추심·처분에 관한 비용
3. 채무이행지체에 따른 독촉 및 통지비용

② 제1항에 의한 비용을 은행이 대신 지급한 경우에는 채무자는 곧 이를 갚으며, 곧 갚지 아니하는 때에는 대신 지급한 금액에 대신 지급한 날부터 다 갚는 날까지의 날짜수만큼 가계대출금약정금리로 1년을 365일로 보고 1일 단위로 계산한 금액을 더하여 갚아야 합니다.

③ 은행은 대출약정시 채무자가 사전에 알 수 있도록 약정이자 외에 담보대출에 소요되는 부대비용의 항목과 금액을 알려 주어야 합니다.

제5조(자금의 용도 및 사용)

채무자는 여신신청시 자금의 용도를 명확하게 제시하고, 은행과의 여신거래로 받은 자금을 그 거래 당초에 정해진 용도와 다른 용도로 사용하지 않습니다. 지급보증 기타 은행으로부터 받은 신용의 경우에도 또한 같습니다.

제6조(담보의 제공)

채무자 또는 보증인의 신용악화·담보가치의 감소 등의 사유로 은행의 채권보전상 필요하다고 인정된 때에는 채무자는 은행의 청구에 의하여 곧 은행이 인정하는 담보를

제공하거나 보증인을 세워야 합니다.

제 7 조(기한 전의 채무변제의무)

① 채무자에 관하여 다음 각 호에서 정한 사유 중 하나라도 발생한 경우에는 은행으로부터의 독촉·통지 등이 없어도 채무자는 당연히 은행에 대한 모든 채무의 기한의 이익을 상실하여(지급보증거래에 있어서의 사전구상채무 발생을 포함합니다. 이하 같습니다) 곧 이를 갚아야 할 의무를 집니다.

1. 제 예치금 기타 은행에 대한 채권에 대하여 가압류·압류명령이나 체납처분압류통지가 발송된 때 또는 기타의 방법에 의한 강제집행개시나 체납처분착수가 있는 때. 다만, 담보재산이 존재하는 채무의 경우에는 채권회수에 중대한 지장이 있는 때에만 가압류를 사유로 기한의 이익을 상실합니다.
2. 채무자가 제공한 담보재산(제 1 호의 제 예치금 기타 은행에 대한 채권은 제외)에 대하여 압류명령이나 체납처분압류통지가 발송된 때 또는 기타의 방법에 의한 강제집행개시나 체납처분착수가 있는 때
3. 채무불이행자명부 등재신청이 있는 때
4. 어음교환소의 거래정지처분이 있는 때
5. 도피 기타의 사유로 지급을 정지한 것으로 인정된 때

② 채무자에 관하여 다음 각 호에서 정한 사유 중 하나라도 발생한 경우에는 채무자는 당연히 당해 채무의 기한의 이익을 상실하여 곧 이를 갚아야 할 의무를 집니다. 다만, 은행은 기한의 이익상실일 3영업일 전까지 다음 각 호의 채무이행지체사실과 이에 따라 기한의 이익이 상실된다는 사실을 채무자에게 통지하여야 하며, 기한의 이익상실일 3영업일 전까지 통지하지 않은 경우에는 채무자는 실제통지가 도달한 날부터 3영업일이 경과한 날에 기한의 이익을 상실하여 곧 이를 갚아야 할 의무를 집니다.

1. 이자를 지급하여야 할 때부터 1개월간 지체한 때
2. 분할상환금 또는 분할상환원리금의 지급을 2회 이상 연속하여 지체한 때

③ 채무자에 관하여 다음 각 호에서 정한 사유 중 하나라도 발생하여 은행의 채권보전에 현저한 위험이 예상될 경우, 은행은 서면으로 변제·압류 등의 해소, 신용의 회복 등을 독촉하고, 그 통지의 도달일부터 10일 이상으로 은행이 정한 기간이 경과하면, 채무자는 은행에 대한 모든 채무의 기한의 이익을 상실하여 곧 이를 갚아야 할 의무를 집니다.

1. 은행에 대한 수 개의 채무 중 하나라도 기한에 변제하지 아니하거나 제2 항 또는 제 4 항에 의하여 기한의 이익을 상실한 채무를 변제하지 아니한 때
2. 제 1 항 제 1 호 및 제 2 호 외의 재산에 대하여 압류·체납처분이 있는 때
3. 채무자의 제 1 항 제 1 호 외의 재산에 대하여 민사소송법상의 담보권실행 등을 위한 경매개시가 있거나 가압류통지가 발송되는 경우로서 채무자의 신용이 현저하게 악화되어 채권회수에 중대한 지장이 있을 때
4. 제 5 조·제18조에서 정한 약정을 위반하여 건전한 계속거래유지가 어렵다고 인정

된 때

5. 어음교환소의 거래정지처분 이외의 사유로 금융기관의 신용불량거래처로 규제된 때

④ 채무자에 관하여 다음 각 호에서 정한 사유 중 하나라도 발생한 경우에 은행은 서면으로 독촉하고, 그 통지의 도달일부터 10일 이상으로 은행이 정한 기간이 경과하면, 채무자는 은행에 대해 당해 채무 전부의 기한의 이익을 상실하여 곧 이를 갚아야 할 의무를 집니다.

1. 제 6 조에서 정한 약정을 이행하지 아니한 때
2. 담보물에 대한 화재보험가입의무를 이행하지 아니한 때, 은행을 해할 목적으로 담보물건을 양도하여 은행에 손해를 끼친 때, 주택자금대출을 받아 매입 또는 건축한 당해 주택의 담보제공을 지체한 때, 기타 은행과의 개별약정을 이행하지 아니하여 정상적인 거래관계유지가 어렵다고 인정된 때
3. 보증인이 제 1 항에 해당하거나 제 3 항 제 2 호와 제 3 호에 해당하는 경우로서 상당한 기간 내에 보증인을 교체하지 아니한 때

⑤ 제 1 항 내지 제 4 항에 의하여 채무자가 은행에 대한 채무의 기한의 이익을 상실한 경우라도 은행의 명시적 의사표시가 있거나, 은행이 분할상환금 · 분할상환원리금 · 이자 · 지연배상금을 받는 등 정상적인 거래의 계속이 있는 때에는 그 채무 또는 은행이 지정하는 채무의 기한의 이익은 그 때부터 부활됩니다.

제 8 조(기한이익상실의 연대보증인에 대한 통지)

① 제 7 조 제 1 항 각 호에 의하여 기한이익이 상실될 때, 은행은 제 1 호 · 제 4 호의 경우에는 기한의 이익상실사유가 발생한 날로부터, 제 2 호 · 제 3 호 · 제 5 호의 경우에는 기한의 이익상실사유를 은행이 인지한 날로부터 각 15영업일 이내에 연대보증인에게 서면으로 그 내용을 통지하여야 합니다.

② 제 7 조 제 3 항과 제 4 항 각 호에 의하여 기한이익이 상실되는 경우, 은행은 기한의 이익이 상실된 날로부터 15영업일 이내에 연대보증인에게 서면으로 그 내용을 통지하여야 합니다.

③ 제 1 항 및 제 2 항에 의하여 연대보증인에게 기한이익상실을 통지한 경우라도 제 7 조 제 5 항에 해당되어 기한이익이 부활된 채무에 대하여는 계속거래를 위한 연대보증인의 동의를 요하지 않습니다. 이 경우 은행은 기한이익이 부활된 채무의 연대보증인에게 15영업일 이내에 서면으로 부활통지를 하여야 합니다.

제 9 조(기한 전의 임의상환)

채무자는 약정한 상환기일이 도래하기 전이라도 미리 아무런 배상금부담 없이 원금의 전부 또는 일부를 갚을 수 있습니다. 그러나 은행의 수수료의 정함이 있는 경우에는 채무자는 이를 부담하여야 합니다.

제10조(은행으로부터의 상계)

① 채무의 변제기가 도래하였거나 제 7 조에 의하여 이를 곧 갚아야 할 경우, 은행은

채무자의 그 채무와 채무자의 은행에 대한 예금 기타의 채권과를 그 채권의 기한도래 여부에 불구하고 서면통지에 의하여 상계할 수 있습니다.

② 은행이 사전구상권에 의하여 제 1 항의 상계를 하는 경우에는 민법 제443조의 항변권에 불구하고 상계할 수 있는 것으로 하며, 원채무 또는 구상채무에 관하여 담보가 있는 경우에도 상계할 수 있습니다. 이 경우 은행은 상계 후 지체없이 보증채무를 이행하여야 합니다.

③ 제 1 항 및 제 2 항에 따라 채무자의 채무와 채무자 및 보증인의 제 예치금 기타 채권(이하 "제 예치금 등"이라 합니다)과를 상계할 경우, 은행은 상계에 앞서 채무자 및 보증인의 제 예치금 등에 대하여 일시적인 지급정지조치를 취할 수 있기로 하되 보증인의 제 예치금 등에 대하여 지급정지조치를 취한 경우에는 그 사실을 지체없이 보증인에게 통지하여야 합니다.

④ 제 1 항 및 제 2 항에 의한 상계를 실행하는 경우에는 채무자 · 보증인 · 담보제공자의 정당한 이익을 고려하여 신속히 실행하여야 하며, 채권 · 채무에 대한 이자, 지연배상금의 계산기간은 은행의 상계통지가 채무자에게 도달한 날까지로 하고, 그 율은 은행에서 정한 바에 따르기로 합니다. 이 경우 기한미도래예금 등의 이율은 은행에서 정한 예치기간에 따른 약정이율로 하며, 1년을 365일로 보고 1일 단위로 계산합니다.

제11조 (채무자로부터의 상계)

① 채무자는 채무자의 기한도래한 예금 기타의 채권과 은행에 대한 채무와를 그 채무의 기한도래 여부에 불구하고 서면통지에 의하여 상계할 수 있습니다. 이 경우 상계한 예금 기타 채권의 증서 · 통장은 채무자가 그 거래용으로 신고한 도장을 찍거나 서명을 하여 지체없이 은행에 제출하여야 합니다.

② 제 1 항에 의한 상계를 하는 경우, 채권 · 채무에 대한 이자, 지연배상금의 계산기간은 채무자의 상계통지가 은행에 도달한 날까지로 하고, 그 율은 은행에서 정한 바에 따르며, 수수료의 정함이 있는 때에는 채무자가 이를 부담하여야 합니다.

제12조 (어음의 제시 · 교부)

① 어음이 따르는 거래에 있어서 은행이 어음채권에 의하지 아니하고 제10조에 의한 상계를 할 때에는 은행은 그 어음을 상계와 동시에 반환하지 아니하여도 되며, 어음의 반환장소는 그 거래영업점으로 합니다. 이 경우 은행은 어음을 찾아가도록 지체없이 채무자에게 통지하여야 합니다. 제11조에 의한 상계에 따른 어음의 처리도 같습니다.

② 은행이 어음채권에 의하여 제10조에 의한 상계를 할 때에는 다음 각 호의 경우에 한하여 어음의 제시 또는 교부를 하지 않아도 되며, 이 경우의 어음의 처리도 제 1 항과 같습니다.

1. 은행이 채무자의 소재를 알 수 없을 때
2. 은행이 어음의 지급장소인 때
3. 교통 · 통신의 두절, 추심 기타의 사유로 제시 또는 교부의 생략이 부득이 하다고 인정되는 때

③ 제10조 · 제11조에 의한 상계를 하고도 곧 이행하여야 할 나머지 채무가 있을 경우에 어음에 채무자 이외의 어음상 채무자가 있는 때에는 은행은 그 어음을 계속 점유하고 추심 또는 처분한 후 그 대금으로 제13조에 준하여 채무의 변제에 충당할 수 있습니다.

④ 은행이 어음채권의 시효중단을 위하여 독촉을 할 경우에도 어음의 제시를 생략할 수 있습니다.

제13조 (일부변제 · 일부상계와 충당)

① 채무자가 기한의 이익을 상실한 채무를 변제하거나, 은행이 제10조에 의한 상계를 할 경우에 채무전액을 없애기에 부족한 때에는 비용 · 이자 · 원금의 순서로 충당하기로 합니다. 그러나 은행은 채무자에게 불리하지 않은 범위 내에서 충당순서를 달리 할 수 있습니다.

② 변제 또는 상계될 채무가 수 개인 경우로서 채무전액이 변제 또는 상계되지 않을 경우, 강제집행 또는 담보권실행경매에 의한 회수금에 대하여는 민법 기타 법률이 정하는 바에 따릅니다.

③ 변제 또는 상계될 채무가 수 개인 경우로서 제 2 항에 해당되지 않는 임의의 상환금 또는 제 예치금으로 채무자의 채무전액을 없애기에 부족한 때에는 채무자가 지정하는 순서에 따라 변제 또는 상계에 충당하기로 합니다. 이 경우 채무자의 지정이 이미 연체된 채무를 제쳐놓고 기한미도래채무에, 또는 무담보채무를 제쳐놓고 유담보채무에 충당하는 등 은행의 채권보전상 지장이 생길 염려가 있는 것일 때에는 은행은 지체없이 이의를 표시하고, 은행이 변제나 상계에 충당할 채무를 바꾸어 지정할 수 있습니다.

④ 채무자가 제11조에 의한 상계를 할 경우, 채무전액을 소멸시키기에 부족한 때에는 채무자가 적당하다고 인정하는 순서에 의하여 상계에 충당할 채무를 지정할 수 있습니다. 그러나 채무자가 위와 같은 지정을 아니한 경우에는 제 1 항 및 제 3 항에 따르기로 합니다.

⑤ 제 4 항에 의한 채무자의 지정이 은행의 채권보전상 지장이 생길 염려가 있는 것인 때에는 은행은 지체없이 이의를 표시하고, 이의 발송 후 14일 이내에 제 3 항에 준하여 채권보전상 상당하다고 인정되는 채무로 바꾸어 지정할 수 있습니다.

제14조 (사고의 처리)

① 채무자가 발행 · 배서 등을 한 어음 또는 채무자가 은행에 제출한 제 증서 등이 불가항력 · 사변 · 재해 · 수송도중의 사고 등 은행 자신의 책임 없는 사유로 인하여 분실 · 손상 · 멸실 또는 연착한 경우, 채무자는 은행의 장부 · 전표 등의 기록에 의하여 채무를 갚기로 하되 채무자가 은행의 장부 · 전표 등의 기록과 다른 자료를 제시할 경우 은행의 기록과 채무자가 제시하는 자료를 상호 대조하여 채무를 확정한 후 갚기로 합니다.

② 채무자는 제 1 항의 분실 · 손상 · 멸실의 경우에 은행의 청구에 따라 곧 그에 대신할 어음이나 증서 등을 제출하여야 합니다. 다만, 은행이 제 3 자와의 거래에서 취득한

어음이나 증서의 경우에는 제출하지 않아도 됩니다.

③ 제1항·제2항에 의한 변제 또는 어음이나 증서의 제출로 인하여 채무자가 과실 없이 이중의 지급의무를 부담하게 됨으로 말미암은 손해는 은행이 부담하여야 합니다.

④ 은행이 어음이나 제 증서·신고서 등 서류의 인영·서명을 채무자가 신고한 인감·서명과 상당한 주의로써 대조하고 틀림없다고 인정하여 처리한 때에는 그 서류나 도장에 관하여 위조·변조·도용 등의 사고가 있더라도 이로 말미암은 손해는 채무자가 부담합니다.

제15조 (신고사항의 변경)

채무자가 이미 신고한 성명·주소·전화번호·인감·서명 등에 변경이 생긴 때에는 곧 서면으로 은행에 신고하여야 합니다.

제16조 (자료의 성실작성의무)

채무자는 여신거래와 관련하여 은행에 제출하는 자료를 성실하게 작성·제출하여야 합니다.

제17조 (통지의 효력)

① 은행이 채무자가 신고한 최종주소로 서면통지 또는 기타 서류 등을 발송한 경우, 보통의 우송기간이 경과한 때에 도달한 것으로 추정합니다.

② 채무자가 제15조에 의한 변경신고를 게을리함으로 말미암아 제1항에 의하여 발송한 서면통지 또는 기타 서류가 채무자에게 연착하거나 도달하지 아니한 때에는 보통의 우송기간이 경과한 때에 도달한 것으로 봅니다. 다만, 상계통지나 기한 전의 채무변제청구 등 중요한 의사표시인 경우에는 배달증명부내용증명에 의한 경우에 한하여 도달한 것으로 봅니다.

③ 은행이 채무자에 대한 통지 등의 사본을 보존하고, 또 그 발신의 사실 및 연월일을 장부 등에 명백히 기재한 때에는 발송한 것으로 추정합니다.

제18조 (회보와 조사)

① 채무자는 은행이 채권보전상의 필요에 의하여 청구하는 때에는 부채현황, 채무자 및 보증인의 신용상태나 담보의 상황에 관하여 지체없이 회보하며, 또 은행이 그에 관하여 조사하고자 할 때에는 이에 협조하여야 합니다.

② 채무자는 채무자 및 보증인의 신용상태나 담보의 상황에 관하여 중대한 변화가 생기거나 생길 염려가 있을 때에는 은행의 청구가 없더라도 곧 은행 앞으로 이를 통지하여야 합니다.

제19조 (이행장소·준거법)

① 채무의 이행장소는 다른 약정이 없는 한 거래영업점으로 합니다. 다만, 부실채권의 관리 등 상당한 사유로 채권관리업무를 은행의 본점·지역본부 또는 다른 영업점으로 이관한 경우에는 이관받은 본점·지역본부 또는 다른 영업점을 그 이행장소로 합니다.

② 채무자가 내국인이 아닌 경우라도 이 약관에 터잡은 여신거래에 관하여 적용될 법률은 국내법을 적용합니다.

제20조 (약관 · 부속약관 변경)

① 은행이 이 약관이나 부속약관을 변경하고자 할 경우, 채무자에게 불리한 내용이 될 때에는 서면통지로써 알리고, 그 밖에는 거래영업점게시로써 이를 알려야 합니다. 이 경우 통지나 게시중에는 제2항의 뜻을 명시하여야 합니다.

② 통지를 발송하거나 게시한 후 1개월 이내에 채무자의 서면에 의한 이의가 은행에 도달하지 않은 때에는 약관의 변경을 승인한 것으로 봅니다.

제21조 (관할법원의 합의)

이 약관에 터잡은 여신거래에 관하여 은행과 채무자 또는 보증인 또는 물상보증인 사이에 소송의 필요가 생긴 때에는 법이 정하는 관할법원과 아울러 은행의 거래영업점 소재지 지방법원을 관할법원으로 합니다. 다만, 채무자의 책임 있는 사유로 부실채권이 발생되어 그 채권의 관리를 위하여 은행이 본점 · 지역본부 또는 다른 영업점으로 그 채권관리업무를 이관한 경우에는 법이 정하는 관할법원과 아울러 이관받은 본점 · 지역본부 또는 다른 영업점의 소재지 지방법원을 관할법원으로 합니다.

은행여신거래기본약관(기업용)

이 은행여신거래기본약관(이하 "약관"이라 합니다)은 ○○은행(이하 "은행"이라 합니다)과 거래처(이하 "채무자"라 합니다)와의 상호신뢰를 바탕으로 여신거래의 원활하고 공정한 처리를 위하여 만들어진 것입니다.

은행은 이 약관을 모든 영업점 및 전자금융매체에 비치·게시하고, 채무자는 이를 열람하거나 그 교부를 청구할 수 있습니다.

제1조(적용범위)

① 이 약관은 은행과 채무자(차주·할인신청인·지급보증신청인 등 은행에 대하여 채무를 부담하는 사람을 말합니다. 이하 같습니다) 사이의 어음대출·어음할인·증서대출·당좌대출·지급보증·외국환 기타의 여신에 관한 모든 거래에 적용됩니다.

② 이 약관은 채무자가 발행·배서·인수나 보증한 어음(수표를 포함합니다. 이하 같습니다)을 은행이 제3자와의 여신에 관한 거래에서 취득한 경우에 그 채무의 이행에 관하여도 적용됩니다. 다만, 제2조·제3조·제5조·제7조·제9조·제12조 제1항·제15조 제1항은 적용되지 않습니다.

③ 이 약관은 은행의 본·지점과 채무자의 본·지점 사이의 제1항 및 제2항의 적용범위에 속하는 모든 거래와 채무이행에 공통으로 적용됩니다.

제2조(어음채권과 여신채권)

채무자가 발행하거나 배서·보증·인수한 어음에 의한 여신의 경우, 은행은 어음채권 또는 여신채권의 어느 것에 의하여도 청구할 수 있습니다.

제3조(이자 등과 지연배상금)

① 이자·할인료·보증료·수수료 등(이하 "이자 등"이라고 합니다)의 율, 계산방법, 지급의 시기 및 방법에 관하여는 채무자는 법령이 허용하는 한도 내에서 은행이 정하는 바에 따르기로 합니다.

② 이자 등의 율은 거래계약시에 채무자가 다음의 각 호 중 하나를 선택하여 적용할 수 있습니다.

1. 채무의 이행을 완료할 때까지 은행이 그 율을 변경할 수 없음을 원칙으로 하는 것
2. 채무의 이행을 완료할 때까지 은행이 그 율을 수시로 변경할 수 있는 것

③ 제2항 제1호를 선택한 경우에 채무이행완료 전에 국가경제, 금융사정의 급격한 변동 등으로 계약 당시에 예상할 수 없는 현저한 사정변경이 생긴 때에는 은행은 채무자에 대한 개별통지에 의하여 그 율을 인상·인하할 수 있기로 합니다. 이 경우 변경요인이 해소된 때에는 은행은 지체없이 해소된 상황에 부합되도록 변경하여야 합니다.

④ 제2항 제2호를 선택한 경우에 이자 등의 율에 관한 은행의 인상·인하는 건전한

금융관행에 따라 합리적인 범위내에서 이루어져야 합니다.

⑤ 채무자가 은행에 대한 채무의 이행을 지체한 경우에는 곧 지급하여야 할 금액에 대하여 법령이 정하는 제한내에서 은행이 정한 율로 1년을 365일로 보고 1일 단위로 계산한 지체일수에 해당하는 지연배상금을 지급하기로 하되 금융사정의 변화 그 밖의 상당한 사유로 인하여 법령에 의하여 허용되는 한도내에서 율을 변경할 수 있습니다. 다만, 외국환거래에 있어서는 국제관례 · 상관습 등에 따릅니다.

⑥ 은행이 이자 등과 지연배상금의 계산방법, 지급의 시기 및 방법을 변경하는 경우에 그것이 법령에 의하여 허용되는 한도내이고, 금융사정 및 그 밖의 여신거래에 영향을 미치는 상황의 변화로 인하여 필요한 것일 때에는 변경 후 최초로 이자를 납입하여야 할 날부터 그 변경된 사항이 적용됩니다.

⑦ 제4항 · 제5항 및 제6항에 따라 변경하는 경우, 은행은 그 변경기준일부터 1개월간 모든 영업점 및 은행이 정하는 전자매체 등에 이를 게시하여야 합니다. 다만, 특정채무자에 대하여 개별적으로 변경하는 경우에는 개별통지하여야 합니다.

⑧ 제3항 및 제5항에 의하여 채무자에게 예상하지 못한 불이익이 초래되는 경우에 채무자는 변경 후 최초로 이자를 납입하여야 할 날부터 1개월 이내에 계약을 해지할 수 있습니다. 이 경우 해지일까지는 변경 전의 이율 등을 적용하기로 하고, 채무자가 그 해지로 인하여 발생한 은행에 대한 반환채무이행을 지체한 경우에는 변경 전의 지연배상금률 등을 적용하기로 합니다.

제4조(비용의 부담)

① 다음 각 호의 비용은 채무자가 부담합니다.

1. 채무자 · 보증인 또는 물상보증인에 대한 은행의 채권 · 담보권 등의 권리의 행사 · 보전(해지 포함)에 관한 비용
2. 담보목적물의 조사 · 추심 · 처분에 관한 비용
3. 채무이행지체에 따른 독촉 및 통지비용

② 제1항에 의한 비용을 채무자가 지급하지 않아서 은행이 대신 지급한 경우에는 채무자는 곧 이를 갚으며, 곧 갚지 아니하는 때에는 대신 지급한 금액에 제3조 제5항에 정하는 바에 따라 대신 지급한 날부터 다 갚을 때까지의 지연배상금을 더하여 갚아야 합니다.

③ 은행은 대출약정시 채무자가 사전에 알 수 있도록 약정이자 외에 담보대출에 소요되는 부대비용의 항목과 금액을 알려 주어야 합니다.

제5조(자금의 용도 및 사용)

채무자는 여신신청시 자금의 용도를 명확하게 제시하고, 은행과의 여신거래로 받은 자금을 그 거래 당초에 정해진 용도와 다른 용도로 사용하지 않습니다. 지급보증 기타 은행으로부터 받은 신용의 경우에도 또한 같습니다.

제6조(담 보)

① 채무자 또는 보증인의 신용악화, 담보가치의 감소 등의 사유로 은행의 채권보전상

필요하다고 인정된 때에는 채무자는 은행의 청구에 의하여 곧 은행이 인정하는 담보를 제공하거나 보증인을 세워야 합니다.

② 담보물의 처분은 법정절차에 의함을 원칙으로 하되 담보물이 거래소의 시세 있는 물건이거나 유리한 조건이 기대될 경우에 한하여 은행이 일반적으로 적당하다고 인정되는 방법 · 시기 · 가격 등에 의하여 추심 또는 처분하고, 그 취득금에서 제 비용을 뺀 잔액을 제13조에 준하여 채무의 변제에 충당할 수 있기로 하며, 채무자는 나머지 채무가 있는 경우에 곧 갚기로 합니다. 이 경우 은행은 담보물을 처분하기 10일 전까지 담보제공자에게 그 사실을 통지하여야 합니다. 다만, 파산법 · 화의법 또는 회사정리법에 의한 법원의 개시결정이 있기 전 채권회수에 중대한 지장이 예견되는 경우에는 처분 후 지체없이 그 사실을 통지하기로 합니다.

③ 채무자가 은행에 대한 채무의 이행을 지체한 경우에는 은행이 점유하고 있는 채무자의 동산 · 어음 기타의 유가증권을 담보로서 제공된 것이 아닐지라도 은행이 계속 점유하거나 제 2 항에 준하여 추심 또는 처분 등의 처리를 할 수 있기로 합니다.

제 7 조(기한 전의 채무변제의무)

① 채무자에 관하여 다음 각 호에서 정한 사유 중 하나라도 발생한 경우에는 은행으로부터의 독촉 · 통지 등이 없어도 채무자는 당연히 은행에 대한 모든 채무의 기한의 이익을 상실하여(지급보증거래에 있어서의 사전구상채무 발생을 포함합니다. 이하 같습니다) 곧 이를 갚아야 할 의무를 집니다.

1. 제 예치금 기타 은행에 대한 채권에 대하여 가압류 · 압류명령이나 체납처분압류통지가 발송된 때 또는 기타의 방법에 의한 강제집행개시나 체납처분착수가 있는 때. 다만, 담보재산이 존재하는 채무의 경우에는 채권회수에 중대한 지장이 있는 때에만 가압류를 사유로 기한의 이익을 상실합니다.
2. 채무자가 제공한 담보재산(제 1 호의 제 예치금 기타 은행에 대한 채권은 제외)에 대하여 압류명령이나 체납처분압류통지가 발송된 때 또는 기타의 방법에 의한 강제집행개시나 체납처분착수가 있는 때
3. 파산 · 화의개시 · 회사정리절차개시의 신청이 있거나 채무불이행자명부 등재신청이 있는 때
4. 조세공과에 관하여 납기 전 납부고지서를 받거나 어음교환소의 거래정지처분이 있는 때
5. 폐업 · 도피 기타의 사유로 지급을 정지한 것으로 인정된 때
6. 채무자의 과점주주나 실질적인 기업주인 포괄근보증인의 제 예치금 기타 은행에 대한 채권에 대하여 제 1 호의 명령이나 통지가 발송된 때

② 당해 채무전기간(기한연장된 경우의 연장기간을 포함합니다)을 통하여 이자 등의 지체회수가 4회에 달한 때에는 채무자에 대한 은행으로부터의 독촉 · 통지 등이 없어도 그 채무는 그 때부터 당연히 기한의 이익을 상실하여 채무자는 곧 이를 갚아야 할 의무를 집니다.

③ 채무자에 관하여 다음 각 호에서 정한 사유 중 하나라도 발생한 경우, 채무자는 당연히 당해 채무의 기한의 이익을 상실하여 곧 이를 갚아야 할 의무를 집니다. 이 경우 은행은 기한의 이익상실일 3영업일 전까지 다음 각 호의 채무이행지체사실과 이에 따라 기한의 이익이 상실된다는 사실을 채무자에게 통지하여야 하며, 기한의 이익상실일 3영업일 전까지 통지하지 않은 경우 실제 통지가 도달한 날부터 3영업일이 경과한 날에 기한의 이익을 상실하여 채무자는 곧 이를 갚아야 할 의무를 집니다.

1. 이자 등을 지급하여야 할 때부터 계속하여 14일간 지체한 때
2. 분할상환금 또는 분할상환원리금의 지급을 2회 이상 연속하여 지체한 때

④ 채무자에 관하여 다음 각 호에서 정한 사유 중 하나라도 발생하여 은행의 채권보전에 현저한 위험이 예상될 경우, 은행은 서면으로 변제, 압류 등의 해소, 신용의 회복 등을 독촉하고, 그 통지의 도달일부터 10일 이상으로 은행이 정한 기간이 경과하면, 채무자는 은행에 대한 모든 채무의 기한의 이익을 상실하여 곧 이를 갚아야 할 의무를 집니다.

1. 은행에 대한 수 개의 채무 중 하나라도 기한에 변제하지 아니하거나 제 2 항 · 제 3 항 또는 제 5 항에 의하여 기한의 이익을 상실한 채무를 변제하지 아니한 때
2. 제 1 항 제 1 호 및 제 2 호 외의 재산에 대하여 압류 · 체납처분이 있는 때
3. 채무자의 제 1 항 제 1 호 외의 재산에 대하여 민사집행법상의 담보권실행 등을 위한 경매개시가 있거나 가압류통지가 발송되는 경우로서 채무자의 신용이 현저하게 악화되어 채권회수에 중대한 지장이 있을 때
4. 제 5 조 · 제19조에서 정한 약정을 위반하여 건전한 계속거래유지가 어렵다고 인정된 때
5. 여신거래와 관련하여 허위, 위 · 변조 또는 고의로 부실자료를 은행에 제출한 사실이 확인된 때
6. 청산절차개시, 결손회사와의 합병, 노사분규에 따른 조업중단, 휴업, 관련기업의 도산, 회사경영에 영향을 미칠 법적 분쟁발생 등으로 현저하게 신용이 악화되었다고 인정된 때
7. 어음교환소의 거래정지처분 이외의 사유로 금융기관의 신용불량거래처로 규제된 때

⑤ 채무자에 관하여 다음 각 호에서 정한 사유 중 하나라도 발생한 경우에 은행은 서면으로 독촉하고, 그 통지의 도달일부터 10일 이상으로 은행이 정한 기간이 경과하면 채무자는 은행에 대해 당해 채무 전부의 기한의 이익을 상실하여 곧 이를 갚아야 할 의무를 집니다.

1. 제 6 조 제 1 항 · 제15조에서 정한 약정을 이행하지 아니한 때
2. 담보물에 대한 화재보험가입의무를 이행하지 아니한 때, 은행을 해할 목적으로 담보물건을 양도하여 은행에 손해를 끼친 때, 시설자금을 받아 설치 · 완공된 기계 · 건물 등의 담보제공을 지체하는 때, 기타 은행과의 개별약정을 이행하지 아니하여

정상적인 거래관계유지가 어렵다고 인정된 때

3. 보증인이 제 1 항 제 1 호 내지 제 5 호의 사유에 해당되거나 제 4 항 제 2호 및 제 3 호에 해당하는 경우로서 상당한 기간 내에 보증인을 교체하지 아니한 때

⑥ 제 1 항 내지 제 5 항에 의하여 채무자가 은행에 대한 채무의 기한의 이익을 상실한 경우라도 은행의 명시적 의사표시가 있거나, 분할상환금 · 분할상환원리금 · 이자 · 지연배상금의 수령 등 정상적인 거래의 계속이 있는 때에는 그 채무 또는 은행이 지정하는 채무의 기한의 이익은 그 때부터 부활됩니다.

제 8 조(기한이익상실의 연대보증인에 대한 통지)

① 제 7 조 제 1 항 각 호에 의하여 기한이익이 상실될 때, 은행은 제 1 호 · 제 6 호 및 제 4 호 중 어음교환소의 거래정지처분이 있는 경우에는 기한의 이익상실사유가 발생한 날부터, 그 밖의 경우에는 기한의 이익상실사유를 은행이 인지한 날부터 각 15영업일 이내에 연대보증인에게 서면으로 그 내용을 통지하여야 합니다.

② 제 7 조 제 4 항과 제 5 항에 의하여 기한이익이 상실되는 경우, 은행은 기한의 이익이 상실된 날부터 15영업일 이내에 연대보증인에게 서면으로 그 내용을 통지하여야 합니다.

③ 제 1 항 및 제 2 항에 의하여 연대보증인에게 기한이익상실을 통지한 경우라도 제 7 조 제 5 항에 해당되어 기한이익이 부활된 채무에 대하여는 계속거래를 위한 연대보증인의 동의를 요하지 않습니다. 이 경우 은행은 기한이익이 부활된 채무의 연대보증인에게 15영업일 이내에 서면으로 부활통지를 하여야 합니다.

제 9 조(할인어음의 환매채무)

① 어음의 할인을 받은 채무자는 다음의 어음에 대하여 은행으로부터의 독촉 · 통지 등이 없어도 당연히 어음면기재금액에 의한 환매채무를 지고 곧 갚아야 합니다. 이 경우 채무자가 어음의 만기 전에 환매채무를 이행하는 때에는 은행은 그 이행일부터 그 어음의 만기일까지의 할인료상당금액을 되돌려 주어야 합니다.

1. 채무자에 관하여 제 7 조 제 1 항 각 호에서 정한 사유 중 하나라도 발생한 경우에는 할인의뢰한 모든 어음
2. 어음을 발행 또는 인수한 자에게 제 7 조 제 1 항 각 호에서 정한 사유 중 하나라도 발생되거나 기일에 지급하지 아니한 때에는 그가 발행 또는 인수한 모든 어음

② 어음의 할인을 받은 채무자는 다음의 어음에 대하여 은행이 서면으로 독촉하고 그 통지의 도달일로부터 10일 이상으로 은행이 정한 기간이 경과하면, 어음의 환매채무를 지고 곧 갚기로 합니다. 이 경우 채무자가 어음의 만기 전에 환매채무를 이행하는 때에는 은행은 그 이행일부터 만기일까지의 할인료상당금액을 되돌려 주어야 합니다.

1. 채무자에 관하여 제 7 조 제 4 항 · 제 5 항 각 호에서 정한 사유 중 하나라도 발생한 경우에는 할인의뢰한 모든 어음
2. 어음을 발행 또는 인수한 자에 관하여 제 7 조 제 4 항 · 제 5 항 각 호에서 정한 사유 중 하나라도 발생한 경우 그가 발행 또는 인수한 모든 어음

③ 제 1 항 · 제 2 항에 의한 채무를 모두 갚을 때까지는 은행이 어음소지인으로서의 모든 권리를 행사할 수 있습니다.

④ 제 1 항 · 제 2 항의 경우에도 제 7 조 제 5 항을 준용합니다.

제10조 (은행으로부터의 상계 등)

① 기한의 도래 또는 제 7 조에 의한 기한 전 채무변제의무, 제 9 조에 의한 할인어음의 환매채무의 발생 기타의 사유로 은행에 대한 채무를 이행하여야 하는 경우에는 그 채무와 채무자의 제 예치금 기타의 채권과를 그 채권의 기한도래 여부에도 불구하고 은행은 서면통지에 의하여 상계할 수 있습니다.

② 은행이 사전구상권에 의하여 제 1 항의 상계를 하는 경우에는 민법 제443조의 항변권에 불구하고 상계할 수 있는 것으로 하며, 원채무 또는 구상채무에 관하여 담보가 있는 경우에도 상계할 수 있습니다. 이 경우 은행은 상계 후 지체없이 보증채무를 이행하여야 합니다.

③ 제 1 항에 있어서와 같이 은행에 대한 채무를 이행하여야 하는 경우에는 은행은 사전의 통지나 소정의 절차를 생략하고, 채무자를 대리하여 채무자가 담보로 제공한 채무자의 제 예치금을 그 기한도래 여부에 불구하고 환급받아서 채무의 변제에 충당할 수 있습니다. 이 경우 은행은 대리환급변제충당 후 그 사실을 지체없이 채무자에게 통지합니다.

④ 제 1 항 및 제 2 항에 따라 채무자의 채무와 채무자 및 보증인의 제 예치금 기타 채권(이하 "제 예치금 등"이라 합니다)과를 상계할 경우, 은행은 상계에 앞서 채무자 및 보증인의 제 예치금 등에 대하여 일시적인 지급정지조치를 취할 수 있기로 하되 보증인의 제 예치금 등에 대하여 지급정지조치를 취한 경우에는 그 사실을 지체없이 보증인에게 통지하여야 합니다.

⑤ 제 1 항 및 제 2 항에 의한 상계나 제 3 항에 의한 대리환급변제충당을 실행하는 경우에는 채무자 · 보증인 · 담보제공자의 정당한 이익을 고려하여 신속히 실행하여야 하며, 채권 · 채무의 이자 등과 지연배상금의 계산기간은 은행의 상계통지가 채무자에게 도달한 날, 은행이 대리환급변제충당을 위한 계산을 하는 날까지로 하되 그 율은 은행이 정하는 바에 따르며, 외국환시세는 은행이 계산실행할 때의 시세에 의하기로 합니다.

제11조 (채무자로부터의 상계)

① 채무자는 채무자의 기한도래한 예금 기타의 채권과 은행에 대한 채무와를 그 채무의 기한도래 여부에 불구하고 상계할 수 있습니다.

② 만기 전의 할인어음에 관하여 제 1 항에 의하여 상계를 할 경우, 채무자는 어음금액에서 환매일부터 만기일까지 할인료상당금액을 뺀 나머지 금액에 대한 환매채무를 지고 이를 상계할 수 있습니다. 그러나 은행이 타인에게 재양도중인 할인어음에 관하여는 상계할 수 없습니다.

③ 제 1 항 · 제 2 항의 약정에 불구하고 외화에 대한 채권과 채무에 관하여는 각기 기

한도래하고 또한 외국환에 관한 법령에 따른 소정절차를 밟은 때에 한하여 상계할 수 있습니다.

④ 제 1 항 내지 제 3 항에 의하여 상계를 하는 경우에는 서면에 의한 상계통지에 의하기로 하며, 상계한 예금 기타 채권의 증서·통장은 이미 신고한 도장을 찍거나 서명을 하여 곧 은행에 제출하여야 합니다.

⑤ 제 1 항 내지 제 3 항에 의한 상계를 하는 경우 채권·채무의 이자·할인료 등과 지연배상금의 계산기간은 상계통지가 도달한 날까지로 하고, 그 율은 은행이 정하는 바에 따르며, 외국환시세는 은행이 계산실행할 때의 시세에 의합니다. 또한 기한 전 변제에 관한 특별한 수수료의 정함이 있는 때에는 그 정함에 따라야 합니다.

제12조 (어음의 제시·교부)

① 어음이 따르는 거래에 있어서 은행이 어음채권에 의하지 아니하고 제10조에 의한 상계 또는 대리환급변제충당을 할 경우, 은행은 그 어음을 동시에 반환하지 아니하여도 되며, 어음의 반환장소는 그 거래영업점으로 합니다. 이 경우 은행은 어음을 찾아가도록 지체없이 채무자에게 통지하여야 합니다. 제11조에 의한 상계에 따른 어음의 처리도 같습니다.

② 은행이 어음채권에 의하여 제10조에 의한 상계 또는 대리환급변제충당을 할 때에는 다음 각 호의 경우에 한하여 어음의 제시 또는 교부를 하지 않아도 되며, 이 경우의 어음의 처리도 제 1 항과 같습니다.

1. 은행이 채무자의 소재를 알 수 없을 때
2. 은행이 어음의 지급장소인 때
3. 교통·통신의 두절, 추심 기타의 사유로 제시 또는 교부의 생략이 부득이 하다고 인정되는 때

③ 제10조·제11조에 의한 상계 등을 하고도 곧 이행하여야 할 나머지 채무가 있을 경우에 어음에 채무자 이외의 어음상 채무자가 있는 때에는 은행은 그 어음을 계속 점유하고 추심 또는 처분한 후 제13조에 준하여 채무의 변제에 충당할 수 있습니다.

④ 은행이 어음채권의 시효중단을 위하여 독촉을 할 경우에도 어음의 제시를 생략할 수 있습니다.

제13조 (은행의 변제 등의 충당지정)

① 채무자가 변제하거나 은행이 제10조에 의한 상계 또는 대리환급변제충당을 하는 경우에 채무자의 채무전액을 없애기에 부족한 때에는 비용·이자·원금의 순서로 충당하기로 합니다. 그러나 은행은 채무자에게 불리하지 않은 범위 내에서 충당순서를 달리할 수 있습니다.

② 변제 또는 상계될 채무가 수 개인 경우로서 채무전액이 변제 또는 상계되지 않을 경우, 강제집행 또는 담보권실행경매에 의한 회수금에 대하여는 민법 기타 법률이 정하는 바에 따릅니다.

③ 변제 또는 상계될 채무가 수 개인 경우로서 제 2 항에 해당되지 않는 임의의 상환

금 또는 제 예치금으로 채무자의 채무전액을 없애기에 부족한 때에는 채무자가 지정하는 순서에 따라 변제 또는 상계에 충당하기로 합니다. 이 경우 채무자가 지정하는 순서에 따를 경우, 은행의 채권보전에 지장이 생길 염려가 있는 때에는 은행은 지체없이 이의를 표시하고, 물적담보나 보증의 유무, 그 경중이나 처분의 난이, 변제기의 장단, 할인어음의 결제가능성 등을 고려하여 은행이 변제나 상계에 충당할 채무를 바꾸어 지정할 수 있습니다.

④ 은행이 변제충당순서를 제 3 항에 따라 민법 기타 법률이 정하는 바와 달리할 경우에는 은행의 채권보전에 지장이 없는 범위내에서 채무자와 담보제공자 및 보증인의 정당한 이익을 고려하여야 합니다.

제14조 (채무자의 상계충당지정)

① 채무자가 제11조에 의하여 상계하는 경우, 채무자의 채무전액을 소멸시키기에 부족한 때에는 채무자가 지정하는 순서에 따라 상계에 충당합니다.

② 채무자가 제 1 항의 상계충당지정을 아니하거나 제 1 항의 지정에 의하면 은행의 채권보전상 지장이 생길 염려가 있는 경우에는 제13조에 준하여 은행이 상계에 충당할 채무를 지정하기로 합니다.

제15조 (위험부담 · 면책조항)

① 채무자가 발행 · 배서 · 인수나 보증한 어음 또는 채무자가 은행에 제출한 제 증서 등이 불가항력 · 사변 · 재해 · 수송도중의 사고 등 은행 자신의 책임 없는 사유로 인하여 분실 · 손상 · 멸실 또는 연착한 경우, 채무자는 은행의 장부 · 전표 등의 기록에 의하여 채무를 갚기로 하되 채무자가 은행의 장부 · 전표 등의 기록과 다른 자료를 제시할 경우 은행의 기록과 채무자가 제시하는 자료를 상호 대조하여 채무를 확정한 후 갚기로 합니다.

② 채무자는 제 1 항의 분실 · 손상 · 멸실의 경우에 은행의 청구에 따라 곧 그에 대신할 어음이나 증서 등을 제출하여야 합니다. 다만, 은행이 제 3 자와의 거래에서 취득한 어음이나 증서의 경우에는 제출하지 않아도 됩니다.

③ 제 1 항 · 제 2 항에 의한 변제 또는 어음이나 증서의 제출로 인하여 채무자가 과실없이 이중의 지급의무를 부담하게 됨으로 말미암은 손해는 은행이 부담하여야 합니다.

④ 은행이 어음이나 제 증서 등의 인영 · 서명을 채무자가 미리 신고한 인감 · 서명과 상당한 주의로써 대조하고, 틀림없다고 인정하여 거래한 때에는 어음 · 증서 등과 도장 · 서명에 관하여 위조 · 변조 · 도용 등의 사고가 있더라도 이로 말미암은 손해는 채무자가 부담하며, 채무자는 어음 또는 증서 등의 기재문언에 따라 책임을 지기로 합니다.

제16조 (신고사항과 그 변경 등)

① 채무자는 거래에 필요한 채무자의 명칭 · 상호 · 대표자 · 주소 등과 인감 · 서명을 은행이 정한 용지에 의하여 미리 신고하여야 합니다. 또한 대리인에 의하여 거래하고자 할 경우에 그 성명 · 인감 · 서명 등에 관하여도 같습니다.

② 제1항에 의한 신고사항에 변경이 있는 경우 채무자는 곧 서면으로 신고하여야 하며, 서면신고가 있기 전에는 은행이 변경 없는 것으로 처리하여도 이의 없기로 합니다. 등기부상 변경등기를 마친 사항에 관하여도 같습니다. 이 경우에 변경 없는 것으로 처리함으로써 생긴 손해는 채무자가 부담하고 은행에 대하여 아무런 청구도 않기로 합니다.

제17조(자료의 성실작성의무)

채무자는 여신거래와 관련하여 은행에 제출하는 자료를 성실하게 작성·제출하여야 합니다.

제18조(통지의 효력)

① 은행이 채무자가 신고한 최종주소로 서면통지 또는 기타 서류 등을 발송한 경우, 보통의 우송기간이 경과한 때에 도달한 것으로 추정합니다.

② 채무자가 제16조 제2항에 의한 변경신고를 게을리함으로 말미암아 제1항에 의하여 발송한 서면통지 또는 기타 서류가 채무자에게 연착하거나 도달되지 않은 때에는 보통의 우송기간이 경과한 때에 도달한 것으로 봅니다. 다만, 상계통지나 기한 전의 채무변제청구 등 중요한 의사표시인 경우에는 배달증명부내용증명에 의한 경우에 한하여 도달한 것으로 봅니다.

③ 은행이 채무자에 대한 통지 등의 사본을 보존하고, 또 그 발신의 사실 및 연월일을 장부 등에 명백히 기재한 때에는 발송한 것으로 추정합니다.

제19조(회보와 조사)

① 채무자는 그의 재산·부채현황·경영·업황 또는 융자조건의 이행 여부 기타 필요한 사항에 대하여 은행의 요구가 있으면 곧 회보하며, 은행이 필요에 따라 채무자의 장부·공장·사업장 기타의 조사를 하는 경우 협조하여야 합니다.

② 채무자는 그 재산·영업·업황 기타 거래관계에 영향을 미칠 사항에 관하여 중대한 변화가 생기거나 생길 염려가 있을 때에는 은행의 요구가 없더라도 곧 은행 앞으로 통지하여야 합니다.

③ 은행은 제1항 또는 제2항에 의한 회보 등이나 조사에 의하여 채무자가 어음교환소의 거래정지처분, 부실여신의 보유, 경영상황의 급격한 악화 등으로 채권회수불능의 우려가 있는 때에는 그 직원을 파견하여 채무자의 재산 및 경영에 관하여 채권보전을 위한 범위내에서 관리·감독할 수 있습니다.

제20조(여신거래조건의 변경)

① 은행은 채무자의 신용상태변동시 은행이 정하는 바에 따라 신용평가등급을 조정하고, 서면통지에 의하여 여신한도·여신만기·금리 등 여신거래조건을 신용평가등급에 따라 변경할 수 있습니다.

② 채무자는 제1항에 의하여 여신한도·여신만기의 거래조건이 변경된 경우, 이에 이의가 있을 때에는 변경기준일부터 1개월 이내에, 금리의 경우는 변경 후 최초로 이자를 납입하여야 할 날부터 1개월 이내에 계약을 해지할 수 있습니다. 이 경우 해지

일까지는 변경 전의 여신거래조건을 적용하기로 합니다.

③ 채무자는 신용상태가 호전되었다고 인정되는 경우 은행이 정하는 바에 따라 여신한도·여신만기·금리 등 여신거래조건변경을 서면으로 요구할 수 있습니다. 이 경우 은행은 적정성 여부를 심사하여 필요한 조치를 취하고, 그 결과를 채무자 앞으로 곧 통지하여야 합니다.

제21조 (이행장소·준거법)

① 채무의 이행장소는 다른 약정이 없는 한 거래영업점으로 합니다. 다만, 부실채권의 관리 등 상당한 사유로 채권관리업무를 은행의 본점·지역본부 또는 다른 영업점으로 이관한 경우에는 이관받은 본점·지역본부 또는 다른 영업점을 그 이행장소로 합니다.

② 채무자가 내국인 또는 내국법인이 아닌 경우라도 이 약관에 터잡은 여신거래에 관하여 적용될 법률은 국내법을 적용합니다.

제22조 (약관·부속약관 변경)

① 은행이 이 약관이나 부속약관을 변경하고자 할 경우, 채무자에게 불리한 내용이 될 때에는 서면통지로써, 그 밖에는 거래영업점게시로써 이를 알려야 합니다. 이 경우 통지나 게시중에는 제 2 항의 뜻을 명시하여야 합니다.

② 통지를 발송하거나 게시한 후 1개월 이내에 채무자의 서면에 의한 이의가 은행에 도달하지 않은 때에는 약관의 변경을 승인한 것으로 봅니다.

제23조 (관할법원의 합의)

이 약관에 터잡은 여신거래에 관하여 은행과 채무자 또는 보증인 또는 물상보증인 사이에 소송의 필요가 생긴 때에는 법이 정하는 관할법원과 아울러 은행의 거래영업점 소재지 지방법원을 관할법원으로 합니다. 다만, 채무자의 책임 있는 사유로 부실채권이 발생되어 그 채권의 관리를 위하여 은행이 본점·지역본부 또는 다른 영업점으로 그 채권관리업무를 이관한 경우에는 법이 정하는 관할법원과 아울러 이관받은 본점·지역본부 또는 다른 영업점의 소재지 지방법원을 관할법원으로 합니다.

외환거래기본약관

이 외환거래기본약관(이하 "약관"이라 합니다)은 ○○은행(이하 "은행"이라 합니다)과 신청인과의 상호신뢰를 바탕으로 외환거래를 신속·정확하게 처리하는 한편, 당사자간의 이해관계를 합리적으로 조정하기 위하여 기본적이고 일반적인 사항을 정한 것입니다. 은행은 이 약관을 모든 영업점 및 전자금융매체에 비치·게시하고, 신청인은 영업시간중 언제든지 열람하거나 그 사본 교부를 신청할 수 있습니다.

제 1 조 (적용범위)

이 약관은 다음 각 호의 거래에 적용됩니다.

1. 외화송금
2. 외국통화매입
3. 외화수표 등의 매입 및 추심
4. 기타 전 각 호에 준하는 거래

제 2 조 (실명거래)

① 신청인은 실명으로 거래해야 합니다.

② 은행은 실명을 확인하기 위해 주민등록증·여권·사업자등록증 등 실명확인증표 또는 그 밖에 필요한 서류제시나 제출을 요구할 수 있으며, 신청인은 이에 따르기로 합니다.

제 3 조 (외화송금)

① 은행은 신청인이 따로 요청하지 않는 한 환거래은행(지급은행·추심은행 등 관련 은행을 말합니다. 이하 같습니다.)은 은행이 선정하기로 합니다.

② 은행은 환거래은행에 지급지시 등을 함에 있어서 통상어·부호·암호 등을 정하여 사용할 수 있습니다.

③ 신청인은 송금거래를 마친 때 지급지시서 사본 또는 송금수표 등으로 송금내용이 정확한가를 확인하여야 합니다.

④ 신청인의 취소요청이 있는 경우 은행은 송금수표의 원본을 반환받거나 환거래은행으로부터 송금취소 확인서를 받은 후 환거래은행으로부터 실제 반환받은 금액에서 은행 및 환거래은행의 모든 비용을 뺀 외화금액 또는 은행이 영업점에 고시한 지급시점의 대고객전신환매입률에 의한 원화금액으로 지급합니다.

제 4 조 (외국통화매입)

① 은행이 외국통화를 매입한 후 위·변조통화임이 판명된 경우, 신청인은 매입신청시 제출한 "외국환매입신청서"에 근거하여 외국통화금액과 매입 당시의 외화여신연체이율로 매입일로부터 지급일 전일까지 계산한 손해배상금을 곧 지급하기로 합니다.

② 관계기관 등에 의해 몰수되거나 사고재발가능성 등을 감안하여 은행이 필요하다고 인정하는 상당한 사유가 있는 경우, 은행은 위·변조통화를 신청인에게 반환하지 않습니다.

제 5 조 (외화수표 등의 매입추심)

① 은행이 매입한 외화수표 등에 관하여 환거래은행으로부터 지급거절통지를 접수하거나 은행의 관련규정이 정한 기간 내에 입금이 이루어지지 않는 경우, 신청인은 은행이 계산근거를 명시하여 청구하는 바에 따라 다음 각 호의 금액을 지급하여야 합니다.

1. 외화수표 등의 기재금액
   해당 외화금액 또는 은행이 영업점에 고시한 지급시점의 대고객전신환매도율에 의한 원화금액
2. 손해배상금
   환가료징수기간 만료일익일(부도처리가 환가료징수기간 내에 이루어진 경우에는 부도처리일)부터 상환일 전일까지 여신연체이율로 계산한 손해배상금
3. 기타 부대비용

② 은행이 추심대금을 지급한 후 환거래은행으로부터 추심대금의 반환청구를 받은 경우에도 제 1 항과 같습니다.

③ 제 1 항 및 제 2 항과 관련하여 신청인이 제 1 항 각 호의 금액을 지급하는 경우, 은행은 외화수표 등의 실물을 신청인에게 반환합니다. 그러나 은행의 책임 없는 사유로 인하여 반환이 불가능한 경우, 은행의 반환의무는 면제됩니다.

④ 제 1 항 및 제 2 항과 관련하여 신청인은 매입신청시 제출한 외화수표 등 또는 "외국환매입(추심) 신청서"에 근거하여 제 1 항 각 호의 금액을 지급하며, 은행은 신청인이 제 1 항 각 호의 금액을 지급할 때까지 외화수표 등에 대하여 모든 권리를 행사합니다.

⑤ 은행이 외화수표 등의 매입 또는 추심대금을 지급한 경우에는 은행여신거래기본약관(기업용)을 적용하기로 합니다.

제 6 조 (수수료 · 비용 및 손해의 부담)

① 신청인은 은행의 책임 있는 사유로 인하여 추가로 발생한 것이 아닌 한 제 1 조 각 호의 거래에 따른 이자, 수수료, 지연배상금, 우편료, 전신료, 권리보전을 위한 법적 절차 비용 기타 모든 비용 및 손해를 부담하며, 은행이 계산근거를 명시하여 청구하는 바에 따라 곧 지급하기로 합니다. 다만, 본인이 계산방법 등에 대하여 이의를 제기하는 경우에는 은행은 이를 심사하여 그 결과를 통지합니다.

② 은행은 제 1 항의 이자 · 수수료 · 지연배상금 · 우편료 · 전신료 등 제반비용의 요율 및 계산방법을 성질상 고시하기 어려운 것을 제외하고는 고시토록 합니다.

③ 은행의 책임 있는 사유로 인하여 손해가 발생하는 경우에도 은행은 간접손해 · 예상수익 기타 특별손해에 대하여는 책임을 지지 아니합니다.

제 7 조 (준용규정)

신청인과 은행은 이 약관에 없는 사항에 대하여는 따로 정함이 없는 한 국제상업회의

소의 [추심에 관한 통일규칙], 무역업무자동화처리약관, 전자금융거래관련약관 및 은행의 관련규정에 따르기로 합니다.

제 8 조(약관의 변경)

은행이 이 약관을 변경하고자 할 경우에는 영업점 및 전자금융매체에 1개월간 게시하기로 합니다. 다만, 약관변경 전의 거래에 대하여는 변경 전 약관을 적용하기로 합니다.

신용카드개인회원규약

제 1 조 (회　　원)

① 회원은 본인회원과 가족회원으로 구분합니다.

② 본인회원이란 이 규약을 승인하고 ○○카드주식회사(이하 "카드사"라 함)에 신용카드(이하 "카드"라 함)의 발급을 신청하여 카드사로부터 카드를 발급받은 분을 말합니다.

③ 가족회원이란 본인회원의 가족으로서 카드이용대금의 상환 기타 카드이용에 관한 모든 책임을 본인회원이 질 것을 승낙한 분으로서 카드사로부터 카드를 발급받은 분을 말합니다.

제 2 조 (연대책임)

본인회원은 본인 및 가족회원의 카드에 관한 모든 행위 및 발생된 채무전액에 대하여 책임을 지며, 가족회원은 자신이 사용한 금액 및 카드관리에 따른 채무에 대해서만 책임을 집니다.

제 3 조 (카드의 관리)

① 회원은 카드를 발급받은 즉시 카드서명란에 본인이 직접 서명하여야 하며, 카드표면에 기재된 명의인 이외의 자가 카드를 이용하게 하여서는 안 됩니다.

② 카드의 소유권은 카드사에 있으므로 회원은 이 카드를 타인에게 대여하거나 양도 또는 담보의 목적으로 이용할 수 없으며, 선량한 관리자로서의 주의를 다하여 카드를 이용·관리하여야 합니다.

③ 유효기간이 경과한 카드와 갱신발급으로 인한 구 카드는 이용할 수 없으며, 즉시 카드사에 반환하거나 이용이 불가능하도록 절단하여 폐기하여야 합니다.

④ 제 1 항 내지 제 3 항을 위반하거나 이행을 태만히 하여 발생하는 모든 책임은 회원에게 귀속됩니다.

제 4 조 (카드의 유효기한 및 갱신발급)

① 카드의 유효기한은 카드표면에 기재됩니다.

② 카드의 유효기한이 도래된 경우 카드사는 회원으로서 적당하다고 인정하는 회원에게 갱신발급예정일로부터 1개월 이전에 갱신발급예정사실을 통보하여 드립니다. 해당 통지일로부터 20일 이내에 회원으로부터 이의제기가 없는 경우, 카드사는 새로운 유효기한이 기재된 카드를 회원에게 갱신발급하여 드립니다. 다만, 갱신발급예정일로부터 6개월 이내에 카드를 사용하지 않은 회원에 대해서는 회원의 서면동의가 있는 경우에 한하여 갱신발급합니다. 이와 같이 카드가 갱신발급되는 경우에도 계속하여 이 규약이 적용됩니다.

③ 카드사는 회원에 대한 등급상향조정 등으로 연회비가 증가할 경우에는 카드사가 정하는 바에 따라 회원에게 이를 미리 알려 드리며, 회원이 이에 대해 이의를 제기할 경우 카드사는 접수 즉시 이를 반영합니다.

④ 이 규약 제1조 제3항에 의하여 발급된 카드의 유효기한이 도래된 경우에도 카드사는 전항의 규정에 따라 카드를 갱신발급하도록 합니다. 다만, 이 경우 해당 통보 또는 동의 등의 절차는 본인회원에 대하여 이행하도록 합니다.

제5조(카드의 이용 등)

① 회원이 카드로 상품을 구매하거나 서비스를 제공받고자 할 때에는 국내의 경우에는 카드사 또는 카드사와 제휴한 기관의 가맹점(이하 "국내가맹점"이라 함), 해외의 경우에는 카드사와 제휴하고 있는 외국카드사의 가맹점(이하 "해외가맹점"이라 함)에 카드를 제시하고, 매출표에 카드의 서명과 동일한 서명을 하여야 합니다. 다만, 전자상거래 · 통신판매 등에 있어서 가맹점이 본인확인을 할 수 있는 다른 방법이 있는 경우이거나, 카드의 제시와 서명생략으로 입을 수 있는 회원의 피해를 가맹점 또는 다른 기관이 부담하는 경우에는 이를 생략할 수 있습니다.

② 카드사는 회원 및 가맹점의 신용도, 법령규정, 감독기관의 지시 등을 고려하여 회원의 특정가맹점(국내 · 해외가맹점 포함)에 대한 카드 사용 또는 이용한도를 제한할 수 있습니다.

③ 회원은 카드사와 별도로 약정된 가맹점에서 신용카드회원번호로 그 가맹점의 시설물 또는 서비스의 이용예약을 할 수 있습니다. 이 경우 회원은 약정된 권리를 주장할 수 있으며, 위약시에는 가맹점이 고지한 위약금 등의 의무를 부담하여야 합니다.

④ 회원은 카드를 이용하여 상품구매 등을 가장한 현금융통 등의 부당한 행위를 하여서는 아니 됩니다.

⑤ 전자상거래에 있어서 회원의 고의 또는 중과실이 아닌 경우의 피해나 불이익은 전자상거래가맹점과 카드사가 별도체결한 약정에 의하여 보호받을 수 있습니다.

제6조(할부구입)

① 회원은 카드사로부터 할부판매를 지정받은 국내가맹점에서 할부구매를 할 수 있습니다.

② 할부기간은 카드사가 정하여 통보한 최장기간 이내에서 회원이 지정한 기간으로 합니다.

③ 이용기간별 연간 할부수수료율은 다음 산식에 의하여 산출하며, 변경된 경우에는 변경일 이후에 이용한 할부구매대금에 대하여 변경된 수수료율을 적용합니다.

$$\text{연간 할부수수료율} = \frac{\text{할부수수료총액}}{\text{현금가격}} \times \frac{24}{\text{대금지급월수}+1}$$

④ 제3항의 기간별 할부수수료율은 할부구입계약체결 당시 카드사가 적용하는 할부수수료율로 합니다.

⑤ 회원은 현금가격의 분할대금에 월 할부수수료를 가산한 할부금(이하 "할부금"이라

함)을 할부기간 동안 결제하여야 합니다. 이 경우 월별로 결제하여야 할 할부금의 계산방법은 다음과 같습니다.

1. 현금가격분할대금 = 현금가격/할부기간
2. 월간 할부수수료 = 현금가격의 할부구매대금잔액×연간 할부수수료율/12

⑥ 최초할부금에 분할잔여액(최고 1,800원 이내)을 포함하여 청구할 수 있습니다.

⑦ 매월의 대금결제일에 결제되지 아니한 할부금에 대하여는 당해 대금결제일 익일부터 완제일까지 제13조 제3항에서 정한 바에 따라 연체료를 추가부담하여야 하며, 기한이익상실의 경우에도 카드사의 지급청구일 익일부터 그 완제일까지의 연체료를 추가부담하여야 합니다.

⑧ 회원은 할부거래계약서를 교부받은 날 또는 할부거래계약서를 교부받지 아니한 경우에는 물품 등을 인도받은 날로부터 7일 이내에 카드사로 서면에 의하여 할부계약에 관한 청약을 철회할 수 있습니다. 다만, 카드사가 7일 이내에 가맹점에게 물품 등의 대금을 지급한 경우에는 회원이 그 서면을 발송하지 않더라도 할부금지급청구에 대항할 수 있습니다. 그러나 당해 상품 또는 용역의 금액이 20만원 이하이거나 회원의 책임 있는 사유로 당해 상품이 멸실 또는 훼손된 경우와 상품 또는 용역이 사용에 의하여 그 가치가 현저히 감소될 우려가 있는 자동차, 냉장고, 세탁기, 밀봉된 음반 · 비디오물 및 소프트웨어와 설치에 전문인력 및 부속자재 등이 요구되는 냉동기, 전기 냉·난방기 및 보일러 등을 사용하거나 설치한 경우에는 철회할 수 없습니다.

⑨ 제8항의 경우 회원은 먼저 당해 상품 또는 용역을 구입한 가맹점에 대하여 7일 이내에 서면으로 할부계약에 관한 청약을 철회하여야 하며, 회원이 청약을 철회한 경우에는 인도받은 물품 또는 제공받은 용역을 거래가맹점에 반환하여 상호 원상회복조치하여야 합니다.

제7조 (현금서비스)

① 회원은 국내의 경우에는 카드사의 본·지점 또는 카드사와 제휴한 기관의 본·지점에서 카드를 제시하고 현금서비스신청서에 서명을 하거나, 카드사가 별도 정한 바에 따라 현금자동지급기, 전화 또는 카드사가 인정하는 제휴업체의 전산기 등을 이용하여 비밀번호를 조작함으로써 현금서비스를 받을 수 있으며, 해외의 경우에는 카드사와 제휴하고 있는 외국카드사의 업무를 취급하는 외국기관에서 카드를 제시하거나 현금자동지급기 등에 비밀번호를 조작함으로써 현금서비스를 받을 수 있습니다.

② 현금자동지급기, 전화, 인터넷 또는 카드사가 인정하는 제휴업체의 전산기기에 의하여 현금서비스를 받을 경우에는 회원이 카드사에 신고한 비밀번호와 현금서비스신청시 조작한 비밀번호가 같을 경우에 한하여 현금서비스 신청금액을 즉시 지급하거나 카드사에서 따로 정한 기일 내 회원의 카드결제계좌 또는 회원이 요청한 회원본인의 은행계좌에 입금하여 드리며, 계좌로 입금되는 시점에 회원이 수령한 것으로 합니다.

③ 현금서비스수수료율은 카드사가 정하여 영업장에의 게시, 일간신문에의 공고 또는

청구서상 표기 등 기타 카드사가 적당하다고 인정하는 방법으로 통보하여 드리며, 수수료율이 변경된 경우에는 변경일 이후에 이용한 현금서비스금액에 대하여 변경된 수수료율을 적용합니다.

④ 회원이 현금자동지급기 · ARS · 인터넷 · 상담원 · 해외 ATM 등을 통해 현금서비스를 받는 경우, 카드사는 제 3 항의 수수료 외에 카드사 또는 카드사제휴기관 등이 정하는 바에 따라 이용수수료를 부과할 수 있습니다.

⑤ 회원은 카드사에 요청하여 해당 결제일이 도래하기 전에 해당 서비스이용금액을 상환할 수 있으며, 이 경우 카드사는 카드사가 정하는 기준에 의거한 수수료를 청구합니다.

제 8 조 (현금자동지급기의 이용)

① 회원은 카드로 현금자동지급기를 이용하여 제 7 조의 현금서비스를 제공받을 수 있습니다.

② 현금자동지급기를 이용하고자 하는 회원은 자동이체결제계좌를 카드사가 정하는 현금자동지급기 이용이 가능한 예금종목으로 개설하고, 4자리 숫자의 비밀번호를 신고하여야 합니다.

③ 현금자동지급기의 가동시간, 1회 한도 및 연속가능횟수는 카드사 및 제휴은행이 정하는 바에 따릅니다.

④ 제 1 항의 거래시마다 카드사 및 제휴은행은 현금자동지급기에 의해 소정의 거래명세표를 2부 작성하여 1부는 지급청구서 또는 기명날인된 수표로 갈음하며, 1부는 인출금액과 잔액을 기입하여 드립니다.

제 9 조 (위 · 변조카드에 대한 책임)

① 신용카드 위 · 변조로 인하여 발생된 불법매출의 책임은 카드사에 있습니다.

② 제 1 항의 규정에도 불구하고 신용카드의 위조 또는 변조로 인한 불법매출이 회원의 고의 또는 중대한 과실로 발생한 경우에는 그 책임의 전부를 회원이 부담하여야 합니다.

③ 제 2 항의 중대한 과실이라 함은 다음 각 호의 1에 해당하는 것을 말합니다.

1. 카드의 대여 · 양도 · 보관위임 · 이용위임 · 담보제공 · 불법대출 등으로 위 · 변조가 발생한 경우
2. 비밀번호누출의 경우(사용부주의에 의하여 타인이 인지한 경우를 포함함)
3. 카드발급관련 회원정보를 위 · 변조자에게 제공한 경우
4. 기타 상당인과관계가 있는 중대한 과실로 위 · 변조가 발생한 경우

제10조 (카드론)

① 카드사가 적당하다고 인정하는 회원은 카드사가 정하는 금액범위 내에서 카드론을 이용할 수 있으며, 이 경우 원금 · 수수료 기타 이자 등의 결제시기와 요율은 카드사가 정하는 바에 따릅니다.

② 회원은 대출한도범위 내에서 반복하여 카드론을 받을 수 있습니다. 이 때 최저대

출금액의 단위는 카드사가 정하는 바에 따르기로 합니다.

③ 카드론의 신청은 카드사의 본·지점, 카드사와 제휴한 기관의 본·지점, 카드사가 별도 정하는 현금자동지급기(CD기), 자동음성응답시스템(ARS), 인터넷, 카드사가 인정하는 제휴업체의 전산기 및 그 밖에 카드사가 정하는 방식에 의할 수 있습니다.

④ 전항의 대출금지급시 회원의 비밀번호입력은 회원이 신청사실을 확인한 것으로 보며, 대출금액이 회원의 지정계좌로 입금됨과 동시에 회원이 수령한 것으로 합니다.

⑤ 기타 카드론대출에 필요한 사항은 별도규약으로 정합니다.

제11조 (카드의 이용한도)

① 신규가입시 카드의 이용한도는 회원이 요청한 금액과 카드사의 심사기준에 따라 산정한 회원의 월평균 결제능력범위 내에서 카드사가 별도로 정하여 통보하여 드립니다.

② 카드사는 유효기간 내 또는 갱신발급시 회원의 월평균 결제능력과 신용도와 이용실적 등을 종합적으로 고려하여 회원의 이용한도를 조정할 수 있습니다. 이 경우 회원에게 이용한도조정사실을 통지합니다. 카드사는 카드이용한도의 총범위 내에서 현금서비스한도 · 할부한도 · 해외한도 · 리볼빙한도 등 각각의 이용한도를 설정 · 운영할 수 있습니다.

다만, 카드이용한도의 증액시 회원이 요청하는 경우를 제외하고는 회원의 동의를 얻도록 합니다. 이용한도를 감액하는 경우에는 회원이 요청하는 경우를 제외하고는 회원에게 통보한 후 감액하도록 합니다. 다만, 제20조 제1항 각 호(제4호 중 가압류 · 가처분 부분은 제외)의 사유로 한도를 감액하는 경우에는 감액한 후 지체없이 통보하도록 하며, 회원은 카드사에 한도가 감액된 이유를 설명하도록 요청할 수 있습니다.

③ 카드사는 회원이 이용한도의 감액을 요청하는 경우 이를 즉시 반영하도록 합니다.

④ 카드를 교체하거나 복수로 발급하는 경우, 회원이 그 이용한도에 대한 별도의 요청이 없다면 카드사는 기존 한도범위 내에서 이용한도를 부여합니다.

⑤ 회원이 해외이용시 총한도범위 내에서 신용카드로 물품 또는 용역을 구입하거나, 현금서비스한도 내에서 현금서비스를 받을 수 있습니다. 다만, 카드사는 외국환거래규정 등 관계법령 또는 회원의 신용상태, 카드사의 정책변경에 따라 별도통지로써 해외한도를 정하거나 조정할 수 있습니다.

⑥ 회원이 이용한도를 초과하여야 할 특별한 사정이 있는 경우, 카드사는 이용금액 · 이용가맹점 등을 확인하고 특별승인을 할 수 있습니다. 다만, 회원의 이용편의를 위하여 이용한도의 일정비율까지는 이러한 절차 없이 자동으로 특별승인을 할 수 있습니다.

⑦ 회원은 신용카드를 이용함에 있어 본조에 의하여 부여된 한도금액 중 일부가 남아 있음에도 불구하고 가맹점의 사정에 따라 이용이 제한될 수 있습니다.

제12조 (연회비 및 서비스이용수수료)

① 카드사는 신용카드이용대금에 우선하여 연회비 또는 카드발급수수료를 징구할 수 있으며, 연회비 및 카드발급수수료는 회원의 신용도를 고려하여 카드사가 회원마다

차등부과할 수 있습니다. 다만, 연회비 및 카드발급수수료징구 시기 및 금액은 카드사가 정하여 통보하는 바에 따르기로 합니다.

② 카드사는 제휴카드를 포함하여 카드에 따라 별도로 특정서비스가 제공되거나 회원의 선택에 따라 카드사 또는 카드사와 약정된 기관에서 부가서비스를 제공받을 경우, 또는 카드사의 특정서비스를 이용하는 경우에는 제 1 항 이외의 별도의 연회비 · 이용수수료 또는 서비스수수료를 징구할 수 있습니다. 이 경우 카드사는 사전에 징구내용 및 징구금액을 회원에게 고지하도록 합니다.

제13조 (자동이체결제)

① 카드사는 회원의 카드이용대금을 자동이체결제계좌(단, 통장분실 · 도난 등의 사유로 예금계좌변경이 있을 경우에는 변경 후의 예금계좌)에서 예금통장, 지급청구서, 기명날인된 수표 없이 자동으로 인출하여 결제할 수 있습니다.

② 제 1 항의 자동이체결제계좌가 대출이 가능한 경우에는 그 약정한도 내에서 카드사가 정하는 출금우선순위에 의하여 자동인출하여 결제합니다.

③ 이용대금결제일 현재 잔액(대출약정이 있는 경우 대출한도 포함) 부족으로 카드사의 청구금액 전부를 결제할 수 없는 때에는 이용대금결제일 이후 언제든지 미결제금액(연체료 포함)을 제 1 항의 방법에 따라 인출, 결제금액에 충당할 수 있습니다.

④ 카드사는 회원이 갱신 · 추가 · 교체 · 분실 · 도난 등의 사유로 새로운 카드를 발급받는 경우, 회원이 별도의사표시를 하지 않는 한 회원카드이용대금을 기존 카드의 자동이체결제계좌에서 자동인출하여 결제할 수 있습니다.

⑤ 전항의 사유 등으로 회원이 별도 자동이체결제계좌 설정을 신청하거나 자동이체결제계좌를 새로이 변경신청하는 경우, 회원에게 기 발급된 모든 카드의 이용대금이 새로 신청한 자동이체결제계좌로 통합되어 관리됩니다.

⑥ 카드사는 회원이 특정카드(특정상품 · 카드론 · 할부금융상품 등 포함. 이하 같다)에 대해서만 자동이체결제계좌 설정을 신청하거나 자동이체결제계좌를 변경신청하는 때에는 특정카드에서 발생한 대금에 대해서 제 1 ~ 3 항에서 정한 방법으로 카드이용대금을 결제할 수 있습니다.

제14조 (대금결제)

① 회원은 카드이용대금과 이에 수반되는 모든 수수료를 카드사가 정하는 대금결제일에 자동이체결제방법, 은행의 지로창구를 이용한 카드사의 지로계좌에 입금하는 방법 또는 기타 카드사가 인정하는 결제방법에 의하여 결제하여야 하며, 대금결제일은 결제가능일 중에서 회원이 원하는 날로 지정할 수 있습니다.

② 회원은 국내·외에서 외화를 이용한 카드이용대금과 이에 수반되는 모든 수수료를 미달러로 환산하여 정산되며, 회원은 마스터/비자 등 국제카드 브랜드사가 카드사에 카드사용내역을 통지한 일자의 전신환매도율이 적용된 원화대금으로 결제합니다.

③ 외화를 이용한 카드거래(해외에서의 카드이용 포함)시에는 마스터/비자 등 국제카드 브랜드의 정산수수료가 부가되며, 또한 국제카드 브랜드사가 카드사에 카드사용내

역을 통지한 날로부터 결제일까지의 신용공여기간 동안 환가료가 별도부과됩니다.
④ 회원은 카드사가 별도로 정하는 기준에 의하여 외화로 이용한 카드이용대금을 2회 이상 균등분할납부를 신청할 수 있습니다. 이 경우 분할납부에 따라 부과하는 수수료 등은 국내할부거래에 적용되는 기준에 따릅니다.
⑤ 회원은 예금잔액 및 대출한도가 결제금액에 미달하여 제 1 항의 기일에 카드이용대금을 결제하지 못한 경우 그 익일부터 변제일까지 다음 산식의 연체이자를 추가부담하여야 합니다.

○ 연체이자 = 연체원금 × 연체이율 × 연체일수/365

단, 카드사는 연체이자와는 별도로 카드사가 정한 일정금액 또는 연체금액의 일정비율에 해당하는 금액을 연체수수료(위약벌)로 추가청구할 수 있습니다. 이 경우 카드사는 사전에 연체수수료금액 및 징구시기를 회원에게 고지하기로 합니다.
⑥ 제 5 항의 연체이율은 카드사가 정하여 매월 통보드리며, 변경된 경우 변경일 이후부터는 변경된 연체이율을 적용합니다.
⑦ 회원이 입금한 금액이 결제대금 전액을 입금하지 못한 경우에는 카드사가 달리 정하지 않는 한 법처리 등 제반비용 · 연회비 · 연체료 · 상품별 수수료 · 이자 · 원금 등의 순서로 입금공제됩니다.
⑧ 회원은 가맹점으로부터 거래승인번호가 없거나 가맹점명 · 대표자명 · 주소 · 매출일자 등 필수기재사항이 누락되었거나, 허위로 기재된 매출전표를 받았을 경우 대금지급을 거절할 수 있습니다. 이 경우 회원은 매출일로부터 3영업일 이내에 대금지급을 거절할 수 있는 증빙자료와 대금지급거절의사를 서면으로 통지하여야 합니다.
⑨ 회원(또는 그 법정대리인)은 결제대금(현금서비스대금을 포함합니다. 이하 같습니다)에 이의가 있는 경우, 해당 결제일로부터 14일 이내에 서면으로 카드사에 이의를 제기할 수 있습니다. 이 경우 카드사는 카드 발급경위 · 카드이용일시 · 이용내용 · 이용주체 등을 조사하여 그 결과를 회원에게 서면으로 통보합니다.
⑩ 제 9 항에 따른 카드사의 조사결과에 이의가 있는 경우, 회원은 조사결과를 통보받은 날로부터 7일 이내에 금융감독원에 분쟁조정을 신청할 수 있습니다. 이 경우 금융감독원의 해당 분쟁조정이 완료될 때까지는 회원은 이의제기한 결제대금을 지급하지 않을 수 있으며, 카드사는 이를 이유로 회원을 신용불량자로 등록할 수 없습니다.
⑪ 금융감독원의 분쟁조정결과 카드발급 및 이용과정에서 카드사에 책임 있는 사실이 명확히 밝혀질 경우, 카드사는 결제대금의 전액 또는 일부를 부담합니다. 다만, 카드사가 금융감독원의 분쟁조정결과에 불복하여 관할법원에 민사소송을 제기하는 경우에는 그러하지 않습니다.
⑫ 금융감독원의 분쟁조정결과 카드사에 책임이 없다고 밝혀진 경우, 카드사는 결제대금이 당초 결제일에 청구된 것으로 간주하여 회원에게 연체료를 부담시킬 수 있습니다.

제15조(기한이익의 상실)

회원은 다음 각 호에 해당하는 경우에는 기한의 이익을 주장하지 못하며, 이 때에는 카드이용대금 전액을 카드사의 지급청구를 받은 즉시 결제하여야 합니다.

1. 할부대금상환기간중에 거래정지처분을 받았을 경우
2. 할부금을 다음 지급기일까지 연속하여 2회 이상 지급하지 아니하고, 그 지급하지 아니한 금액이 할부가격의 10분의 1을 초과하는 경우
3. 생업에 종사하기 위하여 외국에 이주하는 경우와 외국인과의 결혼 및 연고관계로 인하여 이주하는 경우
4. 회원이 제20조 제1항 제8호를 위반하여 카드가 정지된 경우

제16조(할부금의 기한도래 전 상환)

① 회원은 기한이 도래하기 전이라도 이용금액의 일부 또는 전부를 일시에 상환할 수 있습니다. 다만, 카드사는 별도로 정한 중도상환수수료를 청구할 수 있습니다.

② 제1항의 경우 회원은 일시 상환일익일부터 상환예정일까지의 기간 동안 일할로 계산한 수수료 및 이자를 부담하지 아니합니다.

③ 회원이 이용금액을 기한도래 전 상환하더라도 제7조 제4항에 의한 이용수수료는 감면되지 않습니다.

제17조(카드의 분실·도난신고와 보상)

① 회원은 카드를 분실하거나 도난당한 경우에는 즉시 카드사에 전화 또는 기타의 방법으로 신고하여야 합니다. 이 경우 카드사는 신고 접수자·접수번호·신고시점 등 접수사실을 확인할 수 있는 사항을 회원에게 알려드리며, 회원은 이러한 사항을 확인하여야 합니다.

② 제1항의 절차를 이행하고, 상당한 기간 내에 소정의 경위서를 작성하여 카드사에 보상을 신청한 경우, 회원은 분실·도난신고 접수시점으로부터 60일 전 이후(현금서비스 및 전자상거래 등 비밀번호를 본인 확인수단으로 활용하는 카드이용은 신고시점 이후)에 발생한 제3자의 카드부정사용금액에 대하여 제3항상의 경우를 제외하고는 책임을 부담하지 않습니다. 다만, 회원은 카드 1매당 2만원의 보상처리수수료를 부담하여야 합니다.

③ 회원은 다음 각 호의 1에 해당할 경우에는 부정사용(도난분실신고시점 이후 발생분은 제외)에 따른 모든 책임을 부담합니다.

1. 회원의 고의로 인한 부정사용의 경우
2. 카드의 대여·양도·보관위임·이용위임·담보제공물품의 판매 또는 용역의 제공을 가장한 불법대출 등으로 인한 부정사용의 경우
3. 회원의 가족·동거인(사실상의 동거인 포함)에 의한 부정사용 또는 이들이 공모·교사·방조하여 생긴 부정사용의 경우
4. 이 규약 제3조에서 정한 카드관리의무를 회원이 위반하여 카드가 부정사용된 경우

5. 회원이 부정사용의 피해조사를 위한 카드사의 요청에 협조하지 아니한 경우
6. 회원이 카드 도난 · 분실사실을 인지하거나 인지할 수 있었음에도 불구하고 정당한 사유 없이 즉시 신고하지 않은 경우

④ 회원은 제 2 항에도 불구하고 분실 · 도난신고 접수일로부터 60일 전 이전에 제 3 자에 의한 카드부정사용에 대해서 제 3 항 각 호에서 정한 사유에 해당하지 않음을 입증하여 보상신청을 하는 경우, 카드사로부터 보상을 받을 수 있습니다.

제18조 (비밀번호관련 책임)

카드사는 현금서비스 · 카드론 등 비밀번호를 이용하는 거래시 입력된 비밀번호와 카드사에 신고된 비밀번호가 같음을 확인하고 조작된 내용대로 현금서비스 · 카드론 등 거래를 처리한 경우, 카드사의 과실이 아닌 도난 · 분실 기타의 사고로 회원에게 손해가 발생하더라도 책임을 지지 아니합니다.

제19조 (변경사항의 통지)

① 회원은 주소 · E-mail주소 · 전화번호 · 직장명 · 소속부서 · 직위 · 대금결제용 예금결제 등의 변경이 있을 때에는 소정의 양식에 의하여 카드사에 즉시 통지하여야 합니다.

② 제 1 항의 통지를 태만히 함으로써 발생한 손해는 회원이 부담하여야 합니다.

제20조 (회원자격정지 및 탈회)

① 카드사는 회원이 다음 각 호의 1에 해당되는 경우 회원의 자격을 정지하거나 카드이용을 일시 정지할 수 있고, 이 경우 카드사는 회원에게 정지사유 및 정지사실을 청구서 또는 기타의 방법으로 안내하여 드립니다.

1. 입회신청서의 기재사항을 허위로 작성한 경우
2. 이 규약에서 정한 사항을 위반한 경우
3. 외국환관리규정 등에서 정하는 사항을 위반한 경우
4. 다른 채무로 인한 압류 · 가압류 · 가처분 · 강제경매 · 임의경매 등의 신청을 받았을 경우, 또는 이에 준하는 변화가 발생되었다고 판단될 때
5. 파산신청이 있거나 신용정보기관에서 신용불량자로 판명되었을 경우
6. 연체사실의 발생 또는 기타 회원의 신용상태의 변동으로 회원기준에 적합하지 않다고 판단되었을 경우
7. 미성년자인 회원의 법정대리인이 카드사에 거래중단을 요청한 경우
8. 현금융통 등 불건전한 용도로 카드를 사용한 사실이 확인된 경우
9. 카드사 또는 회원이 이용한 업체의 전산망이 해킹을 당하는 등으로 인하여 회원의 신용정보가 유출되는 등의 사유로 회원에게 피해가 발생될 우려가 있는 경우

② 본인회원 및 가족회원이 탈회를 원할 경우에는 카드사에 통지하여야 합니다.

③ 제 1 항의 사유로 회원자격이 정지된 경우 즉시 카드를 반납하여야 하며, 카드사는 그 날까지의 채무전액(기한미도래액 포함)의 변제를 요구할 수 있습니다.

④ 회원이 탈회를 원할 경우 본 규약에서 달리 정하지 않는 한 기한이익은 상실되지 않습니다. 다만, 회원의 선택에 따라 기한도래 전에 채무전액을 상환하실 수 있습니다.

⑤ 카드사는 회원이 정보제공에 동의한 신용정보라 하더라도 회원의 탈회 이후에는 정당한 사유 없이 제 3자에게 회원의 신용정보를 제공하지 않습니다.

⑥ 발급받은 카드를 1년 이상 사용하지 않는 경우, 회원은 카드사가 정하는 바에 따른 탈회의사확인을 통하여 탈회될 수 있습니다. 다만, 서면 등에 의한 회원의 이의제기가 있는 경우에는 그러하지 않습니다.

제21조(신용정보의 제공 등)

① 카드사가 본 계약과 관련해 취득한 회원의 신용정보는 관련법률에서 정한 바에 따라 엄격히 관리되며, 회원이 제공·활용에 동의한 범위 내에서 신용정보집중기관, 신용정보 제공·이용자, 제휴업체 등과 정보를 교환하여 이용할 수 있습니다. 다만, 회원이 탈회한 이후에는 정당한 사유 없이 이용하지 않습니다.

② 가맹점과 회원이 신용카드거래로 인하여 분쟁이 발생하였을 경우, 카드사는 회원의 정보를 가맹점에게 제공할 수 있으며, 회원은 가맹점의 정보를 요구할 수 있습니다.

③ 카드사는 회원의 신용카드 발급 및 해지에 관한 사항과 회원이 이 규약을 위반하여 다음 각 호의 1에 해당되는 경우에는 이 사실을 신용정보기관에 제공할 수 있으며, 제공된 정보는 당해 신용정보기관과 제휴하고 있는 금융기관 등이 자기 거래상의 판단자료로 이용할 수 있습니다.

1. 카드이용대금 납입독촉장 등에 의하여 연체료를 사전통보하였음에도 불구하고 3개월 이상 연체하거나 카드사 등에 손실을 초래케 한 경우
2. 카드의 부당한 이용 등으로 신용질서를 문란케 하여 타인에게 피해를 입혔거나 여신전문금융업법을 위반한 경우

④ 카드사가 제 3 항 각 호에 의해 회원의 신용정보를 신용정보집중기관에 제공하고자 할 경우에는 회원에게 그 내용과 정보제공시 불이익내용 및 이의신청방법 등을 등록일 1개월 전까지 서면으로 통지합니다. 단, 다음 각 호의 1에 해당하는 경우에는 해당 조치를 취하기 전까지 통지할 수 있습니다.

1. 금융거래와 관련하여 법원으로부터 형사상 유죄의 판결을 받은 경우
2. 허위로 신용카드의 도난·분실신고를 하거나 타인의 도난·분실된 카드를 부정하게 사용한 경우
3. 사위 기타 부정한 방법으로 카드를 발급받은 경우
4. 그 밖에 카드사의 감독기관이 정한 사유에 해당하는 경우

⑤ 카드사는 제 4 항의 규약에 의한 통지내용에 대하여 회원으로부터 이의신청이 있는 경우에는 사실 여부를 확인하여 신용정보제공요건의 충족 여부를 재확인하여야 합니다. 이 때에는 카드사가 회원에게 이의신청의 확인에 필요한 최소한의 증빙자료제출을 요청할 수 있습니다.

⑥ 회원은 카드사가 본인에 관한 신용정보를 신용정보집중기관 등 제 3 자에게 제공한 사실을 통보하도록 요구할 수 있으며, 카드사는 최근 1년간의 신용정보제공사실을 통보요구일로부터 7일 이내에 서면으로 통보하여야 합니다. 다만, 카드사는 통보에 직접

소요되는 우편요금 등의 비용을 회원이 부담하도록 조치할 수 있습니다.

⑦ 회원은 카드사가 보유하고 있는 본인정보의 제공 또는 열람을 청구할 수 있으며, 본인정보가 사실과 다른 경우에는 금융감독위원회가 정하는 바에 의하여 정정을 청구할 수 있습니다.

⑧ 제6항·제7항의 규약에 대한 구체적인 방법 및 절차는 [신용정보의이용및보호에관한법률] 및 [신용정보업감독규정]이 정하는 바에 따릅니다.

제22조 (항변권)

① 회원이 카드를 이용하여 구매한 상품 또는 제공받은 용역에 관한 분쟁은 회원과 가맹점 간에 해결하여야 합니다. 그러나 다음 각 호의 사항이 전부 충족되었을 경우에는 회원이 카드사에 분쟁의 해결을 요청하고 대금지급을 거절할 수 있습니다.

1. 국내에서 할부로 구매한 상품 또는 용역의 할부계약이 무효·취소 또는 해제되었거나, 회원이 가맹점의 하자담보책임 불이행을 입증하였거나, 상품 또는 용역의 전부 또는 일부가 회원에게 인도 또는 제공되어야 할 시기까지 인도 또는 제공되지 아니하였을 경우
2. 당해 구매상품 또는 제공받은 용역금액이 20만원 이상이고, 할부금을 2월 이상의 기간에 걸쳐 3회 이상 분할하여 지급하는 경우
3. 할부구매시 약정한 할부기간 이내에 해당 가맹점 및 카드사에 서면에 의하여 요청하는 경우
4. 해당 가맹점과 분쟁의 해결을 위하여 성실히 노력한 경우

② 제1항의 경우 카드사는 회원에 대하여 할부금의 잔액을 청구하지 않습니다.

③ 제1항의 경우 할부금지급거절의 사유가 회원의 귀책사유로 인정될 때에는 할부금이 해당 약정결제일에 청구된 것으로 간주합니다.

제23조 (결제능력입증서류 징구)

① 카드사는 카드발급 심사 및 이용한도 부여를 위하여 재직증명서·재산세납입증명서·국민연금증명서 등 결제능력입증서류를 회원으로부터 징구할 수 있습니다.

② 본조 제1항에도 불구하고 상장·등록기업체 직원, 공무원, 공기업임직원 등 회원의 직장·보유재산액 규모·신용도 등을 감안하여 결제능력을 판단할 수 있는 경우, 카드사는 결제능력입증서류의 징구를 생략할 수 있습니다.

③ 본조 제2항상의 "결제능력을 판단할 수 있는 경우"에 대한 구체적인 범위는 카드사가 정하는 결제능력심사기준에 따릅니다.

제24조 (규약변경승인 등)

① 이 규약을 변경할 경우 카드사는 그 내용을 서면으로 작성하여 적용예정일로부터 14일 이전까지 회원에게 통지하는 것으로 하며, 회원이 적용예정일까지 이의를 제기하지 아니하였을 때에는 변경된 규약을 승인한 것으로 간주합니다.

② 카드사는 각종 요율·수수료·결제방법·할부기간 및 횟수와 관련하여 규약에 규정된 조항의 변경시 제1항의 통지 외에 일간신문에 공고 또는 카드사 및 제휴사의

본·지점에 게시하는 방법을 병행하여야 합니다.

③ 회원에게 제공되는 연회비면제 · 보너스포인트제공 등 카드관련 제반서비스나 기능은 카드사의 영업정책이나 제휴업체의 사정에 따라 변경 또는 중단될 수 있으며, 그 내용을 사전에 고지하여 드립니다.

제25조 (카드의 해외이용 등)

① 카드를 해외에서 이용하거나 또는 무역외경비의 지급을 위하여 이용하고자 할 경우에는 외국환관리규정 등에서 정한 사항을 준수하여 카드를 이용하여야 합니다.

② 해외에서 카드를 이용할 경우, 민원처리는 관계법령 및 국제규정에 따릅니다.

제26조 (이 규약에서 정하지 아니한 사항)

이 규약에서 정하지 아니한 사항과 이 규약의 해석에 관하여는 관계법령 또는 상관례에 따릅니다.

제27조 (규약위반시의 책임)

① 카드사와 회원은 이 규약을 위반함으로써 발생하는 모든 책임을 각자가 부담하며, 이로 인하여 상대방에게 손해를 입힌 경우에는 배상하여야 합니다.

② 회원이 이 규약을 위반하고 가맹점이 가맹점규약을 위반한 거래인 경우에는 거래가 성립하지 아니한 것으로 간주하여 상호원상회복의 의무를 부담하여야 합니다.

제28조 (관할법원)

이 규약에 따른 거래에 관한 소송은 회원의 주소지, 카드사의 본점 또는 영업소 소재지를 관할하는 법원으로 합니다. 다만, 할부거래에 관한 법률을 적용받는 거래인 경우에는 그러하지 아니합니다.

제29조 (유보사항)

이 규약시행일 이전에 카드발급과 관련하여 카드사와 연대보증계약을 체결한 자는 종전의 규약에 따른 책임범위 이내에서 보증책임을 부담하여야 합니다.

신용카드가맹점규약

제 1 조 (용어의 정의)

① 가맹점이란 이 규약을 승인하고, 엘지카드주식회사(이하 "카드사"라 한다)에 가맹점가입을 신청하여 승낙받은 업소 또는 시설을 말합니다.

② 카드란 카드사가 발행하는 신용카드 · 선불카드 또는 직불카드를 지칭합니다.

③ 판매란 카드를 이용한 물품(상품권 포함) 또는 용역거래를 의미합니다.

④ 회원이란 카드사의 신용카드회원 · 선불카드회원 또는 직불카드회원을 의미합니다.

제 2 조 (판매 등)

① 가맹점은 회원이 해당카드를 제시하고 신용으로 상품의 구매 또는 서비스의 제공이나 재정경제부령이 정하는 사항의 결제를 요청하는 경우, 이 규약에 따라 판매를 하여야 합니다.

② 가맹점은 카드사와 업무제휴를 한 다른 카드사의 회원에게도 이 규약에 따라 판매를 하여야 합니다. 다만, 가맹점이 가맹점공동이용제참가 카드사회원에 대해 판매를 하고자 할 경우에는 이 규약에 따릅니다.

③ 가맹점은 카드사와 별도의 약정에 의하여 회원으로부터 카드회원번호를 이용하여 시설물 또는 서비스의 이용예약을 받을 수 있습니다. 이 경우 가맹점은 카드사와 별도로 약정한 내용을 회원에게 고지하여야 하며, 고지된 내용에 따라 카드사에 위약금을 청구할 수 있습니다.

제 3 조 (가맹점준수사항)

① 가맹점은 카드에 의한 거래를 할 때마다 당해카드가 본인에 의하여 정당하게 사용되고 있는지 다음 각 호의 사항을 통해 확인하여야 하며, 카드에 서명이 없는 등의 사유로 확인이 불가한 경우에는 판매를 거부할 수 있습니다. 단, 전자상거래 등 비대면거래의 경우는 카드사와 별도로 합의한 방법을 따릅니다.

1. 카드상의 서명과 매출표상의 서명이 일치하는지 확인
2. 사진이 부착된 카드의 경우 카드에 부착된 사진이 카드이용자와 일치하는지 확인
3. 카드에 의한 거래금액이 50만원을 초과할 경우, 카드회원의 신분증을 확인하는 방법으로 본인 여부

② 가맹점은 회원이 제시한 신용카드에 서명이 없을 경우, 신분증(주민등록증 · 운전면허증 · 여권)을 추가로 확인하는 등 회원과 카드사에 피해가 없도록 협조하여야 합니다.

③ 가맹점은 카드에 의한 거래를 이유로 판매를 거절 또는 현금을 요구하거나 회원에게 제10조 제 3 항의 수수료를 전가하는 등 현금거래고객에 비하여 불리한 대우를 하여서는 아니 됩니다.

④ 가맹점은 카드에 의한 거래를 할 때마다 거래승인을 받아 매출표에 승인번호와 가맹점명 · 가맹점번호 · 사업자등록번호 · 대표자명 · 주소 · 매출일자 등 필수기재사항을 전부 기재하여야 합니다.

⑤ 가맹점은 판매를 위장하여 카드로 회원에게 현금을 대출하여 주거나 실제 매출액을 초과하여 거래를 하는 등 부당한 행위를 하여서는 안 됩니다.

⑥ 가맹점은 판매로 인한 매출표(매출채권)를 제 3 자에 양도하거나 제 3 자가 발행한 매출표를 양수하여 카드사에 제출하여서는 안 됩니다.

⑦ 가맹점은 판매로 인한 매출표를 위조 또는 변조하거나 복수로 발행하여 매출을 가장하여서는 안 됩니다.

⑧ 가맹점은 거래관계를 통하여 알게 된 카드사의 회원정보(거래정보 포함)에 관한 사항을 외부에 누설 또는 제공하여서는 안 됩니다.

⑨ 가맹점은 회원이 제시하는 카드가 위법 또는 기타 부정한 방법으로 취득·제작된 것을 알았을 경우에는 해당 카드를 취급하여서는 안 됩니다.

⑩ 가맹점은 그 명의를 타인에게 대여하거나 타인명의로 카드 등에 의한 거래를 하여서는 안 됩니다.

⑪ 가맹점은 카드 등에 의한 거래를 대행하는 행위를 하여서는 안 됩니다.

⑫ 전자상거래 또는 통신판매 등 비대면거래를 특징으로 하는 가맹점은 비대면거래시 거래품목과 거래방식에 따라 카드사에서 정한 별도의 수기전표 가맹점특약, 전자상거래 및 결제대행(PG) 서비스 가맹점특약을 별도로 체결하여야 합니다.

⑬ 상품권[그 명칭 또는 형태에 관계 없이 발행자가 일정한 금액이나 물품 또는 용역의 수량이 기재된 무기명증표를 발행 · 매출하고, 그 소지자가 발행자 또는 발행자가 지정하는 자(이하 "발행자 등"이라 한다)에게 이를 제시 또는 교부하거나 그 밖의 방법으로 사용함으로써 그 증표에 기재된 내용에 따라 발행자 등으로부터 물품 또는 용역을 제공받을 수 있는 유가증권을 말한다] 발행자 또는 상품권발행자와 상품권위탁판매계약을 체결한 업체로서 카드사와 상품권판매계약을 체결한 가맹점 이외에는 상품권을 신용카드로 판매하여서는 안 됩니다.

⑭ 결제대행(PG) 업체의 경우에는 본조 제10항 및 제11항이 적용되지 아니하며, 카드사와 별도체결한 특약 등에서 정한 바에 따릅니다.

제 3 조의 2(도난 · 분실 및 위 · 변조카드의 거래에 대한 책임)

① 가맹점은 도난 · 분실 또는 위조 · 변조된 카드로 발생된 매출 중에서 가맹점의 고의 또는 중대한 과실로 인해 발생된 매출건에 대해서는 그 손실의 전부 또는 일부를 부담하여야 합니다.

② 제 1 항에서의 가맹점의 고의 또는 중대한 과실이라 함은 다음 각 호의 1에 해당하는 것을 말합니다.

1. 카드의 실제사용자가 당해 카드의 명의인이 아님을 알고서도 거래한 경우
2. 카드상 명의인의 성명과 카드 자체의 성질 · 형상 등으로 인해 실제사용자와 카드

명의인이 서로 일치하지 않음을 쉽게 알 수 있었을 경우
3. 카드상 서명과 매출전표상의 서명이 현저히 구별되는 경우
4. 가맹점이 도난 · 분실 또는 위조 · 변조된 카드와 관련된 거래에 공모 · 가담 또는 협조한 경우
5. 당해 가맹점의 통상적인 거래단가 또는 규모에 비해 현저히 과다한 신용판매임에도 불구하고 신분증 등을 통한 추가적인 본인여부확인을 하지 않은 경우
6. 기타 가맹점의 현저한 부주의로써 도난 · 분실 또는 위조 · 변조된 카드로 인한 매출과 상당인과관계가 있는 경우
7. 카드사가 부정사용 여부를 판단하기 위한 조사에 응하지 아니하거나 이를 방해한 경우

제 4 조 (카드사준수사항)

① 카드사는 가맹점이 상당한 주의의무를 다하여 확인하고 거래승인을 받은 정상적인 판매로 인한 매출표에 대해서는 대금을 결제하여야 합니다. 다만, 가맹점이 제 3 조의 규약을 위반하였을 상당한 가능성이 있는 경우에는 그러하지 않습니다.

② 카드사는 가맹점이 제 3 조 제 3 항을 위반하여 회원에게 수수료를 전가한 경우에는 가맹점계약을 해지할 수 있으며, 회원이 부담한 수수료의 반환을 위해 노력하여야 합니다.

③ 카드사는 가맹점이 제 3 조 제 4 항의 내용을 준수하지 않았을 경우, 대금을 지급해서는 안 됩니다. 그러나 회원이 카드사용을 인정하여 카드이용대금을 결제한 경우에는 그러하지 아니합니다.

④ 카드사는 가맹점이 제 3 조 제 5 항 내지 제12항의 내용을 준수하지 않았을 경우 대금지급의 금지, 가맹점계약의 해지 또는 관계기관에 고발조치를 병행할 수 있습니다.

제 5 조 (판매방법)

① 가맹점은 회원이 정당한 카드를 제시하고 판매를 요청하는 경우, 카드조회기(이하 "조회기"라 한다) 또는 기타의 방법으로 카드사로부터 거래승인을 받은 후 승인번호를 매출표소정란에 기재하고 판매를 하여야 합니다. 다만, 해외에서 발행한 신용카드에 대하여는 신용판매금액이 카드사가 별도로 정하여 통보하는 업종별 1회 신용판매한도 이내인 경우, 카드의 거래정지 여부만을 확인한 후 판매할 수 있습니다.

② 가맹점은 제 1 항의 조치결과 "카드회수"로 표시되는 카드는 회수하고, 그 사실을 즉시 카드사로 통보하여야 합니다.

③ 가맹점은 거래승인을 받은 후 판매를 하지 않을 경우, 조회기 또는 기타의 방법으로 카드사에 거래승인취소요청을 하여야 합니다.

④ 가맹점은 승인번호 · 가맹점명 · 가맹점번호 · 사업자번호 · 대표자명 · 주소 · 매출일자 · 매출금액 · 카드번호 · 카드유효기한 · 거래일자 등 필수기재사항을 매출표에 기재하여 회원으로 하여금 직접 서명하게 하여 동 서명이 카드상의 서명과 동일한 경우에 한하

여 판매를 하여야 하며, 법인명의의 법인회원인 경우에는 당해 카드소지인의 성명을 기재하게 하여 판매를 하여야 합니다.

⑤ 전항을 이행함에 있어 가맹점은 카드사가 정한 매출표를 사용하여야 하며, 카드를 조회기에 직접 통과시키지 않는 경우, 임프린터를 사용하여 반드시 회원의 성명·카드번호·카드유효기간 등을 압인한 전표를 작성하여야 합니다(단, 카드사와 별도계약을 맺은 가맹점에 대하여는 그러하지 아니합니다).

⑥ 가맹점이 매출표에 기입할 수 있는 금액은 당해 판매금액에 한하며, 현금의 입체금, 과거판매대금 등을 포함시킬 수 없습니다.

⑦ 가맹점은 1매의 매출표로 처리하여야 할 거래를 판매일자를 변경하거나 판매대금을 분할하는 등의 방법으로 2매 이상의 매출표로 처리하지 못합니다.

⑧ 가맹점은 매출표상의 금액 또는 제3조 제4항의 필수기재사항이 잘못 기재되었을 경우에는 즉시 해당 매출표를 폐기하고 재작성하여야 합니다.

⑨ 가맹점은 거래의 취소·무효·반품·철회 등의 요청을 받고 이에 응할 때에는 즉시 취소매출표를 작성하고, 원래의 매출표를 회원에게 반환하여야 하며, 현금을 지급하여서는 안 됩니다.

⑩ 가맹점은 매출표 또는 취소매출표를 작성하여 그 중 "회원용"은 회원에게 교부하여야 합니다.

제6조(할부판매)

① 카드사가 할부판매를 인정하는 경우에 가맹점은 신용카드거래로 인한 매출에 한하여 할부판매를 실시할 수 있습니다. 다만, 이 경우에도 해외에서 발행된 신용카드에 대하여는 할부판매를 할 수 없습니다.

② 할부가맹점은 회원의 요청과 카드사의 승인을 얻어 할부판매를 할 수 있습니다.

③ 할부가맹점은 할부판매시마다 "할부거래에관한법률"이 정한 바에 따라 상품 또는 용역의 종류 및 내용, 현금가격, 연간 할부수수료율을 보기쉬운 장소에 붙여서 게시하거나 9호 이상의 활자화된 서류로 제시하는 등의 방법으로 할부판매 전에 회원에게 고지하여야 합니다.

④ 카드사는 별도의 통지 없이 가맹점의 할부판매를 중지 또는 금지하거나 할부개월수를 조정할 수 있습니다.

제7조(신용판매한도)

① 카드사는 가맹점에 대하여 1회 1일 또는 월간 신용판매한도를 설정하여 운영할 수 있습니다.

② 전항의 신용판매한도는 가맹점 또는 동 가맹점을 이용하는 회원의 신용도와 민원발생정도, 카드사의 경영상황, 정책변경 등을 고려하여 카드사가 조정할 수 있으며, 이를 통지하기로 합니다.

제8조(계약의 철회 및 항변)

① 가맹점은 할부거래에관한법률, 방문판매등에관한법률, 전자상거래등에서의소비자보

호에관한법률 등에 따라 계약에 대한 회원의 청약철회권이 인정되는 거래에 대해서는 관련법령에 정한 바에 따라 회원이 철회를 요청한 경우 이를 수용하여야 합니다.

② 청약철회의 제한에 대한 요건은 관련법령에서 정한 바에 따르기로 하며, 이의 위반에 대한 입증책임은 가맹점이 부담합니다.

③ 가맹점은 20만원 이상의 할부계약으로서 다음 각 호의 1에 해당하는 사유가 있는 경우에는 회원의 항변을 수용하여야 합니다.

1. 할부계약이 무효·취소 또는 해제된 경우
2. 목적물의 전부 또는 일부가 계약서상의 인도 등의 시기까지 인도 또는 제공되지 아니한 경우
3. 회원이 가맹점의 하자담보책임을 입증한 경우

④ 가맹점은 회원이 본조 제1항에 따른 청약철회권을 행사한 경우, 즉시 카드사에 회원에 대한 대금의 청구를 정지 또는 취소할 것을 요청하여야 하며, 대금을 이미 지급받은 때에는 지체없이 이를 환입하여야 합니다. 만일 가맹점이 대금을 카드사에 환입하지 않은 경우, 카드사는 차회가맹점에 지급할 대금에서 해당 금액을 공제하고 지급할 수 있습니다.

⑤ 카드사는 본조 제1항 내지 제3항의 분쟁이 해결될 때까지 당해 신용판매대금의 지급을 유예하거나 이미 지급한 카드사용대금의 환급을 요청할 수 있으며, 정당한 이유 없이 철회권이나 항변권의 수용을 거절한 경우, 카드사는 가맹점에 통지하고 해당 매출을 취소할 수 있습니다.

제9조(매출표의 취급)

① 가맹점은 매출표를 집계표와 함께 판매를 한 날로부터 7일 이내에, 회원의 철회권·항변권행사에 따른 취소매출표는 작성일로부터 3일 이내에 카드사에 제출하여야 합니다.

② 카드사는 가맹점이 전항의 매출표의 접수를 지연하거나 태만하여 회원의 항변이 제기되는 경우에는 분쟁이 해결될 때까지 가맹점의 매출표접수를 거부하거나, 차회지급할 대금 중 매출상당액의 지급을 유예할 수 있습니다.

제10조(판매대금의 지급)

① 가맹점은 카드사와의 판매대금결제를 위하여 금융취급기관에 지정예금계좌를 개설하여야 합니다.

② 카드사는 판매대금을 본조 제1항의 예금계좌에 입금합니다. 다만, 입금계좌에 이상이 있는 경우, 해당사유가 해소된 후 지급합니다.

③ 카드사는 가맹점에 대하여 판매대금의 5% 이하에서 카드사가 정한 금액을 가맹점수수료로 징구할 수 있으며, 가맹점과 별도합의된 경우에는 판매대금의 5%를 초과하여 징구할 수 있습니다. 다만, 판매가 취소되어 취소매출표가 발행된 경우로서 카드사가 매출취소를 인정한 경우에는 그러하지 않습니다.

④ 카드사는 판매대금을 지급함에 있어 "카드사"가 매출전표를 접수한 날로부터 소정

의 대금지급주기가 경과한 날 지급합니다. 다만, 지급예정일이 공휴일 또는 카드사의 영업일이 아닌 경우와 카드사나 본조 제1항의 금융취급기관의 사정으로 해당일에 지급할 수 없는 경우에는 익영업일에 지급할 수 있습니다.

⑤ 카드사는 가맹점이 계약을 맺지 않은 다른 카드사(해외카드사·가맹점공동이용제도 참여기관 포함)의 판매대금에 대하여는 수수료율 및 대금지급주기를 달리 적용할 수 있습니다.

⑥ 카드사는 가맹점이나 카드사의 신용상태, 금리변동 기타 시장환경에 따라 본조 제3항의 가맹점수수료율을 조정할 수 있으며, 이를 통지하기로 합니다.

⑦ 해외에서 발행된 신용카드에 대하여 제3조의 가맹점준수사항을 위반하였거나 제5조 제7항의 사항을 위반하여 동일건에 대하여 2매 이상의 분할전표를 발행하여 민원이 발생한 경우, 마스터/비자 등 국제카드 브랜드규정에 의거 민원종결시까지 대금지급을 보류할 수 있습니다.

제11조 (판매대금의 환입)

① 가맹점이 카드사에 제출한 매출표가 관계법령이나 이 규약에 위반한 경우 또는 위반혐의가 있어 조사할 필요가 있는 경우 해당 매출표를 반환하며, 반환매출표 또는 취소매출표의 대금이 이미 지급된 경우에는 가맹점은 이 대금을 직접 카드사에 환입하여야 합니다. 그러나 카드사가 가맹점에 차회지급할 금액범위 이내일 경우에는 카드사는 환입할 금액을 공제하고 가맹점에 지급할 수 있습니다.

② 제1항과 관련하여 여신전문금융업협회·국가기관으로부터 요청이 있는 경우, 또는 카드사의 가맹점신용판매대금을 대상으로 채권자의 채권(가)압류요청이 있는 경우 카드사는 가맹점에게 지급할 금액에서 해당 금액을 공제하고 지급할 수 있습니다.

③ 가맹점 또는 가맹점(법인 제외)의 대표자가 카드사에 대해 채무가 있는 경우, 카드사는 가맹점에게 지급할 금액에서 해당 채무금액만큼 공제하고 지급할 수 있습니다.

제12조 (변경통지)

① 가맹점은 카드사에 신고한 상호·대표자·소재지·연락처·예금계좌·업종 등에 변경이 있을 경우, 또는 영업권의 양도 기타 주요 사항의 변경이 발생하였을 경우에는 그 사실을 즉시 카드사에 서면으로 통지하여야 합니다.

② 전항의 신고가 없어서 카드사로부터의 통지 또는 송부서류 등이 연착하거나 도착하지 아니한 경우에는 통상 도착하여야 할 때에 가맹점에 도착한 것으로 간주합니다.

제13조 (회원과의 분쟁)

① 회원과 카드에 의한 거래로 인하여 분쟁이 발생한 경우 가맹점은 이의 해결에 적극 노력하여야 하며, 카드사의 중재가 있는 때에는 이에 적극 협조하여야 합니다.

② 할부거래에관한법률, 방품판매등에관한법률, 전자상거래등에서의소비자보호에관한법률 등의 대상이 되는 거래를 영위하는 가맹점은 관련법령에 의거 회원의 분쟁을 성실하게 해결하여야 합니다.

③ 카드사는 제1항 및 제2항의 분쟁이 해결될 때까지 당해 판매대금의 지급을 유예

하거나 이미 지급한 카드사용대금의 환급을 요청할 수 있으며, 가맹점은 이에 응해야 합니다. 만일 가맹점이 카드사에 해당 판매대금을 환입하지 않는 경우, 카드사는 차회 지급할 가맹점대금에서 이를 공제하고 지급할 수 있습니다.

④ 카드사는 거래의 특성상 회원과의 분쟁이 빈번할 것으로 예상되는 가맹점에 대해 일정한 담보를 요구할 수 있으며, 가맹점은 이에 응해야 합니다.

제14조(양도금지 등)

가맹점은 그 본 가맹점계약명의를 타인에게 대여할 수 없고, 가맹점가입으로 획득하는 일체의 유형 및 무형의 권리를 카드사의 사전서면동의 없이 제 3 자에게 양도·전매하거나 담보의 목적으로 제공할 수 없습니다.

제15조(계약의 해지 등)

① 카드사는 가맹점이 다음 각 호의 1에 해당하는 경우, 가맹점자격을 일시 정지시키거나 본 계약을 해지할 수 있습니다.

1. 가맹점신청서류의 기재사항을 허위로 작성한 경우
2. 장기간 비매출로 인하여 가맹점으로써 부적당하다고 인정되는 경우
3. 가맹점의 고의 또는 과실로 인한 카드부정사용의 경우
4. 가맹점의 장기연락불가·부도·파산·회생절차신청·폐업신고 기타 이에 준하는 사유가 발생하는 경우
5. 조회기의 무단대여·양도·담보제공 등의 경우
6. 다른 채무로 인하여 압류·가압류·가처분·강제집행·임의경매 등의 대상이 되거나 기타 가맹점의 신용불량정보가 신용정보기관에 등록되는 등의 사유로 가맹점의 신용상태가 현저히 악화되었다고 객관적으로 판단되는 경우
7. 가맹점을 이용하는 회원의 민원발생 정도가 심각하거나 영업의 특성상 카드사에 피해가 발생될 수 있다고 판단되는 경우
8. 기타 본 규약이나 관련법령에서 정한 사항을 위반한 경우

② 가맹점은 다음 각 호에 해당하는 사유가 발생한 경우 이 계약을 해지할 수 있으며, 이 계약을 해지하고자 하는 경우에는 카드사로 계약해지의사를 1개월 이전에 통지하여야 합니다.

1. 카드사가 이 규약을 위반한 경우
2. 영업을 계속할 수 없는 객관적으로 불가피한 사유가 발생한 경우
3. 기타 이 계약을 이행하기 어려운 중대한 사유가 발생한 경우

제16조(가맹점 비치물 및 표지물)

① 가맹점은 카드사로부터 각종 표지물 및 제 장표 등을 대여받아 사용할 수 있습니다.

② 가맹점은 점포내외의 잘 보이는 곳에 카드를 취급한다는 표지류를 부착하여야 합니다.

③ 가맹점은 이 계약이 해지되거나 종료된 경우에는 대여받은 각종 표지물 및 기타 교부받은 제 장표 등을 원상태로 반환하고, 판매와 관련된 모든 광고물 및 표지물을

즉시 제거하여야 합니다.

제17조(규약위반시의 책임)

① 카드사와 가맹점은 이 규약을 위반함으로써 발생하는 모든 책임을 각자가 부담하며, 이로 인하여 상대방에게 손해를 입힌 경우에는 배상하여야 합니다.

② 가맹점이 이 규약을 위반하고 회원이 회원규약을 위반한 거래인 경우에는 거래가 성립하지 아니한 것으로 간주하여 가맹점은 회원과 상호원상회복의 의무를 부담하여야 합니다.

제18조(효력발생시기 및 유효기간)

이 규약은 가맹점이 이에 기명날인하고, 카드사가 승인한 때로부터 그 효력이 발생하며, 유효기한은 1년으로 합니다. 다만, 쌍방으로부터 계약만료 1개월 전까지 해지신청이 없을 때는 만료일로부터 1년씩 유효기한을 계속 연장하는 것으로 합니다.

제19조(신용정보제공 등))

① 카드사는 정당한 카드업무의 수행으로 인하여 취득한 가맹점의 제 정보를 신용정보기관과 관련기관 및 업계에 제공할 수 있으며, 가맹점은 이에 동의합니다.

② 가맹점과 회원이 카드거래로 인하여 분쟁이 발생하였을 경우 카드사는 가맹점의 정보를 회원에게 제공할 수 있으며, 가맹점이 분쟁과 관련하여 회원의 정보를 요청하는 경우 카드사는 관계법령이 허용하는 범위내에서 회원의 정보를 제공할 수 있습니다.

③ 카드사는 가맹점의 신용상태를 확인하기 위하여 신용정보를 신용정보기관과 관련기관 및 업계 등으로부터 제공받을 수 있으며, 가맹점은 이에 동의합니다.

제20조(규약변경승인)

이 규약을 변경할 경우 카드사는 그 내용을 서면으로 작성하여 적용예정일로부터 14일 이전까지 가맹점에게 통지하기로 하며, 가맹점이 적용예정일까지 이의를 제기하지 않았을 때는 변경된 규약을 승인한 것으로 간주합니다.

제21조(이 규약에 정하지 아니한 사항)

이 규약에 정하지 아니한 사항과 이 규약의 해석에 관하여는 관계법령 또는 상관례에 따릅니다.

제22조(관할법원)

이 규약에 따른 거래에 관한 소송은 카드사의 본점 또는 영업소 소재지를 관할하는 법원으로 합니다.

신용카드온라인개인회원약관

제 1 조(목　　적)

이 약관은 ○○카드(주)가 인터넷상에서 제공하는 모든 웹서비스(이하 "서비스"라 합니다)의 이용조건 및 절차에 관한 기본사항을 정하는 데 목적이 있습니다.

제 2 조(용어정의)

이 약관에서 사용하는 용어의 정의는 다음과 같습니다.

1. "서비스"라 함은 회사의 홈페이지 및 회사가 직접 운영하는 인터넷사이트 등에서 제공하는 인터넷상의 모든 웹 서비스(무선인터넷서비스 포함)를 말합니다.
2. "온라인회원"이라 함은 회사가 운영하는 인터넷사이트에서 제공하는 서비스를 이용하기 위해 필요한 회원 ID와 PASSWORD를 정하는 등 소정의 절차를 거쳐 회사와 서비스이용계약을 체결하고, 서비스이용약관에 따라 서비스를 제공받는 자(이하 "회원"이라 합니다)를 말합니다.
3. "회원 ID"라 함은 회원식별과 회원의 서비스이용을 위하여 회원 본인이 설정하며, 회사가 정하는 일정한 기준에 의해 표기된 인식문자를 말합니다.
4. "PASSWORD"라 함은 회원의 비밀보호 및 회원 본인임을 확인하고 서비스에 제공되는 각종 정보의 보안을 위해 회원 자신이 설정하며, 회사가 정하는 일정한 기준에 의해 표기한 암호문자를 말합니다.
5. "사이버지점"이란 회사가 인터넷이라는 매체를 통해 회원에게 각종 상품정보와 서비스를 제공하기 위해 구축한 가상의 영업점을 말합니다.

제 3 조(약관의 적용)

① 이 약관은 회사가 인터넷상에서 제공하는 모든 서비스의 이용절차 및 기타 필요한 사항에 적용됩니다.

② 회사가 제공하는 서비스 중 신용(선불·직불 포함) 카드 및 할부금융이용과 관련된 사항은 각 상품별 규약 및 여신전문금융업법·할부거래법 등 관련법률의 적용을 받습니다.

제 4 조(서비스의 내용)

회사는 회원에게 회사가 자체 개발하는 서비스, 타업체와 협력개발한 서비스, 타업체가 개발한 서비스 및 기타 회사에서 별도로 정하는 각종 서비스 등을 제공합니다. 단, 회사의 사정상 각 서비스별로 제공일정 및 제공방법이 변경되거나 지연·미제공될 수도 있습니다.

제 5 조(서비스이용계약의 성립)

① 서비스이용계약은 회원이 되고자 하는 자가 회사의 온라인회원이용약관에 동의하

고 정해진 가입양식에 회원정보(ID · PASSWORD · 이름 · 주민등록번호 · 전화번호 기타 회사가 필요하다고 인정하는 사항 등)를 기입하고, "등록" 버튼을 누르면 회사가 이에 대해 승낙함으로써 성립됩니다.

② 회원에 가입하는 자는 회사가 요구하는 개인신상정보를 성실히 제공하여야 합니다.

③ 회사는 회원 ID와 PASSWORD를 접수받아 이를 관리하고, 서비스이용시에 회원 ID, PASSWORD 및 ○○카드회원의 경우 신용카드비밀번호 등을 요구할 수 있습니다.

④ 회사는 회원의 이익을 보호하기 위하여 회사가 제공하는 특정서비스에 있어서 회원이 여타 서비스 상의 ID 및 PASSWORD와 달리 구성하도록 요구할 수 있습니다. 이 경우 회원이 이를 따르지 않음으로 인하여 발생하게 될 회원의 제반 손해에 대하여 회사는 책임을 지지 않습니다.

제 6 조(이용신청 및 승낙)

① 회원은 서비스에 접속하거나 서비스를 이용하기 위해서는 회원 ID · PASSWORD · 신용카드비밀번호 등을 입력하여야 하며, 이에 대해 회사는 입력내용의 일치 여부를 확인합니다.

② 회사는 다음 각 호에 해당하는 이용신청에 대하여는 승낙을 유보할 수 있습니다.

1. 기술상 서비스제공이 불가능한 경우
2. 기타 사유로 이용승낙이 곤란한 경우

③ 회사는 다음 각 호에 해당하는 이용신청에 대하여는 이를 승낙하지 아니할 수 있습니다.

1. 이름이 실명이 아닌 경우
2. 다른 사람의 명의를 사용하여 신청한 경우
3. 이용신청시 필요내용을 허위로 기재하여 신청한 경우
4. 사회의 안녕질서 또는 미풍양속을 저해할 목적으로 신청한 경우
5. 기타 회사가 정한 이용신청요건에 미비되었을 경우

제 7 조(각종 정보의 제공)

회사는 회원에게 상품/서비스의 이용 및 각종 행사, 생활정보 등의 다양한 서비스를 전자우편이나 서신우편물 기타의 방법으로 제공할 수 있습니다. 단, 회원이 원하지 않는 경우 회사가 제공하는 정보를 거부할 수 있습니다.

제 8 조(포인트제공)

① 회사는 회원가입 및 홈페이지상의 활동여부 등에 따라 일정한 포인트를 제공할 수 있으며, 포인트의 적립 및 사용기준에 대해서는 별도 통지 또는 게시하기로 합니다.

② 회원이 다음 각 호에 해당하는 방법으로 회사가 운영하는 인터넷 사이트상에서 적립한 포인트에 대해서 회사는 해당 회원에게 그 내용을 통보하고 삭감할 수 있습니다.

1. 단기간에 비정상적인 방법으로 다수의 온라인회원을 추천한 경우
2. 내용이 없는 게시물을 등록한 경우
3. 광고성게시물을 무단게재한 경우
4. 동일내용의 게시물을 반복등록한 경우
5. 타인의 글 무단게재
6. 제14조 제1항 각 호에 해당하는 방법으로 포인트를 적립한 경우
7. 기타 사회통념상 정상적인 방법으로 적립된 포인트로 인정하기 어려운 경우

제9조(서비스의 제공 및 제한)

① 서비스의 이용은 회사의 업무상 또는 기술상 특별한 지장이 없는 한 연중무휴 1일 24시간을 원칙으로 합니다. 다만, 서비스의 종류 및 내용에 따라 일부 사이버지점 서비스는 별도의 이용시간을 정하여 운영할 수 있으며, 이 경우 그 내용을 해당 서비스이용화면에 공지함으로써 회원에게 통지합니다.

② 전항의 이용시간에도 불구하고 일시적 통신장애 · 서비스개발 · 시스템정기점검 · 긴급조치 등 불가피한 사유에 의해 서비스제공이 일정기간 동안 제한 또는 중단될 수 있습니다.

③ 회사는 서비스이용에 제한을 하고자 하는 경우에는 그 사유 및 기간을 정하여 전자우편 등의 방법에 의하여 회원에게 통지합니다. 다만, 회사가 긴급하게 이용을 정지할 필요가 있다고 인정하는 경우에는 그러하지 아니합니다.

제10조(회사의 의무)

① 회사는 특별한 사정이 없는 한 회원이 신청한 서비스를 서비스제공개시일에 이용할 수 있도록 합니다.

② 회사는 시스템점검 및 서비스개발 · 통신장애 기타 불가항력적인 사고 등 특별한 사정이 없는 한 이 약관이 정한 바에 따라 지속적으로 안정적인 서비스를 제공할 의무가 있습니다.

③ 회사는 회원의 개인신상정보를 본인의 승낙 없이 타인에게 누설 · 제공하여서는 아니 됩니다. 단, 전기통신관련법령 등 관계법령에 의하여 허용되는 경우에는 그러하지 아니합니다.

제11조(회원의 의무)

① 회원은 서비스를 이용할 때 다음의 행위를 하지 않아야 합니다.

1. 다른 회원의 ID 및 비밀번호를 부정하게 사용하는 행위
2. 서비스를 이용하여 얻은 정보를 회원의 개인적인 이용 외에 복사 · 가공 · 번역 · 2차적 저작 등을 통하여 복제 · 공연 · 방송 · 전시 · 배포 · 출판 등에 사용하거나 제3자에게 제공하는 행위
3. 타인의 명예를 손상시키거나 불이익을 주는 행위
4. 회사의 저작권, 제3자의 저작권 등 기타 권리를 침해하는 행위
5. 공공질서 및 미풍양속에 위반되는 내용의 정보 · 문장 · 도형 · 음성 등을 타인에게

유포하는 행위

6. 범죄와 결부된다고 객관적으로 인정되는 행위
7. 서비스와 관련된 설비의 오동작이나 정보 등의 파괴 및 혼란을 유발시키는 컴퓨터 바이러스감염자료를 등록 또는 유포하는 행위
8. 서비스의 안정적 운영을 방해할 수 있는 정보를 전송하거나 수신자의 의사에 반하여 광고성정보를 전송하는 행위
9. 기타 관계법령에 위배되는 행위

② 회원 ID와 PASSWORD 관리에 관한 일체의 책임은 회원 본인에게 있습니다. 회원에게 부여된 회원 ID와 PASSWORD를 제 3 자에게 대여 또는 양도하거나 이와 유사한 행위를 하여서는 아니 되며, 회원 ID와 PASSWORD의 관리소홀, 부정사용에 의하여 발생하는 모든 결과에 대한 책임은 회원 본인에게 있습니다.

③ 회원은 자신의 회원 ID가 부정하게 사용된 경우에 즉시 자신의 PASSWORD를 변경하고, 그 사실을 회사에 통보하여야 합니다.

④ 회원은 본인의 신상관련사항이 변경되었을 때는 인터넷을 통하여 수정하거나 유선으로 지체없이 회사에 통지하여야 합니다.

⑤ 회원은 회사의 사전승낙 없이 서비스를 이용하여 영업활동을 할 수 없으며, 그 영업활동으로 인한 결과에 대하여 회사는 책임을 지지 아니합니다.

⑥ 회원은 이 약관 및 관계법령에서 규정한 사항과 서비스이용안내 또는 주의사항을 성실히 준수하여야 합니다.

⑦ 회원은 내용별로 회사가 서비스공지사항에 게시하거나 별도로 공지한 이용제한사항을 준수하여야 합니다.

⑧ 회원은 회사의 사전동의 없이 서비스의 이용권한 기타 이용계약상 지위를 타인에게 양도·증여할 수 없으며, 이를 담보로 제공할 수 없습니다.

제12조 (계약해지 및 이용제한)

① 회원이 서비스이용계약을 해지하고자 할 경우에는 본인이 온라인 또는 회사가 정한 별도의 이용방법을 통해 회사에 해지신청을 하여야 합니다. 이 경우 회사는 해당 회원의 탈퇴를 위한 절차를 밟아 회원정보를 삭제합니다. 단, 상법 등 관련법령의 규정에 의하여 다음과 같이 거래관련 권리의무관계의 확인 등을 이유로 일정기간 보유하여야 할 필요가 있을 경우에는 일정기간 보유합니다. 또한 회원가입정보의 경우, 회원가입을 탈퇴하거나 회원에서 제명된 경우 등 일정한 항목에 대해서는 사전에 보유목적, 기간 및 보유하는 개인정보항목을 명시하여 동의를 구합니다.

- 계약 또는 청약철회 등에 관한 기록: 5년
- 대금결제 및 재화 등의 공급에 관한 기록: 5년
- 소비자의 불만 또는 분쟁처리에 관한 기록: 3년

② 회사는 회원이 다음 각 호에 해당하는 행위를 하였을 경우에는 사전통지 없이 서비스이용계약을 해지하거나 또는 서비스이용을 중지할 수 있습니다.

1. 회원 ID와 PASSWORD 등 회원고유정보를 타인에게 누설하거나 타인의 ID 및 PASSWORD를 도용한 경우
2. 서비스운영을 고의로 방해한 경우
3. 가입한 이름이 실명이 아닌 경우
4. 동일사용자가 다른 ID로 이중등록을 한 경우
5. 공공질서 및 미풍양속에 저해되는 내용을 고의로 유포시킨 경우
6. 회원이 국익 또는 사회적 공익을 저해할 목적으로 서비스이용을 계획 또는 실행하는 경우
7. 타인의 명예를 손상시키거나 불이익을 주는 행위를 한 경우
8. 서비스의 안정적 운영을 방해할 목적으로 정보를 전송하거나 광고성정보를 전송하는 경우
9. 통신설비의 오동작이나 정보 등의 파괴를 유발시키는 컴퓨터 바이러스 프로그램 등을 유포하는 경우
10. 회사, 다른 회원 또는 제 3 자의 지적재산권을 침해하는 경우
11. 회사의 서비스정보를 이용하여 얻은 정보를 회사의 사전승낙 없이 복제 또는 유통시키거나 상업적으로 이용하는 경우
12. 회원이 게시판 등에 음란물을 게재하거나 음란사이트를 연결(링크)하는 경우
13. 서비스이용약관을 포함하여 기타 회사가 정한 이용조건 및 관계법령을 위반하여 더 이상의 서비스제공이 어렵다고 판단되는 경우

③ 제 2 항에 해당하는 행위를 한 회원은 이로 인해 다른 회원에게 발생한 손해를 배상할 책임이 있습니다.

④ 본조 제 2 항의 회사조치에 대하여 회원은 회사가 정한 절차에 따라 이의신청을 할 수 있습니다.

⑤ 본조 제 4 항의 이의가 정당하다고 인정하는 경우, 회사는 즉시 서비스의 이용을 재개해야 합니다.

제13조 (전자메일에 대한 회원의 의무와 책임)

① 회사는 회원의 전자메일내용을 편집하거나 감시하지 않으며, 메일 내용에 대한 책임은 각 회원에게 있습니다.

② 회원은 회사의 전자메일을 통하여 음란물이나 불온한 내용·정크 메일(Junk Mail)·스팸 메일(Spam Mail) 등 타인에게 피해를 주거나 미풍양속을 해치는 메일을 보내서는 안 됩니다.

③ 본조 제 2 항을 위반하여 발생되는 모든 책임은 회원에게 있으며, 이 경우 회원의 아이디(ID)와 PASSWORD 등 개인정보를 수사기관에 제공할 수 있습니다.

제14조 (게시물)

① 회사는 회원이 게시하거나 전달하는 서비스 내의 모든 내용물(회원간 전달 포함)이 다음의 경우에 해당한다고 판단되는 경우, 사전통지 없이 삭제할 수 있습니다.

1. 다른 회원 또는 제 3 자를 비방하거나 중상모략으로 명예를 손상시키는 내용인 경우
2. 공공질서 및 미풍양속에 위반되는 내용인 경우
3. 범죄적 행위에 결부된다고 인정되는 내용인 경우
4. 회사의 저작권, 제 3 자의 저작권 등 기타 권리를 침해하는 내용인 경우
5. 본조 제 2 항 소정의 세부이용지침을 통하여 회사에서 규정한 게시기간을 초과한 경우
6. 기타 관계법령 및 회사의 세부지침 등에 위반된다고 판단되는 경우

② 회사는 게시물에 관련된 세부이용지침을 별도로 정하여 시행할 수 있으며, 회원은 그 지침에 따라 각종 게시물(회원간 전달 포함)을 등록 · 삭제 등을 하여야 합니다.

③ 회사는 서비스를 제공하는 인터넷 사이트의 원활한 관리 · 감독을 위하여 필요한 경우 게시되는 내용물에 대해 추가 · 수정 · 삭제할 수 있으며, 회원에게 별도통지 없이 서비스의 개편 및 내용의 추가 · 수정 · 삭제를 할 수 있습니다.

④ 회원은 개인적인 이익을 위해 회사에 게시물의 추가적 게재 등의 요구를 할 수 없습니다.

제15조 (쿠키(Cookie)의 운용 및 활용)

회사는 회원에게 적합하고 유용한 서비스를 제공하기 위해서 회원의 정보를 저장하고 수시로 불러오는 쿠키(cookie)를 사용합니다. 또한 회사는 업무와 관련하여 회원의 사전동의 하에 회원 전체 또는 일부의 개인정보에 관한 통계자료를 작성하여 이를 사용할 수 있으며, 서비스를 통하여 회원의 컴퓨터에 쿠키를 전송할 수 있습니다. 이 경우 회원은 선택권을 가지고 있어 쿠키의 수신을 거부하거나 쿠키의 수신에 대하여 경고하도록 사용하는 컴퓨터 브라우저의 설정을 변경할 수 있습니다. 단, 쿠키의 저장을 거부할 경우 로그인이 필요한 모든 서비스를 이용할 수 없게 됨으로써 발생되는 문제에 대한 책임은 회원에게 있습니다.

제16조 (링 크)

회사는 회원에게 다른 회사의 웹사이트 또는 자료에 대한 링크를 제공할 수 있습니다. 회사는 그러한 사이트 및 자료에 대한 아무런 통제권이 없으므로, 회원은 회사가 그와 같은 외부사이트나 자료의 유용성에 대해 책임이 없으며, 그러한 사이트나 자료에 대한, 또는 그로부터 이용가능한 내용 · 광고 · 제품이나 재료에 대해 회사가 아무런 보증도 하지 않고, 그에 대해 책임이 없음을 인정하고 이에 동의합니다. 또한 회원은 그러한 사이트나 자료에 대한, 또는 그를 통하여 이용가능한 내용 · 상품 또는 서비스를 이용하거나 이를 신뢰함으로 인해 또는 이와 관련하여 야기되거나 야기되었다고 주장되는 어떠한 손해나 손실에 대하여 회사가 직접적 또는 간접적으로 책임을 지지 않음을 인정하고 이에 동의합니다.

제17조 (면 책)

① 회사는 다음 각 호의 사유로 인하여 회원에게 발생한 손해에 대해서는 책임지지 아니합니다. 다만, 회사가 책임 있다고 판단되는 상당한 인과관계가 있는 경우에는 그

러하지 아니합니다.

1. 통신기기, 회선 및 컴퓨터의 장애나 거래의 폭주 등 부득이한 사정으로 서비스가 제공되지 못하거나 지연된 경우
2. 회원이 회원 ID · PASSWORD · 카드비밀번호 등을 본인의 관리소홀로 인해 제3자에게 누출한 경우
3. 기타 천재지변 등의 불가피한 사유로 인한 경우

② 회사는 회원이 서비스를 이용하여 기대하는 수익을 상실한 것에 대하여 책임을 지지 않으며, 그 밖에 서비스를 통하여 얻은 자료로 인한 손해 등에 대하여도 책임을 지지 않습니다. 회사는 회원이 서비스에 게재한 정보 · 자료 · 사실의 신뢰도 · 정확성 등 내용에 대하여는 책임을 지지 않습니다.

제18조 (저작권귀속 및 이용제한)

① 회사가 제작한 웹화면상의 디자인 및 문구에 관한 저작권 기타 지적재산권은 회사에 귀속됩니다.

② 회원은 회사가 제공하는 서비스를 이용함으로써 얻은 정보를 회사의 사전승낙 없이 출판 · 복제 · 방송 및 기타 방법에 의하여 유포하거나 제3자에게 이용하게 해서는 아니 됩니다.

제19조 (정보수집관련)

① 회사는 회원의 정보수집시 회원관리에 필요한 최소한의 정보를 수집합니다. 다음 사항을 필수사항으로 하며, 그 외 사항은 선택사항으로 합니다.

1. 성 명
2. 주민등록번호
3. 회원 ID
4. PASSWORD
5. E-mail 주소
6. ○○카드 비밀번호(○○카드회원인 경우)
7. 주소 및 전화번호

② 정보의 수집 및 이용목적

1. 회사가 개인정보를 수집 및 이용하는 목적은 다음과 같습니다.
   - 성명 · 아이디 · 온라인 패스워드 · 주민등록번호 · 카드관련정보 : 회원가입시 본인확인 및 서비스이용에 따른 본인식별절차에 이용
   - 이메일주소 · 전화번호 : 고지사항전달 · 본인의사확인 · 불만처리 등 원활한 의소소통경로의 확보 및 새로운 서비스/신상품, 이벤트정보 등에 대한 안내
   - 카드관련정보 · 은행계좌정보 : 금융서비스 · 유료서비스 및 쇼핑몰이용시 대금결제
   - 주소 · 전화번호 : 청구서 · 경품발송 및 쇼핑몰이용시 물품배송을 위한 배송지정보
   - 그 외 선택항목 : 개인 맞춤서비스를 제공하기 위한 자료
2. 단, 이용자의 기본적 인권침해의 우려가 있는 민감한 개인정보(인종 및 민족, 사상

및 신조, 출신지 및 본적지, 정치적 성향 및 범죄기록, 건강상태 및 성생활 등)는 수집하지 않습니다.

③ 제공된 회원정보는 해당 회원의 동의 없이 본래목적 외의 용도로 이용하거나 제3자에게 제공할 수 없으며, 이에 대한 모든 책임은 회사가 집니다. 다만, 다음의 경우에는 예외로 합니다.

1. 상품배송(사은품 · 쇼핑몰상품구매)과 관련하여 배송업체에게 배송에 필요한 최소한의 이용자의 정보(성명 · 주소 · 전화번호)를 알려 주는 경우
2. 통계작성 · 학술연구 또는 시장조사를 위하여 필요한 경우로서 특정개인을 식별할 수 없는 형태로 제공하는 경우

④ 회원은 언제든지 회사가 가지고 있는 자신의 개인정보에 대해 열람 · 오류정정 및 동의철회를 요구할 수 있으며, 회사는 이에 대해 지체없이 필요한 조치를 취할 의무를 집니다.

⑤ 회사는 개인정보보호를 위하여 관리자를 최소한으로 지정하여 운영하며, 회원의 개인정보의 분실 · 도난 · 유출 · 변조 등으로 인한 회원의 손해에 대해 모든 책임을 집니다.

⑤ 회사는 개인정보의 수집목적을 달성한 때에는 당해 회원정보를 지체없이 파기합니다.

제20조 (이용약관의 효력 및 변경)

① 이 약관의 내용은 특별한 규정이 없는 한 카드사가 제공하는 인터넷 서비스화면상에 게시하거나 기타의 방법으로 회원에게 공지함으로써 효력을 발생합니다.

② 회사는 필요하다고 인정되는 사유가 발생할 경우에는 이 약관의 일부 또는 전부를 변경할 수 있으며, 이 경우 회사는 당해 변경내용을 인터넷상의 공지화면에 일정기간 게시함으로써 효력을 발생합니다.

③ 전항의 방법으로 변경 고지된 약관은 기존의 회원에게도 유효하게 효력이 발생합니다.

제21조 (약관위반시 책임)

회사와 회원은 이 약관을 위반함으로써 발생하는 모든 책임을 각자 부담하며, 이로 인하여 상대방에게 손해를 입힌 경우에는 지체없이 배상하여야 합니다.

제22조 (약관외준칙)

이 약관에 명시되지 아니한 사항이나 약관의 해석에 관하여는 관계법령 또는 상관례에 따릅니다.

제23조 (관할법원)

① 서비스이용과 관련하여 회사와 회원 사이에 분쟁이 발생한 경우, 우선 쌍방간에 분쟁의 해결을 위해 성실히 협의하여야 합니다.

② 본조 제1항의 협의에서도 분쟁이 해결되지 않을 경우, 관할법원은 회사 본점소재지를 관할하는 법원을 전속관할법원으로 합니다.

判例索引

Ⅰ. 우리나라 判例

〔大法院判例 · 判決〕

〔고등법원판결〕

〔지방법원판결 · 헌법재판소결정〕

Ⅱ. 獨逸判例

〔帝國法院判決〕

〔聯邦大法院判決〕

〔高等法院判決〕

事項索引

[ㅁ]

[ㅂ]

[ㅈ]

外國語索引

[E]

[F]

[G]

[H]

[I]

[K]

공저자약력

이기수

고려대 법대(법학사), 서울대 대학원(법학석사), 고려대 대학원(박사과정 이수), 독일 Tübingen대학교(법학박사 Dr. iur.), San Diego대학 London Summer School, 일본 와세다대학 명예법학박사, 연세대학교 명예교육학박사, 러시아 쌍 페테스부르크대학 명예박사, 일본 메이지대학 명예법학박사

Tübingen대 법대(1986년, 1988년, 1991~1992년, 1995년, 1996년, 1998년, 1999년), Mainz대 법대(1990년), Harvard Law School(1995~1996년), Marburg대 법대(1997년, 1999년), München Max-Planck 연구소(1997년), Wisconsin Madison Law School(1998~2001년), 와세다로스쿨(2005~2006년) 교환교수 · 객원연구원

사법 · 군법무관 · 행정 · 입법 · 공인회계사 · 변리사 · 세무사시험 등 각종 시험위원

대한상사중재원 중재인, 육군사관학교 교수부 법학과 전임강사, 고려대학교 후생복지부장 · 학생처장 · 기획처장, 비교법연구소 소장, 법학연구소 소장, 법학연구원 원장, 체육위원회 체육위원 겸 축구부장, 특수법무대학원 원장, 법과대학 학장, 전국학생처장협의회 회장, 전국사립대학교 기획실(처)장협의회 부회장, 전국법과대학장협의회 회장, 한국경영법률학회 회장, 안암법학회 회장, 국가경쟁력연구원 이사장, 한국지적소유권학회 회장, 한국 Adenauer 학술교류회 회장, 국제거래법학회 회장, 한국상사법학회 회장, 한국도산법학회 회장, 한독법률학회 회장, 한국복사전송권관리센터 이사장, 한국법학교수회 회장, 한국중재학회 회장, 한국독일학회 회장, (사)한국저작권법학회 회장, 한국독일 총동문회(ADeKo)이사회 회장, Wisconsin-Madison Law School 객원석좌교수, 대법원 양형위원회위원장, 고려대학교 총장

현 : 고려대학교 명예교수, Deutsch-Ostasiatisches Wissenschaftsforum e. V. 운영위원, 대법원 사실심충실화 사법제도개선 자문위원회위원장, 검찰시민위원회위원장

주요 저서 · 논문

Gläubigerschutz bei Unterkapitalisierung der GmbH(Dissertation, Tübingen)
독점금지법(편역)(박영사)
상법총칙 · 상행위법(공저)(제 7 판)(박영사)
회사법(공저)(제 9 판)(박영사)
보험 · 해상법(공저)(제 9 판)(박영사)
국제거래법(제 6 판)(세창출판사)
지적재산권법(공저)(한빛지적소유권센터)
상법학(상)(제 3 판)(박영사)
상법학(하)(개정판)(박영사)
경제법(공저)(제 9 판)(세창출판사)
증권거래법(공저)(개정판)(세창출판사)
기업법(세창출판사)
상법은 기업법인가? 등 논문 다수

최병규

고려대학교 법과대학 졸업, 동 대학원(법학석사, 박사과정 일부 이수), 독일 프랑크푸르트대학교(법학박사), 고려대학교 법학연구원 전임연구원, 변호사시험 · 사법시험 · 변리사 시험위원, 금융감독원 금융분쟁조정 전문위원, 법무부 상법개정위원, 국립한경대학교 법학전문대학원 조교수, 부교수

현 : 건국대학교 법학전문대학원 교수

주요 저서

상법총칙 · 상행위법(공저)(제 7 판)(박영사)
회사법(공저)(제 9 판)(박영사)
보험 · 해상법(공저)(제 9 판)(박영사)
상법학개론(공저)(박영사)
상법연습(문영사)
보험론(공저)(문영사)

제 8 판
어음 · 수표법 〔상법강의 Ⅲ〕

초판 발행 1989년 10월 25일
전정판 발행 1995년 2월 28일
1995년 개정법 신판발행 1996년 3월 30일
제 4 판 발행 1998년 3월 10일
제 5 판 발행 2006년 3월 25일
제 6 판 발행 2007년 8월 30일
제 7 판 발행 2009년 3월 10일
제 8 판 인쇄 2015년 6월 20일
제 8 판 발행 2015년 6월 30일

지은이 이기수 · 최병규
펴낸이 안종만

편 집 김선민 · 문선미
기획/마케팅 이영조
표지디자인 김문정
제 작 우인도 · 고철민

펴낸곳 (주) 박영사
서울특별시 종로구 새문안로3길 36, 1601
등록 1959. 3. 11. 제300-1959-1호(倫)
전 화 02)733-6771
f a x 02)736-4818
e-mail pys@pybook.co.kr
homepage www.pybook.co.kr
ISBN 979-11-303-2753-2 93360

정 가 39,000원